毛泽东传

MAO: A LIFE

中文最新修订版

菲力普·肖特 著

仝小秋 杨小兰 张爱茹 译

中国青年出版社

图书在版编目（CIP）数据

　　毛泽东传/（英）肖特（Short,P.）著；仝小秋，杨小兰，张爱茹译. —3版. —
北京：中国青年出版社，2010.1（2025.9重印）
　　ISBN 978-7-5006-8676-7

　　Ⅰ.毛…　Ⅱ.①肖…　②仝…　③杨…　④张…　Ⅲ.毛泽东（1893~1976）
–传记　Ⅳ.A751

　　中国版本图书馆CIP数据核字（2009）第183395号

北京市版权局著作权合同登记
图字：01-2000-2177号
Copyright © 1999 by Philip Short
 First published in Great Britain in 1999 by Hodder and Stoughton
A division of Hodder Headline
作者从中国新华通讯社取得
本书所载图片的使用权。谨表感谢！

书　　　名：《毛泽东传》（中文最新修订版）
作　　　者：［英］菲力普·肖特
译　　　者：仝小秋　杨小兰　张爱茹
前版责任编辑：潘平　易小强　吴晓梅
本版责任编辑：彭岩　刘晓宇
书籍设计：王序设计有限公司
出版发行：中国青年出版社
社　　　址：北京市东城区东四十二条21号
网　　　址：www.cyp.com.cn
编辑中心：010 – 57350407
营销中心：010 – 57350370
经　　　销：新华书店
印　　　刷：三河市君旺印务有限公司
规　　　格：700mm×1000mm　1/16
印　　　张：35.25
插　　　页：14
字　　　数：700千
版　　　次：2004年1月北京第1版　2009年11月北京第2版
　　　　　　2010年1月北京第3版
印　　　次：2025年9月河北第40次印刷
印　　　数：346361— 356360册
定　　　价：68.00元

本图书如有印装质量问题，请凭购书发票与质检部联系调换
联系电话：010 – 57350337

辛亥革命时期的青年毛泽东（现存最早的照片）。

左：满清王朝被推翻后，士兵正准备剪掉一个农民的长辫子。

下：毛泽东青年时期常见的多种死亡方式之一就是慢性处死，这些囚徒因身体的重量全部由脖子支撑而慢慢窒息而死。

韶山毛泽东的故居。

左：1919 年，25 岁的毛泽东与母亲文七妹、22 岁的大弟泽民和 15 岁的小弟泽覃（从右至左）在长沙。

右：毛泽东的父亲毛顺生 (1919 年)。

左：令毛泽东转而信仰马克思主义的密友蔡和森。

下：1920年1月，毛泽东和湖南代表团其他成员在北京请求罢黜总督张敬尧。

右：中国首位临时大总统孙中山。

下左：北京大学的李大钊，中国共产
党的精神之父，其作品在中国宣传了
布尔什维克主义。

下右：《新青年》创办者，中国共产党
第一任总书记陈独秀。

上左：毛泽东的第二位妻子杨开慧和三岁的儿子毛岸英、两岁的儿子毛岸青（1925年）。

上右：毛泽东的第三位妻子贺子珍。

左下：1931年11月瑞金中华苏维埃共和国宣布成立前夕，任弼时、朱德、邓发、项英、毛泽东和王稼祥（从左至右）。

右：大元帅蒋介石。

1937年毛泽东与周恩来在陕北。

上：20 世纪 30 年代末的延安和风格鲜明的宋代宝塔。

下：1937 年第四方面军几乎全军覆没后，张国焘对毛泽东的挑战亦以失败告终。

才华横溢的青年作家王实味在延安整风运动中被批判。

毛泽东的第四位妻子，在上海当过演员的江青。

1946 年周恩来、毛泽东与朱德（从左至右）在延安。

1949 年 3 月北平和平解放后，毛
泽东检阅林彪的凯旋之师。

在共产党掌权后的土改运动
中、华北的一个地主正在接受
村民的审讯。

1949 年 10 月 1 日，毛泽东在天安门城楼上宣告中华人民共　东北局书记高岗 1954 年遭清洗。
和国成立。

1949 年 12 月在克里姆林宫，毛泽东、布尔加宁、斯大林和东德共产党领袖乌布利希（从左至右）
庆祝苏联领导人斯大林 70 华诞。

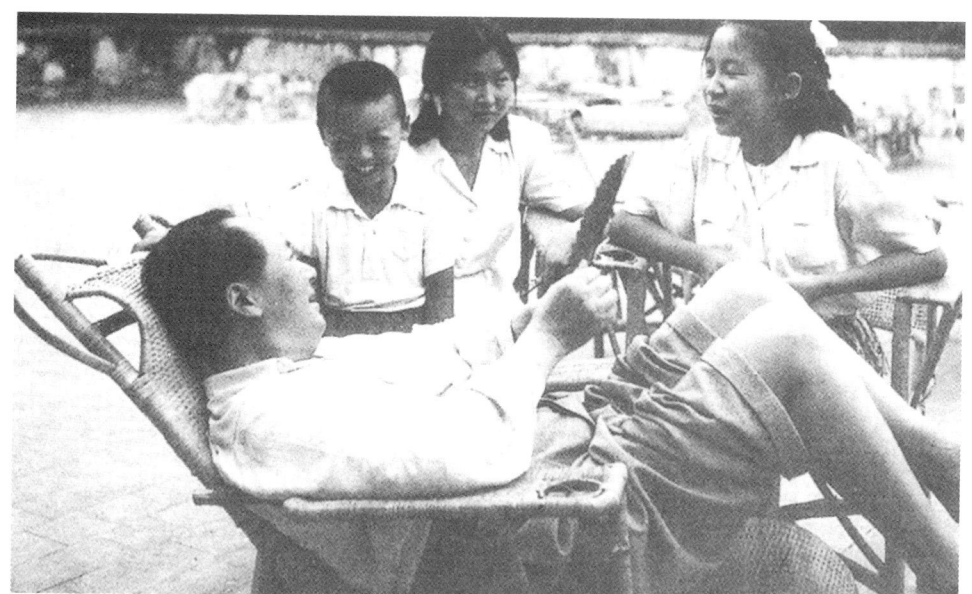

毛泽东与侄儿远新、女儿李敏、李讷在庐山休养。

江青、李讷、毛泽东和后来在朝鲜牺牲的长子毛岸英及其妻子刘松林（从左至右）。

毛泽东1954年在北京会见达赖喇嘛（右）和班禅喇嘛。

1957 年反右运动初期批判资产阶级右派分子的批斗会。

分道扬镳: 1959 年 10 月毛泽东与赫鲁晓夫在北京的最后一次会面。

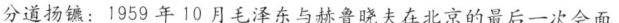

1959 年大跃进运动期间彭德怀（左二）在湖南与农民交谈。

在1962年1月七千人大会上摄影师抓拍的一张中央政治局常委成员的照片。从左至右依次是周恩来、陈云、刘少奇、毛泽东和邓小平。

毛泽东畅游长江。

左上：1962 年 9 月在欢迎印度尼西亚总统苏加诺夫人时，江青（中）第一次与毛泽东一起在公开场合露面。

左下：毛泽东的笔杆子姚文元。

右上：1966 年国庆期间毛泽东与林彪、刘少奇、朱德、董必武（从左至右）在一起。

右下：在"文革"初期的一次大型集会上，毛泽东在天安门广场检阅红卫兵，鼓励中国青年起来造反，这样的大型集会"文革"期间共举行过十次。

神奇的护身符：红宝书。

在1966年9月的一次批斗会上，红卫兵正在给黑龙江省省长剃阴阳头，脖子上挂的牌子把他称作"黑帮分子"。

在破"四旧"运动中，红卫兵正在砸毁山东曲阜孔庙的古代石雕。

1970年国庆庆典时，林彪、埃德加·斯诺与毛泽东（从左至右）在天安门城楼上。

18个月后，中美关系改善，在中南海的毛泽东住宅内，毛泽东与周恩来、翻译唐闻生会见了亨利·基辛格和理查德·尼克松。

毛泽东的菊香书屋。

毛泽东和他的机要秘书张玉凤
（1975年12月，毛去世前九个月）。

1976 年 9 月 18 日在天安门广场上举行的毛泽东追悼会（下）。叶剑英、华国锋（念悼词者）、王洪文、张春桥和江青（从左至右）在追悼会中（上）。

目录

中文版序言

　　2003 年 12 月 26 日,是中国人民的伟大领袖、中华人民共和国的缔造者毛泽东 110 周年诞辰。正在这时,中国青年出版社推出了英国历史学家和传记作家菲力普·肖特的著作《毛泽东传》。我以为这并非巧合,而是出版社与作者向这一有着重要纪念意义的日子献上的一份厚礼,是菲力普·肖特先生对中国人民友好感情的真挚表达。

　　菲力普·肖特生于英国,现居住在法国。19 世纪末,他的祖父曾在香港当过海关检查员;20 世纪二三十年代,他的叔叔曾作为船长到过广东、福建一带。因此,早在学生时代,中国这个东方的古老国度便对他产生了很大的吸引力。1966 年夏天,他刚从剑桥大学毕业,就向中国驻英代办处提出去北京当教师的申请。可惜,那时中国刚刚爆发"文化大革命",致使这一申请未能得到批准。但他想到中国来工作的心愿,却一直没有因此而放弃过。"四人帮"被粉碎后,机会终于来了。他被选做英国国家广播公司(BBC)驻北京站的首任站长,派往中国,而且一干就是四年。那几年正是中国对内对外政策发生重大转变的时期,这使他得以亲眼目睹了一个正在走上改革开放之路的焕发出勃勃生机的充满着无限希望的中国,也使他从此深深爱上了中国,以致最终娶了一位中国姑娘为妻。1981 年,他虽然离开了中国,但他和中国所结下的不解之缘,不仅引导他经常到中国游历,而且还促使他于 1992 年和 1997 年,先后提笔为 BBC 与中央人民广播电台、中国国际广播电台的合作项目——电视专题片《长江》和《长征》撰写过脚本。

　　为了撰写这本《毛泽东传》,菲力普·肖特历时五年,沿着毛泽东一生活动的轨迹,走遍了韶山、井冈山、茅坪、吉安、瑞金、于都、富田、赣州、东陂、黎平、遵义、泸定、松潘、毛儿盖、吴起、保安、瓦窑堡、延安,以及杭州和广州等地;翻阅了中国出版的中共中央文件选集、毛泽东著作和大量有关毛泽东的回忆录、研究成果;还采访了许多与毛泽东有过交往的当事人。1999年,这本书的英文版同时在英国和美国出版,后来又被译成法文、保加利亚文、捷克文、俄文、西班牙文,目前正在翻译德文本。它作为迄今西方出版的关于毛泽东生平的最新和最具权威性的著作,在国外读者中产生了比较大的影响。2002年,我代表中国社会科学院去英国参加英国学术院成立100周年的纪念活动,就看见伦敦书店中在醒目的地方摆放着这本书。

毛泽东的一生跨越了20世纪的大部分时间,他的思想和活动不仅改变了中国的命运,也极大地影响了世界的命运。直到今天,人们仍然随时可以感受到他留给中国和世界的印记。正因为如此,他的一生不仅是许多中国学者、作家感兴趣的研究和写作对象,也是国外一些研究中国问题的人们所热衷的课题。

最早向世界介绍毛泽东的外国人有美国记者埃德加·斯诺和艾格尼丝·史沫特莱,英国记者贝特兰和安娜·路易丝·斯特朗。他们所写的《红星照耀中国》(《西行漫记》)、《中国的战歌》、《在延安》、《毛泽东印象记》等等,曾经让西方人比较真实详细地了解到毛泽东和中国共产党。但这些著作大多产生于中国人民进行新民主主义革命的年代,而且都是通讯性质的。中华人民共和国成立之后,关于毛泽东思想与活动的带有学术性、传记性的外国著作,当首推1951年出版的美国学者史华兹的《中国的共产主义和毛的崛起》,以及1966年出版的英国学者斯图尔特·施拉姆的《毛泽东》(中文版根据1967年修订版译出,于1987年由红旗出版社出版)。许多西方研究毛泽东的著作都把它们列为主要参考书,并经常援引其中的观点和材料。但由于这两本书成书时毛泽东尚在世,因此还算不上是关于毛泽东一生的传记著作。真正涵盖毛泽东一生的具有学术价值的传记著作,在菲力普·肖特的《毛泽东传》出版之前,主要有两部:一部是1980年出版的美国学者罗斯·特里尔的《毛泽东传记》(中文版有1989年世界知识出版社节译的《毛泽东的后半生》和河北人民出版社全译的《毛泽东传》),另一部是1979年出版的英国学者迪克·威尔逊的《历史巨人——毛泽东》(中文版于2000年由中央文献出版社出版,书名为《毛泽东》)。这两部书都力求按照历史的真实来描述和评价毛泽东,但由于他们利用的二手资料较多,因此有一些不准确或失实的地方。

与以往出版的外国人介绍和研究毛泽东生平的著作相比,菲力普·肖特的这本书在对毛泽东的评价上更为客观和公允,在对历史的把握上也更为全面和深刻。这与他在中国的工作经历和他对中国的多次访问有关,更与他为撰写这本书所做的大量准备和辛勤努力分不开。另外值得一提的是,这本书虽然是学术性的传记著作,但它同时具有十分优美生动的文笔和浓郁的文化韵味,使人不感觉枯燥乏味。当然,作为一个外国学者,他在书中所表现出的观察问题的角度和分析事物的观点,都是与我们不完全一样的。但在我看来,我们也不应当要求他和我们完全一样。相反,在一定意义上,可能正是这些不一样的地方,才使中国的读者有机会将自己与西方人眼中的毛泽东之间做一个比较。而这无论对于我们更深入地认识中国,还是更深入地了解世界,都是会有益处的。

我不是研究毛泽东的专家,之所以不揣冒昧地接受了为《毛泽东传》中文版写序的请求,一来因为菲力普·肖特先生的盛情难却,二来因为我所供职的当代中国研究所曾与法国的欧洲电视台(ARTE)筹划过以菲力普·肖特先生这本《毛泽东传》为脚本基础,为欧洲观众摄制一部电视纪录片。有此前缘,又逢今年建国 60 周年大典,再借此机会,我向《毛泽东传》中文版的再版表示热烈祝贺。

朱佳木
(中国社会科学院副院长兼当代中国研究所所长)
2009 年 6 月

中文版前言

　　这本书能在纪念中华人民共和国成立 60 周年这样一个特别的日子里修订再版，我感到十分高兴。60 年，在中国的日历上只是一个周期。而这段时期，中国却发生了如此巨大的变化！1977 年，当我作为一个外国记者第一次到北京的时候，中国才刚刚走过这个周期不到一半的时间，所有的人，无论是外国人还是中国人，无论我们的想象力多么丰富，谁都不会想到中国会发展成为现在这样一个国家。在刚刚过去的 30 年间，更确切地说是自 1949 年以来的整个时期，中国改变了历史，在短短几十年内做到了其他国家需要上百年才能做到的事情。

　　为这些变化打下基础的是一个富有远见的人：毛泽东。

　　如今，有些人仍然持有这样一种貌似有理的观点，认为中国之所以得到较快的发展，是因为实行了与毛完全不同的政策。历史是事实，而不是假设。同样，以毛的政策与他后继者政策的不同来低估毛的作用，也是不正确的。历史不会沿着一条直线前进。它总是曲折前行，进一步，退一步，解决了一个矛盾，紧接着就会出现另一个矛盾。当代中国历史的事实是，一个世纪前，当毛开始他长期斗争的时候，中国还是一个中世纪的帝国。到他去世的时候，他已经把中国改变成为一个现代的国家，并且这个国家即将成为将要来临的新世纪的一支主要力量。那场变革付出了惨痛的代价：数百万人死亡，还有其他难以计数的人的生活被彻底打破。但毛为他的后继者把中国建设成为今天这样一个称雄 21 世纪的强国打下了不可或缺的、坚实的基础。

　　对于任何一个作者来说，要记述毛泽东的一生，都是一项十分艰巨的任务。无论是在中国还是在国外，毛都是一位远比他同时代的人卓越和杰出的人物，从某种意义上说，他是迄今为止人类历史上为数不多的领袖人物之一。

他多姿多彩和复杂多变的个性注定了他是一个非凡的、集多种才干于一身的人：毛是一位理想家、政治家、政治与军事战略天才、哲学家和诗人。他漫长的一生与当时正处于史无前例的变革中的中国有着密不可分的联系，而他后来成为了这个国家的首要的缔造者。要写毛，就要写中国的一个世纪。这对于一个传记作者来说是一个极富吸引力的题目，也是一个极具挑战性的题目。

作为一个英国作家，我的知识结构、文化背景和价值观与那些中国作者完全不同。中国人的思想来源是儒教和道教；西方人思想的来源则是犹太教基督教和希腊东正教。无论我做多么大的努力，都不可能用"中国人的眼光"来看待毛，就像中国作者不能用"英国人的眼光"去看待丘吉尔一样。

这既有利也有弊。如果一个外国的传记作者由于受本国先入为主的观点的影响或文化上的傲慢自大而使他的态度失之偏颇的话，那他的著作就毫无价值可言。但如果他试着从一个新的和不同的视角来阐明他的主题的话，其作品就会充实而丰富。不言而喻，当你所写的不是你本国的领袖时，你会使你本人及其你的题目比其本国的国民与之保持更远的距离。你这样远距离地看待和审视的这个人物是一个具有普遍意义的人物，而不是仅仅把你的注意力放在这个领袖在他本国的声望上。对毛来说，这一点尤其重要，因为他的影响显然已经远远超出了中国。用理查德·尼克松的话说就是，他"改变了中国和世界"。因此，在写作的过程中，我近四十年来在法国、日本、俄罗斯、美国和其他国家，以及在中国的生活阅历，和我对这些国家的政治惯例与对他们领袖个性的观察派上了用场。当然，我无意要把毛与其他的领袖或把中国与其他国家进行对比。但我研究问题的方法则反映出了我对其他的文化和政治制度的理解——对其他国家和人来说是共同的东西，对中国和毛来说则是独一无二的东西。

这本书与中国的历史学家所写的书有一点是完全不同的，不能说好，也不能说不好——仅仅是不同而已。对中国读者来说，我希望这本书像一面镜子，提供一个透过西方人的思想这面棱镜来观察毛和中国的视角。把历史作为一面镜子，在中国有着久远的传统。纵观毛的一生，他最喜爱的著作之一就是宋代司马光的伟大著作《资治通鉴》。我的这本书还只是一个很粗浅的尝试，但就作为映照过去乃至现在的一面镜子而言，我希望它多少还有一点价值。

把《毛泽东传》的英文原版与这次的中文版相比较，就会发现有某些变化。有些变化是文体上的。在西方，作者们在表达他们的观点时更为率直；而在中国，则更为含蓄。尽管有些地方的措辞被做了某些改动，某些观点被删节，但我相信,中文版从总体上是忠实于英文原版的精神的。毛是一位伟人——任何伟人都有大功和大过。否则,他们怎么会是伟人呢?了解毛,这两点都很重要。低估一方面或掩饰另一方面都会使人误入歧途,因为毛是一个独特的整体:偏见反而会降低他的声誉。我希望,这本书的中文版能够在全面反映毛的真实面目方面出一份力。如果能做到这一点,我相信他也一定会感到满意的。

在此,我要向本书的编辑们,中国青年出版社的胡守文、易小强和潘平、吴晓梅;向贾秀娟;向本书的译者仝小秋、杨小兰和张爱茹;向陈东林和他的同事们——当代中国研究所的历史学家们,表示深深的谢意。当代中国研究所所长朱佳木为本书写了中文版序言,我对此深感荣幸;我还要特别感谢著名学者李捷,他指出了本书英文原版中的几处事实错误,使得这些错误能够在中文版中得到改正;没有他们,没有我亲爱的妻子顾仁权的努力,中文版的出版是不可能的。

菲力普·肖特
于法国拉加尔德弗雷内
2009 年 6 月 8 日

引子

在中国,今天已经很少有人听说通道这个小集镇(现名县溪镇),它在湘江左岸,位于这条宽阔的褐色河流与连绵的丘陵之间。通道镇是湘、黔、桂三省交界之处的一个少数民族集聚区。它地势斜倾,有一条长长的泥土路和几家商店,几乎没有什么现代建筑,甚至连当地的居民也无可奈何地说,这儿几乎没有发生过什么有趣的事情。然而,那地方以前确曾发生过一些事。1934 年12 月 12 日,红军领导曾聚集在那儿举行过一次会议,这次会议标志着毛从此开始升为红军的最高领导。

通道仅仅作为红军长征路上经过的一个地方被记了下来,就像部队写在墙上的"人人参军作战,打倒日本帝国主义"的标语口号①一样,在风雨剥蚀中逐渐消退,成为一幅古老的图片。当年会议所有的参与者都已逝世,没有一个人能确切地了解:到底有哪些人参加了? 会址到底在哪儿? 后来,周恩来总理曾回忆,会议是在郊外的一座农舍召开的,当时那里正举行一场结婚喜宴。那时,离毛泽东的 41 岁生日只有两个星期。这个瘦高的男子,由于饮食与睡眠不足,脸颊凹陷,他身上那件特大号的灰棉布短上衣,像是随时都会从他的肩上滑下来。他得了几次疟疾,那时候不得不被人用担架抬着,但他仍然康复了。他比大部分其他领导人都要高大魁梧一些,脸上没有胡须,没有特别的特征,一头倔强的黑发从中间分开。

美国左翼作家艾格尼丝·史沫特莱,在遇见毛泽东不久以后,发现了他令人生畏的外形,和伴随着他的高嗓门与修长的、灵活的女人似的手:

---

① 1995 年 1 月在遵义纪念馆展出。

他的阴郁的、谜一样的面孔是长方形的,前额宽而高,嘴角的线条有点女性意味。无论他或许会是一个怎样的人,他都是一个唯美主义者……[但是]尽管他有一点女人的品性,通过他的自然特征仍能看出他像骡子一样自尊而坚强,顽固得难以对付。我有这个印象,他等待并关注了好几年,而最后有了他的机会……他的幽默通常表现为嘲讽与冷酷,仿佛从心灵深处一跃而起。我还有这个印象,有一扇大门只是为他存在,而这扇门对其他任何人永远不会打开。①

甚至于对他的最亲密的同志来说,毛也是难以揣测的。用史沫特莱的话来说,他的情绪"含而不露,他是孤独的"。他的个性能激起人毫不掺假的忠心。他是冷峻果敢与无限宽容的结合;眼光远大与学究似的注意细节的结合,坚定的意志与极端的敏感,外在的超凡的魅力与内在的谋略的结合。

国民党曾悬赏缉拿他,枪决了他的妻子,捣毁了他双亲的坟墓,因为毛被当做整个 30 年代早期红军的最主要的政治领袖。然而,他们错了。

其实那时候,红军的权力掌握在"三人团"的手中。博古,27 岁,代理共产党领袖(或者如同人们了解他的那样,"一位为党中央的工作竭尽全部责任心的同志"),他毕业于莫斯科的东方劳动大学。他有一张成熟的小男生的面孔,眼睛凸出,戴着黑框眼镜。一个英国外交官曾毫不客气、又十分准确地说,这种面部特征让他回忆起一个奇怪的博古。共产国际让他担任领导以确保对苏维埃路线的忠诚。周恩来,他是"三人团"中的第二人,红军总政委,实权仅次于博古,也得到莫斯科的信任。第三个人是李德(原名奥托·布劳恩),一个瘦高的德国人,有突出的大鼻子与马一样的牙齿,戴一副圆形眼镜。他是共产国际的军事顾问。

一年多来,这三人指挥了一系列活动,扭转了红军的颓势。国民党领袖蒋介石已经联合了上届政府留任的许多人,决定消灭共产党,他已经准确地看见共产党红军是一股潜在的、对他的统治形成长期致命的威胁的力量。由于德国军事顾问的帮助,他开始围绕共产党控制的地区建筑堡垒封锁线。由于红军的极度迟钝,封锁线向前推进,紧紧地卡住根据地,共产党的力量被牵制住了。这是一个策略,对此"三人团"找不到适当的对付方法。

毛,可能也不太成功。而博古比起两年前,已退得更远。毛不在权力核心

---

① 艾格尼丝·史沫特莱:《中国的战歌》,伦敦,威克托·格兰茨公司 1944 年版,第 121—123 页。

圈中。

1934年10月,当蒋介石的部队为了扼杀他们而推进包围圈时,共产党领导内部在极其痛苦地争论了几个月之后,红军放弃了他们的根据地,开始绝望的冒险,以避免全面的失败。他们穿越中国二万五千里的艰难跋涉,后来被赞美为"长征",这是逆境中的胆量、无私的纪律与不屈不挠的意志的史诗般的标记。那时候,这件事被说得更富有诗意,称为"战略大转移",不久又说向西部进军。至于当时的计划就是一个,向湖南西北前进。因为在那里,当地的军阀一直提防蒋介石的野心,不愿与蒋合作,红军到那儿可与另一股共产党的力量会合,创建一个新的中央红色根据地,以代替他们正在丢失的这一个。

这次行动开始非常好。红军悄悄地突破了第一道堡垒封锁线,虽然遇到过一次小抵抗。接着又突破了第二道封锁线。在突破第三道封锁线时,国民党得到情报,他们追击的目标正在逃跑,可在此之前三个多礼拜①红军已经过去了。但是,蒋介石的第四道封锁线设在湘江,这就与前面的不同了。

湘江战役持续了一个多礼拜,从11月25日到12月3日。战斗结束时,红军损失了1.5万—2万战斗部队,遗弃了多达4万战士与随行人员。他们10月份出发时的8.6万男女,现在只剩不到3万人。连绵50余英里的辎重车队——毛后来说,这个蜿蜒曲折的怪物,倒不像部队在行军,更像是一次搬家行动,在湘江崩溃了。办工用具、印刷机、党的档案材料、发电机全都撒落在泥潭里,丢在山坡上——共产党在比比利时略微大一点的根据地三年的统治中积累的一切——它们被痛苦地搬到战士们的背上,在山道上,在几百英里的稻田中前进,若干门大炮,沉重的机关枪,一架X光机,所有共产党拥有的这一切,最后都被抛弃。还没等到战士们因此而放慢行军速度,浮肿和虚弱就已把他们拖进了蒋介石设置的罗网中。

这次损失,甚至比最冷漠的红军领袖准备接受的要更为惨重。10月,他们放弃了已付出好几年时间建设的根据地,现在,他们的部队也损失了1/3。

后来的一个星期,共产党红军的余部匆匆摆脱了追捕者,进入湖南南部。他们与往常一样重新编队。但是在一些资深领导人中,正酝酿着反抗。清算

---

① 《北华捷报》,上海,1934年11月14日。也可参见安东尼·加兰万提的《长征》一文,载于《中国季刊》第22期,第102—105页;杨炳章:《从革命到政治》,科罗拉多,波尔德,西望出版社1990年版,第103页;和索尔兹伯里:《长征》,第92—93页。10月10日,共产党刚一撤出瑞金,国民党就占领了那里。然而,虽然蒋知道红军在动,但却不能肯定红军这样做是要放弃根据地,还是仅仅是要重新组织一次新的攻势。

"三人团"的时间迅速到来了。

说迅速也不十分准确。那天下午,八九个疲惫的人在通道镇相聚,他们面对一个更为紧迫的问题:下一个目的地是哪儿?博古和李德坚决主张保持他们最初的意见,向湘西北进发。军事指挥官们拒绝了这个意见,因为蒋介石有30万部队封锁了往北的路线,试图夺取这条道路必将导致全军覆没。一定要迅速作出决定,因为这时传来一个消息,湖南军阀的军队正从东边向他们逼近。

紧张、匆忙地争论以后,一个暂时的过渡办法被大家一致接受,这就是部队向西进发,进入贵州连绵不断的山区。① 这次会议被称为讨论未来战略的会议。另提出一个折中的建议,自从毛在1932年被免除军事指挥职务以来,权力中心能听他说并接受他的意见,这是第一次。他能出席这次会议,只能归于湘江战役惨重的失败。中国人说,"千里之行,始于足下",对于毛,通道镇就成为他登上红军最高领导位置的起点。

贵州作为中国最穷的省份之一,已有数百年历史。在1930年,那里的农村种满了鸦片,人民普遍未受什么教育,许多家庭一家只有一条长裤。女孩常常一出世就被弄死;男孩则卖给人贩子,由他们转卖到沿海一带富裕地方。但是,贵州又是一个具有优美的自然景观的地方:红军西进之时,展现在红军战士面前的贵州农村,像是从明代画卷的奇异景象中剪裁下来的。

通道镇远处,群山逐渐险峻,那些山脉使人着迷,形状也千奇百怪:巨大的圆锥形石灰岩堆积成几千英尺高;山脉有的像驼峰、有的像巨大的车辕;大大小小葡萄干布丁似的山像是祖先的坟冢。苗寨建在悬崖峭壁上……一层层茅草覆盖的屋顶和赭石墙壁、突起的屋檐和纸糊的格子窗,死气沉沉的冬天的黄绿色地面与早春大树上抽出的嫩芽形成鲜明的对比。苍鹰在天空盘旋,白霜盖在满是稻茬的田地上。贵州人说,"天无三日晴,地无三尺平",可这一部分地方只有高山,而且每年的12月与1月,总是细雨蒙蒙,烟雾蒙蒙。薄雾缭绕的高高的山坡上是茂密的松树林,金色的竹林与深绿色的杉木林,谷底则是白云般明净的湖泊。索桥悬在河上方,旁边则是瀑布似的奔泻的激流,如同镶嵌

---

① 12月12日会后7时,军事委员会宣布了以下命令:"万万火急。湘敌与陶广一路军主力(军阀——作者注)向通道进逼,其他各路仍续向洪江、靖县(在贵州、湖南交界处以南——作者注)前进,企图阻我北进,并准备入黔……我军明十三号继续西进的部署……其第一师……则应相机进占黎平。"(《毛泽东年谱(1898—1949)》上卷,第439—440页)。

在大地上的一块手帕大小的补丁，一个农民在50度的斜坡上无聊地侍弄几种粗劣的蔬菜，土壤是深红色的。

战士们只记得当时行军的艰苦。"爬上这座山的陡峭山坡，我只能看到前面一个人的脚后跟。"一个当年的战士这样说，"传来的话说，前面又有一段路在峭壁上……就在这里睡觉，明天一早登山……天上闪烁的星星好像黑色幕上缀着的宝石，它跟我们这样地接近哪，黑山峰像巨人一样矗立在面前。四围的山把这山给包围得像一口井。"①当地人称为雷公石的悬崖绝壁的岩石表面，只凿有一尺宽的石台阶，这对担架员来说，太高太陡了，他们不得不把伤员背在背上。许多马落下山崖摔死了。

红军将领朱德回忆了那时的艰难，"老百姓自称'干人'"，他解释说，"什么东西都被抢干了……老百姓从地主旧仓地里挖掘陈米谷。和尚称之为'神米'，是老天爷给穷人的米。"②

毛也看到了这一切，而他写的诗却以一种力量与祖国山川的壮美，代替了他们正在经历的这一切：

> 山！倒海翻江卷巨澜。奔腾急，万马战犹酣。
> 山！刺破青天锷未残。天欲堕，赖以拄其间。

这些短诗，是在马背上创作的，不是一般的对自然山水的赞颂。毛有他狂喜欢歌的理由。

12月15日，红军到达黎平。这座小县城坐落于山谷，到处是哞哞的牛叫声。这是他们离开通道镇以后所看见的第一片平坦的土地。红军指挥部设在一个商人的宅院里，里面有一个小院子，房子宽敞，设备完善，还有一些佛教图案与象征繁荣吉祥的装饰图案。卧室里的床有四根帐杆，屋后有一个极小的中式花园。这房子通向一条狭窄的街道，街上有一些上有木制排门的商店与灰瓦飞檐的房屋。只隔几户远的地方是一座德国人办的慈善机构，有几个传教士，他们像当地的商人一样，在共产党迫近时已经逃走了。

自长征以来，中央政治局第一次正式讨论有关政策的会议就是在这儿举

---

① 艾格尼丝·史沫特莱：《伟大的道路》，纽约，每月评论出版社1956年版，第313—314页。
② 艾格尼丝·史沫特莱：《伟大的道路》，纽约，每月评论出版社1956年版，第315—316页。

行的。会议有两个重要议题:红军的目的地与部队的战略战术,关于红军的目的地,早些时候讨论过,但悬而未决。

李德与博古依旧要到湘北,与那里的共产党力量联合起来。毛则提议向西北进军,在川黔交界处建立一个新的红色根据地。他强调,那儿的反动势力比较弱。毛的提议得到张闻天与王稼祥的支持。张闻天当时是中央政治局常务委员会四个成员之一,王稼祥是中央军委副主席,他在年初的一次战斗中负伤,由于插了一根胃管,他在担架上度过了整个长征。这两人都在莫斯科接受过培训,最初支持李德和博古,但后来渐渐醒悟。从长征开始以来,毛就不断地与他们交流,培养了与他们的感情。现在,他们的醒悟打破了平衡,对毛有利。这次会议的情况表明,周恩来增加了他意见的分量,政治局剩下的大多数人也都倾向于后一种意见。博古的意见被否决。他们决定以贵州第二大城市遵义为中心,建立一个新的根据地,如果这个方法实行起来有困难,那就进一步扩展到黔西北。

毛没有发表他全部的看法。在策略上,决议往往显得更公正。这个决议告诫了要防止"对于自己力量估计不足之悲观失望的失败情绪"①——这也含蓄地涉及到湘江战役的失败,与因此而对博古、周恩来与李德三人小组的军事路线的批判。它也用同样的语调,命令部队在新根据地得到安全保证之前,控制大规模的战争。但决议也谈到了游击主义的危险,这是涉及到毛的"灵活机动"的游击战术的代名词。

第二天,12 月 20 日,红军再次开始行军。博古与李德的地位已被致命地削弱了。

12 月 31 日,部队得到命令,在乌江南岸一百多里的一个叫猴场的小镇停止前进,这是他们到达遵义之前的最后一道自然屏障。那天晚上,政治局委员再次集中。李德提议对方已得到情报,正在包围红军的三个军阀部队进行抵抗。红军的军事首领们提醒他,他们在黎平已经同意避开大规模的、有意识的军事行动,把建立稳固安全的新根据地放在第一位。一场激烈的争论持续到很晚,李德的军事顾问一职被挂起来了。强调变化的重要性——政治局果断地通过了这一点,它包含了毛的基本原理之一,即前两年被人们忽视的"不要错失良机",表明:"不失时机地求得在运动战中各个击破敌人,来有把握地取得胜利。"

---

① 1995 年黎平纪念馆展出了该决议的全文。

形势已经改变了。原有的三人团统治的链条已经断裂，一个临时议案被定下来，就是所有重要的决定"军委必须在政治局会议上作报告"。老战略已被抛弃，必须创造出新办法来取代它。新年的凌晨4时政治局一致同意在遵义召开一次政治局扩大会议。会议有三项任务：反思过去，总结以前的错误，为未来制定方针政策。

最后一决雌雄的舞台拉开了帷幕。

邓小平当年30岁，一个矮矮的小胖子，光头。青少年时代在巴黎，他已经学会了怎样办报，为中国社会主义青年团巴黎支部定期出版时事通讯。他利用特有的条件，在蜡纸上用铁笔和滚筒，不用墨汁，而用烟灰和桐油来印刷。他作为一名报界人士的名声已经大起来。现在，他是红军报纸的编辑，那是一种绝对粗劣的、油印的单面印刷物，名为《红星》。

1935年1月15日出版的报纸①，描述了遵义城的老百姓是怎样欢迎共产党的军队的，他们没放一枪就夺取了遵义城，前行的卫队谎说自己是当地军阀的一部分，劝说城防人员打开了城门。另一些文章用激动人心的词语描述了"群众心中的红军形象"，并且记载了建立革命委员会管理这座城市的事。

任何地方都没有一点细微的暗示，政治局可能要在这里举行其历史上最重要的会议，邓小平出席了这一如此机密的会议。在高层领导们几乎一个月以后才再次开会决定他们将怎样发布这一消息之前，一些资格较老的党员干部对这次会议的内容也一无所知。②

那天晚上，20个男人聚集在那座深灰色砖砌的二层小楼③的楼上，房间相当大，长方形，四周是没有廊柱的走廊。这座小楼在此之前是遵义的一个小军阀的家，现在周恩来和那些军事指挥官们用它作为指挥部。博古和李德的宿舍就在附近。沿着一条通往罗马天主教大教堂的小巷往前，有一座庄严华丽

---

① 1995年1月在遵义纪念馆展出。

② 遵义会议的许多细节在汉学家之间仍然存在着争论。杨炳章：《毛在权力之路崛起的一步——遵义会议》，载于《中国季刊》第106期，第235—271页；和托马斯·卡姆佩恩：《遵义会议和毛在通往权力之路上的更进一步的崛起》，载于《中国季刊》第117期，第118—134页，提供了绝大部分已公开的会议记录。也可参见《遵义会议资料选编》，贵阳，贵州出版社1985年版；和李德：《中国纪事》，第94—108页。

③ 会议地点现在是一个纪念馆，也是毛曾经逗留过的房子。索尔兹伯里（《长征》，第118页）完全误解了领导人们的住处，指出："博古和李德是单独居住，没有与其他人住在一起。"事实上，博古和李德住在离中国共产党总部不到100码的地方。毛、王和张则住在离小镇较远的另一边。

的建筑,它有三层形状奇特的屋顶,坐落在花园之中,是一幢极具中国艺术风格的建筑,保卫最高层领导的特别卫队就驻扎在这里。毛与他的两个同盟者,张闻天与王稼祥,以及六个年轻的警卫战士,住在另一个军阀的房子里。那房子在遵义城的另一边,没有艺术的外形,只有一些木制品和彩色玻璃窗。他们到达以来的一个星期,毛已仔细检查了军队给养。现在,一切准备就绪,两边都已做好战斗准备。用李德的话来说:

> 非常明显,他[毛]是要——进行报复……(1932年)在宁都,他在中央苏区政治和军事领导中的独裁统治被打破了……现在,他通过利用组织上和战术上的个别错误进行煽动,特别是通过臆造论断和诽谤陷害等手段,有可能实现他多年来派性斗争的目标了,这就是贬低党的领导,消除总书记博古的影响,完全恢复自己的名誉,并把军队重新"抓在手中",从而使党服从他的意志。①

举行会议的房间小而拥挤,从这里可以俯瞰到内院。屋子中间,一个发光的炭火盆,在遵义城冬季潮湿阴冷的空气中散发微弱的光和热。王稼祥与其他几个受伤的人伸手伸脚地躺在藤榻上。李德和他的翻译远离人群中心,坐在靠近门口的地方。

党的领导博古出席会议,作了重要报告。他争辩说,中央红色根据地的丢失和紧随其后的军事上的灾难,都是不可避免的,不是政策有错误,而是敌人力量势不可挡,并且国民党已得到帝国主义列强的支持。

周恩来紧接着发言。他承认出现过的错误。

这时候,毛开始进攻了。李德40年后还记得,他并非像他通常那样即席讲话,而是有"详细拟定"的底稿。毛说,根本的问题不是敌人力量过于强大,而是共产党已经背离了那条最基本的"灵活机动的战略战术"的原则,依靠这一原则,红军[在过去]取得了胜利。换一种说法,这个原则,就是他和朱德曾经发展的"灵活的游击战术"。他声称,如果用了那种战术,国民党的包围很可能被击败。但命令红军打一种防御性的阵地战,建设堡垒以反击敌人的堡垒,徒劳地尝试保存"每一寸苏维埃土地"却分散了它的力量,并且放弃了运动战。毛还说,暂时放弃一些地方是正确的,红军的实力不会受损,因为他是通过

---

① 李德:《中国纪事》,第96页。

军队——而且只有军队——那些地方才能夺回来。①

毛把这些指责果断地放在李德面前。他说,这位共产国际的顾问把错误的战略强加给红军,他的"拙劣的领导方法导致了军委内部极其反常的现象",并且提到李德的虚张声势的独裁作风,说这一切引起了广泛的不满。至于博古,毛宣称,他没有发挥作为一位政治领袖的影响力,对军事路线上的错误未加制止。

当毛坐下时,王稼祥发表了反对李德路线的激烈的长篇演说。张闻天紧随其后。另一位曾在莫斯科受过培训的领导何克全(凯丰)一跃而起,站出来为博古辩解。出席会议的其他人,例如陈云,他以前是个印刷工人,在上海时与周的关系密切。尽管陈云没有军权,但他是政治局常务委员会成员,他的看法是有分量的。而那些陆军指挥官们,他们的部队已经因"三人团"的错误付出了惨重的代价,因而他们毫不犹豫地站在毛一边。彭德怀,一个脾气暴躁的、赤诚坦率的将军,在他的生命中他只考虑两件事:共产主义事业的胜利与他的人民的幸福。他把李德比为"崽卖爷田心不痛"——这又涉及到根据地的丢失,为此,彭已付出了如此多的时间与鲜血。

李德自己稳稳地坐在房门口拼命地抽烟,他的翻译,渐渐地变得焦虑不安,并且被眼前的情况弄糊涂了,他努力翻译他们说的是什么。当李德最后说话的时候,就是拒绝所有的指责。他说,他只不过是一个顾问,应该对政策负责任的,是中国的领导,而不是他。

这不真实。20世纪30年代,在斯大林领导下的共产国际的代表,甚至一个顾问,都具有特别的权力。不过,他的话里也有一些真实的成分,李德在军事方面没有最后的发言权。那要由周恩来最后拍板。

会议第二天,周再次发言。这一次他承认军事路线"原则上是错误的",进行了冗长的自我批评。后来人们指责三人小组中周的两个同事是"极坏的领导"。李德被指责为"对待战争像儿戏","包办了军事委员会的一切工作",不是通过说理而是采用一切可以利用的惩罚方式去压制与其相左的意见。博古被指责为犯有"一系列政治错误"。而周未受一点指责,甚至于最起码的简单的书面表示也没有,他达到了短时期的目的:当三人领导团正式瓦解时,他接

---

① 毛的讲话全文没有被保存下来,但会议通过的对决议的两点说明显然是依据毛的讲话作出的(杨炳章:《毛在权力之路崛起的一步——遵义会议》,载于《中国季刊》第106期,第262—265页;陈志让:《遵义会议的决议》,载于《中国季刊》第40期,第1—17页)。

管了"三人团"的权务,得到一个冗长的头衔,"党内委托的对于指挥军事下最后决心的负责者"。在这次权力瓦解中,他的作用已经超过了遵义会议之前的职务,那个职务已经悄无声息地被省略掉了。指责"笨拙的"三人团的决议减缓了激烈程度。在提到"纯防御政策的领导们"时,在一个场合提到"李德与其他一些人",但没有写明这"其他一些人"是谁。周的名字只有一次被明确地提到,那是紧随博古的报告之后,"周作了副报告"。

毛的名字进入了政治局常务委员会,而且变成周的首席军事顾问。这或许可以看做是,毛在野的两年时间的小小的补偿。但是,就像中国常有的那样,这些决议的精神被认为远远超过了它字面上的意义。甚至连李德也承认,"大多数人在会议上"一致同意毛。在精神上,毛的目的已经实现了。

随后几个月,这种精神被赋予具体内容。2月初,毛的伙伴张闻天替代了博古,担任了党内领导的职务。一个多月后,设立了前线指挥部,朱德任前敌司令员,毛任政委,有效地调整了周权力范围内的大部分实权。不久以后,由周、毛与毛的伙伴王稼祥形成了新的三人指挥小组,博古的权力失去得更多。初夏,当红军成功地渡过金沙江、进入四川时,毛已经使他自己成为无人可竞争的领袖。

前面还有其他的斗争。直到八年多以后,毛才最终成为党中央主席,主席这个名称,他一直保留到去世。

遵义会议 26 年后,1961 年春,毛乘坐他的私人专列途经他的家乡湖南省。

那些年对他而言似乎很好。人们奉承和赞美他为"中国伟大的舵手",这位老人,体形肥胖,他作为古往今来世界上人口最稠密的国家的无可置疑的统治者与清教徒似的全世界革命的旗手,他的圆圆的脸庞正安详地注视着天上地下。

处于权力顶峰的毛已变得十分孤立,他的一举一动都是由随从和党的高层为他设计。他的行为受到崇敬,他的每一句话都被视为语录。的确,中办已责成有关人员来确保毛说的每一句话都有录音。毛本人对此一无所知,直到专列上一位技师漫不经心的一句话使毛警觉到这个事实:在过去的 18 个月中,连他私生活的谈话都被他的同事秘密窃听。4 年以后当"文化大革命"最初的政治动乱开始搅乱党内统一的表面的平静时,毛的那些同事们已经在作更深入的思考,是什么原因导致他们批准了那些秘密录音。

在某种意义上,他们的动机是完全清白的。那六个人与毛组成了中共中央政治局常务委员会,是有 2000 万党员的党的最高领导层,他们都是遵义会议时候的老干部。到 20 世纪 60 年代初,他们发现主席已经越来越难以理解。他们要想提前知道他在想些什么,以便提出告诫,只是为了提防让人注意到中国政治路线的突然变化,或者提防他随意对一个外宾提起。杨尚昆,另一位遵义会议时代的幸存者,他已成为中央办公厅的首领,他决定以录音机这种现代技术形式,来提供毛的一言一行,以便采取相应的对策。毛已达到如此崇高的地位,以至于必须要维护他的每一句话。但是,这也反映出中央政治局中的一种心神不宁的忧虑意识,这种意识已经在主席与他的下级之间发展,这些下级全都是现在的一些领导人。

精神断层导致一种意识形态和政治上的分裂,这种分裂在 20 世纪 60 年代还没结束时就以突发的打破传统习俗的恐怖震撼了全国,摧毁了遵义会议所拥护的观点。

20 世纪 60 年代的斗争比 30 年前的那次斗争显得更复杂。不足为奇的是,在遵义危如累卵的,是 3 万乌合之众的军队的领导,这 3 万人显然在中国政治的外围正面临化为乌有。在北京,这次斗争是为了控制住不久之后将达到 10 亿多人口的国家。而程序是相同的。在更早的场合,毛自己就琢磨出它们:

在不利的情况下,我们要拒绝……战斗,把我们的主要力量撤回到远处,把他们转移到后方或敌人的侧翼,并且秘密地集中起来,引诱敌人由于疲劳与困乏而犯错误,暴露出他们的弱点,并且把他们弄糊涂,因此,我们自己能够在最后的决战中赢得胜利。[1]

“战争就是政治,”他后来写道,“政治是另一种意义上的战争。”[2]

---

① 杨炳章:《毛在权力之路崛起的一步——遵义会议》,载于《中国季刊》第 106 期,第 263 页。

② 此话出自列宁(和克劳塞威茨)。毛在 1938 年把它作为他一篇论文《论持久战》(《毛泽东选集》第 2 卷,第 152—153 页)中的一个主题。他是这样说的:“战争就是政治……政治是不流血的战争,战争是流血的政治。”

第一章

儒门少年

　　毛出生于湖南韶山农村的一个农民家庭,是在冬至以后几天出世的。冬至是仲冬的一个大节日,那一天,在遥远的北京,光绪皇帝被簇拥在庄严的队列中,到天坛去完成祭祀大典,以感谢苍天保佑下一年也平安地过去。按照老历法,毛出生的那天是农历蛇年十一月十九号,公历 1893 年 12 月 26 日。

　　他们家严格地遵循惯例,就是说,作为长子,他出生后三天才洗澡。请来一个算命先生给他算命,毛的八字显示出他命中缺水,他的父亲因此给他起名为"泽东",因为"泽"的意思就是"润泽",根据湖南占卜的经验,起这样的名字可以弥补水的不足。这标志着在儒家与道家民间宗教仪式中一个人生命的开始,伴随这一开始,中国农民在长长的岁月中反复体验了他们生存的艰难,围绕这一开始,也给严肃的儒家学说增加了一点儿色彩与兴奋,他们的生活在变化,社会也在改变。四个礼拜以后,这个小孩的头发被剃掉,只留下中间长长的一小簇,这表示"抓住了他的生命"。出于同样的目的,有时候,有的人家会花几个铜板,买一个小小的银锁,用红线系在他的脖子上。还有的人家,把剪下的头发与狗毛混在一起,然后缝进小孩的衣服,这样妖魔就会把男孩当成动物,也就不骚扰他了。还有的家庭让男孩带上耳环,妖魔便以为他是不值得搭理的女孩,这样他就能顺利地长大。

　　按照那时的标准,毛的家境并非十分好。他的父亲毛顺生,17 岁时被迫到湘军的军队中当兵,五六年间积攒了一小笔钱,他用这笔钱买了地。到毛出生之时,这个家已拥有 15 亩多水稻田,在湘潭县里,这是真正的财产,而这个县在中国水稻产量最高的省份之一——湖南省中,也以最富有、土地最肥沃而闻名。毛的父亲是个节俭的人,他节攒下每一个铜板,后来又买了一块地,并雇了两个农民。他每天定量供给他们饭吃,每月加一次餐,即一盘煮好的米饭与一点鸡蛋——但从没有肉。①

他的吝啬从毛很小的时候，就扭曲了毛对他父亲的印象。毛后来率直地回忆："对于我，他既不给肉也不给蛋。"尽管总有足够的东西，他家吃得还是很节省。对像毛这么小的孩子，这种吝啬的印象因混合了缺少父爱、缺少他母亲那样的温情与优雅而显得更为突出。这使他父亲的优点——专心致志的魄力与决心——相形之下黯然失色，而这些，后来在毛自己的生命中非常充分地表现出来了。当他还是个孩子时，他就逐渐看出他家像是分成了两个阵营，他母亲与他是一个阵营，他父亲与其他人在另一个阵营。

吝啬与冷酷无情的结合，不久就把他父亲磨炼成韶山最成功、最富有的人之一。韶山那时约有300户居民，大多数都姓毛，毛姓是个占统治地位的大家族。

那时候，湖南的农民家庭，如果有十来亩土地与三间房子，那就是很不错的人家。毛的双亲所有的，比这两倍还要多，他们建造了一座大而杂乱无章的农舍②，灰瓦屋顶，飞檐，旁边就是梯形稻田，像瀑布似的翻滚到谷底。屋后是一片松林，前面有个荷塘。毛自己有间卧室，这几乎是前所未有的奢侈品。毛大一点的时候，他晚上常端坐读书到很晚，一幅蓝色窗帘挡住了他屋子里的油灯，这样，他父亲就看不见他在点灯读书。后来，他的弟弟们出世后，他们也都有属于自己的房间。他父亲的财产总计2000或3000银元。这"在那个小村庄是一笔巨大的财富"，如同毛自己承认的那样。③ 更确切地说，还应扩展到他父亲所拥有的土地，他还以抵押的形式买了其他农民的地，这样，他间接地变成了地主。④ 他还从本村贫困农民那里买来稻谷，再把这些谷子运到100

---

① 有关毛幼年时代的主要资料来源是他本人在1936年夏他42岁时对埃德加·斯诺的自述（斯诺：《红星照耀中国》（修订版），伦敦，佩利坎图书公司1972年版，第151—162页）。第二手资料的来源是在毛20岁左右成为他亲密朋友的萧氏兄弟的著作（萧三：《毛泽东》；和萧瑜：《毛泽东和我曾是乞丐》，纽约，锡拉丘兹大学出版社1959年版）。萧瑜书中关于毛早年生活的部分似乎大都是虚构的。李锐撰写的半官方传记（《毛泽东同志的初期革命活动》）中有关毛的童年的部分则是依据了毛向斯诺讲述的他对自己童年时代的回忆。

② 这所房子有一个传统的厢房，这个厢房是后来加盖的三间房，由毛的父亲雇来的一个工人的一家人住着。

③ 按照毛说的数字，当他家有2.5英亩土地的时候，每年可以从农田中得到一笔至少50银元的现金收入（剩余的25担稻谷，每担能换2个银元的现金），后来可能更多。在粮食短缺的年份，他们也许能挣到这笔数额的二至三倍。这笔收入是以他父亲贩运稻谷的生意赚取的利润和他以抵押的形式买其他农民的地所赚取的收益为补充而增加起来的。

④ 1968年7月，毛泽东在同红卫兵的一次谈话中明确承认了这一点，他说："我那个父亲也不高明，要是现在也得坐喷气式。"（《毛泽东思想杂录》第2卷〔JARS（联合出版研究中心）—61269—2〕，维吉尼亚，阿灵顿，联合出版研究中心1974年2月版，第389页）

里外的湘潭县去卖。湘潭县,散乱地聚集了数百万人,由于它位于湘江岸边,因而是湖南省茶叶贸易中心与重要的物资集散地以及金融中心。湘江是湖南最大的航道、重要的商业大动脉。从韶山到湘潭,沿着那条车马轧成的泥土路,乘牛车要两天时间,尽管搬运工人能背上 80 公斤的商品,以步代车地走到县城。

虽然毛很可能抱怨他父亲的自私,但他自己也继承了父亲节俭的生活方式。遍观他成年生活,至少要涉及到一些他个人隐私的地方,如果他的旧衣服能补好再穿,他是极不情愿去买新衣服的,他在这一方面很出名。

他一直固执地保持了他幼年时代的朴实。[①] 一方面,他蔑视常规,另一方面,他又根深蒂固地保留了农民的习惯。无论在哪儿,他身体的活动方式都明显地比他的思想观念要更出自本能。中国人作为一个民族永远不被自然作用打扰,而这种自然作用却能把英国萨克逊人改变为吹毛求疵的人。中国孩子们与这个国家大部分人都被教育说,小孩要穿开裆长裤,这样可以自如地下蹲,随时解决他们的"内急"问题。成年人使用的公厕里,大家都毫无遮掩地解决问题。毛似乎永远不屈从西方的生活方式,不习惯使用西式坐式冲水马桶。这是战争年代的事情。他同样对西式床不感兴趣,坚决要求一生睡在坚硬的木板床上。

毛六岁时,开始像那时的其他孩子一样,在田里帮忙做一些小事,中国农民总是把老人和小孩留在家里,照管牛、鸭等,做一些小事。两年后,他父亲送他进了农村的私塾——这是一个重要决定,他父亲为此一年要付四五块银元,这大约等于一个劳动力六个月的工资了。

除了那些非常富裕的家庭,19 世纪中国所有的人家,每个家庭的梦想就是有一个儿子,他能接受传统的儒家思想教育,在科举考试中获取荣誉和声望,这样一来,就有登上仕途,"挤"进社会的机会,这是必须的,也是值得夸耀的。用那时候一个对中国最有同情心的西方评论员的话来说:

> 教育是通往荣誉和报酬的一条堂皇的路,国家必须设置它,依靠

---

① 埃德加·斯诺在 30 年代就注意到了毛有"农民的个人习惯"(《红星照耀中国》,第 112—113 页)。毛的前卫士李银桥则把他描写成为"一个土里土气的人"(权延赤:《走下神坛的毛泽东》,第 90 页)。

教育，一个年轻人头脑中最原始的希望，甚至于是比以往任何时候都更无法无天的想法，最终都能实现。在西方，一个人在他成名之前，有许多路可以使他走向显赫，最终占有一个显要的位置，诸如国会议员，政府部门的领导职务。在中国，对一个人来说，这些路很窄，他仅有一条，就是从学堂里走出来……每一个小男生都可以自负地宣称，装进他书包里的可能是一个总督的职位……当他无拘无束地到达国会的时候，他可以统治二三千万人。①

梦想也只是对少数人而言。大多数人太穷了，他们甚至只能达到第一步：学习读和写。

毛的母亲文七妹，字面上的意思就是"第七个妹妹"。农民的风俗，那时候不给女孩起名字，一般是按照她们出生的顺序称呼她们。毛的母亲对毛抱有许多梦想。她比丈夫大三岁，是一个虔诚的佛教徒。伴随乡村寺庙里那些稀奇古怪的菩萨像，它们由于尘垢和烟熏而变黑，由于焚香的气味，空气沉重，她灌输给儿子的，就是农村寺庙的神秘。后来，当毛作为一个青少年，对这种信念开始动摇时，她黯然神伤。

毛的父亲没有梦想②。他的理想，也是他那种小地主的典型理想，就是变得更加务实。他自己几乎没有什么文化，只接受过两年教育。他希望儿子能学得更好，而这是出于精确的务实的动机：学会给农作物记账，那以后，再到湘潭给一个粮商做学徒，再后来，接管家务，在他父母年迈时，支撑家庭，赡养父母。

这或许也是一条冠冕堂皇的路，但是，在满清王朝统治的最后那段时期，私塾是个令人讨厌的地方，因为它抑制了那些最大胆的思想。私塾是一座单独的房子，赤裸的泥砖墙，砸平的泥土地，冬天没有一点热气，夏天暑热难当，中间有一扇门，每一面墙的上方有两个小洞，算作窗户，微弱的光线就从那儿射进阴暗的教室。学校在2月份开学，那是农历正月十七，元宵节后两天，那时候，中国农历新年的节日气氛已经结束。开学那天，每一个小男孩都等在教室门口，他们带来小桌子小凳子，毛也从家里带来了。通常私塾里有二十来个

---

① 瑞夫·约翰·麦克格温：《中国人一生中的起与落》，上海，字林西报和北华捷报出版社1909年版，第57—58页。

② 威廉姆斯的《中央之国》（修订版）第1卷第542页上写道："商人、手工业者和乡村士绅……都把他们的儿子送到商店或账房，一方面学习一些算术知识和信函的书写格式，一方面也学习一些经营之道；他们在学校学习的时间最多不超过三四年，除非他们想参加科举考试。"

小学生,像毛这样七八岁的年纪是最小的,最大的学生已十七八岁。他们都穿着同样的、宽松的中式对襟短上衣,前面有一排布扣子,衣料是蓝色的家织布,以及同样质地的宽松下垂的中式长裤。老师坐在一张桌子后面,前面放着砚台和滴水瓶,一个小小的陶制茶壶和茶杯,记录每个学生出勤情况的竹筹码,还有一根竹鞭。按照惯例,教师绝对不应对学生露出感兴趣的迹象,也不能对学生略表同情,以免危及到师道尊严,因为师道尊严是至高无上的。

毛的老师是刻板的。他属于那种"对学生要求苛刻的人"的一类,毛还记得这一点。学生们学会了敬畏那根老师频繁使用的竹鞭,以及他的那块"焚香板"——一块长条木制洗衣板,学生被罚双膝跪在上面,手拿一根香,直跪到香烧完为止。

如果说,物质条件是这样令人沮丧,那老师的教学方法就更单调乏味。没有图画书来刺激毛和他的同学们的想象力,没有简单的故事来吸引他们小小脑袋的注意力。有的只是他们必须服从生搬硬套的机械的学习制度,这种学习体制代代相传,两千年来几乎没有变化,这种制度的指导原则是:使知识被精英垄断,使学习知识变得异常艰难。

在毛那一代小孩的手上出现的第一本教科书是《三字经》[①],之所以有这样的书名,是因为它有365行,每一行有三个中国汉字。这是13世纪时写出来向年轻人灌输儒家思想的书,打开书的第一页就是:

人 之 初 , 性 本 善 ,
性 相 近 , 习 相 远 。

这本书到了15世纪,注释者又加上了:

此立教之初,发端之始……天之所生谓之人,天之所赋谓之性,秉彝之良谓之"善"……"性相近,习相远"享人和生时,智愚贤不肖皆同,此性本相近而无别也。及乎知识渐开,气禀各异……秉彝之善性不既大相远乎……惟君子为能有养正之功,而不使幼稚之性移于不善也。

在任何情况下,这些东西对一个八岁的孩子来说,都太沉重了。况且,掌

---

① 《中国人的知识宝库》第4卷,广州1835年7月版,第105—118页。

握如此深奥的形而上学的概念体系，又增加了另一种更基本的障碍。

教科书是用大号字体印在那种易坏的毛边纸上，一页十行。老师首先叫一个学生到他的桌前，复述一遍他刚才讲的那几行内容，直到学生记熟为止。然后叫下一个学生上来，直到全班所有的学生都叫来检查一遍为止。每一个小孩复述后回到自己的桌前复习他先前学的内容。老师根据各人的情况，把问题写在一张薄纸条上，学生就对照纸条上的问题复习自己学到的知识。但是，不是无声的：

> 在老师说可以有声以后，每一个[学生]都在喊叫中度过他的这一段时间，他们竭尽其能地大声读，既表示不是在偷懒，也让老师听到他们读的声音是否正确地表达了内容。当课文已经"学会"的时候，也就是老师告诉他们可以狂闹的时候。这时，他背向老师站着，用响亮的、唱歌般的声音背诵课文，直到背诵完毕，或者是背完他所记得的，当他的声音从响亮的高音一下子降低时，就像是 6 月的甲虫撞到死墙上，下面的东西背不出来了。[①]

当每一个小学生用他自己的时间温习功课时，其结果就是一种莫名其妙的不和谐的嗓音，所谓的"不和谐"，不仅是对他人而言，也是对他们自己而言。在许多情况下，中国汉字的意义并不直接从它们的外形上表示出来，老师不解释任何一行的含义是什么：他只是要求学生们一行行地背诵，或者整页整页地背诵课文，背诵他们学的那些汉字，他们听到的那些读音。

全部六本书都必须用这种方法熟记。《三字经》以后，是《百家姓》，这本书用一种随意的、连续不断的顺序，把现有的 454 个中国姓氏编列成表；《千字文》，它是公元 6 世纪编成的，由 1000 个汉字编成四言韵文，其中没有重复字；《幼学琼林》，具有学习和认知上的重要价值；《孝经》，是孔夫子自己编的，并且注明的日期至少是 4 世纪以前，《孝经》详尽阐明了孔府以及社会每个成员的义务。[②]

---

① 阿瑟·史密斯：《中国的学制》第 3 卷，东亚，上海 1904 年版，第 4 页。

② 作者此处所述"六本书"均引自《中国人的知识宝库》，广州 1835 年 7 月版。这些儿童启蒙读物流传的版本很多。《百家姓》的编列顺序并非随意的，成书于北宋时期的，则以"赵"姓为首。不同时期的版本，姓氏数也不同。《幼学琼林》是博采自然、历史、伦理、社会等方面的知识、典故编为骈语。《孝经》较为可信的说法，是孔门后学所编，汉代已列为七经之一——编者注。

这就像在只说英语的英国和美国，要求一个小孩用希腊语背诵《旧约全书》中的大部分内容。结果是许多中国人在完成了他们的学校教育以后，甚至连阅读都没有学会，更不用说理解比有限的字面含义更深刻的内容。

到毛10岁左右为止①，他的这段时间，全都用于从早到晚地熟记、背诵、抄写那些道德家说教的段落，诸如"业精于勤，毁于随"之类，并没有理解它们真正的含义。仅有的休息是节假日，假日平均一月一次，还有三个星期的农历新年假，学校那时会关门。

最后，老师才开始工作，他再次串讲课文，这时候，他才讲解课文的意义。

对于毛，也如同对毛那一代所有的中国人来说，这些文章和对文章的系统评注，连同毛接着研读的《论语》《大学》《中庸》和孟子著作的重要性，是无论如何强调都不过分的。这些书所包含的思想，系统地阐述这些思想的方法和价值，以及支撑它们的概念和观点，再加上他的平静的生活，这一切构成了毛的思维的基本模式，这正如在西方国家，同样确定的是，无神论者的思想特征和信徒的一样，是由犹太教和基督教共有的价值和观念来界定的。

学习这些古代经典，应该是单调乏味的，而毛很早就认识到那是极其有用的。儒家思想贯穿于中国历代知识分子的生活，先辈们的语录是争论与辩驳的武器——甚至于毛的父亲也承认这一点，那是在他家的一件诉讼案子中，由于他们的对手引用了适当的儒家语录，他家因此败诉以后。

此外，这些经典中有一些段落，毛在读它们时一定发现了其中包含的令人兴奋的东西，这些东西预示了他在人类权力的道路上将终生晋升：世上无难事，只要肯登攀。

这些教科书也强调了学习那些过去的、另一些儒家继承者的思想的重要性，这些思想对毛终生有益。这些思想的魅力，最初是随着《三国演义》、《西游记》一类的长篇小说中的历史表现出来的，小说中的英雄，猴王孙悟空吸引了无以计数的一代代中国人，而毛接近他是由《三字经》开始的：

> 载治乱，知兴衰，
> 读史者，考实录，

---

① 有关小学教育持续的时间，见威廉姆斯：《中央之国》（修订版）第1卷，第541页；麦克格温：《中国人一生中的起与落》，第66页；高达乐和程映湘：《共产主义在中国的崛起》（彭述之回忆录），第37页。据毛本人回忆：到他离开学校的时候，他已经读过《水浒传》和其他通俗的历史故事（斯诺：《红星照耀中国》，第153—156页）。

通古今,若亲目。①

更为广阔的意义是,毛从儒家思想中汲取了三大精髓,这三大精髓证明了
是他后来的全部思想体系的基本原理。这三个精髓是:第一,由每一个人与每
一个社团所组成的民族,必须有一个道德规范,如果没有儒家思想作为道德规
范,那就要有一些别的什么来代替它;第二,正确思想的首位是儒家所说的
"善",如果一个人的思想是正确的——不仅是字面上的正确,而且是道义上的
正确——那他的行为也一定是正确的;第三是自我修养的重要性。

毛自称不喜欢那些典籍,这给人以假象,而他却喜欢引用它们。在他以后
的生活中,他的谈话也常涉及孔子、孟子、道家思想家庄子、墨子以及其他一些
先秦思想家的语录,在数量上已远远超过了他所提及的列宁与马克思的语录。
古人的这些经典也成为一种思想,伴随着这些思想,他逐渐长大了,对于这些
思想,他比任何人了解得都要多。② 儒学遗产对他而言,至少已证明了像马克
思主义一样重要,在他生命的最后几年中,儒学再次上升到占优势地位。

毛在私塾读书时,继续帮忙在田里做一些零星小事,在他父亲的坚决要求
下,他学会了使用算盘,这样,当他晚上放学回家时,他可以记下每天的账目。

这个家也蒸蒸日上。毛两岁半的时候,他母亲生下第二个儿子泽民。③
她的其他四个孩子,两儿两女,都在刚一出世时就夭亡。1903 年,她的第三个
儿子泽覃出世,侥幸活下来了。不久以后,毛的双亲收养了一个小女孩,他的
伯父的女儿泽建。到 1906 年,他家已有六口人,还有一个雇工。于是,毛 13
岁生日过后不久,他父亲决定,他必须要全天工作。

毛与他父亲的关系比较紧张,尽管或许并不比他那时候的许多中国孩子
与他们的父亲的关系更紧张。后代孝顺是一种好思想,与他所有的同学一样,
毛是在一些从最久远的古代流传下来的关于孝顺的典范故事的熏陶中长大

---

① 《三字经》,北京 1979 年版(油印本),第 258—263 行。这里引用的译文是根据《中国人的知识宝
库》第 4 卷第 110 页翻译的。

② 直到 26 岁,毛才开始读马克思主义的书。

③ 露西安·派伊教授的整部书都是以此为前提的:即因他弟弟的出生而带来的失落感对毛成年以后
的性格和行为带来了决定性的影响。这一论据现在显然还在被使用,但它并不能解释为什么中国
其他头生的孩子(他们也因同胞兄弟姊妹之间的竞争而被剥夺了母爱)不能成为革命的领袖(露西
安·派伊:《毛泽东:作为领袖的男人》,纽约,贝斯克图书公司 1976 年版)。事实上,没有任何证据
表明毛受他弟弟出生的影响比其他正常的孩子更多。

的。那些故事中的儿子都是能向他们的父母表示他们的献身精神的：汉代的董允，卖身为奴，所得之钱用来葬父；余歉奴（音）吃下垂死的父亲的大便，希望老人的生命可以因此得救；还有一些更牵强附会的故事。在理论上，一位父亲有权把不孝的儿子置于死地。而在实践中，所有这些违反常规的行为都受到赞美。

"'孝'这个词有错误的导向，我们不要被它欺骗，"一位19世纪末的美国传教士写道："我们所有有些知识的人都知道，中国人的儿子是最不孝的，从他们能够获得自己的需要那时候开始，他们就以自己的方式表现出对父母的不服从与固执。"[1]

毛的情况，也一定如此。而他指责他的坏脾气的、吝啬的、过分严厉的父亲经常打他和他的弟弟，甚至有时候他的理由很清楚，指责也都落在他身上：

> 有一次我父亲请了许多客人到家里来；我们两人在他们面前争论了起来。父亲当众骂我懒而无用。这激怒了我。我骂了他，就离开了家。母亲追上前来，竭力劝我回去。父亲也赶来，一边骂一边命令我回去。我跑到一个池塘旁边，恫吓说如果他再走近一步，我就要跳下去……父亲坚持要我磕头认错。我表示如果他答应不打我，我可以跪一条腿磕头。[2]

毛忘了提及，他反抗的是一次正当的教育，因为一个13岁的孩子，当着许多客人的面与父亲争吵，其结果一定使这一家大失脸面。

若干年后，毛描述了这样的体验，他像是从中学习了反权威的造反的价值："我从这件事认识到，我如果公开反抗，保卫自己的权利，我父亲就软了下来；可是如果我仍温顺驯服，他反而打骂我更厉害。"

那些最强烈地打动你的东西往往是最基本的平凡的事物。毛深爱着他的母亲——她"是个仁慈的妇女，为人慷慨厚道，随时都愿意接济别人"，试图创造和平安宁。他的父亲，愤怒而易受伤害，总是迟钝地、莫名其妙地想补救所造成的处境。毛自己，难于管束的、倔强的孩子，而又需要大人指引。在这对父母与十岁儿子之间，简直不具有典型性的联系。

---

① 史密斯：《中国人的特性》，第202页。
② 斯诺：《红星照耀中国》，第154—155页。

到毛再长大一点的时候,家里的气氛依然不好。他父亲仍旧唠唠叨叨地骂他,不断地挑他的毛病,他变得越来越孤僻。① 以后,又是他婚姻失败。14岁时,他父母给他订婚,依照当地保留的风俗,给他找了个大他6岁的农家女儿。这就等于是给他家的农田增加一双额外的好帮手②,也能使这个家的子孙后代得以延续。交换彩礼,男方给女家聘金——在那时是一笔不小的数目,包括婚姻、嫁妆,总计达这个家庭一年的收入——那个年轻的女子,罗小姐嫁到他家来了。但是,毛拒绝进新房,他有自己的原因:伴着她,他永远睡不着;他"向她提了自己的小小想法",并且不把她看做自己的妻子。③ 不久以后,他用离家出走的方法来解决他的这一问题,与一个失业的学法律的大学生朋友住在一起。

有关这一段生活的小插曲,毛很奇怪地缄口寡言。他父亲大发雷霆,不仅是因为浪费了钱,还因为毛用如此恶劣的蔑视社会习俗的行为给这个家带来了耻辱。他还说,期待中的随之而来的争吵与反驳,他都没什么可说。别人也不知道,对罗小姐来说发生了什么事。一个建议提了出来④,她留在毛家作为管家,或者成为毛父亲的小妾。不管是这个原因,还是其他原因,毛的母亲最后离开了韶山的这个家,回到湘乡老家的农村,与她的兄弟们住在一起了。⑤

中年的她,在长期生病以后去世了。毛在母亲的葬礼上,发表了激动的讲话(实际上是《祭母文》),发泄了他在这些事情上的心酸,在这个讲话中,他还单独用非常隐晦的语言提到他的父亲:"恨偏所在,三纲之末。"这三纲的最后

---

① 关于这一点,最有力的证据是毛的自述,即让他父亲沉默的唯一的办法是,保证不让他抓住把柄,以免受到批评。同样的事情在其他地方也有暗示;其中一个办法是,毛用他父亲"喜欢责备"他的办法,引经据典地来反驳他的父亲。

② "媳妇被看成是全家的仆人,这就是她最恰当的地位。而要找仆人,很显然就是要找一个强壮的和发育好的人。"(史密斯:《中国人的特性》,第292页)

③ 斯诺:《红星照耀中国》,第172页。毛自己轻描淡写地说:"我14岁的时候,父母给我娶了一个20岁的女子。"但是在那时,结婚并不仅仅是单独地举行一个仪式,而是有一整套的步骤,首先是交换生辰八字和选择黄道吉日。接着是由新娘、新郎的家庭交换礼物和聘金。最后,只有当新娘进了婆家的门,在那里住下来,和她的新丈夫喝交杯酒,并且和他一起拜完了天地和祖先的牌位之后,这对夫妇才能被认为是结了婚(20世纪90年代,这样的仪式在中国的农村仍然沿用着)。

④ 口述资料,1999年5月在韶山的采访。(《毛泽东年谱》上卷,记述毛泽东1907—1908年的生活为:"由父母做主,娶罗氏为妻。不久,罗氏病逝。"——编者注)

⑤ 1915年6月,毛对萧瑜说,他暑假不太想回家(施拉姆:《毛通向权力之路》第1卷,第62页);萧瑜本人在谈这件事的时候写道:"毛对他的家没有热情"(《毛泽东和我曾是乞丐》,第84页)。她第二年就生病了(施拉姆:《毛通向权力之路》第1卷,第92页),似乎是在1917年的秋天回到了湘乡。到1918年8月,毛在写给他舅父的信中说:"家母在府上久住,……感激不尽。"她于1919年的夏天到长沙治病(施拉姆:《毛通向权力之路》第1卷,第174、317页)。

一种就是丈夫和妻子的结合。那天，毛在葬礼仪式上当着他父亲和所有亲戚的面，使用了这种指控，可证明他与父亲之间的敌意有多深，并且不愿原谅他。30 年代在保安会见美国记者埃德加·斯诺时，毛还谈到他父亲，"我越来越恨他"，用了这样的言辞。

毛反抗父母给他安排的婚姻，并非没有道理，他怀疑他父亲要把他捆在田地上，而他已逐渐厌恶农村单调乏味的生活。从那时开始，他增强了决心，自己要独树一帜，过另一种生活。他开始再次读书，这次是在那个村子的私塾里读书，学校由一位更老的学究管理，这老先生是宗族里的老人。毛 15 岁生日后不久，他告诉父亲，他想到湘潭县去做学徒。实际上，他要到一个初级中学去登记注册。①

在这件事上，也像在许多其他事情上一样，他最终有了自己的办法。其后发生的一些事，显示出他父亲对这些事的另一方面的态度，在后来的生活中，毛对他父亲略有称赞。

那个老人始终如一地低估了他儿子的性格上的力量与棘手之处，于是，毛也不能辨别出这个吝啬人外表后面所隐藏的一个农民的骄傲与自尊。儒家思想内含家庭两代人是一个整体的观念，如果一个人的孩子成功了，他会认为自己的人生是成功的，他们的成功给他自己及他的祖先带来荣誉。毛的父亲或许没有受过什么教育，但他清楚地认识到毛就是这样的人，用他自己的话来说，就是"家里的'读书人'"，并且也认识到，在他们出生的这个狭小农村范围之外，毛有机会获得更大的成功。

以后十年中的许多时候，就是毛描绘的这个像贪婪的、吝啬的暴君，被他的狭隘的阶级偏见所蒙蔽的父亲，为毛付了学费和生活费，甚至一种情况已经变得很清楚的时候，就是他的儿子永远没有回家的打算，所以以后也不会带给他任何有实际意义的好处，他还是一直为毛支付学费和生活费。

这样重复不断地对父母的权力发起挑战的更早的一代人，他们不能得到社会的认可。但是，中国在变化。甚至在遥远的韶山，那些古老的、永恒不变的习惯也在瓦解崩溃。

变化是内在的腐朽与外部的压力共同造成的。乾隆皇帝曾用傲慢的语言

---

① 斯诺:《红星照耀中国》，第 157、159—160 页。这个学校在邻县湘乡，是官办的第一流的"高等小学堂"。

表示不考虑英王为贸易方便而做的第三次请求。他说："天朝……原不藉外夷货物以通有无。"那以后的一个半世纪中,世界上的权力平衡已经改变了。中国停滞不前,他的财富在残酷的叛乱与人民的动乱不安中源源不断地流失。欧洲,经过了工业革命,由于扩张政策而发展了梦想不到的权力与无法抗御的力量。二者之间的冲突是必然的。1840年爆发了第一次鸦片战争,在这次战争中,英帝国霸占了香港,并且被允许在上海和另外四个通商口岸建租界。在1860年爆发的第二次鸦片战争中,英法联军进攻到北京,外国的特权扩展到包括居住在首都的权利。

但是,英法联军没有进入湖南。在中国皇帝的全部臣民中,湖南人是最保守的,也最激烈地仇视外国人。"[他们]看来是中国人中独特的一类,[并且]……显出对中国其他外省人的不信任,"一位早期的旅行者叙述:"所有我所看到的与听到的东西都给予我这种感觉。"①摄政王、恭亲王宣称他们是"暴躁与好战的"②。湖南人公开夸口说:"满洲人不能永远征服他们。"③对外人来说,这是一个"封闭的省"④。当英国传教士格里菲斯·约翰在1891年到达这个省的省会长沙时,一群人用石头砸他。他写道:"像北京的紫禁城与西藏地区一样,这是迄今留在世界上的少数几个没有外国人可以擅自进入的地区之一。"⑤它可能是全中国最排外的城市,这种排外情绪由于一些官员的充分的认可,在一些学士文人身上也体现出来。还有一些早期的旅行者也受到"人民的愤激情绪"与他们的"难以对付的部署"的打击,这与在中国其他地方发现的那种"令人失望的冷漠"⑥形成鲜明对比。

已经到了18世纪,耶稣教会认为湖南是中国最顽固的地方,一个"最担心迫害"的地方。后来,在毛的祖父的时候,湖南发生过反对太平天国造反的斗争,太平天国运动绵延八个省,夺去2000万人的生命。长沙承受了长达80天的包围,后来自称为"铁门之城"。抵抗并非出自对皇帝的忠诚,而是因为长沙

---

① 奥沙利文:《1897年12月14日至1898年3月湖南探险旅行报告》,第2页。

② 《北华捷报》,1910年4月2日。

③ 奥沙利文:《1897年12月14日至1898年3月湖南探险旅行报告》,第7页。

④ 威廉·巴森兹:《湖南:中国一个封闭的省》,载于《国家地理杂志》第11卷,纽约1900年版,第393—400页。

⑤ 《湖南六周旅行记》,《北华捷报》,1891年6月12日、19日,7月3日、10日、17日。

⑥ 奥沙利文:《1897年12月14日至1898年3月湖南探险旅行报告》,第2页;皇家海军少校希尔曼:《关于中国湖南省洞庭湖和流经长沙、湘潭、常德三个主要城镇的湘沅河的航行报告》,伦敦,皇家出版局1902年版,第17页。早期的西方作家在对湖南人的个性的描写和把他们与中国其他地方的人作比较方面存在着惊人的一致,这一点十分引人注意。

的精英们把太平天国受基督教启示的教义视为是对儒家思想的反叛。曾国藩，成为毛童年时代崇拜的英雄，他击败了太平军。另一个湖南人洪大全，则是两个重要的太平军领袖之一。

"孤僻与冷漠长期以来都是湖南人的性格特征。"这是一个作家在19世纪末20世纪初写下的，"确实有些智力上的特征使他们逐渐给人留下深刻印象"。①这个省出了一大批朝廷的高级官员，也同样出了一大批改革者与革命者。

对外国人在自家门口的觊觎，中国皇帝一开始毫无反应。但到了19世纪60年代，号称自强的运动开始了。在"中学为体，西学为用"这个口号下，改革者论辩说，如果国家有了现代武器，就可以抵制侵略者的入侵，并且可以继续传统的儒家生活方式。但是，看来那也是行不通的，因为1895年，中国再次蒙着战败，增添了屈辱，这一次，它不是被西方列强打败，而是被它的亚洲同伴、直到那时中国人还蔑视的日本小矮子打败。三年后，一次改革帝制的尝试由年轻的光绪皇帝发起，但是，这次维新运动被以慈禧太后为首的保守分子毁掉了。国外已经在假设中国被列强瓜分的情况。这一结果还在伦敦的英国下议院讨论过，1898年，湖南与长江流域的其他地方，宣布为英国的势力范围。②以后又爆发了义和团运动，濒临死亡的政权最后一次抽搐。对于中外进步人士来说，这个古老的制度是没有活力的。它只能勉强维持到被最后打倒。

这件事也对韶山有点影响。人们在茶馆里交流新闻。茶馆那里有个布告栏，上面有个挡风雨的遮棚，官府的布告都贴在那里。从广东、四川重庆以及长江边的武汉来的商人们，来来往往都要经过湘潭附近的港口，他们带来了这些消息，就像中世纪的欧洲，商人们路上的闲聊。农民们听到的只是关于义和团的模模糊糊的谣传，这些谣传没有多少实际内容，都是外国压向中国的恐吓。甚至1908年光绪皇帝驾崩一事，这片农村也不知道，直到几乎两年以后，人们才知道。③

一个名叫郑观应的上海买办在甲午战争前不久写了一本书，书名为《盛世危言》，毛从他的表兄那儿借到了这本书，当他通读了大约14遍以后，才第一

---

① 《北华捷报》1910年4月22日。

② 一部分内容引自当时驻北京总理衙门的英国公使克劳德·麦克唐纳德1898年2月19日的讲话，第21—24页。

③ 高达乐和程映湘：《共产主义在中国的崛起》（彭述之回忆录），第42—43页；斯诺：《红星照耀中国》，第161页。彭述之比毛小两岁，他的家乡邵阳县铜锣村比韶山小，也比韶山偏僻，却并不比韶山闭塞。和他不同，彭回忆说，皇帝去世的消息几周内就传到了他们那里。

次意识到国家处于困境。这本书极力主张向中国介绍西方技术。书中对电话、轮船、铁路①的描述远远超过了一个农村少年的理解力,因为他们没有电学知识,农村里唯一的动力就是拉东西的牲口和人的肌肉。这本书激发了毛的想象力,他那时整天在田里劳动。毛后来说,这本书有助于他决定停止农田劳动,并再次开始读书上学。

郑观应谴责通商口岸的外国人对待中国人的态度。他提倡议会制的民主、君主立宪制、西方的教育制度和经济改革。

但是,这些观念印在毛的脑海中的印象,还比不上另一本小册子,这是他在几个月后通读的,这本小册子描述了中国被列强瓜分的情况。将近30年后,毛依然记得书中开头的句子:"呜呼!中国其将亡矣!"它论述了日本怎样霸占了朝鲜和中国的台湾岛,以及中国怎样在印度支那和缅甸失去了宗主国地位。毛的反应就是千百万爱国的中国青年的反应。"我读了以后,"他回忆道,"对国家的前途感到沮丧,开始意识到,国家兴亡,匹夫有责。"

这时候,对毛产生另一些重要影响的是,在清王朝腐败的时候日益增长的匪患和内乱。

毛喜欢造反者的故事,像长篇小说《水浒传》中讲述的梁山泊108个英雄好汉造反的故事,以及一些秘密社团与结义的兄弟会发誓为民申冤并保护穷人的故事,这些故事他第一次读到就入了迷。他在韶山的许多同班同学也贪婪地读这些故事,当老师走到他们身边时,他们就把这些书藏在那些儒家经典的下面。他们还与一些农村老人讨论这些故事,读故事,复述故事,直到把它们牢牢地记在心中。毛回忆:这些书大概对我的影响很大,因为这些书是在容易接受的年龄里读的。他永远没有失去对这些书的喜爱。

在形成毛的思想方面,更重要的影响,无论如何应该是1910年春,长沙发生的镇压饥民暴动一事,毛后来说这件事"影响了我整个人生。上一年,长江

---

① 从1897年开始,在长沙一个由省长开始使用的小型的、私人发电厂开始在长沙断断续续地发挥作用。到湘潭的电报业务也于同年建立起来,但这项业务受到了保守的乡绅的强烈反对,他们害怕电极会破坏了当地的风水。第一艘外国汽船——德国拖船福瓦尔茨号在1900年运抵湘潭。毛也许听到过有关这个"外国汽船"的传闻,但直到他17岁第一次来到这个城市的时候才见到这艘船。长沙到1910年有了电话设备;七年后铁路通到了这里。普里斯顿:《湖南省的进步和改良》第4卷,东亚,上海1905年版,第210—219页;《北华捷报》,1910年4月29日,第249页;希尔曼:《关于中国湖南省洞庭湖和流经长沙、湘潭、常德三个主要城镇的湘沅河的航行报告》,第3页;奥沙利文:《1897年12月14日至1898年3月湖南探险旅行报告》,第6—7页。

堤段两次缺口,洪水泛滥,淹没了湖南北部与湖北的大片稻田,第二次缺口破圩是那么突然,人民被迫逃荒,甚至来不及抢出他们的衣服"。一位在长沙的英国领事引用有关条款,反对那个省的巡抚限制粮食出口的提议。于是,一些领头的绅士们把饥荒看做垄断市场、获取丰厚利润的好机会。① 到4月初,粮价已达每斗140个铜板的现金交易,这是平时价格的三倍。② 来自该省内地的报告说,"人民吃树皮、卖儿救穷、路有饿殍、同类相食"③。

4月11日,住在长沙城南门的一个送水人与他的妻子自杀身亡④。一个同时代的人报告说:

> 这个人整天挑水,他的妻子与孩子乞讨,由于粮价如此之高,他们依然无法维持生计。一天,那个女人与孩子整日乞讨后回到家,没有粮食给孩子们做晚饭。她生起火,弄来一些泥,做了泥饼,并且告诉孩子,把这些饼烧熟了可以充作晚饭。然后她就自杀了。当那个挑水的丈夫回家时,发现他的妻子已经死去,他的孩子们正在烧当做晚餐的泥饼,这让他更觉凄惨,于是他也自杀了。

这一自杀事件激起一场暴动,那时的日本领事描述这场暴动"与一场战争毫无区别"。聚集在城南门附近的人抓住了巡警局长,然后,长沙绅士中为首的保守分子煽动了一批仇恨外国人的人,他们开始了日日夜夜的烧杀抢掠,他们进攻的目标都是外国人占据的地方——外国轮船公司,因为它的船在河里运送粮食,因此加重了粮荒,备受攻击;还有外国管理机构;外交使团;传播外国知识的西式学校。还不到第二天上午,暴动者的人数已达3万人,他们牢记自己的冤苦,反对中国当局,还把他们的注意力转向巡抚衙门,并放火把它烧为平地。另外17幢建筑,多数与外国人有关系,有的被占、有的被毁,许多艺

---

① 《北华捷报》,1910年6月10日,第616页;1910年7月1日,第23—24页;周锡瑞:《改良与革命——辛亥革命在两湖》,伯克利,加利福尼亚大学出版社1976年版,第130页。

② 《北华捷报》,1910年4月22日和29日。那时,一个工人每月45斤大米的定量合2个银元,最贫穷的劳动者一个月还挣不到1个银元,而且他们还得靠这点收入养家糊口。

③ 周锡瑞:《改良与革命——辛亥革命在两湖》,第126页。

④ 4月22日来自湘潭的报道,《北华捷报》1910年5月6日。汉口(武汉)也报道了相同的事件,《北华捷报》1910年4月29日。对这场暴动最好的、最全面的描述参见周锡瑞:《改良与革命——辛亥革命在两湖》,第130—138页。包括送水人自杀在内的事件也从当时日本驻长沙领事的报告中得到了证实。

术珍品被毁,公共设施被破坏。

当权者迅速做出反应。虽然没有外国人受到伤害,但英国仍派战舰沿湘江而上,接走其公民;美国也向驻扎在厦门的亚洲舰队发出警示。后来列强索要了大笔赔偿。

而这件事最能揭示清政府的反应。湖南巡抚与另几个官员被革职。几个贵族绅士,其中包括两个翰林(大清帝国最高文化级别)因为煽动骚乱而被弹劾,受到被称为"极端处罚"的处理,"极端处罚"后来变成只是贬黜降级。而城里的一个理发师与一名船工两个穷人,正如一个外国人所说成为"不幸的可怜虫",据说他们被指控为这场暴乱的领导人,他们被装进木笼囚车,往城墙方向游街示众,并在城墙根斩首,他们的头被挂在路灯杆上示众。①

那几天,毛和他的朋友们除此之外无事可谈:

> 这件事在我们学堂里讨论了许多天,给我留下了深刻的印象。大多数学生都同情"造反的",但他们仅仅是从旁观者的立场出发。他们并不懂得这同他们自己的生活有什么关系。他们单纯地把它看做一件耸听的事而感兴趣。我却始终忘不掉这件事。我觉得造反的人也是些像我自己家里人那样的老百姓,对于他们受到冤屈,我深感不平。②

几星期以后,另一件事又在湘潭南八十余里的一个叫花石的小镇发生了。③ 一个当地地主与哥老会成员之间爆发了一场争议,哥老会就是兄弟会,他的分会遍及湖南及周围各省,是秘密组织。那个地主把这情况向朝廷报告了,用毛的话来说,"由于他是个有势力的地主,所以很容易地通过贿赂得到了一个对他有利的判决"。但是,哥老会的人没有顺从,他们迅速占领了一座叫浏山的山,并在那儿安营扎寨。

他们头上裹着黄头巾,手上拿着三角黄旗。湖南省当局派军队去围剿他们,攻破了要塞。三人被捕,其中包括他们的头领,一个叫彭铁匠的人。在严刑拷问下,他们供认,他们使用义和团用过的方法和咒符,他们相信那些东西

---

① 《北华捷报》,1910 年 4 月 29 日和 5 月 13 日。

② 斯诺:《红星照耀中国》,第 158 页。

③ 毛说这件事发生在韶山(斯诺:《红星照耀中国》,第 158—159 页),当时,在毛的小村子里确实爆发了一次叛乱,他肯定是把它说成了完全不同的另外一件事。《北华捷报》(1910 年 6 月 17 日和 7 月 1 日)报道的看起来与此完全相同的事件发生在湘潭县的花石,一个靠近浏山的小镇。

可以使他们刀枪不入。彭被斩首。但是在那些年轻学生的眼中，"他是一个英雄，因为大家都同情这次起义"，毛这样写道。

无论如何，毛的观点并不像他所选用的这些陈述那样鲜明清晰。第二年年初，又出现了另一次粮荒，这次是在韶山。毛的父亲继续买粮食，并把它们运到城里卖，这加重了韶山的粮食短缺。最后，他父亲的一批货物被饥饿的村民扣留。他父亲大发雷霆。毛没有同情他，但是，"我又觉得村民的方法也不对"。①

毛这时候在一所初级中学登记入学了，这个学校就是他曾经威胁和哄骗他父亲才让他进的学校。学校紧邻他母亲娘家湘乡县，是一所吸取了西方教学方法的"现代"学校。它早已开办了好几年，是清朝廷击败义和团以后，吸收外国新知识的迟到的努力的一部分。毛离开他的故乡韶山，在他的这第一次旅行中，他有点不知所措：

> 我以前从没有见过这么多孩子聚在一起。他们大多数是地主子弟，穿着讲究；很少农民供得起子弟上这样的学堂。我的穿着比别人都寒酸。我只有一套像样的短衫裤。学生是不穿大褂的，只有教员才穿，而洋服只有"洋鬼子"才穿。②

县立东山高等初级中学，作为官方命名的学校，更早的时候就是文学专科学校。高高的石头围墙环抱着学校，一扇厚重的黑漆大门，墙外是一条壕沟，一座白石桥架在壕沟上，并与大门连接。山腰处矗立着一座七层白塔。

毛付了1400个铜板的现金（约相当于1块银元，或英国的5个先令），作为五个月的膳食费、住宿费、书本费和学费。③ 在这样的学校上学是一种特殊的荣誉，那时候，200个人中也没有一个人能达到这种教育水平。在这些小精

---

① 斯诺：《红星照耀中国》，第159页。
② 斯诺：《红星照耀中国》，第160页。
③ 毛只简简单单地说："我随表兄到那所学堂去报了名。"萧瑜（《毛泽东和我曾是乞丐》，第22—26页）对毛的这段经历作了十分生动的描写：用扁担挑着一大堆用品独自来到学堂，再三恳求校长收下他，哪怕还有五个月的考验期。另一个更可信的解释是：毛于1909年8月到达那所学堂，当时离那个学年结束只剩下五个月的时间了。毛本人说他16岁进入那所学堂，那他到达那里的时间应该是1910年；但根据毛的自述，他在那里度过了近两年的时光，因此他到那里的时间应当比这个时间更早些。萧瑜说，毛是15岁进那所学堂的。

英的周围,这个来自韶山的、长得瘦长难看的年轻人,比他的同学年龄要大,又长得高,带着一口与同学们不同的乡音,在这里开始了艰苦的学习。"我平常总是穿一身破旧的衫裤,许多阔学生因此看不起我。"毛回忆,"人家不喜欢我也因为我不是湘乡人⋯⋯我精神上感到很压抑。"

以前在他与他父亲的冲突中学到的全部的坚韧,都有助于他战胜同学的敌视。毛自己也时常由于傲慢、顽固与十足的孩子气的愚蠢①,做出一些更坏的事。当他觉得自己是正确的时候,他也投枪出击。最后,他有了一些朋友,其中朋友萧三,后来成为一名诗人,笔名小爱弥。他还与一位表兄关系密切,这位表兄是她母亲家一位舅舅的孩子,他比毛早一年进入这个学校。

尽管毛有一些问题,但他还是在向好的方面发展,老师也喜欢他了。有一点越来越清楚,就是与自然科学相比,他更喜欢文学。历史是他特别喜爱的课程,他阅读每一本他能借到的有关中国所创建的两个伟大的朝代的书,这两个朝代是秦和汉,繁荣昌盛的秦汉时代正是西方耶稣基督的时代。他学习写古典文学笔记,发展了诗歌爱好,诗歌也逐渐成为他生活中永远的爱好。25 年以后,他依然可以复述一首日本歌曲的歌词,那首歌的内容是庆祝日俄战争的胜利,是一位曾在日本留过学的教师唱给他们听的:

> 麻雀唱歌,
> 夜莺跳舞,
> 春天里绿色的田野多可爱,
> 石榴花红,
> 杨柳叶绿,
> 展现一幅新画图。②

日本因为那些刊印《新民丛报》③的人,已经成为一个激动人心的地方,在日本明治维新、国家复盛以后,改革者和知识分子看见了外国先进思想对日本繁荣起的作用,也认识到要用现代化运动来拯救他们自己的国家。到 1895 年中日战争中国战败,日本一直迫使他们面对国家虚弱的现实。十年后日本

---

① 萧瑜在这里对毛的行为的描述似乎确有此事(《毛泽东和我曾是乞丐》,第 27—30 页)。
② 斯诺:《红星照耀中国》,第 161 页。
③ 《新民丛报》系梁启超在戊戌变法失败后在日本刊印的介绍维新思想的一份报纸,1907 年已停刊。毛泽东读的应该是后来的合订本——编者注。

又击败了俄国,这就表明了亚洲军队可以打败欧洲军队。自从日本取代了俄国在中国东北的统治权,中国后来的胜利证明是夹进了一些侥幸。但是,对毛那一代年轻人而言,更重要的是黄种人证明了他们可以战胜白种人。

毛说:"这首歌是歌颂日本战胜俄国的,我当时从这首歌里了解到并且感觉到日本的美,也感觉到一些日本的骄傲和强大。"

从 19 世纪 90 年代开始,数千名中国人曾设法到东京去吸收西方新知识。他们当中最有影响的是康有为与梁启超,这两人是光绪皇帝流产的维新运动的策划者,变法被镇压以后,他们背井离乡逃亡到日本。康有为对现代化辩论的伟大贡献在于重新解释儒家思想,使其向前看,因而能和改革兼容,而不是永远回到想象中的遥远过去的黄金时代。梁启超是广东人,曾研究过达尔文"适者生存"的论点,并将它用于中华民族反对列强的民族斗争中。他论证了中国必须要现代化,以便能够生存下去。

康有为和梁启超是中国年轻人的偶像。毛的表兄给他两本有关维新变法运动的书,一本是梁启超自己写的。毛写道:"这两本书我读了又读,直到可以背出来。我崇拜康有为和梁启超。"

毛 17 岁时,依旧赞同清代封建帝国体制。"我认为皇帝像大多数官吏一样都是诚实、善良和聪明的人,"他描述道,"他们不过需要康有为帮助他们变法罢了。"①

那就是关于变革。

---

① 斯诺:《红星照耀中国》,第 161—162 页。

第二章

辛亥革命

1911 年 10 月 9 日中午前后，一枚未完全引爆的炸弹在汉口俄国租界的一座中国陆军军官的房子里爆炸，汉口是中国华中地区重要的商业城市，距长沙有两天的水路。制造这起爆炸事件的人是孙武，他是一个激进的联合社团"同盟会中部总会"的年轻领袖，广东人。同盟会就是他领导的一个反对封建君主体制的秘密的革命联盟组织。

孙武的朋友们在得到他已安全到达日本医院的消息后，接替了他的工作。但是，租界警察搜查了这座房子，发现了革命旗帜、革命宣言以及积极分子名单。清朝当局立刻采取行动。32 人被捕，第二天黎明，3 个人被处死。满清总督瑞澂拍电报到北京："现在，武昌、汉口地方一律安谧……此案破获尚早，地方并未受害。"

这些行动证明这是一个致命的错误。一个谣言传到江对岸驻守在武昌的汉人军队中，说总督要采取大规模的报复行动，拘押那些非满族血统的人。那天晚上，一个工兵营哗变，抵抗的官员被击毙，两个步兵团也参与其中，以后，一个炮兵团也加入进去。激烈的战斗夺去了几百人的生命，战斗是在由机枪掩体保卫的总督府周围进行的。在凌晨的几小时激战中，瑞澂逃上一艘中国炮艇，从起义者的手中逃离了武昌。当胜利到来之时，这种胜利比它的策划者所设想的要更残酷，更鲜血淋淋。起义的白旗镶上了红边，旗上的图画也有这样的说明，就是"兴汉、灭满"[①]。满人组成的第三十团最后被全部消灭。民间的大屠杀紧随其后。三天后，一个在当地的传教士数了一下，街上躺着 800 具

---

① 《北华捷报》，1911 年 10 月 21 日，第 143、152 页。

尸体，"有50具单独堆放在一扇大门外边"。①

革命宣言呼吁，要进一步激起人民的感情。有一个人断言，"神圣的汉族子孙"是"睡在荆棘上，咽下苦痛"。② 另有一人讽刺地告诫说：

> 满清政府是专制的、残暴的、疯狂的、失去理智的，人民承受沉重的赋税，他们压榨人民的骨髓……住满千百万男女的城市就放在了刀剑上，此外……我们的祖先不谋报仇而留下了这些祸患，使我们这些出身高贵的人感到羞耻。所以，我们全体兄弟们……帮助革命军清除如此野蛮的外人……今天的机会是伟大的上帝给予我们的。如果我们现在不抓住它，不利用它，那我们还要等到什么时候呢？③

外部世界保留了公正。在伦敦，《时代》杂志报道，许多受过教育的人毫无保留地支持这场革命，又傲慢地加上一句："对那个腐败的、没落的满清王朝，以及伴随它的太监和周围其他野蛮的东西，很少表示同情。"④

但是，历史在进程中也自有其另一面，武昌起义中一些不引人注目的事情逐渐显示出一种太平盛世的预兆，预示了这个世界上最古老、人口最稠密的国家的变化，没有一个迹象预示那个统治制度即将来临的崩溃，这个制度从纪元前以来，一直没有中断过，比历史上其他任何体制都更长久。事实上那时占优势的观点就是，在几个星期以后，皇朝要重新复辟、如同以前经常发生的那样，起义最后被镇压。

中国的赔款之类的契约稍微减轻了，金融界有一种看法，认为这次起义或许有益于外国与中国的贸易。甚至于在上海的英语报纸上，有关革命的头条报道不得不与四条重要新闻争夺版面，那四条新闻：一条是意大利对的黎波里的轰炸；一条是摄政王特罗伯兹考伊被一个学生在新切尔卡斯克暗杀；一条是卢尔特波尔德亲王的病况，他是巴伐利亚90岁的老总督，在外猎捕牡鹿时，偶感风寒得病；另一条新闻是"这一年在梵蒂冈圣彼得大教堂前的伊顿广场，伊尔·帕茜与莱罗克斯女士举行的最光彩夺目的婚礼"。

---

① 《北华捷报》，1911年10月21日，第143页；《时代》（伦敦），1911年10月15日。
② 《北华捷报》，1911年11月11日，第354页。
③ 《北华捷报》，1911年10月28日，第227页。
④ 《时代》（伦敦），1911年10月14日。

只是在北京，它自身的位置确定了它真正的危险。[①] 卫兵们成对地守卫在帝王宫殿与其他达官贵人家的门外；帝国的骑兵在街上巡逻；就像那条新闻报道中说的，一些省的满族人家被追捕，并被革命者杀害，首都的满族妇女们被迫放弃了她们精心梳成的发式、发饰以及很有特色的高底盆形鞋，并且开始穿中国汉族人的衣服。

发生这些事情时，毛在长沙。他在六个月前，已从湘潭乘船来到长沙，他带了一封他的一个老师写的推荐信，这位老师已经帮他使他父亲相信，他可以在驻省中学注册入学，说那个学校是为来自湘乡县的学生设立的。

他在以前就听说过长沙这个地方，后来他说，这是个"很繁华的地方"，"有许许多多的人，不少的学堂，抚台衙门也在那里"。[②] 而他对这座城市的第一印象[③]，如同他来时乘坐的、缓慢地顺流而下的轮船一样，一定超越了他所有的想象。一堵"灰砖砌的、宏伟的高墙"沿江矗立，城墙的墙基宽 50 英尺长 2 英里，后面是一大片树林。墙内有防御土墙，它高达 40 英尺，连绵 8 英里多长，土墙顶部可使三辆四轮马车并排行驶，二墙环抱的城市像是一座中世纪堡垒，实际上，它也就是一座中世纪堡垒。每一面墙都开有门洞，两扇大而厚重的门由民兵守卫。民兵头戴蓝色头巾，身穿有云状花纹的红色护肩与带有明亮饰边的军用短斗篷，斗篷下面的衣服有宽松的袖子，棉布裤子上捆着小牛皮。五颜六色的矛、枪、梭镖、戟，需要双手拿的剑，滑膛炮，燧发枪，甚至投掷炮，这些武器武装了他们。

城内居民集聚区是一片灰瓦房，"几条暗得像地道似的大街，从远处直到市中心"，街道是用大块花岗石铺的，宽不过 6 英尺，散发出肮脏难闻的气味，就像一个西方人形容的那样，"聚集在这里的所有的垃圾与污秽多如鱼卵"。而藏匿在没有窗户的临街墙后面的，是一些富丽堂皇的高楼大厦，大厦里的达

---

① 《北华捷报》，1911 年 10 月 14 日，第 103 页；10 月 21 日，第 143 页；11 月 11 日，第 360 页（关于宜昌追捕满族妇女的报道）。朝廷对这场叛乱的严重性的看法反映在 10 月 30 日发表的那封哀婉动人的皇帝诏书中（《北华捷报》，11 月 4 日，第 289 页）。
② 斯诺：《红星照耀中国》，第 163 页。
③ 关于对 20 世纪初长沙的描述，见爱德华·休姆：《东方医生，西方医生：一个美国医生在中国的生活经历》，伦敦，艾伦和恩威因出版公司 1949 年版；威廉·帕尔森：《一个美国工程师在中国》，纽约，菲力普斯·麦克劳瑞出版公司 1900 年版；爱丽丝·狄克达丽·贺巴特：《长沙市》，纽约，麦克米伦出版公司 1926 年版。更详细的资料见莫里莫·奥沙利文的《1897 年 12 月 14 日至 1898 年 3 月湖南探险旅行报告》和安森·菲尔普斯·斯图克斯：《1920 年 6 月参观中国的耶鲁》，新港，耶鲁外国传教社 1920 年版。

官显贵们住在"鲜花装饰的庭院,宽敞的客厅配有庄严的紫檀木家具,墙上挂着绢质长卷",那里还有两座很大的孔庙,寺庙有弯曲的琉璃瓦屋顶,巨大的柚木圆柱,古老的柏树环绕着庙宇。

在商业区,到了营业时间,卸下商店的木制槽门,于是,店堂就直接面对大街,大街两边的屋顶与屋顶间撑起了竹席,城区的这一部分就成为一个广阔的、有遮盖的拱廊。黑底金字的长长的木头招牌挂在门楣上,像是在欢迎即将到来的顾客,也像在为店家出售的货物做广告。

那儿没有自行车,没有摩托车,没有黄包车[①]。有钱人乘轿子。对每个人来说,还有一种主要的运输方式,那是谦卑的独轮车,不管是人还是货,都可用独轮车来装,整个长长的白天,城里到处回荡着没有加油的车轴发出的刺耳的尖叫声,苦力们拖着一车车的煤、盐、锑、鸦片、爆竹、白布、亚麻布等,还有毛地黄、附子和大黄等药材,拉到沿河的舢板上。水是从南门附近的"沙春泉"用竹竿吊进提桶,然后背在背上的。沿街叫卖的小贩,高声吆喝着他们的商品名字,或者摇动手上的木搭板与铃铛,让人们知道他们要卖的货。卖糖果的小贩有一个小铜锣,他一面敲着铜锣,一面用粗重的湖南口音单调地唱着:

> 它们能治聋治跛,
> 能保护老太太的牙齿!

道士们穿着深蓝色的道袍,和尚们穿着橘黄色的法衣,他们列队沿街行走,口中念念有词,祷告无病无灾。瞎子或丑得吓人的乞丐,坐在路边乞求施舍,他们每年从一些人家要来一些"诈骗物",作为回报,他们答应再到远离他们家的另一户体面人家去要东西。

日暮黄昏,店门又上了木板槽门。店家虔诚地对天、地、人鞠躬三次,把点燃的香烛放在家门上方,以保护他们一夜平安。城门也关起来了,用一根三个人才抬得动的大木桁条顶在门后。巡抚衙门里有电,外国领事们住的建在江中沙洲上的西式房屋中也有电,而整个城市的夜晚,万籁俱寂,只有小油纸灯笼发出微弱的光,这些灯笼是由街道同业行会提供的。后来,那些地方的门也

---

① 休姆博士说,只是在 1911 年革命以后,"黄包车"在长沙开始流行(《东方医生,西方医生:一个美国医生在中国的生活经历》,第 113 页)。而按照斯图克斯的说法,1920 年长沙几乎没有几辆"黄包车"(《1920 年 6 月参观中国的耶鲁》,第 6 页)。

关上了,与城里其他地方毫无区别。此后,城里唯一的声音就是更夫的长长的竹棍敲击铜锣的声音,像是要敲出黑夜的看守人。

毛第一次怀疑他是否能在这个城市待下去:"我[是]极其兴奋,一面又担心不让我入学,我几乎不敢希望真能进这所有名的学堂。"①他是多么惊喜,他毫不困难地被这所学校认可了。结果,他在这个学校里度过的六个月,所接受的政治教育要比他的专业课的学习多得多。

长沙自一年前粮食暴动事件以来,沸腾着反满情绪②,一些秘密社团到处张贴了布告,用含蓄的语言号召汉族站起来,"所有的人要用白头巾裹头,每人佩一把剑……中国十八省要重新成为传说中的中国皇帝神农的子孙"。"起来造反,赶走满人"的口号用白粉笔写在墙上。

毛来到长沙后不久的那年春天,传来了广东反清起义的消息,起义的领袖是湖南人黄兴,这次起义中,72个激进分子被杀害。毛在《民立报》上读到这则新闻,《民立报》是支持革命事业的,这也是毛看的第一份报纸,后来他还记得那张报纸"充满激动人心的材料",这张报纸给他留下了深刻的印象。也是在这张报纸上,他第一次见到了孙中山和同盟会的名字,那时候,同盟会的大本营还在日本。这些使他受到鼓舞,他写了一篇文章贴在学堂的墙上,提出请孙中山当大总统,康有为做内阁总理,梁启超为外交部长,组成这样的新政府。他后来承认,这是一次"跃跃欲试"的尝试,康、梁二人那时是拥护君主立宪制反对共和政府的。但是现在,放弃帝制是他的新心愿,事实上,他已经行动了,他第一次尝试公开表达他的政治观点,这表明他在这个城市才待了几个星期就已经改变了他的想法。

这一点又最戏剧性地由他对辫子的态度证实。在东山,他与另一些男同学曾奚落一个教师,那教师的大辫子在日本留学时剪掉了,后来在头上戴了一根假辫子。他们叫他"假洋鬼子"。现在,毛与一个朋友剪掉了自己的辫子,表示与满清政府决裂。但另一些曾答应剪辫子的人没有兑现诺言,"我的朋友和我就出其不意强剪他们的辫子,总共有十几个人,成了我们剪刀下的牺牲品"。③ 那一年从年初以来,在长沙与武昌的一些学校里,类似的情况相继发生,很使一些守旧人物震惊——他们坚持认为,毛发是父母的馈赠,剪掉它有

---

① 斯诺:《红星照耀中国》,第163页。
② 周锡瑞:《改良和革命——辛亥革命在两湖》,第141、162页。
③ 斯诺:《红星照耀中国》,第163—164页。

违后代的孝顺——虽然理由完全不同,但目的与满清当局一样。

4月发生的另外两件事,有助于把湖南的绅士们推向革命阵线一边。朝廷宣布了内阁任命,这是一些精英长期要求的结果,像是朝立宪政府迈进了一大步。但是,改革者的怒火,被满清王公大臣们控制住了。政府打算把铁路公司收为国有,当它开始接受贷款为铁路建设筹措资金的时候,这就成为众所周知的事情,人们广泛地认为,这样做是出卖主权。毛回忆,这些问题使他的学校的同学们"越来越激动",到了5月,外国贷款批下来了,许多学校罢课。他与其他一些他那个年纪的男孩子一起,去听一些年长的学生的革命演说,演说是在城外露天集会上进行的。毛后来写道:"我仍旧记得,一个学生正在演讲的时候,怎样撕破了他的长衫,并且呼吁'让我们赶快进行一些军事训练,准备战斗'。"那里贴了煽动性的传单,英国、日本派出炮艇到那儿威胁。到了夏季,恢复了一种危险的平静,反清的人群接连不断地在以前的科举考场聚会。最具改良精神的绅士们以"文学会"举行会议为借口,聚集在一起,讨论即将来临的朝代崩溃问题,文学会是为文学研究而组织的社团。在邻省四川,爆发了全面的起义。

10月13日,星期五,一艘中国轮船抵达长沙,它第一次带来了有关武昌起义的乱糟糟的消息。有些乘客说,战斗发生在两个部队之间,开火的声音是从军营那边传来的,士兵们从他们黑色冬季军服上撕下了红色的领章、肩章,而戴上白色臂章。但是,没有一个人确确实实看见是谁与谁作战,或者结果是什么。1911年,湖南省会长沙是由单独通往汉口的电报机线与外面的世界相联系,但那个周末线没有接上。① 甚至于巡抚衙门里的官员也无法描述发生了什么事。

接下来的16号,星期一,湖南省的一些银行出现了挤兑现象,直到巡抚派了全副武装的特遣队站在银行外面守卫,事情方告结束。许多学校暂时停课。英国领事伯伦特·吉尔斯对他在北京的租界发出警告:"新闻几乎没有,失控的谣言流行一时,呈现一派巨大的兴奋。"② 那天夜晚,一艘从汉口开来的日本轮船到达长沙,船上载了数千旅客,他们详细描述了革命胜利的有关情况。第

---

① 10月12日,日本驻汉口领事报告:到长沙的电报线被"切断"(《北华捷报》,1911年10月14日,第104页)。10月14日,这些线路仍处于"严重的损坏"之中(《北华捷报》,10月21日,第131页)。

② 伯特伦·吉尔斯,1911年10月16日第22号电报,外交部228/1798,伦敦,档案局。

二天,吉尔斯先生解释,"这种形势中的明显变化是可以察觉的"。①

新到达的人中包括了从武昌革命党那里来的密使,他们来的目的是鼓动那些湖南驻军中跟随他们的激进分子加速策划兵变。其中有一个人参观了毛的学校:

> 一个革命党人得到校长的许可,到中学来作了一次激动人心的演讲。当场有七八个学生站起来,支持他的主张,强烈抨击清廷,号召大家行动起来,建立民国。会上人人聚精会神地听着。那个革命的演说家……向兴奋的学生演说的时候,会场里面鸦雀无声。②

几天以后,毛和一些同班同学,由于受听到的事情的激励,决定到汉口参加革命军。他们的朋友们为他们筹了钱买船票,但在出发前,一些事情改变了他们的去向。

革命党人未策划兵变时,朝廷也采取了对策。③ 巡抚已得知,正规的警卫部队,第四十九团、第五十团,已渗进了革命党人,因此要把他们调离长沙。长沙东门外的军营留下 600 人,但令这 600 人交出他们的武器弹药。民团被认为更加可靠,他们得到了物质上的增援。

朝廷的第一次努力失败了,那是因为革命党人在星期三晚上设计夺取了长沙市。东门外兵营的人放火烧了马厩里的麦秆,就势要求打开城门让救火车通过。中立的民团拒绝开门。在这种混乱情况下,警卫部队的人重新为自己找到了许多武器弹药,是从锁在附近的军火库里找到的。作为他们下一次突袭的结果,星期日早上出现的情况就大不一样了。④ 毛对他自己在那一天看见的情景是这样说的:

> 我到一个驻扎在城外的军队里的朋友那里去借鞋。我被防守的卫兵拦住了。那个地方显得非常紧张。士兵们……正涌到街上去……在长沙城外已经打了一个大仗。同时,城里面也发生起义,各

---

① 吉尔斯,1911 年 11 月 2 日第 44 号电报,外交部 228/1798。
② 斯诺:《红星照耀中国》,第 164—165 页。
③ 周锡瑞:《改良与革命——辛亥革命在两湖》,第 200 页;吉尔斯,1911 年 11 月 2 日第 44 号电报;《北华捷报》,1911 年 11 月 4 日,第 288 页。
④ 吉尔斯,1911 年 11 月 2 日第 44 号电报。

个城门都被中国工人攻占了。我穿过一个城门，回到城里。进城后我就站在一个高地上观战，最后终于看到衙门上升起了"汉旗"。[1]

即使是现在，这段文字也是戏剧性读物。遗憾的是，它的真实成分如此之少。不管毛到底是不是在那儿，对他的惊奇是可以原谅的。那里其实没有起义者，没有战斗，没有暴动，城门也没有遭受猛攻。英国领事吉尔斯先生如实的报告是：

> 上午 9 时 30 分，[我接到通知]……一批正规军进入城内，一些真正具有代表性的革命军加入他们的队伍，并继续向巡抚衙门进发……民团、追随他们的保持中立地位的警察，拒绝关闭城门[城门在整个白天是打开的]；已经被争取过来的朝廷的禁卫军，没有试图反抗。到下午 2 时，整个城市未发一枪就已掌握在革命军手中，白色[起义者]的旗帜到处飘扬，套着白袖圈标志的卫兵们正在街上巡逻，维持秩序，上午的兴奋激动，如同它出现时那么迅速地平息下去。[2]

事后几十年，这种叙述的差异成为事件发生几十年后有关证人证言危险性的有益提示。毛过分渲染的描述不足为奇。像一个激动不已的十几岁青少年一样，他已目睹了界定中国现代史的那一个瞬间。若干年以后，作为一名共产党领袖，他的记忆宁可保留在那一天是什么日子上，而不是那件事是什么样子上。

巡抚与他的许多高级随从官员都逃走了。但是，那个民团司令，他的士兵们因他没收了他们的弹药而准备处罚他，他被带到东门外杀头。其他几个官员也在衙门附近被处死，他们身首分离，鲜血淋淋地躺在大街上。[3]

在武昌，由于对孙中山的兵工厂的突然袭击，平民革命领袖们进入一种无序状态，在长沙，他们的计划由于巡抚的对策而延误，起义后面的推动力量由没有委任状的激进派的官员与普通士兵组成。一旦取得胜利，在谁成为这个

---

① 斯诺：《红星照耀中国》，第 165 页。
② 吉尔斯，1911 年 11 月 2 日第 44 号电报。
③ 吉尔斯，1911 年 11 月 2 日第 44 号电报；《北华捷报》，1911 年 11 月 4 日，第 228 页。

新的革命制度的领袖问题上，就有了相当大的困惑。

在湖北，一个混成协统领叫黎元洪的，他起初反对起义，起义后很不情愿地宣誓就任军政府鄂军大都督。同一天，他发布公告，重新改国号为中华民国，少数人猜中了他的意图，不到六个月，他在北京成为副总统，最后成为国家的大总统。

长沙的形势更加复杂。在起义的那几个小时里，共进会湖南支部的那个华而不实的年轻领导焦达峰，被推为湖南军政府都督。这个城市的改革精英的一个领导成员谭延闿，成为他的对手方。这个冲劲很足的人，骑在马上穿过大街，得到民众的欣喜若狂的鼓掌喝彩，焦达峰与湖南的秘密社团有紧密的联系。这些秘密社团的领导成群结队到长沙来帮助他巩固他的权力(同时分享胜利成果)，他们来到都督府，用一个当时原始资料中的词来说，进入"一种匪巢"。

这不是长沙的改良主义的绅士们所期盼的。起义后四天，吉尔斯领事报告①，统治集团内部的紧张已经达到这样的程度，即"枪上膛，刀出鞘"。这时，焦犯了一个致命的错误，派自己的主力部队去增援武昌的革命军。10 月 31日，焦的副都督陈作新在北门外遭伏击，并被斩首，在这件事上，引用那位英国领事的话说，"士兵们带着他的头冲进城，并且在焦的都督府杀死了焦"②。焦达峰，时年 25 岁，他担任都督正好九天。

毛看见了这两个人的尸体躺在街上。数年后，作为危险的革命事业的一堂实物教学课，他回忆了他们的死亡。"他们不是坏人，"他说，"[而且]有些革命要求。"他又补充说，他们被杀，是因为"他们很穷，代表被压迫者的利益。地主和商人都对他们不满"③。这说得不全面，太简单化了。焦的政体太短命，任何一个人都无法去理解他的政策可能是什么。但是，这个省的一些杰出人物，确实是看见他就像看见一个坏兆头。他的继任者，改良主义分子谭延闿，后来在同一天宣誓就任都督一职，他是他们自己人，一个出身于显赫的绅士家庭的翰林院学士。长沙的形势与长江流域所有地方的形势一样，依然极其易变。由六岁的皇帝签名发布的一份哀婉动人的通告宣布：

---

① 吉尔斯，1911 年 11 月 2 日第 44 号电报；也可参见周锡瑞：《改良与革命——辛亥革命在两湖》，第209 页。
② 吉尔斯，1911 年 11 月 17 日电报，外交部 228/1798。
③ 斯诺：《红星照耀中国》，第 166 页。

整个帝国沸沸扬扬。人民的思想被扰乱……所有这一切都是我个人的错误。我特此对世界宣布,我宣誓改革……[在]湖北和湖南……士兵和人民是无罪的,如果他们恢复他们的忠诚,我将原谅过去发生的一切。站在我的臣民前面的是一个微不足道的人,我看见我继承的一切几乎落空。我为我的错误道歉,并深深地后悔。①

11月,曾一度在香港和北京流传的谣言已经平息。皇室已沦为俘虏,激起"非凡的热烈景象"这一说法已被证明了是不确实的,但来自首都北京居民的报告说,他们处于"戒严状态",不允许登上紫禁城的城墙。以后,又传来消息,直接否定皇帝已逃往满洲。② 也是在同一时间,有一些大清帝国正在收复失地的迹象。只有四个省的省会牢牢地掌握在革命军的手中。③ 保皇军队在汉口使用德国制造的燃烧弹进行反击,许多中国城镇被炸为平地。不久后,大清帝国的军队占领了南京,中国人发现,没有辫子的人被立即处死了。像毛这样的学生们,都在这一年早些时候剪掉了辫子,现在,他们一片惊慌。④

显然,安危未定,毛于是实施他早先的计划,去参加革命军。这时,已经组建了一支学生军队,但是考虑到它的任务不太清楚,毛决定去一支正规部队应征。其他许多人也这样做了。革命的第一个星期,在湖南征召新兵的数量已超过5万。⑤ 鉴于居于统治地位的人不断变化,暴力总是加给失败者,这样的行动需要极大勇气。许多新兵被派到汉口,那儿的革命军正处于保皇军的猛烈进攻之下。一个外国居民描述,那儿的战斗"可能有的最血淋淋的……也已发生。现在已经四天四夜了,战斗还在激烈地进行……双方的残杀是骇人听闻的"。⑥ 甚至于像毛这样一些留在长沙的人,在军法管制下的生活也是难以忍受的,生命常常处于危险之中,甚至极其短暂。吉尔斯领事报告:"在士兵内部,或者士兵与当地居民之间,连续不断地发生争吵……一个被怀疑是满洲

---

① 《北华捷报》,1911年11月4日,第289页。

② 《北华捷报》,1911年11月11日,第361—362、364、366页。

③ 直到11月的第一个周末,革命军才占领了武昌、长沙、西安(和长沙同一天陷落)和云南府。福州和广州在一周后也被占领。

④ 《北华捷报》,1911年11月11日、18日。

⑤ 马克考德:《枪的力量:近代中国军阀主义的出现》,第120页。英国领事估计,到11月底,5万湖南士兵离开长沙到武昌、沙市、郑州和四川,留下了2万到3万人(吉尔斯,1911年12月1日第49号电报,外交部228/1798)。

⑥ 《北华捷报》,1911年12月2日,第594页。

间谍的人,被军人们在大街上劈成碎片。然后,他的头会被砍下来带到督军府。另一个人被绑在一种三角形的东西上,打得满身窟窿。"①

有一次,毛的部队被调去阻止几千叛军进城。② 一位资深的中国指挥官抱怨,那些人全都不守纪律,"他们认为死亡是值得称赞的行为,认为混乱是正确的举动。傲慢无礼等同于平等,强迫高压与自由相等"。③ 当无政府状态隐约可见之时,在北京的美国使馆命令它的公民离开湖南,直到恢复稳定。

毛所属的那个连队驻扎在法院里,它在以前的省议会大楼中。新兵们的许多时间是为长官做杂事,并且要自己从南门附近的沙春泉挑水回来用。许多新兵是文盲,是"轿夫、流氓与乞丐",一位同时代的人士不无讽刺地说道,他们想象中的当兵就是摆出中国传统戏剧中武生的架子。毛为他们写信,从而赢得了他们的欢心,他后来说:"我能写字,有些书本知识,他们敬佩我的'大学问'。"在他的生命中,他第一次接触了工人,他特别喜欢其中的两个人,一个矿工,一个铁匠。

而他的革命热忱是有界限的。他解释,"我是一个学生,不屑去挑水",像其他士兵做的那样。他付钱给小贩,让小贩为他挑水,这恰恰表明了他书生派头的高人一等的优越感,这种优越感是他后来花了若干年时间反对的东西。有段时间,当毛部队的有些人发誓要拿减少到每月两元的伙食费直到革命成功时,毛却拿到了全额 7 元的伙食费。在付出伙食费、挑水费以外,他把钱全花在买各种各样的报纸上,他贪婪地读报,这习惯他一直终生保持。

12 月初发生的两件事,标志了满清反抗的结束。清王朝的军队放弃了南京,这个他们在南方的重要据点。袁世凯,以前的直隶总督,中国北方最主要的掌握军权的人,担任了临时总理,他的立法委员会采取行动,批准了在武昌停火的命令。

在长沙,这个消息又激起另一次无节制地强行剪辫子的狂欢,这一次是由军队带头干起来的。英国领事伯伦特·吉尔斯遭受凌辱:

> 我强烈抗议……当局,[正告他们]政府的首要责任是维护公众
> 和平安宁,如果他们允许军人不受惩罚地大规模地袭击公众,那么,

---

① 吉尔斯,1911 年 12 月 20 日第 50 号电报,外交部 228/1798。
② 我认为毛隶属于团,因为他入伍时,第 49 团在湖北(周锡瑞:《改良与革命——辛亥革命在两湖》,第 238 页)。吉尔斯(1911 年 12 月 20 日第 50 号电报)似乎把这两个军队搞混了。
③ 黎元洪,引自马克考德:《枪的力量:近代中国军阀主义的出现》,第 135 页。

他们就不能更长久地依法要求政府的权力,而只不过是无政府主义的宗派。①

其他人以更多的幽默感,注视着这场闹剧的一方:

地主和农民,挑着其大无比的蔬菜担子、粮食担子或是推着沉重的独轮车,从农村向城门走来。卫兵们蜂拥而出,冲上去抓住他们的辫子,用刀砍下来,或是用其大无比的剪刀把它剪下来。对许多人来说,失去了辫子,就像丢失了他肢体的一部分,因为这条辫子从少年时代起,就被煞费苦心地侍弄过、编过。我们看见他们有些人向士兵叩头,要求暂时不要剪。还有些人竟然与士兵打起来,许多人还试图跑走……但是,不到一个星期,所有的城市居民,许多华中地区的农村人都剪了辫子,丢掉了这个满清统治的标志。②

永远要小心政治变化的迹象,许多人开始用一根假辫子,盘在他们的头巾下,准备恢复满清王朝统治时再放下来。但那种可能性不存在了。1912 年新年,经验丰富的老革命孙中山在南京宣誓就任中国第一任大总统。作为这一时刻的标志,长沙当局举行了阅兵式:"军号响国旗飘,乐队奏乐,士兵雄健地歌唱……每家商店都挂起彩色旗。旗帜两边是红条,中间是黄条。"③有传言说:派一支远征军到北京,迫使袁世凯和北洋军队认可孙中山的领导,并且举行了群众大会反对把袁世凯作为国家领袖的提名。但是,就像毛回忆的那样,"正当湘军准备采取行动的时候,孙中山和袁世凯达成了和议,预定的战争取消了。南北'统一'了"。12 月 12 日,皇帝引退,两天以后,在袁世凯的窃喜中,孙中山的权力旁落。

毛在军队里一直待到春天。其时,过分膨胀的革命军的大量开支迫使军人大规模地复员。"我以为革命已经结束,"毛后来说,"决定回到我的书本子上去。我一共当了半年兵。"④

---

① 吉尔斯,1911 年 12 月 20 日第 50 号电报。
② 休姆:《东方医生,西方医生:一个美国医生在中国的生活经历》,第 165 页。
③ 《北华捷报》,1912 年 1 月 13 日,第 105 页。
④ 斯诺:《红星照耀中国》,第 167 页。

几个月来,中国没有了各种新方式、新思想、新热忱与新希望方面的猛烈的动荡,作为正统的封建王朝过去对现在的影响,突然消失了。湖南的新都督谭延闿,由于具有自由主义新思想,他既反对帝国主义,也反对北京控制的中央集权统治。在他的政体下,禁止种植鸦片,禁止进口麻醉品。每一个行政区域都设有新的、独立的立法机关。这一次,对英国领事的惊慌,他允许自由的新闻报道,他以极大的热情强烈地反对强权。湖南省行政当局鼓励地方工业的发展,禁止资金广泛外流,教育预算是过去的五倍,在一定的程度上通过惩罚性的土地税筹措资金,即对那些保守的绅士家庭,以他们亲满为由向他们征税,"现代新学堂像雨后春笋一样冒出来",毛回忆。酒馆、戏院与妓院也这样冒出来了。甚至在长沙的外国人也赶上了这一时代潮流。有一个人写道:"那些新人真正想要成为好的统治者,他们总体上都做得不错。"①

就像永远处于革命变化的时期一样,最早的变化总是象征性的。小女孩开始剪短头发,不要人伴随就出现在公共场所。她们的母亲胆怯地跑到外国医生那儿咨询,她们裹残废的小脚是否能治。清王朝的灭亡为剪了头发的中国人打开了一扇通往奇异的新世界之门。"人们戴着宽边低顶的英国毡帽、主教的帽子、蓝平绒骑士帽,以及任何一种他们能得到的帽子。"一个不胜茫然的记者评论道。"古老的红顶花翎[成为]……被革命法律禁止的帽子,因为花翎是满清统治下英雄的标志。毡帽、棉布帽盛行,而所有的最滑稽可笑的是看见一个连队在操练,而率领他们的连长头戴丝绸大礼帽。"②

---

① 《北华捷报》,1911 年 12 月 30 日,第 872 页。
② 《北华捷报》,1911 年 12 月 30 日,第 872 页;1912 年 1 月 20 日,第 173 页。

这可能是奇怪的,也使人糊涂,但在公众的头脑中,最显著的变化还是帽子。大批中国人第一次开始向传统价值和传统举止提出疑问。外国的影响在缓慢地聚集,因为那些得到过朝廷赏赐的守旧的绅士们,这些影响开始不大,在后来的十年中,突然变成一片滔滔不绝的洪水。激起中国知识界的激情,这在中国历史上是无与伦比的。

对18岁的重新恢复过来的毛来说,这是一段混乱的、变化无常的时期,并且没有结束的可能性,他以年轻人所有的乐观主义思想理解这些:

> [我]对自己究竟想做什么也没有明确主见。一则警察学堂的广告,引起我的注意,于是去报名投考。但在考试以前,我看到一所制造肥皂的"学校"的广告,不收学费,供给膳宿,还答应给些津贴。这则广告很吸引人,鼓舞人。它说制造肥皂对社会大有好处,可以富国利民。我改变了投考警校的念头,决定去做一个肥皂制造家。我在这里也交了一元钱的报名费。

> 这时候,我有一个朋友成了法政学生,他劝我进他的学校。我也读到了这所法政学堂的娓娓动听的广告,它许下种种好听的诺言,答应在三年内教完全部法律课程,并且保证期满之后马上可以当官⋯⋯我写信给家里,把广告上所答应的一切诺言重述一遍,要求给我寄学费来⋯⋯

> 另外一位朋友劝告我,说国家现在处于经济战争之中,当前最需要的人才是能够建设国家经济的经济学家。他的议论打动了我,我又向这个商业中学付了一元钱的报名费。我真的参加考试而且被录取了⋯⋯有一天我读到一则把一所公立高级商业学校说得天花乱坠的广告⋯⋯我决定最好能在那里学成一个商业专家,就付了一块钱报名。

公立高级商业学校的结果是一场灾难。毛的父亲满意于儿子最终的选择,他也曾从潜在的商业经历中受过益,很乐意地为毛提供了足够的学费。而毛发现学校里许多课程是用英语讲授,他的英语只比那些刚入门者好一点点。一个月后,他便离开了这所十分讨厌的学校。

这些他后来称之为"求学经历"中的下一次,是他进入了湖南全省高等中学校(后改名为省立第一中学),这是一所规模很大的、重视课程设置、特别注意研究中国文学和历史的学校。他在入学考试中成绩第一,他一度觉得,看来这就是他正在寻找的学校。但是,几个月以后,他又离开了这所学校,他认为学校"课程有限","校规也使人反感"。后来,他在长沙城新开放的公共图书馆里自学,1912 年秋天与冬天都是这样。根据他自己的讲述,他的自学是"非常认真地执行计划",每天早上大门一开,他就到达那里,在很长的时间里,他只买两个烧饼当中饭,吃时才暂时休息一下,一直待到阅览室关门。在后来的岁月中,毛用了"极有价值"来描绘他在那儿度过的时间。而他的父亲不这样认为,六个月后不再给他寄钱。

没有钱就无法自学。就像从前与从那以后的几代学生一样,毛被迫放弃了自学,开始"认真地考虑自己的'前途'"。他想成为一名教师,1913 年春天,他看见一份师范学校的广告,那是湖南省立第四师范学校:

> 我饶有兴趣地读着它的优点:不收学费,膳宿费低廉。有两个朋
> 友也鼓励我投考。他们需要我帮助他们准备入学考试的作文。我把
> 我的打算写信告诉家里,结果得到他们的同意。我替那两位朋友写
> 了作文,为自己也写了一篇。三个人都录取了——因此,我实际上是
> 考取了三次⋯⋯[此后]我⋯⋯抵住了后来一切广告的引诱。①

毛在长沙度过的那几年,从满清统治的最后几个月他到达长沙,直到他1918 年毕业,是中国和世界大动荡的时期。欧洲的一些国家在战争中互相吞并。在俄国,当沙皇政府输出小麦时,3000 万农民在挨饿。布尔什维克的十月革命,创造了世界上第一个共产主义国家。巴拿马运河开放,泰坦尼克号沉没,舞蹈演员玛塔·哈里被当做间谍处死。

这是不平常的十年,这段时期,毛为他的智力发展打下了坚实的基础。

早在东山学堂的时候,他的眼界已开始拓宽。在那里,他第一次学习了外国历史与地理。一个同学借给他一本名为《世界英杰传》的书,他在这本书中读到了乔治·华盛顿和美国革命、欧洲拿破仑一世的战争、亚伯拉罕·林肯与美国废除奴隶制的战争、卢梭与孟德斯鸠、不列颠首相威廉·格莱斯顿,以及凯瑟琳与俄国的彼得大帝。后来,他在省立图书馆里找到了卢梭的《民约论》

---

① 斯诺:《红星照耀中国》,第 167—170 页。毛告诉斯诺他于 1912 年进入师范学校(同上,第 174 页),但这也和其他许多事情一样,他又算错了一年。

与孟德斯鸠的《法意》译本，书中论述了人民主权论、统治者与被统治者之间的社会约束、个人自由与平等方面的西方人的观点。他还阅读了亚当·斯密的《原富》以及另一些杰出的 19 世纪自由主义者的著作，包括了达尔文、托马斯·赫胥黎、约翰·穆勒与赫伯特·斯宾塞的著作。他付出了半年时间用阅读这种方法"研究资本主义"，如同他后来所说的，这半年也使他对外国诗歌与小说以及古希腊神话产生了兴趣。也是在图书馆里，他第一次看见了世界地图。

省立第一中学的一位教师鼓励他读《御批历代通鉴辑览》（《资治通鉴》），这是一部伟大的著作，被中国历代学者以及毛那个时代的学者视为杰作。将近一千年过去了，它仍然是政治历史研究的杰出典范。此书是朝代兴衰的全景式编年史，从公元前 5 世纪到司马光那时的一千四百余年①。这本书的主题就是毛所喜爱的长篇小说《三国演义》开头所描述的："话说天下大势，分久必合，合久必分。"一位 18 世纪法国耶稣教会人士在一篇文章里写道："它为我们描绘了历史舞台上的著名人物，用他们的行动来刻画他们的性格，用他们的辉煌成就、他们的兴趣、他们的优点与缺点，来为他们着色……他把一连串的事件放在读者面前，阐明了事情的前后情况，直至最久远的面貌，并以其描绘的结果使人震惊。他的才华……显示给我们的是历史的全部庄严……那些历史也发出了如此富有哲理的雄辩的声音，以至于最懒惰的灵魂也被征服，也被迫去思考。"②司马光描绘了处于不断变化中的世界，在他的描绘中，历史是接连不断的，过去的事情为后来的统治提供了经验教训，全部的历史就是一面"镜子"。这本书是对毛的一生影响最大的一本书，他连续不断地读，反复地读，直到他去世。

在长沙，他也开始接触到现代思想。1912 年，他偶然在《湘汉新闻》上第一次见到一个词：社会主义。不久后，他通读了江亢虎写的一些小册子，江受了基地在巴黎的中国无政府主义小组的影响，是进步事业的鼓吹者。辛亥革命后不久，江已建立了中国社会党，这个党的纲领是用这样一句口号表示的："不要政府、不要家庭、不要宗教，各尽所能、各取所需。"这是强有力的口号，毛热心地为几个同学写下了这句口号。毛还记得，只有一个同学给予了明确的

---

① 此段作者叙述有误。《御批历代通鉴辑览》不是《资治通鉴》，它是自上古到明代共 116 卷的中国古代编年史著作。——中文版编者注。
② 《中国历史论文集》第 1 卷，巴黎 1776 年版，第 86 页。

回答。

更重要的仍然是他在第四师范学校度过的五年时间。这是毛最接近大学教育的五年,他后来说,好像就是在那段时间,他的政治观点开始成形。1913年春,他19岁生日后几个月,他开始在第四师范预习功课。一年后,第四师范合并到第一师范,学校建在长沙南门外妙高峰下,前身是12世纪的城南书院,人们夸奖这所学校有长沙城里最新的西式风格的建筑,校舍宽大,设备完善。

特别是学校里的两个教授,有助于毛的思想成形:一位是袁仲谦,绰号"袁大胡子",他教中国语言文学;另一位是杨昌济,他的一些学生不太礼貌地称他为"老夫子",他在国外柏林、东京留学了十年,最近才到长沙的。20世纪30年代,当毛对埃德加·斯诺追忆他这一段时间的学习生涯时,他对这两位教授的想法立即改变了:

> "袁大胡子"嘲笑我的作文,说它是新闻记者的手笔……我只得改变文风。我钻研韩愈的文章,学会了古文文体。所以,多亏袁大胡子,今天我在必要时仍然能够写出一篇过得去的古文。给我印象最深的教员是杨昌济……他是一个唯心主义者,一个道德高尚的人。他对自己的伦理学有强烈信仰,努力鼓励学生立志做有益于社会的正大光明的人。我在他的影响下,读了蔡元培翻译的一本伦理学的书。我受到这本书的启发,写了一篇题为《心之力》的文章。那时我是一个唯心主义者,杨昌济老师从他的唯心主义观点出发,高度赞赏我的那篇文章。他给了我一百分。[1]

这篇文章后来遗失了,但是,毛在泡尔生(今译保尔森)的《伦理学原理》一书的部分中文翻译边的旁注总计超过1.2万字,这些蝇头小楷还保存着,手迹大多已模糊不清。它们包含了三个核心思想,贯穿了毛的政治生涯:一个强大的国家,需要集中政治权力;个人意志的超越一切的重要性;在中国与西方文化传统之间,有时候对立,有时候互补。

强大的国家就要有明智的、家长式的统治者,这一概念,应该是起源于毛孩童时期学习过的那些儒家经典文章,它们构成了一篇文章的中心,这就是他在省立第一中学时写的那篇有关商鞅的文章,《商鞅徙木立信论》。商鞅是公

---

[1] 斯诺:《红星照耀中国》,第171页。

元前 4 世纪秦国的大臣,法家思想学派的奠基人之一。毛曾宣称,法律是"代谋幸福之具"。聪明的统治者制定的法律,常常被人民的"愚笨……无知与昏暗"所挫败,人民对改革的抵制使"国几陷于沦亡之惨也"。这就足以使"东西各文明国民闻之,当必捧腹而笑"。毛的老师如此高明而有远见,他曾在班上把这篇文章给其他人传阅。

中国积贫积弱,以及如何战胜它,是那时候毛的文章中永远重复的主题。他告诉一个朋友,国家未来的困难,是"过去的百倍",需要非凡的天才去战胜它们。中国人"伪而不真,虚而不实"。在五千多年的历史中,他们"积弊甚深,思想太旧,道德太坏……非有大力不易推陷廓清"。

他的悲观主义思想年复一年地增长,中国也更可悲地屈服于那些强国的压力。1915 年 5 月 7 日,一份日本的最后通牒送到袁世凯手上,这就是所谓的"二十一条",日本天皇政府要求一种事实上凌驾于中国之上的保护关系,包括了要求中国政府承认日本继承德国在山东享有的一切特权,与俄国沙皇政府共享在满洲的特权等等。毛写道,这是"民国奇耻"之日。他极力主张他的那伙同学去政府抗议,并以一首诗来表达自己的感情,这首诗是几天以后,他为一位病逝的同学写的挽诗[①]:

胡虏多反复,千里度龙山……
生死安足论,百年会有役……
东海有岛夷,北山尽仇怨。

"岛夷"就是指日本人,"仇怨"是指俄国人。两个敌人中,日本人更难对付。一年后,毛又写下了"二十年内,非一战不足以图存,而国人犹沉酣未觉,注意东事少。愚意吾侪无他事可做,欲完自身以保子孙,止有磨砺以待日本"。[②]

毛最初的尝试有助于纠正他的一种看法,即他认为中国的缺点明显地是实践不够。早在 1917 年,他投了一篇体育方面的论文给《新青年》杂志,这份杂志是当时中国最主要的进步杂志,是由激进派的学者陈独秀创办的。毛的

---

① 原文如此,实际下引诗句的前两句,为写于当年 5 月 23 日的一幅挽联,被悼者为易咏畦(昌陶)。后一句出自为易昌陶而写的另一首挽诗——编者注。
② 此处及以下多处引文,作者均引自施拉姆:《毛通向权力之路》第 1 卷,出版校勘则据中共中央文献研究室编《毛泽东早期文稿》(1990 年出版)——编者注。

文章开宗明义：

> 国力苶弱，武风不振，民族之体质日趋轻细……体不坚实，则见
> 兵而畏之，何有于命中，何有于致远？

这段话并非由他最早说出来。毛的哲学教师杨昌济教授三年前给毛上课时，说过类似的话。把体育运动与其他形式的体育锻炼介绍到中国来的尝试，从义和团运动后，清朝实施改革以来，就已经开始了。

毛还写道，问题在于这些尝试都不认真。传统中重视文人的学问，抵制锻炼身体的主张，这也导致了学生与教师都不重视体育：

> 一则学者以运动为可羞也……夫衣裳褵褷、行止于于、瞻视舒徐
> 而夷犹者，美好之态，而社会之所尚也。忽尔张臂露足、伸肢屈体，此
> 何为者邪？……文明柔顺，君子之容。虽然，非所以语于运动也。运
> 动宜蛮拙，骑突枪鸣、十荡十决，喑呜颓山岳，叱咤变风云……其道盖
> 存乎蛮拙，而无与于纤巧之事。运动之进取宜蛮，蛮则气力雄，筋
> 骨劲。

像是要公开展示他的同胞的瘦弱的身体，他建议裸体锻炼。

发表于1917年4月的《新青年》上的那篇《体育之研究》，具有深远的意义。这不仅是毛第一次公开发表论文，参与有关中国未来的全国性的争论，而且第二个核心主题这时也在他的脑海中酝酿：个人意志超越一切的重要性。

他在《体育之研究》中写道："苟自之不振，虽使外的客观的尽善尽美，亦犹之乎不能受益也。故……必自自动始……意志也者，固人生事业之先驱也。"那年夏天，他试图琢磨意志的含义。"志者，吾有见夫宇宙之真理"，他提出，"真欲立志，不能如是容易"。每个人必须了解他自己的真实情况，并且"欲人人依自己真正主张以行，不育从他人是非"。几个月后，他用《心之力》中的话告诉朋友："人之心力与体力合行一事，事未有难成者。"

对这些传统的中国人的见解，毛又加进了他个人感兴趣的西方观念：

> 最后，个人有无上之价值……社会是由许多个人创造的，而不是
> 社会创造了个人……互相帮助的基础是个人价值的实现……个人爱

好是人类在原始时期就有的……个人有无上之价值,个人价值大于宇宙的价值……故凡有压抑个人、违背个性者,罪莫大焉……人类之目的,在实现自我而已,所有的德行都是为[那个结果]服务。①

这段写在《心之力》中的话,与毛的历史观紧密联系,他永远迷恋诸如《三国演义》一类长篇小说中的传奇英雄,这种迷恋导致他产生了"圣贤豪杰之所以称……乃人人应以为期向者也"的思想:

豪杰之士发展其所得于天之本性,伸张其本性中至伟至大之力……大凡英雄豪杰之行其自己也,发其动力,奋发踔厉,催陷[廓]清,一往无前,其强如大风之发于长合,如好色者之性欲发动而寻其情人,决无有能阻回之者,亦决不可有阻者。苟阻回之,则势力消失矣。吾尝观古来勇将之在战阵,有万夫莫当之概,发横之人,其力至猛……皆由其一无顾忌,其动力为直线之进行,无阻回无消失,所以至刚而至强也。豪杰之精神与圣贤之精神亦然。

英雄一定要斗争,在毛对事物的设想中,随着世界从有序一步步地退化到混乱无序的状态,一个新的、有序的世界由此诞生。"不平等、不自由、大战争亦当与天地终古,永不能绝",他继续论述,在斗争过程中,当人们渴望和平的时候,他们也厌烦和平:

长久之平安,毫无抵抗纯粹之平安,非人生之所堪,而不得不于平安之境又生出波澜来……吾知一入大同之境,也必生出许[多]竞争抵抗之波澜来,而不能安处于大同之境矣……吾人恒厌乱而望治,殊不知乱亦历史生活之一过程,自亦有实际生活之价值。吾人览史时,恒赞叹战国之时,刘、项相争之时,汉武与匈奴竞争之时,三国竞争之时,事态百变,人才辈出,令人喜读。至若承平之代,则殊厌弃之。

---

① 施拉姆:《毛通向权力之路》第1卷,第201页;第204—205页,第208、第251、273页(1917年冬)。(也可看第280—281页)。由于毛在多次讲话中,曾在不同的场合一再从不同的观点回到这一相同的思想,因而这段话已经完全被淹没在他流传更广的其他的言论中了。

毛对这些"学者型的论题[与]国家大事"的反映，如同他对一个朋友所说的，产生在中国传统与西方观念之间不断增加摩擦的背景下，中国传统，他在孩子时就已吸收，西方观念，他现在正在接触。

他首先极力仿效康有为和其他一些 19 世纪改良主义者的观点。"于是决定为学之道，先博而后约，先中而后西，先普通而后专门。"他在 1915 年 6 月是这样写的。三个月后，他又对这一看法加以解释：

> 观西洋史，当注意中西之比较，取于外乃足以资于内也……（劝西）又介仆读（斯宾塞的）《群学肄言·缮性篇》，仆因取其书遍观之竟，乃抚卷叹曰，为学之道在是矣……其实不限于群学，作百科之肄言观可也……然尚有其要者，国学是也……国学则亦广矣，其义甚深……顾我人所最急者，国学常识也。

几乎在毛所有的文章中都可以看出，他的一生，确切地说，是中国经验而不是西方经验占头等重要的地位，甚至当话题是体育教育的时候。那时，一套西方体操已经传到了中国，它是一些明代学者翻译过来的，成为中国向外国学习的第一个典范。毛后来注意到"东西著称之体育家"，如美国的西奥多·罗斯福与日本柔道的发明者嘉纳治五郎，把外国观念与中国现实结合起来，建立起合适的体系，这成为他以后永不放弃的基本原则。

1917 年，他开始首次发问，传统的中国思想是否确实都是优秀的。他在那年夏天抱怨，中国古代的知识是"混杂而无章"的，"此所以累数千年而无进也。若夫西洋则不然……秩乎若瀑布之悬岩而振也"。但几个礼拜以后，他又不这样有把握了，他写道："吾意即西方思想亦未必尽是，几多之部分，亦应与东方思想同时改造也。"

他在泡尔生的论文中找到了一个临时答案。这个德国人在《伦理学原理》中这样写道："所有的民族都要经历古代，并逐步衰亡，随着时代的变迁，传统就成为新生力量的障碍，过去就压迫现在。"毛断定，这就是中国目前的处境。他对一个朋友说："将唐宋以后之文集诗集，焚诸一炉。革命非兵戎相见之谓，乃除旧布新之谓。"

他没有提出毁掉那些古代经典。中国文化的根基是纯正的，只有清除掉那些纠缠不清的上层建筑，这样，中国的创造力与伟大之处才能发扬光大。

前文展开的那十年,已经初步看见民族复兴的前景日益黯淡。1911年的辛亥革命,是由于它在传统的60年一循环的金猪年爆发而这样命名的。实际上,发生的事与"辛亥"一点不相干。它的成就是毁灭性的:推翻了满清王朝的统治。

湖南的改良主义者从一开始就担心,袁世凯政府会成为他们曾供职的满清专制政府的翻版,并且试图对之加以牵制与控制。谭延闿领导的省政府,支持重新组建国民党的孙中山,他们在1912年冬天举行的议会制的选举中,取得压倒多数的胜利。袁世凯做的每一件事都证明了他就像湖南人担心的那样无耻。第二年春天,孙中山迟疑地发动了一场为期不长的讨袁战争,希望控制袁世凯的一年前已经缩小的势力。江西省与另外五个南方省份宣布支持孙。但是,人们所称的"二次革命"没有能够轰轰烈烈地开展起来。到1913年秋末,南方的军队已被彻底击败,他们的领袖逃亡。南方军队的一些司令官零零散散地与孙中山的部队联合,在广东、广西、贵州、云南一带继续控制他们的领地。但是在湖南,袁能强迫它接受北京政府的统治,他使汤芗铭,一个最忠诚的保守分子,接替了自由主义者谭延闿的职务。不久后,总统发布命令,在全国取缔国民党,指责国民党"挑起政治事端"。

事情已如此遥远,那些精英的策略,对这个不久前目睹了一个王朝的崩溃的19岁的中学生来说,一定像它们看起来的那样,确实令人寒心。这时候,一件看似无足轻重的小事刻印在毛的脑海中,这就是那年夏天长沙兵工厂的爆炸事件——不是因为政治原因,而是因为爆炸的场面。他回忆道,爆炸"引起大火,我们学生却感到很有趣。成吨的枪弹炮弹爆炸着,火药燃烧成一片烈焰,比起放爆竹来要好看得多了"。[①] 事实是,这场爆炸是两个支持袁世凯的人干的,兵工厂爆炸使湖南人失去了武器,毛没有提过这一点,他忽略了。

接下来的五年的大部分时间,毛用于研究,他的论文中首次出现共和国政治,这成为他的模模糊糊的第二研究课题——只是因为这些政治问题其时成了中国青年的主要争论点。事情发生在1915年春,袁世凯接受了日本的"二十一条",紧接着到了冬天,袁又开始设法复辟君主立宪制。那一年,毛成为船山学社的成员,这个学社是以湖南人、明代爱国者王夫之的名字命名的,王夫之曾经为反对满清统治而斗争。学社的改良主义的学者们每周举行一次会议,反对袁世凯野心勃勃的帝国梦。毛也帮助编印刊物,刊物主要刊载梁启

---

① 斯诺:《红星照耀中国》,第169页。

超、康有为写的反君主政体的文章,刊名为《时局痛言》,这一招惹怒了当局,当局派警察来学社调查。

袁世凯于 1915 年 12 月底宣布他自己为皇帝,在他统治时改国号为"洪宪"。云南军队的将领立即宣布起义,广东、浙江、江西也紧步后尘。1916 年春,袁还有第二个想法,即企图再次变为大总统。但是,他太迟了。南方军队进军北上,空气中弥漫着血腥气。在湖南,一些秘密社团的成员也起来造反,在汤芗铭都督的一个司令官的领导下,正在酝酿一场兵变。兵变最后没有发动起来,这完全是因为汤芗铭。汤曾经帮助过袁世凯实现皇帝梦,他激动地、匆匆忙忙地跑到湖南来任职,远离了他的保护人。5 月底,他被迫宣布湖南独立,不受南北势力控制。然后,6 月 4 日,当全面内战隐隐出现的时候,袁脑溢血死亡,北方的将军们与他们的军队迅速往北京撤退去争论继承人的问题。使原本不耐战的军队随之崩溃瓦解,这支军队以前是由汤用权力控制才维持了一种平衡的。一个月以后,汤都督假扮成一个农民,从都督府的后门偷偷溜了出去,由几个可信的随从陪伴,登上一艘开往汉口的英国轮船。他们同时携带了从湖南省国库里盗窃的 70 万大洋。

汤的倒台在长沙及其周边地区激起了两周的流血事件,这次事件中至少有 1000 人死亡。当竞争的派系对他的任职情况提出责问时,紧接着就是由死亡延续的政治混乱。[①]

毛又回到韶山。在给他的同班同学萧子昇,即萧子璋(萧三)的弟弟的信中,他描述了南方军队怎样骚扰人民:"洸洸之众,来自岭峤,鸟言兽顾,不可近接。""招遥道途,侧目而横睨,与诸无赖集博通衢大街……猬居饭店,吃饭不偿值,无不怨之。""杀机一起,报复未已。法兰西之祸,最为可惧,不意此次竟演此恶剧。"[②]他为此而悲痛。

比起毛对军队的轻蔑,更令人印象深刻的,是他对前任都督的维护,都督汤芗铭几乎被所有人痛恨。

---

① 麦克唐纳:《农村革命的城市起源》,第 26—28 页。关于这次叛乱的情况,也可参见《北华捷报》,1916 年 5 月 20 日和 27 日;关于汤伪装逃走的情况,见《北华捷报》,9 月 23 日,第 617 页,和休姆:《东方医生,西方医生:一个美国医生在中国的生活经历》,第 241 页;关于流血事件,见《字林西报》,上海,1916 年 7 月 20 日和 21 日。这份报纸 7 月 29 日的一则电讯也报道:"湖南的形势已经好转"(7 月 31 日)。

② 施拉姆:《毛通向权力之路》第 1 卷,第 92 页(6 月 24 日),第 93 页(6 月 26 日),第 7 页(1916 年 7 月 18 日)。编者注:"杀机一起"一句,应为 1916 年 7 月 25 日致萧子昇信中言,而非 1916 年 7 月 18 日。

在湖南省，如果有人曾经在本省搞过恐怖统治的话，这个人就是"屠夫汤"，不久他就被人们这样称呼。当初带着要肃清国民党的影响的命令，他上台执政，并且从他上任的第一天，他就带着这个意愿在工作。长沙的一个美国教会的医生回忆，他曾邀请汤及他的几位阁员来午餐，以庆祝他的任职：

> 第二天，我们得到有关我的三位午宴客人的坏消息。那天下午，在衙门附近的公共广场，省财务部长遭到公开射击，同时还有两位资深的内阁成员……他们被关进一座公共监狱，宣判两天之内执行绞刑。气氛很紧张。主要的绅士与全城所有的学生都被煽动起来，这是前所未有的……卫兵们都……站在大门口，阻止学生离开他们联合集会的地方。都督的布告宣布："任何一个校长，他要是允许学生在学校操场上举行政治集会，就要被开除……"我们离开了，每隔两三个小时就到市中心的公共广场去打听……旁观者告诉我们，执行死刑一般固定在一个地方，永远是在天刚亮的时候。①

另外16名谭延闿政府的改革派成员也被逮捕，在体育场②枪杀了。汤芗铭执政的三年中，因一些政治过错，再加上一些尚不知数目的普通罪犯，被处死的不少于5000人③。中国人与外国人由于各自的原因④，都同样把他作为"铁掌政治"来描绘，在中国20世纪的第一个十年，这句短语并不是隐喻。据一位外国传教士报告，他有一次是这样处理三个小偷的，其中一个只有17岁：

> 他们没有说出同谋者的名字，[地方法官]叫他们跪在碎瓷片上，

---

① 休姆：《东方医生，西方医生：一个美国医生在中国的生活经历》，第238—240页。

② 麦克唐纳（《农村革命的城市起源》，第25页）说这件事发生在"一个长时间废弃不用的省立考试会馆"。这个会馆早在几年前已经被拆除，在原址建造起来的新建筑隶属于湖南教育协会（休姆：《东方医生，西方医生：一个美国医生在中国的生活经历》，第160页）。

③ 李锐：《毛泽东同志的初期革命活动》，第47页。马克考德（《枪的力量：近代中国军阀主义的出现》，第196页，注释125）引用的两份中文资料提供的死亡人数是1.5万和1.6万人。毛（施拉姆：《毛通向权力之路》第1卷，第95页）说有"1万多人"。

④ 上海的报纸《时报》称湖南是"一个恐怖的世界"（1914年3月14日），引自马克考德：《枪的力量：近代中国军阀主义的出现》，第198页，注释136）。休姆（《东方医生，西方医生：一个美国医生在中国的生活经历》，第240页）说汤的统治是"恐怖时代"。在汤下台后，湖南的议员在给黎元洪的电报中用"横行霸道、骇人听闻、令人发指"来形容汤的"铁掌统治"（《字林西报》1916年7月15日），并对汤进行了控诉（《时报》1916年11月29日）。

在他们的小腿肚上放一根杆,再让两个人有规律地在杆上跳,给他们的腿加压。他[拿来]一些粗粗的香柱——有一个人的手指那么粗,像木头一样硬——把烧红的那头插进他们的眼睛和鼻孔。然后,他用这些点着的香柱画图画,图案就烙在他们赤裸的身体上。最后,手上和腿上都烙满了,就继续扩大范围,并把他们牢牢地拴在柱子上,把烧着的香按在他们身上,直到烧坏他们的皮肉。在他们的身体已被严重烫伤以后,再用炽热的烙铁烙。这三个人全都屈服了,他们被从审判地点前拖走的时候,他们的身体几乎看不出是人的身体了。①

一直用这样的刑罚,"屠夫汤"的手段确实太过分了。湖南省军事法庭的头头得到了"活阎王"的绰号,这是由于他在那儿施行如此残暴的酷刑。湖南省还建立了特别警察厅,搜寻国民党的支持者。许多学校由于教育预算急遽缩减而被迫关闭。剩下的继续开办的学校保留在他们的监督之下。向汤的警察提出责问的报纸被取缔,1916年,当出版检查的制度开始实行时,那些留下来的报纸露出了很大的空白版面。"侦探无处不在,人民如同冬眠的蝉一样静默无声,"一位中国报界人士这样写道,"人们互相提防,他们不敢谈论时事"。②

毛了解所有一切。他自己的学校就在汤用酷刑实施统治的高峰期被迫关闭。还是在他给萧子昇的信中,他还为那个千夫所指的都督的行为辩护:

> 湖南问题,弟向持汤督不可去,其被逐也,颇为冤之,今现象益紊矣。何以云其冤也?汤在此三年,以严刑峻法为治。[他]……镇静辑睦之,秩序整肃,几复承平之旧。其治军也,严而有纪……长沙一埠,道不拾遗,鸡犬无惊……汤可告无罪于天下……汤既去,暴徒弹冠相庆……四捕调查,捕则杀之……各属劫长官拒知事之声,纷然起矣……怪哉湘事,真莫名其妙矣!③

这封信提供了一种极有迷惑力的见解,这种见解最能反映毛这样一个22

---

① 《北华捷报》,1915年5月15日,第449页。
② 马克考德:《枪的力量:近代中国军阀主义的出现》,第193、195—198页;也可参见《北华捷报》,1916年9月23日,第616页。开头的引文"侦探无处不在"出自1914年7月31日《时报》。
③ 施拉姆:《毛通向权力之路》第1卷,第94—98页(1916年7月18日)。

岁青年的内心特点。1911 年他入伍加入革命军的时候,他只不过在做千千万万他这个年龄的年轻男子在做的同样的事。这时候,他不在乎大多数人的看法,维护一个深深地不得人心的、政治上危险的人物。他告诉萧子昇此信:"恐招过,不可令他人见,阅后摧烧之,幸甚。"

他对"屠夫汤"的看法后来改变了。但是,他的分析方法——考虑问题集中在主要方面(汤维护法律与纪律),无视第二位的情况(汤的残忍)——这种分析方法也是他一生研究政治问题的方法的基础。他为独裁主义的辩护,也隐隐暗示了他未来的冷酷无情:

> [汤]其杀人万数千也,亦政策之不得已耳。彼江宁冯氏[国璋]之杀人,比此谁多少?……谓其制造民意,逢迎袁恶,污浼善类似矣。然云、贵、广西诸省,曷尝无此等事哉……护国之目的,不如此不足以达之,以此为罪,非知大计者也。[①]

这样的思想早在四年前就在毛的文章中有所暗示,毛在那篇文章中赞扬法家代表人物商鞅"颁布法令,惩处邪恶与反叛"。而现在,毛走得更远,他用辩证来证明杀死政治对手不仅是正当的,而且也是不可避免的。

毛把汤作为一个强有力的领导的例子,对他的统治表示的支持,以及对湖南的进步精英的贬低,都反映了他对地方政治家的争吵的憎恶。类似的推论又导致他发现了袁世凯的优点。当其他人都把即将当皇帝的袁作为出卖共和国的叛徒来指斥,并指斥他向可恨的日本人叩头时,毛仍旧把袁看做那时候与孙中山、康有为一起的三个杰出人物之一。[②] 汤倒台之后不到 18 个月,在1917 年冬天,当湖南再次落入内战的苦难中,所有的中国军队的司令官都沦为军阀之时,他承认袁和汤都是军阀,再没有人比这些恶棍更致力于他们自己所拥有的权力了。[③]

---

① 施拉姆:《毛通向权力之路》第 1 卷,第 95 页。

② 1917 年,毛写道:"今之论人者,称袁世凯、孙文、康有为而三。"(同上,第 131 页;也可参见第 76 页 [1915 年 9 月 6 日])

③ 毛在他所作的《伦理学原理》的批注中(同上,1917 年冬,第 276 页),在泡尔生所写的:"暴君之所以为暴君……将以专有乐利而擅握政权也"的这一行的旁边写上了袁的名字。到 1920 年 9 月,毛提到了"袁匪"和"汤屠夫"(同上,第 552 页,1920 年 9 月 6—7 日;也可参见 529 页,注释 14)。

毛在第一师范的那几年是以其他方式度过的。他在 1913 年就成为一个刚愎自用的小伙子,把他的胆怯与自我怀疑隐藏在虚张声势的外表下,渐渐成为一个讨人喜欢的、表面上容易接近的年轻人。他的教授与朋友们都认为他是一个特殊的学生,有一天将会成为一名第一流的教师。

这是一段缓慢的过渡时期。就像在东山高等学堂一样,那里留下了他一年或一年多的足迹。已经成为他最早的、最亲密的朋友之一的萧子昇,曾这样描述了 1914 年夏天,毛第一次犹犹豫豫地接近他的情形:

> 那时候,我是高年级学生,他是新来的初年级学生,我当然不了解他的为人和思想,我功课很紧,所以既没时间也没兴致与低年级的学生讲什么同乡之谊。
>
> 然而后来发生的一桩事,竟使我们的交谊有了飞跃。它发生在陈列优秀作文的教室里。学校十几个班里的学生,每人每周必须写一篇作文,每班选出最好的交到教师委员会,再从中选出三四篇挂到那间宽敞的展览室里的玻璃陈列橱中,让所有的学生观摩。我的作文常常获此殊荣,而毛则是我的最热心的读者。有时他的作文也被选中,我也兴趣很浓地读它们。因此我熟悉了他的思想……通过阅读彼此的文章,我们了解了对方的思想,联结了一根彼此相投的纽带。一天早晨,我们在走廊里相遇。毛带笑地站在我面前:"密斯脱萧。"那时候,学校里人人都用英语彼此称呼。
>
> "密斯脱毛。"我也招呼了他一声,模模糊糊地预感到他会说点什么,因为实际上这是我们第一次真正进行交谈。
>
> "你在第几教室?"他恳切地说,"今天下午下课后,我想到你们教室看看你的作文,行吗?"当天 4 点钟下课后,毛不到 5 点就来到我的教室。同学们都散步去了,我独自一人等待毛来访。
>
> 我俩都很满意这首次的畅谈。临走他说:"明天我再来请教你。"他拿着我的两篇作文,朝我鞠了一躬,便离开了。他很有礼貌。[①]

毛用了一段时间,寻找那些他认为具有相同精神的同伴。"人非圣贤,不

① 萧瑜:《毛泽东和我曾是乞丐》,第 37—40 页。

能卓然有所成就，"他在 1915 年这样写道，"亲师而处，取友为急"。① 那一年，他向长沙各校发出了征友启事②，邀请"对学问、时政感兴趣的人"与他联络。他详细说明了他们必须是"刻苦耐劳、意志坚定、随时准备为国捐躯"的年轻人，在征友启事上的签名是"二十八画生"，起这个假名是因为他的名字笔画共有二十八画。

在省立女子师范学校，这份启事被怀疑是隐含了寻求女伴的要求，并引发了调查。而那与毛的初衷相距甚远。他向萧子昇解释，他只不过是"效嘤鸣而求友声"。他又说："近以友不博则见不广。"③

20 年后，他告诉埃德加·斯诺，他收到"三个半人的回答"——这三个年轻人后来都成为"叛徒"或"极端反动分子"，"半个回答"来自"一个没有明白表示意见的青年，名叫李立三"，他后来成为共产党领袖，以及毛的痛苦的竞争对手。实际上，有六个年轻人④给他答复，这六人逐渐形成一个联系不太密切的学习小组：

> 这一小批态度严肃的人，他们不屑于议论身边琐事。他们的一言一行，都一定要有一个目的。他们没有时间谈情说爱，他们认为时局危急，求知的需要迫切，不允许他们去谈论女人或私人问题……在这个年龄的青年的生活中，议论女性的魅力通常占有重要的位置，可是我的同伴非但没有这样做，而且连日常生活的普通事情也拒绝谈论……我的朋友和我只愿意谈论大事——人的天性，人类社会，中国，世界，宇宙！⑤

由于杨昌济教授的影响（杨在日本留学时，就成为一个狂热崇尚健康的人），也由于受一些观念的影响，毛在他 1917 年写的、发表在《新青年》上的文章中陈述，那个学习小组也仿效斯巴达式的肉体健康的摄生法。每天早上，他

---

① 施拉姆：《毛通向权力之路》第 1 卷，第 63 页（1915 年 6 月 25 日）。
② 毛对斯诺说，他在长沙一家报纸上登了一个广告（《红星照耀中国》，第 172 页）。他还告诉当时的朋友，他只是把它"贴在了几个学校里"（施拉姆：《毛通向权力之路》第 1 卷，第 81—82、84 页）。
③ 李锐：《毛泽东同志的初期革命活动》，第 74 页；施拉姆：《毛通向权力之路》第 1 卷，第 81 页（1915 年 9 月 27 日）。
④ 毛写道，那个秋天一共"有五六个人答复"他。（施拉姆：《毛通向权力之路》第 1 卷，第 84 页［1915 年 11 月 9 日］）
⑤ 斯诺：《红星照耀中国》，第 172 页。

们来到井边,脱下衣服,用满满一桶寒冷的井水互相冲淋。那年暑假,他们去长途步行漫游:

> 我们徒步穿野越林,爬山绕城,渡江过河。遇见下雨,我们就脱掉衬衣让雨淋,说这是雨浴。烈日当空,我们也脱掉衬衣,说是日光浴。春风吹来的时候,我们高声叫嚷,说这是叫做"风浴"的体育新项目。在已经下霜的日子里,我们就露天睡觉,甚至到 11 月份,我们还在寒冷的河水里游泳。①

毛对杨教授的仰慕这时也完全表现出来。"弟观杨先生之涵宏盛大,以为不可及。"②他向一个朋友吐露心声。这种感觉是相互的,杨也在他的日记中写道,"[毛]资质俊秀若此,殊为难得"。③ 毛是那个学习小组的成员,那些学生有规律地晚上到杨教授家讨论时事,教授的唯意志论、主张迎接生活——强调培养人们的美德意志与顽强的耐力——这些对毛产生持续不断的影响。杨昌济去世若干年以后(他的去世,据说是由于在北京寒冷的冬天洗了过多的冷水澡所致),还有学生报纸回忆,说毛与他的朋友蔡和森,当年是杨最喜爱的学生。④

而毛在 20 年代初,一定也是个能完全容忍他周围每一个人的人。令人遗憾的是,这个来自韶山的难以管束的青年,依然是个问题青年,卓越超群而又难以对付,他由于自我疑问的反复较量而备受折磨,并且意志消沉。

他一会儿抱怨:"生平不见良师友。"⑤下一刻他又亲密地给萧子昇写信:"轸结者深,郁蓄者叠,磊砢抑塞,莫能自疏,对子昇而发之,子昇其许我乎?"⑥他的固执是少见的,甚至对那些他喜爱并尊敬的人,如"袁大胡子"也一样,他与袁有过一次大吵,那是为一篇文章的题目,他拒绝改动。另一次是与校长争吵以后,导致袁、杨与另外几位教授联合出面干涉,阻止校方开除他。在他的私人日记里,他也严厉地谴责自己:

---

① 斯诺:《红星照耀中国》,第173页。
② 施拉姆:《毛通向权力之路》第1卷,第69页(1915年7月)。
③ 施拉姆:《毛通向权力之路》第1卷,第60页(1915年4月5日)。
④ 《北京大学月刊》,1920年1月28日。
⑤ 施拉姆:《毛通向权力之路》第1卷,第84页(1915年11月9日)。
⑥ 施拉姆:《毛通向权力之路》第1卷,第72页(1915年8月)。

一伎粗伸,即欲献于人也;一善未达,即欲号于众也,招朋引类,耸袂轩眉,无静澹之容,有浮嚣之气,妹妹自悦,曾不知耻,虽强其外,实干其中,名利不毁,耆欲日深,道听途说,搅神丧日,而自以为欣。日学牡丹之所为,将无实之可望……

　　牡丹先盛而后衰,匏瓜先衰而后盛,一者无终,一者有卒,有卒是取,其匏瓜乎?[1]

　　毛生活节俭。萧子昇记得,在他们第一次相遇的时候,他"长得高大,粗手大脚,粗布衣裤,鞋子破旧"[2]。当其他的同龄人忙于赶时髦、仿效西式穿戴时,他只有一件蓝色学生装,一件学者式的灰色长衫,长衫里面是短上衣与一条白色中式裤子。他完全不顾及他吃什么。这只是一些必需品。他从他父亲那里每年总计能得到25元大洋的补贴。这也是受他的老师徐特立的影响。徐因自己的生活方式简朴而成为一个不落俗套的、有名望的人,他总是步行到学校,而不像其他教授那样乘人力车或轿子来学校。[3]

　　毛的预算紧张也是因他在报纸与杂志上花的钱过多,根据他自己的估计,这上面的支出几乎占了他收入的一半。他的同班同学回忆,他坐在学校图书馆里,用蝇头小楷在长条纸上记笔记,那些长纸条是他从书刊页边剪下来的,看上去就像是一份有关外国领导人的备忘录。

　　他在学习上同样勤奋刻苦,但这仅仅是对他喜欢的那些科目。他的情绪常常失控,有时对学习的东西迷恋不已,有时由于自身缺点而绝望伤心。由于学校强迫他学习那些他觉得讨厌的学科,他抱怨学校的管理刻板。"我对自然科学并不特别感兴趣,我没有好好地去学,所以大多数这些课程我得到的分数很差,"他回忆道,"我尤其讨厌一门静物写生必修课。我认为这门课极端无聊。我往往想出最简单的东西来画,草草画完就离开教室。"[4]有一次他画了一条粗线与一个半圆,声称是李白的诗《梦游天姥吟留别》中的一个场景,表现太阳正从海上冉冉升起。在期末考试中,他画了一个椭圆,说是一个鸡蛋。结

---

① 施拉姆:《毛通向权力之路》第1卷,第73—74页(1915年8月)。
② 萧瑜:《毛泽东和我曾是乞丐》,第36页。
③ 李锐:《毛泽东同志的初期革命活动》,第41—42页。斯诺(《红星照耀中国》,第175页)引用了毛的自述,即他在师范学校学习期间一共用了160块钱(实际上是1912年到1918年六年半的时间,因为他特别提出这160块钱里面包括他付的"许多次的报名费"的那段时期)。
④ 斯诺:《红星照耀中国》,第170页;也可参见施拉姆:《毛通向权力之路》第1卷,第62页(1915年6月25日)。

果,老师给他不及格。

他试着不断地控制自己。"从前拿错主意,"他在 1915 年承认,"今闻于师友,且齿已长,而识稍进……前者已矣,今日为始。"① 几个月后,他又再次灰心:"终见此非读书之地,"他生气地写信给一位从前的教师,信中述说了自己对学校的不满意:"意志不自由,程度太低,侪侣太恶,有用之身,宝贵之时日,逐渐催落,以衰以逝,心中实大悲伤……""如此等学校者,直下下之幽谷也。"②

不久以后,他再次对一种新的学习计划表现出兴趣:

> 晨读英文,午前 8 时至午后 3 时上讲堂,4 时至晚饭国文,明灯至熄灯温习各门功课,熄灯后运动一个小时。③

半年中,他又再次"在校颇有奋发踔励之概,从早至晚,读书不休"。但这仅仅是另一次故态复萌,精神上他再次由兴奋而至绝望,"人谁不思上进?"他不快乐地写道:"当其求途不得,歧路彷徨,其苦有不可胜言者,盖人当幼少全苦境也。"④

当毛逐渐变得更自信的时候,这样的感情迸发的情况减少了。1917 年春末,他 23 岁的时候,他的同校学友选他为"年度优秀学生"。他几星期前在《新青年》上发表的文章,也是那份杂志接受的第一篇湖南学生所写的文章。在其他方面,他也有了更多的自信。他早先给萧子昇的那些信中对萧所表示的尊敬,也渐渐被一种更平等的关系代替,在后来的信中,尽管毛比萧年轻,但却常常发出居高临下的声音。那年夏天,他批评了萧写的一本读书札记,要求他重写,对文中的材料要"挈其瑰宝,而绝其淄磷"。⑤ 不久后的一件事,又使他们的老师感到失望,他们俩公然蔑视常规,在长达一个月的暑假里,他们徒步旅游,沿途从佛寺、从好心的绅士那儿乞讨食物,乞求住宿,途经好几个县,就这样度过了假期。⑥

---

① 施拉姆:《毛通向权力之路》第 1 卷,第 62 页(1915 年 6 月 25 日)。
② 施拉姆:《毛通向权力之路》第 1 卷,第 84 页(1915 年 11 月 9 日)。
③ 施拉姆:《毛通向权力之路》第 1 卷,第 85 页(1915 年冬)。
④ 施拉姆:《毛通向权力之路》第 1 卷,第 105 页(1916 年 7 月 25 日)、第 130 页(1917 年 8 月 23 日)。
⑤ 施拉姆:《毛通向权力之路》第 1 卷,第 129 页(1917 年夏)。
⑥ 毛对斯诺说,他这次徒步到五个县旅行的想法,是受到《民报》一篇文章的启发(斯诺:《红星照耀中国》,第 171 页;也可参见萧瑜:《毛泽东和我曾是乞丐》,第 96—202 页)。尽管毛声称"农民们给我们吃的,给我们地方睡觉",但他们接触的几乎全都是当地的乡绅、商人和官员。

在他那年所写的一首诗中，毛把自己比作"鹏"，这是传说中的一种巨鸟，他写的是"鲲鹏展翅三千里"[①]，如传说中它从南海飞来。他少年时代崇拜的那些英雄，现在只有清代总督曾国藩依然得到他的赞美，梁启超与康有为，他现在觉得他们俩不够格了。

《新青年》上发表的那篇文章促使他考虑，用其他方法为他和朋友们强烈渴望的新中国的建立做贡献。他要求那些杰出人物，有道义上的责任去帮助那些比他们更不幸的人：

> 君子之有高尚之智德……然小人者，可悯者也。君子如但顾自己，则可离群索居，古之人有行之者……若以慈悲为心，则此小人者，吾同胞也，吾宇宙之一体也。吾等独去，则终将益即于沉沦，自宜为一援手，开其智而蓄其德，与之共跻于圣域。[②]

1917年10月，毛被选为第一师范学友会的总负责人[③]时，他就把这些想法付之行动，学友会在学校组织了多次课余活动。首批决议之一就是要为当地工人重建一个夜校，这个夜校在六个月前就创办了，但后来没办下去。在中国绝大多数人还没有文化的时候，这种首创精神是"非常关键"的，毛这样写道："草木鸟兽，同兹生类，犹宜护惜，而况人乎？小人原不小了，本不是恶人"，他们是最普通的不幸者，这些不幸者正是"仁人之所宜矜惜"的原因。甚至欧美一些发达国家也认为夜校是很实用的，他补充说，它们能使学生学到教师的经验，最重要的是，它们有助于在人民群众与国家的文化精英之间形成一种团结一致、休戚相关的感情：

> 现时学校大弊，在与社会打成两橛，犹鸿沟之分东西。一入学校，俯视社会犹如登天；社会之于学校，亦视为一种神圣不可捉摸之物。相隔相疑，乃成三弊：一为学生不能得职业于社会……一则社会

---

① 施拉姆：《毛通向权力之路》第1卷，第159页（1917年）。中文版编者注：查此诗句应为"鲲鹏击浪从兹始"，时间为1918年，见中央文献研究室编《毛泽东早期文稿》第641页。

② 施拉姆：《毛通向权力之路》第1卷，第135页（1917年8月23日）。

③ 显然，这次选举与6月份那次"年度优秀学生"的竞选是分开的（同上，第145页，1917年11月）。这一次，毛当选为学友会的"总务部长"，这使他实际上成为仅次于只有名义上的职责的学监之下的总负责人（同上，注释143；李锐：《毛泽东同志的初期革命活动》，第54—55页）。

不遣子弟入学校……一则烧校阻款之事由此起也。除此三弊……社会之人视学生如耳目，依其指导而得繁荣发展之益；学生视社会之人如手足，凭其辅佐而得实施所志之益。久之，社会之人皆学校毕业之人，学校之局部为一时之小学校，社会之全体实为永久之大学校。①

对于这一反精英统治论的、开放的教育制度的观念，毛加进了他对书本崇拜的厌恶。他在1915年就写过："弟近年来所有寸进，于书本得者少。"②他赞许地对康德的主张作出评论，康德主张"我们的认识必须来自经验的事实"，并且严厉地批评了传统的中国教学方法的形式主义：

> 吾国学制，课程密如牛毛，虽成年之人，顽强之身，犹莫能举，况未成年者乎？况弱者乎？观其意，教者若特设此繁重之课以困学生，蹂躏其身而残贼其生有不受者则罚之。智力过人者，则令加读某种某种之书……何其梦梦如是也！③

毛在此以如此的热情所表达的思想，表现出他一生对教育的看法。而在那时候，他的观点听起来可能比今天听起来更缺少一些基础。中国的教学法，那时全都是死记硬背，并且明显地负担过重，以至于1917年，毛有七个同学因病死亡——于是，他们的同班同学和一些教师都相信——这像是因过度的长时间学习，而没有适当的放松所导致的结果。

那年11月，大约有60名长沙工人④在夜校登记注册，夜校的招生广告是用白话文，而不是传统的古文写出来的⑤：精简课程，适应日常生活，"教的是写信，算账，都是列位自己时刻要用的"。毛把这些写进夜校的招生广告中，在其他事情上，鼓励人们购买中国商品，而不是外国货，通过这些事，尝试向人民灌输"爱国精神"。⑥

---

① 施拉姆：《毛通向权力之路》第1卷，第145—146页（1917年11月）。
② 施拉姆：《毛通向权力之路》第1卷，第68页（1915年7月）。
③ 施拉姆：《毛通向权力之路》第1卷，第115页（1917年4月）。
④ 85人上了第一天的课，其中有30%的人是青少年（同上，第152—153页，1917年11月）。
⑤ 施拉姆：《毛通向权力之路》第1卷，第143—156页。即使像《新青年》这样的进步刊物也是到1918年1月才完全用上白话文。
⑥ 施拉姆：《毛通向权力之路》第1卷，第142页。在安排夜校的课程时，毛极力主张他自己教的历史课应该向学生灌输"爱国精神"。

但是，在学校适时开学之前，北京的一些军事掮客之间的斗争，再次使湖南陷入内战之中，它给湖南省带来的灾难，在规模上比毛以前目睹过的要大得多。

汤芗铭1916年7月逃离长沙，长沙混乱了一段时间以后，汤的职位被他的前任、贵族绅士谭延闿取而代之。

过了一段时间，一切步入正轨。谭延闿着手设置湖南行政当局的工作，加进了值得重视的自治权，这得到了湖南精英的支持，这与在1911年至1913年他的前任地方长官任职期间，他已成为实际上的领导人的情况相类似。北京的新总理段祺瑞，曾是袁世凯的部下，他现在正忙于巩固他的新职位以对付北方对手的一些花招，他能够提出许多办法使这个省就范。

紧跟着到了夏天，形势又变化了。当保守派的军事将领决定复辟，把满清皇帝推上御座，所有其他的北方将领又立即暂时联合起来反对的时候，首都的权力斗争有了一个滑稽的结局。权力斗争导致的改组，最终以两个截然不同的北方军事集团的建立而告终——一个集团称为皖系（或安福系），由段祺瑞为首；另一个称为直系，由新总统冯国璋领导，领地在南京，毛在一年多前为汤芗铭在湖南的暴政作辩护时，曾把冯作为先例。停战协议得到暂时的遵守，段祺瑞能够把他的注意力转向难以控制的湖南人了。

1917年8月，段提名傅良佐接替谭延闿任湖南省长。傅与段有姻亲关系，也是他以前的军事副部长。与谭一样，傅也是湖南人，但他的大部分生活都是在北方度过的，他的故乡已把他看成一个外地人。在接到任命三天后，他试图把两名资深军官撤职，因为他怀疑这两人的忠诚。这两个军官所在部队哗变，激起一连串的连锁反应。到10月初，这一反应引起湖南省几乎一半的军队公开叛乱。两队北方士兵被迅速调来镇压叛乱。但是，那只不过使湖南邻省广西、广东的独立部队的将领们确信，他们也要介入，以防止北方军队对他们两省边界的威胁。数千名身穿绿色军服的步兵，伴随由马克沁机枪与山炮武装起来的炮兵部队，源源不断地涌向湖南。他们奉命在北方军队进入湖南南部地区之前阻拦他们前进。

北方军队和南方军队之间，曾经有两次侥幸避开了直接交战（一次是1913年，当"二次革命"最终失败的时候，还有一次是1916年，袁世凯去世结束了反君主政体的战争），而这一次，湖南的好运气看来好像跑掉了。当双方部队沿湘南的衡州市附近的狭窄地区进行不分胜负的小规模战争时，长沙公布了军事管制法。但是，那些参战者估计，战争冲突不是北方政客的阴谋。11月中旬的一天，段祺瑞被迫辞职，姓傅的督军逃走了，北方军队撤退。"[第二天上午]9点钟，仿佛由于极度紧张，整个长沙城到处旗帜飘扬"，惊恐不安地等待着得胜的南方军队进城。当他们到达时，如一位观察员所说的，他们"全副武装，子弹已上膛"，妇女和儿童躲进红十字会避难。但是，在这次事件中，长沙城本应遭受点抢劫，但全城竟然为自己逃脱了一场劫难而稍稍庆祝了一下。

在这段动乱时期，毛与其他的第一师范学友会的成员组织了一支志愿军，他们拿着木制来复枪巡逻，威胁坏人。据他的一个同班同学回忆，毛的贡献就是教他们砍下竹竿，把一头削尖，准备用它挖出任何一个鲁莽得要试着爬上他们学校围墙的士兵的眼睛。他与他最亲密的朋友萧子昇、蔡和森，称他们自己为"三个英雄"，并以此培养强健的体魄和尚武精神。但是，自从那些日子以来，毛已经成熟多了，当他在动乱的青少年时期，有一次藏进一所公厕，以躲避正在吵架的军队①；现在，他依然审慎地尽量减少他们这几个年轻英雄的虚张声势的行为。《一师校志》骄傲地声称，毛的志愿军"特别有效"。但是随后的3月份，真正的问题又来了，他们明显地缺课。那个月，段祺瑞决定和他的对手进行一次新的交手，要使湖南就范。现在，广西人没有交战就撤退了。

> 随着夜幕降临，(一个外国居民报告)这座城市万籁俱寂。大约从下午8时，一次成功的射击开始，从喧闹繁华的南街、西街传来玻璃落地声，窗板打碎声，直到黎明……我[想]亲自看一下发生了什么事……或多或少的士兵源源不断地涌离南街。但是，还有十几队人……在抢劫。他们开始是抢银器首饰店……八九个人聚在门窗周围……抢劫的骚动结束不一会儿，又开始抢砸木制品……大部分商店被抢。②

到了早上，那儿已是"空无一人，极其恐惧的城市"。北方军队在24小时以后进城，现在段祺瑞像个总理一样回来了，委任他的亲信部下张敬尧为湖南

---

① 斯诺：《红星照耀中国》，第169—170页。在1916年7月那段动荡的日子里，毛在给萧瑜的一封信中说："弟在湘潭，逡巡不敢来省，得友报始至，诚畏之也。"(施拉姆：《毛通向权力之路》第1卷，第97页。)

② 《北华捷报》，1918年4月6日，第21页；4月13日，第78—79页。

督军,这个职务自傅良佐逃跑以后,有四个多月的时间空缺。

湖南为段的那一决定付出了高昂的代价。"张毒",人们这样称呼张敬尧,他是个"残酷的、虐待狂似的独裁者",他的统治方法与"屠夫汤"的类似,但在程度上比汤更厉害。在长沙的贫民区,据外国传教士报告:"妇女的贞操以及她们身上任何能出卖的东西,都已穷尽。"①城郊的一个地方,张敬尧的人在4月初的几天所犯的罪行历历在目:

> 沈××……20岁[被]三个士兵在上午11时痛打,由于那三人每人滥施毒刑,他现在仍不能行走……L××,他在自家屋里被人用绳子捆起来,然后用刺刀捅他。那以后,再把一根燃烧的蜡烛放到那些伤口……何××,跑出去保护他女儿,一个遭到射击的八岁的小女孩,他也被射杀……一个14岁的女孩被两个男人奸污,[她]受伤而死……一个公公试图保护他的儿媳也是徒劳无用的,儿媳还怀有六个月身孕,被士兵追逐,往山坡上跑,士兵们打伤了男人,凌辱了那个女子……这些令人发指的故事每一刻钟都在发生。②

在东北方,沿长沙到平江的主要公路上,"所有的牲畜被杀死;所有的稻种被抢光;所有的居民都被吓跑了"。③ 长沙南边60英里的醴陵,遭遇更惨。④一位美国传教士5月份到达此县的时候,他发现只有三个人还活着,这里一片废墟,断瓦残垣。醴陵县,人口超过58万,现在2.1万多人被杀,4.8万多个家庭毁于一旦。

上海的外国租界是安全的,那里的报纸愤怒地发表社论,谴责"不顾人民死活的、贪婪的将军们""把中国最美丽富饶的省份之一变成了一个一天天毁灭与悲伤的地方"。⑤ 具有讽刺意味的是,七个月前就开始反叛的湖南南部受到的伤害却最小。吴佩孚将军的力量率先袭击了北方军队前进的先头部队,占领了衡州以后,他们暂时停了下来,并协商了一个停火协议,根本不顾段祺瑞要其向广东前进的要求,并离开了南方军队控制下的湘南大部分地区。北

---

① 《北华捷报》,1918年4月13日,第80页。
② 《北华捷报》,1918年4月20日,第137页。
③ 《北华捷报》,1918年4月13日,第79页。
④ 《北华捷报》,1918年5月25日,第452—453页;麦克唐纳:《农村革命的城市起源》,第31—32页。
⑤ 《北华捷报》,1918年6月1日,第501—502页。

京的政治又一次发挥作用。吴属于直隶派系,一旦扶植一个北方总督,他看不到继续帮助段祺瑞和他的安福派系对手所支持的事业的任何派系优势。

从4月份开始,毛的学校被迫接待张敬尧的一个团,这个团被安置在一些教室里。新督军从"屠夫汤"那里得到暗示,五年多来,教育预算支付款一直停止不动。第一师范的教师们一直拿不到工资,许多学生跑走了,校长不得不为那些没钱吃饭的人找钱。也与汤一样,"张毒"建立了一个由告密者与特别代理人所组成的网状组织,威胁老百姓。因为从每一个被捕获的所谓的"间谍"那里,都能获得实质性的报酬,就是付钱。一个人被逮捕,通常是因为穿着不同颜色的鞋。"讨厌的尸体正放在各种不可思议的地方,"一个人在报告中这样陈述,"有的尸体直接放在市中心,有一些放在军事要道上。对可疑分子审判的任何情况都没有公布过。[甚至]哪家人想打听一下他家已失踪的人在哪儿,也是极其困难的。"结果就是"更加秘密恐怖,并且几乎不能公开谈话"。①

1918年6月,毛拿到了他第一师范的毕业文凭。这时,对于他这一生要干什么,他依然没有很清晰的想法。他在给从前的一位教授写的信中说:"以糊涂为因,必得糊涂之果。"他考虑的一种可能性是开办一个私塾,课程"以略通国学大要为准……过此即须出洋求学,乃求西学大要"(此语在前一年)。②但是,日子过得没有一点起色,这样的冒险办学校需要钱,而毛没有钱。

他与一些朋友在远离湘江的岳麓山上一座废弃的古代书院里,度过了毕业后的几个礼拜,在那儿他们捡来了木柴,并从山泉中汲水。他在三年前就创立了这个非正式的学习小组,所有的成员现在给小组重新命名为"新民学会"。在中国,人际关系是做任何重要的事情所必不可少的,毛极重视这张人际关系网。"新民学会"早在4月份形式上就正式成立了,萧子昇是学会的总干事,毛是干事,萧的副手。13个发起人中,有的人,包括萧子昇自己,最终与之分道扬镳,走了自己的路。但是大部分人在随后的腥风血雨的年月中,都与毛站在一边,许多人献出了他们的生命。

新民学会是那时候中国大地上最早的进步学生社团之一——那些进步社团,有北京的复兴社,周恩来在天津发起的觉悟社——他们都是爱国青年对军

---

① 《北华捷报》,1918年5月18日,第398—399页。1918年9月14日,第626页。
② 施拉姆:《毛通向权力之路》第1卷,第136页(1917年8月23日)。虽然这封信是毛在毕业前九个月时写的,但在这段时间并没有发生任何改变他这一想法的事情。

阀的劫掠与帝国主义列强的压迫所做出的反应。毛的同班同学罗学瓒那年夏天在给家人写的信中解释：

> 你们必须了解，外国人要强占中国的领土，他们要抢夺中国的金钱，要杀害中国人民……我不能在期待中活着，什么也不干。于是，现在……[我们正在]试着建立一个联合组织……[它将]把中国建设得富强，这样，中国人能够找到一条新路。我们瞄准的目标，就是盼望中国有复兴的一天。①

"新民学会"这个非凡的名字反映了中国目前所经历的变化。"新民"具有双重意义——"新的人民"或"更新人民"——这个名字使学社具有基本的、几乎是革命的色彩。梁启超曾在 15 年前以"新民"作为他的改良主义的日报的名称——《新民丛报》。但这也是一个古代文化中的词条，能在儒家经典中找到。"新民"也是儒家学者的责任。

对中国古代文化遗产的矛盾心理是那个时代的特点。

在毛曾帮助组织起来的夜校里，那些学生每晚三次向孔圣人的肖像鞠躬。而毛与他的其他同代人，已对正统的儒家美德越来越感到不满。"故吾国之三纲在所必去"，这是他在 1917 年冬天写的，三纲起源于儒家思想精髓的三大关系，君臣、父子、夫妻间的关系。他痛斥"教会、资本家、君主、国家"四者"同为天下之恶魔也"，他极力主张，在国家观念中要有"根本的变化"。②

然而就在其他人简单地否决过去之处，毛在寻找一种思想，它可以融贯中国古代思想中传统的辩证法与西方的激进主义。这其中包括的远见惊人的现代：

> 天下万事，万变不穷……世上各种现象只有变化，并无生灭成毁也，生死也皆变化也……成于此必毁于彼，毁于彼者必成于此。
>
> 吾尝虑吾中国之将亡，今乃知不然。改建政体，变化民质，改良社会，是亦日耳曼而变为德意志也，无忧也。唯改变之事如何进行，

---

① 罗学瓒给他祖父的信(1918 年夏)于 1993 年 12 月在北京中国革命历史博物馆"纪念毛泽东诞辰 100 周年"展览上展出。

② 毛在 1917 年 8 月写道，孔子所倡导的做诸如修桥补路的善事"固佳"；而到 1918 年，又说这样做"毫无价值"。施拉姆：《毛通向权力之路》第 1 卷，第 132、135、208、211 页。

乃是问题。吾意必须再造之,使其如物质之由毁而成,如孩儿之从母腹胎生也……各世纪中,各民族起各种之大革命,时时涤旧,染而新之,皆生死成毁之大变化也。宇宙之毁也亦然。宇宙之毁决不终毁也……吾人甚盼望其毁,盖毁旧宇宙而得新宇宙,岂不愈于旧宇宙耶!

余曰:观念即实在,有限即无限……想象即思维,形式即实质,我即宇宙,生即死,死即生,现在即过去及未来,过去及未来即现在,小即大,阳即阴,上即下,秽即清,男即女,厚即薄。质而言之,万即一,变即常。

我是极高之人,又是极卑之人。①

毛 24 岁时写下的这些句子,可怕地预示了半个世纪后的一些事件,那时候,毛的权力达到了顶峰,他发动了一场连续不断的、扭曲的革命。他令人震惊地要改变人类 1/4 人口的思想,要使他们的思想服从他的意志,当他感觉到自己的权力实际上已经不稳定的时候,他就配合以阶级斗争。

实现中国的"完全再造"与保持辩证法的要素,这注定是毛的政治生活中压倒一切的目标。毛已经懂得,这不能够一件一件、零零碎碎地去做。那就需要在意识形态上加以引导:

欲动天下者,当动天下之心,而不徒在显见之迹。动其心者,当具有大本大源。今日变法,俱从枝节入手,如议会、宪法、总统、内阁、军事、实业、教育,一切皆枝节也……本源未得,则此等枝节为赘疣……本源者,宇宙之真理……今吾以大本大源为号召,天下之心其有不动者乎? 天下之心皆动,天下之事有不能为者乎?②

这样的本源可能是什么,这是另一回事。但是对毛与他的那个毕业生小组的唯心主义成员而言,仔细思考张敬尧的愚昧统治,他们在长沙没有发现本源,这是清楚的。5 月初,毛的那个学习小组的最早的六个发起人之一罗章龙

---

① 施拉姆:《毛通向权力之路》第 1 卷,第 249—250、306 页。这是毛泽东 1917 年至 1918 年期间读德国伦理学家泡尔生(今译保尔森)著作《伦理学原理》作的几段批注——编者注。
② 施拉姆:《毛通向权力之路》第 1 卷,第 131—132 页(1917 年 8 月 23 日)。

启程去日本。毛的老师杨昌济教授此时在北京,由于从广告上得到信息,他开始写信帮助中国学生联系去法国勤工俭学。6 月,新民学会成员决定派蔡和森去这个资本主义国家寻找更多的真理。两个月后,毛与那个小组的另外 20 人也离开长沙。离湘之前,他去湘乡看望了母亲,并再次向她保证,不诚实的保证:"观光游览是我们旅行的唯一目的,其他没有什么事。"[①]

---

① 施拉姆:《毛通向权力之路》第 1 卷,第 174 页(1918 年 8 月)。

第四章

"主义"纷争

　　"北京就像一个大熔炉，"毛说道，"在那里，不可能变化的人也能被改变。"火车缓慢地驶过北京城厚实的、灰砖砌就的城墙，旁边是紫禁城的雉堞，这是现已消失的中国古代权力与辉煌的标志。火车停靠在一座新的西式风格的车站上，这车站又是需要外国技术与观念的标志。此时，这个年轻的、南方来的外省学生进入了政治与知识骚动的世界。七个月后，他将带着怎样挽救中国的异乎寻常的见解，在这里脱颖而出。

　　甚至在他离开长沙之前，毛还曾认真地考虑过，是否要与其他人一块儿去法国。其中一个困难是钱。尽管他能拿出 200 元船票钱，但他没有另外的100 元付将要进行的语言培训费。事实上，语言看来是个关键问题：毛一生都在为精通英语而斗争，尽管他最终学会了借助字典阅读，但用英语会话还远远不够。他显然觉得，置身于法语环境对他来说会更糟糕。他的外语听力很差，甚至北京方言课对他也是一种考验，到那段日子结束时，他仍然保留了一口混浊的湖南土音，同省人一听就能听出是湘潭口音。他不去法国也有另外的考虑。毛依然觉得他的未来是当一名教师。"往保（指保定留法预备班）固是一面，"他承认，"然不如从事教育之有大益……"他努力说服自己相信一件事，即所有的新民学会领导不能同时离开中国，这点很重要。他考虑，如果蔡和森与萧子昇到法国去，他就留在后方，保证新民学会继续促进改革事业。掌握语言并非一种难以逾越的障碍，其他的因素或许没有显得那么突出。

　　他后来对埃德加·斯诺说时，又对此有不同的解释。"我觉得我对自己的国家还了解得不够，我把时间花在中国会更有益处。"他说。"我另有打算。"

　　他们抵达北京后，毛与萧子昇在杨昌济教授家住了一段时间，杨教授为他写了一封介绍信，给北京大学图书馆主任李大钊，毛得到一份图书馆助理员的工作。李大钊只比毛大五岁,但他在知识界的重要地位与在国内的声望,都高出了他的同时代人。作为一个完美的、令人肃然起敬的人物,他有一对炯炯有神的眼睛,短而硬的黑胡须,小小的金属边的眼镜,使他看起来像一位中国的巴枯宁。李新近进了陈独秀当主任的北大文学系,与陈共同编辑《新青年》杂志,这是毛特别喜爱的杂志。这所古老的大学图书馆离紫禁城不远,它东南方的塔形高楼里李大钊办公室的隔壁,就是毛工作的地方,在这样的环境里工作,干每件事,都是毛所希望的。他自豪地告诉家人,他已经得到"一个职位……作为北京大学的一名职员"。这是透出无限惊喜的声音,但现实却是深深的沮丧:

> 我的职位低微,大家都不理我。我的工作中有一项是登记来图书馆读报的人的姓名,可是对他们大多数人来说,我这个人是不存在的。在那些来阅览的人当中,我认出了一些有名的新文化运动头面人物……我对他们极有兴趣。我打算去和他们攀谈政治和文化问题,可是他们都是些大忙人,没有时间听一个图书馆助理员讲南方话。[1]

毛再次成为大池塘中的一尾小鱼。近二十年后,在他对往事的回忆中,仍然能感觉到一种挥之不去的怨愤。有一次,当他试图在胡适讲演后提一个问题时,这个比毛大两岁的伟人曾倡导了中国新文化运动,其时,他完成了他的一个研究课题《中国哲学史大纲》,当他发现这个提问的人不是学生,而只是图书馆的助理员时,便把他拂到一边。像不久前创立了北大最有影响的改革社团"新潮社"的傅斯年一样的更年轻的学生领袖们,也同样对毛很冷淡。

结合这些烦恼,还有首都的生活费很高。他每月八块大洋的工资——一半付了黄包车夫的工钱,剩下的只能维持最起码的生活。他与萧子昇及其他六个湖南学生一起,租了几间房子。这是一幢北京传统的灰砖灰瓦的平房,在一个小四合院里,位于景山附近的三眼井,距大学约 2 英里。他们租的房子没有自来水,没有电灯。他们八个年轻人共有一件御寒的外套,这就意味着,在最冷的天气,气温到摄氏零下 10 度的时候,他们不得不轮流穿它出门。屋里有一个矮小、膛大的火炉,但他们没有钱买煤块或煤泥烧热炕,晚上,他们挤作

---

① 斯诺:《红星照耀中国》,第 176 页。

一团取暖。"我们大家都睡到炕上的时候,挤得几乎透不过气来。"毛回忆道,"每逢我要翻身,得先同两旁的人打招呼。"

无论如何,他已逐渐开始在北京城里找到了他的位置。那些鼓励他的人中,有一个是邵飘萍,邵领导了新闻学研究会,是一位作家,若干年后,毛还记得他像"一个自由主义者,一个具有热烈的理想和优秀品质的人"。他也遇见过陈独秀,陈所坚决主张的、传统的中国文化全部改变必须具备现代化条件这一点影响了他。他后来说:"也许比其他任何人的影响都大。"他也参加过哲学研究会的会议,他和他的同伴们都沉浸在一些研讨会和杂志所宣扬的"最新的理论学术"中,这些研讨会和杂志在那年冬天与第二年春天,纷纷从北大校园里冒出来。

与其他受过教育的中国年轻人一样,毛依然在"找寻出路",由于中西方观念如此之丰富,它们有时候互相支撑,有时候互相驳难,这既使毛迷惑,也深深吸引了他。"在这个时候,我的思想是自由主义、民主改良主义、空想社会主义等思想的大杂烩。"他回忆道,"我憧憬'19世纪的民主'、乌托邦主义和旧式的自由主义,但是我反对军阀和反对帝国主义是明确无疑的。"①

乌托邦思想来源于江亢虎与康有为,江是中国社会党受无政府主义思想影响的领袖,1911年辛亥革命时,毛在长沙当兵时偶然见到过他写的东西;康有为曾试着把欧几里德数学的唯物主义普遍性与传统的中国唯心论联合起来,描绘一个伟大和谐的王国,在那里,家庭和民族均已消失,全世界的公民都生活在自我调节的经济共同体中,没有种族或性别的差异。在这一问题上,毛已被这种见解冲昏了头脑,一度设想,当"天下所有的人都成为圣人的时候……我们应该消灭全部的现存法律,呼吸和谐的空气,畅饮水晶似的清澈的海水"。② 几个月后,他又推翻了自己的设想,他写道:"我肯定,一旦我们进入[这样的世界],竞争与倾轧的波涛会突然爆发。"③在毛的幻想中,永远带有康有为的浪漫的乌托邦之梦。永远有康的部分思想,即渴望成为一位贤明的君主,如他设想的那样,自由地散步于"上帝创造的世界,希望与所有活着的生命共享他的神圣的变化"。④

受梁启超的影响,他深信,不摧毁旧的东西,新秩序就不能够建立。当明

---

① 斯诺:《红星照耀中国》,第174页。
② 施拉姆:《毛通向权力之路》第1卷,第135页(1917年8月23日)。
③ 施拉姆:《毛通向权力之路》第1卷,第237—239页(1917年冬)。
④ 韦克曼:《历史与意志》,第140—146页。

代哲学家与战略家王阳明的思想鼓励他把个人与社会、理论与实践、知识和愿望、思想和行动联系起来的时候，亚当·斯密、赫胥黎与斯宾塞的思想又使他把他的那些思想称为"老式的自由主义"。从明代爱国者、湖南人王夫之那里，他又汲取了世界在永远变化的思想，在这种变化中，事物的无常是由物质世界的辩证法的矛盾性所制约的，这是推动历史前进的主要法则。

毛不加批判地吸收了这些人的思想。在赞成或抵制之前，他试图掂量一下每一种思想的分量，常常是刚接纳一种思想，只不过几个月，就又放弃了它。[①] 在他努力向政治靠拢的过程中，用他自己的话来说，兼有"内心世界深刻的反思与外部世界观察所得到的知识"。目的是寻找一种能把这些毫无联系的思想融合为一个紧密的整体的主义。

马克思主义不是他最初的选择。1918 年，还没有一本可以看的马克思或列宁著作的中文译本。那年春天，在上海的一种小型的无政府主义的杂志上刊出了一篇关于十月革命的报道。[②] 但是，这种杂志的发行量有限，并且，当李大钊 11 月份在《新青年》上发表第一篇用中文写的有关这一主题的有重大价值的文章的时候，论题是如此陌生，以至于印刷工人在一个地方把"bolshevism"（布尔什维克主义）拼成了"Hohenzollern"。甚至连李大钊自己，尽管他热情地断言，"明天的世界……必定是赤旗的世界"，他也并不确实相信新的布尔什维克党就像已经描述的那样。"它是什么类型的思想意识，"李说，"用一个句子清楚地解释它是非常困难的。"不过，他告诉读者，布尔什维克是遵循"德国经济学家马克思"的学术的革命的社会主义，它的目标是摧毁国家界限与已经产生的资本主义制度。

毛一定已经读了这篇文章，但看来此文并没有给他留下更多的印象，他后来从没有提过它。他没被布尔什维克吸引，却被无政府主义吸引，那时候，无政府主义思想正被在巴黎和东京的中国人小组接受并发展。无政府主义的诱

---

① 毛在 1917 年秋接受康有为乌托邦式的理想主义，紧接着在同年冬天又放弃了它，就是一个例证。他关于不朽的观点则是另外一个例证。他在 1916 年 12 月写道："夫人之一生，所乐所事，夫日实现。"（施拉姆：《毛通向权力之路》第 1 卷，第 107 页）一年以后，他又指责试图留名的思想是愚蠢的（同上，第 240 页；也可参见 253 页）。

② 1918 年 3 月和 4 月《劳动》的前两期上发表了几篇文章（米切尔·鲁克：《中国布尔什克主义的起源》，牛津大学出版社 1990 年版，第 18—19 页）。也可参见阿瑞夫·德里克：《中国共产主义的起源》，牛津大学出版社 1989 年版，第 26—28 页。李大钊 1918 年 7 月在《新青年》上发表了一篇比较法国革命和俄国革命的文章，但这篇文章并没有什么特别之处，因而也没有像他 11 月的那篇文章那样引起人们的注意。

惑是由于官方当局的抵制,这是因为中国年轻人的目的,是破坏来自儒家家庭体制的扼杀人性的习俗,无政府主义的社会变革的远景就是产生一个和平谐调的新时代,这些都引起中国人的共鸣。选派中国青年赴法勤工俭学的方案也是中国无政府主义者制定的,现在,毛与他的新民学会的成员正在参与这事。当受过教育的中国人谈到"社会革命"的时候,他们脑海中想的通常是无政府主义的革命,而不是马克思主义的革命。甚至于李大钊对布尔什维克主义作为"不可抗拒的潮流"迎来了自由的黎明的新曙光这一描述,也隐含了无政府主义的措辞。李曾写道:"没有议会,没有国会,没有总理,没有内阁,没有立法机关,也没有统治者,只有联合劳动的布尔什维克,它⋯⋯将联合全世界的无产者,创造世界的自由⋯⋯这是 20 世纪革命的一种新的主义。"直到 20 年代早期,中国的马克思主义者与无政府主义者像是同一个社会大家庭里的同胞兄弟一样在互相注视,由于不同的意图而在同一场战斗中作战。

在激进派校长蔡元培的影响下,北京大学成为无政府主义者活动的重要中心。有些课程用世界语上课,这是无政府主义者为他们新的自由国度的世界选择的语言。学生们秘密地传阅刘师复写的《伏虎志》(在《驯虎》杂志上搜集来的文章)的复印本,刘师复是"晦鸣学舍"的发起人,一个黑夜中鸡鸣的社团,名字起得很奇怪,他鼓吹"共产主义,反对军国主义、工团主义,反对宗教,反对家庭,提倡素食主义、国际语与世界大同"。①

对毛而言,无政府主义是一个新发现。若干年后,他承认他曾"赞同许多无政府主义的主张"并且花了很多时间讨论它在中国可能有的实践性。他的观点出现在 1919 年夏天他所写的一篇文章中:

> 有一派很激烈的,就用"即以其人之道还治其人之身"的办法,同他们拼命的倒担(捣蛋)。这一派的首领,是一个生在德国的,叫做马克斯(马克思)。一派是较温和的,不想急于见效,先从平民的了解入手。人人要有互助的道德和自愿工作。贵族资本家,只要他回心向善能够工作,能够助人而不害人,也不必杀他。这派人的意思更广,

---

① 德里克:《中国革命中的无政府主义》,第 172—175 页;周策纵:《五四运动史:近代中国的知识分子革命》,哈佛大学东亚研究中心 1960 年版,第 97 页;斯卡拉皮诺和伊:《中国的无政府主义运动》,第 40 页。也可参见李锐:《毛泽东同志的初期革命活动》,第 96 页。这个"黑夜中鸡鸣的社团"于 1912 年成立。虽然刘师复在 1915 年去世,但他的支持者一直活动到 1922 年。他们还在 1918 年春创办了《劳动》杂志。

更深远。他们要联合地球做一国,联合人类做一家,和乐亲善……共臻盛世。这派的首领,为一个生于俄国的,叫做克鲁泡特金的人。①

由于毛当时对马克思主义与它在俄国的革命者——列宁全然无知,甚至对列宁领导的十月革命都没有注意。由于他明确地不赞成革命暴力,所以他选择的路就在马克思主义与无政府主义之间明显地表现出来。自从三年之前,毛奋起抗拒"屠夫汤"的残酷统治以来,汤的苛政已日趋平静与稳定,这就证明了毛的抗拒是正当的,从那以后,毛的思想已成熟。毛已经25岁了,他开始更深地思考有关的意义与结果,以及这样的意义中所暗示的社会形态。无政府主义,由于它在教育、个人愿望以及自身的道德修养方面所强调的要点,比马克思主义要更符合毛从康有为那里接受的世界乌托邦主义,也更符合他的传统的、中国学者在德行与榜样的力量上的信仰。当毛离开北京的时候,他或许没有成为 个羽翼丰满的无政府主义者,但是,未来的12个月,无政府主义已被中国接受,毛也有了一种它的主要信徒的感觉,这种感觉为他一生的政治行为提供了参考。

毛在北京度过的那个冬天,也在其他方面影响了他。1918年的中国首都,痛苦与振奋、光荣与世俗相交替,已成为国家变化的代名词。② 在逐渐褪色的紫禁城的红墙后面,废黜的年轻的宣统皇帝依然在那儿生活,1000多个太监为他服务。满族人、他们的家庭与亲戚,总计已达首都100万人口的1/3。驼队来自北部长城外。身穿绣花织锦缎长袍的达官贵人坐在已经过时的、带有玻璃窗的轿子里,他们的随从骑着粗毛蓬松的蒙古矮种马,在轿前开道。

建于明代的宽阔的林荫道,每年春天,北风吹来了令人窒息的黄沙,沙漠灰尘覆盖了这林荫道,现在,摩托车在路上飞奔,上面坐着军阀督军与贪赃枉法的政客,他们的秘书与卫兵,零零星星地乘坐在蓝色车篷的北京卡车上,在人迹罕见的路上奔驰。在长沙仍为稀罕之物的人力车,1918年已有2万辆塞在北京的大街上,这是三年前的两倍。外国士兵在使馆前的广场上操练。

---

① 施拉姆:《毛通向权力之路》第1卷,第380页(1919年7月21日)。
② 斯特安德:《黄包车·北京》,第1—46页;艾伦·拉玛蒂:《北京的动乱》,纽约,世纪出版公司1919年版,第16—21页;哈利·佛兰克:《华北漫游》,纽约,世纪出版公司纽约1923年版,第196—203页。乔治·凯斯在《丰饶的年代》中描绘了这个城市20世纪30年代初的景象,而且它在很多方面几乎没有什么变化。

富裕人家在昆明湖、北海结冰的湖面上驾雪车娱乐,穿钉鞋的苦力们拉着他们在狭窄的、凹凸不平的胡同中奔跑,穷人的孩子是"苍白的、发育不全的,他们的小胳膊小腿冻得像棍子一样,赤身裸体地侥幸活下来,真是令人吃惊。许多人身上患有各种溃疡,或是满身伤疤",当时一位中国住院医生写道,"许多人明显是残疾人,脑袋过大,瞎眼,歪嘴,没有鼻子,或者有其他的伤残,或是跛脚"。①

在以后的若干年里,毛的记忆中,不是旧与新、古代的宏伟壮观与西式现代的事物,也不是北京的肮脏贫穷与喧闹繁华之间的不谐调——像一位西方居民说的,"一种不和谐的音调,一座地狱,那在欧洲是没有东西可比的"②——而是一种永恒的美:

> 在公园里,在故宫的庭院里,我却看到了北方的早春。北海上还结着坚冰的时候,我看到了洁白的梅花盛开。我看到杨柳倒垂在北海上,枝头悬挂着晶莹的冰柱,因而想起唐朝诗人岑参咏北海冬树挂珠的诗句:"千树万树梨花开。"北京数不尽的树木激起了我的惊叹和赞美。③

这里是一个年轻浪漫的学生,三年前,他为了躲避广西军的劫掠逃离长沙,在那儿他给萧子昇描写稻田里的宝石绿,新稻秧的一片绚丽色彩。"暖气上蒸,"毛那时这样写道,"岚采舒发,云霞掩映,极目遐迩,有如画图。"④在第一师范读书时,毛曾把《离骚》抄在笔记本上,《离骚》是屈原创作的感伤的长诗,这个公元前 3 世纪的不幸的政治家,中国王公大臣的十全十美的典范,中国人每年在端午节纪念他。毛对诗歌的喜爱,使他在东山高级小学堂的那段青少年时期的生活格外有光彩,而且这种爱好继续伴随他度过了以后所有的动乱不安的岁月,这一爱好,也成为一种崇高的副旋律,调节了战争的野蛮,并使他从革命斗争的枯燥乏味的逻辑中走出来。

1919 年 3 月,毛得到母亲病重的消息。他与新民学会第一批赴法人员一

---

① 斯特安德:《黄包车·北京》,第 42 页。
② 凯斯:《丰饶的年代》,第 87 页。
③ 斯诺:《红星照耀中国》,第 177—178 页。
④ 施拉姆:《毛通向权力之路》第 1 卷,第 93 页(1916 年 6 月 26 日)。

起离京赴沪，他们出发去法国，而他决定继续向前，进行另一次远行。当他最后抵达长沙时，距他到上海为朋友送行已经三个星期了，[①]他发现母亲已由弟弟陪同到了长沙，在请医生治疗。结果医治无效，他母亲10月去世，她死于今天很容易治的淋巴腺炎。几个月后他父亲也患了伤寒，随他母亲而去。

毛感到深深的内疚，这不仅由于他的离家，而是因为上年秋天，他已经答应接她到长沙来治病，而毛并没有为她做什么。在给他舅舅的信中，他企图证明自己是对的。"当我听到她生病的消息时，她已经病危，"他写道，"我匆匆忙忙赶回来照顾她。"[②]众所周知，这是不真实的。母亲去世后，他曾写信给一个亲近的朋友，那个朋友也新近丧母，他信上就写得更坦率："像吾等长日在外未能略尽奉养之力的人，尤其发生'欲报之德，昊天罔极'之痛！"[③]若干年后，一想到他没有尽孝顺父母的责任，他就难以安宁。在保安，他对斯诺说他母亲去世时，他还是个学生，学习期间只能审慎行事。

为了维持自己的生活，毛抽出一半时间工作，在当地的初级小学教历史。当时，无论湖南，还是中国其他地方，几乎立刻就融进新的政治风暴之中。

从世界大战开始以来，日本一直在想方设法接管以前德国在山东的特权。在凡尔赛和会上，中国政府的立场是，既然中国在第一次世界大战中站在协约国一边，根据民族自决的原则，中国就应该重新收回被德国强占的租界。民族自决原则是美国总统伍德罗·威尔逊提倡的。但是4月份，出现了新情况，作为日本贷款的新的赔偿方式，段祺瑞总理在去年秋天制定了一个秘密协议——政府现在正在寻找拒付贷款的办法——签字放弃山东的主权，把它让给日本控制。威尔逊支持中国，他在1919年4月30日令人作呕地提出，他，劳埃德-乔治与克莱门修——如同大家知道的那样，所谓"神圣的三位一体"——批准协议同意日本接管德国在山东的权利。

当这个消息在5月3日，星期六，传到北京的时候，激起了人们空前的愤

---

① 据毛的自述，他3月14日离开北京，两天后到达上海，4月6日抵长沙（施拉姆：《毛通向权力之路》，第317页）。据说，载着他的朋友前往法国的汽船是3月19日离开上海的（李锐：《毛泽东同志的初期革命活动》，第97页），因此很可能是毛在离开上海后在南京逗留了几天。然而，毛对斯诺所说的他这次旅行中看到的绝大多数地方（《红星照耀中国》，第178—179页），实际上是他一年以后才看到的。也可参见钟文显（音译）：《毛泽东：传记、评价、回忆》，北京，外文出版社1986年版，注释41。

② 施拉姆：《毛通向权力之路》第1卷，第174页（1918年8月），第317页（1919年4月28日）。原文为"闻家母病势危重，不得不赶回服侍"。——中文版编者注

③ 施拉姆：《毛通向权力之路》第1卷，第504页（1920年3月14日）。

怒、挫败与羞耻的感情。这一次,愤怒不是只指向日本,而是所有的帝国主义列强,美国首当其冲。但最主要的是把愤怒指向了在"巴黎和会"开始前就出卖国家利益的中国政府。上海的一个学生组织悲痛地写下:"整个世界都像一个预言家所说的,响彻着伍德罗·威尔逊说的,给弱者以力量,给斗争者以勇气的声音。中国人在注意听……他们被告知,秘密协议和强制性合约都不会得到承认。他们找寻这个新时代的黎明,但没有太阳为中国升起。甚至民族的摇篮都被盗走。"①

星期日下午,3000年轻人聚集在天安门前,拒绝了教育局长、警察局长要他们散开的要求。他们通过了北京大学新潮学会的学生领袖罗家伦起草的一份宣言。罗写道,中国正面临灭亡,"今天,我们与所有的同胞发出两个庄严的誓言:(1)中国的土地可以征服而不可以断送;(2)中国的人民可以杀戮而不可以低头"。这时,人群激愤,强烈要求见交通部长曹汝霖——军阀派系中的重要人物,以及他的两个主要支持者章宗祥和陆宗舆,章是中国驻日使馆的大使,陆宗舆,他由于筹集了那笔致命的贷款而遭到众人谴责。在这份庄严的宣言中,学生抗议活动的领导们强烈要求国家废除"二十一条":

> 山东亡,是中国亡矣。我国同胞处其大地,有此山河,岂能目睹此强暴之欺凌我,压迫我,奴隶我,牛马我,而不作万死一生之呼救乎? 至于国家存亡,土地割裂……之时,而其民犹不能下一大决心,作最后之愤救者,则是二十世纪之贼种,无可语于人类者矣……至有甘心卖国,肆意通奸者,则最后之对待,手枪炸弹是赖矣。危机一发,幸共图之。②

集会结束,他们向使馆区前进。学生们,还包括一些孩子,他们举着白色的标语:"打倒卖国贼!""强烈要求我国领土完整!"③在他们的队伍前面是两面五色国旗与一对嘲弄人的像是灵幡那样的条幅,上面写着:

> 卖国求荣,早知曹瞒遗种碑无字;倾心媚外,不期章惇余孽死

---

① 蒋文汉(音译):《中国学生运动》,纽约,新共和出版社1948年版,第36页。
② 周策纵:《五四运动史:近代中国的知识分子革命》,第107—108页。
③ 《北华捷报》,1919年5月10日,第348页。

有头。

北京学界同挽卖国贼曹汝霖、章宗祥遗臭千古①

代表团手拿请愿书在美、英、法、意大利大使馆前。这时,不知谁发出一声"到卖国贼家去!"的呼喊,人群潮水般涌向曹汝霖家,他家在外国使馆附近的一条侧街上,学生们发现那儿有民兵与警察守卫。警察想赶开他们的时候,五个最顽强的人,由一个无政府主义的学生匡互生领头,翻墙破窗而入。一对富丽堂皇的大门打开了,学生们随之蜂拥而入。一个目击者的报告说:

> 过来的这支天真的男生队列的变化显然是令人震惊的……3000人在狭窄的大街上挤成一团……全都以竭力遏制的狂热穿过警察、大门,并且以最有秩序的方式,着手使曹的住宅沦为一片废墟。无论如何,他们也没有找到他们要找的人。曹以罕见的灵活,已经穿越后窗,翻越后墙,拖着一条跳墙摔坏的腿,跌落在另一条街上,他爬起来逃进一座外国旅行社避难。愤怒的学生找到了一个不幸的牺牲者章宗祥[他那时正在躲躲藏藏地与一个日本记者捉迷藏]……人们拿他代替曹汝霖,把全部的怒火都发泄到他身上,每个人都要求至少要打他一下。他被拖到街上,打得面目全非,倒在灰尘中,直至后来才被人认出。②

匡互生与他的无政府主义小组,其时正在曹的住宅放火。混乱中,那个日本记者在警察的帮助下,设法找到了章宗祥,把他转移到附近一座商店的安全处。在那儿,另一个小组的学生发现了他,再次把他打得不省人事。最后,援军到达,在随后的激战中,"许多学生受伤,其中一人后来死去,32人被捕。在他们被押往监狱的时候,他们由于沿途所有的外国人与中国人的夹道相送,而感到由衷的兴奋",他们对军阀政府的怯懦表现出普遍的蔑视。

学生们让曹汝霖的上了年纪的父亲、曹的儿子与年轻的姨太太离开,由部

---

① 周策纵:《五四运动史:近代中国的知识分子革命》,第108页。
② 《北华捷报》,1919年5月10日,第348—349页;周策纵:《五四运动史:近代中国的知识分子革命》,第111—115页;德里克:《中国革命中的无政府主义》,第148—149页。在中国的西方人对日本的野心感到十分担忧,把它看做是对他们自身利益的威胁(《北华捷报》,5月17日,第418—419页)。

队护送到使馆区保护起来,在最后的侮辱声中,使馆区的警察押着车飞速前进。

五四运动,就像这些事情后来称呼的那样,它孕育了一场民族复兴的全国性运动,扩展到中国的每个角落,激发起文化、政治与社会变革的浪潮,永远作为中国近代与现代历史的界限。

在湖南,恶毒的督军张敬尧发布了一个通告,禁止游行集会。少数学生散发传单,号召人民起来抗议。但是,与在另一些省会城市集合的数千人相比,他们的人数少得可怜①,张敬尧的军队很快就驱散了他们。这个督军,在阻止人们联合抵制购买日货方面则毫无办法,比如对日本银行,中国人拒绝接受纸币,并且要求银行用白银支付他们的存款;另外,中国报纸拒绝日本人登广告;商人拒绝卖日货。长沙城里贴着粗制的广告画,描述中国遭受"东方矮子"羞辱的情形,城里由奸商私运进来的日本丝绸被当众烧毁。湖南只不过是效法其他省的做法,其他省采取的行动时间长一些,也更有力一些。张敬尧把联合抵制购买日货谴责为"民族的耻辱",多少也有点影响。在长沙,没有商人罢市,没有日本商店遭洗劫。张自己也满足地注意到这个省"与其他地方[相比],已经完全是一个模范省"。②

毛在这些早期的活动舞台上,只是起了一点小作用。5月来,他帮忙建立了湖南学生联合会,湖南学联派出纠察组,参与商人同业工会的工作,保护联合抵制购买日货的活动照常进行,据传说,他写了一份"强烈呼吁",强烈要求国家起来抵抗。

毛非常迅速地就认识到,无论如何,这样的努力只是表面上应付了当下的主要任务。对毛来说,对北京的陈独秀、李大钊也一样,联合抵制购买日货与山东主权问题都只不过是中华民族不安的征兆,③其根源与救治,那是更深刻的问题。这些问题对于调动群众的感情,就像媒介狗一样,是极其珍贵的。但是,如果要实现最后的变革,就需要引导这种国家被凌辱的感情,以便带来根本的政治改革。五四运动只是催化剂,它所释放的能量,一定要用来激发中国

---

① 济南有 3 万人示威游行;上海有 2 万人;南京有"5000 多人";杭州有 4000 人(《北华捷报》,1919 年 5 月 17 日,第 413—414 页;周策纵:《五四运动史:近代中国的知识分子革命》,第 130 页)。

② 《北华捷报》,1919 年 6 月 28 日,第 837 页。也可参见《北华捷报》,1919 年 6 月 21 日,第 765 页。

③ 毛在《湘江评论》上只提到其中的一个问题。一年以后,他在一封信中则写道,诸如抵制日货这样的运动"都只是应付目前环境的一种权宜之计",中国真正需要的"远在这些运动之外"(施拉姆:《毛通向权力之路》第 1 卷,第 611 页,1920 年 11 月)。

复兴的希望，而不是被那些懦夫白白浪费掉——就像曹汝霖与他的两个同伴被撤职那样，伴随着北京政府 6 月初的大吹大擂，下个月随即象征性地拒绝在巴黎和谈上签字。

为了这一目的，也由于学生联合会主席彭璜的支持，彭璜是毛新民学会的同事，毛决定出版一种周报《湘江评论》，它的宗旨是为彻底的改革进行宣传鼓动。在 7 月 14 日出版的创刊号宣言中，他明确宣布，并坚持自己的主张：

> 于今都要一改旧观，不疑者疑，不取者取……宗教的强权，文学的强权，政治的强权，社会的强权，教育的强权，经济的强权，思想的强权，国际的强权，丝毫没有存在的余地。都要借平民主义的高呼，将它打倒。

> 时机到了……洞庭湖的闸门动了，且开了！浩浩荡荡的新思潮业已奔腾澎湃于湘江两岸了！顺它的生。逆它的死。如何承受它？如何传播它？如何研究它？如何施行它？这是我们全体湘人最切最要的大问题……[1]

他试图用一篇长篇论文来回答那个问题，文章题目是《民众的大联合》，分三次连载于 7 月底 8 月初出版的《湘江评论》上。在这篇文章中，他论述了当"国家坏到了极处，人类苦到了极处，社会黑暗到了极处。补救的方法，改造的方法……固然是不错……"抓住此时出现的机会，需要的是社会上所有进步力量的"大联合"——从"民众的小联合"形成的"大联合"，即涌现工人与农民、学生、教师以及诸如妇女、人力车夫这些社会地位低下的小组织的联合。在五四时期，他们常常被认为是社会剥削的象征。毛写道，只要他们联合起来斗争，没有力量可以抵挡他们。

这样的事情真的发生了吗？"可就要发生疑问了，"毛退一步说，"大规模有组织的事业，我国人简直不能过问。"但是现在，他坚决主张，与以前不一样了。中国民众的觉悟已经提高了，清帝国已被推翻，民主"大动乱"即将来临：

> 我们醒觉了！天下者，我们的天下。国家者，我们的国家。社会者，我们的社会。我们不说，谁说？我们不干，谁干？……

---

[1] 施拉姆：《毛通向权力之路》第 1 卷，第 318—320 页(1919 年 7 月 14 日)。

思想的解放，政治的解放，经济的解放，男女的解放，教育的解放，都要从九重冤狱，求见青天。我们中华民族原有伟大的能力！压迫愈深，反抗愈大，蓄之既久，其发必速。我敢说一怪话，他日中华民族的改革，将较任何民族为彻底。中华民族的社会，将较任何民族为光明。中华民族的大联合，将较任何地域任何民族而先告成功。诸君！诸君！我们总要努力！我们总要拼命的向前！我们黄金的世界，光华灿烂的世界，就在前面！①

这篇论文是非凡的，不仅因为他观点鲜明，感染力强，对未来充满了泰然自若的信心，与内含的诸如对改革的原动力的周密的考察，而且因为他提出了实现目标的连贯一致的、实践可行的步骤。这样就使这篇文章比那时候中国出版的 400 多种学生刊物中大量文章更出色。那些刊物长沙有 15 种，一时间纷纷转载毛的这篇论文，《湘江评论》誉满全国。自由主义哲学家胡适，在九个多月前曾冷落过毛，现在他也描述这篇文章是那时候"最重要的文章之一"，赞扬文章的作者"极其深远的眼光与有力的、恰当的论辩"。②李大钊在自己主编的《每周评论》上转载了它。《新潮》的领袖罗家伦是另一位赞扬这篇文章的人，毛还是北大图书馆助理员的时候，罗曾藐视毛的提议，现在，他赞扬这篇文章表达了学生运动的最本质的目的。③

更重要的是，长期以来，由于毛思想认识的发展，这篇文章所包含的一些新的重点内容，最后导致他信仰马克思主义。可是，这时他仍然继续关注世界革命风云，他一直认为，世界革命正在从列宁格勒东移到亚洲，这一阶段，他在实质上仍属于无政府主义。他的一些文章涉及到教育方针、女权斗争以及众所周知的无政府主义的论题，如"是否保留国家，是否保留家庭、婚姻，以及财产是公有，还是私有"。马克思主义的阶级斗争观念，从某种程度来说，他在根本上理解它，发现它自身完全不能统一。"[如果]我们用压迫推翻压迫，"他写道，"结果[将是]我们仍旧有压迫。这不仅是自相矛盾，而且也是徒劳无益的！"选择进行一种"炸弹[与]……流血的革命"，向压迫者显示他们的压迫是错误的。实际上，他使用的"阶级"这个词非常罕见，那时候通常用马克思主义

---

① 施拉姆：《毛通向权力之路》第 1 卷，第 378—389 页（1919 年 7 月 21 日、28 日和 8 月 4 日）。

② 李锐：《毛泽东同志的初期革命活动》，第 24 页。

③ 《新潮》第 2 卷第 4 号，第 849 页（1920 年 5 月 1 日）；斯图尔特·施拉姆：《毛泽东的政治思想》，伦敦，帕尔玛出版社 1963 年版，第 104 页。

范畴中这一类的词,如"智慧与愚昧的等级"或"强大与虚弱"等等。

为广大读者写文章,第一次给毛提供了一个机会,把他在学生时代就擅长发挥的分析方法运用到当代政治中去,在《民众的大联合》中,他论述压迫与反压迫之间是一种辩证关系,这就完全在泡尔生的《伦理学原理》之外了。历史风云触动他对德国战败作出评价:"我们执因果而看历史,高兴和沉痛,常相联系,不可分开。一方的高兴到了极点,一方的沉痛也必到极点。"[1]因此,1790年,俄、普、奥神圣同盟入侵法国也就隐含了拿破仑上升的萌芽;1815年拿破仑被普鲁士征服又为法国1870年的战胜创造了条件,这必然又为1918年德国的战败埋下了根源。事情还没有结束:被爱丽丝在凡尔赛利用的苛刻条件又造成了另一次不可避免的斗争周期。毛写道:"包管十年二十年后,你们法国人,又有一番大大的头痛,愿你们记取此言!"

毛对德国有点同情,许多受过教育的中国人也有这种同情,这反映了对它的"突出的力量"与"伟大的精神"的钦佩,这种力量与精神使德国可能成为欧洲最强大的国家。也因此,他的历史意识使他具有先见之明,那时候,很少有人能这样:

> 我们应知道日本与德国,是屡次寻奸未遂的狗男女,他们虽未遂,那寻奸的念头,是永远不会打断的。日本的强权政府军阀浪人不铲除,德国的爱倍尔政府不革命,奸夫和淫妇,还未拆开,危险正多呢。[2]

毛写下这些句子时,他才25岁。

到1919年8月初,中国好不容易才恢复了平静。北京政府做出象征性的赔礼,斗争与示威活动才告结束。

只是在湖南,还继续有摩擦。张总督在一次学生代表参加的会议上,被四个警卫员煽动狂喊狂叫:"不许你们上街游行,不许你们集会……你们要努力学习,好好教书。如果你们不听,我要砍掉你们的脑袋!"不久,学联被取缔,学

---

① 施拉姆:《毛通向权力之路》第1卷,第367页(1919年7月21日)。也可参见第357—366页(7月21日);第334、337—338、343页(7月14日)。

② 施拉姆:《毛通向权力之路》第1卷,第392页(1919年7月28日)。

联主席彭璜逃往上海。

毛留给人的印象不深。8 月 4 日，《湘江评论》上发表了一份刻意恶作剧的请求书，这是毛自己写的，请求督军答应重新开禁长沙最主要的报纸《大公报》：

> 学生等久为钧座忧之……大公报为我湖南真正民意之言论机关，久为省内外人士之所称许。乃竟以登载各公团体联合会反对非法选举之宣言书，立予封禁，拘逮编辑……惟钧座因势利导，宣之使达，则湘人戴德于无既；不至……外间不察，适以广播政府禁锢言论自由之名，防口甚于防川，扬汤何能止沸……久仰钧座恶恶如寇，从善若流……万望察照，不胜迫切待命之至。①

督军张敬尧的反应可想而知。尽管毛主张《湘江评论》只涉及社会与学术研究方面的内容，接下来发行的一期刊物仍被没收，杂志被勒令停办。几天后，一队由张敬尧的养子率领的士兵，刺杀了两个年轻的激进分子，他们俩是从上海来长沙帮助学生们组织旨在反对日本的联合抵制购买日货活动的。9 月，毛接替了另一种学生杂志《新湖南》的编辑工作，在第一次发行的刊物中，毛挑战性地宣告："我们的信条是'什么都可以牺牲，惟宗旨绝对不能牺牲！'"四星期以后，《新湖南》也被取缔。②

正是在这时候，毛的母亲去世。当一个月后毛恢复为《大公报》写文章时，其时张已经同意《大公报》开禁，毛最先想到的是中国妇女的困境和儒家对家庭的束缚。

这年夏天，在《民众的大联合》中，毛已完全充当了妇女平等的发言人的角色：

> 诸君！我们是女子……我们都是人……我们一窟一窟的聚着，连大门都不能跨出。无耻的男子，无赖的男子，拿着我们做玩具……什么"贞操"却限于我们女子！"烈女祠"遍天下，"贞童庙"又在哪里？……整天说什么"贤妻良母"，无非是教我们长期卖淫专一卖

---

① 施拉姆：《毛通向权力之路》第 1 卷，第 396—398 页(1919 年 7 月 30 日)。
② 施拉姆：《毛通向权力之路》第 1 卷，第 418 页(1919 年 9 月)；也可参见第 414—415 页(9 月 5 日)。

淫……苦！苦！自由之神，你在哪里？……要扫荡一般强奸我们破坏我们身体精神的自由的恶魔！①

1919 年，这样的观点被进步的中国青年广泛接受，也被许多逆来顺受的、受尽苦难的中国妇女反对。

那年秋天，长沙发生了一件特别可怕的事。一个年轻女子由父母做主嫁给一个年老的商人做续弦，她叫赵五贞，23 岁，穿着红绸新嫁衣坐在花轿中，被人抬往她未来的丈夫家。但是，到达夫家打开轿门时，人们发现她已经在路上用剃刀割颈自杀了。

毛由于自己经历过的婚姻的辛酸的回忆，及他仍然沉浸在对母亲的哀悼之中，他看见他母亲陷于类似的没有爱情的结合中，这些使他陷入深思。他在两个星期内，连续在《大公报》上发表了不下十篇文章。他承认要部分地责怪赵的家庭强迫她嫁给一个她不爱的老男人，然而悲剧的最根本原因是"社会制度的黑暗"，她无法掌握自己的命运，除了自杀，别无选择。引用一句毛特别喜爱的格言——"宁为玉碎，不为瓦全"——他论辩说，她做的是"真正勇敢的行为"，他不赞成另一些人的看法，如彭璜，署名殷柏，彭认为她可以找到其他方法，以斗争来反抗她的命运。

殷柏先生以为赵女士何不逃亡……他说是的，今且举出几个疑问，然后再申我的说话。

（一）长沙城里有四十几副洋货担……这是什么原故？

（二）长沙城里的大小便所，为何只有男的，没有女的？

（三）理发店为何不见有女子进去？

（四）旅馆里面为何不见有单独居住的女人？

（五）茶馆里为何不见有女人进去喝茶？

（六）……铺里讲生意的，为何不见有女子，只见有男子？

（七）满城的车夫，为何没有一个女子，尽数是男子？……

有人答得出这些问题，便可晓得赵女士何以不能逃亡了……赵女士纵要逃亡，她逃亡向何处去？②

---

① 施拉姆：《毛通向权力之路》第 1 卷，第 383 页（1919 年 7 月 28 日）。

② 施拉姆：《毛通向权力之路》第 1 卷，第 428 页（1919 年 11 月 21 日）。

毛落在社会因素与第一手观察材料方面的新的重点,使他再次检查了他的政治目的。他断定,要改变中国,首先必须改变社会。要改变社会,首先需要改变社会制度。要改变制度,又必须通过用权力改变那一切开始。

他的新民学会中的一些同伴对他的看法持反对态度,他们认为,提出这些伟大思想而"不关心我们自身的小问题、小事情"是学者的任务。毛回答说,真正达到这一点,只要不忘记更长远的目标,实际上是有希望的。政治变化具有"最经济"、"最有效"地影响现在的形势与带来根本的改变的意义。

那年冬天,当恢复实施反日的共同抵制日货活动因而诱发了与张敬尧一决雌雄的斗争时,在毛的影响下,这一重实效的、环环相扣的理论被长沙的学生们采纳。

12月2日,5000余名学生与一些商会代表、国货促进会成员、工厂的工人、职员,向从前的教育会坪进发。他们在那里集合,并计划烧毁14箱走私的日本衣料。当会议进程接近高潮时,几千士兵由督军的小弟张敬塘率领,从周围的马路上源源不断地跑过来,并包围了集会示威者,他们手中的来复枪已准备好。"你们是什么人,制造这场动乱?"他在人群中大喊大叫,"你们要知道,我们张家兄弟为你们读书提供了教育经费。"他用脚踢马刺驱马向前,继续发火:"我像你们一样,知道怎样点燃这些东西……我也是一名军人,知道怎样把人民置于死地。如果要继续烧毁这些东西,我肯定要你们当中的一些人去死。"当一个学生抗议说,这次集会是爱国的时候,他用刺刀狠狠地抽打那个学生,部队也开始向前包抄。"你们湖南人都是土匪,"他大叫,"女人也都是土匪。"这次集会抗议的一些领导人被张强迫跪在地上,张打他们的耳光,还逮了一些人。[1]

这个事件某些细节成了湖南人驱赶张敬尧最后的法宝。张所侮辱的那些人都是当地一些杰出人物的儿女。那年夏天,长沙银行家中的一个头面人物告诉他熟识的外国人:"这一次,问题出在穿长袍的阶层中,而不是短衣民众……由于长沙被洗劫,并得以摆脱张敬尧的统治,这比不得不继续长期处于目前状况要好。"[2]北方人统治了18个月以后,地方经济已经崩溃。许多地

---

[1] 麦克唐纳:《农村革命的城市起源》,第108—109页;《北华捷报》,1919年12月20日;李锐:《毛泽东同志的初期革命活动》,第127页。

[2] 《北华捷报》,10月25日,第215—216页。

区,军队甚至领不到军费,他们于是怂恿张,要他像其他地方的一些军阀那样,给农民发布秘密命令,恢复种植鸦片,[①]尽管鸦片种植已被权力机构明令禁止(北京政府发布了一条新的总统令禁止种它),但是,种鸦片却能每年为国家产生大量的税款。现在,地方绅士们使督军下决心去干这事。

长沙人采取对策以后的两个星期,一个秘密的驱张请愿团到达北京,为驱张积极活动。毛是这个代表团的成员,他承担了揭发这个“人民的新贵”祸湘罪恶的任务,把有关反张运动的材料和消息发稿给一些中文报纸。学生们在武汉发现了 45 袋可提炼鸦片的罂粟种子,每袋重达 200 磅,都堆在车站的货棚里,等待用船运往长沙,货袋上写的姓名地点都是张敬尧的,这个“新贵”显然抢先了一步。接下来的两周,代表团提出请愿要求,谴责张“贪得无厌”与“残酷的统治”。他们举行了一次会议,这次会议毛参加了,他与一个在总理办公室工作的官员以及几个湘籍议员发誓,如果不解除张的职务,他们就放弃自己的席位,但是,督军还是牢牢地留在他的位置上。2 月底,受挫的代表们感到他们再无法可想了。[②]

四个月后,张最后倒台,这不是因为民众的反对,而是军阀政治方面的原因。1920 年 5 月,吴佩孚感觉到,在他的直系与竞争对手安福系政府间充满了斗争,这斗争正到了紧要关头,吴决定帮助谭延闿的南方力量重新控制湖南,他自己率领北方军队到北京去与段祺瑞斗争。6 月 11 日,张督军逃跑了,一场倾销军需品的爆发标志了他的离开。作为一种独特的最后的表示,他从当地商人们那里勒索了最后的 100 万元,这是他以烧毁长沙城、杀死他们的领袖相威胁勒索来的。一个外国官员写道,张逃跑的那天下午,南方的军队到长沙,这是“我到长沙以来看见的最伟大、最喜庆的日子”,喜悦的人群在街上游行,无以计数的鞭炮一直炸到深夜。[③]一个多月后,段祺瑞的军队被吴佩孚与其他的直系将领打败,统治北方中国三年之久的安福系军阀最后崩溃瓦解。

如果说,毛这次去北京是他在政治实践的考试中的一次失败,那么这次失败在他最后转向马克思主义的变化中起了重要的作用。还是去年夏天,张敬

---

① 《北华捷报》,1919 年 10 月 4 日,1919 年 11 月 22 日,第 482—483 页。

② 毛最初打算在 2 月底离开(施拉姆:《毛通向权力之路》第 1 卷,第 494 页,1920 年 2 月 19 日),接着又推迟到 3 月,他最终是在 4 月出发的。

③ 《北华捷报》,1919 年 5 月 29 日,第 509 页;6 月 12 日,第 649 页;6 月 19 日,第 708 页;6 月 26 日,第 774 页。

尧对学生的镇压到达顶点,《湘江评论》被取缔的时候,他曾组织了一个"问题研究会",该会的目标之一就是留神怎样才能促进"民众的大联合"。研究会的眼界是折中的,所排列的课题达一百多个,这些刊物打算涉及的范围之广,表明五四运动激发出无限的能量。

这个研究会曾经被那一年胡适与李大钊之间的一段著名的争论吸引。胡适论辩说,中国需要"多研究问题,少谈论主义"。李大钊争论说,没有"主义",问题也不能弄懂。毛在1919年9月,对双方试图采取一种骑墙观望的态度。

几个月过去了,无论如何,"主义"已显得更加突出。主要影响来自李大钊的一篇文章,题目为《我的马克思主义观》,发表在《新青年》上,①文章的第二部分涉及马克思的经济理论,发表在1919年11月。几乎在一夜之间,毛的语言改变了。毛第一次开始认识到,他要改变的那个制度,实际上在本质上是经济的,他宣布,"现代以前……男女之间,恋爱只算附属,中心关系"是"经济就是为资本主义所支配"。如果要改变婚姻制度,妇女一定要获得经济上的独立;如果要改变社会,一定要消灭老的经济关系,在它们的位置上建立起新的经济制度。一个月以后,毛开始像"同志"那样谈到他的新民学会的同事,像"受苦人"一样谈到劳动人民。

1920年春,苏联否定了"不平等条约",这个条约曾使苏联可以像其他列强一样,在中国享有治外法权。② 苏联的这一决定,激起中国人民对布尔什维克政权的感激之情,并且对遵循这种主义的中国激进分子产生极大的兴趣。

毛对此留下深刻印象,并试图研究所有他可能了解到的关于莫斯科新政权的一切。他告诉一个朋友,苏联是"世界上第一个文明国"。他极渴望到那儿去,亲自去看看共产主义,他对李大钊谈到组织留俄队、选派年轻人到莫斯科勤工俭学的计划的可能性,这与中国青年旅法勤工俭学的方案类似。在这时候,他甚至宣布他要研究苏联。但是关于出国旅行的意义,他在内心仍是深深地矛盾的。他抱怨说:"'出洋'两字,在好些人只是一种'迷'。"后来他又渴望地加上了几种办法:"我觉得我们一些人都要过一回'出洋'的瘾才对。"最

---

① 莫里斯·迈斯纳:《李大钊与中国马克思主义的起源》,哈佛大学东亚研究中心1967年版,第90—95页,和第280页,注释2。德里克认为,尽管这篇文章的第一部分注明的日期是1919年5月,但它直到9月份才发表(《中国共产主义的起源》,第47页),因此毛是在"问题研究会"成立以后才看到这篇文章的。

② 周策纵:《五四运动史:近代中国的知识分子革命》,第209—214页。提出这一政策的《卡拉汉宣言》于1919年7月25日出版发行,三周以后在苏联报纸上发表,但是直到1920年3月21日才得到北京正式官方的正式承认。

后,他解决了自己进退两难的窘境,就是推迟出国,暂时在国内潜心研究各种学问。

即使在北京,也是说起来容易,做起来难。

那时在中国,很少能得到马克思主义的作品。直到 1920 年 3 月,毛启程赴沪之时[①],《共产党宣言》的第一个完整的译本才刚出现,直到那年年底,才能找到几本列宁写的东西。中国这方面的书太少了,毛渴望地到处寻找。《共产党宣言》特别深刻地影响了他。考茨基的"阶级斗争"宣扬非暴力的革命,也影响了他。其时,李大钊在北京创立了"马克思主义研究会",这也像陈独秀信仰共产主义一样,给他以鼓励,毛后来说:在我一生中可能是关键性的这个时期,陈独秀表明自己信仰的那些话给人留下了深刻的印象。

但是,毛把马克思主义作为一种理论来接受,依旧要很长时间。陈独秀已经到了上海,即将创立"社会主义青年团支部"与"共产主义小组"的时候,毛正在热情地发起日本的"新村"运动,这个运动设想建立以克鲁泡特金的方式为基础的社会,互相帮助,财富共有,半工半读,作为没有阶级的、无政府社会的和平创造物。在新村中,体力劳动是必要的,并要缩小城镇与国家,学生与社会之间的差别,要求人们从农民的狭隘中走出来,向他们宣传现代思想,显然很像苏联的学生被派到农村宣传布尔什维克思想。

那年夏天,在北京及其他地方,几个这样的方案[②]已经失败以后,毛也承认,这种社会是不切实际的。但他并没有完全放弃"新村"思想。一年后,他在长沙创立了一所"自修大学",这所大学以公社制生活原则为基础,学员决心学习、研究并"实践共产主义"。他还在长沙创办了一个"文化书社",在湖南省传播五四运动酿成的新文化。马克思主义还是没有对他形成最主要的影响。文化书社卖的多是克鲁泡特金、胡适与约翰·杜威的书,而考茨基、马克思的书较少。毛当时认为:教导"教育是生活,学校是社会"的杜威,与罗素和法国思想家亨利·伯格森并列为当代三个伟大的哲学家。

若干年后,毛在保安告诉斯诺,大约 1920 年夏天,他已认为自己是一个马

---

① 毛于 4 月 11 日离开北京前往上海,5 月 5 日到达上海(《毛泽东年谱(1898—1949)》上卷,第 57 页)——编者注。

② 鲁克:《中国布尔什维克主义的起源》,第 30—31 页。也可参见周策纵:《五四运动史:近代中国的知识分子革命》,第 190—191 页。毛的朋友邓中夏和罗章龙(新民学会的创始人)曾参加了北京大学的学生于 1919 年秋创立的一个团体"Morning Garden",这个团体于 1920 年初解散(施拉姆:《毛通向权力之路》第 1 卷,第 494 页,1920 年 2 月 19 日)。

克思主义者了。这不太真实。他那时对一个朋友承认，他依旧不知道信仰什么。实际上，毛的思想远离了启蒙的源头，那年夏天，他的马克思主义恰好是他思想混乱的另一个因素。他曾因没有更好地组织起来而严厉地责备自己。"可惜我太富感情，"他向从前的一位老师承认，"脑子不能入静，工夫难得持久，改变也很不容易改变，真是不得了的恨事啊！"他继续说，他希望自己有一双 X 光的眼睛，这样他可以看得更多更广。"文字学、言语学和佛学，我都很想研究，一难得书，二不得空时，懈怠因循……总难厉行规则的生活。"①

对一个强烈信奉激进思想的人来说，研究儒教的愿望，听起来让人很陌生。但对于 1920 年的毛泽东来说，中国文化仍然是每一件一定要做的事情的根据——在他的有生之年他一直这样。

他永远不放弃他年轻时的思想，他的思想因而是由积累发展来的。他从泡尔生和康德那里吸取了唯心主义，再加上杜威的实用主义；约翰·斯图尔特·穆勒尔的带有社会进化论的自由主义；亚当·斯密与 T. H. 赫胥黎的思想。梁启超的立宪主义又被江亢虎与孙逸仙的社会主义代替，康有为的乌托邦思想又为无政府主义与马克思主义开辟了道路。所有这一切"现代知识"又被从传统中继承的东西支撑——从明代的王阳明到宋代理学家朱熹；从唐代大散文家韩愈到战国时的屈原——这些思想被固定在一个基点上，就是他童年时代在韶山的乡村学校所接受的佛教思想、儒家思想与道家思想的结合体。毛总是把一种思想并入另外的思想，从没有把哪一种思想绝对地抛弃。

结果之一就是兼收并蓄的非凡的容量，这随毛的年龄增长变得更加显著，例如，用隐喻与侧角思想。而更为重要的是，他接受了马克思主义，当他最终信仰它时，它已被其他的各不相同的理性传统改变了颜色。

"文化书社"在出售的无政府主义书籍旁边，也备有绝对传统的出版物，如用传统文学语言进行描写的新版本的《水浒传》。1920 年春，毛最终有机会游览两年前他就想去的一些地方时，他的足迹首先踏上的，是那些留有古人遗迹的著名的文化景观：

> 我在曲阜下车，去看了孔子的墓。我看到了孔子的弟子濯足的那条小溪，看到了圣人幼年所住的小镇。在历史性的孔庙附近那棵有名的树，相传是孔子栽种的，我也看到了。我还在孔子的一个有名

---

① 施拉姆：《毛通向权力之路》第 1 卷，第 518—519 页（1920 年 6 月 7 日）。

弟子颜回住过的河边停留了一下，并且看到了孟子的出生地。在这次旅行中，我登了山东的神岳泰山，冯玉祥将军曾在这里隐居，并且写了些爱国的对联……我在北海湾的冰上散步。我沿着洞庭湖环行，绕保定城墙走了一圈。《三国》上有名的徐州城墙，历史上也有盛名的南京城墙，我都环绕过一次……这些事情，我在那时看来，是可以同步行游历湖南相比美的。[①]

这段 16 年后对斯诺的叙述使毛清楚，这次回归中国历史之旅，从当时的立场看其成就不亚于探寻新的，外国"主义"之旅，后者握有通向中国未来的钥匙。

在张敬尧被迫放弃湖南总督职务之前，一场生机勃勃的辩论围绕一个问题展开了，这就是，一旦张走了，湖南省该怎样统治。孙中山创立的"中华共和"业已作为一种失败被人们广泛注意。1913 年以来，湖南已经由三个北洋军阀统治——汤屠夫、傅暴君与张毒——一个比一个坏。数万湖南人死于毫无价值的内战；千千万万人流离失所。最后两年的野蛮状况，使湖南省的精英中的保守分子与激进分子都同样相信，湖南由湖南人来统治会更好。有人建议湖南省宣布独立，这只是个小手段——不仅用语言宣布，而且用事实证明——首先从北京政府中独立出来，并且从中国的其他地方中独立出来。1920 年，新口号就是"湘人治湘"与"湘人自治"。"湘人治湘"的口号重新回响，生活在 19 世纪的人曾经议论过的古老的"独立王国"精神，经历了一次戏剧性的复兴。

毛一开始对此表示怀疑，他在那年 3 月写给黎锦熙的信中说："弟于吾湘将来究竟应该怎样改革，本不明白。并且湖南是中国里面的一省，除非将来改变局势，地位变成美之'州'或德之'邦'，是不容易有独立创设的。"[②]

但还不到三个星期，他就被说服了，参与了彭璜创立的"湖南改造促成会"的工作，湖南改造促成会的基地在上海，是由一个湘籍富商集团资助的。毛告诫，驱逐张督军不能"虎头蛇尾"。"坏制度"自身一定会变化，或者另一个军阀接替张的位置。但是在全国改变制度是不必要的。因此，最直接的办法，是从

① 斯诺：《红星照耀中国》，第 178—179 页。
② 施拉姆：《毛通向权力之路》第 1 卷，第 501 页（1920 年 3 月 12 日）。

局部地区开始,在这种情况下,湖南实施自治的原则,就有希望使它成为其他省仿效的榜样。"自今以后,吾湘民誓当合三千万群众之力,解决湘事,以谋长久之治安。"①

1920年6月,张督军倒台十天后,毛在上海《申报》上发表的一封信,使这些论辩更进了一步,他在信中写道:

> 今后要义……莫如废督裁兵……莫如建设民治……中国二十年内无望民治之总建设。在此期内,湖南最好保境自治……不知以外尚有他省,亦不知尚有中央政府,自处如一百年前北美诸州中之一州……充分发挥湖南人之精神,造一种湖南文明于湖南领域以内……中国四千年来之政治,皆空架子,大规模,大办法,结果外强中干,上实下虚,上冠冕堂皇,下无聊腐败。民国成立以来,名士伟人,大闹其宪法、国会、总统制、内阁制,结果只有愈闹愈糟。何者?建层楼于沙渚,不待建成而楼已倒矣。吾侪缩小范围,讲湖南自决自治。②

接下来的两个月,社会各阶层的湖南人,从被烧毁的乡村里的农民到城里的大商人,在张敬尧的部队造成的毁灭性的破坏以后,都忙于修补他们被破坏了的生活,也对政治有了更多的想法。毛与他的弟弟花了几个星期时间在韶山料理家务,作为长子,他有这个责任。在长沙,谭延闿开始了他的第三次政治生涯,他拼凑起湖南省的行政机关。但是,他拒绝"督军"或"省长"的名称,更喜欢接受湘军"总司令"的称呼,是他领导的湘军使长沙城获得自由。

湖南省在名称上和事实上都是北京政府控制的一个省,而它未来的政府形式尚未决定。8月末,这一争端又由熊希龄提出来了,熊是民国早期的国务总理兼财政部长,湖南学者。他建议,新省长要由地方议员、教育界人士、商会成员组成的一个团体选举产生。紧接着又有人反对,提出反提案。当毛9月初回到长沙时,他发现这一争论再次活跃起来。他立刻写了文章,此文发表在《大公报》上。他宣称:"全世界风起云涌,'民族自决'高唱入云。"湖南要从"没有基础的大中国"中独立出来,成为"二十七国"的第一个,变化将开创新进程,

---

① 施拉姆:《毛通向权力之路》第1卷,第523页(1920年6月11日)。
② 施拉姆:《毛通向权力之路》第1卷,第526—530页(1920年6月23日)。

导致新的进步力量的"彻底的总革命"。

谭延闿犹豫了。自治运动要授予广泛的合法性,这将使他丢失职位,使他这个地方军司令的野心受挫。然而,他要保证一切评议要继续牢牢地掌握在他的手中。

因此,9月中旬,谭延闿召集地方官绅名流和省议员开了一次会,开始起草一部省宪法。当人们批评他太狭隘时,谭又建议召集制宪会议。对毛、彭璜和他们的同伴及《大公报》编辑龙兼公来说,这是难以接受的。龙兼公写道:"如果我们要自治,我们就不能依靠来自特别阶层的少数人……我们必须为自己寻找救助……我们必须摆脱管理严密的统治罗网。"他们建议召集湖南人民宪法会议,会议代表必须由所有18岁以上(或者是毛更早时提出的15岁以上)的湖南人通过直接的、平等的、普遍的选举产生。

在10月7日的各界建议人的公开会议上,这一请求被批准,在会议上,毛强烈要求他的市民伙伴们不要让自治运动提供的大好机会溜走:

> 长沙的市民……你们成功,[那湖南的]三千万人蒙福。你们失败,三千万人受祸。你们的责任真不轻……西洋各国的政治改革与社会改革,无一不起于市民运动。不但现在俄德诸国震荡全球的大举动,是起于市民,就是中世的自由都市,从专制家手里争得"自由民"的地位,也是惟市民才有……市民呵!起来。创造未来湖南的黄金世界只在今日。①

两天以后,正是中华民国的国庆节,浩浩荡荡的示威游行队伍冒着倾盆大雨,在老城区狭窄的马路上迂回前进,旗帜飞扬,乐队奏乐,向湘军司令部进发,谭目睹了这一场面。②《北华先驱》在大字标题"中国省的家庭式统治,各省自治"下面报道这件事:

> 请愿书是三位绅士的杰作:龙[兼公]先生,《大公报》的编辑;毛[泽东]先生,第一师范学校的毕业生;彭[璜]先生,一位书商……430

---

① 施拉姆:《毛通向权力之路》第1卷,第572页(1920年10月7日)。
② 麦克唐纳:《毛泽东与湖南自治运动》,载于《中国季刊》1976年4月第68期,第765页;《北华捷报》,1920年10月23日,第223页。

个签名者……大约 30 人被说成与长沙城的出版物有联系;或许 200 人是教师或学术界人士;150 左右的人是商人,50 人是工人。不仅工人被请来签名,而且工人阶级的代表与长沙城里最有文化的人肩并肩站在一起,作为 15 人代表团的成员,他们把请愿书递交给省长,这是很有趣的……不能怀疑中国人的眼睛此时都盯着湖南。湖南有变化,[其他省]却没有……如果湖南采取行动,它的榜样会扩展开。①

但是,甚至当请愿书递交上去的时候,谭延闿还有第二种想法。当运动加速进展的时候,他也变得更激进了。请愿者希望建立以"民主与社会主义"为基础的政治制度,并且暗示,如果他们达不到目的,那么,"一场流血的革命"或许会发生。毛在《大公报》上发表的一些文章中,清楚地阐明了,他们的目的不是"湘人"——换谭的话说——治湘,"把统治者做主人,把被统治者做奴隶";他们的目的是强调"由人民自治"。

实际上,这在很大程度上是玩文字游戏。毛自己也承认,在一个 90% 人口是文盲的国家中,进行一场清除反革命政党、肃清上流社会与中产阶级的、有广大群众基础的、列宁主义形式的革命,是不现实的。最好的办法是,希望那些受过教育的精英发动一场运动。从外部"推动事物向前发展"。

但是,即使那些要求停止某些行动的警告,也使保守主义者感到惊恐。"湖南文明"是一回事,"人民自治"完全是另一回事。

在双十节游行期间,游行队伍不顾组织者防止混乱的警告,爬上省议会大楼的屋顶——省议会是象征少数特殊人统治的标志——在欢呼与辱骂声中扯下了议会旗子。第二天,谭抓住这件事做文章,说这次事件就印证了激进分子提倡的那种人民自治是不切实际的,并宣布他收回对人民自治的支持。

这次运动失败了。11 月 1 日,约翰·杜威与伯特兰·罗素,其时,他们俩正在中国参观访问,在长沙符合宪法规定的各工团联席会议上发表了演说。这次联席会议毛也参加了。会议没有结果。几星期后,湘军司令赵恒惕恰好是用某种军事压力的方法赶走了谭,谭因为胆怯,遭受了狠力回敬,这时,他才寄希望于人民自治来阻止赵。

赵恒惕命令起草他自己的省宪法,这部宪法在第二年 4 月发布,并于 1922 年 1 月颁布。但它只是毛和他的朋友们曾为此而斗争的"彻底自治"的

---

① 《北华捷报》,1920 年 11 月 6 日,第 387—388 页。

一个苍白的幻影。赵一度与广东的南方政府保持友好关系,并因为是中国联邦制的主要建议者而成为闻名的人物。但事实是,无论怎样,都是一个军阀接替了另一个军阀,正如毛曾经警告可能会发生的那样。赵恒惕担任湖南省长,一直持续到 1926 年,那时候,也轮到他被另一个难以驾御的军事首领赶下台。

对毛来说,自治运动的失败是一件难以忍受的、令人沮丧的事。他告诉朋友,他在上一年的全部努力都"无大效"。湖南人表现出的是"脑筋不清晰,无理想,无远计"。"政治界暮气已深,腐败已甚,政治改良一涂(途),可谓绝无希望。"他写道,"吾人惟有不理一切,另辟道路,另造环境一法",是重新开始开辟一条新路的时候了。①

这件事的独特之处在于,它激起一次兴奋的灵魂深处的自我反省,毛因每一件事而责怪自己,从感情上的缺点到他研究过程中的不足。他本能地感到,以前通过新民学会所设想的方法,在反对张敬尧的斗争中已行不通了。未来的任务与活动是现在应该认真考虑的主题。

毛相信,现在需要"具有献身精神的同志组织"来分担共同的目标,这些同志将结合起他们的智谋,为彻底的改革制订出联合战略。他们要在幕后平静地工作,不追求"虚浮的名誉,也不试图露头角",并且"绝不跳上政治舞台去抓权",为的是"推翻并扫除老秩序",这就需要动员"全国人民,不[只]是新官僚,政治家与军人"。一种"主义"——任何"主义"——都需要运动来实现它,说到运动,又需要以广大人民为基础。他把这些看法写进给朋友罗章龙的信中时,时间是 1920 年 11 月:

> 吾们诚哉要造成一种有势力的新空气……我想这种空气,固然要有一班刻苦励志的"人",尤其要有一种为大家共同信守的"主义",没有主义,是造不成空气的。我想我们学会,不可徒然做人的聚集,感情的结合,要变为主义的结合才好。主义譬如一面旗子,旗子立起了,大家才有所指望,才知所趋赴。②

但是,问题仍然存在:哪一种主义?那年 7 月,旅法小组的 16 人中已经出

---

① 施拉姆:《毛通向权力之路》第 1 卷,第 595 页(1920 年 11 月 25 日)。
② 施拉姆:《毛通向权力之路》第 1 卷,第 600 页(1920 年 11 月 25 日)。

现了明显的思想分歧。在位于巴黎南部 60 英里的蒙达尔尼的一次会议上,他们是为学习语言到那里的,蔡和森争论说,中国需要苏联方式的革命。萧子昇不同意,他提出了一种稳健的、吸取了无政府主义思想的改革纲领,这与毛泽东一年多以前在《湘江评论》中拥护的以教育为基础和共同救助的看法类似。由于社会指导原则向"改造中国与世界"妥协,不同之处就被掩盖了。但萧子昇与蔡和森后来分别写信给毛,表明他们互相争论的立场。社会主义的主要使命,蔡争辩说,是破坏资本主义的经济体制,以无产阶级专政为武器:

> 我以为现世界不能行无政府主义,因在现世界显然有两个对抗的阶级存在。打倒有产阶级的迪克维多,非以无产阶级的迪克维多压不住反动,俄国就是个明证。所以我对于中国将来的改造······我以为先要组织党——共产党。因为它是革命运动的发动者,宣传者,先锋队,作战部。[①]

蔡和森没有准确地描绘出结局。8 月,陈独秀在上海创立了中国第一个"共产主义小组"。不久以后,他在《新青年》的一篇文章中号召,"革命就意味着他们要去建立工人阶级的国家"。

在长沙,毛和彭璜得到湖南省行政当局中的一个富裕的同情者的支持,建立了一个"俄罗斯研究会",该会在接下来的三个月中吸收了十几个年轻的湖南人为会员[②],其中包括了未来的共产党内的名人任弼时与彭述之,并派他们去莫斯科新建的东方劳工大学学习。

10 月,在陈独秀的建议下,以贺民范为首建立了马克思主义学说研究会。[③]

---

① 施拉姆:《毛通向权力之路》第 2 卷,第 7 页(1920 年 12 月 1 日)。

② 彭述之说有 16 个湖南学生(高达乐和程映湘:《共产主义在中国的崛起》〔彭述之回忆录〕,第 196 页),但他们当中的有些人如刘少奇,此时已经在上海了。

③ 高达乐和程映湘:《共产主义在中国的崛起》〔彭述之回忆录〕,第 153—162 页。对于贺民范的作用还存在争议。他 1920 年 11 月和 1921 年 1 月投身"文化书社"(施拉姆:《毛通向权力之路》第 2 卷,第 49、58 页),1921 年 3 月,在毛和其他人发起的支持朝鲜反对日本、争取独立的长沙中韩互助社中担任主要角色(《毛泽东年谱(1898—1949)》上卷,第 82 页)。对毛反感的彭述之把贺民范说成是陈独秀在长沙的主要对话人。然而,同样对毛怀有敌意的张国焘则说,陈直接给毛写信鼓励他建立长沙小组(《中国共产党的崛起》第 1 卷,堪萨斯大学出版社 1971 年版,第 129 页)。由于毛从 1918 年起一直同陈保持着联系,在上海还和陈一同工作过一段时间,并且还是《新青年》著名的投稿人和《湘江评论》的总编辑,由此可见,张的这一说法似乎可能性更大一些。但是,正如彭所说,陈也许要贺民范负责招募学生并把他们送到俄国去。俄罗斯研究会、船山学社和王夫之研究会之间都有密切的联系。

贺是船山高等学校的校长,一个老式的精通文学的学者,白胡须飘荡在他的绸礼服上,他曾经发展了什么不太清楚,但他对社会主义有强烈的兴趣。毛与另一位教师同事何叔衡,都是这个研究会的五个发起人之一,他们聚在一起,开始讨论建立社会主义青年团的事。

毛还是一个很难改变自己信仰的人。在这一点上,蔡和森就不一样,蔡立刻就理解了布尔什维克主义就是解决中国问题的答案,并且热情地接受了它,而毛到了厌恶自己的地步。"蔡是理论家,毛是现实主义者。"他们的朋友这样说。最后使毛赞同他所宣传的苏联的"恐怖主义的策略"的还是现实主义。[①]他告诉蔡,这是"在其他更好的方式"——这涉及到自治运动与无政府主义"新村"的实践——失败之后的"最后的一着"。"俄国式的革命"看来像是唯一可行的:

> 俄式系诸路皆走不通了新发明的一条路,只此方法较之别的改造方法所含可能的性质为多……社会政策,是补苴罅漏的政策,不成办法。社会民主主义,借议会为改造工具,但事实上议会的立法总是保护有产阶级的。无政府主义否认权力,这种主义,恐怕永世都做不到。温和方法的共产主义,如罗素所主张极端的自由,放任资本家,亦是永世做不到的。急烈方法的共产主义,即所谓劳农主义,用阶级专政的方法,是可以预计效果的,故最宜采用。[②]

选择萧子昇提倡的方法,就是用"教育的工具"使资产阶级相信他们的道路是错误的,这样,"就不需要限制自由,不需要借助战争与流血的革命",毛在12月这样写道。这在理论上当然是最好的,但在实践中,这是不可能的。从历史经验来看,"凡是专制主义者,或帝国主义者,或军国主义者,非等到人家来推倒,绝没有自己肯收场的"——

> 教育一要有钱,二要有人,三要有机关。现在世界,钱尽在资本家的手;主持教育的人尽是一些资本家,或资本家的奴隶……以资本

---

① 施拉姆:《毛通向权力之路》第2卷,第9页(1920年12月1日)。汉斯·万德温对这一段则作了完全不同的解释(《从朋友到同志:中国共产党的建立(1920—1927)》,第52页)。
② 施拉姆:《毛通向权力之路》第2卷,第62—68页(1921年1月1—2日)。

主义教儿童,这些儿童大了又转而用资本主义教第二代的儿童。教育所以落在资本家的手里,则因为资本家有"议会"以制定保护资本家并防制无产阶级的法律。有"政府"执行这些法律,以积极地实行其所保护与所禁止。有"军队"与"警察",以消极地保障资本家的安乐与禁止无产者的要求;有"银行"以为其财贷流通的府库;有"工厂"以为其生产品垄断的机关。如此,共产党人非取政权……安能握得其教育权? ……所以我觉得教育的方法是不行的。①

他断定萧子昇的观点是站不住脚的,并且表达了"对[蔡]和森的观点的深切的赞同"。1921年元旦,新民学会的18个成员冒着暴风雪,赶路去长沙的文化书社开会,在那儿讨论了两天以后,他们投票表决,结果12∶3,赞成采用布尔什维克主义作为社会共同目标的有12人,另外有3人态度未定。他们决定把现在的"马克思主义研究小组"改为"共产主义小组",毛、贺民范、彭璜、何叔衡与另一位教师为该小组首批成员。1月13日,主要由学生与新民学会成员组成的湖南社会主义青年团支部也举行了它的成立大会。毛从上海得到了地下刊物《共产党》的复印件,这是陈独秀的上海共产党小组出版的刊物,他们在11月开始起草并发表"中国共产党宣言"的草稿②。宣言提倡生产资料公有制,取消国家,创立没有阶级的社会,并声明:

> 阶级争斗就是打倒资本主义的工具……共产党的任务是要组织和集中这阶级争斗的势力,使那攻打资本主义的势力日益雄厚……目的是要组织一些大的产业组合……又要组织一个革命的无产阶级的政党——共产党。共产党将要引导革命的无产阶级去向资本家争斗,并要从资本家手里获得政权……要将这政权放在工人和农人的手里,正如1917年俄国共产党所做的一样。③

---

① 施拉姆:《毛通向权力之路》第2卷,第8—11页(1920年12月1日)。

② 《毛泽东年谱(1898—1949)》上卷,第73、75、79页。现在,对于从青年团分离出来的长沙"共产主义小组"是否正式存在过,在学术上仍然存在着激烈的争论。证明它存在过的证据占上风(张国焘:《中国共产党的崛起》第1卷,第130—131页;高达乐和程映湘:《共产主义在中国的崛起》〔彭述之回忆录〕,第155—156页)。而且,如果没有长沙小组,毛和何叔衡就不可能作为代表出席1921年7月召开的中国共产党第一次全国代表大会(《毛泽东年谱(1898—1949)》上卷,第85页;托尼·塞茨编:《中国共产党掌权:文献和分析》,纽约,阿芒克,夏普出版社1996年版,第14页)。

③ 塞茨编:《中国共产党掌权:文献和分析》,第11—13页。

此后不久,毛写信给蔡和森,明确否定把无政府主义作为可付诸实践的政治原理,赞同把马克思的"唯物史观"作为正在创立的新的政党的哲学根据。他完全改变了。

毛的马克思主义永远带有一点无政府主义的色彩。但是,对"主义"的长期探求到此结束了。

成为一名马克思主义者还不是1920年毛的生活中唯一的变化,他的个人生活也戏剧性地改变了。当他做学生时,众所周知,他身无分文,这情况一直持续到他毕业以后。许多时候,他靠借钱勉强维持生活,基于互相帮助的儒家传统,有钱的朋友帮助无钱的朋友(也基于这种认识,在角色发生转换之时,有钱人也会接受帮助)。然而,这是一种很不稳定的生活状态。若干年后,毛描述了那年春天他过分夸张的那次旅行,说他离开北京不久,就花光了钱,最后几乎是以落难告终:

> 不知道到后怎样才能再向前走。可是,像中国俗语所说的,"天无绝人之路",很幸运,一位同学从北京孔德学校弄到了一些钱,他借了十元给我,使我能够买一张到浦口的车票……可是我到达浦口的时候又不名一文了……我不知道怎样才能离开浦口。可是最糟糕的是,我仅有的一双鞋子给贼偷去了。哎哟!怎么办呢?又是"天无绝人之路",我又碰到了好运气。在火车站外,我遇见了从湖南来的一个老朋友,他成了我的"救命菩萨"。他借钱给我买了一双鞋,还足够买一张到上海去的车票。[1]

在上海,毛承接了洗衣服、送报纸的工作,以此帮助付房租,那是他与三个湖南学生共同租的房子。他告诉朋友,洗衣服不是很难,但他不得不花许多工资付电车费,为的是取衣服、送衣服、送报纸。

再次回到长沙,毛的经济状况明显好转。9月,他被聘为第一师范附属小学的校长,这是他第一次有了一份固定的、收入不错的工作。经济好转与他在湖南省的政治变化中逐渐成为有影响的人物是有关的。这可能是毛生活中的

---

[1]　斯诺:《红星照耀中国》,第178页。

第二个大变化。那年冬天,他与 20 岁的杨开慧结婚。杨开慧是他第一师范的伦理学教授杨昌济的女儿,杨先生这年 1 月在北京去世。

在这个自由的小圈子中,毛变化了。在 20 世纪早期,中国的两性关系与同时代的欧洲或美洲没有区别,像所有的中国城市一样,长沙也有它的娱乐区,如众所周知的"柳巷区",歌女们在那儿款待富人,粗俗的妓女招待穷人。像在英国爱德华七世时代与法国美女时代一样,妓院的名声还不那么污浊低贱。事实上,这种带有普遍性的生活方式是那些声称心中有祖国未来的每一个新的激进分子小组成员的习惯做法,从无政府主义的"六不学会"(这是蔡元培先生 1912 年创立的)直到毛的新民学会,都对那些参加成员规定了一条,就是禁止嫖娼,以显示他们对改良主义事业的道德上的信奉。

毛本人的态度在一首为一师的同班同学写的悼亡诗中有所暗示,那首诗是 1915 年他 21 岁(应 22 岁)时写的,"荡涤谁氏子,安得辞浮贱",两年以后,他把伟大人物的英雄壮举比作"人生恋爱的要求,其势力比任何要求要大,非有特别势力,决不是能挡得住的"。[1]他那时写道:"'食'、'欲'二者为根本欲望。"

出于自身的考虑,毛在 1918 年冬天开始与杨开慧恋爱,他那时在北大图书馆当助理员。他是否有机会表明他的感情,还不清楚。据萧子昇所说,那时在杨教授家吃饭,总是寂然无声。即使是在那个自由主义的家庭中,家长也不会完全为两个异性青年考虑,让他们单独在一起。但从毛写的东西中可以看出,他这时开始发出了浪漫的音符,"人生恋爱的要求,其势力比任何要求要大",他宣称,"婚姻办了,夫妇团圆,除开挡不住恋爱的自然势力的人,或是毁弃一切,大闹起来,闺房之内,变了两口相杀的战场;或是桑间濮上别有天地,实行他们的秘密恋爱。"[2]除非人们屈服于无法抗拒的爱的自然力,否则人们要么在婚后大吵大闹,把卧室变成互相敌视的战场;要么偷情于桑间濮上。

无论如何,爱的轨迹并不总是平稳地滑行。在他回到长沙后,他被另一个叫陶毅的年轻女子爱上了,陶就成为他的第一个非常重要的女朋友。陶毅是新民学会早期成员,他们的罗曼史明显地在 1920 年春夏之际持续了很长时间,那时候,他们一起在湖南自治运动中工作,一起建立了文化书社。那段时间,他们对自己的感情都听之任之,但毛在夏天又向杨开慧求婚。

---

① 施拉姆:《毛通向权力之路》第 1 卷,第 263—264 页(1917 年冬)。
② 施拉姆:《毛通向权力之路》第 1 卷,第 445—446 页(1919 年 11 月 28 日)。

在此期间,蔡和森与他的女朋友向警予从巴黎写信来说,他们已决定蔑视传统习俗,建立了一个"以爱为基础"的小家庭。毛无限敬佩:

> 我想我们正好奉向蔡做首领,组成一个"拒婚同盟"。已有婚约的,解除婚约(我反对人道主义)。没有婚约的,实行不要婚约……我觉得凡在婚姻制度底下的男女,只是一个"强奸团",我是早已宣言不愿加入这个强奸团的。[①]

不到三个月,他结婚了。杨开慧家没有怀疑他的这种主张。由于是教授的女儿嫁给农民的儿子,杨开慧也变成一个像毛一样闻名的人物,这完全是一场冒险,但在长沙并没有招致更多对这事的指责,不过多了一桩非传统的婚姻罢了,这一点远胜过巴黎的向、蔡。对已婚者毛来说,他抱怨的是由媒人安排的那种传统的婚姻。对他来说,婚姻的标准是:"男女两下的心知,到了交厚情深,尽可自由配合。"[②]幸福的关键是自由选择。

1921年秋,他们搬到长沙小东门外清水塘地区的一幢小屋。此后几年,或许是毛一生中仅有的一段时间,他有一个真正幸福的家庭。他的长子岸英生于1922年10月,次子岸青出生于1923年11月,最小的儿子岸龙,生于1927年。出人意料的,这是一个传统的中国家庭:毛到处奔走,为他们俩现在都献身的事业工作时,开慧待在家中照顾孩子。几年过去了,接下来的一件事,让这个家留在了长沙。

---

① 施拉姆:《毛通向权力之路》第1卷,第608—609页(1920年11月26日)。
② 施拉姆:《毛通向权力之路》第1卷,第443—444页(1919年11月27日)。

第五章
共产国际接管

　　1921年6月3日,星期五,劳埃德·特利斯提罗轮船公司"阿奎娜号"轮船从威尼斯出发后,经过六个星期的航行,这一天停靠在上海码头。上岸的旅客中有一个荷兰人,他约莫40岁,一头深色短发,黝黑的小胡子,身体强健,看见他的人就会想起普鲁士部队的军官。他刚刚经历了一次难以忍受的旅行。甚至在他上船前,他还被拘留在维也纳,他在那儿申请到中国去的护照签证,但奥地利政府在通知向其签发签证的国家之前释放了他。在科伦坡,马来西亚的槟榔屿洲,新加坡,英国都已通知警察在港口监视,不允许他上岸。北京的荷兰使馆向中国政府提出不让他入境,但没有得到答复。没有收到北京的公文,上海独断专行,没有阻挡他上岸。上海就像是中国的柔软潮湿的胃,它能吸纳进一切——没落的白俄家庭、红色冒险家、日本密探、没有国籍的知识分子、各种各样的恶棍——以及那些派出国又回来的理想主义的年轻人,他们就是那些在东京和巴黎探寻外国新知识的青年。中国人称上海为"冒险家的乐园",对外国人而言,它是"东方的叛逆"。[①] 唯美主义者哈罗尔德·阿克顿先生回忆起上海,说它像一个"人们没有意识到他们是多么不凡;非凡已变为平常;反常已变为普通事物"的地方。据说沃利斯辛普森让当地的摄影师拍裸体照,全身只有一根安全带绕在身上。尤金·奥尼尔已精神崩溃,由一位瑞典女按摩师陪伴,住在这里。奥尔德斯·赫胥黎写到上海的"拥挤、污浊、极其凝滞的生活……不能设想那里有什么更认真的生活"。报界人士夏衍看见的是"一座48层高的摩天大楼建筑在24层的地狱上"。

---

① 　显然,对这个城市20世纪20年代最详细、最精彩的描绘出自哈丽特·萨根特那部优秀的著作《上海》(纽约,皇冠出版社1990年版)。

安德鲁森先生,像荷兰人称呼他的那样,沿着外滩前进,他经过花岗岩建造的高大的英国资本主义的城堡——汇丰银行,天花板用马赛克镶着长江帆船的海关,加丁·马赛森,东方亚细亚公司——他还经过了门口挂有"华人与狗不得入内"的牌子的公园,这块牌子的真实性值得怀疑,经过海员旅社与苏州河,他最后到达东方饭店的一间屋子。

　　他四处观看,铺筑过的道路上挤满了中国人,他们身穿长袍,头戴巴拿马帽;衣着毫无瑕疵的大班坐在由司机驾驶的轿车里;夜总会里满是欧亚混血的舞女,被流放国外的年轻人在这里通宵狂饮;衣着褴褛的苦力,满脸汗珠滚动着,沉重的担子压弯了他们的身体;纺织厂里,女工与童工不停地跑动着工作达14个小时;苏州河两岸是臭气熏天的贫民窟,新兴的无产阶级就生活在这里。如果此时他心头涌起传教士般的狂热,也应该受到原谅。亨德利克斯·斯列夫略特(中文名马林),是他的真正姓名,对亨·斯列夫略特来说,他同时也用马丁·伊万诺维奇·伯格曼、菲利浦同志、蒙西欧·赛陶特、乔万森与玛丽这样的名字,在他的一大串化名中说出真名就是一种鼓励。他是列宁派到中国来的第一个共产国际(共产党的国际组织)的代表,来帮助中国同志组建一个政党,这个党要给予"麦加"圣地的布尔什维克领导以兄弟般的支持("麦加"是他对莫斯科的称呼),还要帮助扩展世界范围内的革命,他们都热切地相信这一点。

　　马林并不是派到中国来的第一个苏联使者。最初的联系是1920年1月开始的,三个月以后,由于设立在海参崴的共产国际远东局的批准,格利高里·魏金斯基(中文名吴廷康)被派到中国来实地调查。在那年夏天,好几个苏联人以新闻记者的身份为掩护,被派到广东。[①]

　　魏金斯基的到达时间,被巧妙地安排在由苏联所引发的中国人热情高涨的时期,即莫斯科宣布放弃治外法权的时候。魏金斯基是一个极机智的人,很有魅力,与他共事的中国人都把他看做完美的榜样,每一个革命同志都希望成为那样的人。他在中国度过的九个月中,帮助陈独秀在上海组织了共产主义小组与社会主义青年团,创办了《共产党》刊物,起草了"共产党宣言",这篇宣言像是举行

---

① 塞茨:《中国第一次统一战线的起源:斯列夫略特(马林)的作用》第1卷,第43—47、52页;德里克:《中国共产主义的起源》,第191—195页;塞茨编:《中国共产党掌权:文献和分析》,第25页。彭述之引用了李大钊的一份关于俄罗斯特使霍霍诺夫克尼(据法文翻译)1920年1月访问北京的详细资料(高达乐和程映湘:《共产主义在中国的崛起》〔彭述之回忆录〕,第162—165页)。还有一份资料证实,那个月李与陈独秀讨论过建党的可能性(德里克:《中国共产主义的起源》,第195、293页、注释14)。

中共一大的序言,毛与其他同志在那年冬天收到了,而中国共产党第一次代表大会则将各省的共产党小组联合起来,形成了羽翼丰满的中国共产党。

马林则是一个不同类型的人。他是共产国际执行委员会委员,作为荷兰统治的印度尼西亚的共产党顾问,他已在亚洲待了五年。他浑身散发出固执与傲慢,他似乎不仅以此表示他比任何一个中国同志知道得都多,而且显示出把他们协调一致是他应尽的责任。那时候,北大毕业生张国焘已经帮助李大钊建立了北部中国的"共产党小组",他回忆了这个荷兰人到达中国不久后他们的第一次见面:

> 这个洋鬼子很骄傲,很难说话,作风与魏金斯基迥然不同……使人觉得他沾染了一些荷兰人在东印度做殖民地主人的习气。他是共产国际东方问题的权威并以此自傲……所有这些表现,使他自居要解放的人看来,就觉得他具有社会主义的白人优越感。[1]

1921年6月底,毛与何叔衡乘船离开长沙,在极其秘密的情况下,与来自北京、广东、济南、上海、东京、武汉的共产党小组的其他11名代表一起,出席魏金斯基发起的共产党第一次代表大会。大会于7月23日在上海法租界的一所女子中学的一间教室里召开,那教室因暑假而闲置。陈独秀与李大钊都没出席这次大会。在他们缺席的情况下,大会由张国焘主持,毛在北京那两年半的时间里,早期在北大图书馆做助理员的时候遇见过张国焘。马林与助手尼科尔斯基,他是从在伊尔库茨克新建的共产国际远东局来的,他们俩参加了头两天的会议,但是后来就退出了大会,让中国人自己去争论。

争论集中在三个问题上:他们创建的党的类型;这个党对资产阶级制度,特别是议会,对广东政府与北京政府采取什么态度;这个党与共产国际的关系。

马林发表了公开演说,他注意到那些出席会议的人都是教师或学生,便坚决强调了与工人阶级进行强有力的紧密联系的重要性。马克思主义学者李汉俊是上海小组的代表,他立刻表示不同意这一点。他反驳说,中国工人一点不懂马克思主义。在把他们组织起来之前,要花很长时间做教育和宣传工作。在此期间,中国的马克思主义者要决定,他们的事业,是由建设成苏联布尔什

---

[1] 张国焘:《中国共产党的崛起》第1卷,第137、139页。

维克式的共产党来领导,还是由建设成德国式的社会民主党派生的组织来领导。轻率地冲进献身于无产阶级专政的工人阶级政党的大厦中,会是一个严重的错误。马林对李汉俊的意见极为反感。但是,在这个问题上,这个荷兰人至少拖了一天时间,在会议的第一个正式声明中,新建立的中国共产党公然宣告它是真正的布尔什维克式的政党:

> 我们党的纲领如下:以无产阶级革命军队推翻资产阶级,由劳动阶级国家,直至消灭阶级差别……废除资本私有制,没收一切生产资料,如机器、土地、厂物等,归社会所有……我党,采取苏维埃的形式,把工农劳动者和士兵组织起来,宣传共产主义,承认社会革命为我党的首要政策;坚决同黄色知识分子阶层及其他类似党派断绝一切联系。①

另外两个问题尚在争论中,莫斯科对这个结果不太满意,一定程度上是由于这次代表大会结束的方法。7月29日,严重的意见分歧还在继续,这已变得很清楚,马林说,他希望大家提出一些新意见,并且说下一次会议不要在这所学校里开,改在李汉俊的家中,他家也在法租界。第二天晚上,会议开始后不久,有个男人透过大门往里看,嘴里低声咕哝了一些走错门之类的话以后匆匆忙忙地离开了。在马林的命令下,大会立刻宣布散会。几分钟后,一队中国密探在一个法国军官的带领下到达这里,但是,尽管他们搜索了四个小时,却什么也没找到。那以后,大家想到在上海接着开会太危险了,最后的会议是在嘉兴南湖的芦苇边的一艘游船上开的。嘉兴市位于上海南部50英里处,上海至杭州的路上。马林没有到那次会议上发言,这是因为感觉到外国人到场会使这个小组太显眼,于是,他与尼科尔斯基都没参加这次会议。结果,小船在湖面上荡到黄昏,在代表们齐声高呼"[中国]共产党万岁!""共产国际万岁!""共产主义——人类解放者万岁!"的口号声中,结束大会,他们得到了其中一人说的"许多狂怒的与激进的决定",而所有这一切,并不都合共产国际的意。

他们已经决定了,诸如采取"一种独立的姿态,侵略并排斥"其他政党,并且要求共产党员要切断与非共产主义政治组织的一切联系。这种偏执的态度,不仅与马林的和孙中山的国民党结成战略联盟的希望不一致,他已经准确

---

① 陈公博:《共产主义运动在中国》,纽约,八角出版社1966年版,第102页。

地看出孙中山的国民党在那时是中国最强大的革命力量,而且也与列宁的论点不一致,那是一年多前第二共产国际在莫斯科通过的,即共产党最终能够在"落后的国家"生存,就不得不与革命的民族资产阶级的民主运动紧密地联系在一起工作。

最后,在北京政府与广东政府各自的是非曲直问题上也没有形成一致的看法。在马林的眼中,南方政权更进步一些,这与陈独秀的看法一致。

这个荷兰人观察事物相互关系的能力越来越糟,代表们拒绝承认莫斯科至高无上的权威。尽管党章说"与共产国际联合",这显然是指平等的关系,而不是下属关系,这一点很清楚。

那次代表大会结束后,中国共产党与"麦加"(指莫斯科)的关系依然紧张。

9 月,当陈独秀开始履行他的中央执行委员会临时书记的职务时,他发现马林作为共产国际的代表,不仅仅是根据他自己的职权向中国党员发布命令,而且希望他(陈独秀)向他提交每周一次的工作报告。

几个星期来,陈独秀拒绝与这个荷兰人一起做任何事。中国共产党还处于初建时期,陈告诉上海小组的党员,中国革命有它自己的特点,不需要共产国际的帮助。最终达成一种普遍能接受的方法,主要是因为共产国际提供了钱,一年 5000 美元,共产党需要这笔钱活动,尽管陈独秀否认这一点。但是恶感留下来了,不仅是由于马林的独裁主义的工作方法。马林在苏维埃顾问这个长期的职务中,是第一个伤害了中国人民感情的人,这反映了文化与民族的差异,共产主义运动的国际共产主义只是写在纸上的,而 40 年后,苏联急需为自己报仇。

毛在共产党一大上并不引人注目,他作了长沙共产党小组的工作报告(已经遗失)[①],汇报了到 7 月为止,中国共产主义运动的 53 个成员中的 10 个人的作用;他与周佛海(一个湖南籍学生,东京小组的代表)两人被指定为会议记录,他们为此而自豪。张国焘回忆毛像一个"较活跃的白面书生"。张国焘还写了毛的"脱不了湖南人的土气"与普通知识的积累是相适应的,但这只是限制了他对马克思主义的理解。与会者没有一个人记得毛对大会的争论起了什么大作用。由于他的那些更老练的同伴,他明显地感觉到一种威胁,他告诉朋

---

① 第一天,"代表大会听取了关于地方小组活动的报告"(塞茨编:《中国共产党掌权:文献和分析》,第 14 页)。只有北京小组和广东小组的报告保存了下来(同上,第 19—27 页)。

友萧子昇,萧那时正在上海拜访他,他们许多人"接受过良好的教育,并且……能说日语或英语"。这重新带给他有关语言不适的全部旧有的感觉,他一回到长沙,便再次投入英语学习中。两个月以后,中共湖南省支部建立,时间是有象征意义的 10 月 10 日,辛亥革命十周年纪念日,毛担任湖南支部的书记。

接下来的几个月,毛献身于发展为数极少的党员的工作。11 月,临时党中央发出指示,要求每一个省的支部到 1922 年夏天至少要有 30 个党员。毛的支部是符合要求的三个支部之一,其他两个是广东与上海支部。同一个月中,他组织了一次庆祝布尔什维克革命的游行。这变成一年一度的大事,上海的《民国日报》上的新闻报道描述:

> 一面巨大的红旗在教育联合会大厦前的广场上的旗杆上飘扬,两边各有两面小一点的白旗,白旗上的标语是:"起来,全世界无产阶级!"其他小白旗上写的是:"苏联万岁! 中国万岁!"这时,来了大批手拿小红旗的人,红旗上写着:"承认苏维埃苏联!"……"社会主义万岁!"与"为了劳动者的面包!"他们拿出传单发给群众。正当讲演要开始的时候,一队警察出现了,主管的官员宣布说,由于省长的命令,会议必须解散。人群抗议,援引《宪法》第 12 条,市民有自由集会的权利……但那个官员拒绝与人们讨论《宪法》,说省长的命令必须执行。人们逐渐愤怒了,高呼:"打倒省长!"接着,警察开始执行他们的公务。所有的红旗被扯倒,示威游行者被迫解散。这时是下午 3 点钟,天上下起了倾盆大雨,这防止了更进一步的冲突。[①]

尽管省长赵恒惕如此紧张,毛还是能够从他在这个省的精英伙伴中争取到了足够的支持者,创办了"自修大学"。他在一年多以前就写信说要办这所学校,他争取到地方政府同意每年拨款 2000 美元,那时实际总数也如此。

学校宣布办学目的是"为革新社会的准备","求知识与劳力两阶级之接近"。实际上,这所学校像是为未来的共产党积极分子进行培训,高峰期的人数达 24 个专职学生。开始,这个学校是由船山学社主办,校址就定在以前的

---

① 这是关于 1922 年游行集会的报道(《民国日报》,1922 年 11 月 15 日)。这与斯诺《红星照耀中国》第 180—181 页上毛的叙述基本上是一致的,唯一不同的是毛在推定年代上的一个插曲,他把时间错误地说成是 1920 年。《毛泽东年谱(1898—1949)》(上卷,第 89 页)对 1921 年游行集会的叙述同这个报道的内容完全一样,游行也是被警察驱散的。

船山书院,这样就使得政治意图模糊不清,但是,随着时间的流逝,它更接近了毛最初的学术研究团体的想法,那里的教师与学生们在"实践共产主义生活"。毛也辞去了一师附中主事职务,担任这所大学的指导主任(负实际领导责任),同时他也在第一师范教国文。何叔衡任主管教学方面的教务长。贺民范任校长,直到毛提出一些有关身体健康的异乎寻常的看法①使他们闹翻为止。在长沙的盛夏酷暑中,毛鼓励学生们裸体去上课,由于时代的原因,这在当时被认为是一种丑恶可耻的行为。贺民范属于更早、更守旧的一代人,他被深深地冒犯了,在其他几次意见不合以后,他们分道扬镳,关系变得很差。

在其后两年中,毛的活动的主要进展就是他作为劳动工会的组织者所进行的工作。革命必须由无产阶级来完成,这是布尔什维克的正统观念,中共一大已经把组织产业工会作为党的主要目的。那时,中国约有150万产业工人,2.5亿农民。工厂里的情况就像狄更斯的小说中描绘的那样。美国著名劳工活动家舍伍德·埃迪先生,代表基督教青年会在中国进行调查后报告:

> 在北京机械厂有1100名工人,许多都是9至15岁的童工。他们从凌晨4时开工直到下午6时30分才息工,中间只有几分钟的休息时间……每周工作7天……工厂里通风不足,含有低度磷的蒸汽对肺有伤害。30分钟后,我的喉咙就疼了。工人们整天吸它……平均每天有80人生病。[我还参观了]一家北京纺织厂。此厂雇了1.5万名年轻工人。工人每天工作18小时,每周工作7天,月工资9元。一半人是徒工,他们没有受过培训,不必付工资,一般只管伙食……他们的家中都太穷,难以养活他们,乐意把他们送进工厂……
>
> 我参观的工人宿舍,每间屋子不超过7步见方,住10个工人,他们一半上白班,一半上夜班。整间屋子没有加热器,没有一件家具,没有壁炉,没有盥洗间……附近,属于同样的主人的,是一间没有窗

---

① 在盛夏酷暑的一天,贺民范被毛的行为深深地震惊了,因为毛"什么都没穿,只在腰间围着一条毛巾,换句话说几乎是全裸地在讲台上来回走动,拜访他的同事,在我们严肃的校园里四处走动,好像这是世界上最自然的事情。"据说,当贺向他提出抗议时,毛反驳说:"区区小事,何必大惊小怪?我要是裸体,岂不更糟?我围条毛巾,你已经够幸运了。"尽管贺本人和彭述之在回忆这件事时对毛持很大的偏见,但他们说的这件事听起来似乎是真的(高达乐和程映湘:《共产主义在中国的崛起》〔彭述之回忆录〕,第159—160页)。

户、只有一个门的窑洞。一群 10 岁至 15 岁的女孩子白天就睡在那儿。夜晚,她们在工厂里干活,一个轮班挣 3 毛钱。她们睡在铺有一堆破布的木板上。她们最大的麻烦是听不见工厂的汽笛声,如果她们上班迟到,就要失去她们的工作。这些人不是在生活。她们只是活着。①

在湖南,妇女与童工比沿海租界城市一般要少一些,但在其他方面,情况很少有区别。自从中世纪以来就一直那样工作的工人与手艺人,直到 1920 年,才由传统的同业工会组织起来。但在那年 11 月,两个年轻的无政府主义的学生黄爱与庞人铨,组织起了一个独立的团体——湖南劳工会。到第二年 8 月,共产党在马林的建议下,建立了张国焘领导的中国劳动组合书记部,毛担任他下属的长沙分部的领导,这时,长沙劳工会已有 2000 名成员,并且已在城里的华氏棉纺厂领导了一次成功的斗争。

庞人铨是湘潭人,家在距韶山 10 英里的一个农村。1921 年 9 月,毛陪同他到安源煤矿去考察。安源煤矿是湘赣交界处官僚资本企业汉冶萍公司的一部分,他们是去看看组织工人的可能性。这次旅行本身没有确切的结果②,但两个月后,那种联系有了充分的发展,这使得毛写了一篇文章给劳工会的报纸《劳工周刊》。毛在文章中写道:劳动组合的目的,不仅在于团结劳动者以罢工的手段取得更多的工资和缩短工作时间,还在于养成阶级的自觉,以全阶级的大团结,谋全阶级的根本利益。这是宗旨所在,希望劳工会诸君特别注意的。此后不久,黄爱与庞人铨秘密加入了社会主义青年团,12 月帮助组织了一次群众游行集会,大会参与者近万人,强烈抗议外国列强为发展在中国的经济特权而耍的花招。毛的策略,就是指派无政府主义者当代表,并逐步把他们的活动中心转变到更加马克思主义的议事日程上,这个策略看来是成功的。

但那以后,1922 年 1 月,灾难降临了。新年假期结束以后,华氏棉纺厂的 2000 名工人得到厂方正在扣除他们的年终奖金的消息后,举行了罢工。他们砸坏了设备与机器,与公司的警察打起来,在这次战斗中三名工人惨遭杀害。

---

① 莱昂·威格:《近代中国》第 4 卷,1923 年版,第 434—437 页。

② 李锐:《毛泽东同志的初期革命活动》,第 197 页;沙弗尔:《毛与工人:1920—1923 年湖南的劳工运动》,第 44—45、85 页。没有证据表明这时安源成立了劳工会;然而 1920 年 11 月成立的一个小团体、敌对的机械工会却于 9 月在那里建立了分部,也正是这个小团体三个月后向毛发出邀请,使毛第二次去了安源。

1月14日,身为公司主要股东的赵恒惕宣布,这次斗争是"反政府行为",并派了一营部队进厂。这些人在工厂里胡乱搅和一阵以后,用机枪对准工人,强迫他们恢复生产。第二天,1月15日,工人需要帮助的请求被悄悄带出厂,劳工会突然采取了行动。消息传来,赵省长请两个年轻的组织者到棉纺厂来谈判。但是,16日黄昏,当黄、庞二人到达时,便被扣留,他们被带到省政府,赵省长终于在那儿审问他们。最后,厂方发给了工人们奖金,但黄与庞被带到浏阳门外斩首,劳工会被取消。

黄爱与庞人铨的死,正是在赵恒惕颁布了一部表面自由的省宪法以后三个星期还不到的时候,那部省宪法把湖南人民自治的原则奉为神明,他们被害的消息震动了全中国。孙中山极力主张惩处赵恒惕。北大的蔡元培及另外一些著名的中国知识分子纷纷致电抗议。那年3月与4月的大部分时间,毛都是在上海度过的,他在中文报刊上掀起了一场激烈的反赵运动。甚至连《华北先驱》也明确表示赵省长的做法是"不可饶恕的"。

4月1日,赵发表了一篇长长的、极具防御性的声明,为他的举动辩解:

> 很遗憾,普通民众看来不了解处死他俩的正确原因,并把他们与劳工会混到一起,以这样一种方法指控我破坏劳工会……两名罪犯黄爱与庞人铨……[与]真正的土匪勾结……密谋得到武器与弹药……他们的计划是推翻政府,并在阴历新年的时候引发动乱来推行他们的革命思想……我身负3000万人民的政府的重担。我不敢允许自己被弄糊涂,以至于在这个省的危险时刻对只不过两个人显示仁慈。我要是没有把他们处死,灾难不可避免……从一开始,我就永远保护工人的利益……我期望湖南省劳工繁荣昌盛。①

没有一个人相信这些话。但是,由于他否认处死刑是针对劳工会的积极分子,并且清楚地表明工人利益的追求是合法的,这就为恢复工人运动打开了一条通道。

毛的下一步行动,就是发展工人夜校的各级组织。在这个问题上,他不知不觉地得到了美国基督教青年会的帮助,由于湖南政府的支持,基督教青年会正在发动一场群众自身的教育运动。共产党员被组织起来,自愿去做夜校的

① 《北华捷报》,1922年4月29日,第299页。

教师,毛编写了一本简明的教科书,在文学辅助读物的掩护下,宣传社会主义思想。

最成功的冒险活动是在安源,毛派了李立三作为专职组织者在那儿活动。李立三,同样是一个经验不足的年轻人,六年前,毛为新民学会征召会员时,李就是给予毛"半个答复"的人,他在法国就加入了共产党。毛现在并不比以前更喜欢他,但是已证明了他是个第一流的工会组织者,他在5月就说服安源的地方行政官批准了"路矿工人俱乐部",这个俱乐部以其拥有图书馆、教室与娱乐活动中心而自豪。四个月后,俱乐部就有7000名成员。

此时,毛有时由杨开慧陪伴[①],到这个省所辖的所有的工厂与铁路仓库去,为在其他地方建立新的俱乐部估算资金,杨开慧这时正怀着他们的第一个孩子。上海党中央已经发出指示,应该最优先考虑在铁路工人中进行组织劳动工会的宣传。铁路工人俱乐部已在长沙建立了,8月还要在岳州建一个,岳州在北往汉口的主干线上。

在岳州遇到了麻烦。

9月9日,星期六,一群工人在铁路上封锁了铁路线,要求提高工资,并提出一些并不过分的改善福利的措施。有关当局派了军队来驱赶他们,杀死了六个工人,还把许多人打成重伤,特别是妇女和儿童——他们也来支援他们的家人。当消息传到长沙时,毛发了一封煽动性的电报[②]给其他工人组织,寻求他们的支持:

> 劳工会的全体工人朋友们!如此黑暗、残酷与令人痛苦的压迫,只是在我们工人阶级的身上才能看到。我们该多么愤怒?我们该怎样痛苦地仇恨?我们该怎样起来有力地反抗?报仇吧!全国的工人朋友们,起来与敌人斗争吧!

赵恒惕将要保持中立地位的消息被大家知道了。岳州是由忠于吴佩孚的

---

① 4月底,他到水口山了解铅锌矿工人情况(《毛泽东年谱(1898—1949)》上卷,第93页);5月,同杨开慧到安源;"夏初"去岳州(《毛泽东年谱(1898—1949)》上卷,第95页)。

② 施拉姆:《毛通向权力之路》第2卷,第125—126页(1922年9月12日)。长沙劳工组织散发大量的呼吁书,其中有一封(显然不是毛写的)呼吁工人们"推翻万恶的和残暴的军阀","铲除那些压榨我们血汗的强盗"(《湖南近百年大事纪述》,长沙,湖南人民出版社1979年版,第493页;英译文见麦克唐纳:《农村革命的城市起源》,第177页)。

北方军队驻守的,吴是北京直系军阀的头领,由于这一点,赵把他看做敌手,往北的铁路线上的任何一点混乱都对赵自己有利。

这些事情迟至星期一晚上才传到安源。安源的矿业公司拒付工人要求增加的工资,问题已经在那儿酝酿了一段时间了。现在,毛极力主张,安源人罢工的时刻来到了。李立三拟出了一系列的要求,并且决定在 9 月 13 日午夜,即 48 小时后,砍倒矿山的电线杆,停止供电;开始在矿山用大树设路障,路障前插着三角旗,旗上写着挑战性的语言:"从前是牛马,现在要做人。"

矿工们留下两台发电机继续运转,以防矿山进水。但是,一直到周末,还没有进行谈判,于是就有了切断电源的号召。那时,矿山董事们投降了,通过了全面提高 50% 工资的决定;承认工会;增加假期与奖励条件;支付增加的工资;结束传统的劳动合同制度,根据这个制度,中间人可以为自己提取劳工每年的一半工资。几天以后,来自全国四个主要铁路系统的一千多代表聚集在汉口,提出立刻增加工资的要求,否则全国性的铁路工人的斗争就要开始了。他们的要求得以满足。

在路矿工人斗争的时候,毛的作用是间接的。作为湖南省的共产党书记,他领导了斗争运动,并且以政治代言人的身份在活动,但他没有积极地直接参加斗争。一个星期以后,在省会长沙开始了泥木工人(泥瓦工与木工)的斗争,这次斗争,他更直接地介入其中。

整个夏季,斗争已在设在鲁班庙的古老的泥木工同业工会中酝酿。鲁班是到处游走的泥木行业工人的保护神。这些泥木工人的收入因纸币贬值而大打折扣。7 月,他们请同业工会委员会说服管辖区的地方行政官员批准增加他们的工资。[①] 但是,市场经济的压力已腐蚀了同业工会的团结,与惯例相反,委员会要求同业工会的成员捐赠 3000 银元作为谈判资金。

一个同业工会的成员回忆,"他们消失在所有的豪华餐馆中,如'洞庭春'、'大湖南'、'曲园',举行豪华的酒宴。这些吸血鬼酒足饭饱,却不用为我们付出一分钱"。

僵局被一名叫任树德的人打破了。这个贫苦农民出身的孤儿,20 年前还

---

① 《湖南近百年大事纪述》(第 496—504 页)指出:工人们在 1922 年 5 月开始进行增加工资的请愿活动,他们贴出通告,要求在六月初一生效。实际上,工人在这里用的是阴历,据此,"六月初一"就是 7 月 24 日(《北华捷报》,1922 年 11 月 4 日,第 288 页)。

是个 13 岁的木工学徒时,就已参加了同业工会。去年夏天,他为船山学社干了些活儿,帮助新办的自修大学修缮房屋。毛以朋友的态度对待他,1922 年年初,他成为长沙工人中第一个加入共产党的人。

任树德现在提议,大家都到设在鲁班庙的地方分会委员会去,要求他们解释。800 人都去了,而委员会的谈判代表却躲进"五和堂"的密室,工人们不敢跟进去。在任树德的建议下,一队工人这时把毛请来了,任把毛作为工人夜校的教师介绍给大家。毛建议他们创立一个独立组织,具有"十人团"或基层组织的体制,就像铁路工人与矿工的工会所做的那样。三个礼拜以后,9 月 5 日,任树德主持了"长沙泥瓦工与木工工会"成立大会,工会一开始就有将近 1000 名会员,毛亲自起草了工会宪章,并指派另一名共产党员任工会秘书。

工会成立的第二个月,就像安源与岳州的路矿工人罢工一样,任与他的同事拟定了他们的斗争计划。工会积极分子秘密发放小册子,在深夜,行政人员离开以后,他们到工地的临时工棚"放火箭",就是用绳子拴住它们扔过墙,这样就瞒过士兵得到了工人们的情况。毛调动了湖南省知名人士中的一些自由主义者、谭延闿的改革派朋友,以及湖南自治运动成员的同情心。《大公报》刊出李能至的文章,严厉斥责政府管理工资的那种原则,注意到其中没有类似的对地主提高租金的制约。"省宪上明明规定人民营业自由,"他写道,"你们嫌他们工价太贵,莫请他们做工便了,为什么要强制他们不许加工价?"

10 月 4 日,地方行政官员宣布,提高工资的要求已被驳回。[①] 第二天是当地的假日,工会的领导们在长沙小东门外清水塘毛的家中碰头,决定为了提高工资,为了自由权进行一次集体罢工。在毛写的罢工宣言中强调了下面这段话。罢工宣言贴在城里一些地方的墙上:

> 我们这些泥瓦工与木工,希望告诉你们,为了生存,我们要求适当地提高工资……我们劳力工作,一天的工作,硬是把一天的阳寿和精力来换几个钱去养家赡眷,并非坐食冤枉……试看他们商家,不上几天又把价码一涨,为什么又没有人反对呢?独于我们工人凭整天

---

① 沙弗尔(《毛与工人:1920—1923 年湖南的劳工运动》,第 116—117 页)和麦克唐纳(《农村革命的城市起源》,第 181 页)认为,增加工资的要求一提出,地方行政官员就宣布驳回这一要求。直到 10 月 4 日,即阴历的八月十四,他才发出了一个通告,正式宣布驳回提高工资的要求(《北华捷报》,1922 年 11 月 4 日,第 288 页)。罢工最终得到的只是这个驳回的通告(施拉姆:《毛通向权力之路》第 2 卷,第 129—131 页,1922 年 10 月 24 日)。

汗力得来几个工钱,还要惨受这样摧残……我们别的权利虽是享不着,而我们营业和工作的自由是应当享有的。而且这一点,我们誓死也不受任何方面的剥夺。①

第二天,长沙城所有的建筑工作都停工了。由于同业工会的师傅们的支持,地方行政官员希望坐在局外争论。但是,冬季临近,官方当局遇到越来越大的公众的压力,因为人们希望迅速结束这场斗争,好在严冬之前有些时间把他们的房屋维修一下。10 月 17 日,地方行政官委派调停委员会,命令斗争的工人迅速平息罢工,"如果你们不听,你们要给自己带来苦难,"他警告说,"你们都好好想想。不要为时太晚,你们懊悔莫及。"但是调停委员会的提议,尽管比起较早的提议更宽宏大方一些,结束了传统的同业工会在老年与青年工人工资间的差别,但这也被工会拒绝。工会宣布,10 月 23 日,星期一,工人们一起游行示威,到县署递交请愿书。游行立刻被取缔,工会领导人中间出现了一些担心情绪。取缔命令把他们描述为"煽动暴力者",这是一个曾最后用以证明 1 月份处死黄爱与庞人铨是正当的词语。到周末,斗争的前景成败未定。

毛在礼拜天晚上花了大量时间与任树德和工会调停委员会成员谈话。他论辩说,现在的处境总体上与 1 月份的事有区别。现在在中国的许多地方都爆发了罢工运动,在这场特别的斗争中,泥瓦工与木工们得到社会各界的支持。这场斗争在外表上,赵恒惕没有直接的利益,不像在华氏棉纺厂,赵是工厂的股东。此外,赵现在政治上处于孤立地位,与南方的孙中山、北方的吴佩孚都没有密切的联系。

第二天上午,几乎城里全部 4000 名泥瓦工与木工都在教育会坪集合,以良好的秩序向地方行政官署进发。到了那儿,他们发现主大门被一张桌子拦起来,桌子上有两个长凳,凳子上插着一根明显的箭,这是立即执行死刑的军事权力的标志。紧靠它的是一块木板,上面写着的是调停委员会最后的提议。

毛穿着工人的衣服,与他们一起在游行队伍中。一个工会代表进去了,但是几小时后传来一种说法,说是地方行政长官拒绝做任何让步。然后,又让第二个代表进去了,毛仍然在外面。黄昏时分,当外面的部队来增援官署门口的卫兵时,毛领着工人们呼口号,以保持高昂的战斗精神。夜幕降临,官方依然没有同意他们的要求。支持者们拿来了灯笼,他们准备彻夜待在这里。

---

① 施拉姆:《毛通向权力之路》第 2 卷,第 127 页(1922 年 10 月 6 日)。

无拘无束地彻夜待在长沙市中心的这几千愤怒的人的期望,使赵省长很不高兴,他派了一个参谋长来试图说服大家离开。一位传教士,他作为《北华先驱》的临时记者,写下了当时发生的事情:

晚上10点左右,我漫步至衙门区,发现自己正好赶上了目睹一次最有趣的会谈……那个官方代表……很和谐地与十个工人代表在一起……双方都谦恭有礼。官方代表称每一位工人代表为"先生",不仅使用一般的尊敬的语言,而且在有教养的人中继续保持那种普通交往的关系。那些工人代表,讲话完全轻松流畅,没有礼节上的错误……

那个官方代表爬上桌子……在[他规劝]人们回家以后……那"十个代表中"的一个人,未公认的领袖,请求对那位官方代表的提议来一次投票表决。"你们回去吗?自愿回家的人请举起你们的手。"没有一个举手。"愿意继续留在这里的人请举手。"所有的手都齐刷刷地举起来。"你们有你们的答案。"这是那位代表评说的……

那个官方代表……不仅公开承认地区行政长官的错误,甚至说省长没有得到双方同意无权用布告宣布工资的高低……这时及后来的情况变得很活跃;工人们极其注意自己这一方指挥者发出的命令与沉默,这些是由工人代表们决定的。在一个小时的愉快的享受之后,这一小时像是我所听到的最领导有方的争论,我觉得争论双方都如此。凌晨2点以前,疲劳与饥饿的工人们同意回到他们的总部[士兵阻止任何一个人带进食物与衣服]。[①]

那个辩论技巧给这位值得尊敬的高级传教士留下了如此深刻的印象的人,就是毛。呼吁投票表决的那个工会代表是任树德。在工人离开之前,他们取得一张字据,那上面写的是,谈判于第二天上午在省政府继续。毛和工会领导们与赵恒惕的代表吴景鸿谈了两天多的时间。毛论辩说,营业自由,载在宪法,工价之争,官府不必过问。他解释说,请愿权是写在省宪法中的。"我们这时违反了什么法律呢?请告诉我们,尊敬的厅长先生!"最后,省长的不使用武力的决定,行政当局为避免斗争给地方造成动乱的干涉,使斗争无须再坚持下

---

① 《北华捷报》,1922年11月4日,第288页。

去,吴景鸿厅长、毛、任树德,以及另外 12 名工会代表签署了一个协议,官方在此协议上庄重地签字盖章,承认"所有的增加工资的事都是工人与雇主之间自由契约关系的事"。

上述这一点,有力地摧毁了同业工会的权力,这种权力自明代以来,几乎一成不变地延续了五百多年。泥瓦工与木工的工资,从每天两角增加到三角四分,这依然"只能勉强维持最低的生活,[用这点工资]没有人可以维持两个大人与两个孩子的四口之家的生活",那位传教士注意到这一点。但是对毛、对共产党、对城里所有的工人来说,这是一次巨大的胜利。第二天,2 万人放着鞭炮,游行庆祝。"组织起来的工人的胜利",《先驱》上用这样的大字标题公开赞扬了这次斗争:

> 政府对罢工代表们提出的希望完全停止冲突……这是工会与官方当局之间第一次新形式的冲突……他们赢得了他们要求的一切;官方当局在他们的企图中什么也没得到就妥协了。几乎等于工人的要求是正当的,那是对利益的要求,但也是给了工人巨大影响力的一个先例。[①]

这还不是毛那个星期唯一的成功,他 10 月 24 日与厅长在省政府里谈判时,杨开慧生下一个儿子,她因为要分娩坐月子,住到她在郊区的母亲家去了。

这次斗争的胜利迅速影响到其他行业。缝纫工在 9 月罢工了两次。接着,理发工人、黄包车夫、染色工人、编织工人、皮匠、排字工人与制毛笔工人,都仿效他们,进行罢工斗争。11 月初,"湖南省全省工团联合会"成立,毛被推选为它的总干事。这个工团联合会由 15 个工会组成,其中包括国内第一个省内协会,粤汉铁路总工会,它的总部设在长沙的主要车站,在这一段时间,或者是另一段时间,毛被半数以上人推选,作为该联合会的名誉主席在工作。

12 月,毛作为新成立的工团联合会的主席,参加了工会代表们组织的一个代表团,去会见赵恒惕这个长沙的政治首脑与湖南省的最高行政长官,目的在于为工人们日益增长的需要,商讨政府的态度。根据后来由《大公报》发表的毛的记录,赵省长向他们保证,宪法保证维护继续斗争的权利,他的政府"没有压制他们的意图"。毛在回答中说明,工会真正想要的是社会主义,但是"由

---

① 《北华捷报》,1922 年 11 月 11 日,第 370 页。

于在中国现在要达到这一目的很困难",他们的要求就局限在工资与劳动条件的改进上。政府同意"社会主义或许在将来实现,把它放在现在实践是困难的"。

代表团没有得到它所希望的一切。政府拒绝保证永不干涉劳动条件,也不把工团联合会作为合法建立的组织进行登记。但是双方都同意有"固定的接触",以"避免误解"。

1922年12月标志着湖南工人运动的最高峰,也标志了毛个人生活的最高点。其时,他是共产党湖南省委书记,是最成功的工会的组织者,他这方面的成功甚至赵省长也听说了;他还是一个两个月男婴的父亲。在他29岁生日那天,他在衡阳附近的水口山铅锌矿掀起了这一年湖南省工人斗争的最后一次大高潮,斗争以胜利告终。

然而,在斗争的胜利之中,也还有值得引以为鉴的迹象。上海,这个全国最大的工业中心,它被中西资本家、外国警察所组成的联盟牢牢地控制。共产党劳动组合书记部发现它不可能在上海发挥作用,就在夏天转到北京。甚至在湖南,工人运动显示它最有力量的时候,该省的一些支持工人运动的要人,也开始向他们自己发问,对工人运动是否鼓动得太厉害了。①

最后,致命的打击从北京传来。劳动组合书记部转移到北京,部分原因是由于统治北方的军阀吴佩孚,他早在1922年由于战胜了奉系军阀张作霖而巩固了自己的地位,被认为是个比较自由的人物。吴佩孚喜欢把他的新政府与他所憎恨的亲日的皖系做对比,为了表示自己优于它,甚至宣布,劳动保护是他优先考虑的事情之一。共产党员得到通知,那年夏天,劳动组合书记部与它的一些省的领导,毛也在其中,向北京政府请愿,要求制定一部劳动法,规定八小时工作制,带薪节假日和产假。在另外一次活动中,李大钊就六方成员组成"秘密视察员"在京汉铁路上进行检查与吴的官员达成协议。京汉铁路是军队调遣的南北大动脉。吴的兴趣是从铁路工人的劳动联合会中消灭张作霖的支持者。但结果是,到那年年底,许多铁路劳动大军被组织到共产党领导的工人俱乐部中。

当时,苏联派来了一名新使者,加拉罕,他来为外交上的棘手问题进行新

---

① 施拉姆:《毛通向权力之路》第2卷,第141—144页(1922年12月14日)。《大公报》的一篇文章(据李锐说这篇文章是毛的盟友、该报总编辑李抱一写的)不点名地指责毛以"试验主义"利用工人(李锐:《毛泽东同志的初期革命活动》,第248—253页),毛对此给予了尖锐的驳斥。

的会谈。苏联外交官们开始梦想孙[中山]吴[佩孚]联盟,这个联盟将把北方的军队与南方的革命军联合起来。但是,加拉罕不能满足北京提出的条件——归还俄国在满洲管理的中东铁路,以及承认中国在内蒙古的利益——这就是吴对俄国人与他们的日趋没落的当地的被保护人的兴趣。

在这样的背景下,共产党领导的京汉线上的铁路工人俱乐部号召召开代表大会,大会2月1日在郑州举行,成立了"铁路总工会",这与毛去年秋天在湖南创立的"粤汉铁路总工会"类似。在会议举行的前几天,吴佩孚就下令取缔它。当代表们不管禁令提前来到时,军队强占了工会总部,全国性的铁路罢工宣告开始。1923年2月7日,吴佩孚与其他军阀同时在北京、郑州、汉口采取严厉措施。这次镇压行动中,至少有40人被杀害,其中包括了汉口的支部书记,他在车站的站台上当着他的同志的面被砍头,200多人受伤。

"二七惨案",这是众所周知的说法,它对共产党的抱负是个致命的打击,共产党运用劳工运动,就像使用政治变化的马达一样。罢工运动受到很大影响,进行的斗争被残酷地镇压。为政治目的采取的有力的工人运动,由于失业人口上升而大大减少,失业人口的增加是必然的,就像即使增加了外国竞争,中国的制造商仍在减少一样。

在湖南,赵恒惕在他力量能涉及的地方,继续他的艰难的尝试,注视着北方与南方,高压开始减弱。毛的工团联合会愤怒地发出了电报,严厉谴责"吴佩孚与他的名义上的伙伴曹锟领导的那些暴虐的军阀",明确地警告,"每一个看见这些卖国贼的同胞……都恨不得吃他们的肉、剥他们的皮来铺床"。新工会在继续登记,毛派了他弟弟毛泽民与毛泽覃到安源与水口山去,帮助那里的工人俱乐部开展工作,4月,他帮助组织了一次巨大的示威游行,这次活动有6万人参加,他们冲上了长沙街头,作为全国性运动的一部分,要求日本归还旅顺与大连。但是,那已是最后的高潮。两个月后,在一次抗议日本炮艇上的海军陆战队士兵杀害了两名示威者的总罢工期间,赵恒惕宣布了军事管制法,派了他的军队上街,还对工会领袖发布了逮捕令。[①]

无论如何,毛那时已经离开了湖南。1923年1月,陈独秀邀请他到上海来,在党的中央委员会工作。比毛小六岁的李维汉,从前长沙第一师范学校的学生,新民学会的早期成员,被任命接替毛担任中共湖南省委书记。共产党领

---

① 尽管麦克唐纳(《农村革命的城市起源》,第205页)和李锐(《毛泽东同志的初期革命活动》,第270页)都说有这个逮捕令,但显然没有对毛发出逮捕令(《湖南近百年大事纪述》,第516—520页)。

导的铁路工会的领导郭亮，担任工团联合会的领导，另一位著名的新民学会成员夏曦，担任湖南省青年团书记。对毛来说，这次到上海实际上是提升，但他显然并不急于离开湖南，一直耽搁到 4 月中旬，他才告别杨开慧和他的尚在襁褓中的儿子，登上长江大轮，这条船载着他直抵上海。

　　陈独秀与马林之间在共产党和莫斯科的关系问题上产生的口角，或多或少地被掩盖起来了。但是后来越来越严重，争端上升到共产党与孙中山的国民党的关系问题上。这事始于 1921 年冬，马林在桂林遇见孙中山的时候，这位老革命宣称："马克思主义没有任何新东西，中国二千年前的经典中都有阐述。"这让马林困惑不已。然而孙中山的革命业绩与马林在广东亲眼目睹的国民党在支持香港海员罢工中显示的实力，都使马林确信国共联合才是最需要的。

　　中国的同志强烈反对国共联盟。对他们来说，国民党是德高望重的，近代社会出现的党，它起源于秘密社团，这些社团在进行反对满清王朝的斗争，散布在文化界，并且是由文化界知名人士发起的知识分子的社团。孙中山完全作为"领袖"被人了解，他管理国民党就像是管理他的个人封地，要求他的追随者发一个忠诚于他的誓言。国民党是极其腐败的。它的核心支柱局限在广东与其他几个南方的省。它不是、也不想成为一个群众的党，能动员起中国的工人和农民，它的商人和实业家，只是进行反对军阀和帝国主义的斗争。在孙中山对一些事情的规划中，那些军阀在未来与其说是敌人，不如说是潜在的伙伴。

　　1922 年 4 月初，陈独秀请来了毛、张国焘与三个其他省党委成员，他们三人这时正好在上海，"几个人一致通过了一项表示都不同意"任何形式的联合的"决议"。[①] 魏金斯基这时已成为共产国际远东局的书记，陈独秀心平气和地向他解释，告诉他这项决议，并且说明国民党的政策是"与共产主义完全不相容的"；除了广东，其他地方都把国民党看做一个"争权夺利的党"，当然，孙中山可能会说，他的运动实际上不能容纳共产主义思想。陈最后断定，这些因素使得任何调停都是不可能的。

　　包括毛在内的那几个签署决议的人回到他们各自的省，他们都想那件事已经结束了。但是，马林不是这样容易泄气的人。此后几个月，在上海的党的

---

① 塞茨：《中国第一次统一战线的起源：斯列夫略特（马林）的作用》第 1 卷，第 256—257 页。没有赞成这个决议的人的具体名单，但毛是当时在上海的唯一一名"长沙的同志"。《毛泽东年谱（1898—1949）》（上卷，第 93 页）说他是在"4 月中旬"从上海回到长沙的。

领导人发现他们处于一种冲突的压力下,这压力来自于共产国际、苏联政府、国民党左派与共产党队伍内的同情分子和来自于军阀敌手们的混合作用。到了夏初,孙中山在一次政变中被从广东驱逐,这次政变是由他以前的军事支持者们发动的——那些人显然变得更善于接受与莫斯科及其伙伴合作的思想——这伙伴是指中国共产党,它已经用信号表示勉强接受了国共合作、统一战线的思想,只要国民党改变它的"游移政策",并且接受"革命斗争的道路"。

7月举行的共产党第二次代表大会更进一步决定改变政策,通过了一项决议,承认需要"暂时融合民主派打倒……我们共同的敌人"。

这项决议没有直接提国民党的名字,并坚持无产阶级"绝不"能置于从属地位。如果共产党加入了统一战线,它就要为共产党,而不是为其他什么组织争取利益。新的党章强调了这一点,并且宣布它追随共产国际,告诫共产党员,没有中央委员会的批准,不得加入任何其他政党。这与第一次代表大会制定的"排斥与侵略"政策几乎同样苛刻,但是它已努力进展为欢迎5万国民党员加入到共同的事业中。共产党那时候在中国所有的政治集团中,是一个很小的政治组织,它实际上只有195个成员,这是致命的弱点。

毛没有出席中共二大。他后来说,当他到达上海时,他"忘记了开会的地点,又找不到任何同志,结果错过了这次大会"。① 但是,这事看起来更像是,他不开会是因为不同意与国民党合作。如果是这样,他不是孤立的:中共广东省委的代表们也同样对与孙中山合作怀有敌意,他们也没出席第二次代表大会。

8月,马林从莫斯科回到中国,他已经用共产国际的指示②武装了自己,共产国际指示要把国民党当做一个革命政党那样考虑。两星期后,在杭州举行的一次中央委员会会议上,面对所有出席会议的中国反对派,马林援引共产国

① 《毛泽东年谱(1898—1949)》引用了毛同斯诺的谈话中解释他没有出席这次会议的原因的资料(上卷,第96页,注释3);但年谱没有列出7月5日至8月7日期间毛的活动。假如毛此前三个月内一直在上海,而中国共产党在1923年1月(《毛泽东年谱(1898—1949)》上卷,第109页和施拉姆:《毛通向权力之路》第2卷,第155页;张国焘:《中国共产党的崛起》第1卷,第296页)才真正转入秘密状态的话,那么毛的这种说法就很难令人相信。

② 《给华南ECCI代表的指示》(1922年8月),见亚力山大·潘特索夫和格列里·彭顿:《托洛茨基"从一开始"就反对加入国民党吗?》(《共和中国》(19),第2卷,第61—63页)。卡尔·拉狄克发出的指示指出:共产党人只能"在国民党内建立赞成者的小组";"党内合作"的策略(中国共产党最终采纳了这一建议)实际上是来自马林本人。也可参见塞茨:《中国第一次统一战线的起源:斯列夫略特(马林)的作用》第1卷,第117页(反对派);同上,第338页(孙中山亲自……);同上,第119—120页(《向导周报》);韦伯和豪:《革命的传教士:1920—1927年苏联顾问和民族主义的中国》,第54—57页(加拉罕)。

际的纪律,强行迫使所有人接受了一个众所周知的新策略"党内合作",在这个策略下,共产党员以个人名义加入国民党,共产党把作为结果的国共合作当做工具来使用,以推进无产阶级的事业。不久后,一群共产党高级官员,包括了陈独秀与李大钊,都被安排在国民党中任职,任职仪式是孙中山亲自主持的。一份新的共产党的周刊《向导周报》出版了,由毛的老朋友蔡和森任编辑,着手促进国共合作,并试着把国民党推向更革命的方向。然后,1923 年 1 月,孙中山在上海会见了加拉罕,这标志着孙开始与莫斯科有了更密切的联系,他第一步就是改组国民党,使其最后站在列宁主义的路线上。

对于许多共产党员来说,他们对这种"党内合作"的策略,只有强烈地谴责,并继续强烈地反对。

还有一些其他原因,那年春天,共产党领导变得比较消沉。他们的一个伟大胜利是工人运动,但它已经进入低潮。共产党没有合法的存在方式,被迫转入地下工作①。内部的分裂②已如此严重,以至于陈独秀以辞职来威胁。马林自己也承认,共产党是一个不自然的创造物,是先于它的时代"出生的,或者更正确地说,是组合起来的"。③加拉罕已经公开阐述:"苏维埃制度实际上不能介绍到中国,因为苏联由于已有成功的共产主义组织机构,不存在这里的情况。"④

用马林的话说,虽然毛在湖南的工作业绩突出受到特别的称赞,⑤但甚至连他也对劳工组织一筹莫展,他非常悲观,以至于把苏联的干预看成是对中国

---

① 《陈独秀向中国共产党第三次全国代表大会所作的报告》(1923 年 6 月),见塞茨:《中国第一次统一战线的起源:斯列夫略特(马林)的作用》第 2 卷,第 572—573 页。

② 塞茨:《中国第一次统一战线的起源:斯列夫略特(马林)的作用》第 2 卷,第 612 页。在 1922 年夏、秋,有两次较大的分裂:张国焘组成了一个所谓的少数派的"小组"(同上,第 2 卷,第 115—116 页);张国焘:《中国共产党的崛起》第 1 卷,第 250—252 页;蔡和森:《中国共产党的发展(提纲)》,见《中共党史报告选编》,北京,中共中央党校出版社 1982 年版,第 43 页);而广东党的委员会则拒绝接受中央委员会杭州会议关于与国民党合作的决定,从而导致了 11 月陈公博的辞职和谭植棠被开除(蔡和森:《中国共产党的发展(提纲)》,见《中共党史报告选编》,第 69 页;陈公博:《共产主义运动在中国》,第 10—12 页;张国焘:《中国共产党的崛起》第 1 卷,第 249 页)。

③ 塞茨:《中国第一次统一战线的起源:斯列夫略特(马林)的作用》第 2 卷,第 611 页(1923 年 6 月 20日)。此前的早些时候,他给布哈林写信说,中国的运动"太薄弱并且有一些人为的因素"(同上,第 2卷,第 476 页,1923 年 3 月 21 日)。

④ 《北华捷报》,1923 年 2 月 3 日,第 289 页。

⑤ 塞茨:《中国第一次统一战线的起源:斯列夫略特(马林)的作用》第 2 卷,第 577 页。马林在同一个月也向共产国际报告,"湖南有最好的组织"(同上,第 617 页)。在 1922 年 11 月给季诺维也夫的备忘录中,他也把湖南描绘成一个既有最好的党的委员会,又有最好的青年团支部的省份(拥有230 名党员,而上海仅有 110 名,广州 40 名,济南 20 名,安徽 15 名)。

的唯一救助。① 毛阴郁地告诉他,中国的未来要由军权决定,不是由群众组织、国民党或共产党来决定。②

在这种消极的情绪中,50 位代表,代表了 420 个共产党员(这个数字已经是前一年的两倍),他们聚集在广东召开共产党第三次代表大会。在这次会议上,与国民党的关系问题再次成为争论的焦点。争论的关键问题是马林坚决主张所有的党员都要自动加入国民党。毛、蔡和森与其他湖南代表作为一个团体,举手表决反对马林的意见。③

与张国焘不一样,张认为与国民党合作的原则是错误的,而毛考虑问题是重实效的。郑州的"二七"事件以后,他对战略合作的想法已经改变了。他推断,国民党再次扮演了"革命民主派的重要角色",共产党不用担心参加它有什么不好。但是,无产阶级将会像中国的经济发展一样变得越来越强大,共产党必须保卫它的独立,为的是,在实现国共合作时,可以重新恢复它的领导作用。毛论述,资产阶级是没有能力领导民族革命的,共产国际的乐观态度是错误的:

> 共产党暂放弃他们最急进的主张,和较急进的国民党合作……
> 推倒共同敌人……结局是民主派战胜军阀派,但目前及最近之将来
> 一定时期内,中国必然是军阀的天下;政治更发黑暗,财政更发紊乱,
> 军队更发增多……压迫人民的办法更发厉害……这样的局势会要有
> 十年八年都说不定……但政治愈反动愈混乱的结果,是必然要激起
> 全国国民的革命观念,国民的组织能力也会要一天进步一天……这
> 是……革命的主母,是民主独立的圣药,大家不可不知道。④

---

① 塞茨:《中国第一次统一战线的起源:斯列夫略特(马林)的作用》第 2 卷,第 590 页。

② 塞茨:《中国第一次统一战线的起源:斯列夫略特(马林)的作用》第 1 卷,第 449 页。

③ 在这一点上还存在着争论。马林报告说,表决结果是 21 票对 16 票,"其中这 16 张(反对)票中有 6 票来自湖南";他还确认这个湖南的"代表"就是毛(塞茨:《中国第一次统一战线的起源:斯列夫略特(马林)的作用》第 2 卷,第 616 页)。张国焘在他的回忆录中回忆说,他、蔡和毛是马林主要的敌人(《中国共产党的崛起》第 1 卷,第 308 页);张写道,只是在投票结束后,毛(和蔡和森)才服从了大多数人的决定(《中国共产党的崛起》第 1 卷,第 311 页)。斯图尔特·施拉姆引用了马林的备忘录中毛所说的"我们不应该害怕联合[国民党]"这句话来说明毛是支持共产国际路线的(施拉姆:《毛通向权力之路》第 2 卷,第 29—30 页)。但是,"联合"的问题已经于 1922 年 8 月在杭州确定下来了;第三次代表大会争论的问题集中在联合的条件和结果上,因而在此毛有很大的保留。

④ 施拉姆:《毛通向权力之路》第 2 卷,第 157—161 页;塞茨:《中国第一次统一战线的起源:斯列夫略特(马林)的作用》第 2 卷,第 448—449、580、590 页;张国焘:《中国共产党的崛起》第 1 卷,第 308—309 页。

军阀统治的另一个十年的前景,被毛在对立统一的基础上的论述夸大了,这一前景对于他的许多同事来说,是太残酷了,马林转而强调他不同意毛的悲观看法。

进行投票表决时,共产国际那边的意见勉强通过。这次代表大会的文件没有隐瞒这一新政策中潜藏的冲突。代表们宣布,国民党成为“民族革命的中心力量,并担任它的领导”。也是在同时,共产党承担了发动工农的“特别任务”,通过吸收国民党左派中的“真正优秀的革命分子”的方法,在损耗它的伙伴的同时,共产党扩大了自己的队伍;尽管在政策条款中,共产党的目的是“迫使国民党”更紧密地靠近苏联。

如果共产党决心像政党内部起决定作用的骨干组织那样活动,国民党则无论如何也没有失去不让小人物掌权的决心。由于政治思想上斗争的受挫,也为了最终的武装斗争,国共合作的舞台建立起来了,它将在今后的十年及更长时间控制共产党的策略。

中共三大结束时,毛被选为中央委员会的委员,中央委员一共有九人,更值得注意的是,毛是新成立的中央局①的秘书,负责日常的党务工作,也包括了他自己的工作;中央局的委员长是陈独秀,其他三人是蔡和森、罗章龙与谭平山。蔡和罗是毛的伙伴,湖南人(都是新民学会的创始人);谭平山是中共广东省委书记(不久由王荷波接任,王是上海的铁路工人,工会的组织者)。

中国共产党已经从它的苦难忧伤中走了出来,比起建党的最初两年,它变得更强大,更中央集权,更列宁主义,至少在组织意识上如此。战胜分裂的斗争使党得到了锻炼。那次分裂活动迫使陈独秀在上一年秋天以辞职相威胁。共产党被迫承认了共产国际的指令,服从大多数人的意愿,已经第一次正视所有布尔什维克党不得不实行的民主集中制原则。有些人,像马克思主义理论家在一大上争论过建立一个松散的非中央集权的政党的李汉俊气愤地辞职,而一个正统政党的组织纲领则适时地提出了,陈独秀不能再长时间抱怨“中央委员会内部没有组织成一个有机体……[他的]认识还不足……[他的]政治观点不太清楚”。尽管新的领导班子并不比老领导班子更彻底地掌握马克思主义理论,但用共同

---

① 第一届中央委员会由三人组成,第二届五人,设有中央局。中共二大主张“中央集权与铁的纪律”,以防止个人主义与无政府共产主义,二大制定了详细的组织规定,但是由于这些东西大部分名存实亡,所以到中共三大时,才把中央委员会的人数扩展为九名中央委员与五名候补中央委员。

的思想基础引导并统一党的行动,新领导终于觉察到了这一点。①

1923 年春夏的这几个月,对毛来说,明显地是一个转折点。在湖南省一级组织,他作为一名工人领袖和一名与自由职业紧密联系的进步知识分子,能够对一些事情起作用。除去少数早期党员,他在党内的职务是秘密的,别人不知道。现在他成为共产党的专职干部,但鉴于在全党居于领导位置,他依旧暗中工作。他放弃了与劳工和自由主义的精英们的联系。

这也是一次用大脑去探索新的可能性的机会。二七大罢工的教训,就是工人阶级不可能独自打开通往权力的路,这第一次引他去考虑其他的选择:军事路线,这一点他已在 2 月份与马林讨论过,并且在几个星期后给孙中山的一封信中再次提起,他号召创建"中央集权的国民革命军";农民路线,这包含要动员中国为数最多的、大量受压迫的那一部分人。

由于时间的关系,这样的想法只不过是推测,因为共产党选择了"统一战线"的路线。中共三大召开不久后,毛加入了国民党②,他付出了后来一年半的时间试图使统一战线成功。

前几个星期,国共双方对进程都难以接受。孙中山实际上拒绝了共产党提出的每一个建议。在 7 月中旬的一次会议上,陈独秀、毛与中央局的其他成员抱怨说:"在一个政党要成为什么的问题上,只要孙中山保留他目前的看法,只要他不打算利用共产党员开展工作,那么在国民党现代化方面,就没有一件事情好期望。"马林作为国共统一战线的设计师,特别感到沮丧。他嘀嘀咕咕地埋怨加拉罕,说支持孙中山只不过是"浪费钱"。

在最终认可了共产国际的观点,即通往未来的路完全寄托在国民党领导的国民革命上的同时,共产党领导利用了每一次机会与抱怨,仿佛要使这一策略更为妥帖。毛甚至早在几个星期之前,还曾嘲笑那种让资产阶级担任领导角色的看法,现在,由于反军国主义者的原因,他又赞美上海的商业界:

这一革命是全体人民的任务⋯⋯但是⋯⋯商人们在国民革命中

---

① 1923 年 6 月,马林对季米特洛夫说,"唯一能够用马克思主义的方法分析现实问题的同志"是在莫斯科待了两年后刚刚回到中国的、23 岁的新闻记者瞿秋白,瞿在第三次党的代表大会上被选为中央委员会的候补委员(塞茨:《中国第一次统一战线的起源:斯列夫略特(马林)的作用》第 2 卷,第 615 页)。

② 马林(塞茨:《中国第一次统一战线的起源:斯列夫略特(马林)的作用》第 2 卷,第 659 页)和《毛泽东年谱(1898—1949)》(上卷,第 115 页)都指出:到 1923 年 6 月 25 日时,毛已经是国民党党员。也可参见黎永泰:《毛泽东与大革命》,成都,四川人民出版社 1991 年版。

承担的任务比中国人民所承担的其余工作要更紧迫、更重要……上海的商人已经起来了，并且开始行动了……商人们更广泛的团结，更大的热情，就是他们的影响力，是引导全国人民，并使革命更快地成功的伟大力量。①

在某种程度上，这一定是挖苦的话。毛确实不相信，像他所说的那样，所有的中国商人忍受了军阀与帝国主义"更强大，更紧迫"的压迫。对于他们这些人中新发现的革命精神能维持多久，他也没有更多的信心。另一方面，只要军阀是主要敌人，资产阶级就一定要成为共产党的同盟军。毛与其他的共产党领导一样，现在就准备好了，姑且认为他们可以成为好同盟。

无论如何，关键问题依然是怎样迫使国民党改变它传统的高人一等的优越感，使它变成具有真正的民众基础的现代的党。

7月末，中央局回到上海以后，决定使用特洛伊木马计②：在华北与华中区（这两区现在都不存在了）国民党残缺不全的组织中扩大自己的力量，于是，这些新的共产党控制区的党支部可以作为向国民党施加压力的组织，使他们全党向左倾斜。李大钊接受指令，在华北贯彻这一使命，毛于9月秘密抵达长沙，在华中几省执行同样的任务。

湖南省又一次陷入内战的苦海中。那年夏天，赵恒惕的一个司令官发动兵变。改良派督军谭延闿那时正在南方，他在那儿与孙中山建立了联系。他在驱逐赵恒惕的愿望的驱使下，抓住一个机会，屈就于一支剿匪部队任首领。8月底，谭的同伴控制了长沙，赵省长被迫逃命。陈独秀经说服同意毛请假，暂时离开中央局秘书的新职务，毛请假期间，罗章龙暂时接替他的工作。毛显然很高兴，他并不乐于枯燥的行政工作，而这工作恰是秘书的日常生活。上海，这个由帝国主义分子与资本家创造的城市，对他而言，永远是陌生的；回他长沙的家，那里有杨开慧，她怀着他们的第二个孩子，他从4月以后就没有见过她。但是，甚至当他登上回家的轮船时，战争形势还在变化。他到达长沙时，发现长沙又落入赵恒惕的手中。

接下来的那一个月，长沙城被四面包围，并遭受周期性的炮轰。谭的同伴

---

① 施拉姆：《毛通向权力之路》第2卷，第178—182页（1923年7月11日）。
② 塞茨：《中国第一次统一战线的起源：斯列夫略特（马林）的作用》第2卷，第679、695页。国民党那时在南方以外的其他地区还没有建立任何组织。毛建立的湖南国民党的组织体系是如此坚决地拥护中国共产党，以至于后来一位国民党的历史学家把它的存在说成是"共产党人的一个阴谋"。

占据湘江西岸,而赵的部队则控制了东岸。对外国人来说,他们在领事馆里是安全的,他们隔岸观火,这场战争就像是一部"轻快的战争滑稽剧",那些零零落落、参差不齐的危险瞬间缓解了他们沉闷乏味的生活。对中国人来说,就完全不一样了:

> 在城里,一些大商店永不卸下它们夜晚关严的门窗,富人逃走了,或是躲进隐藏处。所有的人都害怕那些步行或乘车的行政官员带着那些印有死活标记的红色箭状物穿过马路走来,他们在这个权力下强行征收粮食与钱财。没有一个人敢拒绝……那些敢反抗的人要冒着被带到海关附近的开阔地斩首的风险,手执大刀的行刑者正在那儿等着他们。[1]

在农村,村庄遭受大规模的洗劫,这让人联想起张敬尧统治时的最痛苦的日子里的抢劫与放火。毛依然估计谭延闿会获胜,并写信给广东的国民党事务部长,说赵没有能力控制他的地域。吴佩孚已派出军队支持赵,谭被击溃。当得胜的部队回来时,外国人用双筒望远镜注视他们,"苦力们在机枪的威逼下抬着安乐椅,椅子里像是伤病员,士兵们摇晃着灯笼、草鞋,官员们撑着纸制遮阳伞,在太阳下前进"。

赵的胜利来得太容易了。湖南省的作用最后就作为南北之间的缓冲器。长沙再次沦入北方军队的践踏中。那些自由派的精英曾与谭结盟,毛也依靠过他们的保护,现在他们也丧失了抵抗的力量,四处逃散。在赵的命令下,湖南自修大学解散,工团联合会与学生联合会也被取缔。毛自己在两个多月前就被赵编进了一长串罪犯名单中,被描绘成"一个无耻的、不可饶恕的邪恶的创造物",毛以假名"毛石山"隐藏自己的真实身份。

这时候,很难发动国民党与赵战胜的对手联合起来。社会主义青年团领导夏曦,已经在毛的推荐下成为湖南国民党预备学校的总监,现在毛与夏曦可以为湖南省建立一个临时性的共产党总部,并在长沙、宁乡、安源都有秘密支部,宁乡是由何叔衡负责,安源那里一年多前走了一个表情严肃的年轻人,最近他从莫斯科回来了,现在负责安源的工作,他就是刘少奇。但是,他们只比装进空壳是好

---

[1]　贺巴特:《长沙市》,第237—238页。

不了多少,几乎与世隔绝,是在完全秘密的情况下工作。[①] 毛一直留在湖南,直至那年 12 月,他与杨开慧、长子岸英、次子岸青一起庆祝了他的 30 岁生日。[②]岸青是六个星期前出世的。这一次毛比任何一次为承担政治任务而待在家里的时间都要长,有更多的时间与家人相处,这可以从他离家不久后写给杨开慧的一首爱情诗中看出来,这次分别显然是由于一次争吵引起:

> 挥手从兹去,更那堪凄然相向,苦情重诉。眼角眉梢都似恨,热泪欲零还住。知误会前番书语[③]。过眼滔滔云共雾,算人间知己吾和汝。人有病,天知否?
>
> 今朝霜重东门路,照横塘半天残月,凄清如许。汽笛一声肠已断,从此天涯孤旅。凭割断愁丝恨缕。要似昆仑崩绝壁,又恰像台风扫寰宇。重比翼,和云翥。

1923 年秋冬两季,毛在湖南的这段时间,国民党与苏联人的关系已经历了一种变化。苏维埃的领导已决定,向莫斯科的国际共产主义运动组织提供一个进步的中国政权,甚至是由资产阶级政党领导的政权,认为它会成为有价值的伙伴。米哈依尔·鲍罗廷,一个高度看重革命的人,他曾与列宁、斯大林一起工作过,被任命为孙中山的特使。国民党的蒋介石,瘦高身材,脸色苍白,他三十五六岁时,去莫斯科研究有关红军的问题,并得到隆重的款待。尽管孙中山提出一个堂吉诃德式的建议,建议苏联领导一支军队从北面进攻北京——“一个在失败之前就冒失败之险”的建议——革命军事委员会坚决驳回它的时候,苏联人在 11 月举行的一次会议上,同意为国民党的军事培训学校筹措资金。托洛茨基亲自答应了“在武器和经济上给予实际帮助”。

这时候在广东,鲍罗廷被人称呼为鲍顾问,正以他的方法在熟练地工作,

---

① 毛告诉国民党总务部,他和夏曦已经开始商议如何在 9 月底建立全省国民党的组织,长沙支部决定“即日”成立秘密的筹备机关(施拉姆:《毛通向权力之路》第 2 卷,第 193 页,1923 年 9 月 28 日;也可参见塞英编:《中国共产党掌权:文献和分析》,第 85 页)。根据《毛泽东年谱(1898—1949)》的说法,安源、长沙、宁乡支部在 1923 年 9 月中旬和 12 月间成立。

② 《中国共产党中央委员会第 13 号通告》通知:国民党代表大会将于 1 月举行,这个通告落款的日期是 12 月 25 日。目前还不知道毛是哪一天离开长沙的,但他从上海出发去广州的时间是 1924 年 1 月中旬(《毛泽东年谱(1898—1949)》上卷,第 119—121 页)。

③ 关于这封信,或者引起争吵的原因,没有了解到更多的东西,但是,毛所写的“苦情重诉”中用了“重”,就表明“误会”不止一次,他的妻子很容易就原谅他,这显然是没有道理的。

围绕两个敏感的中国的政党,莫斯科决定在他们上方再营造一个三角形的联合。

鲍罗廷是个有思想、有耐心的人,将近四十岁,在许多方面与盛气凌人的马林相反。在劝说国共双方的时候,他设法争取孙中山的信任,而共产党也已从那种新关系中获益,被放在恰当的位置上。10月,南方军阀再次发动了逼孙中山退位的活动,鲍罗廷正在帮助孙中山击退他们的时候,毛用电报通知了在莫斯科学习的蒋介石:"谁是我们的朋友,谁是我们的敌人,现在已经完全清楚了。"

在那条电文中,还提到国民党1924年1月20日在广东召开了第一次全国代表大会。毛取道上海,在大会召开前两个星期到达广州,他与一个六人代表团一起出席会议,①这个代表团是代表湖南省国民党组织的,其中包括了夏曦与中共湖南省委书记李维汉。

这次代表大会通过了一个新章程,新章程是由鲍罗廷根据列宁主义的路线拟定的,他着重强调了纪律与中央集权,强调了需要培养革命干部去发动群众支持革命;他还正式通过了一项更激进的政治纲领,强烈谴责帝国主义是中国苦难的根源;大会首次发出号召,发展工农运动推动革命。那些参加大会的共产党员,与国民党资深党员相比,多半更年轻,更充满活力,给人留下了深刻印象。据报道,在一次会议上,毛与李立三是这样控制会议议程的,以致于那些老人们"面面相觑,仿佛在问:'不知道那两个年轻人是从哪儿来的?'"。激进派的领导汪精卫,是孙中山早年的革命社团"同盟会"的同事,他后来评论说:"那两个五四运动的年轻人,最后是需要我们认真对付的对手。注意他们说话的热情与精力充沛的姿态。"②

新的国民党中央执行委员会,是在孙中山提名的基础上选出来的,由大家欢呼喝彩表示通过,它的24个委员中有3名共产党员:李大钊、北京的于树德、广东的共产党书记谭平山,谭还被任命为组织部部长,这是党内最有实权的位置之一,由于那个职务,他成为中央执行委员会的三个常委之一,另外两名常委,一个是代表国民党左派的廖仲恺,另一个是代表了国民党右派的戴季

---

① 《毛泽东年谱(1898—1949)》上卷,第121页;麦克唐纳:《农村革命的城市起源》,第137页。根据韦伯和豪(《革命的传教士:1920—1927年苏联顾问和民族主义的中国》,第97页)的说法和其他的资料,在通常情况下,各省的代表由孙中山指定的三名代表和地方支部选出的三名代表组成,湖南代表团的阵容显然要更强大,因为它包括像林伯渠这样的人,林当时已作为国民党总务部的副部长在广州工作(罗家伦等编:《革命文献》第8卷,台北1953年版,第1100—1103页)。

② 张国焘:《中国共产党的崛起》第1卷,第332页。

陶。毛被任命为中央执行委员会的候补委员,候补委员共有 16 人,其中有 7 个共产党员,包括了林伯渠,他是湖南人,被任命为国民党农民部部长;瞿秋白,他是文学界名人,曾作为北京的进步报纸《晨报》的记者在莫斯科工作过,现在是鲍罗廷在广东的助理;张国焘,他显然把他关于国共两党不自然的合作这方面的保留意见放在一边了[1]。

2 月中旬,毛从广州回到上海,他在闸北的三曾里与罗章龙、蔡和森、向警予住在一起,那座房子距国际租界北面的威海卫路不远。这一年的其余时间,毛承担了双倍的工作任务。一是共产党中央局的秘书工作,中央局也设在同一个地点,在"海关报关单办事处"进行地下工作,为中国商人提供秘密服务,这就一定要与外国人控制的海关当局打交道;二是承担了国民党上海执行委员会[2]类似的工作,利用法租界上的一间办事处工作。后者既负责皖、苏、赣、浙四省的工作,也负责上海的工作。

这不是一件很容易的事情。尽管广东的鲍罗廷与上海的魏金斯基[3](魏金斯基已经作为共产国际的代表来接替了马林的工作)尽了最大的努力,国共两个政党之间的摩擦还是加剧了。国民党保守派把共产党看做"第五纵队"不是没有原因。在 1924 年的 4 月或 5 月初,国民党得到一份共产党中央委员会指示的抄件,那上面命令国民党中的共产党员建立组织严密的"党中派别"制度,传达与贯彻共产党的指示,并继续保持他们共产党员的身份。右翼国民党中央委员会开始转而弹劾共产党领导犯有制造"党中之党"罪。毛、蔡和森、陈独秀争辩说,与国民党的联合已经失败,统一战线将被破坏,但是魏金斯基告诉他们,这种情况是莫斯科难以接受的。孙中山最后裁定维持现状,但甚至鲍罗廷也渐渐担心,一个反共联盟正在形成,只是怕失去苏联的援助才没有采取行动。

---

① 共产党在国民党中央执行委员会的 40 个席位中占据了 10 个席位,这是很不匀称的,因为国民党 10 万党员,其中以个人名义加入进来的共产党仅有 500 人。无论如何,孙中山视作这是获得苏联援助的交易中的一部分。所有的中央执行委员会中的共产党委员都有投票表决权,而他们当中只有几个人是孙以前的同事:谭平山,他是老"同盟会"的成员;林伯渠,他开始是候补委员,后来才提升为正式委员,他属于孙中山的革命党、国民党的老前辈。

② 《毛泽东年谱(1898—1949)》上卷,第 122—123 页。这个委员会有五名成员,由汪精卫和胡汉民领导,还有包括毛和瞿秋白在内的五名候补成员。

③ 魏金斯基于 1924 年 4 月回到中国,一个月后出席了中国共产党在上海召开的扩大的中央委员会(格鲁宁:《共产国际与中国共产主义运动的崛起》,见乌里扬诺夫斯基:《共产国际与远东:民族解放运动中列宁主义战略的战争》,莫斯科,进步出版社 1981 年版,第 267 页)。

7月,陈独秀与毛发布了一个秘密的中央委员会通知①,重申了一年以前中共三大制定的"党内合作"策略,但是也提到,执行这一策略被证明"确实困难":

> 对我们发动公开的与隐蔽的进攻,以及把我们推出去的企图,已经登上大部分国民党员每天的议事日程……只有极少数国民党领袖,如孙中山、廖仲恺,没有下决心与我们绝交,但他们也确实不希望冒犯国民党右翼分子……为了联合革命力量,我们绝对不允许在我们这一方出现任何不利于团结的语言和行动,我们一定尽最大的努力容忍他们,联合他们。[同时]……我们不能容忍不制止他们的不革命的极右政策。

此后三年,共产党的全部策略都以此为基调。共产国际指示,只要联合战线还存在,就不允许共产党拒绝它,准确地说,从共产国际的命令来看,它倒是越来越倾向于接纳它的国民党伙伴。但并非指全体国民党员。在1924年夏天出现的最重要的决定,就是指出一定要有区别地对待国民党,国民党有左翼,共产党可以和他结盟,国民党右翼,他们不可能被我们争取过来,并一定会尽他们一切力量与我们斗争。

这个方法存在的问题,毛用一句精辟的中国民间谚语来概括"叠床架屋",字面意思是"床上叠床屋上架屋"。它另一层次的含义是,如果统一战线一般是指共产党与亲共的国民党左派联合,他们有同样的思想、同样的目标,或此或彼,总有一方是多余的。问题是,哪一方是多余的?

共产党看来是无路可走。吸收新党员的速度极其缓慢,工人运动处于停顿状态。除了共产党的宣传机构描绘了无产阶级渴望共产主义制度以外,中国工人很少有人对政治与共产主义感兴趣,他们分散在贫瘠的土地上,正为生存而战。那年夏天一些著名的共产党员决定,他们的党是一张有太多人沉睡的床,要放弃它去追随国民党的生涯。毛永远不会达到这一步。但是那年,随着时间的流逝,他变得越来越消沉。一个年轻的共产党员,湖南人彭述之在莫斯科学习了三年以后,回到了上海,他发现毛这时郁闷、冷漠②:

---

① 施拉姆:《毛通向权力之路》第2卷,第215—217页(1924年7月21日)。
② 高达乐和程映湘:《共产主义在中国的崛起》(彭述之回忆录),第374、381页。

他朝非常坏的方面看。他的消瘦使他看起来比实际上更高。他面色苍白,肤色有点不健康,呈暗绿色的样子。我担心他已得了结核病,就像我们的有些同志一样,在他们生命中的这个时期或那个时期,得了这种病或将要得这种病一样。

整个秋天,从毛的观点来看,情况越来越糟。国民党总部停止拨给他们经费,上海委员会的工作几乎停顿。他开始患上神经衰弱症[①]——因情绪沮丧而至,他明显地受慢性失眠、头疼、头晕、血压高等症状折磨——至于他生活的其他方面,也没什么高兴事。他与其余的共产党领导人的联系,也很不容易,变得越来越远。[②] 他正在筹备的中共四大由于魏金斯基远在莫斯科,一直拖到第二年1月才召开。[③] 最后,到10月,北京也发生了另外的政治变化,结果是冯玉祥当权。冯玉祥是个独立的军阀,由于他曾用救火水龙给他的部队施洗礼,大家都知道他是个信奉基督教的将军。冯委任他憎恨的安福系军阀段祺瑞担任政府首脑,并邀请孙中山到北京来,就民族和解问题进行会谈。

毛认为,孙中山接受这次邀请是最后的生机。在前两年,他已看见工人运动在逐步崩溃;自由的、进步的民族精英已经沉寂;共产党深深受困于似乎没有成功可能的方针政策。用中央委员会的话说就是:现在国民党正在回到过去经常失败的惯用的穷兵黩武政策中。

这年年底,距中共四大的召开仅仅只有三个星期,毛启程去长沙,陪他同往的是杨开慧、杨的母亲及他们的两个儿子,他们都是夏天到上海来与毛一起生活的。[④] 这次离沪,形式上他得到了许可,可以因病缺席,不参加四大。但是实际上如同他的医生多年以后说的,毛的神经衰弱症总是带有政治性质:

---

① 施拉姆:《毛通向权力之路》第2卷,第214页(1924年5月26日),在这里,毛谈到了他的"神经官能症越来越厉害"。《毛泽东年谱(1898—1949)》(上卷,第134页)引用了贺尔康1925年7月12日日记(这篇日记显然没有公开发表)中的一段话:"一点又十五分钟时,会(指国民党支委会——作者注)才完毕。此时润之忽要动身回家去歇。他说因他的神经衰弱,今日又说话太多了,到此定会睡不着,月亮也出了丈多高,三人就动身走。走了两三里路时,在半途中就都越走越走不动,疲倦了,后就到(邻村——作者注)汤家湾歇了。"9月,他的病情再度复发(同上,第137页)。

② 对这一点最好的证据是毛被排斥在第二年1月召开的第四次代表大会的领导层之外。代表大会召开时离开的张国焘和瞿秋白在缺席的情况下被选入中央委员会和中央局。

③ 万德温:《从朋友到同志:中国共产党的建立(1920—1927)》,第143—144页。关于毛在组织方面所起的作用,见《毛泽东年谱(1898—1949)》上卷,第128—129页。

④ 《毛泽东年谱(1898—1949)》上卷,第130页。杨开慧是6月底到上海和毛在一起的(同上,第127页)。

"那些症状在重要的政治斗争开始之时就变得更严重。"只是这一次是一种不同类型的斗争：毛正在经历信仰危机。

1925年初，他以前的同志们正在召开四大，为共产党的未来制订计划，其时，共产党自称有994名党员。而毛这时在杨家老屋庆祝中国的旧历新年。十年前，当他还是第一师范的学生时，他曾经来这里，拜倒在他所敬爱的伦理学教师、杨开慧父亲的脚下。十年的经历看来是个轮回。他在长沙没有与老朋友们联系，没有与湖南省的共产党或国民党委员们联系。他此行的全部目的与意图，就是完全从政治中脱身。2月，他与家人动身到韶山，同时带着他的几箱书。开慧告诉他们的邻居，说他有病。从冬到春的三个月时间，除了家人与同辈村民，毛没有看望一个外人。开始的时候是回家，作为一个雄心勃勃的年轻知识分子，回到农民的根中，他曾尝试让自己完全放松。也是在那里，在他童年时代的伙伴中，他看见了第一缕新的闪光，对未来的路，抱有更大的希望。

在共产党员的眼中，20年代前半期，中国农民只能勉强生存。就像他们世世代代的生活一样，他们的生活也是中国人经历的一部分。在伟大的事件与伟大人物的衬托下，在中国历史永无止境的画卷中，亘古不变的黄土地被描画得比生活原型更为夸张。

列宁1920年在第二国际的代表大会上，像空想社会主义者一样嘲笑了一种思想，即无产阶级政党如果不能与农民紧密地联系，就不能在落后国家赢得权力，那时，中国共产党创始人之一的毛，以无情的沉默作答。两年后，在共产国际的推动下，中共二大承认了中国的3亿农民是"革命运动中最重要的力量"，却又清楚地表明共产党没有领导他们的意图。共产党的任务是组织起工人，农民必须自己解放自己。陈独秀，中国共产党总书记，他在1922年11月访问莫斯科期间，被说服相信了农民可能成为"一支友好的军队……共产党不能忽视它"；并且在第二年夏天的中共三大上，共产党的想法已经充分发展为把"工人与农民"作为共产党感兴趣的、必须一直要支持的两个阶级，就像用括号括到一起一样。

那时，一个名叫彭湃的年轻人，他出身于富裕的地主家庭，已经领导农民在粤东的海陆丰地区成功地夺取了政权。他们公然蔑视当局压制它的所有企图长达五年之久。彭湃还不是共产党员[①]，他完全独立地开展他的活动。在

---

① 周恩来在一篇纪念彭湃的文章中写道：他在"1924年入党前"一直做农民工作（一元［周恩来的笔名］：《彭湃同志传略》，载于《北方红旗》1930年8月29日第29期）。

距离正在举行的共产党代表大会的地点仅仅 150 英里的地方,彭湃领导的农民运动在迅猛发展,但大会甚至一丁点儿没提到。[1]

毛也是迟迟地才表现出对农民在革命运动中可能承担的作用的兴趣。那年春天,他曾从水口山铅矿派了两名党员回他们的故乡农村去调查湖南省农民协会的前景[2]。据张国焘回忆,毛告诉代表大会,"湖南人数量很少,国民党和共产党更少,可是满山遍野都是农民"。[3] 毛论述,由于他们有悠久的造反与暴动的历史,农民可以在民族革命中成为强有力的同盟军。陈独秀表示同意,大会形成决议,争取团结"佃农与农村的雇工,反对军阀,打倒贪官污吏与当地的恶霸"。但是,共产党却并没有试着把它放到实际行动中。

在涉及到中国农民的问题上,中国同志的迟钝使共产国际遭受挫折,这种挫折在指示中鲜明地表现出来,此指示在代表大会结束不久便到达上海:

> 中国的民族革命……必须与农村的土地革命一起……如果中国人口中的基本民众、小农能被吸引来参加革命,那么,这革命只会成功。全部政策的中心很明确地就是"农民问题"。因为任何原因而不顾这一基本原则,都意味着在这成功的斗争问题上不能理解社会经济基础的全部重要性……能够被贯彻。[4]

---

① 张国焘:《中国共产党的崛起》第 1 卷,第 309 页。1923 年 7 月 15 日,马林仅仅把广东称为"有与农民人口保持联系的同志"的四个省份(还有湖南、山东、浙江)之一(塞茨:《中国第一次统一战线的起源:斯列夫略特(马林)的作用》第 2 卷,第 656 页);显然他还完全不知道彭湃所取得的成就。

② 作为他们努力的结果,岳北"农工会"于 1923 年 9 月,正当从前的省长谭延闿从南方入侵的时候,宣告成立。这是湖南省此类组织中的第一个,在它的最高峰期,农工会有一千多人。它发动了一些运动:降低粮价,减少租金,结束高利贷的利息,而高利贷是地主因农民欠债进行勒索的一种方式。谭的出现,在防止地主最初的报复行为方面,对农民起了保护作用。但这个地区也是赵恒惕的部分管辖区,11 月底,赵打败了谭,赵的军队放火烧了农协总部与许多支持者的家。至少有四个农民被杀害,几十人被捕,这次运动失败。麦克唐纳:《农村革命的城市起源》,第 218—224 页;李锐:《毛泽东同志的初期革命活动》,第 279—281 页。中共湖南省委知道这次运动,但它在 11 月报告说:由于战争导致的河流和道路运输中断,它"无法派有能力的人去指导这场运动"(塞茨编:《中国共产党掌权:文献和分析》,第 89 页)。

③ 张国焘:《中国共产党的崛起》第 1 卷,第 308—309 页。张的回忆录(《毛泽东年谱(1898—1949)》上卷第 114 页上引用了张回忆录中有关的原文,但没有任何评论)读起来很中肯,假假如他们之间相互对立的话,就很难理解为什么张对毛在代表大会上提出农民问题给予那么高的评价,除非这是真的。

④ 卡拉穆萨和帕维尔·米夫:《共产国际关于民族殖民地革命的战略和策略》,莫斯科 1934 年版,第 114—116、344 页。

如同随后出现的其他要求一样,这段话落进了聋子的耳朵。

共产党的固执是有原因的。年轻人,大多数是资产阶级知识分子,他们组成了共产党的领导核心,他们把无论怎样原始的工业,都定义为现代工业。城市里新兴的工人阶级,尽管他们或许被剥削被压迫,也还是这个近代世界形成的闪光的新团体的正统的领导者。对比之下,农民体现的全都是中国的愚昧和落后。毛尽管也是农民出身,他还是承认了他也像年轻人一样,认为农民是"愚蠢可恶的人"。农民的反抗,甚至在胜利的时候,也只能像元末、明末那样,产生一个新皇帝,永远不可能产生一个新制度。1923 年的一份报告中表明,共产党员工人,"不喜欢农村地方。他们宁愿饿死,也不愿回到农村"。[①] 这与未来的斗争相距甚远,农民是封建社会遗留下来的难以名状的根基所在,以至于革命一定要清除它。

在韶山,变化开始出现了。

毛回韶山后,开始的时候是如此缺乏热情,他除了读书以外,很少做事,从在讨论"家庭问题与地方大事"的邻居们那儿倾听社会召唤。但是几个星期以后,通过一个叫毛福轩的同宗族的年轻人的介绍,他开始谨慎地鼓励一些更贫苦的农民组织农民协会。[②] 杨开慧着手办农民夜校,教读书、算术、政治与时事,夜校的规模比毛在长沙第一师范做学生时办的工人夜校要小。

这些小规模的基层试验工作,要不是由于在沿江而下 600 英里的上海,英国配备了官员的警察单位的活动,[③]他们可能会无限期地继续下去,永远也没有最后结果。

在上海,1925 年 5 月 30 日发生了一件事,它激起了巨大的民族热情,这是自六年前的五四运动以来不曾看见的民族热情的大爆发。导火线是两个星期以前,一家纺织厂的一次罢工期间,日本卫兵与中国工人组织发生冲突,杀死了运动的组织者、共产党员顾正红,在接下来的抗议中,六名学生被捕,这又导致了更多的游行示威与集会抗议,以敦促他们释放被捕人员。英国警察头目下达命令,一定要在官方失控之前禁止示威活动。更大规模的逮捕开始了。

---

① 加尔维亚蒂:《彭湃与海陆丰苏维埃》,第 115 页。

② 《毛泽东年谱(1898—1949)》上卷,第 131—132 页。韶山的第一个农民协会是在 1925 年 2 月成立的(《湖南历史资料》第 3 卷,长沙 1958 年版,第 1—10 页)。关于毛福轩,见李锐:《毛泽东同志的初期革命活动》,第 283 页。

③ 五卅事件的资料引自马丁·韦伯:《国民革命:从广州到南京(1923—1928)》,见《剑桥中国史》第 12 卷,剑桥,第 547—549 页。也可参见麦克唐纳:《农村革命的城市起源》,第 206—208 页;柴斯涅科斯:《1919—1927 年中国的劳工运动》,第 262—280 页。

人们的愤怒逐日增长,气氛也更加恐怖。不久后,一个温暖、闷热的星期六下午,3 时 30 分,上海的主要商业大街南京路上,中心警察署的值班官员,一个英国巡官,担心他自己的人被伤害,就命令中国警察与锡克教教徒的警察开火。在这次斗争中,四名游行示威者死亡,五十多人受伤,其中八人后来因伤而亡。接下来的动乱中,十几名中国人死亡,而官方宣布,这是普通的罢工。

全国所有的地方都爆发了反英、反日的示威活动。在广东,外国租界的军队对兵工厂的示威者开火,杀害了五十多人,愤怒与仇恨紧紧地呈螺旋形上升,并且在香港激起了长达 16 个月之久的反对英国当局的斗争,到斗争结束之时,这块殖民地上的商业活动已经瘫痪。

这些消息周末传到长沙时,工人与学生涌上大街,反复呼喊反对外国帝国主义的口号。《大公报》匆匆出了一期特别版。星期四,湖南 2 万人集会,在大会上,全湖南“雪耻会”宣布成立,大会还宣布联合起来,共同拒绝购买英国货与日货。三天后,全城有 10 万人游行示威,城里每一堵墙上都用石灰水写着赶走帝国主义、废除不平等条约的标语,所有这些极大地震动了湖南省当局,认为目的是针对军阀统治的。这是长沙有史以来最大的一次示威活动,赵恒惕省长像通常一样采取行动,他派出了全副武装的军队包围学校,强制执行 24 小时的禁闭,并且贴出布告,警告说“干扰和平者”要被枪决。但是“雪耻会”能够继续坚持活动,学生们在暑假回家期间,在他们的家乡继续战斗。

毛给人的印象是极富感染力的,他又投入到政治漩涡中。

6 月中旬,他在韶山建立了共产党支部,毛福轩任支部书记。社会主义青年团韶山支部与国民党韶山支部也随之成立。农民夜校运动在迅速发展,农民“雪耻会”支部也已成立。一名年轻的国民党湖南省委委员贺尔康(一名预科学校的离校生,参加过毛以前的自修大学,也像湖南省许多国民党积极分子一样,同时也是共产党员),他从长沙到韶山来帮忙,在 7 月 10 日召开了“湘潭县西二区”雪耻会的首次会议。毛在大会上发表了讲演,痛斥英国与日本帝国主义,此后,大会决定拒绝购买所有的外国货。67 个代表公开出席了会议,但实际上,韶山与邻近几个村子的全部成年人,共计四百余人,都随同前来观看这次会议。

最终,在 8 月初,这一有意义的准备工作开始有了回报。干旱的日子已经到来,像以往一样,当地的地主们囤积粮食,为的是造成粮荒,哄抬粮价。韶山农民协会在毛的家里举行了一次会议后,派出两名会员去请地主开仓卖粮。地主不仅拒绝了他们的请求,还告诉他们,要用船把粮食运到城里去卖,在那里可以卖出更高的价,这正如毛回忆他父亲曾做过的事情一样。在毛的指示下,毛福轩与另一名共产党员领导当地的几百农民,他们以锄头、竹杠、大棒为武器,迫使地主在当地卖粮,并且以合理的价格交易。①

在中国革命史诗般的画卷中,一些事情无论具有多么伟大的意义,但表面看来都是些微不足道的小事。但是,自两年前岳北协会瓦解以来,这一次行动在湖南是第一次。这些日子里,类似的斗争在其他农村里也频频爆发。截止到那个月,在湘潭县与其周边地区,已经成立了二十多个农民协会。毛在那地方活动的消息传到赵恒惕那里,他发了一份简短的密电给湘潭县保密局:"立即逮捕毛泽东,当即处死。"这份命令被一个书记员看见,他知道毛的家,把这个消息尽快地通知了毛。由于这份密电,毛作为农民运动组织者的日子结束了。当天下午,他化装成一个医生坐一顶门窗紧闭的轿子,动身到长沙。

毛被迫离开湘潭,这也证明了共产国际是正确的:中国农民是一股力量,它在民族运动处于危亡时刻被忽略了。毛推断:一旦革命调动起农民这股巨大的、无法扼制的储备力量来反对压迫他们的阶级,革命将会胜利。

毛9月初隐藏在长沙时写了一首词②,他很忧郁地在词的上半阕反映出当时任务的重大:

> ……百舸争流。鹰击长空,鱼翔浅底,万类霜天竞自由。怅寥廓,问苍茫大地,谁主沉浮?

词中表现出引人注目的怀旧情绪,他哀叹那些已经过去了的"峥嵘岁月",那是他与他的同学"风华正茂;书生意气,挥斥方遒。指点江山,激扬文字,粪土当年万户侯"的时候。那时,他们相信他们能解决中国的全部问题。现在,在他31岁的时候,年轻人轻率的自信,已经一去不复返了。

毛在韶山过的那七个月中,中国的政治情况发生了戏剧性的变化。孙中山于1925年3月去世,留下遗言,要求他的追随者们拥护国民党第一次代表

---

① 《毛泽东年谱(1898—1949)》上卷,第132—135页。大旱是农民卷入这次事件的最主要、最直接的原因(柴斯涅科斯:《1919—1927年中国的劳工运动》,第278页;麦克唐纳:《农村革命的城市起源》,第210、231页)。

② 施拉姆:《毛通向权力之路》第2卷,第225—226页。这首词显然是在8月29日或30日毛到达长沙和十天后他离开长沙赴广州之前这段时间写的。

大会的决议,那上面写下了"合众政府",并支持与苏联的合作。国民党左翼分子汪精卫,他像孙中山的当然接班人那样出现了,汪的出现引发了保守派的强烈与不满的反应,这种反应在那年以前,从右翼余党,所谓的"西山会议派"身上就可初见端倪。他们发动了失败的领导者的挑战,汪的支持者带着五卅惨案所激起的伟大的反帝爱国热情,派出了年轻的激进分子成群加入国民党与共产党。不久后,汪的竞争对手胡汉民,被放逐到莫斯科,据说,怀疑他与那年夏天刺杀廖仲恺的事件有联系,廖是经验丰富的,国民党不仅比那年年初时更强大,而且也已明显地向左转变。

上述的政局变化,足以受到毛的好评,毛这时隐藏在长沙,他与夏曦及其他共产党员交换意见,并考虑下一步做什么。在韶山时,毛已经变得相信他一年前的政治直觉是正确的。中国的解放最终要通过阶级斗争实现,由共产党领导全国的工人、农民开展斗争,用暴力推翻他们的压迫者。但是,直到那时候他才逐渐明白,这种斗争,国民党可以合法地进行,共产党却不能,那是因为国民党有它自己的军队,由苏联培训并出经费支持的军队,而且在广东有一片安全的根据地,这比起共产党进行的革命要有更多的优势。因此,毛的农民夜校不再尝试教马克思主义,他们教孙中山的"三民主义"——民族、民权与民生。毛在 6 月恢复政治活动以后,他在党的建设方面的那些努力,比起对共产党或青年团的帮助,更适合于帮助国民党。他的政治信条表现在他在那一年写的一封信中:

> 本人信仰共产主义,主张无产阶级的社会革命。惟目前的内外压迫,非一阶级之力所能推翻,主张用无产阶级、小资产阶级及中产阶级左翼合作的国民革命,实行中国国民党之三民主义,以打倒帝国主义,打倒军阀,打倒买办地主阶级(即与帝国主义、军阀有密切关系之中国大资产阶级及中产阶级右翼),实现无产阶级、小资产阶级及中产阶级左翼的联合统治,即革命民众的统治。[1]

他个人所考虑的事情一定也已做了一部分。毛依然是国民党中央执行委员会的委员;在共产党内,他没有职务。此外,由于国民党是在秘密社团与反封建王朝的斗争中发展起来的,而共产党是立根于城市的,国民党从一开始表

---

[1] 施拉姆:《毛通向权力之路》第 2 卷,第 237 页(1925 年 11 月 21 日)。

现出的对农民的兴趣就比共产党的大。到 1925 年秋天,国民党已经为农村工作的组织者创建了"农民部"与"农民运动讲习所"。① 共产党那时候还什么都没做。

不久,不是上海,而是广东,已经成为革命斗争的大本营。于是,毛在 9 月的第一个周末悄悄地离开长沙到广东。他显然不能确定他将怎样到达广东。他的一个旅伴还记得,他突然一阵惊慌,烧掉了所有的笔记,因为担心它们会落入赵恒惕的巡逻部队手中。他的神经衰弱症又复发了,在到达广东时,他在医院里待了好几天。

他到广东去是正确的。他在若干年后回忆说:"广州市和国民党内部弥漫着一片乐观气氛。"在国民党司令部,汪精卫委任了毛一个职务。汪精卫这时候是新成立的国民革命政府主席,他作为国民党内最有权的人物正在巩固自己的地位。在 1924 年 1 月国民党的一大上,毛的年轻人的热情已经给汪留下了深刻的印象。现在他提议研究一下他本人工作负担过重的问题,毛于是临时担任了他的宣传部长。两周以后,任命正式批下来了。

作为一名资深官员,毛也是一个物质的人。杨开慧及其母亲与两个孩子也从长沙来到他这里。他们在广州东山郊区租了一间房子,那一带环境优美,沿途都是树,一些苏军顾问、许多国民党领导,包括蒋介石在内,都在那里有自己的住房。

接下来的 18 个月,毛全身心地投入到两个问题中,他现在认为这两个问题是决定革命胜利的关键问题:巩固国民党左派与动员农民的问题。那年冬天,毛所做的第一件事就是创办一份新的党内刊物《政治周报》,来回击西山会议派发起的对联合战线的挑战,并且使那些"革命信心正在动摇的人"变得更坚定。他在第一个问题上声明:

> 与苏联合作并接受共产党员,这是我们党在革命中追求胜利目标的重要策略。前大总统[孙中山]是最初决定它们的人;并且……这一策略在国民党一大上已被采纳……今天的革命是世界上伟大的革命力量与反革命力量之间决定性的斗争中的一个部分……如果我们党的策略远像它当初那样不采取与苏联合作;并且……如果它不

---

① 农民部是在 1924 年 1 月国民党的第一次代表大会组建的。随后,农民运动讲习所于 1924 年 7 月成立,彭湃是第一任所长。

接受拥护工农利益的共产党；那么，革命力量完全孤立无援，革命不会胜利⋯⋯一个人，他不是站在革命一边，就是站在反革命一边。绝对没有中立地带。①

毛论述了选择是在由国民党右派强烈要求的"西方体制的、中产阶级的革命"与导致"所有的革命力量"加入统治的、主要由左翼联合形成的联合战线之间进行。② 那些试图戴着"中立的灰色面具"的人，③看来要被迫作出选择，决定他们到底站在哪一边。

哪一股力量可以被认为是革命的，这恰恰是一篇长篇论文的主题，那篇论文的题目是《中国社会各阶级的分析》，它发表在 1925 年 12 月 1 日的《革命》上，那是新创办的国民革命军的杂志。文章以权威的方式表达了他在韶山度过的那长长的几个月中所得到的结论：

> 谁是我们的敌人？谁是我们的朋友？这个问题是革命的首要问题。中国过去一切革命斗争成效甚少，其基本原因就是因为不能团结真正的朋友，以攻击真正的敌人。④

毛连续列举了不下于 20 个中国社会不同的阶层，把它们分为五个主要的阶级。它们依次从作为"死敌"的大资产阶级与它的右派同盟，到那些"绝对拒绝追随帝国主义"，但是"面临'红色'倾向时，却又常常担心害怕"的中产阶级的左翼，以及三种小资产阶级（包括了富农、商人、手工业者与自由职业者），他们的革命意识与他们的贫困程度直接成正比。此外，有六种半无产阶级（主要是贫农与中农、店员与小贩），四种城乡无产阶级与流氓无产阶级。这些城市里的工人与苦力被认为是革命的"主要力量"；农业无产阶级、贫农与小贩都是"极易接受革命宣传"与"勇于斗争"的；流氓无产阶级，是由土匪、士兵、强盗、

---

① 施拉姆：《毛通向权力之路》第 2 卷，第 263—267 页（1925 年 12 月 4 日）。国民党中央执行委员会通过了毛在 11 月 27 日起草的这个声明，并把它作为党对西山会议派的回击"向国内和海外的全体同志"发出。

② 施拉姆：《毛通向权力之路》第 2 卷，第 237 页（1925 年 11 月 21 日）和第 321、325 页（1926 年 1 月 10 日）。

③ 施拉姆：《毛通向权力之路》第 2 卷，第 295 页（1925 年 12 月 20 日）。也可参见第 290—292 页（1925 年 12 月 13 日）和第 326—327 页（1926 年 1 月 10 日）。

④ 施拉姆：《毛通向权力之路》第 2 卷，第 249—262 页（1925 年 12 月 1 日）。

窃贼与娼妓集合而成，"如果我们能够找到引导他们的方法……他们可以非常勇敢地战斗"。

因此，毛推断，中国 4 亿人口中，100 万无可救药地成为敌对分子；400 万基本上是敌对的，但或许能争取过来；3.95 亿是革命的，或者至少是乐善好施的中立者。

毛所写的，有关革命的全部客观条件都是当前正在考虑中的；他唯一遗漏的是写出发动群众的方法。以后的所有岁月中，他的这一信念从未动摇过。也是这一信念，支撑他度过了最黑暗的时刻，那时候，似乎一切希望都看不见了。但是，这一点丝毫不能安慰国民党中间派成员，他们是"动摇不定的中间阶级"在党内的代表，对他们来说，毛那年冬天的说教，他们已经永远记住了。他们正面临的那种选择，比所能想象到的任何一件事都更快地来到了。

到 1925 年年底，蒋介石已经继汪精卫之后成为国民党内最有权势的领导人。作为国民革命军第一军司令，那年秋天，他已经成功地指挥了一系列军事行动，击退了当地军阀的进攻，为国民党政府成功地保卫了广东。他控制了广东卫戍部队，担任了黄埔陆军军官学校的校长，黄埔军校也成为他的司令部。他的忠诚看来毫无问题：当西山会议派在刚过去的 10 月对汪精卫的领导表示异议的时候，他立刻发表了一份支持汪的声明。但在 1926 年 1 月的国民党第二次代表大会上，蒋介石渐渐不安静了。这次会议表现出更进一步严重地向左倾斜的趋势，在中央执行委员会的常委会中，蒋介石只是三仲裁之一，他与三名国民党左派委员、三名共产党委员各有 1/3 的权力；在会议的政策声明中，也表现出剧烈地向左倾斜，这些声明比国民党以前通过的任何政策都更激进。毛起草的《关于宣传决议案》不祥地警告说："凡是赞同中国农民的解放运动的，就是忠实的革命党员；不然就是反革命派。"[1]农民运动是革命的中心运动，这个观点被国民党中间派广泛地接受。[2] 但是，"解放"这个词的使用，并不意味着农村的社会革命。国民党仍然是资产阶级的政党，它的许多成员也直接地或间接地出身于地主家庭。这些人赞成革命，但是，猛烈地推翻现存的统治制度，并不是他们目标中的一部分。

---

[1] 施拉姆：《毛通向权力之路》第 2 卷，第 342—344 页（1926 年 1 月 16 日）。

[2] 《关于农民运动决议案》指出：国民革命"质言之即为农民革命"（同上，第 358—360 页，1926 年 1 月 19 日）。

蒋介石也与其他许多人一样,这种新的激进主义思想使他气馁。[①] 此外,这种激进主义是在这样的时候出现的,即他的地位正突然处于一种压力下。苏军顾问团的新团长古比雪夫将军已经到达广东,他用了一个未必确实的化名季山嘉,他是个固执又傲慢的人,看不起中国人,特别是蒋介石。他此行的目的就是要把中国国民革命军纳入苏联控制之下。他来不久,蒋介石就很恨他,并在1月15日辞去了第一军团司令的职务。他们俩争执的主要问题是等待已久的北伐时间的选择。北伐是孙中山先生的遗愿,就是在国民政府领导之下统一全中国,打垮军阀,摧毁他们的帝国主义靠山。古比雪夫争辩说,北伐战争还要进行许多准备工作(这也是上海共产党领导的观点)。蒋介石则要尽早发动北伐。当汪精卫表示支持古比雪夫时,战线就划出来了。那种形势,被苏军翻译维拉·维希拉雅卡娃·阿克莫娃生动地描绘出来。她写道:"每个人都了解,蒋汪之间正暗中进行权力争夺战。一边有政治声望;另一边有军事实力。"

　　3月20日凌晨,蒋介石以一种任何人都想不到的方法发动了进攻。他宣布了戒严令,命令逮捕所有的共产党官员与广东卫戍部队的政工干部,以及"中山舰"的司令官,他说中山舰的行动可疑;蒋还派军队包围了苏联顾问们的住所,缴下他们的卫兵的武器。蒋介石后来声称,有迹象表明汪精卫在季山嘉的支持下,正计划绑架他到一个共产党领导的军事单位,还要把他流放到莫斯科。这也可能是真的。但是,如果情况不是这样,冲突就无法避免了。

　　如同后来人们所说的,蒋介石的"政变"几乎一开始就结束了。没有一人受伤,没有一人死亡。第二天,他已经在道歉了,说他的部下逾越了他的命令。但到那时,他的矛头所指也就很明显了。他解释说,他不反对苏联或共产党,但是"确实有个别人"已逾越了他们的职权。三天后,季山嘉与另外两名苏联高级顾问登上一艘开往海参崴的轮船,离开了广东。汪精卫请"病假"迅速启程赴欧洲。苏联人企图掩饰这事,上海的共产党领导决定,他们没有选择,但还是要做同样的事,这个决定显然没有共产国际的激励。

　　像往常一样,毛有不同的意见。[②] 那时,国民党军队中职务最高的共产党

---

① 和谭延闿一样,蒋本人也欢迎农民运动成为国民革命的一部分,仅此而已(韦伯和豪:《革命的传教士:1920—1927年苏联顾问和民族主义的中国》,第797页)。鲍罗廷在1926年2月承认,说服国民党支持土地革命(即农村的社会革命)存在着极大的困难,这样做势必导致党的分裂和赶走保守派(同上,第216页)。

② 《毛泽东年谱(1898—1949)》上卷,第159页。周恩来后来说,这一行动使他们"完全没有准备"(周恩来:《周恩来选集》第1卷,北京,外文出版社1981年版,第179页)。当时,周恩来是广东党的委员会的三个领导人之一,另外两个领导人是谭平山和党的书记陈延年(张国焘:《中国共产党的崛起》第1卷,第454页)。

员是 28 岁的周恩来与李富春,李富春也是个年轻的湖南人,新民学会早期成员,他与蔡和森的妹妹蔡畅结婚。周、李二人从法国回来后,1924 年来到广东,周任黄埔军校政治部主任、蒋介石的国民革命军第一军的代理政委。李富春在谭延闿指挥的第二军中担任同样的职务。"政变"几小时以后,毛在李富春家遇见周恩来。据周恩来说,毛当时争论说,蒋介石被孤立了;国民革命军的五个军中有四个军的司令都对他抱有敌意;在他的第一军与黄埔军校中,共产党已占据了许多关键的职位。他断定,如果国民党左派采取决定性行动,蒋介石就会无法支持下去。据说,其他的在广东的共产党领导也得出类似的结论。但是,当周恩来把这种意见提交给季山嘉时,这个苏联人以蒋的力量太强大为借口,否决了这个意见。[1]

那就导致了更大的反作用,毛与其他人抱怨周,周当时负责中共广东省委领导下的军事工作,他把太多的时间花在了蒋介石的第一军与黄埔军校的工作上,以致忽略了国民革命的其他单位中的共产党干部。但是,这些问题都是书生气的,重要的问题是,蒋已毫不费力地获胜,并以一种恰当的方式任命他自己为必不可少的国民党领袖,此后的 49 年,他或执政,或在野,一直担任这个职务。

毛现在处于一个很微妙的位置。汪精卫已经成了他的最重要的提携者。毛很感谢他在国民党二大以后再次让他担任宣传部长,并且在 2 月与 3 月初,他还得到了几个其他关键的职务。[2] 但是,毛与共产党的关系依然存在问题。1925 年 10 月,当党领导知道毛已获得共产党 1924 年春天以来就一直想谋取的美差[3]时,他们对此的反应没有任何记录。在共产党所有的候选人中,毫无疑问毛是党领导最不愿意挑选的人。毛是难于驾御的;他的思想是异端的;他在共产党内没有什么职务;一年的一大半时间都与党中央没有联系。[4]

毛为他自己作出的决定,通过那年冬天他提倡的"中国条件下产生的思想体系",通过他强调的民众第一显示出来:

---

[1] 这也是在上海的党中央后来提出的路线(塞茨编:《中国共产党掌权:文献和分析》,第 232—233 页)。

[2] 1925 年 12 月 15 日,毛已经被指定为国民党政治研究会的七名成员之一,随后,在第二年的 2 月,政治研究会开始工作、训练党的干部;1926 年 2 月 5 日,他被任命为国民党农民运动委员会委员;3 月 16 日,他被指定为农民运动讲习所所长(《毛泽东年谱(1898—1949)》上卷,第 146、156—159 页)。

[3] 1924 年 5 月,中国共产党中央委员会决议指出:"党的任务是使国民党不断地有规划地宣传……关于反对帝国主义及军阀……要达到这个目标,我们必须能在实际上加入国民党宣传部。"(《共产党在国民党内的工作问题议决案》,见塞茨编:《中国共产党掌权:文献和分析》,第 120 页)。

[4] 《毛泽东年谱(1898—1949)》(上卷,第 130—138 页)和半官方的传记作者金冲及(《毛泽东传》,第 91—106 页)都没有提到毛与党中央有任何的联系。也没有任何其他的理由来证明毛与党中央有任何联系,因为自 1924 年 12 月以来,毛已经不再担任任何领导职务了。

书生思想……是毫无价值的废物，除了它是在为民众的社会与经济自由的需求服务……为知识分子提的口号将是"到群众中去"。只有在群众当中才能找到中国的解放……任何一个人，他脱离了群众，也就失去了他的社会基础。①

对于受共产国际正统观念约束的共产党中央委员会来说，这一"中国条件下产生的思想体系"绝对是异端邪说。他们认为，中国的解放，不是依靠乱七八糟的、无法下定义的"民众"，而是依靠领导他们的城市无产阶级。

当毛把他的《中国社会各阶级的分析》交给党的刊物《向导》②时，这些争论开始了。那篇文章是毛根据他那段时间在湖南农村工作的体验写的，陈独秀拒绝让这篇文章发表，认为文章过分强调了农民的作用。

如果党中央像它应有的那样团结，毛与上海领导的隔阂就不算什么了。但是，共产党1926年初被它两败俱伤的内部争吵闹得很不团结，在争吵中，对党的政策的批评与人身攻击都纠缠到一起去了。彭述之与陈独秀站在一方，瞿秋白站在另一方。蔡和森很讨厌彭，因为彭近来与他妻子过从甚密。张国焘在中间徘徊。如果这还不够复杂，那么实际上，党中央与中共广东省委在遵循着如此不同的政策工作，正如鲍罗廷后来承认的，那时候，它们看来像是两个不同的政党。这次由于毛，另一次争论又开始了，毛那时甚至还不是中央委员，一般来说是不重要的。实际上，对党中央领导来说，毛仅有的真正意义是他已经设法担任了若干有影响的国民党的职务。

1926年4月，当共产党好不容易等到蒋介石制定他下一步行动的时候，毛有意识地一直待在暗中。③ 张国焘作为中央委员会的全权大使已经被派到广东，他回忆了"(毛)始终不愿卷入漩涡，只是袖手旁观"，张又敏感地加了一句："似乎也从中吸取了不少经验。"

在蒋介石(他有意避免与苏联完全弄僵)与鲍罗廷(他控制了蒋所需的苏

① 施拉姆：《毛通向权力之路》第2卷，第340—341页(1926年1月16日)。
② 陈独秀的亲信彭述之是总编辑。彭以他的枯燥无味的烦琐经院哲学而著称，不过也正是彭，使毛在1月写这篇文章时想到了这句话："书生思想……是毫无价值的废物。"
③ 张国焘：《中国共产党的崛起》第1卷，第510页。也可参见伊文斯和布洛克编：《列昂·托洛茨基论中国》，第53—54页；《毛泽东年谱(1898—1949)》上卷，第164页。二者也没有其他任何资料表明毛在这场争论中所起的作用。

联武器的数量)之间做成了一笔苛刻的交易以后一个月,他们和解了,这和解对蒋更有利。国民党中央执行委员会在 5 月 15 日举行全体会议,通过了若干决议,如:共产党员不能担任国民党各部的部长;共产党员在国民党高级党部中担任高级职务的人数不得超过该党部全体委员的 1/3 以上;取缔国民党组织中的共产党组织;禁止国民党党员今后加入共产党;加入国民党的共产党名单须全部交出;作为回报,蒋同意制裁国民党右派分子,许多右派领导被逮捕,或被流放(这是蒋这一方的变动,与共产党利益均等),在国共关系上维持原状。[1] 苏联方面,他们保证为北伐提供充分的援助。

这时候,共产党领导一致表示不同意,这一次他们意见统一。陈独秀提议,应该结束"党内合作"的策略,坚持共产党的独立。但是斯大林坚持,涉及到蒋介石的问题必须全部通过。从那时候开始,借用鲍罗廷一句嘲讽的话,共产党"命中注定要在中国人的革命中担任苦力的角色"。[2] 尽管那时候看来还不太像,国民党的政变已经在中国共产党与苏联的关系中刻下了一个转折点。直到 1926 年 3 月,共产国际对中国共产党的建议全都是出自于善意的、有确实证据的,往往比上海共产党领导的意见更现实一些。这次"整理党务案"以后,莫斯科的中国政策就变成了克里姆林宫的政治玩具,成为斯大林与托洛茨基以及他的其他主要对手,如尼古拉·布哈林,苏维埃政党中保守派的代表之间政治冲突的延伸。

最后,毛的处境比他所预期的要好得多。他与另一名在国民党中担任高级职务的人一起,5 月 28 日辞去了宣传部长的职务。[3] 但是,他还担任另一个关键性的职务,农民运动讲习所所长。[4] 那时候,农民运动讲习所的规模在逐渐扩大,重要性也在逐步增强,毛担任国民党农民运动委员会的委员,农民委

---

[1] 韦伯和豪:《革命的传教士:1920—1927 年苏联顾问和民族主义的中国》,第 267—273 页、第 717—719 页;张国焘:《中国共产党的崛起》第 1 卷,第 507—519 页。这次会议还提议,建立一个由国民党五位领导人、共产党三位领导人和共产国际的一名代表(鲍罗廷)组成的联席会议,以解决将来两党之间的分歧。谭平山、瞿秋白和张国焘被指定为中共方面的代表,但这个联合会从没开过会(张国焘:《中国共产党的崛起》第 1 卷,第 521 页)。

[2] 张国焘:《中国共产党的崛起》第 1 卷,第 519 页;陈独秀,见伊文斯和布洛克编:《列昂·托洛茨基论中国》,第 601 页。

[3] 《毛泽东年谱(1898—1949)》上卷,第 164—165 页。他还辞去了在政治研究会中担任的职务和他自 1927 年 4 月以来一直担任由国民党宣传部领导的宣传委员会委员的职务(《毛泽东年谱(1898—1949)》上卷,第 162,165 页)。

[4] 《毛泽东年谱(1898—1949)》上卷,第 159、163、165 页。《毛泽东年谱(1898—1949)》指出:毛"和其他共产党人"在 5 月 28 日被免去国民党中央宣传委员会委员的职务,但没有提到他离开农民运动委员会的情况。1927 年 3 月,当农民运动委员会在武汉重组时,毛成了它的常务委员(同上,第 183 页)。

员会要处理一些政策问题。

这些决定反映了蒋介石对北伐期间农民所承担的任务的认识。[①] 在 1926 年,毛是国民党中仅有的几个真正的农民问题权威之一。他已经在国民革命军第二军的军官学校、在国民党的广东省青年部训育员养成所、在广东大学附中开讲有关农民问题的课程,也在农民运动讲习所里讲授这门课。此外他的专长放在北伐军要经过的华中各省。蒋介石的苏军顾问们是很固执的,他们认为,北伐要能成功,只是因为农民发动起来了,并支持北伐。毛也是这一观点。3 月以来,他一直在争论,说国民党农民委员会要"对革命军将要经过的地区给予最大的关注"。

1926 年 7 月 9 日,5 月份的国民党中央执行委员会全体会议之后两个月不到,革命军约 7.5 万人开始了等待已久的北伐,北伐战争要摧毁军阀,最后在国民党的旗帜下重新统一中国。

北伐匆匆忙忙地发动,是利用了湖南省发生的几件事。湖南的地方军司令唐生智曾发动了一次成功的叛乱,并宣布支持南方政府,现在他面临北洋军阀吴佩孚的进攻。北伐的决定有充分根据证明是支持唐(至少在短期内是这样),到 7 月底,湖南已被南方政府控制,蒋介石作为北伐军总司令,穿着明亮的灰色军用大氅、表示新头衔与新权力的全副甲胄,喜气洋洋地在长沙就职。与他走在一起的是几个苏军顾问,他们现在由瓦西里·布柳赫尔(加伦)将军领导,加伦是原苏军代表团团长,现在接替了季山嘉的工作。他与蒋介石相处得不错,"总司令",人们后来都这样称呼蒋,他的军事才能有限,他很聪明地把许多战略战术方面的问题留给经验丰富的加伦去处理。

毛与另一些中央执行委员会的委员一起来到阅兵场,看部队出发,但另一方面,他也远离了国民党政治。[②]

他完全投入到他的农民工作中,正如他曾期望的那样,不久,他开始在南方军队的进展中起了重要作用。[③] 在革命军通过湘潭后,他派了 50 名讲习所

① 一位资深的苏联顾问写道:"那些号称中间派或右派的国民党党员……[在某种情况下]对土地问题的解决办法陷入了深思。作为一个实例,最高长官蒋介石当然要被提及。"(韦伯和豪:《革命的传教士:1920—1927 苏联顾问和民族主义的中国》,第 797 页)

② 《毛泽东年谱(1898—1949)》上卷,第 166 页。除了在此之前召开的国民党中央执行委员会全体会议之外,这是 5 月 31 日至 10 月 15 日这四个半月的时间内毛参加的唯一的一次"政治"事件。

③ 安格斯·麦克唐纳提供了有关农民支持湖南的北伐军队的详实而公正的资料,并断定(尽管有些片面),农民的支持在很大程度上赋予这次军事行动以政治上的合法性(麦克唐纳:《农村革命的城市起源》,第 264—279 页)。

的学生到韶山去参观正在开展工作的农民协会。一个月后,他在国民党农民部办的刊物《农民运动》上发表了一篇文章①,他在这篇文章中首次清晰地论证了地主是革命的主要障碍,农民则是革命的重要工具,要通过农民推翻地主的统治:

> 一直到现在,即使在革命党里面,还有许多人不明白……经济落后之半殖民地革命最大的对象是乡村宗法封建阶级(地主阶级)……[这个]阶级及其国内统治阶级、国外帝国主义之唯一坚实的基础,不动摇这个基础,便万万不能动摇这个基础的上层建筑物。中国的军阀只是这些乡村封建阶级的首领,说要打倒军阀而不要打倒乡村的封建阶级,岂非不知道轻重本末?

毛论述,革命要成功,就一定要解放农民,一定要摧毁地主的权利。

那些话的言外之意就是,包括无产阶级在内的其他阶级,都是第二位的。毛提出有力的论辩,完全不想隐瞒他的这一观点。他在文章中写道,农民的阶级斗争,“与都市工人运动的性质颇有点不同”。后者那时候“只是求得集会结社之完全自由,尚不欲即时破坏资产阶级之政治地位”。另一方面,农民是在为生存进行最基本的斗争:

> 故我总觉得都市的工人、学生、中小商人应该起来猛击买办阶级,并直接对付帝国主义,进步的工人阶级尤其是一切革命阶级的领导,然若无农民从乡村中奋起打倒宗法封建的地主阶级之特权,则军阀与帝国主义势力总不会根本倒塌。

几个月以来,毛已经逐渐地发展了他的这一分析。他现在所说的农民是“国民革命的中心问题”这一论点,始于1925年12月。1926年1月,他把那些大地主论述为“帝国主义与军阀的真实基础,封建宗法集团的唯一坚垒,一切反革命势力发生的前后的原因”②——鲍罗廷记住了这句话,并在一个月以

---

① 施拉姆:《毛通向权力之路》第2卷,第287—292页(1926年9月1日)。
② 施拉姆:《毛通向权力之路》第2卷,第304页(1926年1月)。

后对苏联高级领导作汇报时用了这句话。①

但是，如果毛不是在文章结束时写到中国农村的封建主义是变革的最主要障碍，那就没有一个人像他现在那样去努力探索这一论题的深远意义，并去把握他的逻辑结论——这结论在现实中，对共产党来说，对国民党也一样，在思想上是不能接受的。

当毛的著作的汇编本在四五十年代出现的时候，《农民运动》上这篇文章按官方标准被删掉了；它简直太异端了。在后来的思想正确的外表下，二十多年后，共产党胜利了，这正像毛描述的，胜利是通过农民运动取得的，而不是城市无产阶级。

那时，毛忙于形成他未来策略的理论基础，他的讲习所里培养的农民工作组织者——许多都是以国民党身份为掩护的共产党员，他们在农村呈扇形展开，全面开展工作，鼓动农村暴动。首先在湖南，然后是在湖北和江西，他们为国民革命军准备的基础，在革命军走了以后还继续存在，为的是巩固新农协，农协从那时开始一直在公开地开展工作。

在北伐战场上，有些事情变化得太突然。8月12日，蒋介石在长沙召开了一次军事会议，会议决定由唐生智率领他自己的与蒋介石的混合军向下一个目的地武汉进军，唐生智此时已被任命为湖南省的国民党将军。吴佩孚亲自指挥北方军队，但他的部下不是北伐军的对手，唐生智于9月6日、7日占领了汉口与汉阳。武汉三镇的武昌，一直死守到10月10日，蒋介石的人贿赂了一个防卫指挥官，武昌才被最后攻克。这以后，是令人心烦的两个星期，北伐军的进攻被迫停止，直到11月，南昌城被攻克，南方的革命军及其盟军才最后全部占领了湘、鄂、赣三省。而广西已经成为国民革命军的部分营地，贵州，则早在7月就已改变立场。至此，所有广东邻近各省，只有福建南部仍在敌手之中，到了12月，那里也被革命军占领。

整个这段时间，共产党领导是令人满意的，并真正地是在旁观。9月，中共广东省委看见了北伐的节节胜利，像是指出那些地方的真正权力还在国民党手中，它要求重新评价中央与国民党左派联合的政策，它论证了共产党的领

---

① 据韦伯和豪（《革命的传教士：1920—1927年苏联顾问和民族主义的中国》，第216页）提供的资料，鲍罗廷写道："在中国，帝国主义的主要堡垒……是中古的土地所有制，而不是军阀。"毛的这段话已经在两三周以前在《中国农民》上发表。

导们是无原则的联合，①并没有思想上的真正联合，只是因为他们"不能与[国民党]中央和国民党右派合作"，出于保护他们自己的利益的目的，他们才联合到一起。陈独秀发现他自己处于不得不保护联合战线的讨厌的位置，他个人反对联合战线，而共产国际坚决要求必须继续坚持它。

毛的观点与广东省委一致。② 像他们一样，毛已经直接认识到国民党左派是多么懒散与多么自私。也像他们一样，他看见北伐由于革命原因向前迈出了一大步。10 月国民党召开了中央各省区联席会议，会议要求批准把国民党的首都从广州迁到汉口，毛对那些人的虚伪感到绝望，他们一面庄重地答应取消先前那几年的地租勒索，紧接着又辩解似的公开表明，由于党的基金用完了，这一年除外，这事以后一定坚持。至此，他已明白，广东并不由他掌握未来。他在讲习所里的有限的工作已经结束，实际上他已没什么工作要做了。

那些农民再次帮助了毛。

农民运动紧随着北伐蓬勃发展，这最终使共产党领导们认识到农民运动的重要性，也认识到它现在完全是在国民党旗帜的领导之下。11 月 4 日，陈独秀建议中央局拟定一份农村工作纲要，此纲要要符合农民的要求，不要在共产党与国民党左派之间的争端中造成"太大的隔阂"，不要冒使联合战线"过早破裂"的危险。问题是，这就像六个月以前蒋介石碰到的一样，谁来负责。9月，毛在《农民运动》上发表的那篇文章就号召反对地主的阶级斗争，文章引起了瞿秋白的注意，尽管文章中的观点违背了列宁主义的正统看法，瞿秋白还是赞赏地读了它。③ 瞿与魏金斯基的关系比较好，他被大家看做上海领导人中最有影响的人物之一。他显然断定毛将是一个有用的伙伴。

几天后，毛乘船到上海，杨开慧怀着他俩的第三个孩子回到湖南老家。1926 年 11 月 15 日，中央局通知，任命毛为共产党中央委员会的农民运动委员会书记。

---

① 塞茨编：《中国共产党掌权：文献和分析》，第 11—13 页。鲍罗廷和其他俄国顾问同意广东小组的观点（韦伯和豪：《革命的传教士：1920—1927 年苏联顾问和民族主义的中国》，第 796—797 页）。

② 见毛后来对国民党左的军事倾向的批评（同上，第 225 页）。受鲍罗廷领导、在广州工作的所有人也都直言，国民党左派是不可靠的；因此，没有理由认为毛是个例外。然而几周后，他用双脚投票，表示返回中共在上海的总部而不随国民党左派去武汉。

③ 瞿赞同毛在农民问题上的观点，并于 8 月在农民运动讲习所发表了演讲（伯纳德提·李[李又宁]：《瞿秋白传》，纽约，哥伦比亚大学 1967 年博士学位论文，第 178—179 页）；瞿对毛的文章留下了深刻的印象，并向国民党宣传部查询这篇文章（《毛泽东年谱(1898—1949)》上卷，第 169 页）。1927年春，瞿又一次在农民政策上支持毛反对陈（李又宁：《瞿秋白传》，第 194 页）。

于是,毛结束了他 23 个月的政治上的自我流放。对毛来说,这是一段很有成就的日子。他在农民的革命权力的问题上获得了永远的信心,也以极其得要领的技能在大而复杂的共产党这部机器的最高领导层内部运行起来,学会了怎样处理一些委员会的事情,怎样为党的一些印刷精美的决议而讨价还价……由于国民党左派的无能,他在长时间的闲荡度日以后,发现自己仍然能找到合适的位置,这也是一种宽慰,尽管在共产党的追随者中,这是一个狭小的位置。从现在起,他的最早忠诚,像他 1925 年所写的那样,不仅仅是抽象地忠于"共产主义",而是忠于逐渐成长的中国的男男女女的共产党员,尽管他们犹豫过,受挫过,但他们正在尝试创造共产主义。

毛在接到任命的十天后动身到武汉,武汉不久就成为国民党首都,共产党决定新的农民委员会就以那儿为基地。毛取道南昌,这时蒋介石已经在南昌建立了他的司令部。毛在南昌目睹了长久斗争中积聚的第一场政治动乱的风暴,这是蒋介石与国民党左派之间为了控制国民党,为了控制国民党的政策而发展起来的。

那年秋天,蒋介石总司令的位置已经受到从唐生智那里来的压力,唐的挑战来自他在湖南、汉口、汉阳取得的胜利。那时,国民党政府的财政部长和外交部长,宋子文和陈友仁,与鲍罗廷、孙中山的遗孀宋庆龄以及另外一些国民党左派资深人物,在 12 月初到达南昌。唐生智这时已撤回挑战。不过,作为对他们的支持的回报,那些新来的人都能在一个前提下达成和解,这个前提就是进一步确认了蒋介石的军事上的领导地位。但是,要限制他的政治地位,汪精卫被请回来担任国民革命政府的主席。这就使蒋介石进一步确信,一旦迁都汉口的工作结束,他就要进一步面临国民党左派与唐生智控制他权力的尝试,如果他要继续留在南昌,那也必须更加谨慎,要随时做好准备接受他的对手可能加在他身上的无论什么样的挑战。

其结果就是形成两个对峙的首都。12 月 13 日,在武汉的国民党领导们,由鲍罗廷提议,组成了"临时联席会议",会议迅速通过了在武汉建立国民革命政府和国民党司令部的决议。三个星期以后,任国民革命军第二军司令的谭延闿从广东来到武汉,他们决定"暂时"让国民党与政府继续留在南昌。

共产党领导们看见了国民党内的这种分裂,这像是印证了他们对国民党左派的支持是正确的。12 月中旬,中共中央在汉口召开了特别会议,陈独秀在会上告诫说,国民党左派是一服必不可少的缓冲剂,预防了共产党与国民党右派之间爆发直接冲突。他也承认国民党左派常常是"软弱动摇不一致",但是怀有这样一种希望,即老天会保佑,使事情往好的方面发展,如同"因为下个星期可能有鱼肉,现在就拒绝吃豆腐与蔬菜"。陈独秀说党的战略是正确的,共产党员必须在幕后审慎地工作,支持国民党左派抗衡蒋介石领导的新右派(即原来的国民党中间派);共产党必须回避引起争论的议案——诸如,强迫把土地再次分给农民——因为这可能伤害联合。这次会议在最后的决议中声明,"左派的存在,是我们与国民党合作的关键"。

这种谨慎的乐观主义在某种程度上起源于前两年党员人数的迅速发展。1925年1月中共四大时,党员人数不到1000人,一年后到7700人(这是紧随五卅事件之后);到1926年12月,共产党员人数已达3万人,这要大大感谢北伐。同样重要的是,在国民革命军中,约有1000名指挥官、政治工作者与参谋都是中共党员,周恩来的军委现在正开始组织成为团的"核心",或者说是秘密的党的基层组织。[①]

陈独秀与他后面的共产国际制定的这一策略意味着——用鲍罗廷的话来说是"扮演苦力的角色",用陈独秀的批评者的话来说,是"右倾投降主义"——伴随这一策略的问题是,它所团结的国民党左派,没有自己的军队,充其量只能从唐生智那里得到名义上的支持,以某种方式迫使蒋介石服从它的控制。在特别会议期间,毛也参与了争论[②],他以农委书记的身份,作为一名无表决权的成员出席会议。他说,右派有兵,左派没有兵,即使右派有一排兵也比左派有力量。他的意见遭到陈独秀的一顿训斥,陈说毛的论述是笑话,但却没能提出实质性的反驳意见。

几星期过去了,分裂的状态越来越清楚,党中央承认,它对国民党左翼复苏的期望没有实现,国民党右派正变得"越来越强大"。而它可能建议的唯一办法就是,共产党做出更大的努力使国民党消除疑虑,特别是使国民党左翼消除疑虑,努力表明共产党是忠诚的、毫无恶意的合作者。

---

① 根据未公布的共产国际的档案,中国共产党在1925年5月有1500名党员;1926年1月有7500名党员;1926年5月有1.1万名党员。根据萨穆尔1926年11月撰写的《中国共产党简史》提供的资料,到那时,中国共产党的党员已达到"约3万人"(韦伯和豪:《革命的传教士:1920—1927年苏联顾问和民族主义的中国》,第444页)。到1927年4月第五次代表大会时,党宣布当时的党员已接近5.8万人。也可参见韦伯和豪:《革命的传教士:1920—1927年苏联顾问和民族主义的中国》,第810—813页(指挥官)。

② 塞茨编:《中国共产党掌权:文献和分析》,第225页。尽管毛谨慎地向"国民党的同志"提出了意见,但显然这反映了他自己的观点(《毛泽东年谱(1898—1949)》上卷,第174页)。

毛也公开地严格遵循这一极其谨慎的调和路线。12月中旬的特别会议后不久,毛离开汉口到长沙去参加湖南省农协第一次农民代表大会。在大会上,他使与会听众相信了"我们推翻地主的时间还没来到"。他还说,为农民减租减息,提高农村劳动力的工资是合法的要求,但国民革命必须在这之上,要放在第一位,这就允许对地主做一些让步。

两个月内,毛否定了以前的全部观点。

然后,他以救世主的语调宣称,农民运动是"伟大的事情";它将改变中国的面貌,共产党必须完全改变它的政策——否则,就会走向反面:

> 在很短的时间内,将有几万万农民从中国中部、南部和北部各省起来,其势如暴风骤雨,迅猛异常,无论什么大的力量都将压抑不住。他们将冲决一切束缚他们的罗网,朝着解放的路上迅跑。一切帝国主义、军阀、贪官污吏、土豪劣绅,都将被他们葬入坟墓。一切革命的党派、革命的同志,都将在他们面前接受他们的检验而决定弃取。是站在他们的前头领导他们呢,还是站在他们的后头指手画脚地批评他们呢?还是站在他们的对面反对他们呢?每个中国人对于这三项都有选择的自由,不过时局将强迫你迅速地选择罢了。[1]

毛的观点中的惊人的变化——甚至于考虑他用了一点夸张,他所描绘的图画与任何一个党的领导在此之前所描绘的完全不一样——源于他长达一月之久的旅行的结果,这是他在 1927 年 1 月和 2 月初走遍了湘潭与其他四个县进行考察的结果。

这是意想不到的新发现。他考察回来后告诉中央委员会,农民运动的现实"与我们在汉口和长沙看到的、听到的几乎完全不一样"。他在一份文件中陈述了他的看法,这份文件就是著名的《湖南农民运动考察报告》。这是一个才华横溢的知识分子的精心杰作,长达二万多字,就像毛后来 30 年代初在江西的调查报告一样,建立在细致的实地调查研究的基础上。他在文章的开始就写道:"我在乡下,在县城,召集有经验的农民和农运工作同志开调查会,仔细听他们的报告,所得材料不少。"[2]

---

① 施拉姆:《毛通向权力之路》第 2 卷,第 420—422 页(1926 年 12 月 20 日),第 430 页(1927 年 2 月)。
② 施拉姆:《毛通向权力之路》第 2 卷,第 429 页。

他了解到,农民运动的发展呈两个阶段,1926 年 1 月至 9 月,农协组织起来了,开始是秘密的,北伐后就是公开的了。从 10 月到 12 月,农村出现了暴动。农协的会员在那年夏天还是 40 万,以后猛增到 200 万。古老的封建制度土崩瓦解:

> 农民的攻击目标是土豪劣绅,不法地主,旁及各种宗法的思想和制度……这个攻击的形势,简直是急风暴雨,顺之者存,违之者灭。其结果,把几千年封建地主的特权,打得个落花流水……农会便成了唯一的权力机关……连两公婆吵架的小事,也要到农民协会去解决。一切事情,农会的人不到场,便不能解决。农会在乡村简直独裁一切,真是"说得出,做得到"。

在国民党左派,甚至在共产党中,有些人争辩说农民运动已变得太激进,太"糟糕",应该停止,毛驳斥这种观点,保卫了农民运动:

> 实在呢,如前所说,乃是广大的农民群众起来完成他们的历史使命……这是好得很。完全没有什么"糟",完全不是什么"糟得很"。"糟得很"明明是站到地主利益方面打击农民起来的理论……每个革命同志,都不应该跟着瞎说。

的确,"农民在乡里颇有一点子'乱来'……把地主的威风扫光……向土豪劣绅罚款捐款,打轿子。反对农会的土豪劣绅的家里,一群人拥进去,杀猪出谷。土豪劣绅的小姐少奶奶的牙床上,也可以踏上去滚一滚。动不动捉人戴高帽子游乡……竟在农村造成一种恐怖现象。"

这就是一些人所谓的"过分",所谓"矫枉过正",所谓"未免太不成话"。这番议论貌似有理,其实也是错的……

> 革命不是请客吃饭,不是做文章,不是绘画绣花,不能那样雅致,那样从容不迫,文质彬彬,那样温良恭俭让。革命是暴动,是一个阶级推翻另一个阶级的暴烈的行动……农民若不用极大的力量,决不能推翻几千年根深蒂固的地主权力……上面所述那些所谓"过分"的举动……是非常之需要的……质言之,每个农村都必须造成一个短

时期的恐怖现象……矫枉必须过正,不过正不能矫枉。

　　毛在这篇报告的最后一部分讨论了"恐怖"包括了哪些内容。他声明粉碎地主的权力与威望是农民斗争的中心任务,列举了他们可以使用的九种不同的方法,从公开打击,使之威风扫地到关押监禁,枪毙处死:"这样的大劣绅、大土豪,枪毙一个,全县震动,于肃清封建余孽,极有效力。"他宣称:"每县至少要把几个罪大恶极的处决了,才是镇压反动派的有效方法……他们势大时,杀农民真是杀人不眨眼……现在农民起来枪毙几个土豪劣绅,造成一点小小的镇压反革命派的恐怖现象,有什么理由说不应该?"

　　造反的目的多种多样:减租减息;禁止囤积居奇以便降低粮价;解散地主的武装,代之以农民梭镖队,用"接以长柄的单尖两刃刀武装他们……梭镖队是使一切土豪劣绅看了打颤的一种新起的武装力量",对这种新创立的武装力量,农会的梭镖队,毛与此省的共产党领导都希望它能成为农会与国民党之间的农村统一战线的武装力量。除了这些经济与政治目的,还有一项社会的议题,毛赞许地说明,农会反对抽鸦片、赌博——也反对宗族与宗教权力:

> 　　中国的男子,普遍要受三种有系统的权力的支配,即:(1)……国家系统(政权);(2)……家族系统(族权);(3)……鬼神系统(神权)。至于女子,除受上述三种权力的支配以外,还受男子的支配(夫权)。这四种权力——政权、族权、神权、夫权,代表了全部封建宗法的思想和制度,是束缚中国人民特别是农民的四条极大的绳索……地主政权,是一切权力的基干。地主政权既被打翻,族权、神权、夫权便一概跟着动摇起来……家族主义、迷信观念和不正确的男女关系之破坏,乃是政治斗争和经济斗争胜利以后自然而然的结果……菩萨是农民立起来的,到了一定时期,农民会用他们自己的双手丢开这些菩萨,无须旁人过早地代庖丢菩萨。①

　　在湖南的那几个礼拜,毛的体验是如此强烈,他从农民运动中学到的东西

---

① 以上均引自施拉姆:《毛通向权力之路》第 2 卷,第 431—455 页。尽管其规模还非常小,但毛描述的农民的这种行为在湖南还是有最近的先例的。1910 年发生米骚动事件后,巡抚岑春蓂报告说:"湘潭、衡山、醴陵和宁乡发生了穷人占领富户、吃大户和破坏米厂的事件。"(周锡瑞:《改良与革命——辛亥革命在两湖》,第 139 页)

伴随他的一生。他现在理解了,革命,不能谨小慎微地处理。任何革命冒险中,总有过度的地方,正如其中也总有那些落在后面的人。他引用了孟子的话:"在这样的问题上,我们的政策是,'君子引而不发,跃如也'。"领导可以指明方向,但那时该由人民推动革命向前。只有当灾难降临时(结果,几乎总是这样),他公开赞成暴力。一年前,1926 年 1 月,他已承认"在特别情形上,即遇到了……最反动最凶恶极端鱼肉人民的土豪劣绅时,则须完全打倒他"。[1]但是他没有详细说明那意味着什么。下个月以后,他在农民运动讲习所的一次讲演中,第一次说到,如果没有什么其他办法对付反革命,那就要用"残暴的手段"压迫他们。现在,那些模棱两可的话被断章取义。如果那些地主是革命与农民的主要障碍,那么,消灭他们的主要手段,最恰如其分的办法就是革命暴力——同样的暴力,七年前,更年轻、更理想主义的毛在马克思与克鲁泡特金之间作选择时,他拒绝了它。革命暴力在性质上与战争暴力有区别,战争暴力是超越了恐怖与权力战斗。革命暴力的目标则对准了那些成为他们仇人的人,不是因为这些"仇人"做了什么,而是因为他们是"仇人"。布尔什维克曾出于同样的原因,即深深的阶级仇恨,推翻了俄国的资产阶级,现在共产党也是这样并将有类似的结果。

毛的报告是具有煽动性的,当党中央 1927 年 2 月底接到这份报告时,不管它是否公开发表了,都引起了激烈的争论。瞿秋白特别欣赏它,陈独秀与彭述之有保留意见。毛自己承认的是农会,这时当地的其他权力组织已经被农民运动的力量推翻了,毛也承认这时的农村,用他自己的话来说,是"处于无政府状态"。国民党,无论右派与左派,都被尚未看见的红色恐怖的报告吓呆了,红色恐怖还在毫无节制地加剧,他们都认为共产党应该负责。[2] 此外,红色恐怖很快就完全变成屠杀,这屠杀不像毛声称的那样是针对个别的、典型的恶霸,如:现在是共产党中央委员的李立三的地主老父亲,他带着他儿子写给他家乡农协的一封信回到故乡。农协并没理睬那封信,老人被立即处死。

---

[1] 施拉姆:《毛通向权力之路》第 2 卷,第 309 页。

[2] 毛在 2 月 18 日左右交出了报告。中共湖南区委机关刊物《战士》3 月 5 日开始连续刊载报告的全文。一周后即 3 月 12 日,《向导》开始发表其中的前两章(《毛泽东年谱(1898—1949)》上卷,第 184页)。由瞿秋白作序的这个报告的小册子也于 4 月出版。到这时,瞿和彭述之之间的论战已经公开化(李又宁:《瞿秋白传》,第 183—187、194—198 页);陈忽视了缓和同国民党左派的关系以维持统一战线的问题。也可参见施拉姆:《毛通向权力之路》第 2 卷,第 426 页(无政府状态);张国焘:《中国共产党的崛起》第 1 卷,第 596—613 页(尚未看见的红色恐怖)。

那段时间大家不期望的新命令①还是从莫斯科来了。由斯大林亲自制定的共产国际路线一直阻止农民运动②，因为担心它会暗暗破坏了与国民党的联合战线。现在，斯大林宣布了这是"极大的错误"。12 月中旬，在莫斯科通过的这些共产国际第七次代表大会的指示到达上海，这时，上海也刚收到毛的报告不久，毛的报告现在还保留这样的话："担心农村阶级斗争的激化会削弱反帝联合战线是没有根据的……由于害怕与部分资产阶级的那种暧昧的、优柔寡断的合作关系变松，而拒绝发动土地革命是错误的。"尽管共产国际的指示一直在继续维持联合战线(斯大林永远想要有他的蛋糕，并且吃掉它)，但是对共产党的讥讽现在是更加放肆了，而中共领导对于怎样回答是多么缺乏信心啊。③

最后达成了一种奇怪的妥协。毛的报告的开始两部分在 3 月的《向导》上发表(由共产国际广泛地重印，中共领导中没有一个人阻止共产国际重印有关革命暴力的那部分文章)。但是后面的部分——在这部分中，毛提到农民召开大会，打死地主，并挖苦国民党左派"天天谈论唤起民众，民众起来的时候，又吓得失去理智"——这些话被删掉了。后来，毛能够安排全文以小册子的形式在武汉出版，瞿秋白为此书写了热情洋溢的序言。这件事加强了毛与瞿的政治联合，而他与陈独秀的关系越来越糟。十年后他告诉斯诺："如果当时比较彻底地把农民运动组织起来，把农民武装起来，开展反对地主的阶级斗争，那么，苏维埃就会在全国范围早一些并且有力得多地发展起来。但是，陈独秀强烈反对。他不懂得农民在革命中的作用，大大低估了当时农民可能发挥的作用。"④

部分问题是陈独秀与中央局有更紧迫的问题要解决。2 月 17 日，国民革

---

① 共产国际第七次扩大会议的这些指示是 1926 年 12 月 26 日在莫斯科通过的，于 1927 年 2 月 3 日发表在它的周刊《国际新闻通讯》上(谢尼亚·尤丁和罗伯特·诺斯：《苏俄与东方(1920—1927)：文件概览》，斯坦福大学出版社 1957 年版，第 356—364 页)。还不能完全确定这个指示的副本是什么时候到上海的。蔡和森说"大约是在 1 月"。但实际上直到 2 月中旬出当席这次扩大会议的罗易和谭平山从莫斯科到达广州时，这个指示的副本才到达上海(张国焘：《中国共产党的崛起》第 1 卷，第 712 页，注释 17)。

② 1926 年 10 月，莫斯科给中国共产党的领导人发了一封电报，要求他们至少在上海开始北伐前要阻止农民运动，以免国民党的指挥官受到反抗。1926 年 11 月 30 日，斯大林把这个"错误的观点"归咎于国民党和中国共产党中的"某些人"。1927 年 8 月，他承认实际上是莫斯科的错误(尤丁和诺斯：《苏俄与东方(1920—1927)：文件概览》，第 293—353 页)。

③ 按照蔡和森的说法，这个指示引发了(还有别的原因)他自己同瞿秋白为一方以及陈独秀、彭述之和上海中国共产党中央委员会书记罗亦农为另一方的三方之间的激烈的争论。

④ 斯诺：《红星照耀中国》，第 188 页。

命军占领了浙江省省会杭州。第二天,他们的先遣部队到达距上海只有25英里的松江。相信上海市很快就会被革命军占领,共产党领导的工会宣布了一次总罢工。但是国民革命军的先头部队一直没有来。上海卫戍司令李宝章派出了大刀队到街上搜寻、追捕活动分子。一个美国记者在距城市的主干道只有几分钟步行路程的地方工作时看到了大刀队:

> 执行人员身背大刀,由一队士兵陪同,把他们的牺牲品押往一个重要的角落,在那儿,罢工领袖在杀头的威胁下被迫屈服。当那些人头被悬挂在尖细的竹竿上,高高地挑起来,并带往下一个执行地点时,数千人惊慌失措地消失得无影无踪。①

到这时候,中央局与苏联顾问们才显而易见地单方面断定了,与蒋介石的和解是不可能的,共产党与国民党左派一定要找出一种办法来削弱蒋的外在权力,国民党左派现在主要由唐生智的军队支持,这也是苏联现在正在支持的。而且,这样的结果是行得通的。蒋介石所拥有的那批支持者正在动摇。蒋的虚荣心与个人野心,他的"拿破仑情结",正如他的批评者所说,他着迷于要改变鲍罗廷,其中最不利的因素,据说人们普遍相信,他正在阻止汪精卫回国,并为此失去了具有决定性作用的中间派的支持。人们普遍有一种感觉,认为国民革命的中心正从南昌转到武汉,而且,蒋介石没有任何理由阻止这样做。

这种平衡在1927年3月6日无可挽回地倾斜了,那天,国民党中央执行委员会中有五名成员在南昌登上了一艘开往武汉的轮船。四天后,国民党长期期待的二届三中全会在汉口开幕。这次大会是由共产党与国民党左派主持的。

蒋介石本人与担任国民党中央委员会主席的张静江拒绝出席这次会议。一个新的国民党左派控制的国民党政治委员会成立了,它是国民党的最高权力机构,并采取进一步措施,使军队服从平民控制。国民党左翼——共产党的联合开始像是真正的联合了。两名共产党员,谭平山与苏兆征,苏是曾经帮助

---

① 《纽约先驱论坛》,1927年2月21日。《北华捷报》发现了一道银光:"尽管执行死刑一直是令人感到厌恶的",它写道,"但杀掉他们至少具有平息的作用。煽动者们……也会因为他们的离世而(变得)更引人注目。"

组织了省港大罢工的海员的领袖,他们俩在新的国民政府中任部长职务,这是鲍罗廷(与莫斯科)从年初以来就一直极力主张的。北伐重新开始了。伴随着艰难的激战,上海被攻占,蒋介石在 3 月 26 日把他的司令部从南昌迁到那儿。汪精卫也择路从欧洲回来了。汪蒋二人重新开始一年前被蒋介石集团摧毁的军事——平民两头政治,有了更大的希望。

毛在国民党的二届三中全会上多次发言,详细地说了很久,大会通过了(比他自己的共产党更乐于通过)他在湖南农村考察时带回来的许多想法,包括建立由农民自卫队保卫的农村政府;对恶霸地主处死刑或生活监禁;并第一次提到把属于"贪官污吏、土豪劣绅与反革命分子"的财产充公、土地重新分配。

会议宣布,土地是贫苦农民的"核心问题",而他们是革命的动力,党将支持他们的斗争,直到"土地问题完全解决"为止。二届三中全会这次说得比以前更彻底。关键问题——怎样分配土地——没有确定下来。但是,最起码,土地问题现在已提到议事日程上,此后,毛全身心地投入到中华全国农民协会的筹备工作中,投入到国民党土地委员会,以及其他可以使新政策生效的一些组织的工作中。

这段时间,杨开慧与孩子们和他在一起。他们在武昌租了一间房子,武昌的农民运动讲习所由于毛再次开学,毛又担任了所长。4 月初,他们的第三个孩子出世。这又是个男孩,毛为他起名岸龙。看起来生活终于又变得正常了。

同一天,1927 年 4 月 4 日,汪精卫与陈独秀在上海发表了一个联合宣言,肯定了他们的共同目标。据张国焘后来所写,这份宣言具有"轻微的催眠作用",它对国共合作产生了一种温暖的、怀旧的情绪。事实上,据传说,那时候空气已非常压抑。通商口岸的一些外国报纸滔滔不绝地议论着有关共产党集团反蒋或蒋介石集团反共的消息。汪精卫与陈独秀在他们的联合宣言中辟谣,说那些消息都是捏造的。① 布哈林在《真理报》上写道,那时候分歧是不可避免的,"没有悲观主义的余地",斯大林在莫斯科的一次保密会议上,也说蒋介石没有选择,而只有支持革命。一旦他扮演了他的角色,他就要"像一个柠

---

① 就汪精卫而言,这样做是不诚实的,因为在那一周早些时候同蒋的一次私下的谈话中,蒋已经向他表明了态度,即他希望免去鲍的职务并把共产党人赶走。另一方面,蒋显然也接受了汪相应的提议,即将这些观点提交国民党中央执行委员会全体扩大会议讨论,并在 4 月 3 日发表一个公开声明,明确表示服从汪的领导。(韦伯:《国民革命:从广州到南京(1923—1928)》,见《剑桥中国史》第12 卷,第 623—624 页)

檬一样被榨干,然后就把他扔掉"。一直到那一天,两个国家的共产党还都假定他是清白无辜的。斯大林精练地说:"农民保留了他的耗尽姿色的老女人,让她能活多久就活多久。他不强迫她工作。这样一来,他就只与我们在一起。"①

---

① 罗伯特·诺斯:《莫斯科与中国共产党》,斯坦福大学出版社 1963 年版,第 96 页;诺斯和尤丁:《罗易赴华使命》,第 54—58 页。

第六章

马日事变前后

1927 年 4 月 12 日凌晨 4 时刚过,上海市西区的上空回响着黄浦江上轮船的悲哀的汽笛声。这是国民革命军的信号,他们在千名"工人纠察队"的支持下,开始默默无声地进入上海工人阶级集中居住的南市与闸北,包围了那里的共产党大本营,那些"工人纠察队"都穿着统一的蓝色斜纹布制服,戴着白色臂章,臂章上有"工"字符号。为了推进他们的工作,市政委员会已经批准国民党司令官白崇禧的人可以自由地通过外国租界。

天刚拂晓,预定的进攻开始了。那些"工人纠察队"实际上是青洪帮的人,青洪帮是统治上海黑社会的组织。共产党毫无准备,被缴械,被击败。只是在总工会指挥部与商务印书馆的办公室,那里贮存了一些武器,共产党领导的工人能在那儿设路障,进行顽强的抵抗。将近中午,部队停止了机枪扫射与野战炮轰炸后,那里的抵抗也被击毁。"要说共产党的力量被摧毁了,或许太过分一点,"《时事》杂志的记者报道说,"但是共产党确实受到沉重的打击"。英国军官指挥的市内警察估计,四百多人被杀,更多的人受伤、被捕。

第二天,身为当时上海共产党最高领导的周恩来,命令全市总罢工,罢工使上海许多事情处于瘫痪状态。约一千名工人,包括在纺织厂与制造厂工作的女工与童工,游行到龙华司令部,并递交请愿书。后面发生的事情,借用《北华先驱》的大字标题来表达:"闸北可怕的战斗,共产党的妇女与儿童在第一线……然而,士兵开火了。"①报纸报道说示威者没有武器;军队在几码远的射程内以独一无二的排枪扫射的方式开火。二十余人当场死亡,二百多人在逃跑时被射杀。目击者报告,死尸被装进运货的大卡车运到公墓去埋葬。那以

---

① 《北华捷报》,1927 年 4 月 16 日,第 103 页。

后,就没有更大的示威活动了,蒋介石与他的伙伴坚决地夺回了他们的统治。

共产党与国民党左派为什么不抢在蒋介石动手之前起义,这几乎无法让人理解。一部分原因是因为斯大林,他一直坚持联合战线要不惜任何代价维持下去。斯大林认为,在统一中国与削弱莫斯科的敌人外国列强方面,国民党比共产党具有更大的可能性,因此,一定要维护苏联与国民党的合作。斯大林的中国策略是现实政治(强权政治的委婉说法)而不是革命。他蒙蔽了共产国际,共产国际则蒙蔽了中国共产党。

整件事还没完。甚至于因为考虑到共产国际的纪律,中国共产党的领导竟让他们自己以一种十分奇怪的方式被哄骗。在上海"四一二"政变前整整一个月,蒋介石已明确地改变态度,要反对他们的迹象越来越清楚,他们对此故意闭上眼睛。[①] 事情在3月中旬就开始了[②],当国民党的三中全会重申国民党左派与共产党合作(这是蒋介石与国民党右派在国民党内部发出试图夺权的信号)的时候,一场致力于反对左派的、有计划的暴力活动,就在蒋介石势力控制的全部地方展开了。从遥远的四川、重庆到沿海的厦门,无论哪里,步骤都是一样。暴徒都是从秘密社团(通常都涉及青洪帮)征募来的,当军队需要的时候,他们就作为后补力量接替,暴徒们击败左派群众组织,新的"中间派"组织就仓促地开始替代他们。

另一些力量也开始活动了。国民党左派统治下的汉口,已经发生了经济灾难。工人纠察队迫使数十家中国银行关闭。商业贸易处于停顿状态。那些富裕的中国金融家与实业家,正神情不安地注视着上海这个当时被称为"红都"的城市,对他们来说,那里发生的每一件事都是一个例子,告诫他们要尽力回避。如果那还不够,3月份上海工人的武装起义,是由共产党执行者冷酷地控制的——伦敦《时代》杂志称他们为"穿礼服的持枪歹徒"[③]——并且显示出共产党

---

① 哈罗德·艾萨克斯将白崇禧在2月19日第一次暴动时没有派军队援助上海工人视为是蒋为削弱这个城市的工人运动而一手制造的一次故意的失职行为(《中国革命的悲剧》,第135页)。那时在广州的印度共产党人罗易也持同样的观点(诺斯和尤丁:《罗易赴华使命》,第157页)。

② 如果不是更早的话:赣州(江西)总工会共产党的首领陈赞贤3月6日在蒋的一个下属的命令下被枪杀(《毛泽东年谱(1898—1949)》上卷,第189页)。见艾萨克斯:《中国革命的悲剧》,第143—144、152—153页;马丁:《上海青帮:政治与组织罪行(1919—1937)》,第93—95页;韦伯:《国民革命:从广州到南京(1923—1928)》,见《剑桥中国史》第12卷,第625—634页;韦伯和豪:《革命的传教士:1920—1927年苏联顾问和民族主义的中国》,第398、404—405页。

③ 《时代》,伦敦,1927年3月25日。

可能在警告什么的令人惊慌的迹象,这给人留下了极其可怕的深刻印象。

在外国社会,列强也在施加压力,要求停止"布尔什维克的恐怖"。渴望中得到的是有关堕落行为的可怕的报道。一个广泛流传的故事,描绘了共产党所谓的"共妻",把选来的妇女排成"裸体队伍"在汉口的大街上前进,她们都有"雪白的身体与完美的乳房"。一厢情愿的如意算盘。一个美国传教士在推论的时候担心,"如果不制止布尔什维克这只疯狗……而允许它越过大海来到我们所热爱的美国"会发生什么。① 另一个驻外代表回忆:"一种担惊受怕的心理控制了我们。我们都害怕被自己的仆人谋杀。事实真相是,最初的真正的警告来自于小男孩、苦力与保姆,他们不断地重复说'问题太多——最好到日本去'。"②

3月24日发生了一件事,这件事使那些担心上升到顶点。③ 那天,国民革命军攻占南京的时候,士兵们抢劫了美、英与日本领事馆,并且向一队等待疏散的外国人开火,打伤了英国领事,打死了两个英国人、一个美国人、一个法国人、一个意大利神父与一个日本海军陆战队士兵。人们称之为"南京事件",它使西方国家相信,到他们采取行动的时候了。

于是,到4月初,各国列强与上海的资本家共同寻找办法以阻止事态进入无政府和无序状况。每个外国人嘴上挂着的问题都是,是蒋介石这个国民党总司令,还是哪个明显地对共产党事业有保留的人,能对事情作出回答。④《北华每日新闻》上写道:"蒋介石站在十字路口。他……现在[是]共产党占领的中国长江以南地区的唯一保护人……但是,如果蒋司令要从红色恐怖中挽救他的同胞,他就必须迅速地、不屈不挠地行动。他能证明自己是个有行动、有决心的人吗? ……或许,他也会与中国一起在红色灾难中走下去吗?"⑤

答案在这时候来了,并且很狡猾地让人摸不清头脑。⑥ 上海的中国商业团体秘密地给了蒋300多万美元作为"贷款"的首期支付款,那笔"贷款"估计

---

① 瑞夫·埃德加·斯特拉斯尔:《布尔什维克化的中国——世界最大的危险》,上海,字林西报和北华捷报出版社1927年第11版,第4、14—15页。

② 苏库尔斯基:《国民党》,见《中国年鉴》(1928年),天津出版社,第1349页。

③ 《时代》,伦敦,1927年3月25日和29日;韦伯和豪:《革命的传教士:1920—1927苏联顾问和民族主义的中国》,第400—401页。

④ 《北华捷报》,1927年3月12日,第402页。

⑤ 《字林西报》,1927年3月28日。

⑥ 这并不能使人想起被配上管弦乐的政治活动。反而更容易使人联想到中国人的负担、对各国列强在北京搜捕的认可、对苏联领事馆的限制;上海市议会通过的允许杜月笙的"工人纠察队"到达出事地点的决定,使1927年4月初的形势发生了完全出乎人们预料的结果(克里福德:《帝国腐败的产物:在上海的西方人与20世纪20年代的中国革命》,第255—259页)。

在1000万美元至2500万美元之间,可以清楚地知道,那笔钱是用于蒋抑制共产党的。4月6日,列强各国的北京一些代表委托北方政府,其时北方政府由凶残的反共奉系军阀张作霖控制,他派出中国警察进入使馆区搜查了苏联大使馆,当时许多共产党领导,包括李大钊,都在那儿避难。天津的苏联领事馆也被搜查。在上海,卫兵们被布置在苏联领事馆,根据命令,他们不让任何人进入,除了苏联官员。青洪帮领袖杜月笙,他的忠实的朋友"黄麻子"黄金荣,早在十年前就帮助过蒋,那时候,蒋还是上海的一个年轻职员,现在,黄金荣组织了"共进会",为正在进行的对抗提供了所谓的"工人纠察队"。那段时间,上海邻近各市,从福州到南京,反共镇压的宣传连续不断。

甚至在所有这一切以后,斧头最后落下来的时候,"革命的保护人",借用一句同时代观察员的话,"还是没有觉察"。[1] 他们不仅没有一点防御准备,而且汪寿华没有丝毫怀疑就接受了杜月笙请他4月11日晚上去共进晚餐的邀请。汪寿华是共产党的共产劳工委员会与上海总工会的主席,也是一个引起争论的上海市最重要的共产党领导。那天晚上,他刚一到达约定地点就被勒死,他的尸体被抛进荒郊野外一个浅浅的坟墓。

问题不在分析失误。早在1月,共产党中央局就已提出警告,如果发生"外国帝国主义与国民党右派或国民党中间派联合"的情况,就要出现"极其危险的处境"。但是,蒋总司令以如此完美的技巧,假装自己已转变态度,除了他自己的内部小圈子,没有一个人能猜出他的真正目的。外国人与共产党都同样被他迷惑住了。3月初,《北华每日新闻》正在为蒋拒绝站在"真诚的反共"立场[2]而悲伤的时候,中央局继续相信:一些省里出现的对共产党领导的组织

---

[1] 在上海,中国共产党区委在4月1日开会,知道了蒋介石已经向青帮支付了60万墨西哥元,使之去干扰江西的劳工运动,并在上海也准备采取相同的措施。但它的书记罗亦农则在中央谈到同蒋在"革命与反革命之间"的激烈论争,他显然相信,在目前,这个争论仅限于政治上,还不会发展到武装对抗(徐玉芳和边献英:《上海工人三次武装起义研究》,上海,知识出版社1987年版,第227—228页)。随后,总工会收到警告,说匪徒要进攻监视罢工的纠察员,而且与匪帮的冲突会很常见,总工会显然不相信这是更大范围的压制的一部分(《第一次国内革命战争时期的工人运动》,北京,人民出版社1954年版,第492—493页)。也可参见柴斯涅科斯:《1919—1927年中国的劳工运动》,第367—371页。在汉口,鲍罗廷主要关心的不是蒋对共产党人的态度,而是他要把总部移至南京的消息。4月7日,国民党政治委员会召开紧急会议,决定(采取任何行动都已经太晚了)汉口政府应当先于他一步移至那里。上海发生的事件没有被讨论(韦伯:《国民革命:从广州到南京(1923—1928)》,见《剑桥中国史》第12卷,第632—633页)。好像每个人都把它视为一条错误的路线。

[2] 《字林西报》,1927年4月8日。

的进攻都是反动分子零零碎碎的尝试,而他们的行动不是蒋介石支持的。①
根本原因还是在 1927 年,共产党是如此热中于与资产阶级联合,它不能想象
没有资产阶级的革命。②

　　汉口,4 月 12 日,毛出席了新的国民党土地委员会的会议,在会上度过了
这个上午,委员会正试图设想一种重新分配土地的政策,以满足农民对土地的
要求,但支持国民党的那些地主的土地不在分配之列。毛在湖南经历了那些
事以后,依然洋溢着乐观主义精神,并坚决主张一种根本方法:让农民自己采
取行动,通过拒绝付地租达到目的——以后就可以合法承认土地归农民所有。
他与瞿秋白正在为中共五大草拟类似的建议,五大后来就在那个月月底召开
了。新的共产国际代表(纳伦德拉·巴塔查尔亚)罗易,刚从莫斯科到达武汉,
他比鲍罗廷更赞成土地革命。汪精卫这时也在汉口,陈独秀在赴汉口的路上。

　　那天下午,当无线电播出来自上海的第一条紧急通讯的时候,所有这些认
真设想的希望全都轰然坍塌。

　　接下来的六天,共产党中央局几乎在连续不断地开会。③ 莫斯科的两位
顾问提出了截然不同的建议。由陈独秀支持的鲍罗廷建议"战略撤退"④,包

---

①　譬如在南京,江苏省国民党委员会的共产党员章述之(音译)并没有察觉到蒋介石本人是支持这个
　　镇压行动的,直到他在 4 月 9 日被捕并被国民党的安全官员扣留了整整一夜之后,他才意识到这
　　一点(韦伯:《国民革命:从广州到南京(1923—1928)》,见《剑桥中国史》第 12 卷,第 633 页)。根据
　　周恩来的说法,4 月 14 日,上海党的领导人就首先得知蒋应对九江和安庆的屠杀(发生在 3 月 17
　　日和 23 日)负责(《周恩来选集》第 1 卷,第 18 页、第 411 页,注释 7),然而,这与上海的中国共产党
　　委员会讨论蒋资助的青帮对江西左派的暴力行为的 4 月 1 日的会议(周本人出席了这次会议)有
　　着怎样的必然的联系还不清楚。同样,罗易在 4 月中旬也谈到"刚刚收到关于蒋介石派密探到四
　　川的报告"(诺斯和尤丁:《罗易赴华使命》,第 169 页),3 月底那里便开始了残酷的镇压(韦伯:《国
　　民革命:从广州到南京(1923—1928)》,见《剑桥中国史》第 12 卷,第 626—627 页)。
②　1930 年成为共产国际在中国的代表的帕威尔·米夫后来写道:"上海的同志仍然迷恋过去旧的路
　　线,他们无法想象没有资产阶级参加的革命政府会是什么样子的政府。"正如哈罗德·艾萨克斯所
　　说的,米夫有意识地避而不提这条"旧的路线"已经被斯大林舍弃(《中国革命的悲剧》,第 170 页)。
③　见诺斯和尤丁:《罗易赴华使命》,第 160—182 页。按照以上资料,罗易、鲍罗廷、陈独秀和"其他
　　人"在 4 月 13 日和 15 日期间,以及在 4 月 16 日都讲了话,中央委员会通过了根据罗易的讲话起
　　草的决议。但这次决议在 4 月 18 日被废止,接着又于 4 月 20 日通过了一个新的决议。
④　鲍罗廷讲话的全文已无法找到,但从罗易的回答中可以清楚地看到鲍讲话的大意(诺斯和尤丁:
　　《罗易赴华使命》,特别是第 160、163 和 172 页)。几天后,鲍罗廷对国民党的领导人说,除了通过
　　减弱湖北和湖南的农民革命运动和武汉的工人革命运动以"作暂时的、战略上的退却外没有别的
　　选择"(顿·李:《通向共产主义之路:1912 年以来的中国》,纽约,温诺斯坦德出版社 1969 年版,第
　　89—91 页)。有关的总结报告,见路易·费舍:《国际事务中的苏联:苏联与世界其他国家之间的
　　关系史》,伦敦,强纳逊角出版社 1930 年版,第 2 卷,第 673—677 页。

括在武汉政府控制的地区严格制止农工运动,并在唐生智的指挥下立刻重新开始北伐。他提议唐生智与在河南的冯玉祥将军会合,冯信奉基督教,现在正接受苏联的物质援助,二人联合发动一次反对张作霖北洋军阀的行动。一旦张的部队被击败,就会有足够的时间对付蒋介石,并复兴临时停滞的革命运动。罗易认为,这是"对农民、无产阶级……与群众的背叛"。[①] 他声明,中国革命"要么就作为土地革命来进行,要么就根本不作为土地革命来进行"。到北方去意味着"与真正的反动势力联合,这些反动势力在革命的每个阶段都背叛了革命"。他断定,鲍罗廷的建议是"非常危险的",共产党必须拒绝。

这场争论把斯大林的中国政策中内在的基本矛盾公开了。是工农放在第一位,还是与资产阶级的联合放在第一位?

争论继续激化的时候,收到了周恩来与上海的其他领导拍来的电报,他们主张第三种选择。他们说,蒋介石的军事状况还没有它表面上看起来的那么强。如果唐生智向南京进军,并采取"果断的、惩罚性的行动",蒋的部队是可以击败的。另一方面,如果继续优柔寡断,蒋就会巩固他的位置。瞿秋白支持上海领导的意见。陈独秀又提出了最早由孙中山提出的一个主意,即向西北前进,因为那里的帝国主义力量最薄弱。谭平山与张国焘希望南进,夺回广东国民党的老根据地。

所有这些讨论的无效与共产党的无能,都在下一个周末表现出来。中央局最终认可了罗易的立场,并且发布决议宣布了那一点,说在这时候继续北伐是"对革命有害"——但也仅仅是发现了这一点,而这时候,汪精卫在鲍罗廷的唆使下,宣布了紧要关头的再次北伐。[②]

毛没有参加那些会议。[③] 他的职务太低(甚至还不是中央委员),自从在《湖南农民运动考察报告》的问题上他与陈独秀意见不同、关系恶化以来,陈已拒绝与他一起讨论任何事。但他是赞成罗易的观点的。

毛与一些年轻的左派、一些年长的、更保守的国民党官员组成的小组一起在国民党的土地委员会里工作,试图为重新分配土地制订方案,让这一方案在

---

① 诺斯和尤丁:《罗易赴华使命》,第163—172页。

② 韦伯:《国民革命:从广州到南京(1923—1928)》,见《剑桥中国史》第12卷,第639页。4月12日(在得知蒋政变的消息之前),武汉政府已经决定敦促重新开始北伐。这个决定在4月19日一再被伴着鼓号曲而广为传播。如果罗易所说的中共中央委员会的决议是准确的话,那它在4月17日一定是得到了国民党左派领袖的认可(诺斯和尤丁:《罗易赴华使命》,第75页)。

③ 《毛泽东年谱(1898—1949)》(上卷,第193页)指出,"4月中旬"毛参加了中共中央农委连续三天的会议,但它并没有列出4月13—17日期间毛的活动。

执行中可以满足所有不同阶级的利益,他就这样度过了 1927 年的 4 月。制定土地重新分配方案的关键问题是,大面积的土地到底怎样再分配? 对所有的私人土地,都像毛建议的那样全部充公? 还是只限制他们占有 30 亩,比毛的父亲当年占有的多一点? 或者是像那些年长的代表们提的那样,超过 50 亩或 100 亩的土地充公? 最后,这些都被证明是无意义的行动,因为毛起草的方案中的对土地限制的说法,土地委员会最终建议的东西,都被国民党中央执行委员会当场置于一边,认为它可能会扰乱军心,许多军官都是地主家庭出身。①

毛的努力在共产党内的遭遇也没好到哪儿。② 在中共五大上,他所起草的要求所有的土地充公的提案,没有讨论就搁置一边,口头上说得好听,是以"土地国有化"原则来推辞,因为共产党与国民党一样,禁止没收"小地主"的土地,而这一托词也是无意义的,"小地主"也是一个界限很不明确的概念。

到这时候,毛再一次"(对当时党的政策)非常不满意"。感情是相互的。在选举新的中央委员会的时候,他勉强被选为候补委员,在共产党的领导集团中,排在第 30 位。③ 一星期后,重组共产党农民委员会的时候,由于瞿秋白的关系,他得以担任农委书记一职,瞿秋白这时被提拔到新的政治局常设委员会中(这就是以前的中央局)。④ 毛保住了他的中央委员头衔,并继续为全国农民协会工作。但是,他要开展遍及全国的农民运动,就像他从(湖南)回来后所写的,"如此迅速,如此激烈,没有任何力量……能够压制它"的农民运动,这一可能性看来遥遥无期。

这时,来自其他省的接连不断的坏消息表明,局势已逐步进入流血阶段。

---

① 这些既非常重要又极不融洽的谈判资料可以从以下几本书中找到:施拉姆:《毛泽东》,第 99—102 页;韦伯:《国民革命:从广州到南京(1923—1928)》,见《剑桥中国史》第 12 卷,第 648—649 页;《毛泽东年谱(1898—1949)》上卷,第 191—199 页。也可参见施拉姆:《毛通向权力之路》第 2 卷,第 487—491、494—503 页。1927 年 4 月 2 日和 5 月 9 日期间,先后召开了三次正式会议、六次扩大会议和四次小组委员会会议。

② 斯诺:《红星照耀中国》,第 188 页;《毛泽东年谱(1898—1949)》上卷,第 197—198 页。在向党的第五次全国代表大会的报告中,陈指名批评了毛和李立三(塞茨编:《中国共产党掌权:文献和分析》,第 241 页)。有关毛起草决议的背景,见爱德华·哈里特·卡尔:《苏俄历史:计划经济的建立(1926—1929)》第 3 卷第 3 部分,剑桥大学出版社 1978 年版,第 788 页。

③ 《中国共产党历史大事年表(1919—1990)》。《中国共产党会议概要》(沈阳出版社 1991 年版,第 54—60 页)上的数字与此稍有不同。

④ 《毛泽东年谱(1898—1949)》上卷,第 199 页。康拉德·布兰特(《斯大林在中国的失败》,哈佛大学东亚研究中心 1958 年版,第 128 页)确认瞿秋白是毛的继任者。在党的第五次全国代表大会上和毛一起反对陈独秀的土地政策的彭湃,这时也离开了农委(《毛泽东年谱(1898—1949)》上卷,第 199 页;加尔维亚蒂:《彭湃与海陆丰苏维埃》,第 258 页)。

在广东,国民党右派将领宣布了军事管制法。他们逮捕了2000多名共产党可疑分子,并大批处死。在蒋介石直接控制的地区,发动了"清党运动",肃清共产党员。在北京,李大钊与在搜查苏联大使馆时与他一起被捕的19个人,被张作霖下令绞死。

到5月初,只有湘、鄂、赣地区仍在武汉政府的控制下,江西省省长朱培德是汪精卫的长期伙伴了。

更严重的是经济危机。工人运动的战斗精神已经使一些城市处于无政府状态。汉口、汉阳与武昌已有30万人失业。外国居民也从1500人降到1300人,留下来的那些人的困境,《时代》以大字标题"汉口的红色恐怖"作了报道和描绘:

> 政府现在完全是共产党掌握,商业买卖是不可能的,工会与纠察队员控制了城市,当士兵们表现出一种可怕的倾向时,英国[公民]出现在大街上是不安全的,一些商行的老板现在成了暴民暴力的特别对象,一些人在街上在刺刀下被追逐。[①]

当广东、上海的中国银行在蒋介石的命令下,停止与武汉交易的时候,事态就变得更严重。税款征集停止了;政府印发钞票没有税收支撑;日常必需品从商店里消失了。4月份的时候,甚至就有粮食短缺的担心,因为湖南的革命当局痛恨粮食输出,试图压低粮价。

经鲍罗廷的坚决要求,国民党中央执行委员会宣布一条禁令,禁止一切未经批准的自发的罢工,宣布了工人运动必须遵循的革命纪律,以及稳定货币、调整价格、为失业人口提供救济的具体措施。

这时候,军事平衡的天平开始倾斜。唐生智的部队已经北上,与河南的冯玉祥的新国民军会合。但是,唯一的基干警卫部队还留在后面的河北,这就给蒋介石提供了查清武汉防御情况的机会。[②] 5月中旬,国民党驻宜昌的司令官夏斗寅叛变革命,投靠蒋介石,他率先带领2000人的部队,由武汉上游200英里处的宜昌出发,向汉口进军。由于蒋介石的怂恿,另一些将领表面上忠于武

---

① 《时代》,伦敦,1927年3月30日。

② 韦伯:《国民革命:从广州到南京(1923—1928)》,见《剑桥中国史》第12卷,第651—652页。由李宗仁和白崇禧指挥的蒋的部队几乎在同一时间分别重新开始北伐。他们每一方都宣布在同北方人作战的同时不会进攻其他人。

汉,背后却在调遣他们的部队。5月18日,武汉政府得到报告,夏斗寅的先遣部队距武昌只有几英里了。店主们关门闭户,过河的轮渡停止服务。共产党员叶挺其时为代理卫戍司令,他集合了几百名部队干部与军校学员,做好了充分的战斗准备。要求毛动员农民运动讲习所的400名学生,这些学生每人发了一支老式来复枪,进行基本的军事训练,在市内大街上巡逻。

第二天上午,叶挺临时集中的部队出发,夏斗寅被击败。但是,他已点燃的战火就不容易熄灭了。

在长沙,到处流传着有关武汉沦陷、汪精卫逃跑、鲍罗廷被处死的谣言。已经到那年春天了,派系斗争的倾轧在左派与中间派之间无节制地呈螺旋形上升。4月,几个与国民党右翼或外国团体有联系的当地名人,包括叶德辉在内,被逮捕并枪毙。叶德辉,是个年老的首要的保守主义的学者,他曾帮助唆使了1910年的粮食暴动,那次暴动深深地印在当时还是孩子的毛的脑海中。现在,各种冲突在士兵与农协积极分子之间突然爆发。5月19日,唐生智的副司令何键的亲生父亲被共产党的游行示威者痛打。

两天后,1927年5月21日,旧历的马日,长沙卫戍司令许克祥作出酝酿多日的决定,发动了马日事变。

湖南的共产党领导人不喜欢他们的长沙国民党同事,六个星期以前,他们得到了国民党在谋划什么的风声。但是,他们控制的3000工人纠察队只是以木棍、梭镖为武器,出现冲突就不能够应急了。那天下午,共产党领导发放了应急资金,女人和孩子送到了安全地点。[①] 晚上11点,出现了第一声枪响,以后一直持续到第二天黎明。一个共产党领导人的妻子是这样写的:"火光照亮了夜空,我听见从农协指挥部那儿传来的枪声,机枪与来复枪的枪声……我们待在屋里的每个人都起来了,静静地坐在祭坛式的屋子里,大家都很害怕。我把六个月的男孩抱在膝上,他正在我胸前吸奶,但是他吸不到奶水,哭了又哭。"[②]

[①] 柳直荀说,我们原有"一个反攻的计划",但这个计划太不明确,根本没有什么实际的用处。"我们知道事变之将到……但是当时的共产党……没有斗争的经验……因此事变临头,手忙脚乱,一切计划全归失败。"(《马日事变的回忆》,见《第一次国内革命战争时期的农民运动》,第383页。也可参见中共湖南省委宣传部:《湖南革命烈士传》,长沙,通俗读物出版社1952年版,第96页)。

[②] 《湖南革命烈士传》,第96页(麦克唐纳在《农村革命的城市起源》第315页引用了这段话)。

在接下来的三个星期中,据估计,长沙及其周边地区有 1 万余人被杀害。① 每天的黎明与黄昏,一批批共产党嫌疑犯被带到长沙西门外的老刑场去处死。另一些同志死于一场由农民自卫队发动的半途而废的暴动。② 那场暴动本来由中共湖南省委命令在 5 月 31 日开始,可是到最后时刻,汉口来了取消暴动计划的命令,两批正在赶往长沙与湘潭的人没有得到改变计划的消息,他们被杀害了。

保守分子的镇压活动从湖南扩展到湖北,夏斗寅的叛军横冲直撞,在农村杀死了数千人。③ 在江西,农民协会被迫解散,土豪劣绅的复仇风暴一触即发。在整个中原地区,白色恐怖代替了红色恐怖,作为地主武装的"民团",他们对那些敢于起来反对他们的农民采取了极其可怕的报复行动。毛报告说,那是由于 6 月中旬准备成立"中华全国农民协会"的原因:

> 在湖南……将湘潭总工会委员长斩决,而以脚踢其头,更用洋油注其腹内而焚之……在湖北各县挖眼拔舌,剖肠斩首,刀割沙磨,洋油焚烧,红铁火烙,均为豪绅对待革命农民的残酷刑罚。对待妇女,则以绳穿贯其乳,而趋其裸体游行,或零碎割死。④

在湖南醴陵,到大屠杀停止时,已有 8 万人被害。茶陵、耒阳、浏阳与平江四县,将近 3 万人被害。这次大屠杀甚至远远超过了十年前张敬尧的军队劫掠湖南时所做的任何坏事。在中国,从 19 世纪 50 年代血腥镇压太平军以来,

---

① 麦克唐纳:《农村革命的城市起源》,第 316 页。艾萨克斯指出,"在接下来的几个月的时间里",有 2 万人死亡(《中国革命的悲剧》,第 236 页)。这两个数字都与所能找到的第一手资料是一致的。毛指出,根据各个县统计证实的一些数字,到 6 月 13 日,在湖北、湖南和江西有"1 万多人"死亡(施拉姆:《毛通向权力之路》第 2 卷,第 516 页)。也可参见《民国日报》,汉口,1927 年 6 月 12 日(转引自艾萨克斯:《中国革命的悲剧》,第 225—226 页)。

② 柳直荀:《马日事变的回忆》;韦伯:《国民革命:从广州到南京(1923—1928)》,见《剑桥中国史》第 12 卷,第 656—657 页。取消暴动的命令是由李维汉发出的,他在 1923 年 4 月接替毛担任湖南党的书记,他担任这个职务一直到 1927 年 5 月底(康拉德·布兰特、本杰明·施瓦茨和费正清合编:《中国共产主义历史文献》,哈佛大学东亚研究中心 1952 年版,第 112—113 页)。也可参见张国焘:《中国共产党的崛起》第 1 卷,第 636 页。

③ 韦伯引用国民党档案中的一个报告,估计在湖北"有四千到五千人"被夏的部队杀害,"许多村庄被毁"(《国民革命:从广州到南京(1923—1928)》,见《剑桥中国史》第 12 卷,第 654 页,注释 220)。也可参见艾萨克斯:《中国革命的悲剧》,第 225—227 页。在江西,死亡的人数较少(韦伯:《国民革命:从广州到南京(1923—1928)》,见《剑桥中国史》第 12 卷,第 660—661 页;也可参见施拉姆:《毛通向权力之路》第 2 卷,第 514—517 页)。

④ 施拉姆:《毛通向权力之路》第 2 卷,第 514—517 页(1927 年 6 月 13 日)。

再没有什么事像这次大屠杀一样野蛮和残酷了。

　　马日事变与它的极其可怕的后果造成中国共产党的转折点。张国焘后来写道："共产党从这血淋淋的教训中学会了'只有武装的军队，才能战胜被武装的军队'。"①

　　但是，那是事后诸葛亮。共产党在当时的反应是迟钝的、混乱的。马日事变的消息一开始传到武汉时，共产党仍在议论夏斗寅叛变失败一事，并一次又一次地决定，一定要阻止农民运动，以防类似的事情以后再发生。实际上，共产党中央政治局在 5 月 25 日最早的反应是，农民已经由于他们那种无节制的行动导致自身受害了。第二天，经汪精卫同意，鲍罗廷作为国共联合调查委员会的主任带领委员会动身去长沙，试图证实那里发生的一切。他们离开武汉的时候，毛代表"中华全国农民协会"发出电报给中共湖南领导，②要求他们"要忍耐，等待政府官员，以便避免更大的冲突"。这个调查委员会永远也没有到达湖南，它到达湘鄂边境时就被打发回来了（据说是由于许克祥发出警告，如果委员会再继续往湖南前进，就要杀死全部委员）。只是到这时候，中央委员会才向国民党领导呼吁，要求解散许克祥的"暴动委员会"，派军队去长沙讨伐许克祥，讨伐队由唐生智率领，这时，唐生智还被共产党看做同盟，共产党还要求提供武器给农民，使他们可以保护自己。这些要求没有一条得到满足。

　　5 月底，毛要求政治局派他到湖南去帮助重建那儿的党组织。十天后，他被委派去湘潭，组织新的中共湖南省委员会，他被任命为书记。但这个决定几乎一作出就立刻取消了。③ 然而，从 6 月初开始，毛已一天天地承担起处理湖南工作的责任。接下来的几个星期，他的努力有些成效，他以一些声明与指示来调和党的一些要求，就是把农民引到坚决防御的路线上，他坚决主张的就是以农民的合理的"暴力抵抗办法"坚定地保卫自己。

　　与此同时，另一个打击又从最意想不到的地方降临到处于困境的中国共产党身上。

---

① 张国焘：《中国共产党的崛起》第 1 卷，第 615 页。汪精卫的顾问唐良礼（音译）也把马日事变看成是一个认清"已经到国民党和共产党分开的时候"的时机（《中国革命内幕》，纽约，杜顿出版社 1930 年版，第 279 页）。

② 诺斯和尤丁：《罗易赴华使命》，第 103 页。毛那时负责起革全国农民协会的绝大多数指示。然而，他把这些指示给谁却不清楚，因为省农民协会和省工会已经被取缔。

③ 《毛泽东年谱（1898—1949）》上卷，第 201 页。6 月 7 日宣布了对毛的任命。

蒋介石发动"四一二"政变以来,斯大林一直忙于与托洛茨基的斗争,这斗争已超过了他对中国突然发生的灾难所应具有的责任心。[①] 作为一种结果,共产党由于它自身的一些因素生存了下来,并继续前进。但是,在 1927 年 6 月 1 日,共产国际在莫斯科召开了一次扩大的、不常见的守口如瓶的全会以后,一封电报到达汉口。斯大林在电报中通知中央委员会,要他们开始执行更强硬的路线。[②] 他们必须"尽可能以一切办法"促进土地革命。一些过火行为要由农协自己来处理。国民党必须成立一个革命法庭,严惩那些继续与蒋介石联系的或是继续用他们的军队来镇压群众的人。"劝说是不够的,采取行动的时间到了。"斯大林宣布。"流氓必须受到惩罚。""在为时还不太晚之前",要动员"湖南、湖北的 2 万共产党员与 5 万革命工农",以便"立刻肃清那些不可靠的将领"。国民党中央执行委员会也需要输入新鲜血液,必须要从农民与工人阶级中选拔勇敢的新领导,使某些现在正在"犹豫妥协的老领导"坚定信心,或者把这些老领导赶出去,让这些勇敢的新领导代替他们。[③]

据张国焘回忆,这份电文读出来的时候,政治局委员们"啼笑皆非"。陈独秀后来写道,这像是"一派胡言"。甚至连鲍罗廷与魏金斯基也都认为"无法执行"斯大林的指示。

这不是斯大林想错了。一年前,共产党领袖曾向莫斯科请求援助 5000 支枪,来武装广东的一支独立的农民军队,但是请求被当场拒绝,理由是这样或许会在国民党军队中引起怀疑。毛与蔡和森曾长久地争论过,认为在农协内部可以有自己的武装,采取暴力行动,而不是依靠外部的军队。斯大林电报的问题在于,不仅是斯大林的新指示来得太迟,而且斯大林对革命运动中双方力量的评价太脱离现实,好像来自另一个星球。无论是国民党左派,更不必说共产党,他们都无权惩罚那些"不可靠的将领";共产党也无权改组国民党中央执行委员会,中央执行委员会正如此迅速地向右转变,共产党在竭尽全力保持统一战线的完好无损。

在这关头,罗易希望这份电报能激励共产党更有力地支持农民运动,他把

① 艾萨克斯:《中国革命的悲剧》,第 190—196 页;尤丁和诺斯:《苏俄与东方(1920—1927):文件概览》,第 301—302 页。关于托洛茨基一方的论点,见伊文斯和布洛克编:《列昂·托洛茨基论中国》,第 443—461 页。

② 诺斯:《莫斯科与中国共产党》,第 100、104—105 页。尤丁和诺斯《苏俄与东方(1920—1927):文件概览》第 369—376 页收入了 5 月 30 日通过的这个决议。

③ 诺斯:《莫斯科与中国共产党》,第 105—106 页;尤丁和诺斯:《苏俄与东方(1920—1927):文件概览》,第 379—380 页。

事情揽到自己手上。

没有与鲍罗廷,也没有与中国任何一个共产党领导商量,罗易就把电报拿给汪精卫看了。他的动机永远无法解释清楚,但是与斯大林一样,这表示他也错误地估计了双方的力量,他相信共产党的支持对汪精卫来说仍然很重要,莫斯科对国民党所寄期望的破灭,使他震惊,以至于采取了更激进的政策。执行激进政策时,其结果就明显地颠倒过来。汪精卫决定结束国共合作。第二天,6月6日,汪率领一个代表团到南京,他要为国民党右派最后和解做试探。①

罗易的大错促进了这不可避免的结局。共产党试图驾御的这两匹狂奔的马——农民暴动与资产阶级革命——数月来已被撕扯开来。甚至于不用他动手,马日事变已经发出了最后分裂的信号。

6月15日,陈独秀将中央政治局对斯大林指示的反应电告斯大林②,对苏联领袖处理共产党即将来临的厄运这一事情明显地表现出毫不隐藏的恼怒。陈独秀像对一个孩子一样解释:

> 农民运动在湖南发展特别迅速,国民革命军90%是湖南人。整个军队对农民运动的过火行为都抱有敌意……在这种情况下,不仅是国民党,就是共产党也必须采取让步政策……否则,将立即引起与大部分反动军队的冲突,与国民党发生分裂……在最近的将来,继续留在国民党内在客观上大概是不可能的……你们的指示是正确而重要的,我们表示完全同意……但在短时期内不可能实现……当我们还不能实现这些任务的时候,必须与国民党和国民革命军将领保持良好关系。

对苏联领袖的指示,只有一条陈独秀没有给予直接回答,这一条就是创建"你们自己的可靠的军队"。这不是意外之事。就是在5月26日,收到斯大林

---

① 韦伯:《国民革命:从广州到南京(1923—1928)》,见《剑桥中国史》第12卷,第661—662页;诺斯和尤丁:《罗易赴华使命》,第110—118页;唐良礼(音译):《中国革命内幕》,第280—283页;张国焘:《中国共产党的崛起》第1卷,第638—646页。罗易的态度可以从他1927年6月15日对政治局的讲话中推断,他说:"我们必须要让国民党作出一个直截了当的回答。我们必须使它在民众面前发表一个明确的宣言来表明它是要领导革命向前走还是想背叛革命。"(诺斯和尤丁:《罗易赴华使命》,第355页)
② 诺斯和尤丁:《罗易赴华使命》,第338—340页。

电报之前一个星期还不到的时候,中央政治局仍然坚持要避免武装斗争;①实际上,这就是为什么放弃 5 月 31 日长沙暴动的原因。现在,情况已经变了。无论怎样延误,最终还是要严肃地讨论建立一支独立的共产党武装力量的问题。

斯大林的电报在当时激起了争论,但过后很长时间它被置之脑后。实际上,他的电报的永恒的意义②在于他从此播下了建立共产党军队的种子,数月以后,中国工农红军诞生了。

陈独秀把政治局的反应电告斯大林的时候,一个由周恩来领导的秘密的中共中央委员会③已经成立,其时,周任共产党军事委员会书记,军委制定了下一步行动的详细计划,决定派出一百多名共产党员深入湖南各地,去组织农民武装暴动,以反对许克祥的军队。这些代表出发前不久,在武汉的一次会议上,毛告诉他们,他们的任务就是回到自己的家乡并"以武装暴动坚持革命斗争"。这种计划明显地表示,如果武装暴动成功,那么共产党领导的农民军队,就会成为斯大林所号召的"可靠的军队"的核心。

6 月 24 日,毛被任命为中共湖南省委书记,他立刻动身去长沙看望在连续不断的镇压中幸免于难的同志。几天后,他告诉衡山的一些幸存的共产党与青年团干部,犹豫徘徊的时候过去了,从现在开始,他们必须"以牙还牙"。

但是正如毛所说的,这是共产党先发制人的计划。

---

① 中央委员会宣布:"冒立即同敌人发生武装冲突之险,对于我们党来说是不可取的。"(《中共中央文件选集》第 3 卷,第 138 页)

② 毛去世后,这一点也得到承认,"虽然共产国际在指导中国革命时犯了一系列的错误,但当时这个特别的指示在当时正确地指明了怎样挽救革命这个根本问题"(胡绳主编:《中国共产党简史》,北京,外文出版社 1994 年版,第 103 页)。

③ 从 6 月 7 日毛第一次被任命为湖南临时省委书记到 6 月 24 日第二次作出这个任命,可以看出,中共中央在"湖南问题"上的政策是不断变化的(《毛泽东年谱(1898—1949)》上卷,第 203—204 页)。6 月 17 日,中共中央军事委员会主席周恩来向政治局常委会提出了"湖南暴动计划"。瞿秋白后来证实,中共中央在那个月确实作出了一个在湖南发起进攻的"最后的决定"(瞿秋白:《中国共产党的过去和未来》,见《中国历史研究》1971 年 5,1,第 37—38 页)。一周后,毛到达湖南,他向那里的干部扼要说明了特委的计划(《毛泽东年谱(1898—1949)》上卷,第 203—204 页)。蔡和森后来写道,中共中央和共产国际代表(鲍罗廷和罗易)建立了一个特别委员会以组织湖南的农民武装暴动,并为此将"一大批军队的同志派往湖南"。6 月中旬,毛在武汉向这些同志发表了讲话(《毛泽东年谱(1898—1949)》上卷,第 203—204 页)。但就在这时,党中央突然命令他结束这次使命,返回武汉(斯诺:《红星照耀中国》,第 189 页)。这显然是由于唐生智在 6 月 29 日发表了一个支持许克祥的声明(诺斯和尤丁:《罗易赴华使命》,第 120—121 页),这意味着已经计划好了的暴动受到了国民党左派军事力量的反对。鲍罗廷也因此下令取消这次暴动计划(《毛泽东年谱(1898—1949)》上卷,第 203 页)。

汪精卫与苏联之间的公开分裂迫在眉睫。苏联顾问们已经看见预示联合战线失败的征兆,开始平静地整理东西撤离。不仅是汪精卫在动摇,莫斯科的其他门徒冯玉祥也已改换门庭,现在站在蒋介石一边,交换条件是蒋一个月付他 200 万美元的津贴。

阴郁的悲观情绪笼罩了中央政治局。据蔡和森回忆:"[我们都]漫无目的地彷徨,看来意志消沉……都不能……在任何事情上取得一致意见。"

绝望的迹象出现了。6 月 23 日,中央书记处发布了一个轰动一时的警告①,即"国共合作立即分裂意味着要立刻肃清我们共产党",并且打算制造新的"五卅事件",像那次事件在 1925 年把中国置于战火之中一样,"领导我们走出这危险的转折时期"。罗易阻止了如此疯狂的冒险行动,他认为这是左倾盲动。他严厉地告诉共产党领导:"与国民党合作的思想②正在变为一种真正的迷恋,迷恋于在每件事上必须做出牺牲。"罗易的警告没被理睬。6 月 30 日,共产党以最后孤注一掷的尝试避开了最后的崩溃瓦解,政治局通过了一项胆怯的决议,重申了国民党[在国民革命中的领导地位],把工农组织——包括农民自卫队——都置于国民党的监督之下,约束工人纠察队,限制罢工要求。

几乎在同时,毛接到紧急命令,要他放弃湖南暴动的计划,立刻回武汉。鲍罗廷显然已经断定,与国民党左派继续合作的危险超过了任何可能得到的利益。

7 月 4 日,星期一,毛与柳直荀,即现在已被取消了的湖南省农协的主任,出席了在武汉举行的政治局常委会扩大会议,会议试图决定下一步的行动计划。残存的会议记录表明,中共领导想抓住最后一线生机。讨论多次涉及到唐生智与他的部下何键将军之间的关系,许克祥现在是何键麾下的军官。何键公开反共,唐生智现在迅速地向右转。但是会议仍然相信,用毛的话来说,就是"促成唐生智与何键分化,拉唐反蒋"或许是可能的。这完全是如意算盘。到 1927 年 7 月,共产党已经在所有的事情上完全失去了行使任何政治影响的能力,在共产党领导的内心,他们都清楚这一点。

---

① 诺斯和尤丁:《罗易赴华使命》,第 361—365 页;韦伯:《国民革命:从广州到南京(1923—1928)》,见《剑桥中国史》第 12 卷,第 665—666 页。

② 诺斯和尤丁:《罗易赴华使命》,第 366—369 页。陈独秀后来声称,他两次提议(显然是在 6 月)中国共产党离开统一战线,但政治局中除青年团的领导人任弼时之外,其他人都反对这个提议(伊文斯和布洛克编:《列昂·托洛茨基论中国》,第 604 页)。张国焘也声称曾在 6 月中旬提出过中断统一战线,但他发现领导层中的其他人都非常谨慎(张国焘:《中国共产党的崛起》第 1 卷,第 647 页)。

他们所面对的关键问题是,他们与当地的农民自卫队一起做什么,农民自卫队在被迫放弃暴动之前就已集合起来了。蔡和森建议"上山"并且发动起义。李维汉不同意,认为这样一来他们可能成为土匪。李建议,他们可以成为一支官方认可的地方和平保卫部队。他又补充说,如果不可能的话,那他们就要藏起他们的武器,慢慢等待。陈独秀坚持,农民只有在接受了(国民党领导的)国民革命军训练以后,才可能成为一支有效的武装力量。毛概括了:

> 改成安抚军合法存在,此条实难办到,此外尚有两条路,(1)上山,(2)投入军队中去。上山可造成军事势力的基础……如果我们不保存武力则将来一到事变我们即无办法。

这次讨论拖延下去,没有作出任何决定。[①] 但是,在毛与蔡的脑海中[②],正在形成未来策略的萌芽。

就在他们谈论之时,无论如何,事态正趋于结束。

斯大林不满意陈独秀6月15日的电报,到了7月的第一周,如果不算太早的话,他已决定陈独秀必须下台。罗易与魏金斯基被召回莫斯科,7月10日,布哈林在《真理报》上发表文章,斥责中共领导拒绝苏联的劝告是"不切实际的"。两天后,陈独秀交了他的辞呈,中国共产党"临时中央常务委员会"的五位成员——张国焘、李维汉、周恩来、李立三与张太雷——他们组成的临时常委会建立起来,与鲍罗廷、瞿秋白同时监督中央的日常事务,瞿秋白被指定接替陈独秀的工作,陈停职到庐山去考虑共产党的选择。

第二天,7月13日,新的党中央通过了一项宣言,宣言痛斥"背叛劳苦大众"的国民党左派领导,但这项宣言没有立刻发布。7月14日、15日两天,国民党左派领导也召开会议,会议结束时,通过了一项议案,进一步限制共产党的作用,这实际上相当于是排除共产党的措施。最后,7月16日,国共双方发表声明,公开作出决定。

借口并不完整。在莫斯科的指示下,共产党继续说,联合战线与"进步的国民党左派分子"一起继续存在。实际上,无论如何,联合战线是结束了。在

---

① 施拉姆:《毛通向权力之路》第3卷,第8—11页。

② 根据《毛泽东年谱(1898—1949)》的资料,毛和蔡在7月上旬详细地讨论了这些问题;随后蔡给中央政治局常委写了一封信,指责它对军事计划没有给予足够的重视(上卷,第205页)。

几小时内,何键的部队占领了工会,并围捕共产党嫌疑分子。毛与其他的共产党领导都隐藏起来了。陈独秀乔装打扮,登上开往上海的轮船。其余的苏联顾问也离开了,鲍罗廷是最后一个离开中国的,国民党要人由汪精卫领头,在汉口火车站集会,给予他礼节性的欢送。他登上机车,穿越戈壁沙漠,在筋疲力尽的长途旅行之后到达西伯利亚。莫斯科对中国的影响,斯大林为此而花费的数百万金卢布,现在都已化为灰烬。

1927年年底,国民党左派也崩溃瓦解,汪精卫又跑到欧洲。到20世纪20年代末,蒋介石又控制了北京,成为中国新的统治者。

但是,所有这些还是后来发生的事。在1927年7月的沉闷的酷暑中,杨开慧与她的三个孩子最后一次回到长沙。[①] 联合战线结束了,共产党的革命则刚刚开始。

---

① 还不能完全确定杨开慧是何时离开武汉的,但据推断,她可能是在7月底离开那里的。假如岸龙在4月出生,湖南在5月21日以后发生骚乱的话,她不可能在这之前离开。根据《毛泽东年谱(1898—1949)》(上卷,第209页)的资料,毛在8月回到长沙与她有一段短暂的重逢,当时他正在组织秋收起义,然而,在武汉的那几个月却是他们一家生活在一起的最后的时光。

第七章

挣脱枪林弹雨——从井冈山到江西

比索·罗明那兹与他的中国同事相处得并不好。他年轻,缺乏经验,有关苏联边界以外的世界,他知之甚少,看来也很少关心。据张国焘回忆,7月23日他到达武汉的那天,张与他会面了。张后来这样写,这是"我有生以来印象最坏的一次谈话……他的气质似是十月革命后的纨袴子弟,态度有类于沙皇的钦差大臣……他太轻视中国共产党的知识分子……[将他们]看做是沙皇统治下的农奴"。

比索·罗明那兹是斯大林的人。在他28岁的时候,被派到中国来,反复对中国领导灌输共产国际的新路线,并且保证,不是斯大林,他们就要因为最近的不寻常的失败而受到责怪。对罗明那兹来说,莫斯科就是全部可能存在的智慧的源泉。他来了,用张国焘的话来说,他肩负着"最高皇室的法令":所有犹豫不决的、中国共产党的小资产阶级领导们必须要做的,就是正确地运用苏联经验与执行共产国际的指示,中国革命必将成功,这也是苏联与那些统治它的人的更大的荣誉。他与鲍罗廷不一样,鲍罗廷用毕生精力在国外煽动革命,他也不像罗易,罗易与列宁一起思考土地政策,而罗明那兹与几个骄傲自大的、不可靠的年轻人一起来到中国,他们只不过是斯大林个人权力机器中的无足轻重的人。① 1927年下半年,克里姆林宫的主人斯大林并不关心中国革命的未来,他关心更多的是,以一切来表明托洛茨基的观点是错误的,而他自

---

① 张国焘:《中国共产党的崛起》第1卷,第669—672页。我用"spiv(懒汉)"一词代替了张的英译者所使用的过时的"teddy boy"。骄傲自大的、不可靠的年轻人:他们包括当时驻长沙的苏联领事、共产国际代表马也尔,和一个26岁的德国人赫恩茨·纽曼,他当时为青年国际工作(马西娅·丽丝泰诺:《中国革命的艺术:1927年和1928年对不满的动员》,北卡罗来纳,杜克大学出版社1987年版,第41、103—104页)。他们都赞成罗明那兹的极"左"的观点。

己的观点是正确的。

在陈独秀被迫辞职与联合战线崩溃以后,中国共产党到此刻方开始真正团结到一起。5月,在江西开始了对共产党干部的大屠杀,上海4月就加快了屠杀速度,湖南省的屠杀在5月达到顶峰,现在共产党看清楚了:寄生党的命运就是这样,它的寄生物体改变态度,反对它时,它是既无办法,也不能自卫。因此,非常快,7月15日共产党与国民党断绝合作关系以后,新的临时领导班子以斯大林的指示为基础建立了共产党领导的农民武装,开始为独立的战略制定方针。

1927年7月20日,一次有关农民运动总策略的秘密指示,它肯定是毛帮助起草的,这份指示宣称,"如果有一种能够获胜的革命武装力量,那它肯定是农协为政权而进行斗争的力量",并且号召农协干部要"百分之一百二十地关注这个问题"。指示还详细地讨论了共产党可用来调集这支武装的各种不同的方法。这些方法包括:从地主武装那里夺取武器;"勇敢的、受过训练的农协委员"作为第五纵队在军阀部队的内部起作用;与秘密社团成员形成联合;秘密训练农民自卫军;如果全部都不行,那时候,就像毛与蔡和森两周前所主张的,"上山"。

同时,中央常委会开始在湘、鄂、赣、粤四省准备掀起农民暴动的浪潮[1],计划在9月中旬秋收喜庆的日子、要交租的时候进行起义,这时候,农民与地主之间随季节而变化的紧张状态达到了极点;也在为南昌军事起义做准备,南昌是江西省的省会,几个在国民革命军中任职的共产党官员的部队为南昌起义的主要力量。[2]

莫斯科对这些计划一无所知,当焦急的罗明那兹闻知此事时,他不希望受另一次失败的折磨,以一种暧昧的双重否定来回答:"如果起义没有胜利的希望,那就最好不要起义。"[3]但是,那时,中国领导已经忍受够了共产国际的模棱两可的言语。在鲍罗廷与陈独秀丢脸的退却后长长的几个月,他们决定不

---

[1] 《毛泽东年谱(1898—1949)》上卷,第206页。这显然是毛一直专心致力于其中的、夭折了的湖南暴动计划的继续。

[2] 张国焘:《中国共产党的崛起》第1卷,第660—676页和第2卷,第3—16页;萧作梁:《中国共产主义在1927年:城市对农村》,香港,中文大学1970年版,第81—90页;丽丝泰诺:《中国革命的艺术:1927年和1928年对不满的动员》,第21—38页;杰奎斯·圭勒马斯:《南昌起义》,载于《中国季刊》1962年第11期,第161—168页;马丁·韦伯:《失败的灰烬》,载于《中国季刊》1964年第18期,第3—54页。直到7月20日(如果不是更早的话),包括九江的李立三和武汉的周恩来才开始讨论南昌起义。

[3] 韦伯:《失败的灰烬》,载于《中国季刊》1964年第18期,第46页,在这里,他转引了张国焘所引用的一句话。

惜任何代价采取行动。不顾莫斯科的保留意见,身为特别组建的前敌委员会①书记的周恩来,命令在八月一日清晨开始起义。起义后,南昌城陷入激烈的炮火之中,它在共产党手中坚持了四天——这使斯大林很高兴,因为在托洛茨基反对之前,这件事也是值得炫耀的胜利。

南昌起义参与者的名单,读来就像是共产主义革命的《哥达欧洲王族家谱年鉴》一样②。朱德,当年是南昌公安局长,后来是红军总司令。贺龙,留小胡子的湖南人,他具有秘密社团的色彩斑斓的历史,对党对事业都无限忠诚,后来是共产党的元帅,当时领导了主要的起义部队。叶挺将军,当时是南昌一个师的师长,抗日战争期间继续担任共产党新四军的军长。参加起义的最年轻的干部是瘦小、胆怯的林彪,他是黄埔军校的毕业生,那时刚刚 20 岁。

共产党军队的 2 万精兵强将,8 月 5 日离开南昌,向南挺进。他们希望,像共产党授意写的一份公告上所说的那样,在广东建立“一个新根据地……在新老军阀范围之外的根据地”。③

当这些事情在进展的时候,毛仍在武汉。根据共产国际的指示,瞿秋白与罗明那兹,由一名书记处的名叫邓希贤的年轻人帮助,正在筹备一次共产党的紧急会议。邓希贤就是邓小平的原名,他的化名邓小平后来更为著名。这次紧急会议公开宣称的目的是“重建[共产党的]军队,纠正过去的一系列错误,并寻求一条新路”。④

两天以后,22 名共产党员聚集在汉口的一座西式房屋中,这房子位于汉口的日本租界,属于一个苏联经济顾问。会议在进行的时候,他们得到通知,叫他们不要离开,因为怕引起不受欢迎的人的注意,并且告诉他们,任何人来到门口,就说正在举行股东会议。⑤ 瞿秋白很不协调地穿着一件过分花哨的

---

① 共产党前敌委员会是共产党的最高权力机构,它所管理的所有的军事组织要接受它的全面领导,它具有超越军委的权力,对军队的战略战术负责,在它控制的地区,它有超越地方党委的权力(在县与特别行政区)。但无论如何,它应服从它所活动的那个地方的省委。因此,在南昌,周恩来的前敌委员会(最起码,在理论上是)在江西省委的领导之下。在广东,它也不得不对中共广东省委负责。

② 1955 年授予称号的人民解放军的十大元帅中,有七位都是南昌起义部队中的老战士。南昌起义的周年纪念日现在作为中国人民解放军建军节来庆祝。

③ 施拉姆:《毛通向权力之路》第 3 卷,第 25 页(1927 年 8 月 1 日)。《毛泽东年谱(1898—1949)》表明,作出把广东作为最后的目的地的决定是在 7 月 24 日或 25 日的常委会上(上卷,第 206 页)。

④ 塞茨编:《中国共产党掌权:文献和分析》,第 308 页。

⑤ 丽丝泰诺:《中国革命的艺术:1927 年和 1928 年对不满的动员》,第 41 页。出席会议的两名外国人是:罗明那兹和一个“青年国际的代表”,李又宁认为他是 Chitarov(《瞿秋白传》,第 227 页,注释 4)。

法兰绒衬衫。① 他这时正患结核病,脸上肿胀的静脉在 8 月的暑热中格外醒目。由于会议组织得较仓促,又需要保密,在南昌的许多领导缺席,会议参加人员比中共三大还要少,按照党章的规定,实际上少于法定人数。但是罗明那兹坚持,在共产党现在所面临的紧急情况下,会议可以作出临时决议,临时决议在此后的六个月中举行的代表大会上通过。

八七会议批准的新策略考虑了去冬今春斯大林的一些指示,他断定在以阶级斗争反对地主与以国民革命反对军阀政权之间没有矛盾。罗明那兹争辩说,革命重心要转移到工会与农协;农民与工人要在共产党领导的组织中承担更伟大的任务,相应的策略是发展工农的武装暴动。他说,在这个问题上,南昌起义标志了"一个清晰的转折点"。由即将离职的陈独秀那批领导所遵循的妥协、和解、优柔寡断的旧政策已经放弃了。

罗明那兹论述时提出两个另外的观点,这是他从莫斯科接收的。一是一定要永远执行共产国际的指示,由于 6 月份没有服从共产国际的指导,共产党领导不只是犯了违反纪律的错误,而且是"犯罪行为"。二是,既然共产党不能再公开地起作用,甚至在国统区,党也必须重新变成富于战斗性的、秘密的组织,具有"团结、善战的秘密机构"的特点。

大会外表上统一了思想,这等于维护了斯大林的面子,会议发表了《告全体党员书》,其中包含了冗长的自我批评,从前的领导中留任的几个人未被提到。陈独秀被罗明那兹(像罗易一样)指控为孟什维克主义②,由于"使革命处于停滞阶段"、抑制农民与工人运动、对国民党妥协并放弃了共产党的独立而被点名批评。谭平山,因他身为国民党农民部部长的行为受到严厉批评,据说指责他那时候"放弃斗争",并且"可耻地……拒绝支持农村的革命"。李维汉,尽管没有点名,也因为撤销了 5 月份农民进攻长沙的命令而受到责怪。周恩来,因为在 6 月份批准了解除武汉工人纠察队的武装一事而被指责。即使毛,也受到含蓄的批评,批评他忘记了抗议国民党在执行土地再分配政策上的错误,在他曾经为中华全国农民协会起草的指示中没有充分贯彻基本路线。③

---

① 李昂:《红色舞台》,重庆 1942 年版(没有页码)。"李昂"(朱新凡[音译]的笔名)是一名共产党的叛徒。他没有出席这次会议。

② 孟什维克(字面上解释为"少数派"),是 1902 年在阶级暴力问题的争论中,从苏联共产主义运动的布尔什维克大多数人中分化出来的。从那以后,苏联共产党就使用了这个名词,孟什维克主义就意味着任何形式的右翼反动派,或拥护阶级调和的人。

③ 这个决议批评了毛在 1927 年 5 月 30 日为中华全国农民协会(施拉姆:《毛通向权力之路》第 2 卷,第 506 页)起草的一个训令(塞茨编:《中国共产党掌权:文献和分析》,第 303 页)。

不过,毛依然发现罗明那兹与瞿秋白这届新领导比鲍罗廷和陈独秀那届领导更看重他。这届领导明确强调阶级斗争,强调农民与工人是起义的主要动力,强调要使用武装部队。他们强调的这一切,他听起来,都像音乐一样美妙悦耳。他也赞成罗明那兹把外国帝国主义与国内封建主义相提并论的说法。

这一下轮到罗明那兹发现毛是"一个有能力的同志"了,当宣布新的临时领导班子的时候,毛被提名为政治局候补委员(自从他 1925 年 1 月回韶山以来,这个职务是第一次落到他身上)。政治局的九名委员,四个是新任命的工人阶级出身的同志,其中的苏兆征被提为三人常委之一,这是由于罗明那兹坚决主张工人阶级要担负起更大的革命任务,另外两名常委是瞿秋白和李维汉。彭湃与南昌起义者一起再次负责农民运动,任弼时负责青年团工作。张国焘与蔡和森,他二人因被认为是中间派而降职。张国焘在几个月内一下降为候补委员,蔡和森自 1922 年以来,一直是党内最高领导层的成员,现在他被调任为中共北方局书记。为什么是彭湃而不是毛作为农民运动的代表被选进政治局常务委员会呢? 一个原因应该是,中共领导希望在广东重建强大的革命根据地,广东是彭湃的家乡。但是,也有毛个人性格的原因。他个性倔强,不轻易服从别人。陈独秀辞职以后,周恩来立即尝试再委派毛去四川①,但周的努力失败了。瞿秋白年初与毛一起在农民委员会里工作过,有足够的时间了解毛是多么的刚愎自用与执拗:作为伙伴,他是一个好人②——但他不是一个好的竞争对手,不是可以努力控制的好部下③。

在罗明那兹到达前不久,毛已承担起负责在湖南发动秋收暴动的工作。他的初步计划已经在 8 月 1 日的常委会上通过了,这个计划是创建农民武装,由从南昌来的大批正规军与两个农民自卫军团组成,这两个农民自卫军来自湘东与湘南,每团约一千人。他们要去占领湘南的五六个县,发动土地革命,并建立一个革命行政区政府。目的是动摇唐生智的统治,并且发动一场全省

---

① 周恩来应负的责任可以从张国焘的有关叙述中推断出来(《中国共产党的崛起》第 1 卷,第 659 页),这与毛后来对陈独秀的指责也是一致的(斯诺:《红星照耀中国》,第 189 页)。在 1936 年,毛并没有指名道姓地说周在这方面犯有错误。毛不是四川人,也没有在那个省生活的经历(《毛泽东年谱(1898—1949)》上卷,第 206 页)。周希望他去那么偏远地区的原因还不清楚。

② 见瞿秋白 1927 年 9 月 28 日的评论:"泽东能来,必须加入,我党有独立意见的要算泽东。"(《毛泽东年谱(1898—1949)》上卷,第 221 页)

③ 八七会议以后,瞿秋白想委派毛到上海中央机关去工作,但是毛拒绝了,他异想天开地声称,他不喜欢高楼大厦,更喜欢"上山结交绿林朋友"。瞿立刻就放弃了这个想法。塞茨编:《中国共产党掌权:文献和分析》,第 209 页。

大规模的农民暴动,把唐生智赶下台,并由此创立"革命军队的核心"。

8月3日,中央常委会使这一计划具体化,为湘、鄂、赣、粤四省的秋收暴动制定了大纲,现在把它规定为一场"反租反息的暴动",希望通过暴动,最后在湘粤两省建立起新的革命政府。

无论如何,南昌起义的成功,使瞿秋白与罗明那兹相信,湖南农民暴动之举,不能只局限在南方,而应该适用于所有的省。两天后,中共湖南省委研究出一个修订方案,这个修订方案明显地是不能令人满意的,因为8月9日罗明那兹就在新任苏联驻长沙领事(也是共产国际的代表),只知道称"迈尔同志"的苏联人的劝说下,宣布湖南省委——由毛的老朋友、以前的新民学会的伙伴易礼容任书记的中共湖南省委——不能胜任工作,需要改组。[①] 值得称道的是,当这个问题提到政治局面前时,毛为易礼容与易的领导班子辩护,他论述了他们"在[马日事变]以后悲惨的处境中已经在勇敢地努力收拾残局"。[②] 但是,毛的争辩完全无用。罗明那兹任命政治局候补委员:湖南人彭公达担任新的湖南省委书记。

8月12日,毛被委派为中央特派员,并动身到长沙,开始准备举行暴动。一星期后,新"建立"的中共湖南省委,像罗明那兹指示的那样,其中大部分是工农出身的同志,举行了它的第一次会议,共产国际代表马也尔也到场了,大会在长沙附近的沈家大屋召开,讨论了它的战斗计划。

这时候,出现了三个问题。第一个问题相对而言不太重要。马也尔向会议传达了来自汉口的最新消息,传达时毛在途中,或者是他,或者是毛,也许是他们俩——都弄错了,结果是——斯大林最后授意工农政权作为地方权力机构要按照苏维埃模式来建立。毛欣喜若狂,立刻给中央委员会写信:

> 闻之距跃三百。客观地说,中国的形势早已达到苏联1917年,而每一个人以前都认为我们还处于1905年。这是极大的错误。工

---

① 塞茨编:《中国共产党掌权:文献和分析》,第319—321页;《毛泽东年谱(1898—1949)》上卷,第207—209页;施拉姆:《毛通向权力之路》第3卷,第33—34页(1927年8月9日)。从目前能找到的不完整的资料来看,似乎在8月3日中央常委会发出新的"秋收暴动大纲"后仅仅几个小时后,毛就被告知他不能返回湖南,仍需留在武汉(这可能同瞿秋白随后提议将他派往上海有关)。他显然还没有参与湖南省委起草的修订议案。

② 毛的直言不讳显得更为引人注目,因为正如后来罗明那兹所暗示(施拉姆:《毛通向权力之路》第3卷,第33—34页)和彭公达所承认的(塞茨:《中国共产党掌权:文献和分析》,第322页),易礼容实际上是由于请求共产国际参与批判过去的"机会主义错误"而受到了惩罚。

农兵苏维埃完全与客观环境适合……此政权既[在湘、鄂、赣、粤]建设,必且迅速地取得全国的胜利。①

他紧跟着论述,共产党以它自己的旗号采取行动的时间已经到来,不必继续假托与丧失信誉的国民党左派的革命联合。"国民党旗子已成军阀的旗子,"毛写道,"只有共产党旗子才是人民的旗子……可以断定国民党的旗子真不能打了。"

在湖南省,农民把国民党青天白日的标志与许克祥可怕的大屠杀联系到一起②,这只不过是常识问题。但是,症结在于政治上的敏感,因为它已经深深地纠缠在斯大林与托洛茨基之间不断升级的争论中。结果是毛处于赢家地位四个星期。建立苏维埃政权与放弃国民党旗子,一个月后都被批准了。在斯大林的苏联范例中,那是1917年的事,正如毛声称的,现在不是1917年10月而是1927年4月。

第二个问题必须要解决,因为涉及征用土地这一长期问题。八七会议已涉及这个问题的边缘。毛回长沙后,花了几天时间,仔细考察农民的看法。现在他提出了一个远期达到目的的建议,建议寻求符合"土地国有化"、也符合穷人的土地欲望的党的政策。他告诉湖南省委,"没收一切土地,包括小地主与自耕农在内,归之公有,由农协按照'工作能力'与'消费量'(即依每家人口长幼多寡定每家实际消费量之多寡)两个标准公平分配于愿得地之一切乡村人民","对被没收土地的地主,必须有一个妥善的方法安插"。③

解决的问题不只是过去的利息问题。有关土地改革的争论正在进行,这一中国共产党革命的真正核心问题被不断地往正确的方面锤炼,直到1949年解放前夕。

1927年8月,无论如何,毛的建议来得甚至比瞿秋白的政治局准备认可的速度还要快。在一份8月23日发出的详细答复中,党中央告诉他,在这个问题上,原则没有错——像在建立苏维埃政权问题上一样,没有打国民党的旗

---

① 施拉姆:《毛通向权力之路》第3卷,第39—40页(1927年8月20日)。
② 《毛泽东年谱(1898—1949)》上卷,第210页。也可参见李立三对南昌暴动继续使用"白色恐怖的旗子"的尖刻的批评(韦伯:《失败的灰烬》,《中国季刊》1964年第18期,第23页)。瞿秋白后来承认,在8月作出的最初决定中所举的旗子是错误的(《中国共产党的过去和未来》,见《中国历史研究》1971年5,1,第53页)。
③ 施拉姆:《毛通向权力之路》第3卷,第35页(1927年8月18日)和第40页(8月20日)。

子——但至少他是操之过急了。没收小地主占有的土地在一些地方必然会发生,答复中这样宣称,但他作为一条口号立刻出现在策略上是不明智的。

在长沙会议中争论的第三个问题,仍然是更基本的问题,但处理得极不顺利,因为它属于武装暴动的全部策略的核心问题,瞿秋白与他的同事正在考虑依靠武装暴动复兴党的事业。自从 6 月份收到斯大林的电报以来,大家的意见基本一致,即共产党一定要运用武装部队来推动革命向前发展。但是,那都是就分析而言。诸如此类的问题,如:这支军队要采取的形式,它要承担的任务,它可能怎样与工农群众运动相结合,怎样利用它来创建共产党政权等等,这些问题根本没有结论。而毛 8 月 7 日在汉口已经简洁地陈述了:

> 从前我们指责孙中山专做军事运动,我们则恰恰相反,不做军事运动专做民众运动。蒋[介石]唐[生智]都是拿枪杆子起的,我们独不管。现在虽已注意,但仍无坚决的概念。比如秋收暴动非军事不可……以后要非常注意军事。须知政权是由枪杆子中取得的。[1]

那时候,没有人反对这一值得纪念的系统的论述。罗明那兹本人也承认,把南昌起义的部队交给共产党掌握,这有利于"保证"秋收起义的"成功"。[2]但无论如何,评价很快就改变了。湖南省领导被警告不要"本末倒置"。[3] 政治局领导的人民起义必须被放在首位,军队是第二位的。毛关于政权的名言——"枪杆子里面出政权",后来都这么说——被认为更值得怀疑。他与十天后中央常委会决定的意见"不完全一致"。民众才是革命的核心;武装部队不过是辅助的力量。

对于 20 世纪 20 年代的中国年轻的激进分子来说,这争论并非无用。这十年来,中国备受军阀的蹂躏,他们为了政治权力与各种枪杆子产生的军事权力而进行争斗。政治力量如何控制军事力量是争论的热点问题,由于共产党因国民党最近一系列的作为,问题的争论就更为激烈,共产党内文职出身的领导显然已不能控制他自己的那些高级将领。再加上 1917 年十月革命的神话影响,共产党

---

[1] 施拉姆:《毛通向权力之路》第 3 卷,第 30—31 页(1927 年 8 月 7 日)。

[2] 塞茨编:《中国共产党掌权:文献和分析》,第 310 页。早在一周前,常委会就通过了毛泽东关于以正规军一个团的兵力作为湘南暴动的核心力量的提议(施拉姆:《毛通向权力之路》第 3 卷,第 28 页)。

[3] 塞茨编:《中国共产党掌权:文献和分析》,第 319—321 页。关于在湖北暴动中运用军事力量的类似的争论,见罗易·霍夫海因茨:《秋收暴动》,载于《中国季刊》1967 年第 32 期,第 47 页。

不知怎么的认为,人民起义要比军队征服显得更"革命";军事力量可以用来保卫革命成果,但是,最初的火花必须来自工农自己挣脱自身的锁链。此外,瞿秋白坚持,这恰好是农民所期待的:共产党必须要做的全部工作就是"点燃导火线",并且这革命的火焰不能熄灭;农民革命要穿越中国蓬勃发展。

承担了发动起义工作的湖南省领导了解得更多一点。湖北省的共产党领导递交了一份长篇报告,说的都是有关农民士气低落的令人沮丧的情况。在湖南,一个共产党员直截了当地说,农民没有战斗的兴趣,他们想要的是一个好政府,而不管这个政府的政治情况。毛也同意这一点。共产党在春季已有所行动,形势已然不同了。但是,三个月以后,准备暴动的农村各级组织已经暗中被敌人控制,或被粉碎了,农民经历了骇人听闻的暴行,大量的流血牺牲,因遭受猛烈攻击而屈服了,再发动没有军队支持的暴动是招致自我毁灭。"有一两团兵力,这个就可以起来,"毛警告说,"否则,终归于失败……[此外想的]是自欺的话。"①

提出这种不同见解也不奇怪,毛的修订计划也于 8 月 22 日交到了武汉的中央常务委员会,比中央期待的时间要快得多。

在他写的建议中,他试图隐藏他的意图,他向政治局的同事们保证,暴动需要由两团正规军队来"点燃"导火线,工农还是"主要力量";当暴动在长沙开始的时候,"湘西、湘南同时暴动";"如果万一最近在湘南所有的地方不可能同时发动暴动",但是由于暴动正好是在湘南的三个县,撤退计划是稳妥的。②但是,也许是政治局的同事们看穿了他的意图,也许是那个把湖南省委的文件送到武汉去的那个年轻的湖南省委委员——他同时把起义在 8 月 30 日开始的字斟句酌的建议带走——这个时间比原计划提早十天——这个人不慎泄密。无论什么原因,起义计划被政治局否定了。常委会承认长沙是暴动的合理的起点,但是:

> 第一,你写的报告与字斟句酌的建议……揭示了你为[周围]几县的农民暴动所做的准备是无力的,以及你正在依靠外部的军队去占领长沙。偏重于军力,其结果只是一种军事冒险。第二,专注意长沙工作,而忽略各地……恐连湘中暴动的计划也不能实现……此外,

---

① 施拉姆:《毛通向权力之路》第 3 卷,第 36 页(1927 年 8 月 18 日)。
② 施拉姆:《毛通向权力之路》第 3 卷,第 37—38 页(1927 年 8 月 19 日)。

作为出现的一些偶然事件,在你的部署中,你得不到两个团[正规部队],因为这是不可得的。[1]

有关毛的意图政治局绝对没有看错。他实际上放弃了在全省广泛起义的主意,他在努力使人相信,如果不把全部有生力量集中到长沙,那么,整个的暴动就要失败。正规军队毕竟不是可以得到的,有关这方面的消息只不过为进攻长沙的说法增加些可信性。在湖北,那里的省委领导面临类似的窘境,他们勉强服从了中央的意愿。毛在春天已经看见陈独秀的领导班子错误地否定了他在农民运动问题上的看法,现在,他大约不会在秋天看到领导们承认他所看见的瞿秋白的错误观点。他鼓足勇气支持湖南省委,包括他并不情愿的彭公达,一个星期后,他坚定地写信回复中央,陈述了湖南实际上要干适合他的事情——并迅速调派了倒霉的彭公达去送这封信:

> 指出此间两点错误,事实及理论均非如兄所说……要调××两团进攻长沙意义是辅助工农力量之不足,不是主力。他们将有利于保护暴动的进展……谓此间是军事冒险……实在是不明了此间情形,是不要注意军事又要民众武装暴动的一个矛盾政策。
> 谓此间专注意长沙工作,而忽略各地,这并不是事实……[这是因为]我们的力量只能做到湘中起来;各县暴动,力量分散了,恐连湘中暴动的计划也不能实现。[2]

关于彭公达带着这份挑衅性的信件到达武汉时的情况,政治局常委的讨论记录没有保存下来。但是,9月5日,党中央以愤怒的强烈抗议的形式发泄了它的不满:

> 湖南省委……已经失去了在农民中推进暴动的机会。[目前]应立即坚决地遵照中央计划实行,把暴动的主力建筑在农民身上,丝毫不许犹豫……在此紧急斗争的当中。中央训令湖南省委绝对执行中

---

[1] 《中央通讯》第 3 期,第 38—41 页(1927 年 8 月 30 日)。帕克编《中国共产党文件》第 91—92 页和霍夫海因茨:《秋收暴动》(载于《中国季刊》1967 年第 32 期)第 65 页则出现了不同的译文。

[2] 施拉姆:《毛通向权力之路》第 3 卷,第 41—42 页(1927 年 8 月 30 日)。

央的决议,丝毫不许犹豫。①

　　事情到了这一步,无论如何,就像人们真正了解的政治局常委会那样,要想再有最细微的影响,已经是不可能了。上文中所说的"中央计划",几天前已送往长沙,它设计了一个甚至更为周密的方案②,方案是由瞿秋白制定的,为了这一等同于民众暴动的全面暴动,以专门命名的机构"中国革命委员会湖南湖北分会"来执行暴动方案,暴动从夺取第一座县城开始,接着夺取省会,最终夺取全中国。对毛而言,它没有涉及有效的方法,对此,他一般不予理睬。

　　彭公达去武汉的那段时间,毛又去了安源,他在那里成立了前敌委员会,并开始为突袭长沙调集力量,中共湖南省委已经批准了由暴动地区党的负责人组成行动委员会。

　　大约有一千人的正规军组成了一个团,他们从前是国民革命军中的人,后来逃到共产党这一边(被毛重新命名为第一团),现在驻扎在赣鄂边境,长沙东北 120 英里的修水;蹩脚的农民军队(第三团)驻扎在铜鼓,湘赣边境山区的一个小镇;在安源,失业矿工(煤矿在 1925 年关闭时就被解雇的矿工)与当地的赣西农民自卫队组成的混合部队成为第二团。三个团在一起,经政治局批准,命名为工农革命军第一师。

　　到 9 月 8 日,暴动的时间表已下达到不同的部队(还有毛不知道的,它也被出卖给长沙当局)。在他的命令下,已经抛弃了国民党的旗子。修水的缝纫工连夜赶制了一批有"镰刀加斧头"标志的旗帜给部队打,这是中国共产党领导的第一支武装部队。第二天,到长沙的铁路线被破坏,第一团出发到达长沙东北 50 英里的平江。

　　正在那时候发生了一件事,这件事差点改变了暴动的进程,也差点改变了中国的未来。毛与他的一个同伴从安源到铜鼓的时候,被民团巡逻查房队在张家坊这个小山村附近抓获,毛若干年后回忆:

---

① 帕克编:《中国共产党文件》,第 99—101 页。
② 帕克编:《中国共产党文件》,第 60—66 页;霍夫海因茨:《秋收暴动》,载于《中国季刊》1967 年第 32 期,第 37—87 页。这个方案的中文本几乎全部在《中央通讯》第 11 期(1927 年 12 月)上发表。在湖南,确定四个中心:西部的长沙、衡阳、常德和东南的宝庆。霍夫海因茨错误地把瞿秋白计划的日期确定为 8 月初,这使得他有关年代的许多说法难以让人置信。也可参见萧作梁:《中国共产主义在 1927 年:城市对农村》,第 44—80 页;丽丝泰诺:《中国革命的艺术:1927 年和 1928 年对不满的动员》,第 56—74 页。

那时候,国民党的恐怖达到顶点,好几百共产党嫌疑分子被枪杀。那些民团奉命把我押到民团总部去处死。但是我从一个同志那里借了几十块钱,打算贿赂押送的人释放我。普通的士兵都是雇佣兵,我遭到枪决,于他们并没有特别的好处,他们同意释放我,可是负责的队长不允许。于是我决定逃跑。但是直到离民团总部大约二百码的地方,我才得到了机会。我在那地方挣脱出来,跑到田野里去。

我跑到一个高地,下面是一个水塘,周围长了很高的草,我在那里躲到太阳落山。士兵们追捕我,还强迫一些农民帮助他们搜寻。有好多次他们走得很近,有一两次我几乎可以碰到他们。虽然有五六次我已经放弃希望,觉得我一定会再被抓到,可是我还是没有被发现。最后,天黑了,他们放弃了搜寻。我马上翻山越岭,连夜赶路。我没有鞋,我的脚损伤得很厉害。路上我遇到一个农民,他同我交了朋友,给我地方住,又领我到了下一乡。我身边有七块钱,买了一双鞋、一把伞和一些吃的。当我最后安全地走到农民赤卫队那里的时候,我的口袋里只剩下两个铜板了。[1]

这段经历似乎耗尽了毛仅存的好运。第一团前进途中中了民团的埋伏,他们垂涎其精良的武器,第一团三个营中的两个被消灭。第二天,9月12日,毛的第三团攻取了东门市,这是距湖南边境仅10英里的一个小市镇,但是到那儿以后进展缓慢。湖南省政府的军队反击,暴动者被打回到江西境内,两天后,毛才获悉降临到第一团身上的灾难。那天晚上,他把消息电告省委,建议原定于9月16日上午在长沙发动工人暴动的计划暂时取消。

第二天,彭公达签名批准了毛的建议,有关暴动的目的与意义全部结束了。但依然有一个坏消息最后传来了。安源的第二团在占领了醴陵这个坐落在湖南省境内铁路线上的小镇以后,按计划继续向浏阳进发,以便与毛的部队会合。那时毛的部队已受挫,第二团单独在9月16日进攻浏阳,但第二天,这个团被包围,全军覆没。

这次败得一塌糊涂。

八天前暴动开始时的3000人,现在只剩下一半,其他人有的逃跑,有的变节投降,有的在战斗中牺牲,都损失掉了。毛本人也曾被捕获,勉强活着逃出

---

① 斯诺:《红星照耀中国》,第 193 页。

来。暴动者千方百计占领了的边界地区的两三个小镇,但没有一个地方超过
24 小时。长沙没有受到一点威胁。

在下一步怎么办的问题上他们争论了三天。第一团代理团长余洒度希望
再次组织部队,变更部署,重新尝试进攻浏阳。但是毛与最有经验的军官卢德
铭不同意。早在 8 月份,当瞿秋白这一届最新选出的政治局第一次在武汉开
会的时候,毛曾告诉罗明那兹,如果湖南的暴动失败,幸存的军队就"上山"。
9 月 19 日,前敌委员会在湖南省边境农村的文家市开了一整夜的会议以后,
通过了这一行动路线。第二天,毛在当地的学校操场召开了全军大会,他在会
上宣布放弃进攻长沙。他还告诉大家,斗争并没有结束。但是,眼下他们要夺
取的地方不是城市,他们需要找到一个新的、敌人力量比较薄弱的农村根据
地。9 月 21 日,他们向南进军。

湖北与其他地方,暴动完全失败。离开了南昌的起义部队,在两个星期
中,2.1 万人中已损失了 1.3 万人,大多数人跑掉了。到这些幸存者抵达沿海
地区时,他们的精神已经崩溃。10 月初,包括贺龙、叶挺、张国焘、周恩来在内
的许多领导(其时,他们不得不被抬在担架上)到达渔村,"租船并逃到香港
去"——在那些日子里,这是中国暴动者想到的权宜之计。张国焘后来承认,
远征在"政治上、军事上都是非常幼稚的",效果也微乎其微。这次远征,只有
两股军事力量保存下来。它们或多或少地保持了原样,未受什么损伤:一支与
彭湃的队伍在海陆丰会合;另一支就是朱德与他年轻的副手陈毅领导的队伍,
他们与当地的军阀达成和解,在粤北驻扎下来。

11 月,中央政治局在上海举行会议,回顾这一阶段的工作。会议宣布,党
的"总路线"与暴动的策略是"完全正确的"。暴动之所以失败,是因为他们从
"纯军事"观点出发,并且不注意动员群众。

其时,宣布了处罚。湖南省委领导被认为过分地依靠了"地方土匪与小股
杂牌军"。在罗明那兹的坚决要求下,毛被开除出政治局,尽管表面上允许他
继续保留中央委员会委员。彭公达因共产国际长沙代理马也尔指责他"胆怯
与欺骗",失去了他所有的职务。南昌起义部队崩溃瓦解之责任,最后归咎于
张国焘,他也被从政治局除名。谭平山,南昌革命委员会主席,被开除出党。
周恩来与李立三被从轻处罚,口头批评。

这是中国共产党领导对斯大林模式的布尔什维克纪律的第一次体验。

因为政治局认为基本政策是正确的,这些决议就为另一次注定要失败的
起义奠定了基础。那次起义在广东爆发,12 月达到高潮。那里的起义部队由

1200名国民党军校学员为主体,叶剑英担任统帅,起义坚持了将近三天。但在紧接着的大屠杀中,数千名共产党员与他们的支持者被杀害。敌人为节约子弹,把他们用绳子捆在一起,装上汽艇开到海上,把他们从船上抛进大海。五名苏联官员被命令靠墙而站,然后遭枪杀。此后苏联在中国的所有领事馆被勒令关闭。①

甚至连这一切都还不能阻止政治局。一年内,政治局已看见它的党员人数从5月份的5.7万人锐减至12月份的1万人,每一次新的挫折都被视做进一步激发依旧高昂的战斗热情与革命激情的动力。长沙的罗明那兹、马也尔与广东的黑兹·纽曼这些斯大林分子,也像在火上加油。但是,根本原因是由于与国民党的失败的联合这种挫折,它像是在把共产党领导与普通士兵卷入到一种不断增加的激进的猛烈上升的螺旋形漩涡中。

第二年春天,所有从被压抑的革命激情爆发的暴动中剩下来的,就是几个孤立的共产党掌握的地方,这些地方都处于最穷困、最难进去的地区,许多都在两省或数省交界之处,那些地方当局没有标清楚归属,于是,共产党就在粤北、湘赣边界,赣东北、湘鄂边界,湘鄂皖边界及南方最远的海南岛坚持斗争。

接下来的三年②,中国共产党的政治渐渐发展成一种完整的菱形之间的斗争,这菱形的四个角是莫斯科、上海的中共中央政治局、中共湖南省委与共产党军事领导人,争论是在两个关键问题上——一个是农村与城市革命之间的关系,一个是暴动与武装斗争之间的关系。

在这些关键性的争论中,毛起了重要的作用。但是在1927年的秋天,他直接考虑的是生存问题。

---

① 丽丝泰诺:《中国革命的艺术:1927年和1928年对不满的动员》,第97—108页;萧作梁:《中国共产主义在1927年:城市对农村》,第135—148页;韦伯:《国民革命:从广州到南京(1923—1928)》,见《剑桥中国史》第12卷,第692—695页;艾萨克斯:《中国革命的悲剧》,第282—291页;诺斯:《莫斯科与中国共产党》,第120页。《中国共产党历史大事年表(1919—1990)》罗列了1927年11月至1928年6月间25次暴动,这些暴动几乎都是短暂的(第126—139页)。

② 毛在1927年9月和1928年4月间的讲话或著作原文没有保存下来。因此,这一部分的绝大多数资料来自《毛泽东年谱(1898—1949)》(上卷,第220—244页)——年谱中的资料本身也都是根据1951年中共中央委员们访问江西根据地时一些当事人的口述,以及后来党史学家的研究成果和一些回忆材料;来自我本人1979年、1980年和1997年对江西根据地的访问;来自四部有关这一时期的专题著述和文集:桂玉麟:《井冈山革命斗争史》,北京,解放军出版社1986年版;《井冈山的武装割据》,南昌,江西人民出版社1979年版;《井冈山革命根据地史选编》,南昌,江西人民出版社1986年版;《井冈山革命根据地》第1卷、第2卷,北京,中共党史资料出版社1987年版。斯图尔特·施拉姆《毛通向权力之路》一书的序言(第3卷,第24—29页)是最近的一些英文资料的来源之一。

9月25日,从文家市出发的四天后,毛的小部队在萍乡南面的山区遭到攻击,司令官卢德铭牺牲。第三团溃散,损失了二三百农民军与一批武器装备。剩下来的人在三湾改编,三湾是位于井冈山北部25英里的一个山村。

毛在这里重新组织了他的部队,他把那个师的剩余人组成一个独立团——"工农革命军第一师第一团"——并且任命了政治委员,这是他模仿了苏军顾问加伦将军以苏联实践为基础为发展国民党部队而用的一种编制。每个班有党小组,每个连有党支部,每个营有党委。他们都在前敌委员会的领导之下,毛继续担任前敌委员会书记。

但是,形成三湾改编的变化的创造力也在别的地方表现出来。毛以前的许多经验都是作为政治理论家的经验。他在民众斗争中的直接表现曾使他成为长沙的劳工组织者与湖南农民运动的奉行者。现在,在他的生活中,他第一次发现他自己有能力,可以调动与领导一帮衣着褴褛、未受过训练的国民党叛兵、武装的工人、农民、流浪者与土匪,他们由于某种原因,不知怎么的不得不转变,成为一支紧凑连贯的革命力量,可以抵抗具有更大优势的敌人。

到三湾改编结束时,他宣布了两条政策,为把这支部队建设成与中国当时的任何部队都不一样的军队奠定了基础:第一,这是一支完全自愿的部队。毛告诉他们,任何希望离开部队的人都可以自由地离队,并发给路费。那些允诺留在部队的人,官长不准再打骂士兵,每个单位都成立士兵委员会,战士们可以到那里自由地提意见,并保证遵循民主作风。第二,毛说,士兵要正确对待老百姓,他们必须说话和气,买卖公平,并且永远不拿群众"一个红薯"。

在那一带有一句格言,"好铁不打钉,好男不当兵","好"部队只不过是拿到它想要的东西,而"坏"部队却是抢、烧、奸、杀,军官们常规性地执行野蛮的惩戒方法。毛宣布的政策就表明,这是名副其实的革命观念。

无论怎样,还存在一个问题,毛的部队下一步往哪儿去。

到达三湾一个星期以后,他通过一个以前的农民运动讲习所的学员与一个名叫袁文才的人联系,袁文才现在在三湾南面15英里的宁冈县。五年前,袁文才20岁的时候,他作为一个贫苦农民参加了土匪队伍,他们自称"马刀团"。1926年,他们开始受当地共产党的影响。袁已成为一名共产党员,那些人被改编为一支农民自卫军。他们有60支老破枪,有的枪还不能正常使用。他们已经与类似的革命运动紧紧联系在一起,由一个从前的裁缝名叫王佐的人领导,在井冈山一带活动。

与袁文才达成一致意见以后,毛带领自己的人到宁冈县的小镇古城,并在

10月6日与袁初次会面之时,送给他100支来复枪,以示自己的真诚。这是很精明的一招。袁用为毛的部队提供给养作为回报。第二天,袁提议他们在茅坪设立他们的司令部,茅坪是河谷中的一个小集镇,四面是低矮的丘陵,它的正西方直通井冈山,一条比人行道还要窄的沙子路,蜿蜒曲折地通过森林地带直达海拔1500米以上的主峰。

毛犹豫了一个星期左右。他在选择,是去更远的南方、去湘粤边界,还是努力去与从南昌到这儿来的朱德、贺龙会合?但是,10月中旬,他从一张报纸上得知贺龙的部队已被击败,溃不成军,于是,他作出了抉择。

从军事角度来说,如果防守适当,这个地方几乎是攻不破的。它在宁冈、永新、遂川、酃县四县交界之处——在罗霄山脉的中段,沿着湘赣边境往南延伸,远达广东。这条山脉由若干颜色逐渐变深的连绵起伏的群山组成,陡峭的山脊高耸入云。漫山遍野的落叶松、松柏、毛竹林,大瀑布笔直地落入深深的山谷,撞得粉碎,变成千万条细细的蓝色水流,光秃秃的岩石顶峰矗立,在看不见的悬崖峭壁的后面,还有茂密的亚热带植物。这是诗人笔下的风景画,但极贫穷。

高地上没有足够的农田以养活一千多人,这些农田是在山坡或高原上的小片土地上开垦的。当地人住摇摇欲坠的平房子或几乎没有窗户的石头小屋,它们分散在茨坪的主要村落中。茨坪那里,六个商人开了商店,每周有一次集市贸易,那儿的五个村子大井、小井、中井、下井、上井——都由井冈山的"井"而得名。村民们吃一种当地种植的红米,他们还诱捕松鼠、獾以做食物。部队所需粮食不得不从平原上富饶的县城买来,再背上山。

茅坪成为毛的主要根据地。接下来的12个月,每当军事形势稳定的时候,部队就把司令部设在那里。毛给部队布置了三个主要任务。毛说,在战斗时,他们必须战斗到取得胜利;在胜利时,他们必须没收地主的财产,为农民提供土地,为部队的需要积累资金;在和平时期,他们必须努力争取"群众",即争取农民、工人与小资产阶级。11月,部队攻占了西边30英里处的茶陵,宣布了边界地区的第一个"工农兵苏维埃政府"的成立。一个月以后,当国民党军队打回来时,这个政府又被推翻了。但是,其他的苏维埃政府又跟着建立起来,1928年1月在遂川,2月在宁冈,都建立了苏维埃政府。

当国民党频繁进攻的时候,他们放弃了茅坪,撤退到山上王佐所在的大井的要塞中。大井位于南部12英里之处,他们在那里可以控制要隘。王佐住在一座从前的地主的宅院里,这是他的人强行占用的,由于那是个穷地方,相比之下，这房子就是一座宏伟的住宅。它有白灰刷白的墙壁，蓝灰色的瓦屋顶下方是精致的向上翻卷的屋檐，屋脊也是装饰过的。十几间木头镶嵌的屋子，屋里备有桌子与四面有画的床。屋子四周有三个大大的内院，院子是露天的，院中有凹陷的天井，可以排走雨水。毛与王佐打交道，也像与袁文才打交道一样，他以若干支来复枪为重礼，并派共产党的指导员为他的部队进行军事训练。王佐一开始很谨慎，但是，有一次，训练军队的共产党领导何长工帮他打败了一支地主武装，那以后，王也被争取过来了。

那年冬天，毛得到一段休整时间，开始研究他的新的军事行当。他已掌握了由榜样带头的重要性，用完全的意志力量使人拼命地跟着他。鉴于许多士兵是文盲，他开始用民间故事与图画来表达他的主要意图。他告诉士兵，"雷公打豆腐"，就是集中他们的力量去攻击敌人的薄弱环节。蒋介石就像一个大水罐，这时革命军犹如一块小石头，石头是硬的，只要坚定不移地轻叩，总有一天能把水罐叩破。

但是，这段休整时间不可能无限期地延续。2 月中旬，袁文才与王佐的队伍合并成工农革命军第二团，何长工为党代表，共产党干部下到连队去起潜移默化的影响。十天后，国民党江西部队迅速调遣部队占领了茅坪以北大约8 英里的新城的消息传来了。2 月 17 日夜，毛率领自己的三营人去包围他们。天刚拂晓，敌军正在早操，他发出了进攻命令。

战斗持续了几小时。到战斗完全结束时，敌军司令官与他的副手死亡，一百多人被俘。俘虏被送回茅坪后，毛告诉他们，任何一个想回家的人都可以发给路费，让他回家，决定留下来的人可以编入革命军——俘虏们的惊奇反应，与五个月之前他在三湾对自己人说这话时的反应一样——许多人留下来了。这种方法如此有效，以至于一些国民党将领在竭力仿效毛的尝试，开始给共产党俘虏以自由。

毛的胜利有胜利的代价。当湖南与江西的国民党司令认识了他们正在与之打交道的对手的性格时，他们开始集合更强大的力量进攻井冈山防地，并对它强行经济封锁。但是，毛在这方面的担心，不久就被一类不同问题的阴影所笼罩。

自从 1927 年 10 月以来，毛一直努力与中共湖南省委联系，他现在是前敌委员会中的最高领导，担任书记一职。他的有关消息显然也传出去了，12 月中旬，党中央得知他的活动情况，写信将这情况告诉了正在粤北的朱德，建议朱毛会合。上海的中央领导不知道，朱德已在几个星期前与井冈山根据地联系上了——派去与毛联系的人,是毛的小弟毛泽覃,他是随同朱德的军队从南昌出来的。从那时开始,朱毛两军就在单线联系。但是,中央政治局对毛的举动意见不统一。瞿秋白承认并赞扬毛的独立精神,已经准备在一定范围内让他担任他认为合适的工作。[①] 另一位军事领导人论辩说,毛的军队有"土匪习气",并且是在"连续不断地更换地方"。他在 1928 年 1 月共产党的一份关于发动武装暴动问题的通知中引用了毛领导的湖南秋收暴动一事,作为不能轻举妄动的例子:

> 这样的领导不相信群众力量,而倾向于军事机会主义,他们根据军事力量设计了他们的方案,计划怎样改编这支或那支军队,这支或那支农民军,这支或那支工农武装力量,怎样与这个或那个土匪头子联合……以及通过阴谋冒充为一个计划,用这种方法去发动一次"武装暴动"。因此,这种所谓的暴动没有联系任何民众。[②]

1928 年 1 月另一个指示到达长沙,指责毛的"一系列政治错误",并授权湖南省委免去他边界地区党的领导一职,以及为使部队"与实际需要相一致"制定新的工作计划。

传达这些消息的周鲁,是湘南特别委员会[③]的一个年轻干部,他在 3 月初到过茅坪。他在传达中央指示的时候,说得太过分了,他不仅告诉毛他已被免去中央临时政治局候补委员与湖南省省委委员的职务——尽管毛在六个月前与中央有过争执,但他现在听到这个消息一定如晴天霹雳——而且还通知毛,他已

---

① 1928 年 2 月 17 日,瞿对江西党的官员说:革命从赣西南发展到湖南"是很重要的",因此"赣西南是否以毛泽东为书记?"(《毛泽东年谱(1898—1949)》上卷,第 234 页。)尽管这个提议最终毫无结果,但这也表明了瞿的思路。

② 施拉姆:《毛通向权力之路》第 3 卷,第 26 页;《中共中央文件选集》第 4 卷,第 56—66 页。

③ 1928 年 1 月,中共湖南省委已经受到如此严格的制约,实际上已经不存在了,不得已而求其次,湘南特别委员会(尽管特委的委员那时候都由于"错误的、非无产阶级的政治倾向"受到批评)正以它的适当的方式在活动。这段时期,由于一些省里的中共党委反复进行肃反,以及一些资深老党员的死亡,就有一批年轻人接替他们,这就意味着像毛那样的老战士时常在那些缺乏经验或不称职的人手下工作。甚至在那些既缺乏经验、又不称职的上级领导下工作。周鲁,尽管他有"湘南特委军事部长"这样一个很高的头衔,但名不符实,他是个无足轻重的人。特委已在南方各省建立起来,指导它们所在地区的党的工作(特别是发动起义的工作)。特委要服从它们所属省的省党委(存在于那些省里的党委),但是它们有军事行动的自主权。在理论上,湖南省在 1928 年就已经建立了湘南特委、湘东特委;江西也成立了赣西南特委、赣东特委、赣北特委。但这些特委,有些仅仅存在于纸上,还有一些零零星星地在活动,负担一些工作。《毛泽东年谱(1898—1949)》上卷,第 229 页(1927 年 12 月 31 日);《中共中央文件选集》第 4 卷,第 71—75 页。

被开除出党,这是个误传。不管这是一般性的误传,还是为了摧毁毛的权力而设计的深思熟虑的花招,总之都说不清了。但是,在经历了艰难的几个月以后,正当部队取得了第一次胜利,根据地终于开始成形的时候,传来这个消息,对毛一定是个毁灭性的打击。毛后来写道,无法忍受这种不公正的指责。

毛以他"党外人士"的角色,当了师长(第二团在 2 月份成立的时候,师长职位空缺)。前敌委员会被取消了,周鲁担任党代表。

在这时候,地方上的竞争插进来了。湘赣两省党委最关心的事是在它们自己的省内推进革命。12 月,朱德的部队离开了他在粤北的根据地,北上进军到湘东南,在那儿发动了农民起义,并在宜章城的边境,以及更远的北面的郴县与耒阳建立了"工农兵苏维埃"政权。① 周鲁在 3 月初担任党代表后的第一个行动就是命令毛的部队到湖南去支援朱德的部队。毛照做了。但行动缓慢。两星期后,他的部队依然还在距江西边界几英里的地方。但是,当朱的部队遭到赣、粤两省国民党正规军进攻的时候,毛的第二团不得不匆匆赶去援助。到他们自己脱险的时候,周鲁由于湖南省委的挑拨离间行为,已接受了最后的处罚:他被逮捕并被处死。毛北上进军到酃县,在那儿击退了追击部队。遭受地主民团蹂躏的根据地又夺回来了,是在酃县,还是在宁冈——回忆的往事不一样——毛与朱德在 4 月末首次会师。

朱德那时 41 岁,比毛年长 7 岁。艾格尼丝·史沫特莱在 30 年代曾经与朱在一起待了几个月,写下了那时的毛,以及他的"奇怪的、难以捉摸的思想,伴随着……不停地思考中国革命问题",毛本质上是一个知识分子,朱德更是"一个实干家,一个军事组织者":

> 身高大概是 5 英尺 8 英寸。既不丑陋,也不漂亮;更不会使人获得任何英勇、暴躁的感觉。圆头,剪得短短的黑发间杂着白发,前额很宽,而且略微隆起,颊骨也颇突出。一对有力的上下颚,衬着大嘴,在堆满欢迎的笑容时,露出了洁白的牙齿。鼻子宽短,面色黝黑。看起来完全是一副普通面貌。要不是因为他身穿制服的话,很容易把

---

① 《中国共产党历史大事年表(1919—1990)》,第 58 页。艾格尼丝·史沫特莱的描述(《伟大的道路》第 212—225 页)生动地再现了当时真实的斗争,从而使党的努力看起来似乎比他们实际上要组织得好得多。当时的文件也表明,在绝大部分的时间里,在上海的党的领导人甚至根本不知道朱德的军队在哪个省作战(帕克编:《中国共产党文件》,第 183—194 页)。

他当做中国哪个村子里的农民老大爷,而忽略过去。[1]

朱德的经历也是很简单的,甚至比毛还要简单,19世纪末20世纪初,矛盾与改革的波涛已席卷了中国。朱德出生于一个四川贫苦的农民家庭,他曾考中秀才,这是跻身于达官贵人的第一步。但他实际上成为一个小军阀并且吸鸦片成瘾。1922年,他在上海戒了鸦片以后,就乘船去了欧洲。他在欧洲遇见了周恩来,周介绍他加入中国共产党。他在柏林学习了四年,在回国之前重新开始了他的军旅生涯——不过,这一次是代表共产党——在国民党的顶呱呱的第四军中任职,第四军自豪地称为"铁军"。

毛朱之间的伙伴关系标志着井冈山根据地的全盛期,那年夏天,根据地迅速发展到包括了7个县,超过了50万人,那是它的顶峰。

毛的政治命运也改变了。4月份他从朱德那里了解到他被开除出党一事纯属子虚乌有。接着,5月份从江西省党领导那里传来组织湘赣边界特委的消息,毛自去年12月以来就一直主张建立湘赣边界特委,最后终于批下来了,他被任命为特委书记。[2] 边界苏维埃政府不久也成立了,袁文才任主席。

朱毛两军合并组成了工农革命军第四军(人数仅仅比国民党的第四军少一点,朱德与他原第四军的许多军官都到这边来了)。经政治局同意——不久以后,部队被重新命名为"红军"第四军。名称的变化很重要,因为它标志了在军队与起义群众各自的作用这一问题上长期的、无结果的争论将要结束。"红军"原来是用来定义暴动的,现在不再有这种区别了。

如同人们了解的那样,朱毛的部队由四个团组成,总计约八千人:第二十八团,由朱德从南昌带来的"铁军"为核心;第二十九团,主要是湘南农民自卫军;第三十一团,是毛领导的老一团;第三十二团(从前的第二团),由袁文才与王佐领导。在统一的利益下,取消了分为两个师指挥的编制。朱德成为红军总司令,毛为党代表,朱德以前的副手陈毅,是党的军委书记。

1928年5月20日,来自红军与6个县党委的60余名代表,集中在谢氏祠堂,茅坪一个富裕的地主家,召开了中共湘赣边界第一次代表大会。

尽管毛朱已经会合,这次大会依然是一次充满悲观主义情绪的会议。由

---

[1] 史沫特莱:《伟大的道路》,第2页。
[2] 朱给他带来了上年11月中央临时政治局扩大会议决议(施拉姆:《毛通向权力之路》第3卷,第83—84页),也可参见同上,第52、54页和《毛泽东年谱(1898—1949)》上卷,第236、238、240页。

于朱德的军队在湖南的失利,以及随着红军一离开,地主力量就轻易地重新控制了根据地,许多人在脑海中对起义策略是否正确产生了疑问。因此,毛在讲话中就提及了这个疑问:"红旗到底能打多久?"他在谈到过去的那一年时,又再次回到这个问题上:

> 一国之内,在四周白色政权的包围中,有一小块或若干小块红色政权的区域长期地存在,这是世界各国从来没有的事。这种奇事的发生,有其独特的原因……必然是在帝国主义间接统治的经济落后的半殖民地的中国。因为这种奇怪现象必定伴着另外一件奇怪现象,那就是白色政权之间的战争……因为有了白色政权间的长期的分裂和战争,便给了一种条件……湘赣边界的割据,就是这许多小块中间的一小块。有些同志在困难和危急的时候,往往怀疑这样的红色政权的存在,而产生悲观的情绪……[但是]我们只须知道中国白色政权的分裂和战争是继续不断的,则红色政权的产生、存在并且日益发展,便是无疑的了。

他继续说,其他许多情况还是不可避免的。红色政权只能在湘、鄂、赣、粤这几省存在,这些地方在北伐时期就已发动了强大的群众运动,并且"全国的革命形势也在继续向前发展"(如同毛坚持的,说这是中国的情况)。这些地方的民众要求正规的红军部队保卫他们,要求强大的共产党来领导他们。那时,他也承认了也有难以坚持的时候:"军阀之间的战争不是每天不停的。每当一省或几省之间的白色政权有一个暂时稳定的时候,那一省的统治阶级或几省的统治阶级必然联合起来用尽力量来消灭这个红色政权。"但是,毛宣称,在白色政权中"所有的妥协都是暂时的。今天的暂时妥协,即酝酿明天的更大的战争"。

因此,毛论述,这时候正确的做法不是猛烈冲击国家,发动那种一旦军队离开就崩溃瓦解的起义,而是在一个地区集中力量深入发动革命。[①]

为时两天的代表大会结束时,毛的政策也通过了。

这时,井冈山正处于敌人不断的围剿之下——在朱德到达这里后的三个

① 毛在边界第一次代表大会上的讲话的原文一直没有发表(也许是已经遗失了)。毛在这年的下半年曾在两个场合用几乎相同的语言两次谈到这个问题。这方面的内容可以从他为1928年10月5日召开的边界第二次代表大会起草的决议中看到(施拉姆:《毛通向权力之路》第3卷,第65页)。

星期中,敌人已发动了两次更大的进攻,但都被打败了——这种对付敌人的战略要求团结一致,勇敢顽强。而毛对他作为军事战略家的新角色也越来越有信心。那年冬天,他听农民讲了一个传奇性故事,说的是一个名叫朱老聋子的山大王,他依靠一句格言打仗,那句格言是:"所有你需要了解的战争就是绕圈子。"毛告诉他的战士,这句格言的寓意就是避开敌人的主要力量,带领他们绕圈子,到他们被绕糊涂、晕头转向的时候,再去进攻他们最薄弱的环节。

　　这种寓意被概括为一句精练的民间顺口溜,它表达了红军未来的战略战术的精髓。它的最后形式是由毛与朱德确定的,并经由红军在 5 月份推广,它包含了 16 个字:

　　　　敌进我退,敌驻我扰,
　　　　敌疲我打,敌退我追。①

　　后来,在接下来的几个月中,毛又制定了两条更深刻的战略原则:

　　　　集中红军相机迎接当前之敌,反对分兵,避免被敌人各个击破。
　　　　割据地区的扩大采取波浪式的推进政策,反对冒进政策。②

　　此外,毛于 1927 年 9 月在三湾就初次发布了红军对待老百姓的原则,这就是所谓的"六大注意"。③ 它包括:士兵在农家过夜以后要上门板,捆铺草;说话和气;买卖公平;借东西要还;损坏东西要赔;对待俘虏要人道。后来林彪又增加了两点:"不骚扰妇女"(在早期的本子上是"洗澡避妇女");与"远离房屋大小便,离开后要掩埋"。同时,也发布了"三大纪律":"服从命令听指挥";"不拿群众一点东西"(最初的句子是"不拿群众一个红薯",后来改为"不拿群众一针一线");以及"打土豪要归公"。

---

① 根据《毛泽东年谱(1898—1949)》,毛在 1928 年 1 月中旬就提出了十二字诀:"敌来我去,敌驻我扰,敌退我追。"(上卷,第 232 页。)十六字诀的全文在这年的 5 月出现。见施拉姆:《毛通向权力之路》第 3 卷,第 155 页。

② 施拉姆:《毛通向权力之路》第 3 卷,第 85 页(1928 年 11 月 25 日)。

③ 毛在 1927 年 10 月开始概括这些守则(《毛泽东年谱(1898—1949)》上卷,第 222、226 页)。毛第一次提出"六项注意"是在 1928 年 1 月 25 日(同上,第 233 页)。4 月 3 日又对它做了修改(同上,第 238 页),用了"三大纪律"以避免重复。人们公认的对"八项注意"的表达见《毛泽东选集》第 4 卷第 155—156 页。

毛的革命策略的推进因此与瞿秋白的暴动方法有根本的区别。瞿认为，旧制度可以被未经训练的工农推翻，他们起来暴动，用自己的双手夺取政权，而毛看见的是作为同情与支持革命的蓄积力量的农民——"汪洋大海"。如同他后来描述的那样，在这个汪洋大海中，"鱼"(红军游击队)可以游。他很合理地解释，即使在井冈山根据地，也很少有当地人自愿参加红军。因为地主一被推翻，他们的土地就分配给农民，所有的农民都希望留在和平的环境中耕种。出于同样的原因，毛还论述了对城市小资产阶级与小集镇的商人、摊贩，政策要适度，为的是避免使他们反对革命。他认为欲速则不达，过度则能使群众意见激化。但是在实践中，他们常常是反生产的："为的是杀人、烧房子，那儿一定有群众基础……不仅由部队自己去烧、杀。"[1]他论述了革命暴力是有用的，只是当它有明确的意图，并由运动有力地支撑，足以抵抗随之而来的不可避免的惩罚的时候。

周鲁3月到达井冈山时，毛因这些观点已受到严厉的批评。他被告知，他的工作"太右"。他"烧杀太少"，没有执行"使小资产阶级变成无产阶级，然后强迫他们革命"的政策。[2] 但是那时候，周鲁不了解上海的政治局还有第二种想法(更不用说毛)：

> [瞿秋白在4月份写道]遍及全国的农民运动看起来似乎除了杀绅士，它"必须"放火烧房子……湖北的许多村子已化为灰烬。湖北省某一地方的领导建议把整个县城烧为平地，由于他只拿农民暴动需要的东西(油印机等等)，并建议杀死每个人，除非他参加革命……这[是]一种小资产阶级倾向……无产阶级不是在领导农民，而是农民在领导无产阶级。[3]

毛在5月召开的湘赣边界第一次代表大会上提的适中的政策，在一个适当的时候传来了回应。不到一个星期，因那年春天朱德远征的失败显然受到

---

[1] 施拉姆：《毛通向权力之路》第3卷，第173页(1929年6月1日)。

[2] 《毛泽东年谱(1898—1949)》上卷，第236页。也可参见施拉姆：《毛通向权力之路》第3卷，第115页(1928年11月25日)。

[3] 瞿秋白：《中国共产党的过去和未来》，见《中国历史研究》1971年5,1，第69—70页。虽然瞿的讲话是6月发表的，但显然这个讲话早在两个月前就准备好了(同上，第53页)。

批评的新湖南省委①,同意了朱毛红军继续坚持井冈山根据地的斗争,愤愤地警告"烧毁全部城市"是愚蠢的,也承认了毛的回击,那是毛用无礼的话坚定责骂的"省委指示烧毁城市是错误的,我们永远不会再干傻事"。②

不久后,中央委员会也通过了毛的战略。6 月初,根据地的一封信到达上海——这是自从根据地去年 10 月创建以来,它与中央的第一次直接交流。这时候,中央许多领导为准备中共六大,都到莫斯科去了③,因为中国蒋介石的"白色恐怖"泛滥成灾,共产国际决定中共六大不在中国、而在苏联召开(在那儿,苏联还可以紧紧地控制它)。这封信被李维汉收到④,他是毛新民学会时代的朋友,这时留在上海负责中央的工作。他起草了中央委员会的复信。他热情地支持毛的领导;建议恢复被周鲁取消的前敌委员会;并且批准了毛的一项决定,即集中建设以井冈山为中心的根据地,并以此发展湘赣两省的革命——这个决定与现实中的新精神是一致的,这新精神也标志了六大的特征。

两周以后,118 名代表聚集在莫斯科西北约 40 英里的斯文里格勒附近一座破旧的老式房子里,坦率地承认,中国现在没有处于"革命高潮",也没有高潮即将来临的迹象。

他们宣称,共产党过高地估计了工农的力量,过低地评价了军队的作用。中国依然在进行资产阶级民主革命,主要任务是统一国家,反对帝国主义;消灭地主制度;建立工农兵苏维埃政权,以便"引导广大的劳苦大众参与政治统治"。然后再进行苏维埃革命。

这些论题已经传达过了(在上海,根本不予理睬),在共产国际这一年 2 月的决议⑤中,它也已强调了农村革命与城市暴动同样重要。但是,布哈林正代

---

① 湖南省委是在 3 月份重建的,此后,它改组湘南省特委,把湘南特委置于边界特委之上。如同毛不久就发现的那样,很不幸,他的新上司甚至比原来的老领导更年轻,也更缺乏经验。

② 《毛泽东年谱(1898—1949)》上卷,第 243 页;施拉姆:《毛通向权力之路》第 3 卷,第 59 页。

③ 关于这次代表大会的有用的英文资料包括:格雷格尔夫:《中国共产党历史上的重要的里程碑》,载于《中国历史研究》8,3(1975 年),第 18—44 页;卡尔:《苏俄历史:计划经济的建立(1926—1929)》第 3 卷第 3 部分,第 853—875 页;丽丝泰诺:《中国革命的艺术:1927 年和 1928 年对不满的动员》,第 199—214 页。

④ 当毛的信到达上海时,李是那里最资深的中国共产党领导人。见《中共中央文件选集》第 4 卷,第 71—75、239—257 页;帕克编:《中国共产党文件》,第 371—372 页;《毛泽东年谱(1898—1949)》上卷,第 244 页。

⑤ 理查·桑顿:《共产国际与中国革命(1928—1931)》,西雅图,华盛顿大学出版社 1969 年版,第 32—38 页。尽管 1928 年 2 月 25 日就在莫斯科通过了这个决议,但瞿秋白的领导机构直到 4 月 30 日才公布它,党的刊物《布尔塞维克》(1927 年 10 月已更名为《向导》)直到 7 月才发表它。

表斯大林在监督大会活动,现在产生了一条重要的限制条件。"[我们可以]保持发动起义的[口号],"他说,"[但是]这并不意味着在中国这样大的国家里,数不清的民众在非常短的时期内一下子爆发起义……那是不可能的。"①中国共产党的领导需要为不平坦的、持久的斗争锻炼自己,在长久的斗争中,一些地区的胜利往往又被另一些地方的失败抵消了。即使那时候,在全省起义爆发之前,长时期的准备还是必要的。

因此,中共六大通过了游击战的战略战术,以削弱国民党对农村地区的控制,并且建立当地的苏维埃政权,甚至一开始只"在一个县或几个乡"建立。大会声明,军权在中国革命中是"极其重要的",红军的发展在农村必须是"中心问题"。通过对比,一些狂热者的小组所采取的注定要失败的英雄行为,由于没有群众基础,都受到尖锐的批评,特别是城市里的那些举动。用布哈林的话来说:

> 如果共产党指挥的暴动失败一次、两次、三次、四次,或者失败十次、十五次,那时,工人阶级会说:"嗨,你们! 请注意! 你们可能都棒极了;不过,请离开这儿! 你们不配做我们的领导。"……这种过分的表示不是用来针对党的,可仍然是针对革命的。②

没有直接取消城市暴动。但是,布哈林所说的全部讽刺话以及六大决议都表明,至少眼下是这样,主要的革命力量是农民,而不是工人——只是有限制性条件,即:农民在无产阶级领袖的领导下,要抑制他们的无政府主义思想、小资产阶级倾向。③

毛后来写道,这些决议为根据地与红军的发展提供了正确的理论基础。

无论是中央委员会 6 月初的信,还是中共六大的决议,都是在若干个月以后才到达井冈山。不过,已有足够的事情显示了党的路线已经改变这一大动向。那年夏天,毛的生活有所变化,但是是在不同的方面:他得到了一个"革命伴侣"。

她那年 18 岁,名叫贺子珍。这是一个活泼的、有独立思想的女孩子。她瘦瘦高高的,有男孩子似的身材,面容姣好,遗传了她广东母亲的迷人的微笑

---

① 米哈伊·布哈林在第六次代表大会上的讲话,见《中国历史研究》4,第 1 号(1970 年),第 19—22 页。

② 布哈林在第六次代表大会上的讲话,见《中国历史研究》4,第 1 号(1970 年),第 21 页。

③ 布哈林在第六次代表大会上的讲话,见《中国历史研究》4,第 1 号(1970 年),第 13 页:"现在,农民自己已经站起来了,而被压迫和被奴役的工人还没有挺起他们的腰杆。"农民是革命的主要力量,这一无产阶级领导的问题将贯穿革命的始终。

与父亲的文学爱好,她父亲是当地的学者。贺子珍16岁就秘密地加入了中国共产党,那时候她还在当地的一所芬兰修女管理的女子教会中学当学生。

曾是贺子珍哥哥同学的袁文才把她介绍给毛。那年春天,她开始做毛的助手工作。她后来写道,当她意识到自己正渐渐爱上他的时候,曾试图隐藏自己的感情。但是,有一天,毛发现她渴望地凝视他的目光,就意识到什么事情发生了。毛拖出一张椅子请她坐下,然后告诉她,他把杨开慧和孩子们留在长沙了。那次谈话后不久,他们便开始在一起生活了。

袁文才赞成这段婚姻,并为他们烧了婚礼的晚餐,他明显地希望毛与这个江西女孩的伴侣关系可以使他更有力地承担起保卫根据地的工作。毛本人自从他宣布蔑视传统婚姻以来,已有很长时间了,并且在井冈山那里这些事也寻常。王佐有三个妻子,朱德早在六年前就已离开他在四川的妻子与小儿子,那时他也与一个非常年轻的女子一起生活。

政治上的暂时放松的时间并不长。不久,由于省与省的利益冲突,政治气氛又紧张起来。江西省党委一直要毛进攻东北70英里处的吉安城。但是一个接一个的代表现在又从湖南来了①,每一个人都比他前面的一个态度更坚决,要求红军第四军派它的主要力量去衡阳南部,为的是进一步努力在那里发动暴动,那儿正是3月份朱德战败的地方。

这也许不像听起来那样的不合逻辑。衡阳控制了湘中到湘南的要道。要在那里发动一次成功的起义,那可能要联系到湘粤两省——湖南与广东是传统的两个"最革命"的省——在那里建立新根据地,那一带地方正是十年前谭延闿的南方军队驻扎的地方,他在那里曾等待机会进攻长沙。但是,正如朱与毛真正了解的那样,恰恰因为这个原因,地方太远了,以致不能很好地保证红四军的进攻。

中共湖南省委简单地认为毛要抵制,因为省委还通知他,说省委书记本

---

① 在这一时期,向井冈山发出的一封封相互冲突和矛盾的官方咨文表明了一个新的、非常年轻和毫无经验的省委领导机构为了维护其自身的权力所做的努力。第一个是巡视员杜修经,他带着一份省委的指令于5月29日到达井冈山;第二个是省委代表袁德生,他带着另一个指示于6月末来到井冈山。随后,杜带着第三个相互矛盾、日期为6月19日的指示和日期为6月26日、与前三个指示内容完全不同的信。它们共同的主题是要求毛的部队向湖南发展,然而省委的第一个指示也强调了保存宁冈根据地的必要,后几个指示或信则没有谈到这一点(《井冈山革命根据地》第1辑,第133—144页;施拉姆:《毛通向权力之路》第3卷,第55、117页;《毛泽东年谱(1898—1949)》上卷,第243、247—248页;帕克编:《中国共产党文件》,第369—377页)。

人,23岁的杨开明正在到井冈山的途中,他是去亲自负责边界特委的工作的,他还命令式地说:"希望毫不犹豫地立即执行。"在杨开明到达井冈山前不久,边界特委与红四军军委于6月30日召开了一次联席会议,毛主持了会议,大会直截了当地拒绝了进攻衡阳的计划。① 毛在给长沙湖南省委的信中告诫说,如果他们要进攻,整个红四军可能会因此毁掉。杨开明显然不认为自己有权取消这个决定,接下来的两个星期,有一种很不自然的洽谈。

那时传来了湖南与江西的国民党军队正在准备再次发动对井冈山进攻的消息。于是决定朱德的第二十八、二十九团插入湖南,从背后进攻湖南国民党军队。毛的第三十一、三十二团,阻拦江西国民党军队的前进,直到朱德的部队回师江西。

这个战斗计划一开始进行得非常好。但是,当朱的部队像部署的那样,即将返回江西与毛的队伍会合的时候,杨开明与一个比他更年轻的同事、20岁的杜修经,他们正与朱的部队在一起,这时候,他们行使上级党委的权力,坚决认为,湖南省委最初的决定现在必须执行。朱的两个团只有顺从,向衡阳进发。其结果恰恰就如毛事先警告的那样。毛自己的部队也被占优势的江西国民党部队击败,被迫撤退到丘陵地带。那年,平原地带的宁冈与邻近两县第二次遭受国民党的蹂躏。这时,另一个年轻代表又从长沙到来,敦促毛带领他剩余的军队到湖南,加入到朱德的部队中去——正在此时,一个通讯员冲进了他们正在开会的屋子,带来了朱的军队已遭受毁灭性打击的消息。第二十九团经受如此严重的打击,作为一支战斗部队,它已不复存在。第二十八团正在尽可能完好地回到井冈山。到那时候,这场讨论才算结束了。

无论如何,红四军的麻烦还没结束。朱德的部队由于一些人开小差逃跑,力量进一步削弱了,当毛在井冈山西南的桂东加入到他的部队时,当地的国民党将领们乘机利用他们的混乱,又发动了一次进攻。这一次,他们冒险地利用地形,坚守要塞。

8月30日,一个年轻的共产党干部、第三十一团的党代表何挺颖率领一支部队,控制了黄洋界上的一条狭窄的小路,居高临下地占据了宁冈上方的高地,打败了湖南国民党第八军的三个团与江西国民党的一个团。国民党军队

---

① 《毛泽东年谱(1898—1949)》上卷,第247—248页;《井冈山革命根据地》第1辑,第511页。杨开明此时已同杜一起离开了长沙,直到6月30日会议几天以后才同毛会合(《井冈山革命根据地》第1辑,第425页)。

伤亡沉重,夜幕降临时,他们放弃了进攻,士气崩溃瓦解。毛转而拿起他创作的笔,写词纪念这一胜利:

　　　　早已森严壁垒,更加众志成城。黄洋界上炮声隆,报道敌军宵遁。

　　到此刻,毛的地位已变得那么令人难以捉摸。7月中旬,杨开明已接管了边界特委,担任特委书记。但是在桂东,毛又创建了一个与其相对的"前敌委员会",他自己任书记,这标志着军队由他指挥。

　　其时,由于湘南远征,他和朱德之间的关系重新紧张起来,这种情况在4月份他们会合时掩盖起来了。[①]　此外,朱德的一些部下,或许也是朱德自己,他们私下里把失败归咎于毛,因为毛没有像湖南省委最初建议的那样让三十一团与三十二团跟他们一起南进。[②]

　　毛与杨开明之间权力的正式分割,在10月份于茅坪召开的中共湘赣边界的第二次代表大会上得到进一步证实。杨开明继续担任特委书记。但是因为杨生病,一个中立的人物谭震林被指定在杨生病期间代替他任书记一职。谭二十五六岁时是工人,毛在茶陵建立第一个苏维埃政府时,谭曾任政府主席。毛则保留了他的"前敌委员会"书记的职务。这实际上就是军队的政委。但是,在委员会的高层官员中,毛的名字几乎排在名单的最后,这些人都是代表们自由投票选举产生的。这次代表大会的政治决议对情况作了解释。决议声明,过去,共产党机构都是个人专政、共产党书记的专制制度;没有选举的领导,没有任何形式的民主精神。它继续枯燥地解释,毛同志就是犯了专制统治的主要人物之一。

　　毛的政策仍然得到重视:代表大会通过的政治策略,是建立在那年2月共产国际决议的基础上的,政策涉及的那年秋天井冈山的一些细节,已紧紧地反映了毛的思想。但是,毛的同志们告诉他,他的领导作风与所要求的相距甚远。

　　毛这一特殊的处境在11月初就结束了,那是因为中共中央6月份由李维

---

① 施拉姆:《毛通向权力之路》第3卷,第178页。朱起初一直不愿意同毛的军队会师(朱毛会师是1927年12月由中共中央提出的,但直到1928年4月才得以实施);但毛在1928年8月桂东会议之前则小心翼翼地尽量不加剧这一紧张的关系(《毛泽东年谱(1898—1949)》上卷,第252页)。

② 毛后来谈到"少数同志"所主张的"一种奇异的观点"(异议),即"留在边界是错误的"(施拉姆:《毛通向权力之路》第3卷,第183页)。

汉起草的指示在历时近五个月的旅程之后,到达了井冈山。

毛难以控制他的快乐。他宣称,这是"一封杰出的信……[它]纠正了我们的许多错误,解决了这里许多争论的问题"。新的前敌委员会作为边界地区"共产党最高权力机构"建立了,毛担任书记。前敌委员会的其他领导成员有朱德,他现在代替陈毅任军委主席;还有谭震林,他在毛的建议下,成为独立存在的边界特委书记,取代了杨开明。这不但重新组建了传统的权力集团,在其领导下,前敌委员会对地方党组织有管辖权,而且,它意味着红四军的利益在根据地高于一切,那年冬天,它的决定性的作用得到证明。毛的个人位置被接受的时候,根据地的位置就没有了。

三个礼拜以后,毛在给中央委员会的一份报告中[①]详细地描述了他所面临的困难。他写道,一个重要的问题是,边界各县的党,几乎完全是农民成分的党,他们的"小资产阶级意识"导致不稳定,使他们在冒进与惊慌失措的逃跑之间激烈地摆动。

毛宣称,要根本解决这个问题,就要把更多的工人与士兵提拔到党的领导岗位上,以增长"无产阶级意识"。这不是简单地服从马克思主义的正统观念,在上海登广告请理论家。在一个农民团——朱德的二十九团 7 月份在衡阳附近崩溃瓦解之后,毛已注意到另一个农民团,1927 年 11 月在三湾改编的他自己的第三团,他现在认识到"无产阶级领导"实际上是成功的必要条件,这不是因为共产党的教条,而是要把中坚力量放到农民暴动的队伍中。在短时期内,另一种补救办法是有效的,同样也对共产党今后的发展有深远的意义,这个办法就是:开一服泻药,在革命队伍中大清洗。[②]

在那年夏季,边界地区空前扩大,共产党员在牢牢地掌权,入党看来是在做一件聪明事,党员人数已经扩大到一万多。现在,许多地主、豪绅、富农,以及那些忙于"玩纸牌、赌博、有流氓行为、贪污腐败活动"的人一起被清除出党。毛自豪地报告说,其结果是,党更小,但却更善战。

无论如何,边界地区的核心活动都不是政治活动,而是军事活动。毛告诉

---

① 施拉姆:《毛通向权力之路》第 3 卷,第 80—121 页。这篇文章有几点是自相矛盾的。例如,在第 96—97 页,毛提到粮食和衣服严重短缺,但紧接着在第 118 页上就宣布:"粮食衣服已不成大问题";在第 115 页,他说"没有什么敌军内部的倒戈或暴动",但在第 119 页,他又断言"自拔来归的将日益增多"。他有可能是在 11 月 9 日和 10 日宁冈与永新战斗之前写的第一部分,其余的部分是后来写的。

② 施拉姆:《毛通向权力之路》第 3 卷,第 111—112 页;《毛泽东年谱(1898—1949)》上卷,第 256 页。

党中央,战斗开始组成我们的日常生活。在南昌起义与秋收暴动时转到共产党这边来的职业军人是红军的骨干力量。但是,他们那批人只有1/3留下来了,其他人有的死亡,有的受伤,也有的逃跑了。填补这个空缺的是战俘与已被征募来的"流浪者"(他们是些小强盗、流浪乞丐与小偷)。毛继续向中央报告,除了他们不幸的背景以外,其他都是"特别好的战士",只是红军得不到很多这样的人。毛还说,大部分战士已提高了他们的阶级觉悟,他们懂得他们在为什么战斗,并且毫无怨言地忍受极其恶劣的条件。

然而,当冬季到来时,形势极其严重。毛后来写道,这是"枯竭与失败"的气氛。朱德回忆的是,"部队开始有人逃跑"。那时,1盎司的盐价值1个银元——相当于一个工人一个月的工资;其他的生活必需品也无法得到,没有布做寒衣,没有药品给病员治病。

由于缺钱,取消了工资,部队实行供给制。即使这样,每月还需要拿5000块钱头粮食,每一个铜板都不得不从地主与商人那里没收来。由毛与朱德签署的《公务基金筹措信》礼貌地解释说:

> 红军……尽一切努力保护商人……[无论如何]由于购买粮食的现金短缺,我们现在给你们写信,请你们友好地为我们募集5000块钱、7000双草鞋,以及7000双袜子、300匹白布……这些东西要得很急……在今晚8时之前……如果你们无视我们的要求,那就是[你们]这些商人与反动派合作的证明……在此情况下,我们将被迫去烧毁镇上所有反动分子的商店……不要说我们没有事先警告你们![1]

商人们照办无误。无论怎样,正如毛所照会的,"只有指定的地方向你们征集一次;此后不再找你们要东西"。有的部队待在根据地的时间更长。他们不得不进一步到更远的地方去找那些已经榨干了的"土豪劣绅"。其时甚至常常发生这样的事:地主的唯一收获是鸦片,那战士们也一定没收他的鸦片,并拿它去卖钱。[2]

那年11月,毛第一次提出,或许不得不放弃根据地。他制订了转移到赣

---

① 施拉姆:《毛通向权力之路》第3卷,第139页(1929年2月13日)。

② 毛在1928年和1929年承认了红军买卖鸦片的现象(施拉姆:《毛通向权力之路》第3卷,第57、173—174页),也可参见彭德怀:《彭德怀自述》,第248页。

南、以应付意外事故的计划,但是仅仅因为——他强调——如果"我们的经济状况恶化到这种程度,赣南成为我们可以生存的唯一的地方"。

一个月以后发生了两件事,这两件事一下子使转移计划迫在眉睫,一支约800人的前国民党军队,于7月份在湘北的平江哗变,然后到了湘赣边界地区。他们的指挥官是彭德怀。彭是个暴躁的、直言不讳的人,年近30岁,他还是毛的老乡,出生于湘潭。他的红五军,如他自称的那样,与红四军合并,彭成为朱德的副手。其时,他们得到报告,说湘赣两省国民党军队已经在准备另一次围剿,这次围剿比以前任何一次的规模都要大得多。一共有14个团,2.5万多人,他们沿五条不同的路线联合进攻井冈山根据地。

未来的战略问题成为新的紧迫的事。

彭的到达明显地使天平倾斜。这使他们不可能站在一边袖手旁观,尽管整个冬天他们这支最后到达井冈山的新扩充的部队没有得到足够的给养;这也为他们协调一致地迅速反击敌人开启了新的可能。

正是在新年以后,前敌委员会在宁冈举行了一次扩大会议。大会商定彭德怀的部队与王佐、袁文才的第三十二团待在后方,保卫根据地,这时毛与朱率领第二十八团、第三十一团突然进攻敌人后部,即:围攻东部的一个专区所在地的城市,吉安或赣州市。

1月14日,天刚拂晓,主力部队通过一条少有人迹的路线悄悄离开,那条路线引领他们沿着参差不齐的山峰,从井冈山上疾驰而下,来到山南的丘陵地带。朱德描述的是:"没有路,甚至没有一丝荒野小径的痕迹……石头与山峰都在风雨剥蚀中变得光溜溜的,容易滑跤……雪花飘进了衣袋,刺骨的寒风抽打着缓慢前进的战士,他们在巨大的冰砾上徐徐前进,互相紧紧拉着手,以免滑进下面黑乎乎的峡谷。"那天晚上,他们缴了南面25英里处大汾的江西国民党部队的械,从敌人的战地厨房得到食物,吃了一个饱。[①] 但是,第二天,他们就像事先商定的那样,转而东进威逼赣州,他们继续南进,一直到达边界小城大余县。在那里,他们被国民党一个旅击败,狼狈地撤退到广东。

彭德怀在孤立无援的情况下,坚持了约一个星期。那时,已有3/5的根据地被敌人占领。彭把他幸存的三个连集合到一起。在狂风暴雪中开始进行一种不可能的尝试,即努力突破敌人的封锁,护送一千多名妇女儿童与伤病员突围,这些人还是毛的部队留在后方的。彭后来写道:"我们从井冈山主峰腹部

---

①　史沫特莱:《伟大的道路》,第236页。

的悬崖峭壁处,在猎人和野兽爬行过的小道上,攀行了一天一晚。"不知怎么的,他们竟然悄悄地通过了敌人的第一道包围圈。以后,他们又突破了第二道封锁线。虽然看上去他们像是完成了那种不可能的尝试。但是在大汾,老天不再眷顾他们,命运改变了,他们进入了敌人的埋伏地点。彭的队伍能够突围,"但是敌人迅速堵住了溃口,并且包围了跟在队伍后面的伤病员及失去战斗力的妇女儿童"。无法营救他们。几天后,另一次战斗结束后,彭点了一次名:从平江就跟随他的800余名士兵,这时只剩下283人。①

毛的部队遭遇稍微好一点。在第一个月中,从井冈山出发时他与朱德的3500多人,损失了600人。即使这样,这仍然是一段极其可怕的日子。毛写道,这是红军创建以来最糟糕的情况。贺子珍与毛和部队一起前进②,对她来说,这次行军就更为艰难,她怀孕五个月,这是他们的第一个孩子。对朱德来说,这只不过是"一段恐怖时间"。他们不久就抛弃了重建一个永久的新根据地的任何希望,至少是暂时抛弃了,代替这种希望的是,试图在他们去的任何地方,建立秘密的苏维埃政府与共产党委员会,使他们在红军离开后能够在地下活动。一种新型的斗争开始了:它并不是长期在固定的地方打防御战,而是一种灵活机动的游击战。

在井冈山就成问题的与党中央的联络,现在已完全切断。1929年的头三个月,毛的部队不仅与上海中央,而且也与省里的共产党当局失去了联系。在离开井冈山之前,他已派人送了4盎司黄金到萍乡,作为建立秘密交通站的费用;后来更劲头十足地尝试的另一个类似做法,是送价值相当于5000元的鸦片到福建,作为在厦门建立联络基地的筹措资金。这样做没有任何好处。毛那一年所写的信中充满了对得不到中央指示的指责,并且在文件问题上顺便对江西省委加以指责。③

这并非没有好处。毛与朱就被留在这样一个位置上,即:要为他们所遇到的问题找到他们自己的解决办法,而不是被迫执行身居别处的上级领导虚构

---

① 彭德怀:《彭德怀自述》,第234—237页。
② 王行娟:《贺子珍的路》,第118、135—136页。贺子珍记得这支队伍的主力是在福建的龙岩诞生的。1929年5月下旬,毛的部队在那里停留了很短的一段时间(《毛泽东年谱(1898—1949)》上卷,第276页;施拉姆:《毛通向权力之路》第3卷,第166页)。
③ 施拉姆:《毛通向权力之路》第3卷,第151页(1929年3月20日),第161页(4月5日),第172页(6月1日)。

出的不恰当的战略战术。毛在那年冬天写给党中央的信上说,实际上,井冈山时期的一个教训是"上级领导今后的关于军事行动的指示,首先一定不能太刻板"。另一方面,在战场的领导被置于"真正困难的处境",要在"不服从……[与]战败"之间作选择。在失去联系的情况下克服那一困难。[①] 但是,这也意味着,连续几个月来,毛与其他领导一起,在中国南方与中原地区的一些更小的红色根据地上,在互相不了解,并且也不知道莫斯科与上海党中央支持他们斗争的政策的情况下,坚持斗争,以求生存。很多时候,甚至连报纸也看不到。

联系问题成了毛与中央领导之间争论的背景,这个问题对他来说,比起他早先与中共湖南省委的分歧有更严重的影响。

1929 年 1 月初,当六个月之前在莫斯科召开的中共六大的主要精神传到井冈山时,他们热烈地接受了大会精神。"那些决议……确实是正确的,我们很高兴接受这些指示。"毛写信给上海是这样说的。[②] 毫无疑问,他太高兴了,他获悉自己重新被选进中央委员会,在全部 23 名中央委员中,他排名第 12,这反映了红军新出现的声望。他不了解——也不可能猜想到的是,新的总书记向忠发,以前的码头工人与武汉工会的领导,只是一个挂名总书记,真正的权力在周恩来与李立三的手中,而他们俩的名字在官方的中央委员会高级官员的名单上排在毛的后面[③]。实际上,直到那一年年底,他对李立三的晋升一直全然无知。[④]

对党中央来说,也同样不知道毛的情况。2 月,当他的部队离开井冈山的最初的报告到达上海时,政治局几乎有九个月没有得到他的任何消息了。在

---

① 施拉姆:《毛通向权力之路》第 3 卷,第 117、120 页(1928 年 11 月 25 日)。

② 施拉姆:《毛通向权力之路》第 3 卷,第 151 页(1929 年 3 月 20 日)。

③ 中共六大的选举显然很古怪。一部分原因是会议不具有代表性(会议在莫斯科召开,共产党的一些重要人物,诸如毛泽东、彭湃、李维汉均缺席;从中山大学来的一批中国学生挤在会场,填补了缺席代表的数字),另一部分原因是没有一个在共产党内有凝聚力的中国领袖。结果,当共产国际提出中央委员会委员的候选名单时,所有的候选人都被正式选上——但是没有用故意命令的方法。新政治局的成员,向忠发在共产党排名顺序中,名列第 3,苏兆征第 9,毛泽东第 12,周恩来第 14,蔡和森第 16,项英第 17,张国焘第 23。李立三排名第 22,作为一名无表决权的候补委员勉强进入政治局。直到 1928 年 11 月,他才成为正式委员。苏联作为幕后安排与指挥,显然还有许多有待改进之处。《中国共产党会议概要》,第 84 页。

④ 尽管还不能被证实,但可以合理地假定:在第六次全国代表大会的整套文件(不全)送至井冈山的同时,毛也收到了一个新的中央委员会和政治局成员的名单。他也许早在 1929 年 5 月中共中央特派员刘安恭来到红四军时就已经意识到了新的领导机构的组成。然而,毛第一次写信谈到领导层的变化是在 1929 年 11 月末,他对李立三说:"陈毅同志来(两天前——作者注)才知道你的情形。"(施拉姆:《毛通向权力之路》第 3 卷,第 151—152、192 页;《毛泽东年谱(1898—1949)》上卷,第 274、289—290 页)

这些情况下,周恩来写了一封信,他论述了毛与朱德要尽可能设法保存他们的军事力量。在信的最后,周建议,在等待出现更有利于革命的气候的时候,他们可以把部队带到农村,分散为若干数十人或至多数百人的小部队,以便"发动日常的农民斗争",扩大党的影响。①

毛不喜欢这种原则性的方法,在他去年 11 月写给中央的报告(中央仍然没有收到这份报告)中,他就写了:"在我们的经验中,[它]几乎每次都导致失败。"②这一次,由于被周恩来信的末尾的话刺痛,就更不能接受周的建议,周的信末写的是让毛与朱两人回上海。

周恩来一直在努力,但却失败了。1927 年他就试图把毛从他的湖南根据地调走,现在他很敏锐地意识到,调毛朱到上海的决定执行起来有困难,所以他集中了自己的全部智慧,试图解释得更合情理:

> 自从这两位同志在部队工作一年多以来,他们或许感到不愿离开部队。无论如何……党中央深信……毛朱两同志目前有离开部队的必要,不仅不会有更大的损失且更便利于部队分编计划的进行……朱毛到中央来后更可将一年来万余武装群众斗争的宝贵经验贡献到全国以至整个的革命。③

这不是没有道理:如果把红军分散,毛与朱继续留在军队中就没有意义了。在 2 月初,如果这个决定一制定出来的时候,就能传送到毛那里,那时候,军队还疲于奔波,全部迹象都表明它有被歼灭的危险,那么,前敌委员会的大多数人有可能接受它。但是,那封信在路上耽搁了两个月,才到达距上海 600英里的赣东,毛与朱德收到信的时候,情形戏剧性地发生了改变。

他们的部队混乱地退到广东以后,在 1 月底,他们已经制定了北上的路线,沿闽赣边界,国民党江西部队一个旅追踪他们的路线北进。在瑞金北部15 英里处的山区大柏地,2 月 11 日,红四军决定停在那里。要大大地感谢林彪的团,他们一夜急行军,来到敌军的后面,果断地击败了敌人的追踪。缴获200 支来复枪、6 挺机关枪,俘虏了 1000 余名敌兵。这是离开井冈山一个月以

---

① 塞茨编:《中国共产党掌权:文献和分析》,第 472—474 页。《中共中央文件选集》第 5 卷,第 29—38 页。
② 施拉姆:《毛通向权力之路》第 3 卷,第 100 页。
③ 塞茨编:《中国共产党掌权:文献和分析》,第 473—474 页。

来的第一次胜利,毛后来报告说:"我军的士气因此大大地上升。"一个月后,他们又俘虏了长汀城的长官,长汀城在福建境内,闽赣边界处。当地的铁腕人物郭凤鸣——福建第二混成旅旅长被击毙,他的尸体放在街上示众三天。

受到这些胜利的鼓舞,毛写了一封长信送往上海,宣布红四军计划横穿20个县进行游击战,集中在长汀与瑞金一带,到群众都充分动员起来的时候,在闽西与赣南建立一个新的、永久性的根据地。

两个星期以后,周恩来命令部队分散的指示到了。[①]

毛的回答显示出了他拒绝这个新指示的直率态度,以及他接受上海的中央指示时的完全平等的立场,他的回信得到了前敌委员会与彭德怀的赞同,他们的部队这时已重新聚合为一支主要力量。毛回答中央的指示,不像是被召到司令部来的持不同意见的战地政委,而像一个地位很高的党的领导当着与他同等地位的同事的面,争论一个问题:

> 中央此信对客观形势及主观力量的估量都太悲观了。三次进攻井冈山表示了反革命的最高潮。然至此为止,往后便是反革命高潮逐渐低落,革命高潮逐渐生长……在大混乱的现局之下,只有积极口号积极精神才能领导群众。

毛说,分散军队是"一种不切实际的想法",并且有一点"取消主义"的倾向,它像瞿秋白的冒险主义一样,是非常错误的。他与朱德当然接受新分配,如果需要的话,但是既然那样,就望派遣"得力人"来。同时,他们打算加紧他们在赣南的游击战计划,毛宣称,这个计划的前景是如此光明,以至于有"造成了向南昌包围之形势"的希望。他论述了蒋桂两个军阀之间的分裂,预示了国民党统治从此瓦解,红军的目标是,"一年之内",在江西与福建西部交界之处,以及浙江附近的地方建立独立的苏维埃政权。[②]

这个建议不久就导致了毛被指责也有"冒险主义"的倾向。他后来承认,提出时间限制是一个错误。但是,尽管他过分乐观,他的分析基本上没错。实际上后来在江西建立的独立的苏维埃政权,要比中国任何其他地方的苏维埃

---

① 4月3日中共中央的信使到达瑞金(施拉姆:《毛通向权力之路》第3卷,第153页)。

② 施拉姆:《毛通向权力之路》第3卷,第153—161页(1929年4月5日)和第168、172页;彭德怀:《彭德怀自述》,第250页。

政权大得多,尽管他用了一年多的时间才建成。

毛相信,与上海的中央领导相比,他是一个更好的政策评判员。这种信心,反映在他对周恩来信中的另一个重要观点的反驳中。周恩来在信中写道:"共产党在当前的首要任务是建立与发展党的无产阶级的基础,主要在……产业工人中。"①这是正确的,但是,毛又回答:

> 农村斗争的发展,小区域苏维埃之建立,红军之创造与扩大,亦是帮助城市斗争、促进革命潮流高涨的条件。所以抛弃城市斗争,沉溺于农村游击主义是最大的错误,但畏惧农民势力发展,以为将超过工人的领导而不利于革命,如果党员中有这种意见,我们以为也是错误的。因为半殖民地中国的革命,只有农民斗争不得工人领导而失败,没有农民斗争发展超过工人势力而不利于革命本身的。六次大会指出了忽视农民革命的错误。②

一年以后,在相对于城市的农村革命问题上的争论,已经变成毛与中央领导之间的分歧的另一个主要根源。当红军取得新胜利的报告到达上海时,召朱毛二人到上海的命令也取消了。6月,毛的回信最后到达上海时,政治局承认,分散计划是个错误。③

无论如何,事情还有一个余波。

毛个人深信,辩证法是历史发展的动力,用这个观点看问题,黎明之前总是最黑暗的,这一信念在红军被迫放弃井冈山根据地后几个月不断遭受损伤的时候,进一步加强了。当红军濒临崩溃的时候,只有齐心协力,通过严峻的考验,才能变得更强大,并且处于比以前更有利的处境。但是,红军第四军中不是每个人都能认识到,边界地区如此轻易地丢失是合理的。许多人都与党中央的评价一样,认为革命前景悲凉,并且争论说,红军是要像1月底以来那样继续进行机动的游击战,还是要建立一个永久性的根据地。

4月中旬,在于都,这些问题提交到一次红四军前委扩大会议上争论。由

---

① 《中共中央文件选集》第5卷,第30页。
② 施拉姆:《毛通向权力之路》第3卷,第154页。
③ 塞茨编:《中国共产党掌权:文献和分析》,第395页。《毛泽东年谱(1898—1949)》上卷,第278—279页。政治局声称,分散红军的要求最初是由"对中国情况全然不了解的"布哈林提出来的(他自从被贬黜以来,可以泰然地接受指责了)。

于彭德怀的支持,毛的路线那一天通过了。大家赞成红四军努力在闽西建设自己,而这段时间彭德怀的部队回到赣西去重新夺回井冈山根据地。一年之内在江西创建独立的苏维埃政权这个目标,以绝对优势在大会通过。

但是,外表上的团结是靠不住的。在5月,一方面,毛与他的支持者之间发生了深深的分裂,另一方面,军队的一些主要将领,他们中许多人都认为他们自己与朱德一致。[1]

在某种程度上,出现这种分裂是因为这两支一年前走到一起组成红军的部队具有不同的历史。毛的军队已经掌握了建设井冈山根据地的军事技能。朱德的部队处于不停息的行军状态,从南昌到汕头,然后到粤北,最后到湘南。两支部队的不同背景,造成他们倾向于不同的战争形式。但是,这也反映了毛坚定的信心,他在井冈山第一次真正的政治性讲话就提出一个问题:"红旗到底能打多久?"对于全国性的革命来说,建设红色根据地是唯一现实的问题。

在战略战术问题上的意见分歧是分裂的根本原因。但是,还有其他原因,争吵也是部分原因。毛是一个独断专行的人,甚至贺子珍也承认这一点。现在,又像去年秋天在井冈山那样,常能听到人们抱怨他的"家长制"、"书记专政"与"权力太集中"。这一次,毛的反对者更加小心谨慎。他们没有直接指责他,宁可把指责集中在"党在军事工作中的作用"上,争论说"[这]涉及到许多事情",以及自从1929年3月红军攻克汀州以来,在不断发展,"前敌委员会没有记录下每一件事"。[2]

这是毛自己造成的问题。2月初,在从井冈山撤退后的最艰难的日子里,朱德任书记的军事委员会被取消了。不久后,在毛的建议下,纵队又取代了团。其结果就是明显地缩小了军事司令官的权力。朱德和他的同事们开始强烈要求恢复军委。

一个朴素的、又极其固执己见的年轻的共产党员刘安恭来到了这个意见分歧、政治上又极其敏感的地方。他是周恩来派到红四军来担任联络官的,出于需要给了他这个责任重大的合适的职务。刘安恭刚从苏联回国,他在苏联学习了列宁主义的理论,他认为这些理论可以解答每一个可能存在的中国

---

[1] 《毛泽东年谱(1898—1949)》上卷,第275—278页。也可参见毛1929年7月14日和1930年1月5日写给林彪的信(施拉姆:《毛通向权力之路》第3卷,第177—189、234—246页);和中共中央《给红四军前敌委员会的指示信》,第8部分,《朱毛问题》,载于《中共中央文件选集》第5卷,第488—489页。

[2] 施拉姆:《毛通向权力之路》第3卷,第171页,第181页。

问题。

毛开始可能把刘作为一个潜在的伙伴,或者至少作为一个潜在的工具来约见他。5 月底,在福建永定附近的一次会议以后,这次会议双方争论异常激烈,他通知周恩来,他们正在重建军委,刘担任书记与红军的政治部主任。对毛而言,这样做的好处是阻挡了朱德重新担任书记一职。

当新的军委成立时,刘安恭的第一个举动,就是在牺牲前敌委员会的权力的情况下扩大了军委的作用。到领导人下一次会议 6 月 8 日在白砂召开时,毛已断定,全面抗争是不可避免的了。他沉痛地说,前敌委员会陷于"不生不死的状态";原本期望前敌委员会负起红四军的责任,但是前敌委与军委分权,前敌委便对红四军没有直接权力了。在这种情况下,毛宣布,他们必须马上调换书记。他打算辞职。①

这是吓唬人的——一开始时显现出要成功的样子。会议决定投票表决,结果 36 比 5,取消了一个星期前才重建的军委。② 可是,会议决定,把边界特委战略与领导的争论问题留到全体红四军的党员代表大会上解决,前一次党代会已经召开过八个月了。当这次会议,中共红四军第七次党代会,两星期后在龙岩城公民小学召开时,由于大会目的的需要,会议不是由毛,而是由陈毅主持。

在会上,毛被指责有"形成家长制的倾向",他的工作作风也受到严厉的批评。朱德的行为也同样被指责。毛反驳说,军队陷于"流寇状态",这是由于坚持游击战,没有尝试巩固固定的根据地,这证明对他的指责"不是事实",不予考虑;而且,他两个月前的建议,试图"在一年之内"占领整个江西,现在也被大家认为是错误的。大会在选举新的前敌委员会委员时,毛与朱两人继续当选前委委员,毛任党代表,朱任军队司令。而陈毅当选为前委书记。自从 1927年 9 月上山以来,毛已经第三次步入窘境。

当领导人在进行政治争论的时候,19 岁的贺子珍生下一个女儿。他们不能够把小孩留下来与他们一起生活,贺就像红军队伍里的其他女人一样,不得不在婴儿出世半小时后,就让人把她送到一户农家去照顾,同时还送去一个装有 15 块银元的小包。贺子珍后来说,她当时没有流泪。

---

① 《毛泽东年谱(1898—1949)》上卷,第 278 页。
② 施拉姆:《毛通向权力之路》第 3 卷,第 182 页(1929 年 6 月 14 日)。

接下来的五个月，毛丢下了红四军的主要领导工作。他的借口是养病，但是这病更是心理上的病。像贺子珍写的那样："他是有病——而且他被弄得心烦意乱，这就使他的病更厉害了。"①他花了七个月的时间养病，同时指导闽西特委的工作，建议他们怎样建设新根据地，他希望新根据地与赣南连接，形成他在于都提出的大省苏维埃中心。但是他拒绝干任何与前敌委员会恢复游击战的计划有关的事。关于游击战问题，又引起了他与陈毅的公开的争论，争论到最后，两个人都气得面色苍白，互相高叫。

面对毛的毫不妥协，前敌委员会7月底决定，陈毅到上海去请党中央裁决，陈离开期间，朱德临时接替陈的书记工作。

几天后，毛得了疟疾②，便退居到一个遥远的小山村。在那里他与贺子珍住在一间小竹棚里，像个隐退的学者一样安排生活，把那间小竹棚取名为"饶丰书房"，还把这个名字写在一块木板上，挂在门楣上。

从吵架中脱身，这是毛的决定，也是他在自己的生涯中常常使用的一个战术，他的价值很快就得到证实。甚至在陈毅到达上海之前，政治局就已收到红四军第七次党代会决议的复印件，同时也收到毛写的一封信，毛在信中表明了他对所争论问题的看法——并且断定代表们已经错误地行动了。8月21日，一份指示被送往朱德的司令部，这份指示说到党的领导实行中央集权的重要，含蓄地表明赞成毛对扩大共产党书记作用的努力，它还宣称书记"绝对不是家长制"，并且指出"红军不仅是战斗组织，而且更具有宣传和政治的任务"。③

造成这种混乱局面的主要责任被归咎到倒霉的刘安恭身上，指示指责他搅起了派别活动，并通知他回上海。在执行指示之前，刘安恭在战斗中牺牲。④

9月底，当朱德收到这份中央指示时，他召开了另一次红四军的党代会，并且派人送信通知毛出席大会。毛拒绝了，他说："我不能随随便便就回去。"

---

① 王行娟：《贺子珍的路》，第140—142页。差不多可以肯定他患了神经衰弱症。

② 毛在11月末写道，他"大病三个月"（施拉姆：《毛通向权力之路》第3卷，第192页）。根据《毛泽东年谱（1898—1949）》的说法，他的疟疾到10月底才治愈（上卷，第288—289页）。这两种说法都与他8月初就已经患病的事实是一致的（也可参见《毛泽东年谱（1898—1949）》上卷，第284页）。

③ 《毛泽东年谱（1898—1949）》上卷，第284—285页。目前还不清楚这封表达毛的观点（他在6月14日以个人身份写给林彪的信中已表明了这些观点）的信是怎样到达上海的。或许林或者毛本人是在为把它写进党的代表大会的决议做准备。

④ 《毛泽东年谱（1898—1949）》上卷，第285页。史沫特莱指出，朱德很怀念刘。（《伟大的道路》，第266页）

后来,代表大会又致函给他,正式要求他作为前委书记回来参加大会。这一次他来了,但他是躺在担架上被人抬回来的,表示他确实有病,不能工作——这个小插曲,只是用以表明他不是故意的。关于他的报告经过断章取义后在第二年春天到达莫斯科,致使共产国际发布了他的讣告。三个星期后,陈毅从上海回来了,还带回来另一份中央委员会的文件,这份文件是他本人起草,周恩来、李立三批准同意的。文件指责"那些只想到革命中红军的问题的同志思想狭隘",但是认为毛要立刻建立固定的根据地的想法是错误的,并批评了他的一年之内占领整个江西的计划。在毛与朱德的关系这个关键问题上,中央委员会不偏不倚,因他们的"错误的工作方法"同等地指责他们。文件上说,这些情况是由于"形式上选择了对立的位置与互相争论","双方处于相距很远的政治立场互相猜疑互相评价",以及"他们做什么都不公开"造成的——用简单的话来说,像小孩子吵架。文件中还说,毛继续担任前敌委员会书记,但是他与朱德必须改正错误,学会明智地在一起工作。①

这封信与前敌委员会的一张短笺一起,请他立刻回去,毛于 10 月的最后一个星期在闽西收到它们。但他不理睬。

对于疟疾,他没什么事好做;一直到当地县委设法为他弄到一些奎宁,他的病才好了。他正在形成一种政治观点,在过去的两年中,他的同事曾三次在政治上遗弃了他——第一次是中央委员会,然后是中央湖南省委的领导,现在是前敌委员会。这一次,在他同意回来之前,他们将不得不承认他们需要他。下一个月,他花时间与当地农民讨论了有关土地改革的问题,晚上,他抽时间再次尝试学英语。

11 月 18 日,在广东的一次灾难性的战斗之后,红军损失了其 1/3 的力量,朱德与陈毅第二次写信给他。他再次不予理睬。一星期后,整个前敌委员会正式请他"请回来并负责我们的工作",还派了一支小分队前去做护卫。这一次,他发慈悲了。11 月 26 日,他重新开始工作。

尽管毛向党中央保证"在中央的正确领导下"统一红四军的思想"完全不成问题"(这含有他要做工作调解思想分歧点的意思),但他继续无情地巩固他自己的地位,反复强调了他个人对中央文件的要害之处的解释,省略了他不喜欢的内容。

---

① 《毛泽东年谱(1898—1949)》上卷,第 289 页;《中共中央文件选集》第 5 卷,第 473—490 页。

12月,他在闽西的一个村子古田召开了大会,这次会议开创"整风运动"的先例,在后来的若干年中,为了以他自己的思想形成党的集体思想,他优先采用的方法就是"整风运动"。会议为期十天,与会成员在小组中由支部书记与政委领导,"深挖各种错误思想的根源,讨论它们的危害,决定怎样改正它们"。毛作为书记,在决定什么样的思想是"错误的"、哪种思想是"正确的"问题上,起了重要作用。毫不奇怪,朱德与他的那些追随者的思想,更多的属于"错误的"。

毛的政治报告开始的那一部分,题名为《关于纠正党内的错误思想》,这就为所有的仿效者定了调子。他严厉批评了"单纯军事观点";"极端民主化的有害根源"在于他像"个人主义对纪律抱反感"一样表现出来;无论如何,需要对"军人同志"加以引导,并向党汇报。九年以后,毛用一句话更为简洁地表达了同样的观点,即"党指挥枪,而枪永远不能够指挥党"。

毛无情地批评军队领袖容忍封建习俗。"总体上缺乏军事技能",他解释说,肉体刑罚仍然猖獗,特别是在第二纵队的军官中(第二纵队是朱德的老二十八团组成的),那里的野蛮行为达到如此地步,已有三人自杀,还有人痛苦地说:"当官的不打骂士兵? 他们把人往死里打。"虐待俘虏、枪毙逃兵,伤病员得不到治疗,坐以待毙——所有这些,都公然违背了党的纪律。

这份中央指示造成了毛的无懈可击的领导地位。但是,它无法改变毛在一个本来已经激发了争论的问题上的观点——这个问题就是:是进行游击战,还是保卫稳固的根据地——几天以后,在给林彪的一封私人信件中,他的观点表达得很清楚。他在信中论述,中央委员会太悲观,正如它一年前提议红军分散时一样。一般来说,中国社会的矛盾,特别是军阀之间的矛盾,正逐渐变得如此尖锐,以至于"星星之火,可以燎原"——这很快就会发生:

> 马克思主义者不是算命先生……但我所说的中国革命高潮快要到来,绝不是如有些人所谓"有到来之可能"那样完全没有行动意义的、可望而不可即的一种空的东西。它是站在海岸遥望海中已经看得见桅杆尖头了的一只航船,它是立于高山之巅远看东方已见光芒四射喷薄欲出的一轮朝日,它是躁动于母腹中的快要成熟了的一个婴儿。①

---

① 施拉姆:《毛通向权力之路》第3卷,第234—246页(1930年1月5日)。

毛写的这几行文字,与党的政策完全不一致,共产党认为新的革命高潮还看不出来。同样的一份中央指示,恢复了毛的权力,同时又明确地告诫前敌委员会不要过多地卷进军阀之间的矛盾中。但是,他不知道,在调解矛盾的这两个月中,党的政策已经改变了。

整个 1929 年,中国与苏联在满洲的中东铁路问题上已闹得不可开交,中东铁路是在中苏联合管理下经营的。蒋介石的南京国民党政府受到满洲的新领袖张学良的支持,希望结束这种双重管理制度。5 月,中国警察突袭了苏联在哈尔滨、齐齐哈尔及其他"满洲"城市的领事馆(中国内地的那些苏联领事馆被关闭后,这些领事馆还在继续工作),并且抓到了苏联官员还在帮助共产党进行颠覆活动的证据。7 月,驱逐了一批苏联人,不久后,中断了所有剩余的领事关系。

莫斯科犹豫了一段时间以后,决定教训中国一下。10 月,共产国际写信给中国共产党[1],要求它"加强并发展游击战",特别是在东北以及毛泽东与贺龙[2]积极活动的地方,并且与苏联军队穿越中国边境的讨伐行动相一致。到 12 月初,这个消息传到上海时,南京政府已经让步,声明取消前言,放弃要求,并热切地提出和平请求。但是,包含在那封信里的政治分析增加了它自身的分量。

为了证明它号召游击进攻是正确的,莫斯科宣称中国已"进入深深的民族危机时期",具有"出现革命高潮"与"革命高潮即将来临的客观先决条件"的特点。这话故意地说得模棱两可,它的调子与先前共产国际宣布的警告有区别,它使李立三,这个现在已是中央最高领导的人物相信,他可以最后宣称,等待已久的革命高潮即将到来。[3]

---

[1] 塞茨编:《中国共产党掌权:文献和分析》,第 400—407 页,特别参见第 406 页。桑顿的分析(《共产国际与中国革命(1928—1931)》,第 96—101 页)与他所有在其他方面非常有用的书籍一起,由于错误地假定莫斯科与上海之间的联系实际上完全是即时的而受到诋毁。

[2] 1927 年 9 月,贺龙的部队在南昌战败后,回到贺的故乡湘西北,1928 年 1 月,他在那里建立了一个新根据地,并建立了一支工农革命军(他也为部队命名为红军第四军,这支军队与毛的军队弄混清了)。

[3] 在中国、西方和俄罗斯的汉学界,人们用了大量的笔墨试图确定莫斯科在推动后来以"立三路线"著称的一些政策的过程中究竟在多大程度上发挥了作用。其中最能令人接受的解释是:上海在 11 月收到了共产国际的信的概要(尽管它可能不是全文),并迅速起草了宣布新的"革命高潮"即将到来的中共中央通告。但无论如何,毫无疑问的是,李立三当时正盼望着能实行一个更激进的、以城市为中心的战略,那年冬天共产国际模棱两可的态度给了他期待已久的一个机会。

在 12 月 8 日发出的中央指示中,李立三就这样做了,指示号召,通过农民自卫队的合并迅速扩展红军;在不同的共产党军队中实行大协作,与其分散,倒不如集中(这像是指导原则);以及农村与城市地区的联合战略。在最后这一点上,它出现了颠倒,是最令人吃惊的政策:

> 原先的避免占领主要城市的战略一定要改变。只要有胜利的可能性,只要能够唤醒民众,就要发动对它们的进攻。它们也将会被占领。迅速占领主要城市具有最伟大的政治意义。这一战略,如果与全国工农兵的斗争相结合,就会促进伟大的革命高潮。[①]

当这份文件在 1930 年 1 月底到达江西时,毛带着无限惊喜研究了这份文件,现在,中央对革命前景的评价更接近他的观点。几天以后,在吉安附近的陂头召开的前委扩大会议上,毛得以经历一种场面,即他的同志们一个接一个谦卑地承认了他在去年夏天的分析是正确的,并且再次保证,他们要从吉安开始,"解放整个江西省"。

到会议结束时,中共总前敌委员会宣告成立,毛任书记一职,总前委是毛自己的红四军、彭德怀的红五军与新建的红六军的"最高领导机构"。彭德怀的红五军现在已达 3000 强将,根据地在井冈山北部地区;新建的第六军,由彭的同事黄公略任军长,他们沿着赣江在南岸活动;总前委的根据地也在赣西南、闽西与粤北交界之处。

大会发表了最后声明,这是由毛起草的、洋溢着革命激情的声明:

> 世界革命的高潮即将到来! 中国革命的高潮即将来临! 中国的苏维埃将作为苏联苏维埃的继承者出现,它们将作为世界苏维埃体制的一个强有力的部分! 在中国,江西苏维埃最先出现,因为条件……江西比其他省更成熟……[我们斗争的直接结果]必然是……南方的革命力量与全国的革命力量联合到一起,彻底埋葬统治阶级。[②]

---

① 《中共中央文件选集》第 5 卷,第 561—575 页(特别参见第 8 部分,第 570—571 页)。
② 施拉姆:《毛通向权力之路》第 3 卷,第 268—269 页(1930 年 2 月 16 日)。

但是,讲话是一回事,实际上做起来是另一回事。到了把这些计划付诸实践时,毛依然是非常谨慎的。甚至进攻吉安的决定也不完全像它外表看起来的那样。他写道:"进攻的号召是完全正确的,虽然,第一步不是在城市自身斗争,而是包围它,随着那些被包围的城市里的生活越来越困难,甚至惹起恐慌……那以后,我们继续[下一阶段]行动。"①在这件事中,当国民党进攻时,第一步计划就失败了,3月,计划全部放弃。几天以后,攻打赣州的尝试同样放弃了。总前敌委员会决定在接下来的三个月中发展与扩大现存的农村根据地,理由是发展而没有巩固是"严重的右倾机会主义"。

这种谨慎小心没有被上海忽略,在上海的李立三迅速意识到在"革命高潮"到底意味着什么的问题上,有根本的分歧。

李立三的"革命高潮"是建立在理论根据基础上的。它最初出现在共产国际的文件中,写在莫斯科对苏维埃民族利益的要求中,然后李立三引用它为自己的意图服务。毛的"革命高潮"是可实施的政治事件。在上一年,毛已论述了唯一正确的方法就是建立农村根据地。中央委员会9月份的文件也认为需要"出现革命高潮"。对毛而言,李立三断言的情况现在已经遇见了,只不过要对那些他不论以何种方法执行的政策增加合法性。

如果作为交易的一部分,毛不得不对占领城市的主意表示口头上的赞同,他完全愿意这样做,以此为条件,不使红军面临不必要的危险。甚至于在一开始,口头上说得好听些,也是最起码的。陂头会议清楚地声明,党的"主要任务"是"扩展苏维埃区域"。夺取城市,作为一般的计划(像是与进攻吉安的特别计划完全不同)甚至没被注意。实际上,仅仅在几个星期之前,毛在古田还嘲笑那些想要"进军大城市"的人像是只对享乐主义感兴趣,"尽情地吃喝"。

另一方面,对李而言,他认为城市革命是基本的。他的许多时光都是在城里组织劳工度过的,从他学徒时期,就在毛的领导下,在安源矿工中间工作,直到1925年五卅运动,他在那里赢得了全国的瞩目。正如毛真诚地相信农村革命是中国未来的关键一样,李立三确信,城市无产阶级是中国解放的救星。

这种深深的政治见解上的分歧,又加上了两人之间强烈的个人反感。李比毛小六岁,他们不能建立起友好的关系,李18岁还是一个学生时,他对新民学会的态度不明朗。十年后,毛从当初李的地主父亲被农协处死时的冷淡,逐渐变为敌对。当他最后得知李的晋升时,他在1929年10月写信给"李兄",请

---

① 施拉姆:《毛通向权力之路》第3卷,第263页(1930年2月14日)。

李"给我写信,包括你的杰出的指导",那种相当尴尬的语言,清楚地表明李提升的消息引起他的担心。

即使把个人因素放在一边,毛与中央在"革命高潮"问题上的政治分歧也没有隐藏得更久。1930年2月,周恩来起草了一份更充分、更详细的关于领导的新策略的说明,作为中共中央第70号通告发出。这份通告点名批评了朱毛"还保存有过去躲避与分散的观念"。它宣称,党的目标是要"首先争取一省或几省的胜利",到最后,红军的全部策略必定是,在地方暴动、工人的政治罢工与国民党驻军兵变的配合中,夺取交通要道上的重要城市。两个礼拜后,3月10日,中央政治局再次批评了毛的军队无目的地"纵横游击"。另一份中央指示告诫,说他正在做"与他的共产党责任和民族革命形势背道而驰的事"。周恩来那时正启程赴莫斯科,直到8月才回国,周不在国内的这段时间,李立三独自主管中央政策。

1930年的整个春天和夏初,毛一直在抗拒这些指示。

他的部队拒绝离开赣粤边界处,他们在那儿与小股国民党进行小规模的战斗,并增进了他们的军事实力。毛不理睬李立三要他到上海去参加"全国苏维埃区域代表会议"的要求,这次会议后来在许多代表缺席的情况下,于5月中旬召开了。他兴奋地告诉前敌委员会,说执行错误的指示,实际上是"故意破坏的形式",他在这当中没起作用。

此时,李自己的思想——后来所谓的"立三路线"——越来越类似于三年前瞿秋白支持的主要思想。与瞿一样,李宣称依靠红军单独进行革命是错误的。也像瞿一样,他主张必须"只有进攻,无所谓退守"。认为毛的灵活机动的战略"不能长期适合现代需要……现在我们需要夺取重要城市",并且,毛与朱必须"改变他们的方法",丢掉他们的游击思想。毛的"农村包围城市"的思想最初出现在他进攻吉安的计划中,李说他同样是"高度错误的";毛的"农村工作是第一步,城市工作是第二步"的见解,甚至是更严重的错误。

6月,事态发展到严重关头。毛被指责为"对帝国主义感到恐惧",表现的是农民观念与"流寇思想",并且固执地不服从中央的指示。在这一连串对他的乱七八糟的批评以后,政治局通过了一项决议,不接受他的在江西单独建立革命政权的建议,并且提出了具有更大启示意义的期盼:

> 中国在世界帝国主义统治的链条中是最弱的一环。这是世界革命的火山最容易爆发的地方……中国革命甚至可能……引起世界革

命,并最终引起世界范围内的阶级斗争……因此,中国共产党的直接
任务就是号召广大群众,为所有革命力量协商一致的总暴动做坚决
的准备……并且从现在开始,就积极准备武装起义……目前,当新的
革命高潮一天天临近时,我们的总战略政策是,为在一省或几省内夺
取初步胜利,为建立国家的革命政权做准备。①

李立三制订的这个计划,是在评估的基础上,设想最初由毛的军队进攻九
江与南昌,接着会同各路红军共同进攻武汉。

为使自己能够更坚决地控制共产党的军队,李立三命令进行政治军事大
改编。行动委员会的各级组织建立起来了,在每个省作为非常时期的政权机
构,直接对中央负责(这个中央实际上就意味着李立三本人)。在部队中建立
了中央革命军事委员会,它也直接响应李的号召,指挥四支新改编的军队,这
四支军队代替了原先存在的军事组织。10 天后,中央委员会的特派员涂振农
来到汀州毛那里,直接向毛与朱下达命令,命令他们的部队往北转移。为使苦
药丸变甜,委任毛为新的红一军团政治委员职务,任命朱德为总司令。② 毛对
这个命令没有选择的余地,只有服从。

毛不久后写的一首词就对全部冒险行为表现出他的矛盾心理:

百万工农齐踊跃,席卷江西直捣湘和鄂。国际悲歌歌一曲,狂飙
为我从天落。

似乎是在强调毛的怀疑,部队确实转移得很慢。它在 6 月 28 日离开汀
州,10 天后,还没有到达西边不到 100 英里的兴国县。直到部队首次在汀州
以北 70 英里处的樟树与敌军交战,时间已经两个多星期过去了。然后,毛与
朱决定,因为南昌防卫得太好,正面进攻它要冒险,只象征地表现一下进攻的
姿态就行了。因此,8 月 1 日,他们派了一支小分队到达南昌城对面河岸上的
牛行车站,小分队在那儿向空中开火,以示南昌起义三周年的纪念。毛不久以
后对中央委员会解释,"八一示威任务已经达到,遂向奉新[奉新位于西北 50

---

① 塞茨编:《中国共产党掌权:文献和分析》,第 429—432 页。
② 政治局在 4 月作出了对朱德任命的决定,但直到涂振农来到后,朱德才知道这个决定(《毛泽东年
谱(1898—1949)》上卷,第 305 页)。

英里更远的山区]地区散开工作,发动群众筹款,做宣传等"。

李立三的迅速地、协调一致地进攻武汉的伟大设想就到此为止了。但是,到那时,在任何情况下,李都有其他问题。他的暴动热情已被莫斯科敲响了警钟。5月,共产国际已安排起草一封信,强调"全国性的革命高潮尚未出现"。信中继续说,革命运动"还不能够保证必需的力量,去袭击帝国主义及国民党的统治……最近的将来革命形势即使不能够包括整个中国,但至少也要包括几个有决定意义的省份"。① 这与李立三推论的路线完全不一样。李一贯论述,单独一个省的政权,或者就此而言,任何一种永久的根据地,只能在民族起义的前后联系中存在。这也像毛曾坚持的那样,个别地方的政权可以在全国性的高潮到来之前存在,这是"完全错误的"。然而那正好是莫斯科现在要求他相信的。

那封信在7月23日到达上海。对李而言,有一点一定是很清楚的,就是他正在计划的进攻得不到莫斯科的支持,应该放弃。毫不怀疑,李是希望以进攻的胜利来提供进攻的正当理由,于是,他对政治局的其他人隐瞒了共产国际的这封信。

两天以后,彭德怀在长沙有了令人惊喜的进展,他击败了何键率领的多于自己四倍的国民党部队,并且于7月27日占领了长沙城。在坚持了九天以后——这几乎成为欧洲所有报纸上的头条新闻——彭被迫撤退。然而,李立三欣喜若狂,毛显然也相信了,最终可能在湖南夺取政权。② 这是个现实提议。两支军队在8月中旬会合,8月23日在浏阳附近召开的一次会议上,同意将他们两支军队合并形成红一方面军,朱德任总司令,毛泽东任政委与红一方面军总前敌委员会书记③。工农革命委员会也宣告成立,毛任主席,这是战斗地区的最高权力机构。

在值得重视的争论以后,同一次会议决定,进行另一次夺取长沙的尝试,而且,这一次还要守住它。

---

① 塞茨编:《中国共产党掌权:文献和分析》,第439—445页。

② 8月19日,毛在给赣西南特委的信中指出,在得悉占领长沙后他开始向湖南挺进。即使如此,他仍然再次要求加紧扩大红军以能够适应"革命局面日益紧张的形势"(施拉姆:《毛通向权力之路》第3卷,第482—484页;彭德怀:《彭德怀自述》,第299页)。

③ 1930年2月,毛被任命为红四军、红五军与红六军(分别由朱德、彭德怀、黄公略任司令)的总前敌委员会的书记。经过那年秋天的整编,他继续担任这一职务,但是实际上,只是在8月的浏阳会议之后,他才真正取得超越这三个军团之上的权力。类似的情况是,4月份,政治局任命朱德为这三个军的总司令,而这个任命也只是在红一方面军成立之后才有实际意义。

毛本人看来好像有一种复杂的感情。何键的部队已经受到剧烈的震动，红军士气高涨。但另一方面，红军已不再有出其不意的有利因素。他的担心在第二天写的一封信中反映出来，他在那封信中强调了从江西派来大批增援"非常重要"——"信到半月内送 1 万人到长沙来，信到一月内再送 2 万人"——他还谨慎地加上，"大约经过一番剧战之后即可占领长沙"。①

那些要求停止行动的警告证明是正确的。长沙的国民党进行了顽强的抵抗，共产党的进攻在长沙市东南几英里的地方陷入困境。9 月 12 日，由于新的国民党增援部队逼近，毛发出了撤退的命令。

24 小时后，部队得知他们正在往江西撤退。关于"在武汉夺取最初的胜利，并在全国夺取政权"的说法还在流行，但是，下一个目标就更加有节制了。部队休整了三个星期以后，又对吉安发动了进攻。吉安是江西省的三等小城市，有 4 万人口。当地的共产党军队曾八次试图占领它②，但每一次都失败了。

10 月 4 日夜，吉安的守卫者不战而退，悄悄地走了，毛因此能够宣告"在几年的战斗中，被红军与[江西]群众第一次占领的主要城市……整个江西省胜利的开始"。③ 那是过分夸张了：共产党实际上占领吉安只有六个星期。但这也足以反映共产党领导与普通士兵中的兴奋。共产党发布了夸张的布告，要求红军的力量要增加到 100 万；保证永远与苏联和全世界无产者联合起来；并且预言，在当前的"世界革命形势中"，苏维埃政权将"毋庸置疑地出现"在中国与全世界。

毛在一座地主的宅院里设立了他的指挥部，这座舒适的石头建筑位于市中心。他与贺子珍住在后面的内院中，女人房间的东西都涂上亮闪闪的红漆。朱德与他年轻的妻子康克清住在外面的几间屋子里，毛在古田关于城市生活陷阱的一切警告——每个人，也包括他自己，都乐于让其暂缓出现。

李立三这时在上海正陷入深深的烦恼中。

7 月份，一名苏军顾问已经安置了一台秘密的无线电发报机，用于中央委员会与莫斯科的通讯联络。李立三制定策略的自由一夜之间消失，他的策略过去常常被认为是建立在党中央与共产国际来来往往的信件的基础上的。7

---

① 施拉姆：《毛通向权力之路》第 3 卷，第 488—489 页(1930 年 8 月 24 日)。

② 吉安革命博物馆展出的证明文件。这个博物馆设在过去地主的一所房子里，当年毛和朱德曾把他们在这个城市的指挥部设在这里。

③ 施拉姆：《毛通向权力之路》第 3 卷，第 574 页(1930 年 10 月 26 日)。

月 28 日收到的第一个消息,就是莫斯科强有力地再次声明反对他的城市暴动计划。李又一次隐瞒了这一消息。但是,一个月以后,在莫斯科指责他的计划是"冒险主义",并直截了当地告诉他,具有"占领大城市的不严肃的动机"以后,他被迫取消了原定在武汉和上海的暴动计划。[①]

这时,周恩来和瞿秋白从苏联回来了,李立三不能长时间假装不知道莫斯科的思想。即使这样,他还是拒绝取消再次夺回长沙的命令,到 9 月份召开中央委员会全体会议的时候[②],他始终坚持那个计划,其实,他只不过是在仿效共产国际的领导方法。

李的挑战耗费了一段时间。如人们所了解的,六届三中全会决定,这是源于过分的乐观主义,尽管"模棱两可与错误","政治局的[总]路线是正确的"。但是,对李立三的缓刑只是暂时的。10 月,莫斯科得知那年秋天李立三的令人不解的声明中的一些详细情况[③],他在其他事情上建议,在东北发动一场暴动,以引起苏联与日本的战争,并且还轻蔑地说苏联人不了解中国的情况。

斯大林的忍耐到头了。

一封信于 11 月中旬到达上海,在这封尖酸刻薄的谴责信中,共产国际指责李立三执行了一条反马克思主义、反共产国际、非布尔什维克、非列宁主义的路线。几天后,李立三在莫斯科作了绝望的和被广为宣传的坦白,在随后的15 年中他销声匿迹了。

这段时间毛的思想不容易揣测。他清楚地相信革命事业正在国内外发展壮大。属于共产党掌握的报纸上说到了苏联的大萧条、欧洲工业动乱、亚洲与拉丁美洲的反帝暴动。另一方面,他那年秋天公开主张的"全国的革命高潮正

---

① 这封电报于 8 月 26 日发出,它是莫斯科对李的政策的评价的一个重要的转折点。电报的全文在中国和俄国都没有发表。

② 塞茨编:《中国共产党掌权:文献和分析》,第 445—457 页。也可参见桑顿:《共产国际与中国革命(1928—1931)》,第 187—200 页;在全体会议期间,出席会议的人,包括当地共产国际的代表,没有一个人认为李的错误是路线问题(见塞茨编:《中国共产党掌权:文献和分析》第 470 页上引用的共产国际上海局的一封信)。1935 年瞿就义前在狱中写的信中回忆,那时李的立场同共产国际的指示之间看起来没有"根本的差别"(顿·李:《通向共产主义之路:1912 年以来的中国》,第 169 页)。自相矛盾的结果是,李和他的支持者尽管受到了一致的批评,但由于他们在政治局(和中央委员会)的人数比开始时要多,因此他们在这次会议上便脱颖而出。

③ 4 月 1 日和 3 日,李在政治局会议上讨论满洲里问题时的发言,直到 10 月才传到斯大林那里。那个月,共产国际开始起草终止"立三路线"的《11 月 16 日来信》(指这封信到达上海的日期)。几乎可以肯定李是在 10 月中到 10 月末间离开上海的,因为 11 月下旬,他在莫斯科受到共产国际的质问。帕维尔·米夫很可能也是在 10 月末出发的,因为他到上海时共产国际的信也刚到不久。

日益高涨"①,由于他的精明谨慎,在行动中被打了折扣。占领吉安以后,他反复阻止同事,那些同事认为李立三是正确的,也认为他们的首要任务是占领南昌,然后向武汉进发。毛反驳说,他们的首要任务是在一个省——江西省,夺取政权,接着再夺取其他地方的政权。②

围绕李立三夺取全国范围的胜利的梦想所进行的争议暂告一段落,因为这时蒋介石宣布他要一劳永逸地在接下来的半年中粉碎江西的"红色威胁"。蒋介石计划用 10 万人。这是一支比蒋介石以前为反共调集的国民党军队还要大得多的力量。无论如何,他现在面对的共产党军队与从前半饥饿的厌战的游击队伍已经完全不一样了,那些游击队员在 1928 年冬天曾被他在井冈山追得混乱不堪。那时候,毛与彭德怀的部队合在一起才不到 4000 人,而且只有一半人有枪,其余人用梭镖或者棍棒作战。现在,红一方面军有 4 万兵力,许多人是用现代来复枪或步枪装备的。

从常规军的观点来看,他们实质上与所希望的标准还有很大距离。许多人是没有文化的农民。部队的制度也不得不以公告的方式贴出来,比如"不要随地大便","不准搜劫俘虏的口袋"。然而,从这些原始材料来看,自从古田会议以来,这一年来,红军的政治工作者已经锻炼成为目的高度明确、一天比一天老练的战斗队伍。

军队里开展了识字运动。加强纪律教育。为军官们引进了考绩、任用制度。规定新兵一定要在"16 岁至 30 岁之间;至少要有 4 英尺 11 英寸高;身体健康,没有疾病"。毛发现这项工作是个很困难的任务,必须加以解释:

> [提出这些要求的]原因是因为那些眼睛有毛病的人不能瞄准打枪,那些耳聋的人不能听清楚命令;那些塌鼻子的人大多有遗传性梅毒,并且对[其他]传染病敏感;那些口吃者不能执行士兵应有的通讯联络任务。至于那些有其他疾病的人,他们虚弱的身体状况不仅使

---

① 施拉姆:《毛通向权力之路》第 3 卷,第 667 页(1930 年 11 月 11 日);也可参见第 574、579—582 页(10 月 26 日)。即使"立三路线"在 1930 年底受到公开批判以后,毛仍然沿用这句短语(指"全国的革命高潮正日益高涨"——译者注),虽然它正逐渐成为一个例行的咒语,所以在 1931 年 4 月 19 日,他在为部队起草的集中待机歼敌的命令的一开始就用了这样一句名言:"中国革命的高潮每天都会来临。"(施拉姆:《毛通向权力之路》第 4 卷,第 67 页)
② 在放弃攻打长沙后,毛一直试图使他的同伴们重新把注意力转向各省的斗争,而不是全国的斗争(施拉姆:《毛通向权力之路》第 3 卷,第 552—553 页,10 月 14 日;第 558 页,10 月 19 日;第 572 页,10 月 24 日;第 574 页,10 月 26 日;等等)。

他们不能作战,而且有把疾病传染给别人的危险。①

在战场上,组织了前线急救站,以及负责掩埋尸体的辅助单位。还成立了供应部与运输部,他们负责运送行李辎重与战地厨房。侦察处、地图绘制处、情报与安全处也都建立了。从 1930 年 6 月起,朱德与毛一天一次或一天数次地发布详细的军事命令,宣布战斗纪律、军事计划、布置岗哨、安排过河以及 20 个团行军中需要保留的设备用具。军队的高级军官配有随从参谋,战地电话开始取代了送急件的信使与打旗语的通讯兵,以前他们是战地通讯的唯一途径。

红军与他的国民党对手相比,只有一个方面很不够,这就是军事技术很差。在强攻长沙失利以后,毛发布了长期有效的指示,即:缴获敌人的无线电台(与无线电操作人员,教会红军通讯员怎样使用它们);并夺取敌人的机枪与迫击炮,用夺取来的敌人的武器来建立我们自己的机枪队、迫击炮队。但是,还是像共产国际解释的那样,它仍然"武器贫乏",确实无力提供战争装备,那时特别缺少军械与大炮。

1930 年,一部分要感谢"立三路线",红军的战术从游击战转变为运动战。但是,面对蒋介石提出的已做好充分准备的包围战的挑战,红军还需要有新战术。10 月 30 日,在南昌西南 75 英里袁水岸边罗坊附近的一个小村庄,召开了前敌委员会的扩大会议,会上,毛第一次提出"诱敌深入"的战略原则。像许多意义深远的思想一样,这一战略原则在本质上也是很普通的——它只是比毛在井冈山时提出"敌进我退,敌疲我打"略微引申了一些。在这个新原则中,它被表述为"引诱敌人深入红区,等到把他们耗得筋疲力尽,再一举歼灭"。②毛后来解释,这个原则的必然结果,就是"持久战"的战术:

> 敌人要速战速决,但我们恰恰不这样。敌人有他的内部斗争。他正想迅速击败我们,然后回去进行自己的内部斗争……我们要让他焦急烦恼,然后当他自己的内部冲突尖锐激烈的时候,我们就给他狠狠的一击。③

① 施拉姆:《毛通向权力之路》第 3 卷,第 289—290 页(1930 年 3 月 29 日)和第 291 页(4 月)。
② 施拉姆:《毛通向权力之路》第 3 卷,第 656 页(1930 年 11 月 1 日)。
③ 施拉姆:《毛通向权力之路》第 3 卷,第 718 页(1930 年 12 月 22 日)。

这一新战术也遭到一些人批评。一些人论述,这是对李立三拥护的进攻政策的否定(实际上就是这样),与"出现革命高潮"的思想不一致——这也是毛连续声明的——它还与进攻重要城市的指示也不一致。另一些人有更合理的原因,就是担心国民党在他们占领的根据地滥施报复进行大破坏。无论如何,朱德是支持毛的,前敌委员会虽然有些担心,还是通过了这个计划,第二天就把它传达给部队的指挥官。

六个星期来,蒋介石的部队因地方赤卫队的骚扰而烦躁,共产党的红军穿越崎岖不平的赣中山村大撤退时,蒋介石的军队就跟在后面追踪。但红军从不打仗,他们放弃了夏天占领的一个又一个县——首先是吉水、吉安,然后又放弃了永丰、乐安和东固——红军以Z字形曲线缓慢地向南方撤退,在赣南,他们得到农民最有力的支持。

12月初,蒋亲自来到南昌。国民党军队的两个附属师被派去封锁福建边界,他们的主力呈四路纵队,形成一个渐渐绷紧的弧形。150英里长,穿越赣中地区,而在其中心,距国民党前线还不到10英里的黄陂农村附近,共产党的红军正寂然无声地等在那里。

红军的第一次机会在圣诞前夜来到了,那正是毛37岁生日的前两天。彭德怀的部队(现在是红三军团)奉命在北面等待蒋的第五十师,这是由谭道源指挥的。但是,谭道源的人觉察到了红军的埋伏,停止前进。四天后,彭部放弃了对谭部的伏击计划。

全部的红一方面军随即转向龙冈。龙冈是西南方13英里处的一个小镇,另一支国民党的先头部队张辉瓒的第十八师于12月29日到达了那里。红军在那天晚上进入伏击阵地,第二天上午10时发动了总进攻。五小时以后,总攻结束,张辉瓒本人与他的两个旅长以及9000名官兵被俘。此外,红军还缴获5000支来复枪与30挺机关枪。当这个消息传到谭道源那儿时,他立刻命令撤退。但是,他已来不及了。1月3日,红一方面军追上了谭道源,在东北面30英里的东韶俘获了另外3000名敌兵,以及大量的武器装备,还包括了一个完整的通讯部队,这特别令毛高兴,两星期后,这支部队就成为红军的第一个无线电台的基地。虽然它依靠手摇发电机与天线来工作,但这已是那个时代最先进的技术。

张辉瓒①被处死,红军把他的头放在木板上,沿赣江顺流而去,漂到南昌

---

① 直到1997年,东固的老人们对张的死仍然表示满意。

去嘲弄蒋介石。

毛比任何人都更有高兴的理由。不仅因为他的"诱敌深入"的新战术取得的胜利,超过了任何人所敢于希望的,而且还因为他在 12 月就已听说,六届三中全会已经重新把他选为政治局候补委员[①],这是三年前秋收暴动时他在中央担任的最后的职务。

后面的事情太好了。

1931 年 1 月中旬,中央政治局常务委员项英,没有事前通知就来到了毛的指挥部所在地小布,这是迄今为止到根据地来的中央的最高领导,项来通知毛,由周恩来担任领导的中共苏区中央局已经成立,它不仅是江西苏维埃根据地,而且是全国苏维埃根据地的最高权力机构。好消息是,两个月前已委任毛担任中央局的书记,而毛对此还一无所知。坏消息是,项英现在要接替他在根据地的工作。[②]

项英是以前的劳动工会的组织者,比毛大四岁。他在中共六大上被选为政治局常委,这是出于要在上层领导中增加工人比例的考虑。他的使命很简单,就是把根据地直接置于中央委员会的控制之下。1 月 15 日,项英命令撤销红一方面军总前敌委员会与工农革命委员会,总前委是毛的权力基础,工农革命委员会也是由毛担任主席的,项英宣布任命毛的其他重要职务的同时,免去了他的前委书记与革命委员会主席的职务。

这些变化就像在变戏法。项英在红一方面军中有了最高职位,而毛在其间的职位排在项英的后面。其结果就是一种妥协。项英的最高权力是外在形式上的,而毛继续是实际上的真正领导。

这种局面因为上海情况的变化而进一步复杂化了。斯大林派了波维尔·米夫作为他的中国特派员来到上海,召开了另一次中央委员会全会,大会揭露并痛斥已遭贬黜的李立三。项英与毛都不知道,这次四中全会已通过一项决议,这项决议不久就要求所有的共产党员都要了解,并且用十分严厉的语言批评李立三。四中全会还进行了一些人事调动。毛的职务没有变化。共产党内有名无实的领袖向忠发继续任总书记一职。周恩来,由于他灵活地改变立场,

---

① 《中国共产党会议概要》,第 119 页。12 月上旬,前敌委员会在黄陂召开的扩大会议上讨论了六届三中全会的决定(《毛泽东年谱(1898—1949)》上卷,第 327 页)。也可参见施拉姆:《毛通向权力之路》第 4 卷,第 59 页。

② 《毛泽东年谱(1898—1949)》上卷,第 332 页。1930 年 10 月 17 日,政治局决定建立苏区中央局,八天后,又决定在项英未到前,暂由毛担任代理书记(同上,第 319、321 页)。

也侥幸地没有受影响。但是,瞿秋白被撤职,项英还留在政治局,但失去了政治局常委的职务。

无论如何,这次会议最重要的一项任命是,一个矮胖的下颚很宽的年轻人王明,一下子提升为政治局正式委员,以前他连中央委员都不是。

王明这时 26 岁,毕业于莫斯科的中山大学。米夫曾经是那所大学的校长,王明在中山大学时是中国学生组织的领导人,他在 1930 年冬天回到上海。这个学生组织的其他人也都被任命为中央一些重要部门的负责人。他们就是被指为"28 个半布尔什维克"、"斯大林的中国派"或者"回国学生"的人,这些人成了今后四年中中共领导层中的重要力量。

有关李立三犯错误被处分的报告在 1931 年 3 月到达根据地[1],紧接着三个星期后,由任弼时领导的一个中央代表团也来到根据地。任弼时在十年前,还是个 16 岁的学生时,被毛的俄罗斯研究会派到苏俄学习过。任在 1 月份已进入中央政治局,他带来了六届四中全会决议的原文与新的党中央指示。这些文件说,由毛任书记的总前敌委员会在中央局活动期间,仍旧是共产党江西省的最高权力机构。还恢复了工农革命委员会,任命毛为革委会主席,朱德为总司令,不仅在江西省,而且在全国所有的红色根据地,这些都是有名无实的权力机构。[2] 这不是因为上海的新领导对毛有任何特别的尊重,实际上恰恰相反,这一点很快就清楚了。上海领导不信任项英,项英的名字紧紧地与李立三和老的三中全会的那些领导连在一起。[3] 通过提升毛,意在试图控制项英的权力。

在这时候,蒋介石发动了他的第二次大围剿。这一次,蒋调集了 20 万部队,是去年冬天的两倍。战略与以前几乎没什么变化。国民党主要部队,蒋的"锤子"部队从西北方向向根据地逼进,打算借助军阀部队的"铁砧",在粤闽边界的前面,封锁红军往东、往南逃跑的路线。无论如何,这一次国民党的司令

---

① 《毛泽东年谱(1898—1949)》上卷,第 337 页。3 月 20 日,毛提到的"前几天"从上海来的特使(没指出他们的名字)(施拉姆:《毛通向权力之路》第 4 卷,第 36 页),可能带来了 3 月 18 日至 21 日在黄陂召开的中共苏区中央局扩大会议上讨论的文件。这些文件包括共产国际谴责李立三的《11月 16 日来信》,但没有四中全会的任何材料(见萧作梁:《中国共产主义运动内部权力关系(1930—1934)》第 1 卷,第 152—153 页;第 2 卷,第 352—360 页)。

② 《中共中央文件选集》第 7 卷,第 139—142 页;《毛泽东年谱(1898—1949)》上卷,第 337 页。甚至在更早些时候,毛还说服项成立中央军委总政治部,同他本人一起担任它的主要领导职务(施拉姆:《毛通向权力之路》第 4 卷,第 12—13 页,1931 年 2 月 17 日)。

③ 四中全会尖锐地批评了三中全会的领导机构(项英是这个领导机构的成员)提出的"调和主义路线"采纳了李立三的意见(塞茨编:《中国共产党掌权:文献和分析》,第 459—461 页)。

官们更小心谨慎地行动,在每一次新的进军之前,都要增援他们已占领的那些地区。

自2月份以来,毛与朱德已经注意到了国民党的这些准备。但是在双方力量悬殊如此之大的时候,"诱敌深入"的战术是否行得通,在这个问题上,毛、朱与项英的意见不一致①,他们双方都不能说服对方,这导致无法清楚地阐明对敌的策略。所谓的任弼时小组,"四中全会代表团"的到来,就把原来混乱的局面搅得更乱。他们建议,红军放弃全部根据地,撤到湘南。毛与朱德不同意这样。其他领导的意见各不相同,有些人又重提分散红军的老话题。

红军还在继续争论的时候,蒋介石的几路纵队已无情地推进到南边。就在那年3月,红军已经把它的主力撤到离根据地不远的宁都县,那里是第一次反围剿进行决战的地方。在青塘的一个村子里,事情拉开了序幕。

1931年4月17日,中央局的扩大会议通过了一系列决议,这些决议批评了项英的领导,表扬了毛反对"立三路线"的努力。第二天,毛的军事策略也得到大会的认可。会议取消了撤退计划,决定"把江西根据地建成中央苏区的基础"。红一方面军开始向北转移,面对蒋介石部署中的最弱的敌人,在东固附近的山村,毛开始制定雄心勃勃的反攻计划,红军猛烈出击,穿过敌人的封锁线,并且向进往东北福建方向推进。

几乎正好是一个月以后,毛站在东固以西10英里处白云山的最高峰上,在白墙佛寺那里注视着战场,朱德的第一集团军正源源不断地冲下山,沉重地打击国民党的两个师。一小时后,按照事前的部署,彭德怀的部队又狠狠地攻击国民党军队的侧翼。红军俘虏了敌军4000多人,还缴获5000多支来复枪、50挺机枪、20门迫击炮,并俘获了完整的国民党通讯部队,缴获了他们的全部器材。接下来的两周中,红军与国民党进行了四次更大的交战。5月底,战争以红军占领了东部100英里处的福建建宁而告终。至此,3万国民党军队失去战斗力,2万枪支被红军缴获。蒋介石的第二次围剿被红军彻底粉碎,他的司令官们下达了总撤退的命令。

这以后,关于红军未来的战略战术问题没有更多的争论。毛与他的军事将领们得到自由指挥的权力。

---

① 3月20日毛起草的通令也有这方面的暗示,他写道:"第二次战争的胜利一定是属于我们的,我们一定能取得胜利。"(施拉姆:《毛通向权力之路》第4卷,第38页)也可参见余伯流和陈钢:《毛泽东在中央苏区》,第246—250页;马齐彬等:《中央革命根据地史》,第285—288页。

然后,红军的胜利又几乎在证明他们的毁灭。只要"赤匪"能像其他土匪团伙那样可以被消灭,即使暂时不受惩罚,蒋介石也不会太担心。但是,红军有有能力战胜他的最好的将领。这就是一件很不寻常的事了。当国民党南昌高级指挥部连续吹嘘"军事胜利"的时候,蒋介石在仓促地派出增援。到6月底,为了第三次"围剿共产党的战斗",蒋已经一共积聚了30万人,比起他4月份投入的兵力多了一半。

毛与其余的红军领导现在有一种错觉。5月底以来,他知道,当蒋的第二次围剿被粉碎以后,第三次围剿紧接着就会到来。但是对蒋部署新政策的速度,毛显然低估了。那年6月,红军全部分散在闽西各地,在那里"发动群众,筹措资金",这个任务已经永远成为共产党红军发展的更重要的事。6月28日,毛依然指望有两三个月的时间来筹措资金、贮存粮食给养。6月30日,红军分散了十天,在那个星期结束之前,一份紧急通知发布了,通知警告说第三次围剿就要开始,它将是"极其残酷"的,如果要想取得第三次反围剿的胜利,每个人都一定要比以前付出更艰苦十倍的努力。

国民党军队,这次是在蒋介石的亲自指挥下,一面呈巨大的钳状态势向南逼进,一面修筑防御工事,巩固已占领的地区,并尽力保卫它们不使其分割开变成孤立的地区,从而免受红军的攻击。[①]

开始的十天,红军指挥部仓促地把它的军队聚集起来,编成几种战斗序列。在7月中旬,他们开始往南撤退,希望蒋的东路纵队相信他们这支队伍已进入了福建边界,正逃往广东。然后,在瑞金正北的壬田寨,红军主力又折回来,并向西进入北部的于都县,他们走的都是远离主干道的农村小路与手推车才能走的小道,努力不被蒋介石的侦察机发现。毛的计划是伏击东固附近的蒋介石的西路军,当红军掉头往福建前进时,迫使东路军来支援他们,这时红军再从背后袭击敌人。由于准备不够充分,这可能是毛所能有的最好的做法。但是,这个战术也与他在第二次反围剿中使用的战术相似。这一次,蒋介石就不是那么容易上当了。

占领了于都与瑞金以后,国民党东路军就停止了南进,并开始西移。他们更深入地插进根据地时,受到当地赤卫队不断的骚扰,赤卫队在夜晚吹喇叭,

---

① 关于第三次反围剿的资料来自毛本人发布的军事命令,见施拉姆:《毛通向权力之路》第4卷,第118—137页(1931年7月12日至8月17日)和第142—153页(8月22日至9月23日);同上,第41—42页;《毛泽东年谱(1898—1949)》上卷,第350—355页;彭德怀:《彭德怀自述》,第322—324页。

放老式滑膛枪,以此阻止他们睡觉,还沿着山间小道设陷阱,故意破坏通讯线路,并伏击他们的伤病员。国民党以残忍的手段来回敬红军。朱德回忆:"发现了一个烧成灰烬的村庄,被枪杀、被砍死与被砍头的老百姓的尸体遍地,甚至包括老人与孩子。女人们仰面八叉地躺在地上,她们在被杀死的前后都被强奸过。"

7 月的最后一个星期,共产党的军队在盛夏酷暑中已经行军 300 英里,筋疲力尽,他们在北部的兴国停下来休息。在那里,主力第三十一团受命在夜幕的掩护下迂回环行,绕到敌军前线的后面,对约莫 50 英里外的蒋的西路军的后卫部队发动一次夜攻。紧张的两天夜行军之后,这些人正在进入阵地,这时,毛得知国民党司令官们已经召集了增援部队,于是不得不放弃这次进攻。

当红军折回兴国时,敌军九个师从北、东、南三个方向会合到一起,把红军包围在赣江边的狭窄地带。

8 月 4 日,毛与朱德决定,这时别无选择,只能极尽所能,努力突围。一个军由当地的赤卫队与农民军伴随,做出试图进入湖南的样子,吸引追踪他们的国民党四个师。那天晚上,红军主力部队则强行通过了敌军包围圈的约 12 英里宽的间隙地带,然后,预期的效果似乎出现了。两天后,在这次反围剿的第一次主要交战中,红军击败了追击他们的敌军两个师,不久后,在龙冈附近(龙冈是 1930 年 12 月共产党取得伟大胜利的地方),红军又消灭了敌军另一支大部队,俘获七千多敌兵。

但是,蒋介石在红军调遣之前抢先了一步。现在,他派出八个师,正包围红军,形成了一个更紧密的包围圈。这一次,包围没有空隙。

毛再次试图制造假象。部分红一军团,假装成主力部队,往北突围。但是,敌人的包围圈很严密,突不出去。唯一可能的路线被国民党两个师的营地之间高高耸立的大山挡住了,此山高达 3000 英尺。这座山敌人没设防,因为他们肯定它是无法逾越的。

那天夜晚,全体红军,二万多精锐部队,在夜幕笼罩下,从这座山陡峭的侧壁往上攀登,这里离国民党的哨兵不到 3 英里,翻山以后他们全速前进,到达东固北部的山区,才算是到达安全地带。

这是一项丰功伟绩。这次成功的突围距全部被歼灭只有毫发之差,这使毛认识到,他是在与比前两次围剿更厉害的敌人打交道。他发出命令,抛弃所有沉重的行李,马的数目也要急遽减少。他警告说,敌人现在已发展为"高度灵活的部队",红军不得不准备长期的、艰苦的战斗,包括频繁的夜行军在内,胜利要建立在它自身灵活的基础上,这一灵活性"不是十倍,而是百倍"地超过敌人。

无论如何,转机近在咫尺。那年夏天,蒋介石的老对手胡汉民和汪精卫已经与广东、广西的军阀形成联合,建立了广东政府,以与蒋介石的南京政权抗衡。9月初,这个新的南方政府派部队进入湖南,湖南省在任何一次南北冲突中,似乎永远是一个关键的省份。蒋介石不能对来自南方政府的威胁置之不理,但是放弃在江西对红军的"围剿"又会使他的部队遇到来自西方的新威胁。

9月6日,毛与朱德看到国民党军队开始撤出兴国,往北前进。蒋介石以一种告别这里的姿态宣布,他正在加倍悬赏毛、朱这些共产党领导的脑袋,不论死活,赏金从50元到10万元不等。[①]

毛可以再次声称,他的战略战术已经被证明是成功的。国民党的17个团被吃掉,3万敌军伤亡或被俘。共产党已经占有赣南与闽西21个县的大部分地区,以及200多万人口。但是,与头两次围剿不一样,这一次共产党的损失也是沉重的。[②] 蒋介石的部队没有打败。红军是因为蒋介石的撤退而获胜的。

1931年9月18日,日本入侵东北。第二年,蒋介石的注意力放在其他地方了。但是,他在江西还有未了之事。他与共产党都明白,在适当的时候,他还会回来。

自从国共合作分裂以来,四年已经过去了,共产党已接受了武装暴动的政策。那时候,共产党革命中的四个主要领袖——瞿秋白、李立三、周恩来与毛泽东——他们都有一个坚定的信念,即革命必将胜利,中国总有一天会成为共产主义的中国。

他们的不同之处是在方法和时间上。但是,在革命中,方法与时间就是革命的一切。

瞿秋白,是个患结核病的年轻作家,托尔斯泰、屠格涅夫的爱好者。李立三,他的全部生活就是共产主义。他们两人都相信一种急风暴雨似的革命。瞿秋白1935年在国民党的监狱中于被处死刑前不久写了一封值得重视的信,

---

① 《中国周报》,1931年8月29日,第525页。
② 彭德怀写道,在第三次反围剿的战斗中,他的第三军团的1.5万人中大约损失了1/3(《彭德怀自述》,第325页)。也有个别的资料提出,损失最大的是在第三次战役中(例如,见《毛泽东年谱(1898—1949)》上卷,第355页)。

他在信中说道,他要是继续再担任党的领袖,就会犯与李立三同样的错误。他声明:"不过不至于像立三这样鲁莽,也可以说,不会有立三那样的勇气。"①

李立三由于挥之不去的"革命高潮"的思想的误导,他一直认为共产党已经比他掌权以前强大得多了。周恩来那时已经作为共产党必不可少的高级领导出现了,无论那时流行什么样的莫斯科路线,他都能有区别地、熟练地工作。毛泽东那时候并非不受那些不切实际的思想观点的影响,他在年轻的林彪面前想象出的"星火燎原"就是个证明,但他是四个人中最实事求是的一个,"星火燎原"是他的流行的观点。

到1931年,他们争论过的两个主要的策略问题——红军在革命斗争中的首要位置问题与城市和农村的关系问题——两个问题都以毛喜欢的方式解决了。六届四中全会已经证明了两年半以前召开中共六大时,他提出的与李立三相对的政策是正确的,也证明了他与瞿秋白相对的观点是正确的。四中全会承认了,李立三的(以及周恩来的)政策,"完全忽视建立巩固的苏维埃根据地的必要性"。他们认为"游击战过时了",并且对红军"发出了过早的、冒险的、固执的指示去夺取大城市"。毛不可能更好地执行这个命令。

共产国际那年夏天决定,今后红军将成为革命的主要动力,"围绕工农革命军的核心问题……巩固与组织"。它又加上,共产党的首要任务,是进一步加强军队建设,发展与巩固根据地,建立中国的苏维埃政府,并且在国民党统治的"白区"把工人与农民组织起来。② 自从农民运动"大大地超过"城市的革命运动以来,城市工作要与支持农村苏区的工作相适应。③

工人暴动问题,共产国际甚至没怎么提到。

---

① 顿·李:《通向共产主义之路:1912年以来的中国》,第159—176页。
② 共产国际1931年8月26日的决议明确指出:"当前的目标"是党在白区必须运用"一切力量"发动"一场声势强大的群众运动,保卫苏维埃根据地"。这当然与四年前它公开的立场是截然相反的,它当时主张,以城市斗争为主,农村革命为辅。
③ 共产国际《11月16日来信》在提法上重新沿用了18个月前毛对党中央的警告,即不要担心农民运动"超过"城市的革命运动。

第八章

富田：丢掉幼稚

1927 年以后，由于革命实践的需要与幸存者必须履行的责任，也由于共产党自身性质的重大变化，迫使中国共产党的领导对策略作出重新评价。

他们赞许地把共产党的这一变化过程描述为"布尔什维克化"，这种说法在某种程度上是贴切的：他们在进行有意识的、竭力仿效布尔什维克实践的尝试，逐步灌输列宁主义的戒律，创造出一种有效的、实行中央集权制的政治机器。但是，其中也有其他因素在起作用。斯大林反托洛茨基与布哈林的斗争，提供了党内斗争的榜样，中国共产党也恪尽职守地重复了这样的党内斗争，1929 年把陈独秀与彭述之作为托洛茨基分子开除出党；15 个月以后，又把何孟雄与罗章龙定为右派分子（这两人自从长沙学生时代以来，就一直是毛的亲密朋友）。而中国革命特有的残酷又加强了这种倾向：城市的白色恐怖（1927 年 5、6 月以来，共产党被穷追猛打，直至捕获杀害）；农村的白色恐怖（军阀部队与地主武装例行公事式地烧毁那些他们怀疑藏有共产党的支持者的村庄）；红区则一直受到国民党围剿与摧毁的威胁。

早几年，由国民党的报复行为和党的宗派主义鼓励的暴力通常指向外部，强迫上海工人在 1927 年举行罢工的"黑长袍枪手"，表面上是反对倡导各阶级妥协的"黄色工会领导人"，伴随瞿秋白的武装起义的随处可见的"烧、杀"行为，理论上是用来迫使不坚定者回到共产主义阵营。

到 1928 年年中中共六大的时候，这样的一些强制措施因为其副作用遭到谴责。当毛的队伍 1929 年 4 月占领汀州时，他再次向中央委员会保证，有关红军把 500 间屋子烧为平地，并杀死了 1000 多人的那些新闻报道都是"胡说八道、不值得相信的"，事实上，"只有 5 个最反动的人被杀"，只有 5 间房子被烧毁。

尽管有这一条防止误用暴力的说明,但敌友之间的界限渐渐变得模糊不清了。针对某一个人的方法,迟早不可避免地被用来反对另一些人。

1930年2月,在陂头召开的前敌委员会扩大会议上,关于使用暴力的争论爆发了。它首先是由毛提出来的,讨论李立三的对城市发动进攻的决定,但会议的真正作用在于考虑一个更加狭窄的小问题:东固与吉安附近地区的党的情况问题。一周以后,毛发布了一个通告,以前敌委员会的名义,作了如下说明:

> 赣西赣南党内有一严重的危机。即地主富农充塞党的各级地方指导机关,党的政策完全是机会主义的政策,若不彻底肃清,不但不能执行党的伟大的政治任务,而且革命根本要遭失败。联席会议号召党内革命同志……打倒机会主义的政治领导,开除地主富农出党,使党迅速地布尔什维克化。①

隐藏在这一段费解的话的背后的问题是双重的。地方领导对毛尝试强制实行前敌委员会的集权统治感到不满,这个前敌委员会是由非江西人,主要是湖南人控制的;对于那些严厉的、新的土改政策,他们也不热情,土改政策是那些门外汉制定的,有损于他们自己的家庭与宗族的利益。

对毛来说,他们都是"山的顶峰",他们把他们的小范围的利益作为一个整体放在党的利益之上,那他们就不得不受到路线斗争的排挤。

陂头会议因此决定,取消那个地区现存的党的领导集团,并成立由刘士奇领导的新的赣西南特别委员会。刘士奇是个年轻的湖南人、共产党员,他与贺子珍的妹妹贺怡结婚了(因此,实际上他是毛的连襟)。然后,大会发出秘密指示,对赣西南共产党的四个创始人执行死刑,以此警戒其他人,这就是当时所谓的"四大党官"事件。

为什么毛决定不写下打破不杀害党员同志的规章?六个星期以前,他在古田会议写的决议中有个暗示,他曾警告了党内与红军内那些表明有"个人主义对纪律反感"行为的同志,在某种意义上,他们就是"客观上的反革命"。这是一种纯斯大林式的见解,毛后来把它发展成为一种更微妙、更灵活的理论,即"敌我矛盾"(对抗性矛盾)与"人民内部矛盾"(非对抗性矛盾)的理论。但是

---

① 施拉姆:《毛通向权力之路》第3卷,第269页(1930年2月16日)。

在 1930 年,认为那些共产党员阻碍了党制定的政策,已经有了足够的正当的理由,无论他们这样做的原因是什么,他们都已成为"敌人"的一部分,并且也将被作为敌人来对待。自从他们的罪名成为政治罪名以来,司法程序是不相干的,除掉戏剧性效果以外,就是教育群众。在这样的情况下,包括了毛在内的党的领导们宣布,被告要被"公开审判并判处死刑"(自从决定了那一点以来,不可能有其他裁决)。

奉命开展肃反运动的刘士奇工作得十分卖力。接下来的几个月,数百名地主、富农出身的干部被从赣西南共产党中开除。5 月,共产党的内部文件开始第一次提到神秘的"AB 团",说它已渗进一些地方的党委中,特别是吉安,以及邻近的永福、永丰、兴国县。这个组织,常常被作为反布尔什维克集团的代名词(Anti—Bolshevik League 首写字母是 A 与 B,实际上也意味着这个团的级别比较高,但其成员的水平较低)来提及,说它是国民党内的右派组织。它 1926 年于吉安成立,那时候它在中国其他地方已处于垂死状态,但能继续存在于赣西南绝非偶然,它与另一些改良主义运动一起都喜欢那些改组主义者(以前的国民党左派领袖汪精卫的支持者);它是第三党与社会民主党。在一个地区,共产党员、改良主义者与国民党支持者,他们都来自于同样的社会阶层,常常是同样的家庭与宗族,或许分别忠诚于不同的信仰,有 AB 团第五纵队存在的想法并非根本上不可能。但是声称发现了 AB 团的全部成员就是滥用轻信。

到了 10 月份,当毛的军队占领吉安的时候,赣西南 1000 多名共产党员——全部党员数目的 1/3——已被作为 AB 团分子处以死刑。[①]

毛此时的个人参与程度是不能确定的,但有一个他一定在某种程度上牵连其中的显而易见的案子。甚至没有他与刘士奇的关系,前敌委员会也最终应该对赣西南特委的工作负责。AB 团一被发现,有人就向毛通报了所谓的 AB 团关系。在红军 7 月北上去南昌的路途中经过该地区时,毛一定收到了详细的简报。也是在那段时间,大批人被捕,被杀的人相对而言还比较少。只

[①] 戴向青和罗惠兰:《AB 团与富田事变始末》,第 83—89 页;陈永发:《富田事件与反布尔什维克联盟:中国共产党革命中的"恐怖事件"》,载于《共和中国》1994 年 4 月第 19 卷,第 2 期,第 2—6 页。斯蒂芬·阿威瑞尔认为,1930 年,AB 团在江西依然十分活跃(《富田事件的起源》,载于托尼·塞茨和汉斯·万德温合编:《中国共产主义革命的新视野》,第 88—92、109—110 页)。我觉得他的这个观点是令人信服的。它是否曾做过破坏中国共产党的尝试(至于在如此规模由共产党人发表声明那就更不用说了)完全是两码事。

是在红军转移以后,共产党内部的肃反才真正地开始了。

导火线是一个江西领导人的汇报,当刘士奇被任命的时候,这个人被忽略了。他叫李文林,三十来岁,知识分子,像毛一样出身于富农家庭,他是东固根据地的创始人之一。红军1929年春天寻找安全之地退避到那里的时候,他的领导能力给毛留下了深刻的印象。① 那年夏天他到上海去参加苏维埃地区代表大会,在上海与李立三建立了很好的关系。8月,当毛离开湖南的时候,他说服特委召开了一次全体扩大会议②,那次会议不理睬刘士奇,赞同李立三提出的进攻城市的政策;并且废除了激进派的土地法,这个土地法是那年春天在毛的坚决要求下通过的。李文林本人被任命为特委书记,不久以后,他成为在李立三的命令下组织的江西省行动委员会的书记。③

作为行动委员会的最初的一个行动,这位新领导命令,对搜索出的AB团成员要"最残酷的折磨",警告那些"说话看来非常积极与忠诚、非常左与非常正直的人",一定要对他们加以怀疑与审问。被杀的人数激增,每一次招供都产生一批新的牺牲者,每一个牺牲者又有新的招供。当毛在10月到达吉安时,他发现自己面临一个问题,这个问题比他在赣西南发动肃反时所设想的问题要更大、更复杂。那时候,问题只不过是地方党委全都是"地主与富农"的事。现在,他告诉中央委员会,他们全都是"AB团分子",他们在"进行暗杀④,准备与[白]军联络,密谋造反,消灭苏维埃根据地与各种各样的革命组织"。⑤

毛的回答是进一步加强肃反。10月26日,他与李文林发表了一个联合声明,号召从当地的苏维埃政府中清除那些"富农反革命";"处死所有的AB

---

① 阿威瑞尔:《富田事件的起源》,载于托尼·塞茨和汉斯·万德温合编:《中国共产主义革命的新视野》,第85、104、111页和注释12。1929年2月,毛派他的弟弟泽覃到东固同李一起工作,一年后又特意称赞了李的政策(《毛泽东年谱(1898—1949)》上卷,第265—266页;施拉姆:《毛通向权力之路》第3卷,第236页)。也可参见戴向青和罗惠兰:《AB团与富田事变始末》,第172页。

② 这次全体会议于8月5日至11日举行,部分内容与7月末8月初举行的较长时间的工作会议是重叠的(《中央革命根据地史料选编》第1卷,第264—322页)。后来,毛把这次会议看成是赣西南党走向公开反对他的权力的至关重要的一步(施拉姆:《毛通向权力之路》第3卷,第710—712页;戴向青和罗惠兰:《AB团与富田事变始末》,第172页)。

③ 施拉姆:《毛通向权力之路》第3卷,第553—554页。没有任何证据表明毛曾试图阻止李的任命,在这一时期他很可能想过他们能一起合作。

④ "暗杀"的出处没有作解释,但是在毛的脑海中应该有两件事:一件是那年春天,他井冈山时期的老伙伴袁文才与王佐的死亡,他们是在僻静的环境中被射杀的,据说他们那时试图造反;另一件是数月前,他的另一个长期支持者宛希先的被谋杀。在这两件事中,江西省共产党高级官员据说是卷进去了。

⑤ 施拉姆:《毛通向权力之路》第3卷,第554页(1930年10月14日)和第560页(10月19日)。

团积极分子";并且在红军中发动一场反 AB 团的战斗。①

四天以后,这一联合声明的实施被毛的"诱敌深入"的建议打断了,江西的干部坚决反对"诱敌深入"的策略。对这些人来说,他们的村子就在敌人的进军路线上,这个新政策是生死大问题:它意味着他们的女儿要冒被敌人强奸、杀害的危险,他们的孩子与老人要被残杀,他们的家园要被烧毁,他们所拥有的一切可能化为灰烬。红军在蒋介石的先行部队之前往南撤退,然后开始了他们的第一次反围剿的战斗,所谓兵变事件因此悬而未决。

当部队到达黄陂后,他们在那儿重新部署,为即将来临的战斗做准备,政治部门发动了所谓的"整顿运动",这是以此清除可疑分子的一种委婉的说法。打击的第一个对象是一名团级干部,名叫甘隶臣。他在遭受严刑拷打后供认自己是 AB 团组织的成员。那就是所需要的全部。在特别紧张的情况下,面对比自己强大许多倍的敌人,红军一下子着火了。

那场烧毁赣西南共产党的大火现在开始燃烧起来,当一个团走进这场自我毁灭的大火以后,它也就很自然地吞噬了这个团的官兵。每个单位,下至连队,都成立了"肃反委员会"。后来成为中国高级将军的萧克,那年 21 岁,已经是师长,他回忆说:

> 那时候,主要精力就是打 AB 团。我们师也杀了六十个人。大约在 12 月上半月的一天晚上,我们师党委和士兵代表决定再杀一批,有六十多人。第二天一大早,我到军政委办公室报告……罗政委听了以后说:"杀多了吧!工农出身的可以让他们自首嘛。"我就马上往回走,队伍带着"犯人"到刑场集合了。我说:"不要杀,等师党委研究以后再决定。"我们研究的结果放了三十几个,但还是杀了二十多人。总计四军共打了一千三四百人。当时,四军总人数七千多人,所打的 AB 团相当于全军人数的五分之一。

一些政治干部,由于担心被人认为意志薄弱,都竞相超越。有个人命令对一个 14 岁的"红小鬼"执行死刑,因为这个"红小鬼"给在押的军官送饭。孩子不明白,这些军官怎么都成了 AB 团的可疑分子。后来,由于一个红军政委的干涉,孩子才得救。在别的地方,甚至出现连长被审以后,由于肃反的需要,而

---

① 施拉姆:《毛通向权力之路》第 3 卷,第 574—589 页(1930 年 10 月 26 日)。

杀害全连官兵的事。一个星期不到,红一方面军中有 4400 人供认他们与 AB 团有关系。2000 多人被立即处死。[1]

9 个月前就土地改革的一场简单的争论,因为江西当地人与湖南人之间对抗的推波助澜,已经演变成了一个怪物。

"富农"、"AB 团成员"、"反革命分子",这些名称已成为无法摆脱的阴影。[2] 局部的区别通过对国家问题的争论表现得各不一样[3],就像赣西南的共产党领导人一样,他们由于自己的目的,拥护李立三的政策,以此来对抗毛。当国民党的围剿收紧时,再加上日益严重的妄想狂,对 AB 团成员的指控就变成一根打击任何一个敢于对毛的策略提问的人的大棒。肃反逐渐进入血洗阶段,在血洗中,毛的对手纷纷死去。这段时间的运动为"富田事件"做了准备。

富田这个小集镇位于赣江支流的富水岸边,白云山以西,东固在其东面 10 英里之处,白云山将其分开。一座古老的石桥边,女人蹲在河边平坦的大石块上洗衣服。弯弯曲曲的街道挤在一起,几家商店,带有刷白的飞檐的灰瓦房,乱糟糟地沿河岸立着。

这犹如一幅比利牛斯山脉的风景画。白云山上到处是茂密的松树林、杉木林、竹林,遍地是蔓生植物,站在山顶眺望,可见周围四县。山脚下生长着蕨类,山洪常常爆发。夏天,田野里是沁人心脾的绿色稻谷,那些矮小的、瘦骨嶙峋的男人在田里劳动。他们穿着破烂的蓝色短上衣,宽松的中式短裤,头戴箱盖那么大的宽边草帽,以免受灼热的阳光伤害。冬天,小路变成一片泥淖。从东固到这里的路唯一的通道是从西边穿过平原,或者是沿河乘小船来到这里。

红军放弃吉安以后,11 月中旬,富田成为江西省行动委员会司令部所在地。

---

[1] 这个材料主要依据的是戴向青和罗惠兰:《AB 团与富田事变始末》,第 94—96 页;陈永发:《富田事件与反布尔什维克联盟:中国共产党革命中的"恐怖事件"》,载于《共和中国》1994 年 4 月第 19 卷,第 2 期,第 13—14、16—17 页。红军主力的绝大部分于 11 月 30 日或 12 月 1 日到达黄陂周围的地区(施拉姆:《毛通向权力之路》第 3 卷,第 700 页)。虽然总前委的一封信(由毛起草,或至少是得到了毛的认可)在 1930 年 12 月 3 日宣称:"在红军中,危机已经解除。"(戴向青和罗惠兰:《AB 团与富田事变始末》,第 98 页)。作为这次整肃的一部分、后来被称为"黄陂肃反"的运动实际上继续了相当长的一段时间。4400 人被捕是到 12 月底总前委自己公布的数字(施拉姆:《毛通向权力之路》第 3 卷,第 705 页)。在军队的整肃中被杀的总人数那年冬天大概达到了 3000—5000 人,或约占军队总兵力的 10%。

[2] 例如见 10 月 26 日前敌委员会联合声明的第 8 部分(施拉姆:《毛通向权力之路》第 3 卷,第 586—587 页)。在这里,这三个词是混用的。

[3] 在《毛泽东选集》中,被认为是拥护李立三的江西领导人事后成了被指控的主要对象,但在当时这并不是主要的因素。

1930 年 12 月 7 日,星期日的下午,午饭后不久,毛的一个政治参谋,名叫李韶九的,从黄陂来到连队,他带来了毛的总前委的两封信,信是写给省政府主席曾山与行动委员会宣传部主任陈正人的,他们俩都是毛的忠臣。两封信命令他们逮捕李白芳(据说他是隐藏在行动委员会中的 AB 团指挥部的头头)、段良弼(据说是 AB 团的队长)与谢汉昌(东固的第二十军政治部主任,据说是 AB 团成员)。他们的名字与虚构的 AB 团的联系,都是别的红军战士在严刑拷打下招供出来的,那些人供认是他们的同谋。

李韶九没有冒险。他命令以三层士兵包围委员会的机关,在十个士兵组成的警卫队进去之前,枪已上膛,做好了射击的准备。李、段、谢以及另外五名行动委员会的委员都被逮捕,并被捆起了手脚。其中有的人才 20 岁刚出头。这些被捕的人要求说明逮捕理由,李韶九只是掏出自己的手枪,指点他们的头。

八名高级军官被从行动委员会的指挥部带到从前的县政府。县政府是一座巨大的白墙建筑,宽大的中央拱廊一直通往宽阔的内院。石砌的花坛中,长着香气四溢的桂花树,它们沿每一边生长,遮盖了木头走廊。在最东边,悬空伸出灰瓦屋顶,与精美花哨的屋檐一起,形成一座巨大的天棚,下面有四根大木柱支撑,木柱的基座是雕花的大石头,天棚下面有一个凸出地面的高台,在封建帝王时代,这座庭院属于地方长官,仍然悬挂在天棚那里的镀金匾额上写的是"诚敬堂"。

在高台的后面有一间大的木头镶嵌的刑房,若干世纪以来,衙门里的差役在这里对犯人施刑,以显示封建帝王法律的严峻。李韶九就在那里开始了他的审问。首先提审的是段良弼,他后来写道:

> 李韶九问我:"段良弼你是 AB 团,你现在承认好吗? 以免受刑罚。"
>
> 我厉声道:"我也是 AB 团? ……请你调查一下吧,如果我是 AB 团,那就是无产阶级的罪人。不要你们来动手,自己拿手枪打死自己。"
>
> 接着李韶九答道:"不管斗争的历史,不管现在的事实,我与你讲理论,是不能讲过你的,我只有七项刑罚……"七项皆说给我听了。"唉! 七项刑罚我怕什么,任凭你们怎样……"话未说完,李韶九令左右士兵脱我衣服,立即的我变成裸体跪在地上,打地雷公烧香火的惨

刑临到我的身上来了。起初我觉得给他们烧死算了，人生在世死是不可免的，不过是迟早的关系与死法的不同耳。我的两个大手指几被其打断，身体已被烧烂，几成体无完肤了。忽然他们停止打，李韶九道："良弼你要死我不给你死，无论如何你要承认是 AB 团与说出你们的组织，否则给你一个不生不死。"①

这不是李韶九的事，他只是行凶的暴徒，简单地遵循前敌委员会的指示办事，那些指示都是毛个人批准的，指示阐明："不要太快地杀死一些重要领导，而是要[最大限度地]逼出他们的情报……[然后]从他们提供的线索，你们能够继续揭出其他领导。"②

同样野蛮的酷刑每个地方都在用。18 个月以后，一份中国共产党的调查断定：

> 所有的 AB 团情况在招供的基础上暴露出来了。在查明事实与核实指控中表现出了一些耐心……使用的[这种]方法……是大棒与胡萝卜。"胡萝卜"意味着用诡计诱出他们的供词……"大棒"意味着把可疑分子的手吊在大梁上以后，用牛尾巴粗的竹棒痛打他们。如果那样做了以后还没有招供，接下来就用香或煤油灯来烧他们。最残忍的方法是把一个人的手掌固定在桌子上，然后把竹签插进指甲下面。有一些刑罚被取了名字，例如："坐轿子"、"乘飞机"、"蟾蜍喝水"、"猴子荡秋千"……用刑是对付那些抗拒招供的可疑分子的唯一的方法。只有招了供，才停止用刑。③

与其他所有人一样，段良弼最后招供了，但是他保持了自己的良心。他所

---

① "富田事件"的材料绝大部分是依据戴向青和罗惠兰《AB 团与富田事变始末》一书（第 98—99、103—106 页）。他们显然使用了党的档案馆中尚未公开发表的档案资料，特别是来自毛的总前委的两封信。这两封信分别写于 12 月 3 日和 5 日，它们都提到"烟枪"与毛决定在富田逮捕人有直接的关系。12 月 5 日的信（信后附有原来的指示）由军队的特别信使送给还在途中的李韶九。我认为李韶九在到达富田之前就收到了这封信。李的高压手段无疑使事情变得更加糟糕，但他的行为则是与前敌委员会的命令完全一致的，需要特别指出的是，毛本人一定就是起草者，或者至少他本人是完全认可信的内容。我十分感谢富田党的委员会允许我参观了发生这一事件的建筑物。

② 1930 年 12 月 5 日的信转引自戴向青和罗惠兰：《AB 团与富田事变始末》，第 99 页。

③ 陈永发：《富田事件与反布尔什维克联盟：中国共产党革命中的"恐怖事件"》，载于《共和中国》1994 年 4 月第 19 卷，第 2 期，第 48 页。也可参见《中央革命根据地史料选编》第 1 卷，第 476—489 页。

供出的同伙的名字,只是那几个已经与他一起被捕的人。李白芳,他有一个生动的回忆。他采取了与段相反的办法,写出了几乎一千人的名字,试图把他们弄糊涂。

第二天,12月8日上午,李韶九在前一天晚上获得的招供的基础上逮捕了更多的人。曾山与毛的秘书古柏参加了审问,古柏这时刚从黄陂来。一星期前暴露出来的、被捕的120人被关在院子四周的小房间里,那些小房间由木板条钉成格子状,格子间隔约1英寸左右,从地面到天花板,钉得像是鸟笼一般,犯人就关在栅栏后面。其中有李白芳与另外两位可疑分子的妻子,她们是到县政府来探听她们丈夫的消息的。她们所受的刑罚甚至比一些男人所遭受的更野蛮、更残忍,士兵们刺开她们的乳房,用火烧她们的外阴部。

当前敌委员会通知说红军第二十军的肃反运动开始了的时候,李韶九这时就离开这里到东固去了。他在东固犯了一个致命的错误。谢汉昌在招供的时候,把他以前的一个同事,名叫刘敌的营长作为AB团的同事供了出来。刘敌与李韶九一样,也是长沙人,他设法使李相信他是被诬陷的。不久,他就被放出来,自由了,可是,他领导了一场兵变,率领400人的搭救队伍出发去富田。第二天晚上,一场战斗之后,县政府沉重的木门打开了,严重受伤的行动委员会的领导们都被解救出来了,在这次战斗中,李韶九部队的100人被杀害。①

这些幸存者召开紧急会议决定带领红二十军渡过赣江到永阳,在那里,他们不会遭受毛的报复性的攻击行动。挂在县政府外面广场上的旗帜上写着:"打倒毛泽东! 支持朱[德]彭[德怀]黄[公略]!"一份要求免去毛的所有职务的呼吁书送到了党中央。这个消息传到黄陂时,这三位部队司令发表声明,宣称他们与毛团结一致,并谴责这些反叛者。② 但是分裂领导人的尝试通过更隐蔽、更曲折的方式在继续,那时候,有一封控告信的复印件在流传,据推测,毛可能在那封信中指示古柏去收集朱德、彭德怀、黄公略也是AB团领导的证据。③ 这封信伪造得太拙劣,不可信,前敌委员会发表了长篇累牍的、不连贯

---

① 戴向青和罗惠兰:《AB团与富田事变始末》,第104—108、117—121页;陈永发:《富田事件与反布尔什维克联盟:中国共产党革命中的"恐怖事件"》,载于《共和中国》1994年4月第19卷,第2期,第15—16页。据戴向青和罗惠兰的说法,有120人在富田被捕,李韶九在离开富田到东固之前曾命令将其中的大约25个人杀掉。刘敌的队伍在12月12日夜释放了被关押的70多人。
② 萧作梁:《中国共产主义运动内部权力关系(1930—1934)》第2卷,第259—262页。
③ 信的全文和执行委员会12月20日的信,参见萧作梁:《中国共产主义运动内部权力关系(1930—1934)》,第1卷,第102—105页;第2卷,第262—264页。也可参见彭德怀:《彭德怀自述》,第308—316页。根据彭的回忆,也是事后才确认是如何收到这封伪造的信的。

的反驳,指控永阳的领导人反党,密谋策划挑起革命军队中的倾轧。然后,一种僵局开始出现:红军第二十军在赣江的一边,毛在赣江的另一边,双方都声称是在忠实地执行党的政策。

无论是富田事件,还是红军已经承受的极其可怕的流血事件,都不能阻止毛果断地击败蒋介石的第一次大围剿。实际上,它们或许已经起作用。由肃反的风暴团结到一起的、那些经受了肃反考验的人已经锻炼成为一支具有非凡的动力的部队,他们有严格的纪律、钢铁般的意志。①

不过,红军不能无限制地容忍永阳那里持异议的一派长期存在。项英1931年初来到根据地的时候,他的首要任务就是努力搞定富田事件的恶棍,其实他们都是凭想象被定的罪。至此,毛的威望已由最新的胜利奠定了基础,他感觉到杀人已杀得太过分了。② 李文林,在黄陂被捕,后被释放,查看试用。李韶九,由于过分热衷于肃反而被谴责。1931 年 1 月 16 日,新成立的中央政治局宣布,把刘敌与其他四个反叛的领导开除出党,并宣布富田事件是"反党事件"。但是,政治局也提到到目前为止,没有证据证明反叛者都是 AB 团成员。接下来的四十来天,项英开始放出和平的气球,做出谨慎的暗示③,暗示可以和那批误入歧途的人达成和解。

对毛来说,他对这些主动的表示是绝对不承认的,他蔑视项英的提议,由于项的提议显然是理由充分,他就更加生气,以至于富田问题在一定程度上就是宗派斗争。④ 不管反 AB 团斗争的本质问题是否已被证明是正当的,项英仍然像大多数党员那样,是支持毛的。⑤ 1931 年整个的 1 月与 2 月,都在继续逮捕 AB 团嫌疑分子。⑥ 甚至于永阳的那批反叛者,当宣布他们是清白无辜的时

---

① 关于对这次恐怖事件的影响的讨论,见格雷格尔·本顿:《山火:红军在华南的三年战争(1934—1938)》,伯克利,加利福尼亚大学出版社 1992 年版,第 478、506—507 页。

② 陈永发:《富田事件与反布尔什维克联盟:中国共产党革命中的"恐怖事件"》,载于《共和中国》1994 年 4 月第 19 卷,第 2 期,第 17 页。虽然他对富田的反叛者是冷酷无情的,并在红军中进行了清洗反对者的运动,但毛并不喜欢滥杀无辜(例如,见施拉姆:《毛通向权力之路》第 3 卷,第 693 页)。

③ 见 1931 年 2 月 4 日中央局致反叛者的信和 2 月 19 日中央的《第 11 号通告》,收入萧作梁:《中国共产主义运动内部权力关系(1930—1934)》第 1 卷,第 109—113 页和第 2 卷,第 274—283 页。

④ 《第 2 号通告》。也可参见塞茨编:《中国共产党掌权:文献和分析》,第 534—535 页。

⑤ 第 2 号与第 11 号通告。

⑥ 陈永发:《富田事件与反布尔什维克联盟:中国共产党革命中的"恐怖事件"》,载于《共和中国》1994 年 4 月第 19 卷,第 2 期,第 42 页,注释 63。也可参见毛的讲话(1931 年 3 月)中有关"立即"搜出 AB 团成员的内容(施拉姆:《毛通向权力之路》第 4 卷,第 48 页)。

候,他们也同意反 AB 团是正确的:

> 我们不否认,AB 团在江西有一个很大的组织,并且已渗进了苏区,因为我们已成为反 AB 团的积极的战士……段良弼同志是江西省特委中第一个反 AB 团的人……[但是现在]他也被打成 AB 团分子。①

行动委员会先前的领导,尽管经受了严刑拷打,依然能够赞同肃反,这就充分表明了那时候根据地的精神状况。1931 年 3 月,他们当中许多人放下武器,回来承担后果,他们是感到有把握的,或者说,他们是如此地坚信,他们会得到宽厚的对待。

但是很不幸,他们回来时正好李立三被贬的消息也传来。上海的新领导对富田事件持极其严厉的态度,富田事件现在被看做是"反共产国际、反党的立三路线"的具体表现,其目的在于"消灭红军、摧毁根据地"。4 月,刘敌被带到朱德任主席的军事法庭上,他被判死刑并斩首。刘敌这时刚 20 岁出头。李白芳与另外两人也被处死。

一个新方法在中央政治局扩大会议上通过了,这次会议是在四中全会代表的职权下举行的:

> AB 团已经成为共产党内的小党,在革命的旗帜下[进行]反革命活动。为什么[它]近来能够这样做? 主要原因是……[首先]地主富农已发现他容易渗进共产党……当革命发展的时候……这些反动分子决心背叛我们……[第二]共产党追随李立三的错误的政治路线……[第三]过去,我们对肃清这些坏分子的工作没有充分注意。捕获的 AB 团分子立即枪毙,而没有通过他们挖出更多的线索……[这]也使得 AB 团的发展有了可能性。

前敌委员会(在毛的领导下)因遵循"全面正确"的政治路线,以及对富田事件采取的阶级立场受到赞扬。中央局(在项英的领导下),由于它与"立三路

---

① 萧作梁:《中国共产主义运动内部权力关系(1930—1934)》第 1 卷,第 104 页;第 2 卷,第 262—264 页。

线的调和",以及它对富田事件的"完全错误"的态度,受到猛烈的批评,说它已"离开了阶级立场",导致"各级党组织软弱无能,战斗力减弱,并缩小了反 AB 团的斗争"。[1]

其结论是,领导富田事件的反叛者都是"AB 团的重要成员……他们在李立三路线的旗帜下进行反革命叛乱"[2](倒不如像项英试图提议的那样,说他们只是误入歧途的同志),并且推断——立三路线与 AB 团是同一枚硬币的两个不同的面——在这场斗争中,毛与新的党中央具有巨大的优势。毛现在可以合法地论述,肃反运动并不是直接反对宗派斗争中的对手,而是在原则上捍卫党的路线。对上海的那些从苏联回国的学生,他们受斯大林主义实践的影响要比受以前的中国共产党领导的影响大得多,他们看见了在共产党进一步布尔什维克化的时候他们的优势,鉴于此,他们打算,首先,找出李立三的支持者,并且压垮地方观念与不同意见——总之,共产党这时已转变为列宁主义忠诚与驯服的工具。能够把所有的对立面一起归并在一个 AB 团称号下,做起来就容易得多了。

结果是,从 4 月份以后,比以往任何时候都更残酷地重新开始肃反运动。尽管通过政治安全部门反复努力形成了调查中心,农村中未受过什么教育的、通常是文盲的干部[3]与乡里的肃反委员会仍在行使巨大的权力。在妄想的基础上,以最微不足道的借口,或者根本就没有借口,死神就降临了。一位调查者报告:

> 夜间说梦话,不挑禾草,不去开会(胜利县),因家中有困难,不愿意出席全苏会(兴国)……等认为是 AB 团而被扣,因之造成动辄得咎的形势,弄得人人自危,噤若寒蝉,因之提拔干部,调动工作,大部分人都是啼啼哭哭,不愿意去,因为到一干部,都有被供的可能,到一新的工作地,一有错误即有被指为 AB 团的前途,在打 AB 团最激烈的时候,两人谈话,都可被疑为 AB 团,所以彼时的党团员如果没有上级来人参加,都不敢开会……省保卫处有一个奇怪的意见,就是认为富农全体有被认为 AB 团的可能,提出把富农完全扣留起来,候战

---

[1] 《关于富田事件的决议》;施拉姆:《毛通向权力之路》第 4 卷,第 56—66 页。

[2] 《关于富田事件的决议》,见塞茨编:《中国共产党掌权:文献和分析》,第 532 页。

[3] 关于当时对典型地区的苏维埃政府的描述,见毛的《兴国调查》,施拉姆:《毛通向权力之路》第 3 卷,第 646—649 页。18 个人中,有 6 个是以赌博为生,1 个是道士;不到一半的人能够阅读。

争结束后,再审查释放,甚至于公开地说,宁肯杀错一百,不肯放过一个之谬论……以致造成一切机关革命团体都自由拘留审讯、处决反革命分子,来表示自己忠实于革命。

当那些可疑分子被严刑拷打、揭露他们想象中的属于 AB 团"组织"的一些细节时,他们或者招供出一些熟人,或者努力回忆一些他们曾见过的、在党的机关里工作的人的名字。为了保护自己,一些干部把他们所佩戴的写有姓名的标记符号涂黑,或者索性摘下来不佩戴。

在第三次反"围剿"期间,甚至没有时间进行审讯。有些单位在进行点名:那些供认自己是 AB 团分子的人被赦免;那些否认自己与 AB 团有任何联系的人被枪毙。[①]

7 月,在富田事件以后跑到永阳的红二十军的一些部队(3 月份行动委员会已经抛弃了他们以后,他们还坚持在永阳),最后被召回到中央苏区帮助击退蒋介石的钳形围剿。7 月 23 日,他们与毛的部队在于都北面 20 英里的平头寨会合。司令官曾炳春已与中央局联系,他显然相信覆盖在富田事件上的政治阴云已经消散。但是,在他的军队到达后不久,他们就被包围,并被缴械。每一名干部,从曾炳春到职位最低的助理排长,都被逮捕。普通士兵全被分散到其他的红军队伍中。几个小时内,红二十军消失了。中国共产党的军队永远没有再用过这个番号。

一个月以后,李文林与其余留在行动委员会的领导,以及曾炳春与他的部队的许多军官一起,当着白砂几千人的面,被军事法庭宣判死刑,这次是毛自己担任法庭审判员。[②]

1931 年夏季与初秋,在肃反中死亡的全部人数只能推测。红二十军中死去 400 余名官兵,红三十五军中可能死去几百人,与肃反大约同时,还在江西当地征募新兵。其他的红军部队,也有更多的人死亡。在江西本地的共产党中,20 多个县中,仅在 3 个县中就有 3400 人被杀。到 9 月初,一位中国共产

---

① 陈永发:《富田事件与反布尔什维克联盟:中国共产党革命中的"恐怖事件"》,载于《共和中国》1994 年 4 月第 19 卷、第 2 期,第 48—51 页。

② 艾格尼丝·史沫特莱依据从根据地返回上海的中共党员带去的资料(李德:《中国纪事》,第 6 页)描述了这次审判(《中国红军的长征》,伦敦,劳伦斯和维萨特出版社 1936 年版,第 274—279 页)。如果她的描述是确切的话,那么发生在白砂的这次审判应该是在 1931 年的 8 月中旬(《毛泽东年谱(1898—1949)》上卷,第 353—354 页)。

党中央监察员报告,"赣西南共产党与青年团中知识分子的 95%"已供认了与 AB 团的关系。今天,最值得信任的中国史学家只是说,死亡人数是"10‰"。

时间一天天过去,由国民党围剿造成的紧张形势渐渐缓和,肃反慢慢平定,毛在其中的作用也逐步减少。12 月份,肃反又恢复原状,这一次,更厉害的一招是制定了实实在在的、制度上的控制措施,强制执行。一份"处理反革命案件与建立司法机关的暂行程序"的训令,以毛的名义发布了,要在其他事情上"维护群众的利益"。训令规定对级别较低的干部免除死刑,制定了上诉制度,指责了严刑拷打。但是在实践中常常违反新规章,总之,暂行程序本身有大量漏洞。此外,它还明确规定,阶级出身是判刑的决定性因素。从这一基本错误的路线以后,这种量刑方法一直保留在中国共产党的司法制度中。地主、富农与那些"资本家出身"的人可以判处死刑,"群众"可以免除死刑,重新开始。

其时,周恩来从上海来到根据地①,作为实质上的中央局书记开始他的工作,并于 1932 年 1 月,代表官方第一次承认肃反的恐怖举动有问题:

> 以杀人为儿戏,最严重的是党内因此发生恐慌,同志间互相猜疑不安,甚至影响到领导机关。这不但不能打击和分散反革命的力量,孤立各个异己分子,夺取反革命欺骗下的群众;相反的,倒使我们自己的阶级战线革命力量受到动摇和损害。这是最严重的错误。②

但是,这种抱怨只不过是反对"无组织的"杀人。中央局与周恩来本人都继续坚持肃反运动本身仍然是"正确的,是绝对必要的"。③ 需要改变的是方法,而不是要结束这运动,相反是要使它效率更高。

1932 年春天,死刑还在继续执行,尽管速度放慢了。1932 年 5 月,李文林、曾炳春与另外三名维护 AB 团的领导——自从 1931 年 8 月对他们公开

---

① 人们通常把阻止这次政治上整肃的功劳归于周。实际上,他当时还在去往中央苏区首府瑞金的途中,他是在毛批准这个处理反革命的新程序之后的两天,即 12 月 15 日才到达闽西根据地的。然而,实事上毛是在得到党中央的鼓励后就开始行动了;而周关注的则是进行整肃的方法,他在 12 月 18 日从闽西发出的一封信中强烈地表达了这一想法,这非常有助于确保(在某种程度上)新规定的实施(《毛泽东年谱(1898—1949)》上卷,第 362—363 页;戴向青和罗惠兰:《AB 团与富田事变始末》,第 205 页)。

② 《中共中央文件选集》第 8 卷,第 18—28 页,特别是第 21—22 页。

③ 施拉姆:《毛通向权力之路》第 4 卷,第 171 页。

"审判"以来,他们已在赣西南所有的村子里的群众大会上示众游行——被公开斩首。在接下来的两年中,肃反运动逐渐在放松,直至结束,但政治安全部门依旧处理了 500 个案件,结果是平均每月枪毙 80～100 人。

江西省肃反杀人为其他地方做出更好的榜样。在闽西,6000 多名党员与干部因为被怀疑是隐藏的社会民主党员而被杀害。在湘赣边界处彭德怀的老根据地,1 万人被杀。在武汉东北约 70 英里的鄂豫皖交界处的大别山,温文有礼的北大毕业生张国焘,现在是中央政治局常委,像毛一样,是共产党的创始人之一,他负责了这一带的肃反工作,在肃反中,2000 名所谓的"叛徒、AB团分子与第三党党员"失去了他们的生命。他的政委陈昌浩解释说:

> 革命的形势一天一天地向前发展……敌人已感觉到用飞机大炮机关枪施用无效,所以使用改组派、AB 团、第三党来打入我们苏区和红军内而来破坏红军与苏区。这个计划非常毒辣,飞机大炮我们容易看见,改组派、AB 团、第三党是我们不容易看见的。敌人对付我们是何等的毒辣![①]

在赣东北根据地,几千反革命分子被清洗以后,应对此负责任的最左的领导曾洪易,又来到闽北,他在闽北又杀害了 2000 多名"重组分子与 AB 团分子"。

肃反思想把其流毒慢慢地扩展到所有的共产党根据地。直到 1937 年全国的政治形势发生变化为止,红军的战斗部队,常常在意想不到的艰难困苦中,与占压倒优势的敌人战斗,又进行转向他们自己的周期性的流血斗争,在某些情况下,内部流血斗争中丧生的人比国民党杀害的还要多。

肃反的借口永远是相同的:土改问题上的意见分歧;当地人或少数民族人的竞争;以及与"立三路线"相关联的政治问题。方法就是这样的:"你迫使他坦白,"闽东安全局的头头解释说,"然后他招供了,你相信他的招供,杀了他;或者,他不招供,你还是杀了他。"[②]肃反的根本原因永远是一样的,他们永远是关于权力——个别领导人强行实施他们的意志的权力,以及保证他们的追随者追随他们的权力。

---

① 塞茨编:《中国共产党掌权:文献和分析》,第 541—550 页。
② 本顿:《山火:红军在华南的三年战争(1934—1938)》,第 283 页。

斯大林主义的榜样与斯大林花言巧语的影响,是30年代早期中国红色根据地发生的那些事情的部分原因。苏联的大流血肃反运动是伴随列宁格勒的基洛夫被谋杀开始的,但这还是在富田事件五年之后。中国共产党的领导已经从三年前自国民党中分裂出来的、理想主义的、天性善良的一伙志同道合的知识分子,发展成为坚强的布尔什维克核心队伍,他们在非常时期下达了罕见的命令,杀死了那些后来证明是完全忠于共产党的优秀的男男女女。由于中国国内的形势,还有更多的这种事要发生。

决定性的因素是内战。在很多战争中,枪毙逃兵、虐待犯人是为了得到情报;人的基本权利中止了。在国共之间的战争中,没有任何准则可遵循。

1931年初,中央政治局保卫局的负责人顾顺章,是个难以对付的、留给人深刻印象的共产党员,曾在海参崴受过苏联秘密警察的训练,这时,他被派到武汉去执行党的任务。他擅自操起了魔术师的旧业,国民党特务从一幅照片中认出了他,4月,他在武汉被捕,并叛变了革命。上海的法国情报局估计,由于他的叛变,在接下来的三个月中,数千名共产党员被杀害。其中有共产党的挂名总书记向忠发,他在7月份被害。

在湖北,红军领袖徐海东的妻子被国民党逮去,并把她卖给人做妾。徐的家族六十多人,包括小孩,甚至婴儿,全被逮捕杀害。1930年11月,毛领导共产党军队攻打长沙失败以后的两个月,他的妻子杨开慧被带到长沙浏阳门外处死,在国民党省长的命令下,她被砍头,他们的孩子被亲戚藏起来,并秘密送到上海。九个月后,最小的孩子,四岁的岸龙,在上海因患痢疾死亡。国民党还派士兵去挖了毛双亲的坟墓。

在徐海东的鄂豫皖根据地,用埃德加·斯诺的话来说,大屠杀已达到"宗教战争的狂热程度",在南方的其他根据地,国民党沿袭了一种他们称之为"排水捉鱼"的政策:杀死全部壮年男人,烧毁村庄,抢夺或毁灭能找到的粮食。大部分森林被砍伐,封锁游击队员进入山区的僻静要道,无论什么人,只要一见他们走到那儿就枪毙。幸存的村民由国民党士兵与地主武装带领,一起被赶到平原上用栅栏围起来的村落中,住进木头小棚屋。妇女与女孩被卖做妓女与奴仆,直到外国传教士抗议,蒋介石禁止这样做为止。

最初,国民党部队割下他们所杀死的人的头去报账记功,后来证明这行不通(因为重量问题)的时候,他们就割下受害人的耳朵去计数。某个师得到报告,全师割了700磅耳朵,以此"显示它的功绩"。在湖北黄安县,10万多村民被杀;在河南新县,8万多人被杀。在彭德怀的老根据地,湘鄂边界,一度曾有

100万人口的地方,只有1万人活了下来。20年以后,断垣残壁与累累尸骨依然散布在漫山遍野。

农村与老百姓被蹂躏到这种程度,毛没有看见多少。到这时候,最残酷的屠杀是在江西,此时红军已经来到江西。但是,大屠杀已波及到毛与其他共产党领导已卷入其中的社会关系。

贯穿中国的全部历史,正如毛从他所读的宋代学者司马光的《资治通鉴》中了解到的一样,它只是"现在的镜子",造反总是要遭到极其残酷的镇压。蒋介石在红色根据地大屠杀,只是清代统治者镇压太平军的黯淡的反映。蒋介石的部队收集耳朵;17世纪张献忠将军平定四川时,通过砍下死人的脚来计数,他的爱妾抗议他的残忍时,她的脚也被砍下。国民党对共产党领导人的亲属斩尽杀绝,这与清代对造反文人和武将的家庭夷灭九族是一样的。共产党甚至于对肃反受害者采取了规定限额的做法,尽管这种做法明显地与后来苏联 NKVD① 的做法类似,但它起源于中国。

流血与恐惧的漩涡就是这一历史的遗产,在这当中,通过共产党的斗争表现出来。家破人亡,妻离子散(像毛一样,他们不是自己亲人死亡的直接原因),那些年轻人,他们担任共产党的领导,年龄都不到40岁,他们把所有的精力与忠诚都集中在一个目标上:革命事业。这无悔的真诚孕育了不容于外部正常世界道德的狂热信仰。在红军中,所有的团都是由共产主义的孤儿组成的,他们的一个心愿就是为阶级报仇。仇恨是有力的武器,或是对准外部的敌人,或是对准内部的敌人。

并非每一个共产党领导都对肃反持同样的态度。有的人,如鄂豫皖根据地的高敬塘,他对肃反运动像鸭子入水般极其自然,以致营造了强烈的分离和多疑氛围,中央委员会1937年尝试与根据地的游击队重新取得联系,第一个共产党使节到他们那儿时,也被当做间谍逮捕、枪毙。而另一些人,如朱德原先的政委陈毅,他在使用恐怖手段方面,是很有节制的。

毛的反应更复杂。一方面,他希望红军有"铁的纪律";另一方面,他依然认为红军是一支完全自愿的部队,它是由正确思想、好领导、好榜样引导的。对毛来说,布尔什维克主义比简单的夺取政权的手段的意义要大得多,从某种意义上来说,它还是中国复兴的一种意识形态上的精神力量。理智上,毛习惯

---

① NKVD是苏联克格勃(KGB国家安全局)的前身。在20世纪30年代斯大林肃反时期,NKVD也在一些地区与部门对需要逮捕与枪毙的所谓"人民的敌人"规定了一定的指标。

于摆正矛盾的位置——在纪律与自由之间、强迫与实行自愿兵制之间——毛肯定它们是"对立的统一"(他在学生时代就这样写了,在延安又再次这样写)。但在实践中,它们永远处于矛盾冲突之中。

第九章

苏维埃政府主席

1931 年 9 月蒋介石第三次军事"围剿"失败之后,第四次军事"围剿"立即开始。这一次,党中央又一次痛下决心,要将毛泽东与江西根据地牢牢地置于它的控制之下。由顾顺章的叛变引起的党的城市工作网络的毁灭性的破坏,使得红色根据地较以往倍加重要。共产国际一年多来一直坚持说,下一阶段中国革命斗争的中心应该在根据地而不是在城市。6 月,党的总书记向忠发的被捕与遇害,使得这一领导方向的改变显得更为必要,中央在上海的工作中客观危险性大大增加的结果,也使得暂停城市工作的呼声高涨起来。

从 4 月开始,高层领导从上海被派往鄂豫皖和贺龙的湘西根据地主持党务工作。三个月以后,中央决定,周恩来乘轮船长途跋涉去江西,担负起拖延未决的对中央政治局的领导工作,而王明作为共产国际中国代表团的领袖,应当回到安全的莫斯科去。另一位其时 24 岁的留苏学生博古,则继续留在上海代理党中央的领导工作,直到新一届代表大会的召开。[①] 与此同时,在江西红色区域建立一个共产主义政府(现在多以"中央苏区"的名称出现)的计划也付诸实施,作为中央的全部领导工作向该省转移的第一步。

与此相反,王明、博古及其留苏学生集团发动了一次旨在削弱毛泽东权威的共同行动,8 月底,即在第三次军事围剿被挫败以前,党中央发布了一项冗长而又措辞激烈的指示,指责毛(尽管没有点名)缺乏坚定的阶级立场;对于富农过于软弱;没有开展劳工运动;藐视中央建立计划中的苏区政府的一再指示;没有扩大根据地的地盘;以及允许红军采用"游击主义"等。当这一消息

[①] 中央紧急会议能够变更变更政治局的成员,并将由下一次的中共中央全会批准这一变更;同时它也能够变更中共中央委员,并将由下一次的党的代表大会批准这一变更,但它不能任命新的总书记。

10 月传到根据地时,引起了相当大的愤怒情绪与困惑。毛及其同事不仅刚刚成功地挫败了十倍于己的敌人的攻势,而且早些时候留苏学生们自己也斥责过李立三所谓游击战争过时的论调,并且,那年夏天,共产国际还破天荒地赞扬了毛本人在根据地的各项政策。

对于在上海的博古来说,如此微妙的差别没有什么意义。那年秋天他所关心的不是教条而是权力。

10 月中,他勉强同意毛继续代理中央政治局书记(一个自 5 月以来他非正式拥有的职位)直至周恩来的到来,但却拒绝了将毛的同事们提升的提议。

此后不久,当毛请求派一位政治局成员来领导新的苏维埃政府工作时,博古回答说,就由毛本人担任这一职务好了。换句话说,他从可以在党和军队中发挥主要作用的岗位上被一脚踢开了,而代之以一个主要是荣誉性的行政职位。[①] 时隔不久,才刚到 11 月初,这一幕就的的确确发生了。根据地党的代表大会召开,毛所领导的总前委解散了[②],以朱德为主席的一个革命军事委员会取而代之,而朱德在这个委员会中只是 12 位委员之一,并且在相当程度上处于受到"狭隘经验主义"(尽管也未被点名)的重重批评之中。

两天之后的 11 月 7 日,亦即俄国革命的周年纪念日那一天,来自江西以及邻近各根据地的 600 名代表聚集叶坪村,瑞金东面约 3 公里的一个小集镇,宣布中华苏维埃共和国的成立。

他们聚集在古色古香的谢家祠堂,周围环抱着盘曲道劲的古老樟树,其中一些已有上千年的树龄。镰刀斧头标志的红旗悬挂在光亮的巨大木柱之间。先是有一支红军队列接受检阅,接着通过的是一支火炬队列,夹杂着震耳欲聋的鞭炮的爆裂声,厚重的蓝色烟雾弥漫其间。"从今日起,"毛宣布说,"中华领土之内,已经有两个绝对不相同的国家:一个是所谓中华民国,它是帝国主义的工具……一个是中华苏维埃共和国,是广大被剥削被压迫的工农兵士劳苦群众的国家。它的旗帜是打倒帝国主义,消灭地主阶级,推翻国民党军阀政

---

① 《毛泽东年谱(1898—1949)》上卷,第 357—358 页。10 月上旬,瑞金和上海之间的无线电联系已经建立起来了。

② 《毛泽东年谱(1898—1949)》上卷,第 359—360 页;《中国共产党会议概要》,第 127—129 页。一些西方学者认为,这次代表大会解除了毛的代理中央局书记的职务,并任命项英接替这一职务(例如,见斯蒂芬·阿威瑞尔给施拉姆的《毛通向权力之路》第 4 卷所写的序言的第 47 页)。而《毛泽东年谱(1898—1949)》则特别指出,毛在 12 月中旬仍然是中央局的代理书记(上卷,第 363 页;也可参见第 361 页)。

府……为全国真正的和平统一而奋斗。"①

中国工农兵代表苏维埃第一次全国代表大会,作为所谓的新型的共产主义议会,提名瑞金为这个由约莫二十个红色县城组成的苏维埃共和国的首都。推举毛泽东为国家主席并领导政府。

对于不知情者而言,这似乎应当是他的一个令人称羡的职位。他的这个新职务给予他一个更高的正式地位。共产国际明确地说,这个由他执掌的新"国家"具有极端的重要性。但是毛亲历过太多的受排斥和受控制的企图,周恩来1927年7月派他去四川的打算,一个月以后瞿秋白让他担任上海党组织成员的提议,1929年李立三试图迫使他离开红四军团。此时此刻正在发生的一切丝毫没有让他产生幻想。的确,此时的他即使对于王明的那些有着克里姆林宫背景的留苏学生们来说,也是光芒四射,荣耀无比。但他们一直在处心积虑地将他排斥在决策的主流层之外,努力切断他与其权力相维系的根。

不久之后,这些努力接踵而至了。

1月,在接替毛担任中央政治局书记之后,周恩来采取的最初的几个行动之一,就是号召为占领一个主要城市实施"取得在一省或数省中的首先胜利"这一扩张疆域的目标而做出新的努力。

毛做到了使他的同僚们相信,南昌是一个过于艰难的目标。但是在同上海的博古磋商后再次召集的政治局会议上,多数成员都赞成袭击赣州。此番毛再次提出异议,并得到朱德的支持。毛争辩说,赣州三面环水,防守坚固,并被敌人视为"不可丢失的要塞",而红军仍然还有着缺乏重型武器和其他攻城设备这一导致前一年攻打该城市失败的不利因素。但这一次,他的争辩被否决了。赞成该项计划的彭德怀被指定为前线指挥员,很显然,这是满足他证实毛的预言是错误的急切心态。

十天之后,在周恩来缺席的情况下,由毛主持了中央政治局的第三次会议,话题转向了前一年9月日本对东北的侵略。博古曾将此解释为"朝着进攻苏联而迈出的危险而具体的一步"。毛请求发表不同意见,说这次侵略已掀起了全国范围超越阶级界限的一个抗日情绪的高潮,并且说党应当试图去引导它。这是一个思想——在全民国防的爱国努力中团结中国所有阶级的抗日统一战线——的萌芽,并且在不多几年之后,这一思想在中共夺取政权的斗争中发挥了关键作用。但是,在1932年1月,它却是太超前了些,其时中央政策的

---

① 施拉姆:《毛通向权力之路》第4卷,第820—821页(1931年12月1日)。

全部要害在于激化阶级斗争,而不是模糊阶级界限,毛的同僚们坚持说,如同在 1929 年东方铁路的抗议风潮中那样,(日本人的)基本考虑就是威胁莫斯科。会场情绪白热化了。最后,有人当面斥责毛说:日本占领东北就是为了攻击俄国,如果你看不到这一点,你就是一个右倾机会主义者。接下来是一片沉寂。毛站起身来大步走开了。

同一天或是稍晚时候,他请了病假并被批准。留苏派的另一名成员王稼祥接过了毛尚存的一个军事职位——前线部队总政治部主任,一星期后,毛携贺子珍及几名警卫,动身到瑞金城南 8 公里处东华山的一座荒芜庙宇中,这是一座低矮的小火山,他打算在此"恢复健康"。

这是一处孤寂而质朴的地方,很适合毛的尚不甚清晰的心境。庙宇正殿从正面看只是在平滑的黑岩石上劈削出来的单独一间石屋,灰瓦做顶,十分阴冷、黑暗与潮湿,地面长满青苔。就像毛处于政治困境时所经常发生的那样,沮丧情绪影响了他的身体健康。贺子珍发现他突然老了很多,并开始消瘦起来。她担心潮湿会使他的健康状况更加恶化,就让年轻的警卫们住在正殿,而她和毛搬到几步远的一个山洞中。这里虽然更小,但很干燥。还有一个石池可供洗涤。水必须用竹扁担和木桶从下面二十多米处的山谷中,沿着在岩石上凿出来的一条浅浅的石阶小路担上来。

这里俯瞰平原,视野开阔。西边有三座古塔,就像周围环抱着的一座座小山的哨兵似的。毛试图以赋诗填词来调节自己的心绪,这些诗词是他在根据地较为快乐的那些日子里在马背上吟出来的。党的文件和报纸不定期地从瑞金送达这里。在这种带强制性的闲暇中,除了等待,等待他的政治伤口愈合之外,他一筹莫展。

在上海,如同人们所熟知的博古的领导那样,新"临时中央"比它在此后一段时间中表现得较有理性。它得以存活下来的事实,根本上就是一个了不起的成就。其时,随着共产国际的代表雅科夫·鲁德尼克(亦称希莱尔·诺伦斯)——假扮成一名比利时工会主义者的乌克兰情报工作者——的被捕,共产国际的中国情报处完全陷于瘫痪。博古和他的同事,另一位 30 岁出头的留苏学生张闻天,设法保全了一个特工网,他们成功地渗透进蒋介石军事指挥部最高层,清除了国民党特务机构的特工以及他们所招募的共产党内的变节分子。

在向其时已号称拥有 500 万人口的各共产党根据地发号施令方面,如果博古们做得并不十分成功的话,主要是由于李立三以及在他之前的瞿秋白所施加的持续不断的左倾思想的影响,这是导致博古 1 月份重新提出进攻大城市的话题的原因：

> 过去正确的不占取大城市的战略，现在是不同了；扩大苏区，将
> 零星的苏区联系成整个的苏区，利用目前顺利的政治与军事的条件，
> 占取一二个重要的中心城市，以便取得在一省或数省的首先胜利。

博古的分析比起威信扫地的其前任们来说要清醒得多，但他却又得出了与他们十分相似的结论。他写道，世界范围的大萧条，将国民党控制区的经济带到了"总崩溃的边缘"，而红军却在蒋的最终归于失败的军事围剿中"坚强了自己，锻炼了自己"，变得比以往更加强大。国内阶级力量的对比已经改变，因而政策也需要改变，等等。①

从一个方面说，这是无理性的。就过去的三年而言，毛也曾号召过"一省的胜利"。无所作为不是一种选择：一场暴动所带来的桂冠不久就会枯萎。把分散的苏区打成一片，就一项政策来说，顺理成章的必定要涉及占取城市。问题在于博古命令严格遵循他所称之为"坚决进攻的路线"，以及他所设定的占领南昌、吉安与抚州三个江西城市的总体目标，而不论有无战略上的必要。另外，还有军事力量对比上的不相称。蒋介石第三次军事"围剿"的失败已使上海的领导者们对于红军力量得出了夸大的印象。毛与朱德却深知，在不到一年之前，他们夺取防备坚固的国民党炮楼都尚感力量不足，这也是他们反对进攻赣州的原因。而博古、张闻天及其追随者却将这些作为机会主义的证据，而不是他们不愿执行的那种策略上的不同看法。

3月初的一天下午，就在元宵节过后不久，毛的警卫看到两人骑着马翩翩而至。来人就是在毛的"病假"期间代理政府首脑之职的项英和他的一名警卫。

项英羞惭地告诉他，进攻赣州的结果是一场惨败。从2月中旬开始的三个星期当中，彭的部队对该城市的守军发动了四次耗竭军力的袭击而没有结果。炸毁城墙的努力也告失败。两天前，大出彭意料之外的是，国民党的士兵发动了反击，虽然勉强被打退了，但国民党增援部队的四个师已经聚集在吉安和广东，威胁说要切断彭的归路。项英还说，军委要求毛结束病假，立即回去给他们提供参谋意见。

毛无须再次要人邀请。此时正值一场大冰雹自天而降，贺子珍让他稍停

---

① 1932年1月9日中共中央的决议，见塞茨编：《中国共产党掌权：文献和分析》，第558—559、563页。

再走。"你还未痊愈,"她劝告说,"如果你这样走出屋去,病会加重的。"他朝她摆摆手。他的"病"已经消失得无影无踪了。

及至毛赶到赣州上游二十多公里的部队所在地,一个名叫江口的小集镇时,彭已经摆脱了陷阱。然而,在就前线部队向何处去的问题上的争论仍持续不休。毛提议说部队应赴赣东北,沿与福建交界的边界北侧开辟一块新的根据地,那里敌人的力量薄弱,山区农村也更适合红军的作战风格。但他的多数同事都感到这与中央定下的威胁吉安和南昌的目标相距过远。依然在为失败而深感沮丧的彭也支持他们。会议结束时才议决将兵力一分为二:彭的第三军团沿赣水西岸北上向吉安进发,而第一军团则由林彪指挥,试图去攻占距南昌 130 公里的赣中三个毗邻的县城。毛以非正式顾问的新名义随同林彪的部队行动,不久以后他就做到了使林彪和他的政委聂荣臻相信,福建是一个更好的目标。林就此结果向军委发了一份电报,随后便进军省界上福建一侧的汀州,在那里等待进一步的命令。毛回到瑞金。3 月末他向中央政治局申诉了自己的情况。

这一次是毛占了上风。主持两天会议的周恩来,亲见自己在根据地的第一次军事冒险以可耻的失败告终,而他在之前曾拒绝采纳毛的建议。在这场灾难的中途,项英曾担负了召回毛的吃力不讨好的使命。可能会反对毛的彭德怀却没有与会。

那年春天,毛之成功归位,还有另一个更深层次的原因。

在此后逾半个世纪的毛与周恩来之间神秘莫测的个人关系,对于中国具有非常重要的意义,而瑞金的这次会议已经首次清楚地显现出来。

比毛小五岁的周,是一位具有超凡谋略、冷峻、自控力强、从不过分张扬的领导人。他善于因形势而获得最大利益。在寻求最终胜利的过程中,他有着坚韧不拔的毅力,并视此为唯一值得追求的目标。

总的说来,毛则有点喜欢张扬,耽于奇想,善于说服人并具有极度的自信,诡谲多变并有着正确的直觉。在瑞金的这次周向毛屈服之后,毛则毫无怜悯地穷追不舍,他带领此时在他有效指挥之下的林彪部队,朝着恰好同中央预定目标相反的东南方向一步一步挺进,制造一个又一个既成事实提供给周。①

---

① 整个这段时期,毛一直是先斩后奏。但没有证据表明毛曾有意识地先于周一步而采取军事行动。斯蒂芬·阿威瑞尔写道:"周恩来到……长汀(汀州)……才发现毛已经继续前进了。"(施拉姆:《毛通向权力之路》第 4 卷,第 52—53 页。)但毛在 4 月 2 日给周发了一封电报,他在电报中说,他将于 7 日离开长汀。尽管这个小镇离瑞金只有一天的路程,但周恩来直到 10 日才到达这里。同上,第 203 页;《毛泽东年谱(1898—1949)》上卷,第 370 页。

在这一过程中,尽管短暂,他重新获得了很大一部分被留苏学生们所千方百计从他那里剥夺了的自由。

他们的第一个目标是龙岩,地处江西与福建沿海之间。这是一个毛所熟知的地方:1929年冬,古田会议就在这里召开。4月10日,他们击溃了当地两个团的守军,俘虏了700人。十天之后,他们拿下漳州,这是红军自18个月前吉安得而复失以后所攻克的最重要的城市。

毛很兴奋。参加过那次战斗的士兵们回忆说,他们曾看见他骑在一匹白马上进入城市,戴着一顶有共产党红五星的浅灰色尖顶军帽。第二天在给周恩来的一封电报中,他形容了当地人如何“如痴如狂地涌向街头欢迎我们”。①漳州是一份丰厚的奖赏,它是距厦门约50公里、有5万多人口的主要贸易中心。战利品包括50万元现金、武器和装备;两架民用飞机(很遗憾的是红军不知道如何去使用它们);还有,就毛而言几乎具有相等价值的,从一座中学图书馆中掠走的丰富藏书,一辆被强征的汽车把它们由陆路运回了瑞金。

然而,博古却极不高兴。

随着福建远征的细节慢慢被传到上海,批评的鼓点缓慢但却坚决地敲响起来,这其中既有针对毛本人推翻中央详细部署的协力北上计划的指责,也有针对居然允许这种事情发生的中央政治局的不满。②

政治局悔罪了。5月11日它在周恩来主持的一次政治局会议上做了谦恭的自我批评,其时毛仍在漳州没有参加,它承认犯下了“极严重的错误”并答应“彻底纠正”对有关夺取大城市必要性的怀疑,而且它还笼统地承认了“一贯的右倾机会主义错误”。

那年春天,周处理与中央的关系是一种典型的软化方式,并为此后几星期建立了一种规范。毛的反应本来不该有多大不同。在周将博古对他的批评传达到他那里之后,“我获悉并认真思索了你的电报内容”,他回信③写道:

> 中央的政治估计和军事策略是根本错误的。首先,在三次[军事围剿]失败与日本的进攻之后 …… 中国的统治势力 …… 遭到重

---

① 施拉姆:《毛通向权力之路》第4卷,第215—216页(1932年4月22日)。
② 《毛泽东年谱(1898—1949)》上卷,第371—375页,引自4月14日的中央指示,随后,在那个月的稍晚些时候,博古和张闻天在《红旗周报》上发表的文章以及中央在5月20日的一封电报中都对中央的这个指示作了详细的说明。
③ 施拉姆:《毛通向权力之路》第4卷,第217—218页(1932年5月3日)。

创……我们绝对不必去夸大敌人的力量……其次,既然三次战役已经结束,我们的整个战略绝对不应该重复内线战斗的防御战略[即,在红色根据地内部作战]。相反,我们应该采用外线战斗的进攻战略[在白区作战]。我们的任务是夺取关键城市并取得一省的胜利。人们本该想到,摧毁敌人是达此目的的先决条件……在现实情况下提议用去年的策略就是右倾机会主义①。

博古的反应没有文字记载,但说他不感到有多么幽默,应该还是比较可信的。从那时起,毛与"临时中央"的关系变成相互猜忌并日渐加深。在对福建的劫掠之后,中央政治局做出更大的努力去抑制毛。敦促"做出一副进攻的态势",在任何时候都必须严格坚持"坚决进攻路线",这一类指示像雪片一样向毛飞来。5月底漳州被放弃了。毛的部队向西进发去对付开始威胁根据地南侧的广东军阀武装。6月初在闽西,他与被派来确保贯彻中央指示的朱德和王稼祥会合,这一次,他服从了政治局的命令。他们越过赣南向大余进军,这是一座靠近湖南省界的钨矿城镇,1929年6月朱毛军团在从井冈山突围之后曾在此休整。然而,尽管周恩来作出"坚决有力地攻击敌人"的指示,但还是要再等一个月,广东军阀的几个团兵力才被顶回到省界的另一侧去。

到这时为止,博古和张闻天按捺不住了。六个月以来,他们已经注意到,他们系统地制定的计划被搅得七零八落。1月对赣州袭击的失败,随后是毛终止了向北进攻的谋划,转而向南去了漳州,现在又是广东的分散兵力,这些都意味着,从1932年1月到7月这半年期间,本来是将南部各红色区域连成一片坚固而统一的区域的最佳时机,结果现在却一无所获。原因在于,正如前线领导人都了解的那样,除抵御入侵之敌、袭击最薄弱之敌以外,红军再多干点什么都超越了它的实力。但是,上海的领导者们不肯相信这一点。

在博古的冥顽不灵与战场的生存需要之间,对话业已全无可能。

面对这一看似无成功希望的前景,周恩来这位一贯极善处理繁难事务的专家,试图营造出一半对一半的机会来。博古不是想要向赣北城市进攻吗?那么周本人就上前线去领导好了——但发动这种进攻的规模还是得与红军的

---

① 事实上这是一条很鲁莽的指责。毛精心地将中央以前对他的那些指责掷还到博古的脸上。数月来上海一直在抱怨什么"低估了革命形势";未能"利用有利的条件向外部发展";"将过时的策略奉为不可改变的教条",并将所谴责的这一切概括为严重的右倾机会主义错误。

真正实力相协调才行；毛也得抽身出来回到他总政治委员的老位置上去吧。毛的"经验与长处"还是需要的，周争辩说，如果他复了职，他会"改正错误"。

王稼祥与朱德自然十分乐于接受。但是，任弼时等一些留在瑞金负责后方指挥工作的政治局委员们却是疑虑重重。及至周促成了他们的同意时，时间已经差不多到了8月中旬。至于博古，只要将长期拖拉下来的进攻最终付诸实施，怎么着都行，他也就表示同意了。

毛提议将全部前方部队重新凝聚成一股力量，向北进发去占领五个月前远征福建本来打算进攻的同一个小县城群——乐安、宜黄与南丰。其时他们还打算占领稍大一些的南城，这样就可以将抚州置于打击的距离之内，并且"处于夺取赣水下游一带关键城市的更加有利的位置且为夺取南昌创造条件"。

第一阶段进行得犹如钟表一样准确。乐安、宜黄与南丰攻陷了，给前方部队带来了5000多名俘虏和约4000支枪。但下一个目标南城的防卫就坚固得多了。朱和毛下令撤退，周给任弼时的后方指挥委员会发了一封无线电报，解释这是为了等待局势于己有利时再行进攻。撤退继续进行，然而，不管是否得到了周的更有保障的信息，到9月初时，他们已一路撤退到宁都县南约100公里的东韶。后方指挥委员会严重警告说，转机就要发生，直言不讳地说这是一个错误，他们必须毫不耽搁地掉头向北前进。这倒引出了周的不同以往的试探性反应，他说，军队太累了，休整一下是"绝对必要的"；还说在这一阶段，一次转移就会给敌人向根据地本身的进攻敞开大门。①

于是开始了长达一个月的中央政治局内部两大集团的日趋激烈的交锋。这一次不再是毛独自面对其余所有的人了，而是周、毛、朱、王为一方，与任弼时、项英、根据地安全部门首领邓发和另一位留苏学生顾作霖为另一方的争论。

10月初，他们聚集在宁都以北一个小山村的一家农舍里，周恩来主持了一次会议，以图消弭他们的分歧，却开始了持续四天伤筋动骨的激烈交锋。②

---

① 《毛泽东年谱(1898—1949)》上卷，第381—384页。也可参见施拉姆：《毛通向权力之路》第4卷，第249—253页(1932年8月28日和31日)；9月5日的一个命令(第254页)强调了机动性和"灵活行动"的必要性。

② 《中共中央文件选集》第8卷，第528—531页，提供了与这次具有决定意义的会议在时间上最接近的文献资料。也可参见金冲及：《毛泽东传》，第296—298页；《毛泽东年谱(1898—1949)》上卷，第389—390页；施拉姆：《毛通向权力之路》第4卷，第59—60页。

后方指挥委员们谴责前线领导人"表现出对革命胜利与红军力量的估量不足",前线指挥员们则答之以尽管中央的"坚决进攻路线"是正确的,也还得适当地斟酌实际条件加以执行。尤其是毛直言不讳地为自己辩解。对任弼时、项英一方来说,只是为了确认他们从一开始就有的怀疑:毛是全部问题的根子,只有将他撤职才能解决问题。

上一年对他的所有的旧指责又全部提了出来,外加上一些新的罪名:他是一个右倾机会主义者,顽固地反对中央的正确军事路线;他藐视组织纪律(5月里他爆发出来的反对中央"错误观点"的言论就是一个参考证据);他曾经反对进攻赣州的决定,他曾经抵制占取抚州和吉安的命令;当他到底占领了漳州的时候,他又花费了全部的时间积攒钱财,表现出了"游击心态"。后方指挥员们指责说,毛喜爱"诱敌深入"和"守株待兔"的"诱敌深入",他偏好寻找远处敌人最薄弱的地区去战斗。

这些指责有些确有事实基础。毛在实践中的确喜好与中央制定的策略背道而驰。但是,只要会议继续开下去,毛的观点可能正确而中央的观点可能错误的事实就可能成为争论的焦点了。对项英及留苏学生们来说,毛违犯了中央的纪律,因此他就是错误的。

相对简单的倒是达成了战略上的一致意见。包括毛在内的所有的人都同意,前线部队应当集中力量攻击敌人的薄弱环节,予以各个歼灭,以达到在根据地本身受到威胁之前就挫败围剿的目的。对毛而言,这就意味着他们在宜黄、乐安和南丰的战斗。另一些人则主张再往西去开辟战场。但调和双方观点的原则反倒具有足够的弹性。

拿毛本人怎么办,却是一个真正棘手的问题。后方指挥员们坚持要完全禁止他上前线去。周争辩说,这样做未免太过分了。他说毛:"积年的经验偏于作战,他的兴趣亦在主持战争……如在前方则可吸引他贡献不少意见,对战争有帮助。"他建议说,答案应当是,要么毛还保留政委的角色,但要置于他(指周)本人的监督之下;要么由周本人接替毛的位置而毛作为一名顾问留在前线。朱德和王稼祥表示同意。但毛对于自己担负直接指挥军事行动却又没有充分的权力表示了慎重的态度,后方指挥员们也表示反对。他们说,毛无意承认他的错误,意味着一旦他留在前线,就会重蹈覆辙。他们本来还可以再加上一条,即对周所声称的"监督行动方针的执行",迄今为止就毛的既有表现而言,并不特别具有说服力。

最后周处心积虑地想出一个折中的办法,毛放弃他的政委职务,而充当一名军事顾问;但是,为安抚任弼时和其余的后方指挥员们起见,他得"暂时请病假"直到需要他出场时为止。周当时希望,一旦各方情绪冷却下来,他就可以平静地恢复毛的职责。

第二天,在感觉到结果也许更糟时,毛就动身到汀州的红军医院去了。他上那里去找贺子珍,她就要生产他们的第二个孩子,一个男婴了。但他却不能把自己的问题抛到脑后去。当宁都会议正在进行中时,博古和张闻天也碰了头,讨论江西的形势。他们得出结论说,毛的"保守、退却"是不可接受的。他必须立即离开前线,全心全意地投身到政府事务中去,并且还得发动一场针对他的观点的坚决斗争。周由于支持毛,并由于没有运用他作为政治局书记的权威以保证正确路线的贯彻也受到斥责。

这枚炮弹在毛离开后不久就从上海袭到宁都,旋即再次召集的会议推翻了周的妥协办法,认可中央的决定。当毛获悉所发生的事情后,他光火了,指责他的同事们"缺乏判断力",采取一种"高慢的宗派主义"。但是,他已经无事可做。10 月 12 日宣布了周被指派接替他担任总政治委员的决定。此后两年中,毛被排斥在一切有意义的军事决策活动之外。[①]

翌年冬,毛连续两年在身心交瘁和政治失意中度过了新年。他的邸宅坐落在一所小疗养院中,里面还住着另外两位患有相同政治病的党的高级领导人,但这里要比东华山那处潮湿的寺庙里舒服多了;他在党内的地位大体上没有多大改观,因为宁都会议的决定是秘密的,没有外传。但在其他一些方面,他的状况就逊色多了。

从成为一名共产党员起,12 年当中,他曾 6 次遭受排挤:第一次,源于他自己的取舍,1924 年时他在运动中的信念发生了动摇;第二次是在 1927 年秋收起义失败以后;第三次是在 1929 年,其时新成立的湖南省委免除他在井冈山时就担任的特委书记职务;第四次还是在 1929 年,那是在和朱德就游击战略发生争执的期间;第五次是在 1932 年 1 月的东华山;最后一次就是在宁都。然而,在所有这些情况下,要么是,他靠着强有力的朋友最终帮他一把,要么是,因为策略原因暂时退却,积蓄力量以求东山再起。这一次他是在一场冲突后,被对他有着难以化解的敌意而他无须去激怒的中央领导班子强推出去的,

---

① 《毛泽东年谱(1898—1949)》上卷,第 390 页。显然,当时前线的军官们支持毛的呼声仍然十分高涨,因为在周上任后于 10 月 14 日发出的一个命令的署名是"总司令朱德、总政治委员毛泽东和代理总政治委员周恩来"——完全违背了宁都会议作出的任命的决定,这都发生在中央出面干预的前后(施拉姆:《毛通向权力之路》第 4 卷,第 303—307 页)。

而这场冲突又严重伤害到本来或许可以帮助他的像周恩来这样的人。①

他再一次地消瘦了。深陷的双眼和凹瘪的双颊让贺子珍吃了一惊。随后有流言说他得了肺结核，但事实上，还是一直折磨着他的神经衰弱引起的压抑症。他凄楚地对她说："似乎他们非得把我整死不可。"

在到达医院后不久，毛的一次遭遇又使他在来年当中一直厄运当头。福建省委代理书记罗明刚好也在那里治病。毛和他详细地谈及三次反围剿战役，敦促他归队后推广有弹性的游击战术以帮助前线部队粉碎蒋的第四次军事围剿，随后又谈到眼下在进行中的事情。罗把毛的这些提议传递给他的同事们，不久，福建省委便开始发展起一套毛泽东主义的游击战略来。

中央苏区日渐增长的重要性，以及上海当局正在加强的军警的监视行动，同时促使博古与张闻天认定，去和在瑞金的其他中央领导人会合的时候到了。而恰好在途经福建的时候，博古也遇到了罗明，罗热情洋溢地向他谈起省委目前正采取的新战略，以他的观点看，远比他们以往一直试图紧随的那些"僵化而机械的"指示好多了。博古却根本不欣赏这种判断。及至赶到瑞金，他最先采取的行动之一就是发起一次清除运动，以杜绝毛在整个苏区的影响力。罗的言辞被粗暴地歪曲用来证明他试图还在"形成一条机会主义路线"，对于革命形势定出一种"悲观失望的右倾机会主义的逃跑退却路线"，甚至"公开鼓吹党所禁止的论调"。

不久，成千的官员被放进"追随罗明路线"的调查中去。其中就有四位年轻人，全都不足30岁，并都被认为与毛特别亲近：邓小平，其时为赣南的会昌等三县的县委书记；毛的兄弟泽覃；他的前任秘书古柏；还有谢唯俊，他是当地招募的江西第五独立师师长，从井冈山起就和毛在一起。1933年4月，他们被带到一场公开批判会上，在那里他们被人嘲笑为"乡巴佬"，根本就不懂"山沟里出不了马克思主义"。他们对整他们的人也反唇相讥，道是"洋屋子里（意即从莫斯科）飞出来的大士绅"。所有这四人，连同其他很多毛的支持者一起，被解除了职务。

其时毛已经回到瑞金附近的小村叶坪，领导层在那里建立了总部。

作为苏维埃共和国主席的显赫地位，意味着毛本人不会直接受到反"罗

---

① 周因支持毛而受到了后方高层领导的严厉批评（马齐彬等：《中央革命根据地史》，第367—368页）。这就引起了上海的担忧，担心这会给中央局带来不可挽回的分裂局面（《毛泽东年谱(1898—1949)》上卷，第391页）。

明"运动的触及。他还得到了来自共产国际的支持,后者于3月敦促博古"对毛泽东必须采取尽量忍让态度",运用"同志式的影响",并在政府工作中给他以充分的职权。20年代末及30年代初时,毛的地位上的一个怪异之处就是,正当他同由莫斯科推举来领导中共的本国领导人的关系弄得十分糟糕时,俄国人本身却越来越以一种积极的观点看待毛的作用。自从1928年第六次党的代表大会以来,毛是唯一同斯大林在中国革命的全部三个关键论题上始终保持一致的中国主要领导人:农民的基本作用、红军的基本作用及农村根据地的基本作用。克里姆林宫不可能不注意到这一点。

然而,远在江西,来自莫斯科的支持被大大冲淡了。过去,毛与贺子珍曾和好几位政治局领导人住在一座雅致的旧式石砌公馆里①,屋顶铺着结实的青瓦,四角檐牙高耸。这是一座被房主弃置的房屋,倒不是为了逃避共产党,而是因为屋子里面死了一位妇女,被认为这地方挺晦气。领导人们都住在二楼,房间都面对着一条有覆顶的木质走廊,走廊的正中间是一处内院,雕梁画栋,并有精巧的窗格和屏风。两位政治局正式委员,周和任弼时,拥有最好的居室。毛的居室稍小一点,土墙砖地,与周毗邻。朱德和王稼祥各住两头。他俩之间有一间会议室。政治局会议就在那里召开。

博古的到来与毛的失落,意味着这一切突然发生了变化。当毛还是一位政治局委员时,他在政治上竟是如此孤独,以至于有时好几天看不到他的同事们。周和朱德尚在前线,那年春天王稼祥挨了一发迫击炮弹的轰炸后严重受伤。其他人都排斥毛。4月,他受到的排挤变得越加明显起来。国民党开始定期地空袭叶坪②,毛与其他"非基本人员"奉命搬至沙洲坝向西约16公里的另一个村子。在那里,他仅有的社会联系就是他的兄弟们、贺子珍的妹妹及父母。他们由于同毛有亲戚关系,结果也承受着政治上的压力。时间在毛的手里显得很有意义。在井冈山上那些难得的和平间隙中,他常常同朱德和陈毅一块儿谈诗论词。他们会相互接引他们年轻时就烂熟于胸的唐代大诗人李白、杜甫以及宋代陆游等人的诗词而连缀成新诗,那是千年之前中国诗词的黄金时代。贺子珍还记得,每当有人一提到文学,毛的脸上顿时容光焕发。读书早已是难以割舍的爱好,所以他的外衣上特地做了很大的衣兜,大到可以从容

---

① 被人们叫做"中共中央大楼"的这座建筑,一直作为叶坪史迹的一部分而被保护了下来。这里有关1933年生活起居的安排的描述依据的是当年曾在那里居住和工作过的人的回忆和回忆录。

② 《毛泽东年谱(1898—1949)》上卷,第400页。据李德回忆,当他于1933年10月到达瑞金时,中央局和军委的驻地仍在叶坪(《中国纪事》,第33页)。也可参见王行娟:《贺子珍的路》,第177页。

插进一本书去。她说,他说话通常很少,但一旦话题转到文学上,他就会接连几个小时滔滔不绝。有一次他和她彻夜坐着谈论他心爱的小说《红楼梦》。他将这部小说的特色解释为一个强势家族内部两派之间的斗争。

1933 年整个夏季和第二年的大部分时间中,毛发现自己除了读书与闲谈之外无事可做,实在是赋闲太久了。但是,除了他身边的亲属外,谁也不能分担他的忧愁。再一次,他只有等待,希望好日子会光顾自己。这一回可不像以往那样有把握说,好日子一定会来的了。

自 1931 年以来,作为国家元首的共和国主席,作为政府首脑的人民委员会主席,在根据地的行政管理上,毛一直握有无所不包的职权。这包括起草与宣布大量的法律法规,以赋予新的红色苏维埃共和国(至少在观念上)一个现代国家所应具有的所有行政机制。

在实践上,毛关心的重点在于经济方面。他的贯穿这段时期的讲话充满了对农民的爱国主义的呼吁,"要搞好春菜的种植",并告诫说"绝对不准再种植鸦片,而应代之以谷类"。他的任务就是确保根据地给红军提供食物、衣装和其他基本供应品,控制与白区的黑市贸易,诸如非得从外部偷运进来的食盐之类的必需品。一座红色邮局建立起来。毛的二弟泽民领导的人民银行印发了名为"国币"的纸币,这是以红黑两种油墨印在粗制草纸上的纸币,中间是一幅列宁的肖像,背景是一队行进中的工人和肩挑扁担的农民,大踏步地胜利前进,迈向新的共产主义的灿烂未来。该通货以银为保证,银元最初是从地主那里没收来的,随后从日渐增加的税收中提取,以按照价格、收入等条件而升降的课税率课税,这样冲击力就可以由商人和富农承受,此外还来自强制推销的"革命战争公债"。[1]

经济上的关键议题是土地改革。在农业中国,拥有土地就是谋生的手段。如果你有土地,你就有饭吃;没有土地,你就会挨饿。在一个有 4 亿人口、其中 90% 是农民的国家里,土地的重新分配——抽肥补瘦——是把共产主义革命推向前进的最重要手段,也是中共与国民党之间分歧的基准点。

在这一事关重大的论题上,毛的观点是完全激进的。早在井冈山上,他就

---

[1] 施拉姆:《毛通向权力之路》第 4 卷,多处。毛在向中央苏区南部 17 县经济建设大会所作的报告(第 479—490 页)和他"在第二次全国代表大会上的……报告"(第 656—713 页,特别是第 688—694 页和第 705—707 页)基本反映了苏维埃共和国经济政策的概貌。也可参见特瑞格威·洛特维奇:《中国的共产主义运动(1931—1934)》,伦敦,斯堪的纳维亚亚洲研究学会 1979 年版,第 185—209 页;苏京义(音译):《政治动员和经济索取:中国共产党在江西时期的土地政策》,纽约,格兰德出版社 1980 年版,第 279—305 页。

曾下令无例外地没收所有土地,中农的土地也不能幸免。无论老幼,无论男女,无论贫富,包括在外服役的红军战士,人人都分得均等的一份,而不考虑其阶级背景或是任何其他因素。所有权名义上属国家所有,一旦分地完成之后,买卖土地是禁止的。根据要养活的人口数平均分配土地的制度有简便易行的优点,毛评论说,可以确保最贫困家庭的存活①。李立三和博古都不同意,一个认为这一方法过"左",另一个则认为还不够"左"。李号召在每一个家庭的劳动力(实际有利于富农)的基础上进行分配。博古则要求以阶级出身作为分配标准(效果与李相反)。②

两种方法都有着不可逾越的困难。富农拥有较多的资本与耕畜,是最富生产力的村民。而在阶级观念中,富农则是正在形成中的地主,拼命地(如毛的父亲做过的那样)要让自己再上一个台阶,让家道更加昌盛,那也就有必要变得更有剥削性。用毛的术语来说,他们构成了乡村中的"一个中间阶级",一种政治上摇摆不定的集团。倘若被压迫得太厉害,他们就会立刻转而效忠于反动派。如果共产党人采用温和的政策,根据地的经济就会繁荣起来,但阶级斗争就会动荡不定。如果继之以一种较严厉的阶级路线,经济就会摇摆起来,食品短缺就会发生。在这两种相对立的需要之间进行选择,政策上会忽而向左,忽而向右,以与压倒性的政治风向相协调。

然而,这样一来,又提出了一个进一步的问题。

如果可以采用一种渐变的政策,如同自 1928 年至今的那种情况,就要想出一种评估方法鉴别出贫农、中农、富农与地主来。③ 富农使用雇佣劳动吗?或者高利贷也是一种标准? 富农的土地也应该全部没收吗? 或者只是他本人耕种不了的那一部分?

---

① 在 1947 年以后进行的土地改革中,采用的是一套与此相类似的制度,直到迈向集体化的转化过程才完全排除了个人对土地的拥有。直到毛去世后,集体化形式才被扭转,其结果又回到与井冈山相类似的制度。截止到 1999 年,在中国还没有自由拥有的土地所有权,无论在城市还是在乡村。给每个农户耕种的协议土地的数量,又一次直接按照家庭供养的人口的比例进行分配。

② 对 20 世纪 30 年代初共产党不同的土地政策的探讨,见萧作梁:《1930—1934 年中国的土地革命:文献研究》,西雅图,华盛顿大学出版社 1969 年版,第 3—77 页;施拉姆:《毛通向权力之路》第 3卷,第 41—43 页和第 4 卷第 45—47 页。

③ 从 1930 年到 1933 年,毛用了大量的时间研究这些问题,在这个过程中,形成了一系列农村调查报告,其中最重要的有:寻乌调查,1930 年 5 月(施拉姆:《毛通向权力之路》第 3 卷,第 296—418 页);兴国调查,1930 年 10 月(同上,第 594—655 页);东塘、木口调查,1930 年 11 月(同上,第 658—666、第 691—693 页);长冈乡和才溪乡调查,1933 年 11 月(施拉姆:《毛通向权力之路》第 4 卷,第584—640 页);以及 1933 年春夏在瑞金周围的长时间的调查,并最终形成了 1933 年 10 月 10 日发布的《关于土地斗争中一些问题的决定》(同上,第 550—567 页)。

对于千千万万个家庭来说,这些问题的答案有着最实际的意义,是生死存亡的界石。党的文件中或许只有不超过一处逗号的错位,就会造成此处的政策略有弹性而彼处的政策则略显严厉的差异。其结果,到了村子里,就会形成或是一个家庭可以勉强维持并略有积余,或是活不下去只有卖儿鬻女的差别。在赣南做了一次调查之后,毛本人报告说:

> [在一个]有37户家庭的村子里……5户卖过儿子……5家全部破了产;结果他们被迫卖掉儿子以偿付债务和购买食品。买者或是士绅中的一员……或是一名富农[希望买进一名男性继承人]。士绅购买者多于农民购买者。一名男孩的价格从最低100[中国]元到最高200元不等。卖时两家在名义上不说"卖"而说"过继",但一般都说"卖奶子"。要写张"过继帖",普通也叫"身契"……
>
> [在这笔交易发生时]房族戚友临场有多到十几个的,都要"画押钱",归买主出……奶子的年龄有三四岁的,有七八岁的,有十三四岁的。买卖奶子,由媒人背了送到买主家。这时候奶子的父母总是痛哭流泪,甚至两夫妻打起架来,妻骂夫没有用,寻不到饭吃要卖奶子,旁人也多有替他们流泪的……
>
> 四五岁的幼年奶子卖的价钱更高,因为容易"养得疼"(带得亲)。年龄大了,像八九岁的、十多岁的,反倒卖不起价钱,因为不容易带得亲,并且容易跑掉……
>
> 听说人家卖了儿子了,债主就急急地到他家里去讨账。"卖了奶子还不还我吗!"债主很恶声地叫着。他为什么要这样子呢,因为这时候是他这笔债的生死关头,卖了奶子犹不还他,钱一用掉,永久没有还债的机会了,所以他就顾不得一切。①

中国的农民问题使毛着迷。1926年冬在湖南农民运动中的一次地方调查之后,他一次又一次地回到这个题目上来,从1927年在井冈山上和1931年在江西,迄今为止,他发展了他的反对李立三鼓吹的"富农路线"的论辩,吸引了很多本省干部的注意。是年5月他写道,深入地调查一个地方,比肤浅地研究一大块地方效果更好,因为"走马观花"……即使走上一辈子,一个人也是无

---

① 罗杰·汤姆森译:《毛泽东:寻乌报告》,斯坦福大学出版社1990年版,第178—181页。

法透彻地理解一个问题的。

这些农村调查的最细致的一个例子,是在 1930 年的寻乌(长宁)县,这是赣、闽、粤三省交界处的一个县城。

调查的结果是一份 6 万余字的令人吃惊不已的文件,文件以眩人眼目的细节叙述了该县城及其周边地区农村的日常生活方式。寻乌县是一座有 2700 居住人口的有城墙的城镇,其中有 30~40 家妓院、30 家豆腐坊、16 家杂货铺、16 家裁缝店、10 家小客栈、8 家理发店、7 家食品店、7 家中药铺、7 家酒铺、7 家珠宝店、5 家盐铺、3 家肉铺、3 家铁匠铺、2 家烟草店、2 家伞店、2 家棺材铺、2 家家具店、1 家爆竹店、1 家白铁铺和 1 家钟表修理店,以及数不胜数的沿街摊位、茶坊、饭店和露水市场。毛省略了鸦片馆,大概是因为在共产党接管该地方后都关门停业了。然而,他还极其细备地列举了店铺里能买到的 131 种消费品,从睡帽到吊裤带到安全剃刀到贝壳纽扣;34 种布匹,从医用纱布到生丝;十数种不同的海产品,鱼和蔬菜,一些如干果和云耳、蕈类,它们如此罕见,以致每年仅有几斤出售。他列举了该县出口到邻近地区的货物——每年价值 20 万美元的稻米、茶叶、纸张、木材、蘑菇与茶花油——还有挑夫和骡马运输这些货物的大小道路。几乎每个店主都被标上了姓名及其家庭环境、政治观点,甚至社会习惯也仔细罗列:某一食品店店主"以往喜欢嫖娼,但现在由于其妻的缘故(嫁妆有 250 中国元)停止了这一恶习";镇上最大的杂货店老板则"又嫖又赌"。

据推算,占全镇人口 6% 的卖淫者,形成了一个独立的社会层面。毛列举了 14 个有名的娼妓。他注意到,多数很年轻,而且都来自三标地区,"寻乌人有句俗话,'三标的货,项山的糯'。就是说三标女子美丽的意思"。之所以有如此多的妓女,他解释道,是因为越来越多的士绅家庭出身的子弟被送到新的西式学校去读书,"少爷们脱离那温暖的家庭走到城里来读书,觉得好生寂寞,娼妓家中少爷们的足迹就多起来了。"概括而言,在这个县城中,80% 的居民,包括绝大多数妇女,要么是文盲,要么识字不超过 200 个,5% 的人能够读点书,30 个人上过大学,6 个年轻人在国外学习:4 个在日本,2 个在英国。

报告的最重要部分涉及土地所有权。毛列举了 20 个大地主,为首的一个是潘明征,在当地绰号"屎缸伯公",其资本数达 15 万美元,在这块穷乡僻壤中是一个令人咋舌的数目,还有 100 多位稍小一点的地主,每一位都有一份详细的财产、教育、家庭关系和政治立场的记录。

毛指出,这最后一项并不完全是阶级作用:一些中等的地主是进步的,或者至少"不反动"。在这一层顶端的是占人口 0.5% 的大地主,小地主占 3%,

富农占 4％,中农占 20％,余下的是贫农与雇农。同年稍晚时候,毛从兴国县的一项调查中得到与此近似的数字。

在这一基础上,毛就能抗辩说,富农只是一个"完全孤立的少数",他在赣西南党组织内的反对派夸大了他们的重要性(并要求善待他们)是犯了"右倾机会主义"。他宣布说,富农是"农村中的资产阶级"和"自始至终的反动派",不仅应该没收他们的剩余土地,而且党必须引进一项"抽肥补瘦"——即富裕人家必须放弃保留下来的部分肥沃土地以换取贫农家庭所有的较贫瘠土地——的政策。

然而,1931 年春,王明及其留苏学生们掌了权,这份报告仍然被判定为太过温和。

当时斯大林正在渐进推动他的反富农运动,这场运动导致 1200 万俄国"富农"的肉体消灭。与之相应,留苏学生们判定,所有富农的土地财产(不仅仅是剩余的)都应被没收。当土地再分配发生时,地主家庭会一无所得,意味着很多人将会饿死,富农将会按其劳动力比例得到"相对贫瘠的土地";贫下中农将会根据其供养的人口数量得到最好的土地。

为确保这些严苛的新标准得到恰当的实施,博古命令搞一次土地调查运动,[①]1933 年 2 月,他指定毛负责这一调查。这项指派可能潜藏着一个因素,即制造一个罪名的口实:毛本应该对以往被判定是过于软弱的政策负责,那么现在就让他去做负责纠正的工作。但无论如何,毛也明显是纠正一项此类运动的恰当候选人。出于同样原因,1926 年时汪精卫曾选他去执掌国民党的农民机构,陈独秀数月后也曾派他去负责中共的第一个农民委员会。他比党内任何其他领导人更了解农村生活的变迁及发展,也比任何人更适合去处理土地改革中冒出来的数不清的实际问题。

需要制定规则,例如,在土地再分配过程中处理池塘问题;处理建筑物问题;处理休耕地问题;处理山林问题;处理竹林问题;处理已耕种但尚未收获的"青苗"问题。

当时还有一个问题,以区乡为基础的土地再分配应当以各个村还是应当以整个地域进行。如果以村为基础,家族的忠诚观会无视阶级和经济利益,改革会受挫折。如果以整块地域为基础进行,人口将会达 3 万以上,工作将会过

---

① 第一个决定于 1932 年 2 月 8 日宣布(施拉姆:《毛通向权力之路》第 4 卷,第 66 页),但直到一年以后才开始实行。

于庞杂而得不到农民的支持。而且当定义发生抵触时怎么办？应当拿一个被认为是进步派的小地主怎么办？对一个滥用其阶级地位而成了为害一方的恶霸的贫农又将怎么办？

是年秋，毛制定出一套百科全书式的详尽规则，寻求解决此类问题。他确定的关键差别是在地主、富农与中农之间。对于一个被划定为富农成分的家庭来说，至少有一个人一年当中必须有四个月参加生产劳动，而在一个地主家庭中则无人这样做。并且富农家庭收入的至少 15％ 是获自对他人的剥削——雇佣劳工、出租土地或是借贷收益。而一个中农家庭是剥削收益来源必须低于 15％ 的家庭。他还给出了教科书似的例子，以显示这些数值是如何计算出来的：

一个有 11 个需供养人口和 2 个劳动人口的家庭获得 160 担土地收成，价值 480 元。他们有两片山坡茶油田，年收入 30 元。他们还有一片年收入 15 元的池塘，而养猪等的收入年总计 50 元。七年当中，他们雇佣了一名干农活的长工，他的剩余劳动的价值数达每年 70 元。他们还放了利息为 30％ 的高利贷，年获利 75 元，他们还有一个身为读书人的儿子，却专门仗势欺人。

评价：这一家庭本身有两人劳动，但雇佣了一名长工并放实际的高利贷。其剥削而致的收入超过其总收入的 15％，尽管有着众多的家庭人口，在扣除花费之后他们还余有大量钱财，因此他们是富农并应给予贫瘠的土地。那个书生是一名劣绅，不应给予任何土地。[1]

毛强调道，由于"通过阶级就是决定阶级成分"，是那些所涉人员的"决定生死的时候"，因此这套规则必须"十分谨慎"地执行。[2] 这是一个虔诚的希望。因为他深知，在运动中横插上一杠子对他以往有理性的、精心核准的方法是很不利的。土地改革，他写道，是"一次残酷无情的阶级斗争"，改革的目标是"削弱富农，铲除地主"，而且一旦有必要，他们中的那些"大老虎"必须交付民众大会，游街示众，由民众判处死刑并予以立即执行。[3]

在这种情况下，谨慎就是异议。坐在那里实行审判的贫农们知道，他们能够

---

① 施拉姆：《毛通向权力之路》第 4 卷，第 546—549、550—567 页(1933 年 10 月 10 日)。
② 施拉姆：《毛通向权力之路》第 4 卷，第 437 页(1933 年 6 月)。
③ 施拉姆：《毛通向权力之路》第 4 卷，第 425—426、434、507 页。

剔出去的"地主"和"富农"越多,他们自己就会"再分配"到更多的土地。在很多地区,吓坏了的中农逃进深山里去,因为唯恐被再划定为富农并就此穷困下去。

这一回,运动被缩短了,因为整个地区在不到 18 个月以后就被国民党重新占领了。但其效果却影响深远。1933 年以后,阶级出身成为个人价值与命运的最终决定因素。从那条根上长出来的是中国在此后半个世纪之久仍然要甩脱的毒瘤。在很多地方,一直到进入 80 年代中,地主富农的孙子辈还会发现,在确定什么样的机会是为他们开启的,什么样的大门是无可改变地紧闭着的这件事上,家庭成分仍然要比个人能力、知识和艰苦的劳动算数得多。甚至到了阶级因素已经最终变得不甚重要之后,旧有仇恨的踪迹仍然萦绕在某些地方与某些场合之上。

1931 年底在瑞金制定的选举程序法建立了一个相似的类型并一直保留到共和国时期。选举年龄定为 16 岁,男女不限。但投票权被局限在"正确的"阶级范畴——工人、贫下中农、兵士——而商人、地主、富农、神父、僧侣,以及其他游手好闲者全都被明确摒除在外。由地方党委在阶级出身和"政治表现"的基础上提名候选人①,毛解释说这就是"正确的思想方法"。能力只是远处于第三位的。选举以举手表决方式进行,如果人口的 90% 参加,该项选举即可视为成功。

毛坚持说,被选举人的 1/4 必须是妇女。这部分是出于他对所谓传统中国的"封建家长制思想体系"的攻击。五年之前,他曾在湖南赞许地评说贫穷妇女中婚外情,甚至三角、多角恋爱的流行,毛认为她们与富家女人相比,要做更多的体力活,因而也就更独立。在毛看来,肉欲主义意味着妇女的性解放②。但他强调提高妇女的地位还有一个更宽泛的目的。毛在当时就深知:使一个男人受教育只一人受益,使一个女人受教育则全家受益,而这句话在 50 年以后才在西方发展论者中变成一个流行的口号:教育一个男人只是教育

---

① 1931 年 12 月发布的选举委员会章程的极为详尽的条款中并没有说明怎样或由谁来提出候选人的名单(同上,第 827—829 页);1934 年 1 月,毛指出,实际上,这个工作已由中国共产党的支部成员做了。在投票的前几天公布的名单,说不定已经包括了即将参加选举的代表的全部或大部分人的名字(同上,第 591—594、626—627 页)。

② 在毛的著作中,这是一份被忽视的文献。他的《寻乌调查》,可能会被人们设想成只是一份有关经济事务的报告,但他却以不加控制的笔墨叙述性习俗的变化,详尽地描述年轻妇女们如何变得"行为上的更加自由",借口"上山砍柴火,比平素归家时间要晏","同时和她们的男性青年朋友恋爱的行为……逐渐有了许多,在山上公然成群地'自由'起来。差不多每个乡都有已婚的人又有了新恋人的例证。汤姆森教授把"……公然成群地'自由'起来"这一段翻译为:"青年男女们自由地在山上约会。"(《毛泽东:寻乌报告》,第 216—217 页)汉语给人的感觉则是青年男女们不仅仅是约会而是"在一起消遣玩乐"(《毛泽东文集》第 1 集,北京,人民出版社 1994 年版,第 241 页)。

一个人,而教育一个女人,就是教育一个家庭。

由于妇女解放的关键是婚姻制度的变革,对此,毛自五四运动之后一直为之奋斗着,新的中华苏维埃共和国颁布的第一部法律以及约 20 年后中华人民共和国颁布的第一部法律,都给予男人和女人以同等的结婚与离婚的权利。

并不是每个人都高兴。农民丈夫们抱怨说:"革命革割革绝,老婆都革掉了!"一些妇女给自己的新自由搞得兴奋过了头,三四年当中结了三四次婚。为保持军队士气起见,又加了一条特别规定,红军士兵的妻子只有征得丈夫的同意才允许申请离婚。① 但共产党的核心力量即那些来自最贫苦家庭的年轻人,原先在旧制度下多少年也没钱买一个老婆,假如果有其事,就会很高兴这种新的安排的,如同多数农民妇女那样。毛本人将此视为他的最傲人的成就之一。"这种民主的婚姻制度,"他断言道,"业已冲破了数千年束缚人类尤其是妇女的枷锁,建立了包含人性在内的(婚姻)新形式。"②

正当毛全力应付土地改革和其肩负的其他政府责任时,他在政治上却处于黄昏期,没有实权,但也不是完全处于炼狱。1933 年早春,周恩来和朱德无视中央"坚决进攻路线",以相当类似于毛一直坚持的那套战略,挫败了蒋介石的第四次军事围剿。蒋的一些顶尖师遭受重创,红军俘虏了一万多人。3 月份,在离开医院数星期后,受到鼓舞的毛试图恢复一个小小的军事顾问角色和中央政治局后方指挥部的一员,博古立即予以制止。

三个月后,毛请求中央政治局重新考虑宁都会议上采取的、将他从军事指挥链上挪开的决定,声称那是不公正的。博古反击说,那个决定一直是完全正确的,要不是有那个决定,就根本不会取得第四次反围剿的胜利。

是年秋,毛的位置有了某种改善,这是由于他在土地调查运动中的作用,再次赋予他以突出成就,并且反对"罗明路线"运动的势头也削弱了不少。9月,在蒋介石的第五次军事围剿开始后不久,他和朱德卷入了与驻扎在福建的国民党十九路军的谈判,该军首长们由于蒋介石拒绝采取有效行动抵抗在东北的日本人而心怀怨忿。10 月,双方达成了停战协定,并在十九路军司令部内建立了一个秘密的共产党联络处。四星期以后,福建领导人宣布脱离蒋的

---

① 施拉姆:《毛通向权力之路》第 4 卷,第 715 页(1934 年 1 月 27 日)。也可参见《中国工农红军优待条例》1931 年 11 月,第 18 条(施拉姆:《毛通向权力之路》第 4 卷,第 785 页);和 1934 年 4 月 8 日颁布的修订后的婚姻法(施拉姆:《毛通向权力之路》第 4 卷,第 958—960 页)。

② 施拉姆:《毛通向权力之路》第 4 卷,第 698 页。

南京政府而独立,并成立一个人民革命政府。

　　这对红军来说本来会是而且也应该是一个天赐良机。那年夏天博古坚持要发动一次试图向北扩大苏维埃根据地的劳师远袭的战役,最终彻底失败。同时,蒋还集结了 50 万新组建的军队,包括他的很多精锐师团,以及 30 万辅助部队。朱的军队被击溃,士气消沉,疲惫不堪,已无力对抗国民党的猛攻。瑞金北面 190 公里靠近福建省界的黎川城是根据地北大门的屏障,不久告陷,朱试图夺回,未果,并再遭重创。

　　这样,到 11 月,当蒋被迫撤回部分主力部队以对付福建起义的威胁时,似乎共产党在关键时刻获救了。

　　然而,党的领导人怀疑其新盟友的动机和许诺。即便是经历了整个江西斗争阶段的毛,曾经敦促他的同事们研究各路军阀之间的差别,但在应给予起义军多大支持的问题上也心存戒心。其结果是,共产党人徘徊不前,而蒋却在 12 月底对福建发动迅雷不及掩耳的全面进攻,大出其对手的预料。及至红军确实开始给十九路军提供有限的支援时,后者已经被击垮了。国民党又能回师反击,执行他们军事围剿的主要任务了。[①]

　　在福建远征提供的两个月的喘息期间,中央委员会举行了业已推迟了很久的第五次全会,会议再次凸显出了毛的两难处境。他被选为政治局正式委员,这是近十年前在党的初创时期他曾拥有的一个职务[②]。鉴于他作为"国家元首"的地位及来自莫斯科的支持,这一提升是极难予以否决的。但他在那一职务序列中排名第 11,即最后一位。在整个四天的会议中,博古和其他领导

---

① 施拉姆:《毛通向权力之路》第 4 卷,第 75—84 页。如果毛如同贺子珍在回忆录中所说的(王行娟:《贺子珍的路》,第 176—177 页)和他本人两年半以后对埃德加·斯诺所说的(《红星照耀中国》,第411—412 页)那样愿意同十九路军进行军事上的合作的话,那么这就应当与他在福建事变前后试图利用蒋介石和其他军阀之间的矛盾(《毛泽东年谱(1898—1949)》上卷,第 426 页)的所作所为是一致的。但毛的观点在党的会议上并没有引起人们的重视。博古反对向福建的叛乱者提供军事上的支持(塞茨编:《中国共产党掌权:文献和分析》,第 612—613 页),一年后他下台时也因此受到了批评(同上,第 642 页)。其他的领导人也有意见分歧。李德坚持认为"与其进行强有力的行动,不如用一个来月的时间[同他们]进行讨论"(《中国纪事》,第 61—66 页)。也可参见弗里德里克·里顿:《中国共产党与福建叛乱》,载于《共和中国》第 14 卷,第 1 期(1988 年 11 月)。

② 从 1923 年 6 月至 1924 年底,在党的中央委员会政治局最初得名时,他是该机构的五名成员之一。1927 年 5 月他作为中央候补委员又重返领导层,是年 8 月至 11 月又成为政治局候补委员。1928年 6 月他再次被选为中央正式委员,一个他自此持续保留了 58 年之久的位置。1930 年 9 月在三中全会上,他作为一名候补委员重回政治局。从 1931 年夏在向忠发被逮捕并被处决时起,直到五中全会的召集,政治局停止发挥作用(尽管令人不解的是,其成员仍保留政治局职务),它为临时中央所取代,其领导人博古和张闻天不是政治局委员。1933 年春,他们接管了根据地中央局,后者一直存在到 1934 年 1 月政治局正式重新组建之时。

人批评了他的"右倾机会主义观点",结束时宣布张闻天接替他为政府首脑,只给他留下共和国主席的挂名元首一职。

毛拒绝出席会议,以表示对这些的轻蔑态度,此事发生于 1934 年 1 月,但是以生病为借口——博古讥讽地评论说,这是毛的"外交失调症"之一——尽管健康状况不佳,却并未阻止毛主持数日后的根据地第二次全国大会,他在会上的一次讲话持续了九小时。

以后毛评价说,五中全会标志着留苏学生们的"左倾路线"达到了顶峰。被采纳为全会政治决议的博古的报告,相当重视政治风向。他宣布说,全国性起义的必备条件,一个"直接的革命形势"已经存在于中国,而且,"革命斗争的火焰即将燃遍整个国家"。再也没有比这更荒诞的说法了。甚至就在博古说这话时,蒋介石的军队就要重新开始其残酷无情的南进计划了。在第五次围剿中国民党采用的"步步为营策略",与早先的几次战役相当不一样。这一次,他们建立了好多长溜儿的石头城堡,带有开了钝锯齿形垛口的雉堞墙,墙体有5 米来厚,像是中世纪欧洲的瞭望楼。每一座楼可以屯兵一个连,相距常常只有 1 公里半左右,相互之间以新建的道路相连接。这些如共产党所称的"乌龟壳",沿着根据地北侧和西侧,在一条大圆弧上伸展开去。随着国民党军队一寸一寸地逼近,地方军队便在其后方巩固其控制,而先头部队在旧的炮楼线前方数公里处再建一条新的炮楼线。蒋的德国军事顾问确保这一战略以日耳曼人所特有的一丝不苟的精神得到执行。是役进行的那一年中,国民党人建立了 1.4 万座炮楼,将红军及其所保护的人口围进一个日益缩小的圈子中。

共产党人也有一个德国顾问。共产国际派来的李德,1933 年 9 月底从上海到达根据地。他在莫斯科的弗朗茨军事学院学习了三年的常规战争。但是他所提出的名为"短促出击"的策略,即当国民党部队一离开炮楼向前推进,就给予所谓的闪电式袭击,被证明是彻底的失败。它难以逃脱这种厄运:蒋在迫使共产党战斗,用他的话说,打一场阵地的消耗战,而他的军队有超过对手10∶1 的数量优势,在这一前提基础上,红军的任何策略都必遭失败。毛在1934 年至少两次提出过替代办法,即全部红军向北或向西突围,在炮楼区外围,在更适合机动灵活的红军作战风格的地带如浙江或湖南作战。① 假定国

---

① 1934 年 1 月提出到浙江(王行娟:《贺子珍的路》,第 177 页;《毛泽东选集》第 1 卷,第 247—248 页);1934 年 7 月提出到湖南(《毛泽东年谱(1898—1949)》上卷,第 432 页;《毛泽东选集》第 1 卷,第 248 页)。

民党有着压倒优势,从长远来说,这一策略是否会取得稍好的成果尚待讨论,因为他的提议还没有试验过。博古和李德不仅拒纳毛的主张,而且拒绝一切"逃跑主义"和失败主义的类似建议。[1]

军事压力增强着,政治偏执狂病也继续着。在军队里,安全官员带着行刑班进入战场"监督"战斗。一名25岁的团长耿飙,回忆起在他的部队失去对一块关键阵地的控制时所发生的一切:

> 那时"左"倾战线还占统治地位,谁在作战时弯一下腰,也要被认为是"动摇"而受到审查,轻则撤职,重则杀头……在战场上,尤其是战斗失利的时候,保卫局找上门来,大半是不妙的……果然,罗瑞卿同志来到我的面前,用驳壳枪点着我的脑袋,大声问:"西城,格老子怎样搞的? 为什么丢了阵地?"(西城是耿所在团的代号。)[2]

耿很幸运。允许他继续战斗,还存活下来,多年后成为中国驻阿尔巴尼亚大使。另一些人就没有这么幸运了。这与毛七年前在井冈山上宣布的完全出于自愿的建军原则相距何远哉!

平民的遭遇就更凄惨了。毛的土改原则被放弃了,还发动了一场红色恐怖运动[3],成百上千的地主、富农被屠杀。还有成千上万的人逃到白区避难。1934年4月,在瑞金以北约100公里的广昌,红军还经受了另一场灾难的打击:随军事包围而至的经济封锁;新入伍的农民士兵成群结队地开小差;随着崩溃迹象的成倍增加,由秘密帮会成员和宗族成员对共产主义事业的敌对情绪而造成的传闻的或真实的各种蓄意破坏行为,给"搜查反革命分子"的新努力火上浇油,直至整个根据地都涤荡在呈恶性螺旋形上升的仇恨与敌意之中。

广昌溃败后不久,大概就在5月初,博古和周恩来认识到,根据地或许必须放弃。[4] 这一情况也通知了共产国际。博古、周恩来和李德组成了一个处

---

[1] 共产国际在上海的资深顾问曼弗瑞德·施特恩提出了一个向赣西北突围的建议(李德:《中国纪事》,第63—64页);彭德怀则想向浙江进发(《彭德怀自述》,第344—345页)。

[2] 《耿飙回忆录》,北京,当代中国出版社1994年版,第205—207页。

[3] 见张闻天1934年3月20日和6月28日发布的指示,收入萧作梁:《1930—1934年中国的土地革命:文献研究》,第282—290页。

[4] 撤离根据地的决定是"中共中央书记处"在5月作出的(《毛泽东年谱(1898—1949)》上卷,第428页)。参与作出这个决定的人包括:博古(党务)、张闻天(政府)、周恩来(军事)。但显然张没有参加最初的讨论(本顿:《山火:红军在华南的三年战争(1934—1938)》,第13—14、524页、注释51)。

理突发事件的"三人团"。

毛对此事一无所知。整个夏天政治局完全受着蒙蔽。他压根儿就不想参与到他既无法施加影响又根本不能认同的决策中去。五中全会后,他停止参加中革军委会议,并把5月和6月用到对根据地南部各县的一次考察中去,尽可能地远离真实战斗正在发生的地方。7月末,当国民党的空袭迫使党组织撤离沙洲坝时,他和贺子珍搬到云石山一座环抱在青松秀竹之中的孤寂的道教寺观中。向西数公里之外是一片风化岩石形成的奇观。政治局和军委就驻扎在离此不远的另一个小村中,但他尽量少与他们接触。他想"跳出圈外",他也确实做到了。

然而,还是有着力量对比正在发生变化的种种迹象。

那年秋天,毛的政治失意开始影响到他的健康。傅连暲大夫,一位受过教会教育的内科医生,主持着红军简陋的医疗服务工作,对他的健康给予充分的关注,指导他进行一项长期的按部就班的治疗。9月在于都,他的病发展成为一种高烧,接连许多天处于摄氏40多度高温的半昏迷状态中。傅大夫骑马赶了90多公里的路程过来,确诊他为脑疟疾,还给他服用了几次大剂量的咖啡碱与奎宁。

嘱咐傅大夫上于都来的人就是张闻天,毛的政府首脑的继任者和博古以往的亲密盟友。在广昌溃败之后,他和博古在李德的军事策略上发生了严重的争执,张说那种策略根本不顾地形或力量悬殊的因素。博古反击说,他觉得自己好像正与一个孟什维克在说话。在以后的四个月中,由于共产党的力量分散在六条战线上,在一场日渐疲劳的消耗战中流血牺牲,而博古却提出"不让敌人蹂躏一寸苏区土地!"的口号。张的不满更加深了。毛在云石山时,张是唯一探望过他的高级领导人。张不再掩饰由于博古的教条主义与缺乏经验而受挫的情绪。

此时,由于体内迫击炮弹碎片所造成的持续痛苦,因而所到之处都是躺在担架上的王稼祥,也成为一位对毛的际遇深表同情的政治局委员。起初博古曾指示说,这三个人在红军"战略转移"(这是即将到来的行动的委婉说法)中应派往不同的单位,但由于不明的原因他随后又变得宽容了些,让他们一起上路了。这是将让博古付出沉重代价的一个政治失误。

但张和王基本上还是小角色。毛真正需要争取的人是周恩来。在广昌那场灾难性的战役中,周被排挤到一边,博古本人接任了总政治委员。从那时起,毛勤奋攻读以充实提高自己。6月在南部各县调查期间,他曾给周写了一封信,仔细列举了根据地南部的福建沿线的军事形势。是秋,他撰写了一本论游击战争的小册子,周安排作为军委指导材料印发下去。批准毛 9 月去于都的请求的人就是周。毛在那里起草了一份有关那些地区的治安报告,红军集结向西移动时,那里将作为主要活动区域。但周是一位慎之又慎的人。有一次他试图维护毛,结果却引火烧身。既然博古有着共产国际的支持,他不打算贸然发动一场挑战。

那时候,毛在他的警卫们的陪同下,于 1934 年 10 月 18 日星期四近傍晚时分,从于都(贡江)城的西门出发,向东走了约一小时的路程来到贡江上的渡口,一切都还有待于争取。

七年战争后,他们中的三人成为中华苏维埃共和国的国家元首,他的前途依然未卜。他个人的全部家当不过是两床被子、一条棉床单、一块油布、一件大衣、一把破伞和一捆书。随着暮色的降临,他借手电光渡过了江,他带着什么样复杂的心情离开了根据地,只有任凭人们去想象了。一支由小船组成的船队在缓慢流淌的宽阔泥泞的江水上来来往往,运送撤离人员。但全部四万多人的部队和与此数目大致相同的军官与挑夫,要平安地渡到江对岸,还需要三天时间。又一次怀孕了的贺子珍参加了疗养队,早先就离开了瑞金。疗养队约有二十来名妇女,只有高级领导人的妻子才准许加入。为了陪伴毛,她横下心把他们此时大约两岁的小名叫小毛的儿子,送给了他的老奶娘照管。在共产党撤离后席卷该地区的毁灭性风暴中,为了安全,奶娘又将小毛转给了另一户人家。到那一家后他的一切线索都断了。1949 年后,曾发动了一次彻底的搜索,但再也没有发现小毛。

第十章

寻觅苍龙:北上长征

正当红军一路行军打仗,横扫距离欧洲半个世界之遥的南部中国的时候,世界帝国主义列强的角逐场上,从人战的杀戮中冒出来的恐怖势力,在1934年的那个忧郁的秋天,正以一种对于权力的兽性追求,在公然地制造事端。要不了多久,在一种与以往完全不同的规模上的人类大劫难就要燃起火苗来了。

在距慕尼黑一小时车程的巴德维希温泉场,德国总理阿道夫·希特勒选择了6月30日黎明前的几小时,发动了对褐衫党冲锋队的血腥清洗。后者曾协助他攫取了权力,但从此以后就成为了他的绊脚石,可能是最后一块绊脚石,希特勒此举就是为了统一纳粹党,统一全国,使之紧跟元首及其思想。从那一夜播下的大屠杀的种子中长出来的纳粹灭绝营之果,使得600万之多的犹太人、吉卜赛人、同性恋者、共产党人及其他"不良分子"遭到屠杀。五个月后,斯大林也依样画葫芦。在12月1日的下午,一名单身的暗杀者进入了列宁格勒市共产党地区总部,射杀了斯大林的公认的也是过于知名的竞争对手——塞尔吉·基洛夫。这是大清洗的信号,在接下来的五年里燃起的一场血腥清洗的大火中,剿灭了数目超过100万的布尔什维克、托洛茨基分子、布哈林主义者、红军指挥员、党的官员、秘密警察以及真正的和假想的反对派,包括各个政治类型,还把十倍于斯数的人送往劳工营,很多人在那里死去了。与那样的行事规模相比,四年前江西反对"AB团"的运动,不过是远在天边的一场血腥大餐前的开胃小饮而已。

但1934年的那次事件毕竟是值得回味的,更大规模屠杀的地狱机器,又触发在一块更为遥远的土地上了。12月5日,埃塞俄比亚人与意属索马里的军队,为争夺乌干达沙漠上一小块绿洲中一片名叫瓦尔-瓦尔水源的地区,终于兵戎相见了。六天后,就在毛和他的同志们在通道城的那次灾难性的会议上相见,并铺平了他重返权力的道路之时,墨索里尼发出了要求赔偿的最后通牒。如同世人所知道的,瓦尔-瓦尔事件成为意大利入侵阿比西尼亚的借口,并进而导致将意大利、德国与日本联系起来的轴心国的建立,给国联的棺材钉上了最后一枚铁钉,而国联却正是十年前为防止类似危机逐步升级导致战争而创立的。

无论是中国的和莫斯科的共产党人,还是帝国主义列强本身,都未能清楚地预见这些转变导向何方。但日本对中国东北的占领,虽得到其他列强的默许,却使俄国感到受威胁。1905 年它曾在那里败于日本,1918 年以后日本军队对西伯利亚的大劫掠使他们至今仍记忆犹新。他们宣布说,主要的危险,不是帝国主义阵营的内部矛盾导致一场新的世界大战,而是列强会在日本的领导下发动一场针对苏联的帝国主义战争。共产国际的口号就是:"保卫苏联!"博古和李立三竭尽忠诚地予以响应。共产党人已经认识到,创建一个"自下而上的统一战线",世界共产主义运动就将动员起非共产主义者对反帝反日斗争的支持,而不复将与资产阶级政党正式结盟视为不可救药的妥协。

在根据地以外的世界里,西方民主国家对德、日、意的绥靖政策在继续着,原则已为恐惧和贪婪所压倒并被可怕地歪曲了。正是出于这样一种潜在的政治现实,此时一切都已昭然若揭了:共产主义俄国与纳粹德国签署了一项互不侵犯条约。

在瑞金,一切都再简单不过。在此后的五年中,党对白区的宣传主要是宣扬共产党人会打日本,但蒋不会。毛写道,国民党扮演的是"帝国主义最忠顺的走狗",以"可耻的不抵抗主义"出卖中国的民族利益。只要蒋一伙继续在台上,反对日本就不可能,因此,一切爱国者的首要任务是推翻国民党的统治。1932 年 4 月,中华苏维埃共和国发表一项反对东京政府的正式声明,号召组成"抗日义勇军"。毛与朱德提出,愿同任何同意停止与共产党的内战转而抗日的国民党军官达成协议。1934 年 8 月,红军的几支部队突围出根据地到浙江搞一次牵制活动时,党将他们描述为一支"抗日先遣队"正要北上去抗击侵略者。

在中国知识界,这些举动颇受注目。日本的侵略丝毫未受责罚是一种奇耻大辱。蒋介石无论怎样争辩说,他必须首先对付共产党,都已经失去了保卫国家的荣耀。

另一方面,蒋执掌政权,共产党却不掌权。由于他们冲出了江西,他们从报纸的标题中消失了,沦落到只是别处大事的一条脚注的地位,他们的团结起来对抗日本威胁的号召也似乎越来越无关紧要了。蒋的喉舌写道:"中国的共产主义正在灭亡。"①通商口岸的新闻界也表示同意,"如果政府继续沿用在江西采用的战线完成围剿,"上海的《中国周报》得出结论,"一切都将不过是寻常的盗匪活动而已。"②

只有日本的记者们采取一种较为忧郁的看法,他们认为,共产党人将会从辽远内陆的安全屏障内形成比他们在沿海所曾形成的更为可怕的挑战。当然,日本人自有其打算,使得国民党对中国的控制变得更脆弱的任何事物,都会宽慰日本人的狼子野心。然而,即便出于错误的原因,日本人对共产党的判断还是对的,恰如共产党将证明他们对于日本人的判断也是对的一样。

1935年1月,红军逗留在遵义,由于毛的同僚们认识到,毛一直是对的,而他们每一个人(尤其是博古、周恩来和李德)一直都是错的,因而他首次在党的领导中取得优势的地位。要不是根据地的陷落,要是博古办事更加牢靠与更愿听取忠告,要不是红军在渡过湘江时遭受到如此的重创,要是李德不只是一个听话的摆设,毛的机会可能还不会到来。一切别的指望都已破灭,他们只得转向他。

不像早先多次蒙羞受辱的那样,毛发现自己几乎能一夜之间东山再起,这次,他政治生涯的黯然失色是局部的,何时能重返也同样迷雾重重。他还保留着现已放弃了的中华苏维埃共和国主席这一头衔。他的位置的唯一变化只是他进入政治局常委的提升,还有他的作为周恩来的主要军事助手的任命(两年前在宁都会议上周曾试图为他取得这一角色未果)。还有第二个也是更加重要的区别:这一回他所竞争的不是一个从属的位置,如一支军队的政治委员或一块边区的书记之类,此时已届41岁的他,瞄准的是最高位置。

如果通道城是第一步,1935年春随之而来的遵义会议,就是一场权力征服中的第一个舞台,毛有着良好的直觉,认识到只能慢慢地去实现这个目标。在常务委员与党的领袖之间横亘着一条政治鸿沟,旁人都曾试图跨越而未果。在遵义与共产党人的最后目标——中国大西北之间,还有一场殊死的军事行动,他们中谁都没有必胜的把握。

到了遵义,红军从三个月前出发时的8.6万人下降到3万人。一年多来还没有取得一次重要的胜利。它之所以最终存活下来,倒不是因为它本身的卓越军事能力,而是得益于沿途军阀们自我保护的本能,他们宁可待在一边放

---

① 唐良礼:《镇压共党》,第5页。
② 《中国周报》,1935年2月16日,第381页。

共产党过去,也不肯为了他们名义上的盟友和实质上的对手蒋介石,去拿自己的实力冒险。

因此,毛的第一个任务就是尽力去恢复士气。

结果证明,做到这一点比他想象的要难得多。遵义会议结束得很突然,因为军事指挥员们不得不赶回自己的部队去,避开从南面来犯的军阀部队的锋芒。接下来的五个星期当中,红军又蒙受了一系列的令人沮丧的失败。渡过长江上游地区的金沙江,在四川建立一块新的根据地的企图几乎演变成规模与湘江失败相仿的一场大灾难。部队落入由川黔两省军阀联合设置的一个埋伏圈。到红军突围出去时,它又损失了 3000 人。

伴随红军的撤退以及军阀军队的穷追不舍,令贺子珍感到害怕的时刻又来临了。她就要生产第四个小孩。她们停留在一间废弃的小茅屋里,在一直抬着她的担架上生下孩子。婴儿是个女孩,被留在附近的一个农家。知道这次的分别会是永诀,她甚至没给孩子取个名。[①]

最终,在 2 月初,共产党的运气转变了。娄山关一役使他们重占遵义,俘获 3000 人,击溃蒋的高级将领之一率领的两个国民党师。毛的信念,以及狂喜的心境,完全表达在他最心爱的一首词《忆秦娥·娄山关》中:

> 西风烈,长空雁叫霜晨月;霜晨月,马蹄声碎,喇叭声咽。
>
> 雄关漫道真如铁,而今迈步从头越;从头越,苍山如海,残阳如血。

是年春,红军又一次成为"朱毛军",朱德为总司令,毛为政治委员,还有一个由周、毛与其盟友王稼祥组成的新"三人团",后者此时仍躺在担架上,提供军事策略指导。红军又恢复了它的旧名称——红一方面军。[②] 正统的军事策略被搁置一边。接下来的两个月中,毛进行了一场令人眼花缭乱、目不暇接的机动战表演,穿梭于云贵两省之间,使追兵如坠五里雾中,蒋介石的谋士们茫然不知所措,连毛本人的将领们也感到大惑不解。红军四渡川黔两省之间的

---

① 在贺子珍的自述中,她把孩子出生时毛的所在地,同两个月后她受伤时毛的所在地这两个地方搞混了。1950 年,她曾回到这一地区徒劳地寻找他们的孩子(王行娟:《贺子珍的路》,第 199—200、206 页;索尔兹伯里:《长征》,第 151—153 页)。

② 1934 年 1 月,它再一次被命名为中央红军。到 1935 年 6 月,官方又使用了红一方面军的名称(《毛泽东年谱(1898—1949)》上卷,第 423、459—461 页)。

赤水,然后突然向南划了一道弧形,进至距贵州省会贵阳仅数公里的地域,蒋就在该地建立了司令部,随后又威胁西南方 600 多公里的云南省主要城市昆明,此举只是为了突然挥师北上,最后在 5 月初,最令人意料不到地跨过了长江上游。

毛本人将贵州的策略称作其军事生涯中最值得自豪的时刻。在上海,《中国周报》承认:"赤匪中颇多谋略之士,否认这一点再愚蠢不过。"① 一名国民党的警备司令一针见血地说:"他们牵着蒋介石的鼻子走。"②

蒋的发言人闪烁其词,试图遮掩政府的困窘。据宣布,朱德已被击毙;手下人守着他裹在红绸缎中的尸体;"著名匪渠毛泽东"重病染身,被人抬在担架上;"赤匪残部"已被击溃。但其实,红军已经摆脱了控制,安全扎营于长江以北约 50 多公里的会理县城的城墙之外。水流湍急,按常理每一条船时速必须达到一百五六十公里才能达到长江北岸,蒋的云南部队既无手段亦无愿望去追击敌军。

在会理,在一次扩大的政治局会议上,毛斥责了那些怀疑他的人。林彪及其政委聂荣臻抱怨说,毛的曲线行军只是漫无目的地折腾他们的军队,曾提议由彭德怀接替军事行动的指挥权;彭本人则一直醉心于一次战斗,非常乐意于接受这一主张;刘少奇和杨尚昆曾提议说,红军应该停止徘徊不前,尝试建立一块固定的根据地;其他人则作壁上观。最年轻的林彪年仅 27 岁,被训斥一番了事。"你是个娃娃!"毛对他说,"你懂得什么?"彭如同往常一样,受到的斥责最多,还作了一番轻微的自责。但是,在毛大获全胜之时,他还能够表现出豁达大度。毛在会理的目标,就是要统一全党,将军事领导权集于己身,以做即将到来的拼死一搏。而作为另一方则不得不认识到,毛再一次被证明了他是对的,而他们则又一次被证明了是错的。

运动战不会没有代价。红军现时人数不足 2 万。毛又从众人感到孤立无助的形势下解救了他们。会理之后,军团指挥员们和随同一方面军一起的党的领导人,就再也不会向毛的战略判断,或者他的领导权发起挑战了。

然而,红军应向何方去的难题尚在。随着"西进"变成"长征",放弃了一个

① 《中国周报》1935 年 4 月 13 日,第 220 页。在承认了这一点之后,《中国周报》进而预言,毛在做出了佯装往西走的动作后,现在一定该往东走了。蒋介石也得出了同样的结论。毛的做法当然是正好相反。

② 《中国周报》,1935 年 4 月 13 日,第 214—215 页;4 月 20 日,第 247 页;4 月 27 日,第 283—284 页;5 月 4 日,第 318 页;5 月 18 日,第 385 页。

目标之后就会产生另一个目标。政治局的计划是与湘西北的贺龙部建立联系,还是围绕遵义建立一块新苏区,还是在云贵川交界地区和川南及现时的川西南建立一块苏区,众说纷纭,见仁见智。士兵们和军官们,要求他们的领袖们让他们了解去向何处。在会理,终于取得了一个明晰的决定。他们要北上,去和张国焘的第四方面军会合,三年前张国焘他们从鄂豫皖出发,现已在川北扎下了根。

在这一过程中,他们将表演出勇气与耐力的绝唱,史诗也由此而创作,并编织出不可战胜的与英雄主义的色彩浓郁的神话,国民党反对派要使之打破的努力只会是徒劳无功。

5月中离开会理之后,毛的军队从南部的亚热带平原登上不低于 2000 米的起伏不平的高原乡村,山坡上绽放着藏红花、粉色与黄色的夹竹桃、品种各异的杜鹃花,还有别的一些异国情调的植物,它们是 19 世纪的野生植物采集者从喜马拉雅山区带回到优雅的英国乡村种植园去的那些种类。这是彝族人的地盘,他们是中缅边境两边的山区部落,还发动过一场反对从平原来的汉族定居者蚕食行为的旷日持久的战争。在战场上失明的红军参谋长刘伯承,绰号"独眼龙",就是在这一地区长大成人的。他与彝人酋长用公鸡血歃血为盟,建立兄弟情谊,红军获准安全通过。即使有了这样的保障,彝族部落中的人还是瞄准红军的掉队者,抢走他们的武器衣物,并丢下他们去挨饿。

摆脱重重困难,红军直奔向北面约 100 公里的大渡河而去。70 年前,太平军的翼王石达开就曾在那里落入清朝总督的军事包围之中,最终投降了。翼王被处以分尸的刑法,他的 4 万军队惨遭屠戮。接连几天江水流淌着殷红的血迹。像毛一样,蒋也熟悉这一段历史:他下令给四川的将领们,让他们赶赴渡口,确保那里的防务,以使共产党军队在右岸陷入包围圈之中。

其时,红军已经到达安顺场的一个渡口。但此时江水猛涨,只有三条小船,仅够先头小分队渡河。毛命令一位团政委杨成武赶赴上游约 160 公里的泸定,那里的河上悬吊着一座古老的铁索桥。

泸定位于从西藏首府拉萨向北京进贡礼品的古老的路线上。但从安顺场到那里没有路,连小道也没有。杨的部队在狭窄的岩石小径上穿越,以后他曾写道,"山间小径曲折有如羊肠",而河水却在脚下数十丈深处汹涌奔流。行进十分迟缓,途中还不得不停下来与守卫在一座高高关口上的敌军大队交火。而当下起雨时,泥泞的道路"滑得像油",杨回忆说,大部分时间里都有浓雾。第二天凌晨 5 时在他们扎营后,一名信使从军委急急赶到那里。据他报告,对岸的国民党军队正火速向北行进。他们必须在24小时内,在无路可走的山梁上,再走上130公里赶赴泸定桥。

他们以惊人的毅力急行军到达那里,战斗打响了,烙进整整一代中国人意识中的英雄传说由此而产生。以后,它被公正地称作"长征中关系最重大的一个事件"。失败将意味着红军的覆灭。

杨成武部第二天黎明到达泸定。

这是一座单跨度的、两端开阔并杂乱地铺着桥板、由13根粗铁索组成的悬桥,长度达到110米。正如早先的一位旅行家所说的那样,它是将中国内地与高原亚洲连接起来的"人类之独创性的纤细蛛网"。在桥的西侧,国民党将领下令搬走了木板,只留下赤裸的铁索摇曳不定。东岸就是小镇的镇门,还有一道七八米高的石墙,上面安置了俯视着桥头的几挺机枪。用杨本人的话来描述就是,"我们被需要克服的困难吓了一大跳"。

22位战士志愿去攻击。一年以后,埃德加·斯诺在听了幸存者们叙述的故事后作出了经典的描述:

> 他们身上背了毛瑟枪和手榴弹,马上就爬到沸腾的河流上去了,紧紧地抓住了铁索一步一抓地前进。红军机枪向敌军碉堡开火,子弹都飞进在桥头堡上。敌军也以机枪回报,狙击手向着在河流上空摇晃地向他们慢慢爬行前进的红军射击。第一个战士中了弹,掉到了下面的急流中,接着又有第二个,第三个……四川军队大概从来没有见过这样的战士——这些人当兵不只是为了有个饭碗,这些青年为了胜利而甘于送命。他们是人,是疯子,还是神?迷信的四川军队这样嘀咕……终于有一个红军战士爬上了桥板,拉开一个手榴弹,向敌人碉堡投去,一掷中的。军官这时急忙下令拆毁剩下的桥板,但是已经迟了……敌人把煤油倒在桥板上,开始烧了起来……这时便有更多的红军蜂拥爬上了铁索,赶来扑灭了火焰,铺上了新板……在他们头顶上空,蒋介石的飞机无可奈何地怒吼着……

现实与斯诺创造的神话只是略有差异,并稍稍有点乏味而已。[1] 突击部

---

[1] 李德也写到了这些"双手交替",从铁链上摇摆着前行的人。斯诺和李德依据的都是第二手资料。当时在场的杨成武说,这些人是"顺着铁链爬过去的"(《回顾长征》,第98页)。

队并不是"爬到……铁索一步一抓地前进";他们是从桥的左右两侧沿着铁索像蟹似地爬行,同时第二组人在桥上铺一层临时凑成的木板,跟随前进。但是,无论采用什么手段,他们渡了过去,这就是奇迹。历史从不重演。太平军倒下的地方,共产党却挣脱了。到 6 月初,红军安全抵达东岸。蒋介石将他们困在深山里的努力化为泡影。

领导层随即开会讨论下一步去向何方。

泸定城坐落在喜马拉雅山东部边缘,向南约 50 公里就是海拔近 8000 米的贡嘎山,小城就在它冰雪皑皑的宽大荫翳之下。对外最便捷的道路,是向东去的平原地区,但却不能考虑,因为太靠近国民党军队集中的地域。另一个可能是溯大渡河向西北,最终把他们带到青海甘肃边区。问题在于,那里是大片充满敌意的乡村地区,藏族人口稠密,对汉军一点也不友好。

毛选择了第三条路,越过一列 4000 多米海拔的夹金山脉的隘口去东北方。开始就很糟糕。在延伸的丘陵地带,国民党飞机盯上毛与其他政治局委员在内的行进队列狂轰滥炸。领导人一个没事,但毛的一名警卫被打死了。从那时起,事情变得越来越糟。李德回忆说:

> 顺着崎岖的小道爬上山,大山把海拔 3000 米的西藏高原同中国的腹地分开。我们还得蹚过急流,穿过茂密的原始森林和深浅莫测的沼泽……虽然已是夏天,但气温几乎没有超过 10 摄氏度,夜间几乎降到冰点。由彝族和藏族组成的稀少的少数民族居民,按中国的传统说法又称蛮子(野蛮人)……处于一种对他们的喇嘛头人族长式的封建依附关系中,居民们在山林中埋伏以待,不时地袭击我军小股行军部队和掉队的战士。越来越多的人倒在行军路旁,其中有击毙的、冻死的和纯粹累死的。我们所有的人身上都长满了虱子,简直令人难以想象;最糟糕的是赤痢蔓延,伤寒病也开始出现了。[①]

对普通士兵来说,翻越雪山是整个长征中最艰苦的部分了。他们只穿着从南方带过来的草鞋和单衣。毛回忆起一个军团死掉了 2/3 的驮畜。它们倒下来,再也站不起来了。湖北省党的领导人董必武,爬雪山时与毛在一组,回忆起那些倒下去站不起来的战士:

---

① 李德:《中国纪事》,第 120 页。

浓雾环绕,大风凛冽,刚到半山,就下起雨来了。我们越爬越高。又撞上了让人担惊受怕的冰雹。空气越来越稀薄,呼吸越发困难。讲话是完全不可能的事,冷得人连呼气都冻了冰,手和嘴唇冻得发紫……那些坐下来休息喘喘气的,就在原地冻僵。筋疲力尽的政治工作人员用手势和拍打鼓动大家继续前进……

半夜时分,[我们]开始爬第二个山头。天下着大雨,后来又变成大雪,冷风像刀子一样吹打我们的身体……我们的人在这里一死就是好几百……沿路,我们不停地弯下腰去,想拉他们站起来,可是发现他们已经咽了气。①

对重伤号担架来说,连抬担架的人也感到寸步难行,伤员必须背在背上走。其中有一个就是贺子珍。在孩子出生两个月之后,有一次,她就在护卫着伤员们的疗养队里,这时一架国民党的飞机出现了。当敌机扫射时,她跑过去帮助一位受伤的军官躲避扫射,自己却被射中 14 处。有人告诉毛,她可能不在人世了。贺子珍却顽强地挺了过来。但留下了好几块弹片,其中头上还有一块,要想清除太危险了,她接连昏迷了好几天,濒于死亡的边缘。

毛采取走偏远路线的决定结果证明是英明的。6 月 12 日,当一方面军的突击队到达对面的山谷时,在懋功县达维镇他们碰上了张国焘四方面军的一支先头部队。起初,他们都把对方当做军阀部队并交起火来,随即都辨别出对方的军号声。两支部队都没有对方可靠位置的信息。②

毛、朱德和司令部参谋班子五天后到达,举行了一个火炬接力赛以庆祝两部的会师。③ 他们跳起了当地的舞蹈,还演出了剧目。当时是一名团政委、以后成为中国国家主席的杨尚昆的 24 岁的漂亮妻子李伯钊,教会大家跳俄罗斯

---

① 引自史沫特莱:《伟大的道路》,第 325—326 页。
② 《毛泽东年谱(1898—1949)》上卷,第 458 页;杨炳章:《从革命到政治》,第 140 页。根据李德的说法,当毛到达夹金山南麓的天全时,他首先听到的是四方面军的方位尚未确认的报告。张国焘就更不知道一方面军的动向了(张国焘:《中国共产党的崛起》第 2 卷,第 372—373 页;索尔兹伯里:《长征》,第 232—233、239—240 页)。
③ 以下从 1935 年 6 月至 9 月间所有关于一、四方面军会合及随后又分开的资料,主要依据的是:《毛泽东年谱(1898—1949)》上卷,第 458—474 页;张国焘:《中国共产党的崛起》第 2 卷,第 374—428 页;李德:《中国纪事》,第 129—139 页;《聂荣臻回忆录》,多处;杨炳章:《从革命到政治》,第 129—161 页;金冲及《毛泽东传》;索尔兹伯里:《长征》,第 240—282 页。他们所引用的一些主要的参考资料,也都在其后面标出。

水手舞雅巴奇卡,这是她在莫斯科留学时学会的。毛作了演讲,部队用四方面军从当地地主家没收来的存粮会餐了一顿。以后几天,四方面军其余的指挥员陆续抵达,最后来的是张国焘本人。张比毛小四岁,身材魁梧健壮,在一支很大的骑兵护卫队的簇拥之下,身披风衣,骑着马过来了,毛和政治局其他成员等在道旁欢迎他。又举行了一次欢迎集会,是夜在两河口,一个比达维还小还穷的烘鸦片的小山村里,领导人们举行了兴奋的晚宴。在接连八个月的战斗之后,一方面军疲倦的士兵们对与张国焘的部队会合而欣喜若狂。他们终于能够好好休息一下,恢复已经耗竭的体力了。

毛和张却丝毫不敢懈怠。

这不是意识形态的或政治的问题,也不是他们对中国革命有什么不同的看法、喜爱用不同的方法闹革命的问题。这只是一个原始的权力问题。去年10月从于都与毛一道出发的8.6万人当中,还活着的已经不足1.5万人。①张国焘有三到四倍于此数的人马。毛的部下都穿着夏天的破烂衣裳,张的人马却穿着棉衣。毛的部下是疲惫至极的南方人,对寒冷的山区气候还不适应,缺少食品,甚至当他们有饭吃了,也不能很好地消化当地的用青稞面制作的西藏糌粑。张的部队全都是本土作战的四川人,丰衣足食,养精蓄锐。

如果党一直有一个组织合理的领导班子以及一套明白的指挥系统,这本来不会成为问题的。但在1935年时却不是这样。

遵义会议作出的决定尚存争议并有待解决,因为12位政治局正式委员中当时只有6位在场。已成为党的临时领袖的张闻天尚未经过中央委员会的正式选举,比他的前任博古的情况好不到哪里:两人都是最初在未顾及党的正式规则的情况下,在上海由一个紧急程序推举出来的。还有,在实际上,从5月的会理会议以来,一直是毛而不是张闻天,成为政治局的主导人物。

张国焘与毛在资历上是平起平坐的。他也是党的创建人之一。从1923年起,他也曾进进出出最高领导层。如果毛可以取得实质上的最高位,又有什么可以阻止张国焘这样一个几乎同样野心勃勃的人物依样行事呢?

---

① 现在,据中国官方的估计,在达维时毛有2万人;张有8万人(例如,见《中国共产党会议概要》,第156页)。显然这两个数字都被夸大了。张本人估计,四方面军的兵力只有4.5万人,一方面军的兵力有1万人(《中国共产党的崛起》第2卷,第379、382—383页)。如果李德所说的一方面军在会理时约有2万人的说法是正确的话,那它在两个月后人数一定会更少。在参考了现在所能看到的所有资料后,可以推算出一个最接近当时的人数的数字,即这两个方面军在达维时的总兵力大约为6万人。

在过去,此类事情的最高仲裁人一向都是共产国际。但在过去的八个月当中,共产国际一直保持着沉默。瑞金撤退的几天前,上海法租界的警察曾袭击中共一处情报所,还抓走了六名无线电短波通讯的谍报员。同莫斯科之间直接的无线电联系直到 1936 年夏才恢复。

从 6 月 12 日当两人得知两方面军队进行接触的那一刻起,他们已经开始了小心翼翼的对抗了。张对毛的军事指挥员们作了措辞谨慎的垂询。毛屏声静气地渲染了一番李德的作用,作为共产国际支持的一个证据。在两河口会晤前的十天当中,他们交换了一系列探讨性的电文,在毛的敦促下,政治局在电文中提议建立一个夹在岷江与嘉陵江之间的川甘陕边区的根据地,张却婉言拒绝;毛彬彬有礼地答复说:"请你再仔细考虑。"面对面时,两人都一概以恭敬的"老兄"称呼对方。但在谦恭的表面之下,相互算计却是野兽般的质朴简单。张决心以他压倒性的军事实力做全部赌注去逐猎政治权力。毛控制着政治局,能够阻止他。但代价几何?

在三天的谈话之后,6 月 26 日,在两河口的喇嘛寺庙里,在由周恩来主持的一次正式会议上,气氛达到高潮,寺庙的墙壁被供佛用的圣灯里的牦牛油熏得漆黑,一项妥协案被拼凑起来,张勉强同意了。如同毛早先提议的那样,红军主力向北以机动战的攻击方式进行战斗,以避免成为"瓮中之鳖",再次沦落为国民党在江西时曾经用过的具有破坏性效果的步步为营战略的牺牲品。张被任命为中革军委副主席,仅在朱德之下。但对于两个方面军指挥权统一的关键议题,大家都在原则上同意,留待今后付诸实施。

在纸面上,毛似乎占有优势,张接受了他的计划。然而,协议迅速被证明是一纸空文。当一方面军向毛儿盖,一个向北约 160 公里左右的小定居点进发,预备对松潘这个扼守甘肃的主要关口的要塞城镇发动一次攻击时,张的四方面军却拒绝跟随。于是再一次召开政治局会议。张接受了提供给他的周恩来的一个老职位,任自遵义以来一直空着的总政治委员。尽管如此,四方面军还是裹足不前。对松潘的袭击失败了。随着共产党势力迟缓地向北延伸,召开了更多的危机会议,提供了更多的让步条件,但却始终不够用。

双方的猜疑与愤恨都越来越浓。分歧的要点是红军下一步应向何方去(由此推论,谁有权作此决定)。毛继续鼓吹北上。张执意要向西去,或者向南。

为避免公开分裂起见,8 月初在藏村沙窝召开了一系列的会议,政治局最后同意,张的权力应该进一步加强。他与朱德执掌整个红军的全盘指挥权,而红军又兵分两路。左路军主要由四方面军部队组成,总司令部参谋部随同行进。毛和其余的政治局委员与小得多的混编一、四两个方面军部队组成的右路军一起行动,由张的副手徐向前率领。[①] 作为交换,张同意部队应当继续北进,越过大草地这一块危机四伏的大片沼泽和淖泥潭。从松潘失败后,这里成了他们希望到甘肃去的唯一可行的路线。

这些协议并非像表面上看起来的那样,而有可能是毛一方的一场赌博。最高控制权仍在政治局手中,而毛是主宰。从任何方面看,协议并未寻求一项永久的解决,而只是延缓了双方都知道必将来临的摊牌时日而已。

十天后,在毛儿盖张未出席的一次会议上,政治局常委发出指示,开始为可能发生起诉张的案例搜集证据,并通过(但不传达)一项中央决议,将张的西进即进入青海与宁夏南部的荒芜高原的提议,形容为"一个危险的退却方针"。决议还威胁性地添加了:"这个方针之政治来源是畏惧敌人、夸大敌人力量、失去对自己力量及胜利的信心的右倾机会主义。"[②]

新的协议似乎又会推迟一时。尽管中央严词厉色,而张又首鼠两端,两路军队还是开始向北沿着仅有的一条通道推进了约 80 公里。舞台缓缓地定格在毛多年以后所说的"我一生中最黑暗的那一刻"。[③]

草地是海拔 3300 米的一片巨大无边的盆地中(如同一位作家所说)的"一块内陆藻海"。它沿着一块宽广的马蹄形地带,绵延约 1.3 万平方公里,从西部喜马拉雅地区发源的黄河进入这里后再往北转向内蒙古。李德回忆:

> 在虚浮的草皮下面是黏滞的黑色泥潭,它无情地吞噬着踏破薄薄的干硬表皮或偏离狭窄小道的每一个人……我们把当地的牛马赶到前面,它们本能地寻找着最安全的道路……往往白天冷雨淅沥,夜间雨雪交加。四处没有房屋、没有树,几乎连一丛灌木也没有。我们蜷缩着坐在高出沼泽的小丘上睡觉……有的人早上就再也起不来了,他们在寒冷和疲惫中牺牲了,在 8 月中竟发生了这样的事! 我们

---

① 这个变化是 8 月 3 日在沙窝召开的军事委员会的会议上提出,并由 8 月 4 日至 6 日在那里召开的政治局会议批准的(《毛泽东年谱(1898—1949)》上卷,第 464—465 页;塞茨编:《中国共产党掌权:文献和分析》,第 677—685 页;《中国共产党会议概要》,第 164—167 页)。左路军大约有 4.5 万人,右路军大约有 1.5 万人。

② 《毛泽东年谱(1898—1949)》上卷,第 467 页,第 468 页;《中国共产党会议概要》,第 167—170 页。

③ 1960 年毛在北京接受埃德加·斯诺采访时的谈话(《红星照耀中国》[修订版],纽约,格鲁夫出版社 1969 年版,第 432 页)。

唯一的食物是储藏的谷粒，遇到好的时候，能有一块坚硬如石的肉干。沼泽中的水是不能饮用的，但还是有人喝了，因为没有木柴把水烧开消毒。赤痢和伤寒本来在西康已经渐渐减少，此时又蔓延开来。①

一些人由于身体不能吸收未经研磨的粗糙谷物而死去。后续的一些部队饿得发狂，从那些前面过去了的人的带血的排泄物中挑出尚未消化的谷物，尽可能地洗干净，再吃下去。在沿海喧闹的村庄中长大的、从南方平原上来的普通士兵，有一种要从那块地方吸吮出使人心寒的空旷寂寞并活下去的强烈愿望。以后成为中国外交部长、其时只是一名卫生员的姬鹏飞回忆道："每天早上，我们不得不点一下人数，看看还剩下多少人。我们发现有些人并没有死，他们的眼睛还睁着，可是他们爬不起来了……我们好容易才把他们扶起来，可他们又瘫倒在沼泽地里，默默地死去。"在穿过草地的过程中，红一方面军失去的人数同三个月前在大雪山一样多。毛的右路军先行穿越，用了六天时间从盆地南端的马尔康跨越沼泽地，到达北边 60 多公里的巴西。重新踏上干土后，红军果断地击溃了从东面翻山过来想阻拦他们去路的国民党的一个师，使之遭受数千人的伤亡。

到那时已经是 8 月底了。毛的军队停下休息，而张的左路军待在近 100 公里远的盆地西边，独自尝试越过沼泽地。但当他们到达黄河的一条支流渠时，发现它漫了洪水，于是他们决定折回去。张在一份烦躁的、怪孩子口气的无线电报里宣布这一决定，他指责毛造成了他们的困境，还命令两路军队都向南面进发，"茫茫草地，前进不能，坐待自毙，无向导结果痛苦如此……这次又强向班佑进，结果如此。再北进，不但时机已失，恐亦多阻碍。"②于是引发了一连串愤怒的无线电报大交换。政治局坚持起先的计划应受到尊重。张坚持说应该放弃。接着，到 9 月 8 日，他给随同一方面军一起的四方面军军官们下命令，让他们返回原先的部队。

政治局当晚开会。周恩来在沙窝染上了肝脓肿后有一个月不能工作，现在也坐在他的躺椅上参加了讨论。他们同意发一份电报，用最为和解的言辞恳求张再考虑考虑："目前红军行动处在最严重关头，需要我们慎重而又迅速

① 李德：《中国纪事》，第 136 页。
② 于吉楠：《张国焘和"我的回忆"》，成都，四川人民出版社 1982 年版，第 218 页。

地考虑与决定这个问题……务望兄等熟思审虑,立下决心……改道北进。"①

第二天早晨,张表现出了退却的态度。

但张的信息中有些东西显得不那么确定。从井冈山时代开始成为毛的老对手的牛脾气的彭德怀,从中嗅出了一丝陷阱的气息。他秘密地调动部队,在政治局总部周围形成一个保护屏障。他询问毛是否应该扣押四方面军干部以免受到袭击。毛思考了这个问题,但说了不。两小时后,总参谋长叶剑英截获了张的第二份秘密电报。他命令徐向前司令员和他的政委陈昌浩,两人都是四方面军的铁杆派,率右路军立即返回南方。电报的字里行间暗示说,如果有必要,他们应当使用武力攻击任何可能试图阻止他们的人。②

毛、博古、张闻天和周恩来,在彭德怀的一方面军指挥部碰头。他们同意此时除了自行其是外别无选择。林彪此时率部在东北方30多公里外的俄界,接到命令要他们原地待命,静观事态发展。

毛此后回忆说,那一夜是红军命悬一线的时刻。从离开于都以来所经历的那一年中,他们已经行军近8000公里,作战200多次,越过了一些世上最荒凉的地带。他的缺乏教育的农民军队所经历的艰难险阻,是任何其他现代军队无法挺得过来的。常规的军事科学认为,一个军事单位失去了1/4的人员也就丧失了战斗力。到脱离草地时为止,红军已经损失了它出发时人员数目的9/10以上。然而,就在这一切有望结束时,做出这一异乎寻常的牺牲后的值得怜悯的残部,竟然还要以一场血腥内乱的方式来完成自身的最后命运。

凌晨2时,彭的部队静悄悄地出发了。叶剑英和杨尚昆从徐的前线司令部偷跑出来与他们会合,随身带着一套地图。

他们的脱逃很快被发觉。陈昌浩激烈主张派部队追击。作为一名固执军人的徐拒绝了这一提议。相反,张的另一位支持者,名叫李特的急躁的留苏学生,率领一支骑兵卫队出发了,想去劝他们返回。当时站在毛一方的李德,走

---

① 《毛泽东年谱(1898—1949)》上卷,第470—471页。

② 第二封电报的全文一直没有公开过,这使一些历史学家联想到,也许这封电报仅仅是毛为了说服其他领导人不惜一切代价继续向北前进而虚构出来的(杨炳章:《从革命到政治》,第158—161、294页,注释88;索尔兹伯里:《长征》,第279—280页;也可参见李德:《中国纪事》,第137—138页)。然而,彭德怀的回忆清楚地表明,甚至在收到第二封电报之前,领导层就已经开始担忧张的军队会发生叛乱,而且张本人已被收回了一方面军的电报密码本,并且由于受到这种怀疑已经撤退(《彭德怀自述》,第374—376页)。此外,还有一份离当时较近的党的文件明确指责张"甚至于用他的军队来威胁党中央"(《中央政治局关于张国焘同志错误的决定》,1937年3月31日,见塞茨编:《中国共产党掌权:文献和分析》,第755页)。

上去将李特一把从马上拖下来。在他们用俄语相互叫骂时,政治局成员呆呆地望着他们,茫茫然不知所措。这时毛用一句俏皮话捅破了紧张气氛。"捆绑不成夫妻呀,"他对李特说,"你无法阻止家庭争吵。"任何希望留下来的四方面军人员都可以留下来,他补充说,但一方面军一定要北上。

毛和他的同事们给张发了最后一份电报,命令他跟随他们。[1] 电报最后说:"不得违误,立即答复左路军北上具体部署!"但没收到任何答复。

徐向前和右路军余部又越过草地,返回去见张国焘,还捎带着一个极不高兴的朱德,此后一年中他就要留在四方面军中充当半个人质。[2] 此时此刻一方面军领导人还有另一个更加迫切需要关注的事情。国民党军队正从东面全力扑过来。彭接替朱担任司令员,而毛又回到他的政治委员的老职位上去。他们现在只有 1 万人。如果让自己背对草地受到包围,他们将绝无生路。

在俄界,形势似乎十分绝望,以至于毛重新回想起他在四川时首次萌生的一个念头。如果他们能够突围去北方,他们会直奔苏联而去,有苏联的帮助,在靠近边境的外蒙或新疆尝试建立一块新的根据地。

最终事情没有发展到这一步。两天的向东行军,在腊子口,红军完成了又一次令世人惊诧的史诗般的急行军。腊子口是国民党重兵防守的一个固若金汤的战略咽喉要地,在那里,两边为悬崖峭壁的山谷狭窄得只容单骑,壁立高耸千丈,真是一夫当关,万夫莫开。从杨成武团挑出来的 20 人组成的一支突击队从背后爬上了陡峭的绝壁,从高处将手榴弹向下一阵猛掷,打得守军晕头转向。这是长征途中最后一次主要战斗。四天后的 12 月 21 日,一方面军抵达甘肃南部的哈达铺,这是离开云南四个月以来他们所见到的第一个汉族城镇。从那儿的国民党报纸上他们得知,在陕西存在着一块共产党根据地。向苏联进发的计划被搁置了。红军掉头向东,越过宁夏,到达中国大西北干旱高原上靠近保安的吴起镇。

接下来的一个月中,他们行军近 1000 公里,越过一座座大圆锥似的光秃

---

[1] 杨炳章:《从革命到政治》,第 159 页。尽管在毛的部队离开巴西后两支部队之间仍有电报往来,但 9 月 10 日发出的这封电报则是政治局劝阻张南下所做的最后努力。

[2] 甚至连张国焘也在他的回忆录中承认,朱德对自己的处境感到很"沮丧"(《中国共产党的崛起》第 2 卷,第 427 页)。由于不能按自己的意愿行事和试图重新与毛会合(这样做很可能是自取灭亡),或者煽动左路军中小股的一方面军的队伍在他的领导下突围出去(这样做当然也是鲁莽的),所以朱和他的参谋长、"独眼龙"刘伯承除了接受这一既成的事实,没有任何选择。毛显然也承认这一点。1936 年 7 月,政治局在致共产国际的报告中说:"朱德……受国焘挟持,已没有单独发表意见的自由。"(《毛泽东年谱(1898—1949)》上卷,第 470 页)

秃的小山包,山的颜色就和淡淡的意大利牛奶咖啡一样,它们构成了月球一般荒凉的景象,黄土细腻得有如爽身粉的粉末,山坡给镂刻成婚礼蛋糕一般,一直到山头上的平台,极其光滑,像是有人用刀子专门切割出来似的。巨大的钥匙眼儿形状的深涧星罗棋布,直插到下面上百米深的宽阔平坦的峡谷里。这里比他们所曾到过的中国汉族的任何地方都要穷得多。由于水旱灾害,每隔两三年就会减产一次。人们住在松软的黄土坡上挖出来的山洞里。但是这对于疲惫至极的红军来说,似乎像是一粒舒心丸。与穆斯林马队有一些小冲突,但在突破腊子口以后,国民党主力部队就缩回去了。信使超过队伍向前赶往由两位当地人刘志丹和高岗领导的新根据地。他们俩都在一场肃清可疑的反革命分子的运动中被逮捕了。政治局恰好及时赶到,下令将刘、高两人释放出来。

在这大片荒凉干旱的乡村里,毛度过了以后的 12 个年头。1935 年 10 月 22 日,在他离开于都的一年又四天以后,长征正式宣告结束了。[1] 出发时与他在一起的那些人当中,现在只剩下不到 5000 人了。[2]

在这次大迁徙中,中国境外的更宽阔的世界也并没有全然被忘却。军队曾在大西南贴过标语,号召中国人团结抗日。[3] 6 月,毛从四方面军处得知,日本军队已经开进蒙古,也曾发表过指控蒋介石未能制止日本人侵略的声明。但直到 9 月末一方面军抵达哈达铺时,毛才开始觉察到国人的情绪正大为改变,蒋的绥靖政策终于疲软下来了。

是年夏天,日本曾迫使国民党政府从京津周围地带撤出军队,罢免敌视日本的省级官员,还颁布了一道让其丢尽颜面的"善意训令",禁止表达反日情绪。公众广泛的愤怒由此而起。

这些情况大多数毛只能凭猜测。但他确乎知道的东西已经足够说服他,挺进陕西的决定是正确的。"张国焘说我们是机会主义。"他在 9 月中旬的一次团级指挥员会议上说,"究竟哪个是机会主义? 目前,日本帝国主义侵略中

---

① 《毛泽东年谱(1898—1949)》上卷,第 482 页。尽管政治局关于宣布长征结束的宣言直到 22 日才发布,但实际上他们早在三天前就到达了吴起镇。

② 根据彭德怀的说法(《彭德怀自述》,第 383 页),第一方面军到达吴起镇的时候有 7200 人,但大约有 1/3 是沿途招募的新兵。

③ 这些口号被拍成照片,作为实例在遵义纪念馆展出。也可参见 1935 年 1 月 12 日在遵义会议上的讲话(《毛泽东年谱(1898—1949)》上卷,第 443 页)。

国,我们就是要北上抗日。"①一星期后政治局常委会宣布,陕北成为"新的抗日根据地"。②对毛来说,这一决定是一个信号。在一年时间的随机撤退中,党终于有了一个新目标。他力主北上的本意即便是出于错误的原因,此时也已被证明是对的,而张国焘所作的向南的决定却是错的了。八年前他曾在一封写给政治局的信中提及,他听说一个使他很高兴的决定后"欢呼雀跃",从那一天起,他就成熟起来了。但他在党的更新了的使命——降服东方苍龙日本——这一点上的洋洋自得的心态却可以强烈地感受得到。在宁夏南部的大山中,当他第一次放眼望去,看到即将引领红军去建立新家园的那片高原时,他赋词《清平乐·六盘山》一首以表达他的感受,其中有云:

六盘山上高峰,红旗漫卷西风;今日长缨在手,何时缚住苍龙?

1935年秋将思想转向日本方面的不止毛一个人。斯大林也在注意着西方法西斯主义的兴起,倾听着柏林、罗马与东京之间羽毛未丰的联盟的渐响警钟。1935年7月在共产国际第七次代表大会上,一项新的战略揭示出来:反法西斯统一战线。在其之下,共产党员和以往的死敌社会民主派,将会在保卫无产阶级及其辉煌的成就苏联,以及反对法西斯列强的共同斗争中直接结合在一起。

在法国和西班牙,这项新政策产生出人民阵线政府,将种类各异的无政府主义者、共产党人、自由派、社会主义者和工联主义者联合在一起。

对于中国党来说,道路却不很清楚。8月1日,中共驻莫斯科代表王明发表了一项声明,号召建立一个"统一国防政府"以抵抗日本。然而,在中国,没有无政府主义者、自由派和社会主义者好让共产党人能够与他们分享统战的事业。这里只有蒋介石的国民党,并且,用王明的话来说,蒋是一个叛徒,是一个"人面兽心的渣滓",是同日本人完全一样的敌人。因此,当王的莫斯科声明一再重复中共同任何白军包括蒋本人的国民党军队联合的长期承诺,提议他们停止进攻苏区并同意打日本之时,在实践中这一提议被接受的可能性似乎一点也不比以往更大些。

有关这些新发展的消息要到11月才能传到陕西。那时红军已向南开拔,

---

① 杨炳章:《从革命到政治》,第167页。
② 《中国共产党会议概要》,第173—175页。

抗击一支西安来犯的国民党军队。要再过一个月,政治局才去瓦窑堡开会,讨论这项新战略带来的新启示。瓦窑堡是一座建有单层的青砖房屋并有城墙护卫的县城,位于黄河西边80公里左右。

1935年的圣诞节那天,政治局通过一项决议,标志着政治路线上的一种转变,非常戏剧性的是,它在每一处细节上都与一年前通过的军事战略上的转变十分相似。在遵义,留苏学生领导层的常规战争策略被抛弃。此时,在瓦窑堡,从1931年四中全会以来一直主宰着党的决策层的俄国人倡导的教条,也被丢到一边去了。

取而代之的是实用主义的弹性政策,它是专门为最大限度地争取民众的支持并最少意识形态包袱而设计的。

决议宣布,仅仅依靠工人阶级一个阶级,中共领导不了抗日反蒋的斗争。富农、小资产阶级,甚至民族资产阶级,也都有可发挥的作用。决议继续说,左倾,而不是右倾,是共产主义事业的主要危险。左倾关门主义的表现就是,不愿意根据新的形势改变策略;坚持同实践相背离的政策;而且"不能把马克思主义、列宁主义和斯大林主义运用到中国特殊的、具体的条件中去",而是把它们当成僵硬的教条。党员们需要懂得,只有让人民相信他们是代表着中国大多数人的利益,而不是奴隶般地追随"空洞的、抽象的共产主义原则",才会取得胜利。为达此目标,富农的土地与财产不再被没收。店主、小资产阶级和知识分子将与工农享受同样的政治权利,他们在经济、文化上的自由会得到保护。大资产阶级也会受到很好的对待。"工农兵苏维埃共和国"将改名为"苏维埃人民共和国",以显示所有公民在其中都有地位。

瓦窑堡会议的主持和决议的起草工作,都不是由毛而是由张闻天做的。[①]这反映出正式的权力结构:张还是代理党的领袖。但这也是毛所惯用的一种政治花招。作为老的四中全会的领导成员,含蓄地谴责张和他的同事们以往所坚持的一切,在披露这样的政策上,又有谁能比张本人做得更好呢?毛的42周岁前夕所通过的瓦窑堡决议,标志着他在党的意识形态上的支配地位的开始。两天以后,在一次积极分子集会上,他品尝了自己的成功:

> [关门主义策略的鼓吹者说]革命的力量是要纯粹又纯粹,革命的道路是要笔直又笔直。圣经上载了的才是对的。民族资产阶级是

---

① 口述资料。

全部永世反革命了。对于富农,是一步也退让不得。对于黄色工会,只有同它拼命……哪有猫儿不吃油,哪有军阀不是反革命?……因此,结论:关门主义是唯一的法宝,统一战线是机会主义的策略。同志们……究竟哪一个是对的呢?……我坚决地回答:赞成统一战线,反对关门主义。人中间有三岁小孩子,三岁小孩子有许多道理都是对的,但是不能使他们管天下国家的大事,因为他们还不明白天下国家的道理。马克思列宁主义反对革命队伍中的幼稚病。坚持关门主义策略的人们所主张的,就是一套幼稚病。革命的道路,同世界上一切事物活动的道路一样,总是曲折的,不是笔直的……关门主义"为渊驱鱼,为丛驱雀",把"千千万万"和"浩浩荡荡"都赶到敌人那一边去……①

在瓦窑堡他没有对博古、周恩来或其他任何老的左倾分子作公开批评。毛的兴趣不在于疏远那些曾经是对手的人,而是要争取他们。张的作用就是协助建立一种认同感,以利今后艰苦的斗争。

这是艰苦的斗争。在长征的艰苦奋斗以后,陕西根据地可能是一处庇护所,但它太穷了,连贵州和川西南那些不幸的小山村与它相比也显得富足和肥沃得多,而且它深陷敌人的包围之中。穆斯林马队践踏着通往宁夏与青海的西陲,东面是阎锡山的白军控制的山西。被日本人赶出了东北的张学良的东北军也刚被派过来驻防南边。如果红军要在它的新家园里图生存,姑且不去谈发展,它就必须寻找补给,征募新兵,并且至少要使四周包围着的诸敌军之一中立。

甚至在瓦窑堡会议之前,毛就已经得出结论,蒋的武装力量中的最薄弱之点,就是张学良的东北军。② 张刚刚三十出头,一个土匪头子的儿子,其父张作霖于世纪之初曾杀出一条血路,成为中国最有势力的军阀之一。为和其父"大帅"的名称相区别,人们普遍习惯地叫他"少帅"。少帅相当冷酷,是常常误入歧途,而有时又很天真的一位年轻人,新近才戒掉强烈的鸦片瘾。但他还是一个爱国者。大帅刚被日本间谍暗杀。张本人将故土丢给了日本人,部分是

---

① 《毛泽东选集》第1卷,第164—168页(1935年12月27日)。
② 见11月26日毛给林彪发出的指示,指示要求"用积极诚恳方法争取[东北军]";他在12月初对张学良的盟友杨虎城的提议,以及他一再发出的关于释放被俘军官的命令(《毛泽东年谱(1898—1949)》上卷,第490—491页和第493页;杨炳章:《从革命到政治》,第187页)。

由于蒋介石怂恿他不抵抗的缘故。张的军队失去了家园。他们没有兴趣同共产党打仗。他们恨日本人。

从1935年11月底开始，毛以提供停战与抗击日本侵略者的共同战斗方式，拼命给少帅的将领们灌输："我们都是中国人，"他写道，"我们吃的一样都是中国粮。我们住的一样都是中国土。为什么我们应该为敌呢？为什么我们应该相互杀戮呢？今天我对你们光荣的军队提议，我们停火吧……签订一份和平协议。"①

红军部队收到指示，释放被俘的白军官兵，照料好伤员。1936年1月初，彭德怀按照这一指示精神，释放了一名两个月前被俘的、名叫高福源的白军军官。高是张学良的老同学，在他回到张的司令部所在地、瓦窑堡以南约160公里的洛川时，他使这位东北军头子相信，共产党对于合作的提议是认真的。一星期后，高安排从一架担任给共产党包围住的一支国民党驻军运送补给任务的国民党飞机上，投下一封信给彭德怀。1月19日，毛派使节李克农赶赴洛川，开始会谈。

会谈简直是轻而易举。少帅第二天就接见了李，并同意在内战中立即采取"消极"态度。唯一的麻烦涉及蒋介石。在李克农的谈判卷宗里，毛强调说，抗日和反对"民族叛徒"是同一块硬币的两个侧面。失去一面，另一面便不存在。这一点东北军头目坚决不予接受。他乐意同共产党停火，但没打算公开站出来反对他自己的总司令。眼看这一年就要过去了的时候，由于突发性事件的结果，两边都改变了态度。但是到此时为止，他们都同意求同存异。3月初，毛对政治局说，达成了一项停火的口头协议，张在瓦窑堡南面延安和富县的前线驻军应作为友军对待。

五星期后，周恩来潜进延安，去同少帅面对面会谈。② 在一座教堂里举行的会晤持续了大半夜。周离开时，天刚微亮。他们一致同意，建立一个国民政府和一支国民抗日联军是目前唯一的道路。张还不准备采取一种公开抗日的立场，即或当他接到进入红军控制区作战的一项直接命令后，他也不会公然与蒋对抗。但是，除此之外，停火将会严格得到遵守；指派长期的联络官；允许红

---

① 例如，见毛泽东致国民党指挥官的信，《毛泽东年谱（1898—1949）》上卷，第490页（11月26日）；第494—495页（1935年12月5日）；第506页（1936年1月）。

② 《毛泽东年谱（1898—1949）》上卷，第534页。也可参见第522、527—528、532—533页；塞茨编：《中国共产党掌权：文献和分析》，第741—742页。关于处理红军与东北军之间关系的正式的指导原则于6月20日发出（塞茨编：《中国共产党掌权：文献和分析》，第742—748页）。

白区间的贸易；少帅还会运用个人的影响力让友好的国民党将领们保障共产党军队的安全通道。周报告说，他甚至还同意给红军提供军火。

南侧由此而得到屏障，毛便放手去从事另一项在瓦窑堡时就作出决定的主要任务，重建经过长征的消耗后的共产党军事力量。

1935 年 12 月，一方面军仅有 7000 人。刘志丹和高岗领导的陕西地方部队及徐海东的鄂豫皖部队也各只有 3000 人。毛的目标是再招募 4 万人，其中 1/4 的招募就在那年春天。要做到这点，唯一现实的方法就是发动一次越过黄河去山西的远征。这包含着危险，正如彭德怀指出的那样，他们可能回不来了。毛要亲自率队，留下周恩来与博古照应陕西根据地。这场冒险被慎重命名为"抗日救国东征军行动"。这能起到很好的宣传作用。但是，对于毛的进军河北去遭遇侵略者的鼓动性讲话而言，这样的目标不免受到了太多的限制。

从 1936 年 1 月到 5 月初，在这两个半月的远征中，共产党人在山西并没有进军到距离日本军队 320 公里以内的地区。相反，他们在距离黄河不到 80 公里的狭长地带里，与国民党军队不断发生冲突，在那里他们以没收地主财物的方式筹集到 30 万银元，招募到大约 8000 人，其中半数是农民，另一半是战俘。这使得毛的力量又回到 2 万人，大约和他一年前所有的人数相同，但这与共产党领导层还能保持统一时具有的数目相去甚远。1936 年春夏之间，中共地位上的讽刺意味是，尽管它成功地寻求到了与少帅的东北军的统一战线，但它本身的力量还停留在不可逆转的分裂之中。张国焘仍然在四川，大批的红军跟随着他。

然而，已有变化的迹象。分裂发生后的第一个星期中，张安排了一系列的四方面军政治会议，"开除"了毛、周恩来、博古与张闻天的党籍，选举了一个新的"中央委员会"和"政治局"，张本人任总书记。一项通知随后被送到瓦窑堡，命令陕西根据地停止使用党中央的"伪称"，以后要改称中央北方局。

相反的是，毛倒表现出极大的谨慎。分裂的第二天，在俄界，他还拒绝了驱逐张的呼声。尽管还是通过了一项决议，宣布了张的"分裂红军的罪行"及"右倾机会主义和军阀倾向"，但没有公布。长征结束时，毛巩固了自己的地位，即担任了中革军委西北局主席（并担任与此相应的军务书记），以周和王稼祥作为其副手，而不是径自担任中革军委主席。甚至在张另搞了一套对立的领导班子以后，毛也有一个多月没有采取任何行动。只是到了 1936 年 1 月，当事情变得很清楚，张不会浪子回头了，他才确实批准正式公布俄界决议，使得分裂正式化了。

到那时为止,张的星光已经污损了。四方面军南部战役开始时成就斐然,但在冬季里,当蒋介石的军队发动反攻时,潮流开始逆转了。就在毛外出"东征"时,张承受了两次决定性的挫败。四方面军被迫从丰饶的成都平原撤回到与藏区交界的贫困孤寂的地区。

5月,当毛回到瓦窑堡后,他又做出新的努力想招回在外漂泊的部队,允诺只要张及其人马回到北方来加入到他们一起,就让过去成为过去好了。"国焘同志,在你和你的兄弟——我们之间,没有政治和战略上的分歧,"一封语调温柔的政治局电报宣布说,"过去就没有必要去讨论了。我们唯一的职责……就是团结起来,抗击蒋介石和日本。"①

过了不久,张的部队中又加入了由任弼时和贺龙的两部分人马组成的第二方面军,他们是一年前在湘西合并起来的。结果是壮大了张的军力,但也冲淡了他的政治权威。北上的压力越变越大。7月初,新的混编部队循着一年前毛的一方面军走过的去陕西的相同道路,勉强地出发了。他们越过了草地,也遭受到同样可怕的损失。最后,在1936年10月,他们终于遇上了彭德怀率领的一方面军部队。彭部早先就突入了甘肃,并一度逼近兰州。残局至此还没有演完。四方面军主力,大约2万人的精锐之师,被夺取了渡口的国民党军一部所分割,被搁在了黄河的西岸。身为总政治委员的张,命令该部向西突围通过甘肃河西走廊,结果演变成了一场自杀式的西征。他们在那里被穆斯林骑兵分割成一条条的,一年后,那场大屠杀劫后余生的残部,疲累不堪地回到陕西。由李先念率领的主要的一股,也就只有四百来人。

在张下达了致命的错误命令的一个月后,1936年12月6日,他和朱德与毛以及其他领导人一起,在陕北的政治局总部出席了一个恢复团结的庆功会。第二天,毛被提名为军委主席,张国焘和周恩来为副主席。

这一戏剧性场面只是一种假象。张对毛的挑战结束了,他的政治生涯也就此完结。在过去的一年当中,自从瓦窑堡会议以来,在政治局里毛说话最算数。此时,他对经过由华南到北方的大移民后余下的4万多名红军战士有了最后的控制权。四方面军之花在甘肃河西走廊的被摧残,加速了张国焘的政治死亡。但即使不是因为这一点他也算完了,早在15个月前的毛儿盖,毛已经警告说,当时间对头时,张得需要为他所犯的错误作出回答。

---

① 《毛泽东年谱(1898—1949)》上卷,第541—542页。

当与张国焘的长期斗争还在断断续续地上演时,毛已经大步迈向了更大的猎物。1936年3月初,在张学良同意了一项停火之后,政治局批准了向南京政府的和平行动计划。

那一阶段的目的,不是去争取战胜蒋介石。他仍然是反革命的化身,"叛变通敌的渠首"①,不比日本稍次的反对对象。一份党的内部文件直言不讳地说:"叛徒蒋介石,人人得而诛之。"此时共产党提议的目标不外是,暗中取消蒋的"攘外必先安内"的政策;加强由蒋的内兄、前财政部长宋子文所领导的国民党内反日派的力量;至少最后满足莫斯科在寻求统一阵线联盟时要调动各方积极性的要求。

1933年,俄国与国民党中国建立了外交关系。随着反共产国际的轴心国之力量的加强,俄国的民族利益——与俄国的中共盟友的利益颇有相左之处——视蒋为一个潜在伙伴,其军队在未来战争中的作用不可小觑。

提议是实质与拖延的艺术混合。他们号召立即停止内战;建立一个国防政府,派遣一支抗日联军;开通红军赴河北抗击日本的自由通道;重建政治自由;进行内部改革。

毛计算出共产党没有什么可损失的。如果对话有所进展,国民党内亲日派与反日派的矛盾就会加深。如果对话破裂,对话本身就会曝光,这会加强共产党在城市民意中的地位,因为民意对蒋的绥靖政策日渐不满。

1936年在中国各地,对日本的仇恨之火越烧越旺,失去了控制。在各省中,愤怒的人群处死了日本的旅行者。两国连续数月来处于战争边缘。在共产党的秘密鼓动下,数万名学生举行了抗日示威。知识分子成群地加入民族救亡组织。

但是,对话并未破裂。到夏季为止,地下渠道迷惑人的伪装和秘密的谈判机构都落实了。在莫斯科,国民党的使节与共产国际中国代表团的王明举行了谨慎的会晤。② 在南京,一名假扮成牧师的共产党代表,同国民党内蒋之下最有权势的人物之一陈立夫进行了接触。随后,毛便派去另一名职位更高的

---

① 塞茨编:《中国共产党掌权:文献和分析》,第711页(1935年12月25日)。而且直到1936年夏,中国共产党仍然把蒋介石说成是卖国贼(同上,第742页,1936年6月20日;《毛泽东年谱(1898—1949)》上卷,第527—528页)。

② 这些会晤与毛的提议无关。1936年1月,在莫斯科举行了几次会议,尽管斯大林对与南京结盟感兴趣,但他并不相信蒋的诚意及其虎头蛇尾的谈话(《中国的法律与政府》第30卷,第1辑,第13—15页、第9—100页;《毛泽东年谱(1898—1949)》上卷,第568页)。

使者去南京和上海与陈会谈。双方讨论了国民党领导人与周恩来在香港或广州会晤的可能性。

随着和谈的推进,毛对蒋的态度,以及对日本加深侵略的蛛丝马迹,暗中发生了渐进的变化。到1936年4月为止,他已经得出结论说,"抗日反蒋"的旧口号给弄拧了。"我们的旗帜是讨日令,在停止内战旗帜下实行一致抗日,在讨日令旗帜下实行讨蒋。"他对张闻天说,反对蒋介石是次要的了。① 又过了一个月,他公开表示怀疑说,继续笼统地将所有帝国主义列强视为一个集团是否有意义,因为此时以日本为一方与以英美为另一方之间的日渐强化的紧张关系已经明显化了。②

这导致了允许埃德加·斯诺访问根据地的决定,其目的是向西方公开展示中国共产主义事业。6月,红军放弃了瓦窑堡,政治局将总部搬到保安③,一个黄土之乡心腹地带的甚至更加偏远而贫瘠的县城。领导人们将住在窑洞里,窑洞是在一道俯瞰一条泥泞小河的风雨剥蚀的红色砂岩陡壁上凿出来的。7月16日在一次预言式的采访中,毛在那里对斯诺说:

> 那些以为再牺牲一些中国主权……就可以阻止日本前进的人们,只不过是沉溺在乌托邦的幻想中……日本的海军还想封锁中国海,夺取菲律宾、暹罗、印度支那、马来亚和荷属东印度。一旦发生战争,日本必将把这些地方作为它的战略基地……中国是一个很大的国家,只要还有一寸的土地没有在侵略者刺刀的下面,它就不能说是被征服。就算日本占领了一大部分中国,一块有一万万,或者甚至二万万人口的地方,要打败我们,也还差得很远……当日本帝国主义的浪潮在中国抗战的暗礁上冲散了以后,中国革命人民中潜藏的大量人力,却还可以输送无数为自己的自由而战斗的战士到前线来。④

1936年的整个夏季和秋季当中,中共增加了对国民党及其领导人的公开

---

① 《毛泽东年谱(1898—1949)》上卷,第533页。显然毛的态度比莫斯科发展变化得快。苏联到1936年7月才开始关注中国共产党和国民党之间的统一战线的可能性。

② 《毛泽东年谱(1898—1949)》上卷,第541页(1936年5月15日)和第551页(6月12日)。

③ 《毛泽东年谱(1898—1949)》上卷,第552—556页。斯诺还不知道,毛在7月12日到达保安,仅仅比他早到一天。

④ 斯诺:《红星照耀中国》,第126—132页。

的和私下的呼吁,签署一项停火协定,加入抗日力量。① 8 月,在共产国际的鼓励下,毛提出恢复 20 年代存在过的中共—国民党统一战线,建立一个"大中华统一民主共和国",②红色根据地也将并入,并和国家其余地区一样也将隶属于同一个议会体系。"对于一个被剥夺民族自由的人民,"毛告诉斯诺,"革命的任务不是立即实现社会主义,而是争取独立。如果我们被剥夺了一个实践共产主义的国家,共产主义就无从谈起。"③毛甚至同意改变红军的名称,以便使它正式成为国民武装力量的一部分,名义上在国民党指挥下。只要保留党控制共产党军队和领土的现实,一切让步都是可能的。

但最终毛的乐观态度落了空。11 月在上海的一次秘密会晤中,陈立夫抬高了赌注。他说,共产党军事力量得有个上限。开始他提出 3000 人,随后是3 万人,超过这个数他就不松口了。

原因不久就变得很明白。蒋一直坚信不疑,只要有最后一次推动,他就可以一劳永逸地摆脱掉共产主义。12 月 4 日,通往西安戒备森严的飞机场的公路被清理一空,道路两侧布满军警。大元帅即将抵达这里,他在为第六次也是最后一次军事围剿共产党的行动做最后准备。在过去的三个月当中,张学良一直恳求他停止内战并允许东北军转而去打日本。这时,张收到最后通牒:要么攻打红军,要么立即调防南方。

事态以使人眼花缭乱的速度正在变化着。

12 月 8 日星期二,日本战争部部长警告说,除非中国给予更大的方便,新的冲突将无从避免。第二天,成千上万的学生进军去临潼抗议示威,临潼是西安附近的一个温泉疗养地,蒋介石在那里建立了司令部。警察开了枪,好几名年轻人受了伤。10 日星期四,毛电告张学良,由于蒋介石"要价过高",与国民党的会谈已经破裂。24 小时以后,毛的秘书叶子龙收到张的回电。电文很短,他回忆说,当他用密码将它译出来时,他碰到一个只有两个汉字的文言文短句,他和秘书班子的其他人都悟不透。他便把它交给毛,毛扫了一眼后微笑起来。"马上就会有好消息了。"他还记得毛所说的话。

---

① 《毛泽东年谱(1898—1949)》上卷,第 544、553 页。共产国际在 7 月 23 日和 8 月 15 日致中国共产党的电报中极力主张要加强这些方面的努力(约翰·加沃尔:《苏联与西安事变》,载于《澳大利亚中国事务杂志》第 26 期,第 158—159 页)。也可参见《毛泽东年谱(1898—1949)》上卷,第 568—618 页多处;塞茨编:《中国共产党掌权:文献和分析》,第 764—768 页。
② 塞茨编:《中国共产党掌权:文献和分析》,第 527 页(1936 年 8 月 25 日)。
③ 斯诺:《红星照耀中国》,第 439 页。

就住在附近的李德,第二天早晨醒来后发现保安县城激动而嘈杂。将毛的办公室同政治局和军委连接在一起的一条战地电话线响个不停。通常是夜间工作并睡到中午的毛本人早已起床。一名警卫将这条令人难以置信的敏感消息告诉李德,它像野火一样正烧遍保安城:依照张学良的命令,蒋介石黎明前不久遭逮捕,正被扣押在西安的东北军司令部。

在接下来的几小时里,依据得到的消息逐渐拼凑起来的故事是这样的:星期五夜间,在给毛拍发了那条神秘的密电之后,张召集了一个大约十来个高级将领的会议。他命令他们逮捕蒋的总参谋长;接管总督办公室;解除警察和一个国民党准军事部队——蓝衣社的武装;并占领机场。张的贴身警卫长,一名26岁的上尉,随后带领200人赶赴临潼,上午5时,他在那里领导了对蒋的住宅的突袭。总司令的卫队抵抗了足够长的时间,好让蒋逃往避暑地后面的那块覆盖着白雪的岩石山坡。两个小时以后,蒋在一个狭小的山洞里被找到了,只穿着一件睡衣,冷得直哆嗦,在逃亡的极度惊慌之中失落了他的假牙,几乎不能说话。伏在那位年轻上尉的背上,他从那个不算尊贵的藏身之地被带出来,又坐上汽车被送进城里。在那里张学良为他所遭受到的凄惨待遇连声道歉。向他保证他个人的安全,然后一再重复他自夏天以来一直在提出的要求:蒋改变他的政策,抵抗日本。

共产党人,包括领导人和士兵,都狂喜地接收了这个消息。当晚在一次群众集会上,毛、朱德和周恩来要求审判蒋。"我们一时为之扬眉吐气,"张国焘以后回忆说,"似乎一切都可迎刃而解"。①

第二天早晨在政治局的一次会议上,朱德、张国焘和其余大多数领导层的成员议论说,被俘的总司令应予处死。② 他不仅发动了一场残酷的内战,以一种可耻的绥靖政策背信弃义地勾结日本,通敌卖国,而且只是在数日前他还最后拒绝了共产党提出的一项和解,宁可继续"剿匪"而不搞民族抗战。在作总结时,毛宣布说,适当的过程应是,把蒋押上"人民的审判台"以公开揭露他的罪行,与此同时,一方面应当做出艰苦的努力以争取南京政府内左、中翼派别

---

① 端纳:《中国的第一幕》;吴天威:《西安事变:中国近代历史的转折点》;郭华伦:《中共史论》第3卷,台北,国际关系研究所1970年版,第228—229页;张国焘:《中国共产党的崛起》第2卷,第480—481页。

② 叶永烈:《毛泽东与蒋介石》第1卷,台北,风云时代出版社1993年版,第168—177页;《毛泽东年谱(1898—1949)》上卷,第621页。也可参见张国焘:《中国共产党的崛起》第2卷,第480、482—483页。这些资料主要的不同之处集中在张闻天的态度上。张国焘说他想杀了蒋,而叶永烈则说他想放了蒋。但他们都一致认为,毛想让蒋受到审判。

对一个抗日民族统一战线的支持，另一方面也要防止国民党右翼领导人以武力平息西安兵变的动向。[1]

在那个周末的一系列电报中，党的立场被传达给张学良。毛和周恩来在电文中强调了红军保持与少帅行动的一致性，及他们的使西北成为未来抗日战争的大本营的决心。[2]

然而，几乎就在同时，中共的计谋开始化解了。

张学良明确表示，他的目标不是惩罚蒋介石，而是如他在政变当日早晨通报南京政府的"致全国电"中所说的，迫使他"补赎前愆"：

> 东北沦亡，时逾五载。国权凌夷、疆土日盛……凡属国人，无不痛心……蒋委员长受群小包围，弃绝民众，误国咎深，学良等涕泣进谏，屡遭重斥。昨西安学生举行救国运动，竟唆使警察枪杀爱国幼童，稍具人心，孰忍出此！学良等多年袍泽，不忍坐视，因对介公作最后之诤谏，保其安全，促其反省。[3]

这就意味着，一旦大元帅接受兵变者的要求，这些要求也反映了共产党人一直在做的——亦即，应扩大政府，包容所有爱国党派的代表；应停止内战；应恢复政治自由；未来的政策应根据"民族救亡"（即抵抗日本）——的原则，他就应当继续作为国家领袖。

同时，在南京，蒋的被拘押触发了一场尖锐的斗争，一方是他的令人尊敬的妻子宋美龄所领导的他的拥戴者们，他们力促和平解决；另一方是军政部长何应钦所领导的右翼与亲日派领导人的松散联盟，他们想要轰炸西安，实行大规模的征讨。宋美龄略占上风，但是很明显，如果和平努力陷入泥潭，接下来的就会是军事进攻。

因此，从 12 月 17 日到周恩来从保安出发，骑在骡背上到延安，又是长时间的等待张派飞机来接，及至飞抵西安时为止，时局已经大变。南京的力量对

---

① 《毛泽东年谱（1898—1949）》上卷，第 621 页。在 1936 年 12 月 15 日红军将领致国民党国民政府的电报中也使用了相同的语言（《中共中央文件选集》第 11 卷，第 123—125 页）。1937 年 1 月 24 日，毛在政治局常委会上说，这种说法"是不对的"（《毛泽东年谱（1898—1949）》上卷，第 645—646 页）。

② 《毛泽东年谱（1898—1949）》记载了 12 月 12 日至 15 日毛泽东致张学良的五封电报（上卷，第 621—623 页）。

③ 转引自端纳：《中国的第一幕》，第 126—127 页。

比正朝着中共所不希望的方向转变。审判蒋的主张开始显得不那么有吸引力。[1] 就在这个关头,斯大林插手了——而且是以这样一种不经意的沙文主义方式,对中共的利益采取如此轻蔑的态度,以至于毛气得都说不出话来。远非一次"革命事件",这位苏联领导人提出,张的兵变是"另一次日本阴谋……[其]目的是阻挠中国的统一并破坏高涨中的抗日运动"。从表面上看,这是一项鲁莽的声明,连国民党都瞧着它很可笑。在一份抵达保安的时间与周恩来到达西安的时间相近的电报中,共产国际总书记乔治·季米特洛夫对说张的行动"客观上损害"了反日团结是什么意思作了解释,并建议中国党"争取和平解决这一事件"。以后逐渐显现出来的真正原因是,11月份,在毛不知就里的情况下,斯大林决定做出新的尝试争取国民党政府成为一个盟友,反对刚刚由日本和德国建立起来的反共产国际的协定,在莫斯科举行了中苏安全条约的谈判。蒋的被捕使这一切化为疑云。对斯大林来说,中共关心些什么是不相干的事:阻碍世界主要社会主义国家的高于一切的国家利益的任何事情,都是不能允许的。[2]

莫斯科与中共领导层之间的摩擦很难说是新闻了。但是,在以前,责难的问题总是很微妙的。谁能够肯定地说,莫斯科就不兴犯什么过错,或者继任的中国领导人就不会误解了莫斯科的路线?

1936年斯大林的谕旨可就不一样了。苏联的绝对可靠与同志情谊的神话给摔得粉碎。

莫斯科的调停更是十分难堪的,因为到最后,这次事件什么也没有改变。中共业已接受,无论张学良的姿态和南京方面的发展如何,除寻求一项和平结果外,它无可选择。[3] 斯大林下令的效果只能是暗中动摇毛的地位,毁掉共产

---

① 从12月13日起,毛强调,中国共产党不把反蒋抗日"并列"(《毛泽东年谱(1898—1949)》上卷,第621—622页)。共产党人最后一次提到审判蒋是在12月15日。

② 杨炳章:《从革命到政治》,第224—225页。加沃尔:《苏联与西安事变》,载于《澳大利亚中国事务杂志》第26期,第153—154、157—158、164—173页。毛在12月13日的政治局会议上使用了"革命""事变"一词(《毛泽东年谱(1898—1949)》上卷,第621页)。季米特洛夫的电报是16日在莫斯科起草的,但由于传送困难和将其编上密码及译解需要时间,因此它最早到达在保安的毛的手里很可能是在17日的早晨,或者它是18日才到的。那一天,由于电文的部分内容混乱不清,中国共产党请求再将它译解一稿。所以电报的全文20日才收到(杨云若和杨奎松:《共产国际与中国革命》,第392页),而且收到电报的当天就将它的内容转述给了在西安的周恩来(《毛泽东年谱(1898—1949)》上卷,第626页)。

③ 12月17日发表在《解放报》的社论(这时正是季米特洛夫的电报于16日起草完毕,到达保安之前)已经提出了一个和平决议(杨云若和杨奎松:《共产国际与中国革命》,第303页,注释25)。

党人在张学良眼中的可靠性,并且,至少在理论上,颇多改变了蒋介石走向谈判桌的动机。

然而,到那时为止,事态已经发展出一种自身的动力来了。总司令本人已经清醒过来,主张调停了。22日,宋美龄与她的兄长宋子文也到了西安,与张和周恩来举行会谈。就像突然而起的那样,这场风波也突然结束了。圣诞节那天,蒋飞回南京。少帅为显示忠诚起见,也与他一起去了。

总司令被囚禁时紧闭着的大门后面究竟发生了什么?这可是见仁见智的事情了。

在随后的公开声明中,蒋坚持说他曾坚定地拒绝加入政治会谈,也没有签署过任何东西。从技术上说,这是真实的。周恩来对毛说,谈判是与宋氏兄妹进行的,但那只是在他们就张学良的主要要求达成共识之后,在此之前总司令曾给予周一项口头承诺,他会无保留地接受作出的决定。毛的判断是,蒋依然暧昧和推托,因此没办法知道他是否会执行他现在否认达成的协议,即使他能执行,那也是在威逼之下。第一个迹象与往常一样糟糕。少帅这个牺牲品被送上军事法庭并被判十年监禁,又蒙特赦被软禁在家中(从那时起直到五十多年以后在台湾过他的90岁生日时,他才重获自由),而正因为他的鲁莽举动才使得协商成为可能。但远非蒋所承诺的那样向后转,国民党反而增派了援军。在南京,压力迫使他再进行一次征伐。张的军队开始建筑防御工事,在1937年1月,毛对红军说,必须"坚定地进行战备"。两个月以后,危机过去了。蒋和周恩来恢复了接触,开始是间接的,然后是面对面的。但是盼望中的联合战线还是像以往那样难以捉摸。在整个的春季和初夏,双方还在就从红军应有的师的数目到他们的帽子上应该佩戴哪一种徽记这一类问题争执不休。

以后,共产党人和国民党人同样声明,西安事件是转折点,是一个改变中国历史进程的重要时刻。毛在蒋获释后不久对政治局说,如果同国民党的停战付诸实施的话,那也不是因为总司令作过的承诺,而是"由于形势使然,别无选择",这也许更接近真实。西安的事态只是一种催化剂,而不是所涉问题的主导因素。① 直到7月7日,当日本军队占领距北平西南8公里的、曾以中世纪意大利旅行家马可·波罗的名字命名过的卢沟桥附近的一个重要铁路枢纽站时,太平洋战争也就此开始了。

---

① 1937年8月9日,毛在党的一个会议上的讲话中指出,蒋的政策的转变"是日本逼起来的"(《毛泽东年谱(1898—1949)》中卷,第12页)。

甚至到那时为止,总司令还是踌躇不前。日本人进攻一个星期后,他还是不愿意红军开赴前线。在一封致中革军委的电报中,毛提请注意:[①]

> 不可让蒋感觉到他被逼上了悬崖。[我们的]责任现在是鼓励他迈出建立统一战线的最后一步——这一点上可能还会出现问题。我们已经到了确定的时刻,这将决定我们国家的生存与否。现在到了蒋介石和国民党必须全盘改变其政策的时候了。我们所做的一切必须与这条总路线相一致。

1937年7月15日,就在毛签署了这封电报的几天之后,周恩来去了庐山,这是总司令正驻跸的、靠近南昌的一个避暑胜地,他们举行了当年的第三次会晤。周交给蒋一份宣言草案,重复了早先共产党的各项提议,并保证了共产党对国民党创始人孙中山发动的民主革命的支持。作为回报,他说,中共只有两项实际要求:一是对日开战;二是"民主"——共产党活动合法化的替换词。

蒋还是裹足不前。7月28日,毛发出最后通牒:以朱德为总司令、彭德怀为副总司令的红军,将于8月20日开赴前线,而无论国民党同意与否。

第二天,日本军队占领北平,当月30日占领天津。十天又过去了。8月13日,他们又进攻上海,直接威胁到蒋本人的权力基础。抉择已经无可推延。"去告诉周恩来,"蒋对一名助手指示说,"[共产党]应该马上派出他们的军队。他们不要再等待了。"不久后宣布,红军改名为[国民党]国民革命军第八路军。

最后,9月22日,国民党发布了周恩来两个月前递交的宣言,总司令亲自宣布,在国家的利益上重新恢复统一战线。

蒋之不愿意中止交易是可以理解的。十年当中,他成功地将共产党赶进荒野,逼到了中国政治生活的边缘。现在,他们又回到了政治中心,成为一个具有宪法地位、全国性大舞台和一个被认可的国家级地位的合法政党。对毛而言,通向权力的坦途已经打开。如他数十年后对来访的日本首相、大惑不解的田中角荣所说,这条路是日本人给打开的。

---

① 《毛泽东年谱(1898—1949)》中卷,第3页。

第十一章

延安插曲:圣哲至尊

蒋介石在西安获释后不久,红军也将其总部从一贫如洗的保安窑洞,搬到向东约 100 公里的更加方便但也稍嫌复杂的环境中去了。[①]

延安这座有着城墙环绕的古城,是前一年周恩来曾首次秘密访问并同少帅暗中会晤过的地方。它坐落在一条布满岩石的浅水河湾上。河的上方有一座古老的白塔,建造在一块隆起的岩石上,作为镇压秋季洪水的法器。自宋代以来,这里一直是一个重要的地区贸易中心,从蒙古来的骆驼队带来小马驹、羊毛和裘皮。伐木人用骡子拉着的高轮车运来锯木板和整棵的树干。盐从南面的城市里偷贩过来。在钟楼旁,一名草药商出售碾成粉末的狮牙、干蛇和其他家常药品。集市日中,尘土飞扬的街道中万头攒动,吵闹喧嚷,拥挤不堪。人们身上穿着蓝土布衣裳,头上裹着白羊肚毛巾。从西边枯干焦灼的荒山秃岭搬过来的年轻士兵们瞧着都着了迷。对于党的领导人和他们的妻子们来说,当然也提供了一个颇受欢迎的变化。在节假日当中,他们也会走街串巷,品味一下当地风土民俗。

毛携还没有从长征中受到的榴霰弹伤中康复过来的贺子珍,搬到了城西的凤凰山,住在稍低处的斜坡上一户富商的屋子里。作为代理党的领袖,张闻天占据了中央的庭院,还包括一大间大石板砌的会客厅,政治局就在那里开会。朱德和彭德怀落脚在附近一座稍小一点的院落里,军委办公室也在那里。对他们全体来说,从保安搬过来是跨了一大步。毛有了一间起居室,他在里面会见客人,还有一间宽敞的书房,里面有格状的纸窗户,还有一只大圆木澡盆。

---

① 迁至延安的决定是 1936 年 12 月底作出的。毛本人于 1937 年 1 月 13 日到达延安(《毛泽东年谱(1898—1949)》上卷,第 633、641 页)。

然而,物质享受还是有所限制的。在北方严酷的冬天里,唯一的热源就是炕下的火;水要从井里提上来;而且,毛的文件,作为其政治存在的重要材料,堆放在像标准牌石油桶式的临时书柜里。

在今后的十年当中,延安的宝塔、梯级山坡的景观、巨大的垛口形城墙和13世纪的城门,成为希望的象征和有进步倾向的年轻的中国人及西方同情者们的灯塔。然而,当一位心态冷静的旅行者1937年夏去那里访问中共领导人时,他以现实的态度、平淡的笔触,记述了那里一如现在还是"陕西的一块穷乡僻壤中的普通中国城镇"。① 它所散发的"奋进中的青春、勇气和崇高思想"②的浪漫情调,源于集合在那里的人们的非凡的组合。

一位上流社会的英国人,迈克尔·林赛,其父是牛津1268年创办的白利奥尔学院的院长,战争期间在延安度过了一段时间,用以培养红军的无线电操作人员。他会回忆起那一段"中国共产主义的英雄时代"③。记者甘瑟·斯坦因颂扬了"原始拓荒者群体的坚定的战斗精神……他们似乎感觉得到,而无论我们是否相信,前途就在他们掌握之中"。④ 一位美国学者托马斯·比森,发现一种平等主义的相互约束,"一种特殊性质的生活"。⑤ 只有不多见的怀疑论者,才能感受得到较黑暗的一面——思想上的整齐划一;以毛瑟枪武装的年轻警卫就守卫在近旁,却很难为人察觉,如同众多看不见的影子围绕在高层领导人的身旁。⑥

"延安道路"的神话,是从第一次中国内战的结束到第二次内战的开始,这十年的间隙当中,由毛开发出来的特色品牌的共产主义,将会与他就要开创的那个体制中作为最不朽的标志——长征——的英雄传说结合起来。然而,在这一切尚未发生之前,毛首先还得达到从两年前他刚刚抵达陕北时就一直孜孜以求的两大长远目标:他的政治权力的巩固;以及经营出一套标有他个人印记的马克思主义理论的体系。

---

① 托马斯·比森:《1937年6月在延安:与共产党领导人的对话》,伯克利,加利福尼亚大学出版社1973年版,第71页。

② 海伦·斯诺:《中国共产党人》,第251页。

③ 迈克尔·林赛:《不为人知的战争:华北在1937—1945》,伦敦,伯格斯托姆和鲍里出版社1975年版,n.p.。

④ 甘瑟·斯坦因:《红色中国的挑战》纽约,马格拉黑尔出版社1945年版,第88—89页。

⑤ 比森:《1937年6月在延安:与共产党领导人的对话》,第70—71页。

⑥ 海伦·斯诺和威廉·邦德都注意到了武装警卫的增加。也可参见乔治·贲茨:《我在中国的八年》台北,私人出版物1967年印制,第150页。有关俄国一个敌对的目击者的材料,见孙平:《中国的特区(1942—1945)》(即《延安日记》),孟买,联合出版社1974年版。

本质上这两者也是相互关联的。从列宁以来的每一位共产党领导人,其权威都要建立在他对马克思主义学说的理论贡献之上。这在毛的甲胄上恰恰是最薄弱的接缝。而当其党内的对手,留苏学生们及其首领王明,在俄国的大学中接受列宁主义的正统学说之时,他还身处僻野,正在打一套游击战争。毛意识到,总还有一种方法好让他的弱点转化为一种力量。十年前,在 1925 年冬天,他曾召唤"在中国条件下产生的一种意识形态"。在中国,两千年来,每一代政权都有自己的正统学说。共产党人也需要自己独特的中国式的马克思主义。它将使党融入中国民族主义的深厚血脉中去;抵消俄国人培养的对手的影响并极大地加强毛本人的领导权力。

1935 年 12 月在瓦窑堡,毛迈出了第一步。

在那里,在他的敦促下,政治局认可了这一观点,即,马克思主义应当有弹性地应用到"特殊的、具体的中国条件中",反对"左倾教条主义",即指奴隶般地坚持莫斯科的主张。

三个月后,他提出,中国党应当"自主地处理事务,对自己的能力具有信心";苏联是一个朋友,但它的帮助是次要的。他宣布说,苏联政策和中国政策的相一致,"只是在那些中国民众的利益与俄国民众的利益相一致的地方"。

6 月,在瓦窑堡的一个只有一间殿堂的小小道观里,红军大学举行了创建典礼。它的成立是用来作为毛讲解政治军事事务的讲坛。他将时机选择错了,因为三个星期后这城镇就要丢弃给国民党了。但一等搬到保安,这所"大学"就立即重建起来①,林彪担任校长。这里的条件依然十分简陋——一个天然的山洞,红军的高级将领们蹲在临时凑成的石凳子上,借助于一支尖头笔在软石板的"笔记簿"上记笔记。那年秋,毛在那里作了一系列的演讲,贯以总的标题《中国革命战争的战略问题》,他在其中首次开发出中国特色的标记,表面上看去这只是有关军事的内容,而实际上还包括了更宽泛的内容:

> 中国革命战争……是在中国的特殊环境之内进行的……有它的特殊的情形和特殊的性质[和]……它的一些特殊的规律……有一种人……说:只要研究俄国革命战争的经验……和苏联军事机关颁布的军事条令去做就得了。他们不知道……条令,包含着苏联……的特殊性,如果我们一模一样地抄了来用,不允许任何的变更,也同样

---

① 1997 年 6 月在保安的采访记录。

是削足适履，要打败仗……我们固然应该特别尊重苏联的战争经验……但是我们还应该尊重中国革命战争的经验，因为中国革命和中国红军又有许多特殊的情况。①

强调苏联和中国之间的区别，确立本地经验的首要地位的办法，"是以我们的血的代价换来的"，毛有意识地将马克思主义观念的基础放在一种民族形式中。为加强这一信念起见，他发起了对"1931—1934 年左倾机会主义"即留苏学生领导层的广泛批判，谴责他们的行为是"狂热与无知"，是寻求"丝毫没有马克思主义的味道，而且事实上是反马克思主义的理论与实践"。

毛之所以能够使用这些语言而又能逃避指责，原因就是他不点名道姓，而且他的评论都不是公开发表的，只是针对一个有选择的军事宿将的听众群讲的。无论如何，他也只是推进到他的同事们可以接受的极限而已。而当 1937 年 2 月，他的安源时期的旧部刘少奇，此时负责华北地区党的地下工作，提出了过去的十年从总体上说是一段"左倾冒险主义"的时期时，其他领导人则对他恶语相加了。然而，到了夏天风向变了，当刘再次提出他的指控时，毛公开站出来支持他了。"少奇的报告基本上是正确的，"他对政治局说，"他系统地指出党在过去时间在这个问题上所害过的病症，他是一针见血的医生。"尽管党有过令人信服的辉煌成就，他说，它仍然承受着一条"错误的左倾传统"。如果党要克服掉它，还有更多的事情要做。② 这一段小插曲标志着刘的崛起，在今后的五年当中他将成为毛的最值得信赖的同事。

当这场关于左倾的争论告一段落之时，毛重新开始了他对马克思主义的研究。20 年前当他还是学生时，他就没有系统地钻研过哲学课程，此时他发现前景十分堪忧。那年冬天，他以训诂的形式研读了由苏联的一群理论家撰写的好几本大部头著作，其中包括斯大林的家庭哲学家马克·米丁的著作在内。③ 次年春又开始了一星期两次的授课，每逢星期二和星期四的上午，课题是辩证唯物主义。

这一次没有获得成功。

---

① 经修订后收入《毛泽东选集》第 1 卷，第 179—249 页。原文的一部分已被收入斯图尔特·施拉姆：《毛泽东的政治思想》，第 202—205 页。

② 《毛泽东年谱（1898—1949）》上卷，第 677—679 页。

③ 对于毛利用米丁有关文献的详细的讨论，见尼克·奈特编：《毛泽东论辩证法唯物论：哲学笔记》，纽约，阿芒克，夏普出版社 1990 年版。

他追踪作为唯物主义与唯心主义之间的斗争的欧洲哲学的发展,首先是在 17 和 18 世纪的法国,然后是在 19 世纪的德国,然而他的演讲却整个地十分乏味。① 毛本人告诫他的听众说:"我的这些讲话还很不适用,因为我本人也还只是刚开始研究辩证法。"②直到 60 年代中期,一想到他寻求完全否定权威的这些演讲,他总是感到不十分自在。③ 在论证特殊和一般是"相互联系和不可分割"的关系这一点上,他的确做到了独辟蹊径,并给以后对于马克思主义的一般原理必须始终存在于特殊的国家形式中的辩论提供了一种理论基础。但是对于他作为新手所接触到其他大部分内容时,他却从此深陷于某一他始终试图去理解的论题中。

以下两个系列要好得多,部分是因为它们更坚实地扎根于毛自身的经验之中。《实践论》发展了《反对本本主义》的主题,那是他 1930 年在江西做农村调查时写的一篇文章:

> 你对于某个问题没有调查,就停止你对于某个问题的发言权。这不太野蛮了吗?一点也不野蛮。你对那个问题的现实情况和历史情况既然没有调查,不知底里,对于那个问题的发言便一定是瞎说一顿……也还有人开口闭口"拿本本来"……本本主义的社会科学研究法也同样是最危险的……马克思主义的"本本"是要学习的,但是必须同我国的实际情况相结合。我们需要"本本",但是一定要纠正脱离实际的本本主义。怎样纠正这种本本主义?只有向实际情况做调查。④

在《实践论》中,是以这样的一个警句作结论的:"实践是检验真理的标准。"

---

① 毛的演讲是根据他写的读书笔记,1937 年第一次以"辩证法唯物论(讲授提纲)"为题,作为油印课本广为流传(龚育之:《实践论:三个历史问题》,载于《中国哲学研究》第 23 卷,第 3—4 辑,第 145 页)。最初的部分是论述"辩证法唯物论",在西方——在中国却不是——通常是用这个标题。第二篇文献"实践论"则出自这一部分的最后,是根据毛关于"矛盾统一法则"的论文而形成的,后来使用了与它的内容更为相近的题目"矛盾论"。
② 奈特编:《毛泽东论辩证法唯物论:哲学笔记》,第 126 页。
③ 毛在 1965 年对埃德加·斯诺说他"从来没有写过《辩证法唯物论》这样一篇论文。如果写过的话他应该能记得"(《漫长的革命》,伦敦,休特金森出版社 1971 年版,第 207 页)。
④ 施拉姆:《毛通向权力之路》第 3 卷,第 419—421 页。

客观现实世界的变化运动永远没有完结,人们在实践中对于真理的认识也就永远没有完结。马克思列宁主义并没有结束真理,而是在实践中不断地开辟认识真理的道路……实践、认识、再实践、再认识,这种形式,循环往复以至无穷,而实践和认识之每一循环的内容,都比较地进到了高一级的程度。这就是……辩证唯物论的知行统一观。[①]

在毛的学生时代就曾有过《矛盾论》的启示。对立统一,在他的一本当年的读书笔记中,他曾得到过提示,泡尔生的那段话是:"生即死而死即生,上即是下,污即是净,男即女而厚即薄。实质上,众即寡而变化为永恒。"此时他发现,就像在他之前的列宁那样,这就是"辩证法的根本规律……无产阶级革命的最重要的理论基础……宇宙的基本规律和思想方法的基本规律"。毛评论说为了形成正确政策,有必要在任何特定的形势下去决定什么是主要矛盾,其主要方面又是哪一方。

以后的评论家们断言说,他以结合中国古代思想成分的方式,成功地灌输了有"中国特色"的马克思列宁主义。[②] 更直接更重要的倒是,他已经开始为中国党寻求自身独立的共产主义道路奠定理论依据了。

毛还在另一个重要方面脱离了斯大林主义的正统。

马克思主义认为,经济基础和作用其中的生产力决定社会政治与文化的上层建筑。此时毛有几次争辩说,这一关系可以被颠倒。"当上层建筑阻碍经济基础的发展时,政治与文化的变革就成为主要的和决定性的……一般而言,物质决定意识。[但]我们也,事实上必须认识精神事物对物质事物的作用。"[③]这里,用马克思主义的语言来说,是他自从儿童时代起在人类意志力上感悟出来的信念。数十年之后,他将会给以动员国家精神的方式改造中国的两大尝试——大跃进和文化大革命——提供思想基础。

1937年8月,系列课程突然被打断了,此时日本对上海的进犯迫使毛将注意力转移到更直接更实际的题目上去。

---

① 奈特编:《毛泽东论辩证法唯物论:哲学笔记》,第132—148页;修订后收入《毛泽东选集》第1卷,第295—308页。

② 例如张文儒的《毛泽东对中国哲学遗产精华的批判继承》一文,载于《中国哲学研究》第23卷,第3—4辑,第122—123页。

③ 奈特编:《毛泽东论辩证法唯物论:哲学笔记》,第186页。

这并不意味着他将哲学抛在一边。是年秋,在他的催促下,年轻一代的学院派马克思主义理论家中的领袖人物艾思奇来到延安,开始一星期的研究之旅。和艾一起来的陈伯达成了毛的政治秘书。这是一位矮小而易激动的人,操着一口难懂的福建口音,发音有磕绊时就更糟了。接下来的几年当中,毛贪婪地阅读凡找得到的每一本马克思主义教材——甚至,像是他学生时代的一种回声,开始记一种"阅读日记"了,记录他曾读过的书。

　　在以后的生活中,毛在哲学思维中开发出一种真正的乐趣,而且,无论是私下谈话还是政治讨论,他的言谈都充满了对于深奥论点的神秘晦涩的推理和难解的引经据典,甚至他的政治局同事们也常常要磕磕绊绊地才能跟上他的话。然而,我们还是很难避免这样一种印象,对于毛来说,哲学实际上是一根魔术棒,或者说是进入思想领域内的一块跳板,而不在于它本身的内在魅力。在建立他的作为一位理论家的资历方面,和在加强他对党的领导权方面,《实践论》和《矛盾论》是很重要的,而他只是发现写起来太辛苦了点。[1] 写作手法是呆板的说教,缺少他平素的尖刻与机敏。纯理论只是达到某一目的的手段,而不是毛从中获得乐趣的一个所在。

　　1937 年 11 月 29 日,日本关东军越过华北平原无情地向南推进时,一架飞机出现在延安的上空,开始在简陋的机场上盘旋。起初,瞭望员认为这是执行定期轰炸任务的日本飞机。但随后他们辨别出它的苏联标记,毛和其他政治局领导人赶到停机坪。从飞机上走出来的是王明,表情严肃,稍嫌过胖,是"斯大林的中国部"的首领。苏联领导人此时派他回来,是为了强化中国党对与蒋介石建立统一战线的承诺。[2] 同他一起回来的还有一位瘦削的、学者模样的人,名叫康生,专司秘密警察工作,以及陈云,他在两年半前被派往莫斯科,将遵义会议达成的决议通报给共产国际。

　　无线电曾将王的近期返回提前通知了毛,但取道新疆的旅程耽搁了两个星期,无法知道他返回的准确日期。

　　是夜,红军的厨师准备了一顿晚宴。在欢迎辞中,毛欢呼说王的归来是

---

① 　甚至在 1951 年为发表《实践论》,花费在修改它的时间比他想象的时间长了许多(施拉姆:《毛泽东的思想》,第 64 页)。

② 　《毛泽东年谱(1898—1949)》中卷,第 40 页;李德:《中国纪事》,第 217—218 页。约翰·拜因和罗伯特·帕克在《龙爪》一书中(纽约,西蒙和舒斯特出版社 1992 年版,第 135—136 页)对王的回国作了生动的描写。

"老天保佑",而张闻天则夸赞了共产国际的成就。随后权位上的智斗便开始了。公开场合中王很机敏,不去争夺毛的主导地位,但他的确在政策事务上对毛表示异议,以此暗示他有莫斯科的支持。[1] 在 12 月 9 日开始的六天政治局会议上,开诚布公地讨论了他们之间的分歧的关键——与国民党的统一战线。

三个半月前在延安南面 130 公里处的洛川城的一次领导层会议上,毛曾经提出过他的战略。[2] 如果中国想打败日本,他议论说,团结起一切抗日力量是根本。但在统一战线内部,"共产党必须独立,我们必须将主动权保持在自己手里"。从政治上说,就是在战争行动中,党应该努力发挥"领导作用",扩大自己的队伍。还必须对国民党保持"一种高度的警惕性",解释起来就是:有统一,就继续会有对立和斗争。从军事上说,意思就是做好打一场持久战的准备,八路军在持久战中将重点依靠游击战策略,避免阵地战。"游击战的基础,"毛提醒大家,"就是分兵作战,唤起民众[参加斗争],集中常规力量,[只是]当你有把握摧毁敌人的时候。在你知道可以战胜的时候作战。你可能会受损时切勿作战!"他坚持说,共产党的主力部队,必须"依据实际形势",以一种保存实力的观点,谨慎地进行部署。

随着秋季的过去,毛感到事态证实了这一政策的睿智之处。他相信,蒋介石正努力迫使红军去承受战争的冲击力。[3] 他发起了一场运动,以确保党的官员捍卫中共的利益,而不盲目执行国民党的指示。在给红军将领的电报中,毛提出了有力的论点,游击战争的信条必须是"唯一的方针";花拳绣腿"全然无用"。9 月底,林彪的军队在晋北的平型关伏击了日本的一个师团,消灭了千余敌兵。几天后,国民党的一场集中(就是说,控制)在华南的共产党残存游击队武装的运动,触发了共产党对蒋的意图的新不安。随后又传来更令人不安的信号,在日本人的猛攻之下,北方的城市接连投降,国民党与东京单独媾

---

[1] 弗雷德里克·戴维斯:《毛主义领导的形成:从王明回国到党的七大》,伦敦,当代中国研究所 1994 年版,第 5—7 页。有关王明回国的许多早期的资料显然都是依据台湾人的资料,这些资料断言,王带回了斯大林的指示,即支持毛做党的领导人的要求,同时也尖锐地批评了他对马克思主义的无知。事实上,根本就没有这么一个指示。

[2] 1937 年 8 月 22 日至 25 日,中共中央在洛川召开了由主要的军事将领出席的政治局扩大会议。这次会议后又于 8 月 27 日召开了常委会议,毛在这次常委会议上也发表了讲话。在洛川会议上,毛再一次当选为军事委员会主席,朱德(代替声誉扫地的张国焘)和周恩来为副主席。在这次会议上,还任命朱德为八路军总司令。毛在这次会议上的讲话全文没有找到,但《毛泽东年谱(1898—1949)》(中卷,第 14—17 页)有这篇讲话的概要。

[3] 9 月 12 日,毛警告彭德怀并转告朱德副主席,"他们[国民党]……企图迫使红军打硬仗"(《毛泽东年谱(1898—1949)》中卷,第 20 页)。

和的兴趣又死灰复燃。毛较以往更加坚信,中共必须保持自己的谋略,并"抵制、批评和反击"国民党的"错误政策"。

王明刚从莫斯科归来,就采取一条不同的路线。斯大林视国民党为一个绝对必要的伙伴,希望他们将日本人留在中国海湾(防止其将注意力转向西伯利亚)。中国党,作为共产国际的一个忠实成员,因此应该尽一切努力推动苏联与国民党结盟。王明坚持说,关键问题是,在不"相互竞争",只"相互尊重、相互信任、相互帮助和相互监督"的基础上"巩固和扩大国民党与共产党之间的统一"。像"把主动权掌握在自己手中",以及党应该发挥领导作用这类事情,都是次要的。指导原则必须是:"抗日优先于一切,一切必须服从于抗日。一切服从统一战线,一切通过统一战线。"

当王在 12 月政治局会议上提出这些观点时,毛反击说,洛川制定的战略是正确的。中共必须维护其独立,否则它就会沦落到国民党附庸的地位。他接着说,统一和斗争是相互补充的,这来自于他新近获取的马克思主义辩证法的库存中。在统一战线的相互关系中,不可能只有其一没有其二。

对此时作为与国民党谈判的首席代表的周恩来来说,对一些渴望一场全面抗日攻势的军事将领们来说,王明的"毕其功于一役"的观点有一定的吸引力,尤其因为这明白地具有苏联的支持。据说,毛以后曾经以略带自怜的夸张语言评论道,在这样的场合,在王明归来以后,"我的权威就出不了我的这间窑洞了"。事实上,他还有足够的支持抵消王明的提议,由于双方都不想重提旧事,会议也就不欢而散了。

王的加强自身在党内分量的努力也得到了不同程度的成功。他本人、陈云和康生都是政治局正式委员,与毛和张闻天组成书记处。但从 1935 年初起,张闻天一直保有的"代理党的领袖"的职位就要到期(可短期防止王攫为己有),并且,为了"集体领导"(又一个限制王的影响的设计),大家一致同意,未经书记处或政治局至少过半数委员的批准,任何重要的中共文件都不许颁发。由于王不久离开延安去武汉,担任党的长江局书记和中共驻国民党代表团的首席代表,因此,这些安排意味着毛和张闻天仍保留着对日常决策事务的有效控制。在共产国际的敦促下,政治局还决定着手耽搁已久的第七次代表大会的准备工作。在理论上,这是王可以坚持从中获益的一步,他可能有充分理由指望大会至少确认他为党内第二号领导人。但事实上,这次会议一点也没有帮上他的忙,因为毛被推选为预备委员会主席,他嘱咐说要从容进行准备。

王明发起的挑战,无论如何,是毛在几乎两年半的时间内面对的最严重问题。王是由苏联培养出来的在中国党内的代理人,具有毛一直试图打破的非同小可的影响力。他野心勃勃;他在整个党内有着巨大的威望;在莫斯科他有支持者。他只是将毛视为一个本质上的军事角色,其政治衣钵归根结底还是得交给他王明。1931年四中全会以后,王曾是一位卓越的党的领袖,直到他将权力交给博古。他并未放弃东山再起的希望。

最初,王的策略显露出上升势头。1月,德国试图调解中国与日本的努力未果,中共与国民党的关系开始显示出明显的改进。共产党的一份报纸《新华日报》经批准在武汉出版,首次给予党在国民党统治区宣传自己的主张的一个合法手段。中共在城市中吸收新党员的工作也进展迅速。

但日本的进攻在继续着。

南京陷落。到2月,徐州受困。下一个主要目标将会是武汉。王此时评论说,该城的防务,必须是压倒一切的。如果可以将日本人阻止在那里,最后胜利就有保障。因此,统一战线必须进一步加强,创建“一支统一国民军……(以实行)统一的指挥,统一的创建……统一的战斗计划和统一的斗争”,并创建一个“国民革命联盟”,所有的政治党派——包括国民党与中共——都将投身在共同的事业中。

对毛而言,王的“保卫重要地点以阻止敌人的进攻”的号召使人回想起博古“保卫苏维埃的每一寸领土!”的灾难性口号,后者导致了四年前江西红色根据地的丧失。

当政治局会议2月底再次召集时,毛提出了对未来战争导向的悲凉的分析。[①] 他说,国民党很腐败;中共缺乏独自打败日本的力量;日本人并没有足够的军力占领整个中国。在这种情况下,冲突将不会很快结束。正确的策略远不是保卫武汉,而是战略撤退。毛警告说,继续近几个月的伤亡惨重但又不是决定性的战斗是错误的。中国必须保存实力,以待最终可能取得胜利的那一天。他实际上并没有在这种情况下用“诱敌深入”这个词语,[②]但他的同事们却谁都不会怀疑他的意思:在抵抗日本时,中国应该在全国范围运用这一战略,如同共产党人在江西打败国民党军事围剿时那样。

三个月后,毛将这些主张扩大成两篇文章,以后将成为军事经典著作。文

---

① 《毛泽东年谱(1898—1949)》中卷,第51页;塞茨编:《中国共产党掌权:文献和分析》,第670页。这次政治局会议于2月27日至3月1日召开。

② 三个月后,毛在《论持久战》中再一次明确提出了这一战术原则,指出这是“在战略上以弱胜强的最有效的军事政策”(《毛泽东选集》第2卷,第172页)。

章提出了红军将在未来七年当中运用的指导原则,直到1945年战争结束。

在《游击战争的战略问题》中,他认为,一个大而弱的国家(中国)受到一个小而强的国家(日本)的攻击时,部分甚至很大一部分领土将会陷落敌手。在这些情况下,守方应当在山区建立根据地,如同红军在江西所做的那样,并打一场相互包围的战争,就像下棋①那样,各方都从其堡垒中出击并试图占领"棋盘的空间"——可以开展游击战争的农村广阔地带。

在第二篇文章《论持久战》中,他尝试让党,并通过此时公开发行的《新华日报》,让全国的公众舆论做好准备,去迎接这样一种战略将会带来的长期而又艰苦的斗争。

尽管在国民党内投降之说很风行,毛却断言说,这是没有可能的,因为日本侵略的"不可理喻的和特别残暴的特性"使然,这一特性已经激起了全中国上上下下的难以泯灭的敌意。因此,即使"某些征服论者会再次匍匐在地并通敌卖国",作为一个整体的国家还是会打下去的②。然而,快速的胜利也同样未必到来。在战争的最初阶段,可能会持续几个月或几年,中国将承受局部失败,日本将获得局部胜利。但当日本的补给线变得过长和战争疲劳症加剧,优势的平衡将会改变。毛继续说,像人民为保卫家园、保卫文化和保卫国土而战斗的决心这一类的主观因素,最终将会取得优势。

> ……所谓"唯武器论"[是]……片面地看问题……武器是战争的重要的因素,但不是决定的因素,决定的因素是人不是物。力量的对比不但是军力和经济力的对比,而且是人力和人心的对比。

他继续援引德国军事家兼兵法学家克劳塞维兹(1780—1831)的话,其论述政治与战争的著作直到那年春天毛才首次见过:

> "战争是政治的继续",在这点上说,战争就是政治,战争本身就是政治性质的行动,从古以来没有不带政治性的战争……但是战争有其特殊性,在这点上说,战争不即等于一般的政治。"战争是政治

---

① 毛在这里指的是中国的围棋,围棋的目标是以维持在棋盘上的空间的方法守卫己方的棋子,对方的棋子在其中不能投入。只要一位棋手占据了这些空间,他的棋子即使被包围也不能被吃掉。

② 此话以后成为了哲理式的预言。1938年12月,也就是在六个月后,毛的前国民党内保护人汪精卫,同蒋介石分了手,并同意以南京为基地建立一个日本人的傀儡政权。

的特殊手段的继续。"政治发展到一定的阶段,再也不能照旧前进,于是爆发了战争,用以扫除政治道路上的障碍……因此可以说,政治是不流血的战争,战争是流血的政治。[1]

毛得出结论说,胜利的关键,在于动员中国人民,以便创造出一个"陷敌人于灭顶之灾的人民战争的汪洋大海"。

对王明来说,这是过于悲观的论调。

政治局再一次分裂了。王、周恩来和博古站在一边,毛、张闻天、陈云和康生(其人一旦嗅出政治风向的转变,就会迅速转换效忠的对象)在另一边。王明明显相信斯大林会支持自己,便同意此时为军委政治部长的任弼时赴莫斯科寻求新的指示。以后在回武汉的途中,他还以公开声明的方式激怒毛,说他保卫武汉的神圣运动得到了共产党领导人全体一致的支持。[2]

从那时起,武汉的领导人和延安的领导人分别在两地组成两套日渐分裂的共产党政权的班底,奉行矛盾的政策,颁布对立的指示。

毛在那里宣布说国民党腐败妥协[3],王和周恩来就在那里号召与蒋介石加强联系。当毛指示因为武汉守不住要他们搬到乡下去时,他们就敦促城市居民仿效马德里,共和党人正坚守在那里英勇抗击西班牙法西斯分子。

最后,王的人民党的主张印证了他的败亡。他呼吁城市人民起来,拿起武器守卫家园,反倒在国民党人心中勾起了对共产党城市暴动的回忆。8月,蒋介石的警察颁布了对共产党前线组织的禁令,许多较积极的组织遭封禁。长江局努力以合法手段扩大共产党影响的计划失败了。

到那时止,从另一个全然不同的角度看,王的事业正遭到更加沉重的一击。当任弼时到达莫斯科时,受到了毛的老盟友王稼祥的迎接。[4] 王早先是来到苏联治疗战争创伤的,随后作为中共在共产国际的代表留了下来。任和

---

[1] 《毛泽东选集》第2卷,第113—194页。也可参见施拉姆:《毛泽东的思想》,第206—209页。

[2] 王的原话是:"出席政治局会议的同志对当前局势的看法是一致的。"(塞茨编:《中国共产党掌权:文献和分析》,第802页)。也可参见沈巨光:《中国共产党通向权力之路:抗日民族统一战线(1935—1945)》,第126页。

[3] 沈巨光:《中国共产党通向权力之路:抗日民族统一战线(1935—1945)》,第126页。也可参见毛对国民党统治下的"腐败现象"的批评(《毛泽东选集》第2卷,第131页),以及他在2月政治局会议(和在其他场合)一再强调的共产党人"主要是靠自己"的观点(《毛泽东年谱(1898—1949)》中卷,第48页和第51页)。

[4] 加沃尔(《1937—1945年中苏关系》,第76—77页)对此作了最好的描述,并写出了一个简要的年表。也可参见戴维斯:《毛主义领导的形成:从王明回国到党的七大》,第28、30页,注释90。

王以前在一起共过事,都是 1931 年江西苏维埃的四中全会代表团的成员。两人与王明一开始就很亲密。两人也都目睹了毛进入国家级领导层的发展过程。这时,他俩议决支持毛的行动。7 月末或稍早时候,无论如何还在王的政策于武汉受挫的几个星期前,斯大林和季米特洛夫就已达成共识,应由毛而不是王接受克里姆林宫的恩准,担任中国党的领袖。①

事实上,王明似乎一直对苏联能在多大程度上支持他产生了幻觉。在动身回中国之前,季米特洛夫曾警告王不要试图排挤毛,毛作为一位军事领导人的娴熟技巧,在莫斯科受到赞许已经很久了。至少自 1935 年 12 月瓦窑堡会议以来,斯大林就一直视毛为中国党的主宰人物。任弼时发现不用费多大劲就说服了共产国际:澄清尚存疑窦的时机已经成熟。

9 月的第二个星期中,一天早晨,毛去了延安雄伟城墙的南门石楼下,站在那里迎候取道西安来参加政治局会议的王明。他在保安也曾这样迎接过西路军西征兵败而返的张国焘。这是毛此后已无需再用的一个姿态。他知道而王明尚不知道的是,游戏已最终完结。② 会议开场后,王稼祥宣读了一份共产国际赞扬中共在"复杂的环境中和极其困难的条件"下维护统一战线的努力,然后他传达了季米特洛夫本人发布的两条口头指示:

> 为解决党的领导层团结的问题起见,中共领导应以毛泽东为其中心,应有一种团结与亲密无间的氛围。

接下来的两星期会议,集中讨论了为召开一次中央全会应做的准备工作,这是自 1934 年 1 月以来第一次召开这样的会议。毛早已决定,一俟王稼祥带着莫斯科决定的信息回来,就首先举行这个政治局会议。

---

① 戴维斯(《毛主义领导的形成:从王明回国到党的七大》,第 29—30 页)把共产国际 6 月 11 日批评"右倾机会主义投降倾向"(换言之就是王明的政策)的决议,看成是一个重要的转折。7 月,《真理报》第一次发表了毛和朱德的照片。

② 到 8 月 3 日,毛显然已经得到了莫斯科决定的一些消息,因为当天政治局常委会决定召开政治局扩大会议(这是自 1937 年 12 月以来全体领导人的第一次聚会)。当得到共产国际决定的更为详细的内容时,政治局常委会又决定召开中共中央全体会议,不再开政治局扩大会议(《毛泽东年谱(1898—1949)》中卷,第 84 页;塞茨编:《中国共产党掌权:文献和分析》,第 671 页)。王明被告知,莫斯科已来了新的指示,但没告诉他指示的内容(加沃尔:《1937—1945 年中苏关系》,第 78 页;《人民日报》,1979 年 12 月 27 日)。

9 月 24 日和 27 日,毛作了两次讲话。如同以往他在政治上获胜时——1935 年 1 月在遵义;过了四个月成功强渡金沙江以后在会理;及在瓦窑堡——的场合中那样,他继续采用表现豁达大度的方法。他坚持说,共产国际指示的要点是"解决党内团结"的需要。与此同时,他也摊开了各种筹码。他说,共产国际的指示,不仅为即将到来的中央全会,也为七大(他指出,党的第七次代表大会将负责对党的过去的行动作出评价,并选举出新一届与季米特洛夫所下的指示相一致的领导班子)确立了"指导原则"。党必须为那年夏天他所撰写的《论持久战》中所称的军事上的相持阶段做好准备。与国民党的统一战线是加强抗日斗争的标志。[①]

9 月 29 日召开的六中全会持续了一个多月。

在开幕词中,毛概述了他要发起攻击的广阔的战线。他暗示说,王和他的追随者们系统地接受了外国马克思主义的课程,却没有本国文化的一丝气息:

> 成为伟大中华民族的一部分而和这个民族血肉相连的共产党员,离开中国特点来谈马克思主义,只是抽象的空洞的马克思主义。因此,使马克思主义在中国具体化,使之在其每一表现中带着必须有的中国的特性,即是说,按照中国的特点去应用它,成为全党亟待了解并亟须解决的问题。洋八股必须废止,空洞抽象的调头必须少唱,教条主义必须休息……在这个问题上,我们队伍中存在着的一些严重的错误,是应该认真地克服的……[②]

至此,毛的目标尚很模糊。但对党的元老们来说,他倒奏出了一个熟悉的和弦。数年前,在江西,留苏学生们曾被轻蔑地称为"洋贩子"(洋屋子里出来的绅士)。

10 月末,如同毛所预言的那样,武汉失陷,戏剧性地表明了王的战略的失败。到那时,王本人动身去出席一个国民党主持的讨论统一战线的会议,撇下政治局去作出在他缺席情况下的结论。这倒是毛将其优势推行到底的一个机会。他讥笑王的口号"一切通过统一战线",只是"自己把自己的手脚束缚起来",并重提了他本人的"独立自主"的口号。他宣布说,不能保持独立性的任

---

① 《毛泽东年谱(1898—1949)》中卷,第 90 页。
② 施拉姆:《毛泽东的政治思想》,第 113—114 页;《毛泽东选集》第 2 卷,第 209—210 页。

何人——又一次对王的突然袭击——就应该被称为"右倾机会主义者"。与抑制民众的目的相反,在一场长期拖下去的游击战争中,民众将拿起武器进行战斗,这是唤醒他们的政治觉悟的正确手段:

> 每个共产党员都应懂得这个真理:"枪杆子里面出政权。"我们的原则是党指挥枪,而决不容许枪指挥党。但是有了枪确实又可以造党……还可以……造学校,造文化,造民众运动……枪杆子里面出一切东西……工人阶级和劳动群众,只有用枪杆子的力量才能战胜武装的资产阶级和地主;在这个意义上,我们可以说,整个世界只有用枪杆子才可能改造。我们是战争消灭论者,我们是不要战争的;但是只能经过战争去消灭战争,不要枪杆子必须拿起枪杆子。

这是 1927 年 8 月他在汉口时首次精心构思的公式,那一次党的领导人拒绝过他的这一公式。现在,他指责王明和留苏学生们忽略军事事务的重要性,在其掌权的日子里,在中央苏维埃根据地造成了"严重的损失"。[①]

对毛说来,1938 年的秋天是一个转折点。在知识结构上,他的思想已臻成熟。他的著作在吸收马克思主义辩证法到传统形式的中国思想中去这一方面,显示了一种轻松与自信,这在早先的著作中是缺乏的。从现在起,毛介绍世界时将用到相类似而又相区别的精练风格,对立的推理,分析内在的矛盾,用他的话说,这是"决定一切事物的命运并推动它们向前发展"的因素。在他将近 45 岁生日的时候,他的思想的主线已经定型:他将继续锤炼自己的思想,但基本上已经不会有什么新东西了。

在政治上,他控制党的漫长斗争已经大获全胜。王明还是一股值得掂量的力量,但他的挑战已告终结。毛可以忍受这一点。同时,他着手巩固他所赢得的新权力。

像斯大林一样,他选择书记处作为控制党的工具。当政治局不举行会议的时候,这时的书记处接管了日常事务的处理工作。谁控制了书记处,谁就控制了中央领导层的议事日程。毛成为首领,在莫斯科为他做了如此扎实的工作的王稼祥成为了他的副手。他拒绝了担任代理总书记的提议,而宁可等到七大,如同张闻天在遵义会议后曾做过的那样。毛要的是实际的控制,表面上

---

① 《毛泽东选集》第 2 卷,第 213—217、219—235 页。

的东西可以晚些时候再说。

解散王明为首领的长江局的一项决定,使王的位置进一步地下降了。原长江局的职责被重新划分开,新成立了分别是周恩来领导的南方局和刘少奇领导的中原局;还有一个地位稍低的东南分局,由毛的老对手项英领导。

1938年11月,毛的生活中还发生了别的变化。全会结束后不久,那一年日本飞机轰炸延安的架次成倍增加了,有一次直接命中了凤凰山。毛的庭院损坏严重。他和其他领导人搬到杨家岭的一个住窑洞的村落,位于距延安城墙北面大约四五公里的一条狭窄山谷中。但贺子珍没有随行。一年前他们就已经分居了。那年11月,毛同一位上海来的身材苗条的年轻电影演员结了婚,她的银幕上的艺名叫"蓝苹",此时却自称"江青"。

同毛一起生活过的女人们全都有苦难的经历。他父母给他选定的罗姑娘是一名农家女,遭受了被遗弃的羞辱后早早就夭亡了。杨开慧走上刑场以证明她对毛的忠贞不贰。轮到贺子珍,也饱受了非常的艰苦——被迫放弃五个孩子中的三个,还丢掉了腹中的第四个;与毛共同度过了他的政治生涯中最黑暗的一段岁月;长征途中又可怕地受了伤——这一切等到最后,却发现,在他们终于能够重新过上正常生活的时候,他们只能分手了。

埃德加·斯诺回忆说,贺子珍在保安时是一位温柔谦逊的妇女,只有毛的一半岁数,只做一些家务杂活,做野桃的糖渍水果,照料他们第五个也是硕果仅存的孩子——小女儿李敏,她是在斯诺到达后不久生下这孩子的。他回忆道,在一个场合中,"她俩都突然弯下腰,发出欣喜的惊叫,原来是看见了蜡烛旁边的一只衰弱的蛾子,[一只]……可爱的小东西,翅膀呈现出一种优雅的苹果绿色,而边缘上却镶嵌着一道番红花与玫瑰一样的柔嫩的彩虹"。[①] 但是,温柔的印象却是种错觉。如毛本人所认识的那样,贺子珍精神上特别倔强,还有一种坚韧不拔的性格,与他本人的性格相克。"我们就像铁碰上了钢,"他在一次看过戏后对她说,"除非我们努力相互妥协和解,要不然两个人都会活受罪。"一闹纠纷下来,终归是毛必须先求和。他年轻的妻子过于倔强,决不首先低头。

在江西的野外生活和长征的困苦当中,他们由于政治上、物质上图生存的共同需要而被拴在一起。贺子珍缺少教育——她16岁就离开了学校——似乎也不怎么太碍事。她有才智,聪明伶俐。她爱毛。而在他这一边,对她也有

---

① 斯诺:《漫长的革命》,第107、124、132—133页。

相当多的感情。

在陕西,事情就不同了。毛夜里勤读哲学,白天也得用马克思主义理论进行搏杀,日子都这样地打发掉了。他如饥似渴地同知识分子同事们谈话,急切地寻求那些蜂拥而至参加共产主义事业的学生们。贺子珍感到了受排挤。

在此节骨眼儿上,她又一次发现自己怀孕了。这次确是最后一次了。她还只有27岁。她想要过她自己的生活——而不只是继续为一个她日渐感到疏远的男人怀上孩子。那年夏天她对毛说,她决意离开他。

似乎只是到那时,毛才确实意识到他碰到棘手问题了。

贺子珍在毛死后发表的回忆录中说,他恳求她留下来,提醒她说他们一起经历过多少事情,对她说他有多在乎她。但这不顶事。8月初,她动身去了西安。①

毛派人到西安送给她一只老式的木质化妆盒,是他的警卫们做出来的,此外还有一把水果刀和其他她一直梦想的东西。他再次请她重新考虑。她却不改初衷。

当她原先的目的地上海陷落日军之手后,她动身跨越新疆,到达西边1600多公里的乌鲁木齐。第二年春天,她不顾毛的进一步吁请,并拒不服从党组织要她立即返回延安的一条直接命令,从那里继续向苏联旅行,到那里后,她体内残留的炮弹碎片的旧伤就可以得到适当的治疗与护理了。她的寄居莫斯科的生活远非一个新的开始,反倒使她陷入了更深的痛苦之中。她到达那里后不久,就生下了她与毛的儿子,可十个月以后这个小婴儿就死于肺结核了。正当她为孩子的夭亡而痛苦不已时,传来了毛再婚的消息。她对朋友说,她希望他过得好,自己遂投身于学习当中。但夭折孩子的幻象始终缠绕着她不去。她变得十分病态与沮丧,当地政府最后确诊她得了精神疾病。毛安排让她在1947年返回中国。她继续接受精神治疗,在她的余生中一直受到一种迫害综合症的困扰:坚信她的医生一直试图药死她。

就在贺离去后不久,江青便入场了。②

---

① 王行娟:《贺子珍的路》,第227—245页。贺子珍离开延安的确切日期还不能确定,但张国焘的妻子杨子烈9月在西安遇到了她(张国焘:《中国共产党的崛起》第2卷,第562页);杨子烈本人对这次相遇的描述(《张国焘夫人回忆录》,香港1970年版,第333—334页)是可疑的。

② 毛的秘书叶子龙已经证实了1937年8月末在洛川召开政治局会议期间江青所说的她已经到了那里这一事实,但江本人所描述的全体领导人出来欢迎她的场面则完全是她的幻想。几天后,在延安,井冈山时期的老将军萧劲光的妻子将她介绍给了毛泽东(王凡:《知情者说(之二):与历史关键人物的对话》,第213—215页;罗克珊·维特克:《江青同志》,伦敦,威登费德和尼可尔森出版社1977年版,第146页)。

其时她 23 岁,是一位身材纤细、老于世故的年轻女人,有一只宽阔、性感的鼻子,男孩般的轮廓与活泼的微笑。她同那个毛近十年前第一次相识、那时还只有十几岁的贺子珍十分相像。

江青就像党的安全部头子康生一样,是从山东的一个小镇上出来的,小镇距以往的德国条约港口青岛约 80 公里。她父亲是一个木匠,母亲一段时间在康生的士绅父母家中当女佣,夜间客串娼妓。据江本人说,她在极度贫穷中长大。当她还是个小孩子的时候,她母亲为躲避她父亲的打骂带着她从家中出逃。16 岁上又轮到她从家中出逃,参加了一个巡回演出剧团。三年后的 1933 年春天,她到了上海,在那里她成了一名小明星,最后逐渐在左翼影片中攀升到主角地位,如在敦促抗日的《狼山喋血记》中,还有包括易卜生的《玩偶之家》等在内的西方戏剧中那样。在这一过程中,她作为共产党嫌疑被国民党逮捕,在狱中关押了八个月,随后突然获释,据称是一位神秘而匿名的外国人出面干涉的结果。她有无数惹人注目的风流韵事,至少结过两次婚,第二次是与一位男演员唐纳,她有好几次对他大发脾气,以致他打算殉情。

她上延安的动机是很复杂的。在上海,她的演出生涯中止了。她与多谋善变的唐纳的婚姻是一种对于她很不利的婚姻。她十分狡黠,盘算着如果同日本的战争继续下去,上海会成为一个头等的目标。而自从西安事变以后,延安便成了时尚的中国青年激进分子首选的目的地。她在党内的恩师(也是一段时间里的情人)俞启威,是一位年轻的白区共产党地下领导人,在护送埃德加·斯诺去保安时出过力,此时也打算去延安。从各方面讲,延安似乎都是最佳去处。

像所有新来者一样,她必须忍受一段审查过程。开始,这进行得并不十分顺利。她没有如她所称的 1932 年入党的证据,此外还有一些令她头痛的问题(在其他人中间都完全未曾有过),如有关她两年前如何设法从国民党监狱的魔窟里逃脱出来的确切情况①。但到了 10 月,俞启威终于到了,并为她的党籍问题做了担保,过了一个月,批准她去了党校,开始了马克思列宁主义的学习,六个月以后的 1938 年 4 月,她调到鲁迅文学艺术学院当了一名行政助理。

那年夏天,她就在那里图谋捕捉毛的目光。有关她如何做到这一点的,曾

---

① 文化大革命期间江青花了极多的时间和精力试图掩盖 30 年代她在上海活动的所有记录。这本身并不足以证明她的敌人(据推测就是临终前的康生)的指控,说她以允诺替国民党工作为条件贿敌出狱。但很明显,她担心过去的这一段不光彩的插曲一旦暴露,便可能会造成政治上的尴尬局面。拜因和帕克:《龙爪》,第 405—407 页。

有过大量多多少少出于谨慎的传闻,但都未经证实。所有这些传闻都肯定的一点是,是她,而不是他,采取了主动。① 在她抵达后不久就有人给他们做了介绍,但在那个节骨眼儿上,毛还在全力修补他与贺子珍的关系。此时他又遇见了她,可能是在一场戏剧演出之后,而且也恰好就在他终于明白过来,接受了他妻子已经离他而去的现实,他无论再做些什么也于事无补的时候。②

8月,就在她到达延安(和贺子珍离去)一年之后,她的工作调动了,担任了毛的助手,名义上挂在军委。是年秋,他们公开同居,11月,毛接连办了好几次酒席请政治局的同事们,江青以女主人的身份出面招待。这就是他们"结婚"的全部。没有官方的仪式,也都没有正式的离婚手续。在毛死后曾广泛流传的一则没有任何事实基础的传闻说,毛的同僚们在批准他同江青"结婚"之前曾约法三章:她不应占据党内的位置,不公开露面,而只能单独同他过私生活。

在江青的历史上还有真正的疑窦。以她这样杯水主义的上海背景,她如何入的党这缠绕不去的疑团,以及反复出现她曾和国民党做了交易才脱离牢笼的流言,她还适合做毛的伴侣吗?项英掌管的东南分局负责上海的事务,在收到各界充分的告诫后,写信给毛的机要秘书叶子龙,以在该市流传的有关她行为的传闻警告毛,他率直地得出结论:"此人不宜与主席结婚。"其他人可能更慎重些,但也都抱着类似的疑问。

毛的反应分为两部分。

在场面上,他坚持说,作为党的安全部门首脑的康生,曾指示做过彻底的调查,未发现江青有严重问题。当然,康也有自己的如意算盘。支持他的山东老乡不仅是他本人取悦于毛(及江青本人)的一条途径,而且还使自己获得一条通过毛的枕边伴侣向毛的耳朵吹风的特权渠道。③

作为进一步的保证措施,毛又决定他的新婚妻子应该待在幕后,与以前的

---

① 许多有关江青早年的生活,特别是她在上海的那段生活的资料一直是扑朔迷离的。以下叙述所引用的资料主要来自:叶永烈的《江青传》;拜因和帕克的《龙爪》;维特克的《江青同志》;罗斯·特里尔:《毛的夫人:白骨精》,纽约1992年版。

② 实际上他们并没有完全一刀两断。1938年春或夏初,毛曾给在莫斯科的贺子珍发了一封电报,再一次请求她返回延安。在给毛的回电中,她第一次表示,她是准备回去,但是她要用两年的时间完成她的学业以后才能回去。毛不准备再等了(王行娟:《贺子珍的路》,第234页)。

③ 王凡:《知情者说(之二):与历史关键人物的对话》;叶永烈:《江青传》,第148、162、173页;拜因与帕克(《龙爪》,第147—149页)对江青的作用作了十分生动但又是非常夸张的描写,但他们关于康生拥护江青的原因完全是为了他自己的利益的论点无疑是正确的。

杨开慧和贺子珍一样掌管他的私人秘书事务,而没有任何正式头衔。[1] 江青可能会受到这种安排的钳制,但这恰恰适合毛的胃口。他为她的年轻和性感所吸引。但他要的只是内助,不是政治上公开表演的伙伴。就他所有有关妇女平等地位的推论而言,毛容不得对手,至少是在他的芙蓉帐里。

有一段时间,怀疑论者偃旗息鼓了。江青为毛织套头毛衣,为他做他爱吃的香喷喷的湖南风味的饭菜。他当时的警卫李银桥回忆说:

> 她的脑后披着一头修剪整齐的乌黑发亮的卷发,戴着一只发夹。她眉清目秀,鼻子长得很精巧,嘴角也很丰润……在延安,我们总认为她是一颗明星。她的书法,尤其是草书,写得很漂亮。她喜欢骑马,还玩得一手好牌……她会为自己裁衣,穿起来很好看……那时候她和普通人很接近。她为警卫们剪发,教他们缝补衣裳。行军时,她鼓励他们,还教他们猜谜游戏……冬天,人人都穿厚衣裳。但她修剪了自己的棉衣,使它穿起来很合身,显出了她的身材……她很骄傲;她喜欢引人注目。她真的喜欢炫耀自己。[2]

1940 年 8 月,使毛很高兴的是,她生下了一个小女儿,李讷(她就像贺子珍的女儿李敏一样,取了毛的党内代号"李得胜"的姓氏)。她是他的第十个孩子,也是第四个存活下来的孩子。然而,生儿育女不合江青的心意。她明白声明,她不甘忍受像贺子珍那样接连不断地怀孕。一年以后,当她再次怀孕时,她坚持要堕胎,手术做得很糟糕。她发高烧了,不久后又发现她还有结核病。于是她就做了绝育术。

尽管在另一方面思想很进步,毛还是承继了中国传统的多子多福的思想,对此他很不高兴。

还有另一些不和。毛经常彻夜工作,白天睡大觉。贺子珍早已习惯了这种安排。江青却拒绝接受。在杨家岭,毛在书房里安置了一张床,以便安静地工作。1942 年后,他们搬到枣园。这是离延安还要远上 3 公里多的一条峡谷,朱德和红军将领们驻扎在那里。江青有了单独的寓所。

---

[1] 这一点在江青向罗克珊·维特克讲述自己的经历时有所暗示。也可参见叶永烈:《江青传》,第166 页。

[2] 叶永烈:《江青传》,第 159—161 页。

对外界来说,她就像一个贤妻良母。但在私下里,她和毛的关系常常很不稳定。她不断地请求他在党组织中为她说情。让她获得特殊待遇的事儿,特别让他上火。终于,他对她咆哮起来,说她是女妖精,让她滚得远远的。

除康生外,陈伯达和另外几个人,还有党的其他元老们,从未完全接受她。毛的警卫李银桥回忆说,一天在午餐桌上,她突然尖叫起来:"他妈的混蛋!"看到毛沉下脸来,她连忙解释说,她不是指他而是指拒绝在政治上真诚接受她的"党内那帮人"。在25年后的文化大革命中,在她实现了自己的权利并掌管了一份权力时,她设法对这些怀抱敌意的羞辱复仇了。

1947年中的一天,毛还是对李银桥真诚坦言了自己对她的日增的失望。"我结婚结得不好,"他悔恨地说,"我太轻率了。"然后他叹口气,"江青,"他说,"是我妻子,如果她是我的一个部下,我会立马让她卷铺盖走人……可现在我却无能为力。我只有忍受她。"[1]那个时候,毛的儿子岸英及女儿李敏,也都和他住在一起。[2] 如果早期幸福婚姻留下的这些血肉的存在没有导致他作出对江青不利的心理比较的话,他本来会更加无情。然而,即便没有他们的存在,这种关系也还会变味。在公开场合,表面上的关系还维持着。

当毛自食其果地把自己的个人生活搞得一团糟的时候,他的政治事业却臻于前所未有的高峰了。

如他在六中全会上所预言的那样,国民党不久将证明是一个最不可靠的盟友。仅仅两个月后,也就是在1939年1月,国民党领导人批准了一项秘密决定,要"袭击、鲸吞、限制和对抗"共产党。同一个月,毛下达了针锋相对的命令说:"人不犯我,我不犯人;人若犯我,我必犯人。"[3]

接下来的整整一年当中,在国民党和红军部队之间,"摩擦"作为导致冲突的委婉说法,成倍成倍地增加了。

双方都不清白无辜。共产党正以国民党为代价扩大自己的根据地;国民党决心阻止他们。但双方都不想联盟彻底决裂。毛害怕国民党会自行与日本

---

① 叶永烈:《江青传》,第175—177页。

② 李敏1941年在苏联与贺子珍一起生活。1945年她妈妈被送进精神病院以后,她也被送回了延安(王行娟:《贺子珍的路》,第239页)。

③ 这个原则成为共产党的军队对付国民党军的指导原则。毛第一次提出这个原则是在1939年1月12日的书记处会议上(《毛泽东年谱(1898—1949)》中卷,第103页)。然而,直到八个月后这条原则才公诸于众(《中国共产党历史大事年表(1919—1990)》,第132页)。

人签署单方面停火的协议。蒋也不想失去苏联的战时援助。无论如何，国民党人逐步地加强对自己地区内共产党的活动的控制；一条未经宣布的封锁线被强加在延安周边的地区。

在1940年秋共产党进行大举进攻的所谓"百团大战"之后，这种紧张关系达到了顶峰。

从与日本作战的观点说，这本当是一次伟大的胜利。2.6万人的日本军队或死或伤。但蒋看到的却是一个警告，共产党增长得太快太强。是冬，他认定是给他们一个教训的时候了。1月中，由几块以前的南方根据地的游击队组成的共产党的新四军，打算越过黄河重新布防。在皖南，他们遭到优势兵力的国民党军的伏击。在一星期的战斗中，有9000名共产党人被俘或被杀。

这将两党关系带到了破裂点。延安和在重庆的蒋介石司令部之间的联系被搁置了，其他省会城市的中共联络办事处也都关了门。但是，就是在这样极端艰难的情况下，统一战线还是太有价值了，共产党不能放弃它所获得的合法性，它让红军从5万人增长到50万人。党员人数的激增使得政治局必须暂停批准新党员的工作，因为现存的组织结构已经适应不了这项工作的要求。对毛来说，统一战线有如一个"法宝"，铺平了共产党人的夺权道路。蒋介石也深知此道。但他的手脚也被捆住了。同日本的战争使这个联盟处于第一的位置上，这意味着他无法单方面结束这场战争，而又不冒重新点燃对他"打共产党比打日本人更有兴趣"的指责的风险。

最后，苏联在1941年6月介入了这场战争，美国到12月也加入了战争，这倒使两党别无选择只有捆在一起了。中国成为刚露头的太平洋联盟的一部分，需要暂时将内部对立的必要性抛到一边。双方都停了火，试图保存实力，为未来的冲突做好准备，他们都知道，日本或早或晚的注定失败之后，这种冲突是一定会到来的。

对毛而言，这意味着使党转向自己意志的新契机。

这次的办法是对党的历史作出重新评估，这是设计好的要给那些占多数的怀疑论者们看看，王明及其一伙的错误，不仅在于统一战线的策略，而且在于自1931年以来他们的一贯错误，而只有毛本人才是自始至终地正确。

从战争开始以来的四年当中，大量的地下斗争已经开展起来。1939年10月，毛本人曾写道，为适应党内的获得对党史的一种共同理解的需要，以便"从思想上、政治上和组织上"统一全党，并"避免重犯历史错误"，这种重新评估是必要的。他论述道,只是从遵义起,党才是"坚定地站在布尔什维克的道路上"。① 对王明来说,他的拥戴者们在遵义会议前一直掌权,毛的文章就贴在墙上:毛要的就是全盘否认他们一直坚持的政策。为防止这样的挑战,王勾勒出相互交换的基础:他不同毛的现实第一号地位相竞争;但毛也不该否定他个人从前的贡献。

一段时间中,这一妥协僵局似乎维持着。但不久后,到了 1940 年 12 月,毛颁布了一份包罗万象的清单,将他认为的王明集团在江西所犯的"极左错误"都罗列起来了:

> 在经济上消灭资产阶级(过左的劳动政策和税收政策)和富农(分坏田),在肉体上消灭地主(不分田),打击知识分子,肃反中的"左"倾,在政权工作中共产党员的完全独占……过左的军事政策(进攻大城市和否认游击战争)……以及党内组织上的打击政策……这种过左政策……都使党和革命遭受了极大的损失。②

毛还是不指名道姓。当刘少奇催促他给作为"政治路线"的错误定罪时,他谨慎地拒绝了。"瓜在成熟,"康生引用毛的话说,"瓜还没熟就不要去摘它,瓜熟则蒂落。我们在斗争中无须过于严厉。"③

然而,那年秋天,当共产党和国民党从新四军皖南事变惨案的破裂边缘后撤时,毛作出决定,发动他长期精心策划的伟大政治攻势的时机终于到来了。

如其所称的那样,延安整风运动历时近四年。

他在 1941 年 9 月 10 日召开的扩大的政治局会议上首先发难,采取的是批判"主观主义"的形式,而主观主义指的是不能把党的政策应用到中国条件下的现实中去。作为一般性主张,这是毛自春天以来一直在讲话中论述的话题。此时他已位居至尊。1930 年的"立三路线"就是这样的一个例子,他说,从 1931 年到 1934 年的四中全会领导层的政策更具有破坏性。而且,问题还

---

① 塞茨编:《中国共产党掌权:文献和分析》,第 910—912 页(1939 年 10 月 4 日)。到这时,一场为党的七大做准备的收集历史文献的运动已经进行了一年多了,而七大就是要对 1928 年以来党的历史作出"基本的概括"(威列:《毛主义的出现:1935—1945 年毛泽东、陈伯达及其对中国理论的寻找》,第 74—75 页)。

② 《毛泽东选集》第 2 卷,第 441—442 页。

③ 戴晴:《王实味与"野百合花"》,纽约,阿芒克,夏普出版社 1994 年版,第 155 页。

没有完结。主观主义、宗派主义和教条主义仍然具有很大的危害性,必须发动一场运动来同它们斗争。

到六星期后会议结束时为止,毛几乎得到了他想要的一切。王明和博古因他们在江西的"错误的左倾路线"而受到谴责,他们以前的追随者包括张闻天在内,都做了自我批评。一个遗留的分歧是,留苏学生犯错误的准确时间,是如毛所说的开始于1931年1月的四中全会,还是王明提出的他回到莫斯科后,博古负责的第二年9月。但甚至这种分歧都取得了离间两位主要留苏领导人的理想结果。

好几个因素结合起来,促成了这一突破。

由于不断重复的绝对力量,在过去的五年当中,毛的走一条中国特色的道路的号召,已经逐渐渗透到党的集体意识中去了。他本人就是这条道路的例证,到1941年为止他所做的说明了一切。自遵义会议以来,党繁荣了;而在此前,在留苏学生们的领导下,党曾濒临毁灭的边缘。还有,毛允诺他的同事们,即将开始的运动的目标只是"改正"错误思想,不是针对有错误思想的人。指导方针是"治病救人",而不是从前那些政治运动所特具的"残酷斗争和无情打击"。

毛以后形容1941年9月的这次政治局会议,是他登上至尊权位的六个重大步骤之一。会议排列了在他之后的领导层名单(除去拒不认错的王明、博古之外),认可了他随后将要发动的整风运动所制定的具体安排。[①]

直到这一时刻为止,毛所做的一切努力都还局限在党的最高层的精英之内。在一个到那时为止已经拥有80万党员的政党内,可能还只有不足150的人数清楚这场尚未展开的斗争。甚至连作为一名中共政治局正式委员的彭德怀,以后也承认直到一年之后他才真正抓住了涉及的一切。普通党员对将要发生的事情一无所知。

但是到1942年2月,整风步入了公众范围。

---

① 《毛泽东年谱(1898—1949)》中卷,第326—327页;《中国共产党会议概要》,第216—217页;塞茨编:《中国共产党掌权:文献和分析》,第1008—1011页。也可参见托尼·塞茨:《是写历史还是改写历史?毛主义的关于党的历史问题的决议的形成》,见塞茨和万德温合编:《中国共产主义革命的新视野》,第312—318页;戴维斯:《毛主义领导的形成:从王明回国到党的七大》,第11—16页;《毛泽东选集》第3卷,第17—25页(主观主义)和第165—166页("六个重大步骤之一")。在这次会议召开的前一周,延安党的报纸《解放日报》发表的一篇社论,为毛早在三年前就提出的"马克思主义中国化"的要求一直没有实施而惋惜(威列:《毛主义的出现:1935—1945年毛泽东、陈伯达及其对中国理论的寻找》,第167页)。

当月，毛在中央党校作了两次重要讲话，并在讲话中提出了运动的目标。① "我们都是共产党员"，他告诫他们，"因此，我们必须保持我们队伍的良好秩序，我们必须稳步进军。"②随后他解释了他要求的进军的实质：

> 马克思列宁主义和中国革命的关系，就是箭和靶的关系。有些同志却在那里"无的放矢"，乱放一通……有些同志则仅仅把箭拿在手里搓来搓去。连声赞曰："好箭！好箭！"却老是不愿意放出去……马克思列宁主义之箭，必须用了去射中国革命之的……不然我们为什么还要去学它？我们学马克思列宁主义不是为着好看，也不是因为它有什么神秘，好像茅山出身的道士们学习的如何降妖伏魔的咒语……那些将马克思列宁主义当宗教教条看待的人，就是这种蒙昧无知的人……应该老实地对他们说："你的教条一点用处也没有。"或者大喝一声："你的教条还没有狗屎有用。"狗屎可以肥田，人屎可以喂狗。可教条呢？它们不能肥田，它们也不能喂狗。又何用之有？③

他宣布说，将来评价党的官员，要看他们是否能够运用"马克思列宁主义的立场、观点和方法"解决实际问题，而不是他们"读一万本马克思、恩格斯、列宁和斯大林的书，并……一句一句背下来"的能力。④

一般意义上的读书，一直是毛所憎恶的事情之一。他的一段话可以作为他强力灌输的经典之句：

> 烧饭做菜是一门真正的艺术。而读书怎样呢？如果你什么都不做，只是读书，你只不过能学会三五千字而已……[并且]手上拿着某一本书，公众可能会给你饭吃……但书不会走路……[读它们]是……比一位厨师预备一顿饭简单多了，也比让他去杀一头猪容易

---

① 1942 年 2 月 1 日《整顿党的作风》的报告和 1942 年 2 月 8 日《反对党八股》的报告，这两篇报告都收入了伯德·康波顿：《毛的中国：1942—1944 年党的整风文件》，华盛顿大学出版社 1952 年版，第 9—53 页，以及《毛泽东选集》第 3 卷，第 35—68 页。
② 《毛泽东选集》第 3 卷，第 35 页。
③ 康波顿：《毛的中国：1942—1944 年党的整风文件》，第 21 页。
④ 康波顿：《毛的中国：1942—1944 年党的整风文件》，第 13—14 页。

得多。他得去抓住猪。这猪会跑。(哄堂大笑)他杀猪。这猪会叫。(大笑)放在桌上的一本书不会跑,也不会叫……(大笑)还有什么更容易的事呢? 因此,我提议你们中间那些只会读书还不会联系实际的人……认识到你们的缺点并且把态度放谦虚一点。①

同一条藤上还有更多的瓜。空洞、抽象的讲话就"像王婆的裹脚布,又臭又长";"个人主义"危害党的纪律;"外国的教条主义"则被生动地形容为:

> 我们必须让屁股坐在中国的躯体上。我们必须学习世界上的资本主义和社会主义,但如果我们想弄清楚它们与中国党的历史的关系的话,还全然是一个你的屁股坐在什么地方的问题……当我们学习中国时,我们必须拿中国当做中心……我们有些同志有个毛病,就是他们拿外国当做中心,亦步亦趋地去模仿外国,生吞活剥外国的东西,还将它们贩到中国来。②

这些责难并不直接针对已经被判不可靠的王明及其余党,而是针对他们所代表的思想方法。接下来的 12 个月当中,当普通党员们集中学习和分组讨论,吸收那些源源不断地灌输给他们的毛的思想和党的历史观时,中国党的知识重心就发生了转移。马克思列宁主义智慧的源泉不再在莫斯科那里,而是在延安这里了。

1943 年 3 月,以整风运动所产生的新的政治现实为根据,党的统治机构的组成缓缓地进入了轨道。毛被提名为政治局及一个新的三人书记处的主席,书记处中还有新加入的刘少奇,他事实上但还不在名义上成了党的第二号领导人,另外一个是任弼时,五年前在莫斯科同王稼祥一起推进了毛的事业。王则成为在毛之下的宣传部副部长,自从 1938 年转投毛的麾下后,事业同样有成的康生,成为在刘之下的组织部副部长,这是中央的另一个要害部门。而自 1931 年以来一直是最高领导层的一名成员的王明,被从决策层排挤了出去。

---

① 康波顿:《毛的中国:1942—1944 年党的整风文件》,第 16—17 页(译文有改动)。
② 《如何研究中共党史》(1942 年 3 月 30 日),《党史研究》1980 年第 1 期,第 2—7 页;英译文见斯图尔特・施拉姆:《中国国家权力的基础和范围》,伦敦大学 1987 年版,第 212 页。

然而,真正的创新,已然是醒目的白纸黑字了。如同以往一样,书记处在政治局不开会的时候被授权决策。但这一次明白宣布说,倘若其成员不能达成共识,便由毛说了算。其中的意义不止于授予他双方相持时主席的决定权,或甚至是否决权,还意味着,即使其他两名书记处成员都不同意,毛的观点还占优势。

　　或许, 在战争期间, 如此非同寻常地集权于一人之手似乎还算正当。毛的同事们可以让自己放心的是, 政治局和中央委员会都是保留着最高权力的组织机构。但事实真相是, 大红花轿已经把新娘抬了出去。到那时止, 就连博古都停止抵抗了。王明独自一人负隅顽抗, 成了众人的反面教材。目睹了毛的崛起的领导层其他成员, 知道自己的未来取决于如何把握好与毛的关系, 绝无兴趣成为去阻止多数人都视为无论如何都无可避免的权力膨胀的拦路石。

　　到 1943 年为止,毛已经在他的党内成就了以往任何中国共产党领导人都无法企及的高位。

　　但他的作用还只是局限在共产党所控制的地区,就一个国家整体而言不过是一小块地盘。下一步便要启动个性与思想的神话宣传的流行方式,以使他能够在以下的六年当中,挑起和指挥一场武装斗争,去争取大部分人口的支持,这时候要去统一在共产主义事业下的就不仅是全党,而是全中国了。

　　如同 25 年后的文化大革命那样,延安整风运动远不止是一场争权夺利的斗争,而是要给人们的思维方式带来根本变化的一个尝试。

　　其根子在于统一战线政治之中,统一战线需要党戏剧性地扩大它的吸引力。在 1935 年 12 月的瓦窑堡,在毛的敦促下,政治局同意,党的人员组成应向"一切愿意为共产党的地位而斗争的人"开放,而"不论其阶级出身如何"。这一公式在共产国际提出异议后收回了。但开门的方式还继续着。为争取所谓"中间阶级"——爱国的资产阶级、中小地主和知识分子,也就是构成国民党政治上的支持力量的下层普通成员——起见,中共软化了它的政策。在 1940 年 3 月的一篇题为"新民主主义论"的文章中,毛提出,社会主义仍然是最高目标,但它还有很长的一段路要走。当前的任务就是与帝国主义和封建主义作斗争,这也还需要很多年的时间。

　　阶级合作的政策取得了超乎预想的成功。从卢沟桥事变到 1940 年中期这三年当中,党员人数激增近二十倍。但许多的——如果不是大多数的——

新参加者,是为爱国主义而不是为共产主义信条吸引过来的。[①]

因此,下一个问题就是,如何将这个广大而又混杂的党员组成,锤炼成一支纪律性强的政治队伍。

30年代初期,共产党已经令人害怕地"布尔什维克化"了,但是从那以后也产生了厌恶情绪的浪潮,希望消除任何重复出现这一情况的根源,连毛本人也希望这样。到长征结束时为止,他也曾认识到,必须找到解决党内分歧的较好途径。1935年他曾对徐海东说过,共同经历过如此艰难困苦的人不可能从根本上对党不忠的。后来,他们也曾尝试过各种新方法的设计,包括"改过自新",就是让犯错误的同志坦白错误,并公开保证重新做人。但是,毛最终提出来的答案却源于他年轻时所学经典上的教诲。

他在整风运动开始时宣布说:"如果我们党的作风完全正确,全国人民就会向我们学习。"如同孔夫子所述,道德样板的力量——就像在江西所定义的、其后又在"文化大革命"中再次闻名起来的那个词,"红色"——是左右人民思想的关键。然而,孔夫子在这里坚决主张,对于群众,只"可使由之,不可使知之";而作为一名共产党员,毛却坚持,"群众是真正的英雄",能够自发地产生革命思想:

> 凡属正确的领导,必须是从群众中来,到群众中去。这就是说,将群众的意见(分散的无系统的意见)集中起来(经过研究,化为集中的系统的意见),又到群众中去做宣传解释,化为群众的意见,使群众坚持下去……并在群众行动中考验这些意见是否正确。然后再从群众中集中起来,再到群众中坚持下去。如此无限循环,一次比一次地更正确、更生动、更丰富。这就是马克思主义的认识论。[②]

在整风运动中,这一方法被运用到党的自身队伍中去了。毛所寻求的"启蒙运动",本打算让党员自己志愿掀起来:"共产党员对任何事物都要问一个为

---

① 讨论这些论点的著作有:沈巨光:《中国共产党通向权力之路:抗日民族统一战线(1935—1945)》,第164—173、189—211、224页;戚列:《毛主义的出现:1935—1945年毛泽东、陈伯达及其对中国理论的寻找》,第162—165页;塞茨编:《中国共产党掌权:文献和分析》,第855—859、974—977页。《新民主主义论》原文的摘录译文见塞茨编:《中国共产党掌权:文献和分析》,第912—929页;也可参见《毛泽东选集》第2卷,第339—384页,特别是第353—354、358页。
② 《毛泽东选集》第3卷,第119页(1943年6月1日)。

什么,都要经过自己头脑的周密思考,想一想它是否合乎实际……绝对不应盲从,绝对不应提倡奴隶主义。"①然而,与此同时,他又坚持思想统一的必要性,"服从中央领导"是特别予以强调的。

毛对这种矛盾说法的偏好,成为其政治风格的一大标志。这如此狡狯,又是一种极其简单的手段,使他在一场意识形态运动的过程中能够纵横捭阖,左右逢源,随时适应他的政治需要,任意改变风向,诱使其真正的或假想的对手吐露其观点,最终将他们打翻在地。

整风本来就没打算和风细雨地开展。其初衷就是要一决雌雄,不仅要针对王明及其代表的思想,而且要更宽泛地针对党内一切以任何方式拒绝接受毛的思想霸权的人。"治病救人"只是一个好原则,但毛并未允诺说不会带来痛苦。他曾解释道:"首先一个方法,就是重重地给患病者一个刺激,向他们大喝一声'你有病呀',使患者为之一惊,出一身汗,然后好好地叫他们治疗。"②

儒家的说教可能是主要的方法;但是,就像他的帝王前辈们那样,毛保留了对那些拒不屈服的人采用法家的高压措施——不是对王明那样的高级领导人,他们的地位保护他们免遭残酷的压迫手段,而对那些次要一些且更易受到伤害的人来说,其所受的苦难可以起到杀一儆百的警示作用。

1942年的延安,那些顽固不化者中首当其冲的,当数名叫王实味的一位年轻的理想主义作家了。③

真诚,而不是轻信,一直是多少世纪当中,中国知识分子的最具吸引力和忍耐性的特点之一。在从战争开始以来成群成群地拥到共产主义大旗下的文艺家们当中,毛的进行党内辩论并质询长期坚持的真理的号召一经发出,大字报顿时铺天盖地而来——以"矢与的"、"轻骑兵"、"驼铃"和"西北风"这样的笔名——如同20年前的五四运动一样。

---

① 康波顿:《毛的中国:1942—1944年党的整风文件》,第31页。
② 康波顿:《毛的中国:1942—1944年党的整风文件》,第37页(1942年2月8日)。
③ 以下对王所受迫害的叙述主要是依据戴晴那部十分精彩的著作《王实味与"野百合花"》。也参考了戴维·阿波特和托尼·塞茨:《关于毛的共和政体的革命演讲》,哈佛大学东亚研究中心1994年版,第59—67页;格雷格尔·本顿和艾伦·汉特:《野百合花,草原之火》,普林斯顿大学出版社1995年版,第7—13页;拜见和帕克:《龙爪》,第176—183页;傅正元(音译):《独裁的传统与中国政治》,剑桥大学出版社1993年版,第269—274页;默利·古德曼:《共产党中国文学的异化》,哈佛大学东亚研究中心1967年版,第23—50页;塞茨编:《中国共产党掌权:文献和分析》,第982—985页;弗雷德里克·戴维斯:《中国的政治与整肃:1950—1965年的整风与党的标准的降低》,纽约,阿芒克,夏普出版社1979年版,第74—75页;威列:《毛主义的出现:1935—1945年毛泽东、陈伯达及其对中国理论的寻找》,第178—190页。

女权论者丁玲出言不逊地攻击党对妇女的虚伪态度。她的同事诗人艾青，刻薄地抱怨毛的文化政委希望他"红肿之处，艳若桃花"。但是，至此为止挖苦得最凶的文章还是王实味的杂文《野百合花》，登在3月份的党报《解放日报》上。他公开指责"延安的黑暗面"——"三等衣服、五等饭"是分配给高级官员的，此时"病号吃不到一碗面条，青年人一天只喝两碗粥"，那些握有政治权柄的人享受接近年轻妇女的特权；干部对普通人存有优越感和冷漠感。

直到半个世纪后的现在为止，中国人仍然不同意毛精心设计了一个陷阱，好让王实味和其他一些人掉进去；也不同意作家们的反响确实让他大为震惊。

他很典型地碰到了这两种解释，一会儿把王说成是整风运动所需要的一个令人痛心的靶子，而在另一个时刻，又说成是一个潜藏着政治目的的暴乱分子。但是，不管有否预谋，王的蒙难成了持异议知识分子受压制的一个典型，终毛一生并延及身后，王的教训几乎一成不变地被运用到中国的文艺家们身上。

这些都由毛本人在5月的一次特别召集的文艺座谈会上说了出来。[①] 讽刺和批评都是需要的，他说，但文艺家们必须知道，他们属于革命界限的哪一边，那些用他们的精力去刻画"无产阶级的所谓'黑暗'"的人（像王实味）都是"小资产阶级的个人主义者"，"革命队伍中的蠹虫"。他继续说，艺术的目的就是为无产阶级政治服务。文艺家的"基本任务"是成为群众的"忠实代言人"，将自身融入到群众的生活中去，并赞美他们的革命斗争。

四天后，王被押上一场思想公审大会。纵然采取的是一种较温和的形式，但它仍然可以看做是60年代斗争会的一个雏形，连续两个星期，他的党内同事们辩论他的错误。毛的政治秘书陈伯达定了调子。他把王比喻成一只蚂蟥，还指示要称呼他为"屎味同志"，这是用谐音改变名字的无聊文字游戏。那位勇敢诗人艾青吟诗道："他的观点真反动，他的药方真有毒；这样的'人'不配称为'人'，更不必说是同志。"就连反叛的丁玲也认定公开指责他是上策。依照整风的逻辑，王只是洗罪还不够。他的作家伙伴们公开羞辱他。他的被"公审"首开一种集体揭发惯例的先河，成为此后数十年中中国共产党对付唱反调

---

① 《毛泽东选集》第3卷，第69—98页，特别是第90—93页。未经修改过的原文的英译文本，见伯尼·迈克道格尔：《毛泽东"在延安文艺座谈会上的讲话"》，密歇根大学出版社1980年版，特别是第79—83页。

者的一项基本措施。

随后,他被从文学会中开除出去,这意味着不再允许他创作了。"其余每一个人",一位参与者回忆道,都"甩掉了思想包袱"——换句话说,保住了自己的皮——长吁了一口气,决心今后低头做人。

然而,毛还是不相信这些作家们得到了足够的教训。王本人拒绝改变初衷,坚持说他所写的东西都是希望党好。据康生说,延安知识分子中有90%内心里都同情王。整风运动因而扩大化了,丑化王的努力转入高潮。在他遭"审判"期间,他已经被扣上托洛茨基派、"反党思想"的帽子,还说他具有一个"肮脏和令人作呕的灵魂",盘踞在他精神世界的是"一个反革命的大粪坑"。即使这样,他还是被作为一个犯错误的同志对待,可能还会被挽救过来。第二年春天,风气一变,王被正式指控为一名国民党特务,领导着一个托洛茨基派的"五人反党集团","钻进党内以摧毁或暗中破坏党"。最后他被安全部即党的保安警察官员带走,同行的还有其他200名政治上不可靠分子,拘押在枣园的一处中共秘密监狱里。指控谁为"反党集团"是一个纯粹而简单的阴谋诡计,康生从此逐渐玩熟了这一套把戏。王同其他四名所谓的成员,两对已婚青年,彼此仅稍稍相知但享有相同的自由观点。这些就是"阴谋"之所及。就连批准这一行动的毛,事后也企图摆脱干系,说成是一个"错误"。就其策略的本质来谈,此事并不比整风运动其他更微妙之处逊色。因为这整个地揭示了这个党的领导层的宽容仅此而已。那些置身界限之外的人将会发现,儒家的天鹅绒手套已为法家的斧钺所取代,而这正如毛此后所指出的那样,他们的案例已由"人民内部矛盾"转化为"敌我矛盾"了。

在将王逮捕后,毛下令说,既不可释放他也不可杀掉他。在拘押中,他成了"一个脸呈死灰色的青年",说话时"背书似的",被当做警告党内其他人等的活的教材,一旦他们在毛所指定的路线上动摇起来,等待他们的将会是什么。

1947年春,在共产党员们从延安撤离时,贺龙是地方军事指挥员。西方人通常将他描述成红军中的罗宾汉,一个鲁莽、大胆、浪漫、爱劫富济贫的传奇式人物。但像其他将领们一样,贺龙也是一个固执而无怜悯心的人。他们痛恨像王这样的知识分子,在他们抱怨文学上没有自由之时,年轻的将士们却在血洒疆场。一天早晨,贺龙下令,在靠近黄河旁的一个村子里,将王实味处死。毛听到这一消息后,咬紧嘴唇一言不发。

与毛在党内坐稳头把交椅相伴而来的，是日渐增长起来的个人崇拜。20年代末，在华南的那些操广东口音的村民们已经在编织他们称之为"莫达冲"①的"匪渠"的神话了，当局是杀他不着的。但是在全国范围推动他的作为中国共产主义旗手的形象，却随着埃德加·斯诺的《西行漫记》的出版而迟到了十年。斯诺写过，他在毛的身上，觉察到"某种天命所归的力量"。

毛也明显觉察到这一点。1935年冬在描写陕北风光的一首词《沁园春·雪》中，他曾充分地显露出他的雄心勃勃的内心：

……千里冰封，万里雪飘……山舞银蛇，原驰蜡象。欲与天公试
比高。②

随后毛将思想转到在他之前观赏到这同一景象的中国古代帝王——秦始皇、汉武帝、唐太宗和宋太祖，还有蒙古人的领袖成吉思汗。他写道，他们都是战胜者，而且都白璧微瑕。"数风流人物，"毛宣称，"还看今朝。"

这一对比之蔑视纲常与胆识过人，是令人瞠目结舌的。

当红军还只能召集到几千装备不整的士兵时，毛已经看到他本人作为共产主义新时代的奠基人的形象，随时准备去博取从先辈帝王那里承袭下来的至圣冠冕了。

这样，在精神上，从长征——其坚韧不拔的史诗般的伟大功绩也作为牺牲献给了这一使命感——结束时开始，毛逐渐受到这一思想的感染，即他本人就是一位"天降大任于斯人也"的非凡人物。打从那时起，他只不过是跨越了一小步，一旦时机成熟，便可推动一场声势浩大的造神运动。

1937年6月，或许并不是时间上的巧合，在《真理报》首次刊登毛的一幅肖像前几天，新创刊的中共周刊《解放》也刊载了一幅。这是一幅木刻画，阳光照亮了毛的面部，一个与中国帝王崇拜相联系的传统主题。六个月以后，毛的第一部著作选在上海出版发行。1938年夏又经历了另一个里程碑式的事件，其时毛的忠实助手林彪，撰文称赞了他的天才领导，终毛之余生，这一短语被滥用过度，以至于毛本人都感到腻味了。

与此同时，毛与他身边的人的关系也发生了一种微妙的变化。

---

① 此为"毛泽东"的广东话谐音——译者注。
② 《毛泽东诗词十九首》，第22页。许多中国人都认为这是毛最好的一首诗。

延安早年的西方旅游者们都为该地的不拘礼节所折服。毛不打招呼就可以去赴宴或玩牌。共产国际的顾问李德写道："那里发展出了或许本来可以称为社会生活的东西。"① 星期六晚例行的舞会,是毛——纵令像史沫特莱评论的那样,毛"生就没有节奏感"——所特别喜爱的活动,因为这提供了爱慕女性伴侣的机会。美国共产党员李敦白回忆起一次舞会迟到的情形:

> 我可以听出一把大提琴、两只小提琴、一只萨克斯管或是竖笛正在里面演奏。有个人推开门,我向门内瞧了瞧。从门的正对面,我看到了活生生的毛泽东主席。从他宽大的额头、眉毛及那张小得几乎像女性的嘴唇,我立刻就认出他。从门外背着白墙看过去,他那狮子般的头看起来冷酷,几乎令人想到会有灾祸发生。这个定格画面维持不到一秒钟,因为在我凝视的时候,乐队奏起了狐步舞曲,那个原本冷酷的人物忽然有了生命,转身,与舞伴摆起舞姿,然后翩翩地舞过整个舞池。②

此时,在亲密无间的伙伴关系——如同一位来访者所刻画的那样,那种充满过分亲昵和欢欣鼓舞的美国宗教信仰复兴论者营地里的气氛——的背后,一种新的礼仪发展起来了。

1938年春,维奥列特·克雷西-马尔克斯,一代显赫的无畏女旅行家中的一位,战争期间独身一人做穿越东方的旅行。在她应邀到毛在凤凰山的院落时,发现外大门由一名手提轻机枪的士兵守卫着,而在内大门则又有一名警卫挎着"以前我从未见到过的裸露的最大的砍刀"。③ 就在不到十年前的井冈山甚至瑞金的那些逝去的岁月里,毛和其他领导人还是住在农民中间的。此时,无孔不入的等级观念渗透其中了。毛不再去看别人,他们都来朝拜他。那年稍晚些时候,他征用了城里仅有的一部交通工具,一辆捐赠的雪佛莱牌货车,作为他的代步工具,车上漆有炫目的英文大字"救护车:纽约华裔洗衣工人救亡协会捐赠"。政治局其他领导人仍然步行。

不是每一个人都欢迎此时附加在毛身上的最高级言辞——"最富创造性

① 李德:《中国纪事》,第249页。
② 李敦白:《藏在后面的人》,纽约,西蒙和舒斯特出版社1993年版,第72页。
③ 克雷西-马尔克斯:《中国旅行记》,第162—167页。

的"、"最有素质的"、"最富才干的"、"最有权威的"——的滥用现象。就连毛的最执著的支持者之一刘少奇,也发出了一个谨慎的警告。他在论马克思主义中国化的一篇文章里写道:"我们禁止盲从,也禁止任何偶像崇拜。"

随后到了1942年11月,从欧洲传来的消息使这种犹豫沉寂下来了。"红色凡尔登"——斯大林格勒战役,如毛所称,是大战的转折点,预告了法西斯轴心国的最终崩溃,中国国民党与共产党之间重新爆发冲突的时刻也更临近了。

敌对双方的阵营都重新调整了注意力,建立一个象征性首都,以适应迫近的为国效忠竞赛的需要。1943年3月10日,蒋介石出版了一本书《中国之命运》,重申了他作为中国统治者的地位。几天之后,毛也跃升至政治局主席,因而也是共产党党魁。在各自控制的领土与人口的对比上,蒋还占着较重大的优势。但是这种差别正逐步缩小。蒋的书在白区中小学及大学中要求强制阅读。毛的关于马克思主义中国化意义的著述成为红区的指导纲领。

两个月后,作为对于西方盟友的一种姿态,斯大林解散了共产国际,毛的举足轻重的地位进一步加强了。中共此时无论在理论上还是在实际上都是一个国家级政党了。

当两党对抗中的人员规模问题越来越迫切需要加以确定之时,毛周围的个人崇拜也达到了一个新高潮。7月,此前尚存疑窦的刘少奇现已平静下来,点燃了无限制的阿谀奉承的火苗,终毛之余生,这把火是注定越烧越旺了。在一篇圣徒言行录式的文章中,他断言,保证党在今后不再犯错误的唯一方式是,确信"毛泽东的领导无往而不胜"。那是对他的政治局同事们发出的信号,自周恩来和朱德开始,都加入到一场狂乱表示赞同的合唱当中。两名美国记者,西奥多·怀特与安娜利·雅各比,数月后访问延安,报道说,毛"被顶礼膜拜",是"最为过甚其辞的颂词加上几乎成了令人作呕的奴隶般的雄辩"的对象。他们写道,更为突出的,是作为毛的战友的其他领导人的做法,"本身作为高层领导,在毛口若悬河滔滔不绝之时,也大肆张扬地做着笔记,如饮知识之源泉"。[1]

这就是专有名词"毛泽东思想"被生造出来之时,也是其"选集"首版编纂之始。也就是在那个时候,毛泽东主义的"圣歌"《东方红》被创作出来了:

---

[1] 威列:《毛主义的出现:1935—1945年毛泽东、陈伯达及其对中国理论的寻找》,第207—218页;西奥多·怀特和安娜利·雅各比:《中国的怒吼》,纽约,威廉·斯劳恩出版社1946年版,第229—234页。

东方红，太阳升。

中国出了个毛泽东。

他为人民谋幸福，

他是人民的大救星。

毛的肖像遍布在红色中国各村庄的墙上和公共建筑上。学校也以他命名：在延安有"泽东青年干部学校"，山东有"泽东青年学校"。蹒跚学步者也被教会歌唱："我们是毛主席的好孩子。"[①]

翌年冬，劳动模范们发出信息，高呼毛是中国的"救星"，在中国人的心目中，该词具有可上溯到皇帝与上苍之间古老的联系纽带的神话色彩。1944年，春天到了，毛如同过往时代的皇帝那样，应邀去种植首株小米，象征性地耕种了第一垄土地。

然而，依然缺少一个因素。

纵观中国历史，对于一个觊觎权力的新王朝来说，对过去的总结在创建政治基础中往往发挥关键的作用。在毛的情况下，还有一个斯大林统治俄国的额外榜样。这位苏联的独裁者在对最后的敌手进行肉体消灭的大清洗之后，采取的最初行动之一，就是在1938年颁布他自己的《联共（布）党史简明教程》。它被翻译成中文，并在一年后的延安被指定供干部学习之用。以后，它又被包括在整风运动所采用的教科书之中，作为一种对毛的同事们依然有效的信息。

但是，"党史的澄清"问题，如其精心选择的称呼那样，继续困惑着他。

在毛一方，问题的要点是，如同斯大林以及历朝历代的中国帝王那样，势将忍受没有对手的权威原始史料的尴尬情况。党的早期领导人陈独秀和李立三已经名誉扫地（瞿秋白若非作为烈士献身，必定也会如此），但资料却不足。已被抛弃的王明、博古的政治路线也缺乏足够的资料。对非毛泽东思想的揭露和批驳却必须彻底进行。中国以往的帝王史上不乏此类先例。18世纪的大清皇帝乾隆，导演了一场极其恐怖的文字狱，要一劳永逸地根除煽动性思想。毛也本能地感到，直到党内所有的知识分子代表最终被隔离，并且，高级官员，从他身边的最贴近的同事开始，公开坦白以往支持同毛以前的对手相联

---

① 我一直不能确定这是从什么时候开始的，但到20世纪50年代初的时候，这已经成为中国幼稚园里的必修课（梁恒和朱迪思·夏比罗：《革命的儿子》，纽约，兰登出版社1983年版，第6—8页）。

系的错误政策的过错,他的统治才会牢靠。

又过了 18 个月,他才对他想要达到的控制程度最终感到满意了。

从 1943 年末直到 1944 年春,作为毛的指定人选,刘少奇发动了对把王明送上台的四中全会的攻击,每一个人都曾与王有过牵连,从张闻天和周恩来开始,都做了洗心革面的自我批评,接着由其同事轮流批评。

在周的情况中,这一过程尤其痛苦不堪。在至少两个场合中,毛本人对周的过去痛加鞭挞,指责他缺乏原则,立场不够坚定。在江西,周贴近留苏学生一边。1937 年后,他曾经支持王明。毛下定决心让他这次记取足够的教训[①]。此时已是毛的亲密盟友之一的任弼时,也同样被要求和过去王明的关系一刀两断。康生因处理"抢救运动"不力受到批评,受到批判的还有邓发(康生的前任安全局长,1931 年福建血洗的始作俑者)这样的小人物。除缺席委员如王稼祥(已返回莫斯科)和王明(有病)外,每一位领导人都通过了这一悔过与对毛的思想的恭敬顺从的仪式;只有一个例外,那就是刘少奇,最终导致他倒台的过度自负此时已初露端倪,他宣布说,他始终都与毛站在一起。

1944 年 4 月,随着一切抵抗都偃旗息鼓,毛准备结束这种自我鞭笞的无节制行为。他宣布说,王明和博古无须像俄国的老布尔什维克们那样接受反党罪行的惩罚。党的政策回归于怀柔了。

毛也对"抢救运动"的过激行为做了一个无语的道歉,向集会的干部们深鞠一躬,以作为一种补偿的表示。这是对付整风运动激起的深仇大恨的一种手段,尽管到这一阶段为止,他已经处在奥林匹亚之巅的地位,他还不得不三次而不是仅此一次地如此鞠躬,然后观众们鼓掌示意,他的推托之辞已被接受了。

在新的钦定本党史中,毛的反对陈独秀、瞿秋白、李立三和王明的"错误观点"的斗争,他本人自 1935 年以后的正确思想的胜利,都被作为一个单一而连续的整体的连接部件加以描述。如此精心创造的神话所产生的反响,对于许多中国人来说,要一直延伸到 60 年代:既然毛以往始终是正确的,那么他今后又如何不会是正确的呢?

又过了一年,体现了这一原则的《关于党的若干历史问题的决议》正式本

---

① 很明显,这一插曲导致前共产国际首领季米特洛夫 12 月打电报给毛,呼吁在领导层中保留周(还有王)。据专攻此段历史的党史专家说,毛对周的批评的原始材料保留在中央档案馆内。据报道,1949 年后毛曾两次派人取回重读,而且明显地是在他考虑对周进行公开指责的时候:一次是在 1956 年,在周放慢经济发展速度的尝试惹恼了他时;另一次是在"文化大革命"当中。

由 1945 年 4 月的中央全会予以通过。因为每一名高层党员与他所曾直接卷入的事件相关的阐释都有利害关系,这个《决议》先后被修订了 14 次。事实上,此类事件的某些细节引起了如此之大的争议,以致这类辩论不得不从七大最初定下的议程中转移到先行召开的中央全会中去,因为全会的规模较小,更便于控制。从团结的利益着眼,博古被定为起草委员会的一名委员(表明他认可了对他本人以前的政策的批评),王明最终也被劝说写了一封信承认错误。重建起来的对于团结的认同感洋溢在整个大会期间。在毛的坚持之下,博和王两人都重新选入了中央委员会,尽管是倒数第一和第二的位置。由于其左倾偏差而被点名的李立三,远在苏联而未能出席大会,在那里他含羞忍辱地度过了他人生的最后 15 年,他甚至连大会的召开也一无所知,居然也保留了委员的席位。

毛成了全党的主席,此前只是书记处与政治局的主席。刘少奇被确定为他的第二号人物,预定的接班人。周恩来在名单中排位第三,尽管有某种暗示说,他整风后仍然处于试用阶段,毛允诺他在中央委员会的名单中向后放一些。这是一个并不十分微妙的提示:周是依照毛的意愿留任的,不是因为他自己有一大帮拥护者。朱德总司令排位第四,任弼时第五。①

七大结束时,毛最终取得了权力的融合,这是遵义会议以来他孜孜以求的意识形态和一种能引起大众狂热拥戴的无法形容的领袖气质的融合。一些年来,他的来访者中那些敏感的人不知不觉地体察到正在发生着的变化。1939年,埃德加·斯诺发现他获得了圣哲般的安详。埃文斯·卡尔逊记述了他出神入化的气质。但李敦白在将毛与周恩来做了比较后说得最好。他写道:"与周在一起时,我觉得他是朋友,也是同志;与毛泽东在一起,我觉得自己似乎就坐在历史的旁边。"②

到 1944 年夏,欧洲的战争风潮强烈地倒向联盟国一边。意大利投降了。美英联军在诺曼底登陆。一度不可战胜的德军给勇于为国捐躯的苏军从东方

---

① 这段记述毛如何赢得人们接受他对党的历史作出新的说明的过程所根据的是以下材料:塞茨:《是写历史还是改写历史? 毛主义的关于党的历史问题的决议的形成》,见塞茨和万德温合编:《中国共产主义革命的新视野》,第 299—338 页;塞茨编:《中国共产党掌权:文献和分析》,第 985—991页;戴维斯:《毛主义领导的形成:从王明回到党的七大》,特别是第 19—23、34—59 页;成列:《毛主义的出现:1935—1945 年毛泽东、陈伯达及其对中国理论的寻找》,第 228—233、237—238、272—274 页。

② 李敦白:《藏在后面的人》,第 77 页。

推挤到本土的边境上。在亚洲,日军同样动荡不安。日军一次大规模的攻势仍在中国进行,但在另一处的太平洋的舞台上,皇军正节节败退着。当东京的最高司令开始盘算不可想象的本土守卫之时,斯大林和罗斯福已开始将注意力转向日益迫近的战后秩序的构建上。

1944 年 7 月 22 日,一架带有美国标志的飞机出现在延安上空。它所引起的感觉几乎和五年半以前王明的到来一样强烈,不只是因为就在它打算着陆时,在下跑道的一刹那,左轮撞上了一个大土墩,致使它突然猛烈地向一边滑倒,机身上留下了一个大窟窿,整个飞机戛然而止——就这样,所谓的"迪克西使命"开始了,美国的第一次也是最后一次(直到 70 年代初为止)的与中共建立官方通讯渠道的公开尝试。令人惊异的是,没有一个人受伤,并在受到周恩来的接见以后,这一小组的美国联络官员被送至他们的驿馆,双方在此开始学习相处的经验。必须提醒美国佬的是,在想要什么东西时,他们不可大叫大嚷地喊"BOY"(侍者),而要礼貌地叫他们"招待员"。中国人则首次发现自己与非共产党的西方人处于准外交关系中。毛定了调子,下指示把"我们的朋友"这个词加进《解放日报》的标题,以显示对这项使命的欢迎态度。他和其他领导人应邀观看了用汽油驱动的电影放映机放映的好莱坞音乐片,还有像查理·卓别林的《摩登时代》一类的流行影片,并因此而取消了作为延安主要社交活动的星期六晚上的舞会。

如同这个小组的被正式定名那样,派遣美国观察使团的决定,是罗斯福、斯大林和蒋介石三人之间三角策略的一部分。每一方都想以牺牲另外两方的利益为代价来发展自己的利益。

对蒋总司令腐败独裁并日益失去民心的政权在有效推进战争上的无能为力,美国人已经感到腻烦了。他们要的是国民党和共产党之间的一项和解协议,以中止不断发生的相互伏击事件,合力驱逐侵略者。

斯大林担心美国在中国的保护权地位的创立,想要与国民党政府建立条约关系,并要求中国人保证在未来任何强权斗争中保持中立,承认俄国在中国东北的"特殊利益",尤其是铁路与港口的租让权。同时他还对国共之间的一项协议感兴趣。

总司令本人坚定不移地反对国共和谈。但在华盛顿和莫斯科的共同压力下,他勉强地屈服了。1944 年 11 月 7 日,罗斯福总统的个人特使帕特里克·J. 赫尔利,动身到延安来并开始了一项斡旋努力。

不巧的是,没人想到提前捎个信说将军正在途中。当从重庆出发的每星期一次的美国飞机带着"迪克西使命"的装备抵达延安时,周恩来恰好就在机场,吃惊地看到出现了"一位具有军人风度而又十分英俊的男人。他身穿见所未见的缝制得极其漂亮的军服,胸前佩戴着标志各场战争的各色绶带。绶带那么多……美国打过的战争此人可能都参加了"。在有人告诉他这位尊贵的来访者是谁之后,周连忙跑去找到毛,并临时召集一个步兵连拼凑成一个仪仗队。但那一天的可惊奇之事才只开了个头。赫尔利从一个俄克拉荷马的孤儿爬升到一位石油百万富翁,可以说是美国资本主义的化身,其人骄狂自大犹如一只孔雀,喜爱摆弄照相机。使团的不少人回忆说,他在接受检阅时,"伸直身子,挺起胸膛,像一个得意洋洋的小伙子那样高叫印第安人的战争呼号"。毛与朱德瞠目结舌,感到难以置信。①

赫尔利三天时间的访问,结果变成了颇具美国政策特色的误解中国的实际教训,直到 25 年之后理查德·尼克松当上了美国总统时为止。

他提交给毛一份他本人的协议草案,其中充满了诸如"建立一个民有、民治、民享的政府"一类华而不实的言辞。他显然确信,只要共产党人签署了它,蒋就会在美国的压力下乖乖地接受下来。但这却是一个大大的谬误。蒋总司令立即明确宣布,他不愿接受赫尔利文本的关键条款——诸如共产党的合法化,在军需供应上平等对待国共两党的军队——更不必提毛的修订文本,及其中建立一个联合政府的建议了。由于赫尔利在延安时公开断言,他发现毛的反提议"公平和公正",他的愚蠢就越加昭彰了,双方签署的最后草案反倒成了对其善意的一种挑战。两星期后,和平努力便告搁浅。当"迪克西使命"的指挥官戴维·包瑞德上校 12 月做最后一次和平努力时,他被淹没在毛的反指责的旋风之中:

> 赫尔利将军来延安,问及我们与国民党合作的条件,我们提出了五点建议……赫尔利将军也同意这些显然是公平的条件……委员长已经拒绝了这些建议。现在美国又来认真地要求我们接受需要牺牲我们自己的反建议,这是我们难以理解的……美国希望继续支撑这一腐朽架子——蒋介石,那是美国的权力……我们不像蒋介石,我们并非必须要别的国家的支持。我们能够挺立着,像自由的人们一样

---

① 包瑞德:《迪克西使团:1944 年美军观察组在延安》,第 56—57 页;迪安编:《回忆柯吉·阿利雅什:一个美国士兵在延安》,第 21—23 页。

自由地行走。

包瑞德报告说,毛的态度"极其强硬",并且有好几次都大光其火。"他一次又一次向我们大叫:'我们将不再让步!''蒋介石那个王八蛋!'还有'[他]在这里,我要当面痛骂他一顿'……周恩来则以平静的话语支持毛泽东所说的每一个问题,会谈结束时,我感到,对于两位聪明、无情、坚定的领袖,我所谈的都是白费唇舌,他们绝对相信他们的地位所具有的力量。"[①]

当然这就是毛的表演所要传递的印象。包瑞德的结论给这些共产党人刷上了过多的油彩。在 1944 年底时,他们有 70 万军队,控制了 9000 万人口的地域。蒋有 150 万军队,控制了 2 亿人口。国民党的军队"仍然是强大的",毛在数月以后警告说,红军若是低估他们将是十分冒险的。

就在这种背景下,赫尔利将军的和平努力,尽管做法十分拙劣,却给了毛以很大的帮助。他把蒋拖进了讨论之中,有助于使共产主义事业合法化。蒋要么树敌于其美国盟友和所有那些在爱国基础上而不是在政治基础上支持他的人,要么他就脱不了身。

美国的斡旋给了毛一个巧妙改善共产党在国际上形象的机会,说服那些紧随迪克西使团的后尘而蜂拥到延安的中国人,中共是一个温和的党派,基本上是由土地改革派构成的,共产主义色彩较其名义上浓不了多少。不过就在六个月前,这只特别温和的"兔子"倒着实把斯大林吓了一大跳,当时他对美国驻苏大使阿沃里尔·哈里曼说,毛及其同事们都是优秀的爱国者,而不是"麦淇淋共产党人",意思是说他们不是真正的马克思列宁主义者(这一种观点不仅很有利于他推进国民党与共产党之间和平调解的努力,而且也反映了他对毛派教条的正统性的真实怀疑)。毛在其《新民主主义论》的大纲中表明,中共的当前目标并不是苏联的共产主义,而只是一种混合经济,但这两者是一致的。在赫尔利交易之后,这一"温和运动"进入了高潮,并倾向于一种强烈的亲美情结。毛大声疾呼表示怀疑说,是否"把我们称作民主党或许是更恰当的",整个儿把"共产主义"这个词给甩掉了。他以为,美国是援助中国现代化的"最适当的国家"。他还问一名美国记者,他是否认为西尔斯·鲁巴克愿意将他的邮电业务延伸到中国来,这着实把这名记者吓了一大跳。

这一切手腕都不是正直坦诚的,却的确起到了宣传的效果。到 1945 年

---

① 包瑞德:《迪克西使团:1944 年美军观察组在延安》,第 57—76 页。

1月为止,共产党人打算给美国国务院提出秘密提议,让毛和周访问华盛顿,同罗斯福总统会谈。蒋的作为中国唯一领导人的主张,是任何自尊的西方政府能够予以支持的,突然之间却开始显得有争议了。毛私下里希望美国或许可以援引赫尔利使命失败的例子,在他一直坚信最终必将重新开始的国共冲突中保持中立的态度。

一个月后的雅尔塔高峰会谈又一次把水搅浑了①。

罗斯福和斯大林同意将蒋的政权作为缓冲国处理,将美国控制的太平洋地区与苏联控制的东北亚分隔开来。作为这一协定的一部分,这位苏联领导人,在毛毫不知晓的情况下,允诺不再支持中共反对国民党政府。与之相应,美国和俄国都开始压迫各自的被保护人接受某种形式的联合。

毛看上去像默许了。在他向中共七大提出的报告中,作为一种选择,他提出一项和平执政路线的综合战略。但他的怀疑观点也是过于明显了。同一天晚些时候在给代表们所作的一场富于幻想的即席讲话中,他把蒋——以前他形容为一个“流氓”——比成一个脏脸汉。一直到今天,他宣布说:“还是请他洗脸。不是要割他头的政策,就是请修改他的错误的政策,年纪愈大的人愈不愿意洗脸。”②

七大结束时号召扩大红军,从(1945年7月的)90万人发展到100万人;为城市暴动做好准备;着重强调了运动战而不是游击战。在给军事将领们的密码电报中,毛警告说,内战的重开是不可避免的。他们必须利用余下的时间

---

① 三巨头(丘吉尔、罗斯福和斯大林)1945年2月在克里米亚雅尔塔避暑地会晤,以确定战后欧洲的轮廓并划定各自在亚洲的势力范围。

② 从1945年2月到1946年年中,美国和苏联对中国的政策一直处在不断的变化之中。在这段复杂而又混乱的时期,毛的想法是一个存在着激烈争论的问题,学者们甚至在毛是否谋求从军事或外交上解决国共之间的对抗这样最基本的问题上都存在着分歧。约翰·加沃尔(特别是《1937—1945年中苏关系》,第209—230、249—265页)、奥德·安尼·威斯特德(《冷战与革命》)和迈克尔·尚(《同西方帝国主义作战:毛、斯大林与美国》,普林斯顿大学出版社1997年版)经过认真的研究,对这一时期作了详实的论述(但他们的解释却完全不同)。我个人认为,毛并不是不可捉摸的。对这个问题的进一步讨论,参见斯蒂芬·古德斯蒂因:《1937—1945中国共产党在野时期的外交政策》,载于詹姆斯·赫斯昂和斯蒂芬·莱维尼:《中国惨痛的胜利》,纽约,阿芒克,夏普出版社1992年版,第122—129页;迈克尔·亨特:《共产主义中国外交政策的起源》,纽约,哥伦比亚大学出版社1996年版,第159—171页;牛军:《毛泽东关于国际事务思想的起源》,载于迈克尔·亨特和牛军编:《关于20世纪20年代至60年代中国共产党外交关系的历史》,华盛顿,伍德罗·威尔逊中心1997年版,第10—16页;以及詹姆斯·雷顿-安德森所做的虽然现在看来稍有些过时但却是开拓性的论述(《延安与大国》,哥伦比亚大学出版社1980年版)。

做好必要的部署。①

三个月以后,正当这些准备处于最活跃的进行之中时,俄国终于向日本开战了。第二天,8 月 10 日,朱德命令共产党军队接受日本军队的投降。蒋随后指示说,日本将领只能向国民党军队投降。毛又陷入了泥淖之中,连忙打电报向斯大林求助。其后,在当月 15 日,这位苏联领导人投过来一颗炸弹。莫斯科时间下午 3 时,就在日本人投降数小时之后,蒋的外交部长王世杰和苏联外交人民委员伏亚切斯拉夫·莫洛托夫签署了一项联盟条约。

对毛而言,这是斯大林 1936 年的背信弃义行为的重演,当时在西安事变中他曾下令释放蒋。这位苏联领导人再一次为了苏联的民族利益而出卖了中共。毛已经得知俄国人与国民党人正在会谈。但他对雅尔塔达成的谅解却一无所知。现在,一切都已昭然若揭:如果内战爆发,中共将独立作战。

共产党的政策顷刻之间发生变化。一切对于国民党以及对于美国的批评都停止了。城市暴动的计划被延搁了。红军部队接到通知,要与美国军队合作解除日本人的战斗力。8 月 28 日,在赫尔利将军的陪同下,毛登上一架美国飞机赴重庆,去同国民党进行和谈,留下刘少奇在他不在时负责党的工作。作为莫斯科常驻延安代表的塔斯社记者孙平,在其日记中写道,毛仿佛是去受难似的。

他要去扮演一个难堪的角色。蒋有着美国人毫不含糊的支持,并且苏联也表示友善中立。随着谈判的延续,国民党军队可以逐步调防,以便去占领日本人仍在盘踞的地区,而红军却被挡在一边。如果红军有所失控,蒋就会责备共产党缺乏诚意而选择军事解决。

他们上一次见面还是在 19 年前的广州,当时毛还领导着国民党的农民运动讲习所。由于只是协助召开一个恳谈会,因此什么事情也没有发生。他们的个性截然不同:同时代的照片显示,毛穿着孙中山式的带有圆领和大口袋的蓝色上衣,未经梳理的长发上戴着一顶不相宜的浅灰色的棉军帽。而蒋总司令却修饰一新,干净整洁,穿着刚熨烫的军人制服。他们的政策也针锋相对,并且作为额外的补充,他俩都对彼此深恶痛绝。使蒋愤懑的是,毛是一个叛

---

① 1945 年 6 月 15 日,毛写道,有再一次内战的“可能”;7 月 22 日指出,内战危机“突趋严重”;8 月 4 日进一步指出,内战“必然要来”。见张曙光和陈兼编:《中国共产党的外交政策与亚洲冷战》,芝加哥,印迹出版公司 1996 年版,第 22—23、25—26 页。8 月 13 日,他在延安干部会上的讲话中指出,蒋介石的“方针已经定了”;有可能把内战“暂时限制在局部范围”,内战可能“暂时是若干地方性的战争”(《毛泽东选集》第 4 卷,第 22 页)。

逆:如果这种人都不受惩罚,那就不会有人服从政府了。特别使他感到屈辱的是和谈本身,他被迫承认——用毛的话说——两党之间的"一种对等形式",而共产党人把这看成是一个有意义的收获。

在和谈继续下去的六个星期当中,这两个人面对面见过四次,达成一项谅解备忘录,其中双方都承诺"坚决避免内战"。蒋还接受了召开一次各党派的政治协商会议以讨论一部新宪法的建议。就像在早先的谈判中那样,更宽泛的协议受阻了,蒋坚持要中共将其军队及其所领导的地方政府置于国民党的控制之下,以此作为一揽子解决问题的一个前提,毛当然毫不犹豫地拒绝了。

然而,还有更重要的是,会谈举行期间,相关的国际关系发生了变化。

8月,当重庆和谈开始时,美国和俄国都公开承诺对中国事务不加干涉。

到10月份,当谈判结束时,5万名美国海军士兵开始在华北沿海登陆,表面上是协助解除日本人的武装,但实际上是要代表国民党去占领北京、天津和其他主要城市,并预先阻止俄国的南进;此时苏联军队正谨慎地纵容着中国共产党人对东北的占领。雅尔塔之后仅八个月,一个中立的中国作为苏联和美国的扩张的缓冲地带的思想,已经开始失去意义了。在欧洲形成的冷战,迅速地传播到了东方。

东北成了这些新对抗的焦点。

11月14日,在美国的军事支持下,国民党军队向共产党军队防守的山海关发动攻击。这是长城末端控制着内陆北进路线的战略咽喉要地。六天以后,林彪报告说该镇失守且无法夺回。形势又倒回到夏天时的情况。双方都朝着全面内战的方向残酷无情地推进。

斯大林再一次粗暴地割断共产党人脚下的根基。

这一次他关注的是,缓解过去两个月当中苏美之间在全球范围内发展起来的紧张关系。他决定,给华盛顿显示出某种善意的时间到了,不过是以中共利益为代价罢了。苏军将领们得到指示,要他们通知中国同志,他们必须在一星期内从所有主要城市和通讯路线上撤离。"如果你们不撤,"一位苏联将军警告中共华北领导人彭真说,"我们将用坦克将你们轰出来。"苏军还命令专门从事破坏铁路干线以延缓国民党攻势的共产党工兵们说,要么停下,要么被强行解除武装。

到此时为止,中共党的领导人已习惯于苏联的背叛行为。然而,这一次却是毁灭性的打击。平素极为冷静的彭发火了:"一个共产党的军队用坦克来打另一个共产党的军队,这倒是从来都没有听说过的事,能允许这样做吗?"然而,中国共产党对此无能为力。如同在 8 月那样,他们默默地顺从了。

毛在这些事情上无能为力。他的神经衰弱症又犯了。

自打 1924 年毛绝望地撤退到韶山时起,他在政治上首次陷入孤立无援的境地。他看不出下一步如何行棋了。

那年夏天在党内取得全部权力和几乎是上帝般的地位后,他对苏联的控制曾感到较以往宽松一些。此时他突然发现,他竟然是如此的孤立无援——手脚都给大国压倒一切的利益束缚住了。8 月斯大林与蒋的条约堵死了内战的可能,而他却在心理上对内战做了充分的准备;不但如此,还让他政治上赤手空拳地跑到重庆去面对蒋总司令。此时他唯一可选的几点策略——同国民党战斗,一方面还要尽量避免美军的介入;寻求苏联政策上的支持,尽管苏联领导人不予赞成——却是如此明显的自相矛盾,以致是必败无疑的了。

当毛在沮丧情绪的支配下心力交瘁时,刘少奇作为中央委员会代理首脑为他坚守着岗位。来访者们被告知说,他正忍受着极度疲惫的痛苦。他的译员师哲回忆说:"整个 11 月当中,我每天看他几次。他有时躺在床上,全身发抖,手脚痉挛,冷汗不止……他要求用冷湿毛巾敷头,照做了,却无济于事。"①

最后还是杜鲁门总统将毛从鬼门关上拖了回来。

对于美国海军越来越深地陷入一场外国内战的前景,美国国会的焦虑不安逐渐上升。11 月 27 日,国会通过了一项决议案,赫尔利愤而辞职,促成了美军的撤离。杜鲁门宣布了乔治．C. 马歇尔接替赫尔利的任命,马歇尔是以对盟国的物资援助来促进欧洲复兴计划的始作俑者。马歇尔打算执行的中国新策略有两大目标:国共之间的停火并导向政治解决;让苏联撤出中国东北去。

当消息传到延安时,毛数月来首次看到一线希望的微光。如果美国人要的是中国的和平,他们就必然会迫使蒋停止对共产党阵地的进攻。

马歇尔 12 月 21 日到达重庆。十天之内,他把双方都劝回到和谈桌旁。周恩来按照毛的指示,接受了国民党的主要条件:政府军队进入苏联控制地区和解除南部日本军队武装的行动自由。1946 年 1 月 10 日,双方签署了一项停火协议,三天后生效。同时,作为做给马歇尔看的进一步的姿态,蒋介石召集了他前一年 10 月同意召开却一直没有批准召开的政治协商会议,他打算将此会议作为一种遮掩,给他的政府添上一抹民主正统政府的气息。与其愿望

---

① 师哲:《在历史巨人身边》,中央文献出版社 1991 年版,第 313 页。

恰好相反,一个由共产党人、第三党人士和国民党温和派组成的似无可能的联盟,从蒋的手中夺走了会务权,并借助于停火协议的推动,通过了一些决议,号召举行一次民选的全国会议,共产党参加联合政府而国民党于其中不得掌握过半数的部长职位,以及其他一些事务。毛欣喜若狂。他的有关马歇尔使命的嗅觉已经得到验证。钟摆已经从战争摆向政治斗争。"我们党不久就会加入政府。"1946年2月他在一项指示中宣布道,"总的来说",武装斗争结束了。毛断言说,现在主要的任务是克服关门主义,它会导致"一些同志"怀疑"已经到来的一个和平民主的新时代"。

那天晚上,他设宴招待一名来访的美国记者,美联社的约翰·罗德里克,他是几个月以来毛见到的第一位外国记者。这是一个如同节庆的场合,毛在讲话中通篇盛赞杜鲁门总统。他说,他的主动精神,对中美关系做出了重大贡献。罗德里克对他控制周围环境的方式颇感惊讶,他总能够使自己保持一种"自信与权威而又不露骄矜的态度"。罗德里克认为,他是在任何场合中都会鹤立鸡群的人物,身上总能流露出一种王者风范,就像"在亚历山大大帝、拿破仑和列宁一类人物身上一定会透出来的那股霸气"。[①] 而对这一英雄的形象来说,十分可悲的是,关门主义反倒证明是正确的。蒋介石并不乐意执行政协会议的决议,美国也不乐意迫使他那样做。毛犯了重大的决策失误。

在接下来的几个星期当中,马歇尔所创造的推动力保持了和谈的继续推进。到2月底,双方都惊讶地发现,他们已经就共产党军队统一编入一支非党派的新型国民军队一事达成了协议。这可真是,即便在战时统一战线的高峰时期,也会证明这是难以企及的一项议题了。

但是,不久就出现了这一和平进程迫切需要着手解决的预警信号。

3月份,也就是温斯顿·丘吉尔在美国密苏里州富尔敦城发表有关"铁幕"的著名演讲的那个月,美苏之间的全球紧张关系正在升级。随着苏军开始从中国东北的回撤——1月的停火协议并不包括这一条款——蒋使得白宫相信,除非国民党军进入该地区以再次声明中国的主权,否则整个的中国东北将会落入共产党的势力范围。毛此时此刻还在为临近的一揽子政治解决的前景大伤脑筋,最初只是认为,总司令不过是试图加强其谈判地位而已。但是到了3月16日,随着国民党的继续推进,他才首次意识到重新开战的可能性。一星期后,他指示林彪发动反攻,而不管和谈的结果如何。4月18日,长春落入

---

① 罗德里克:《控制中国》,第32—34页。

林彪军队的手中;十天后又轮到了哈尔滨。

东北的战斗又打响了,而且还不是一般的冲突。接下来的一个月中,毛继续敦促其他地区的共产党将领们坚持停火,除非国民党首先进攻。[1]

"国民党积极准备发动一场全国范围的内战,"他在 5 月 15 日的一份中共中央的指示中说,"但美国并不赞成这场战争……我们党的政策[因此]应当是……防止或至少是推迟这场战争。"两个星期后,就连这种残存的希望也被迫放弃了。马歇尔的调停努力又归于失败,中共中央宣布道,"国民党反动派"正在以恐怖手段统治中国,而美国却在支持他们。[2]

6 月,大规模的冲突爆发了。在又一次短暂停火的一个月后,战火蔓延到整个中国的北部和中部广大地区。

回首过去,毛度过了深感不满的一年。

他的领导地位未受丝毫影响。对于大多数追随者为农民所组成的一般意义上的党来说,他还是那个"大救星"和东方的红太阳。他的同事们可能会在背后嘀咕政策上的使人困惑的摇摆——从战争到和平,又回到战争——但是无人敢于向他挑战。毛已然成为不可缺少的和不能替代的向导,未来共产主义事业的象征。[3]

但是,他在处理与强国关系上的缺乏经验,导致了他从上一年秋天到这一年春天接二连三地犯下使他蒙羞受辱的错误。

领导着一个受到国际承认的政府的蒋介石,有着 15 年的时间去学习如何让强国相互讨伐的游戏。而毛领导的是一个反叛的政府。他没有出国旅行过。他甚至同苏联领导人也没有过私人接触。直到 18 个月之前迪克西使团到达时为止,他还没有同一个西方官员打过交道。他在相信美国人一定会强迫国民党政府妥协一事上的无知使他痛心疾首,并且,这还是在蒋挫败 20 年之后,当外交关系问题凸显出来时,他在与西方强国的接触中小心谨慎的原因之一。

一旦到了外交政策迷雾廓清,苏军撤退完成,大国争夺的焦点转移到欧洲

---

① 威斯特德:《冷战与革命》,第 159—161 页。张曙光和陈兼编:《中国共产党的外交政策与亚洲冷战》,第 67—68 页(1946 年 5 月 15 日)。尚在《同西方帝国主义作战:毛、斯大林与美国》第 134—144 页上对这一时期作了充分的论述。

② 张曙光和陈兼编:《中国共产党的外交政策与亚洲冷战》,第 68—70 页(1946 年 5 月 28 日)。也可参见雷顿-安德森:《延安与大国》,第 157—159 页。

③ 在毛患病期间,他的同事们惊慌地恳求斯大林给毛派一个俄国医生(苏联领导人接受了这一请求,安德烈·奥立弗博士乘专机到了延安)。师哲:《在历史巨人身边》,第 313 页。

之时,毛的那一份老牌的自信就又回来了。面对一个他熟知的敌人——国民党,而且是在他所熟知的领域——中国农村,他重新得心应手起来。在一连串的中共中央指示中,他旧话重提,回到那个再三试验过,并且在江西时和在打日本人时十分奏效的老战争原则——诱敌深入,并集中优势兵力打击弱小之敌。放弃领土以保存实力"不仅是不可避免的,而且也是十分必要的",那年夏天他对同事们说,"否则,最后胜利将是不可能的"。[①]

翌年春,当延安本身受到威胁时,他的译员师哲沮丧地问他,他们能做点什么以防止该城的陷落。毛大笑不止。"你的想法不高明。"他说,"不应该拦挡他们进占延安……蒋介石一占领了延安,他就以为自己胜利了。但实际上只要他一占领延安,他就输掉了一切。[《论语》上说]'来而不往非礼也。'你既然可以打到延安来,我们也可以打到南京去。"[②]

两个星期后的 1947 年 3 月 18 日黄昏,护卫着毛和其他中央委员会领导人的纵队撤离了红色首都,开始北上。延安插曲就此结束。大决战开始了。

---

① 《毛泽东选集》第 4 卷,第 89 页(1946 年 7 月 20 日)。
② 师哲:《在历史巨人身边》,第 337—338 页。

第十二章

纸老虎

从 1946 年夏到 1950 年春，席卷中国大地的武装冲突同毛以往所经历的任何战争基本上都不相同。在井冈山上，在江西和在大西北时，红军的目标只是建立和保卫农村根据地。在延安的岁月里，其目标是"七成为扩充我们的军队，两成为抵抗国民党，一成为打日本"。此时，毛的目标首次从控制农村转变到夺取中国城市控制权，无产阶级就集中在那里，他们已经被共产党野蛮地排斥了 20 年。

在前九个月中，已经更名为中国人民解放军的红军正在稳步撤离。在东北，蒋布置了他的精锐之师，共产党的地盘丧失殆尽，只保住了靠近苏联边境的哈尔滨。在华东，他们被逐出了苏北。在武汉以北的鄂豫皖地区，历尽痛楚重新创立起来的根据地又丢掉了，国民党军队还控制了晋冀鲁豫边区的几块地盘。到 1946 年 12 月延安易手后，蒋信心十足地对马歇尔说，到那年秋后共产党的军事威胁将被荡平。这是他虚张声势并不厌其烦地对公众作出的一个评估。这位美国使节进言说，撤退之中的毛的部队，并没有显出任何准备投降的迹象。可蒋一点也听不进去。

蒋的战略是重新占取长江以北的主要城市和铁路沿线，只有在完成这些目标之后，才可以保证向农村地区转移，占取县城，最后用地主的团练武装恢复对村庄的控制。毛命令他的部队，除非确有胜利把握，否则应尽量避免战斗，以后找机会一举歼灭来犯之敌：

> 当着我军……包围敌军诸路中的一路（一个旅或一个团）的时候，我军……不应企图一下子同时全部地歼灭这个被我包围之敌，因而平分兵力……难于奏效。而应……集中六倍、五倍、四倍于敌，至

少也是三倍于敌的兵力,并集中全部或大部分的炮兵,从敌军诸阵地中,选择较弱的一点(不是两点),猛烈地攻击之,务期必克……使敌军被歼一团少一团,被歼一旅少一旅……实行这种方法,就会胜利。违背这种方法,就会失败。①

到 1947 年 2 月止,(在投入作战的 218 个旅中)有 50 多个国民党旅是用这一作战方法消灭的。一如 15 年前在江西时那样,多数国民党的降兵被吸收进共产党的部队,成为解放军的主要兵源。

在离开延安以后,作为一种安全措施,党的领导人划分为两组。毛率领的一路称为前敌委员会,仍然留在陕北。刘少奇则负责中共晋察冀根据地工作委员会,这是现今距离河北省向西约 400 公里的一块地方。随毛同行的李敦白对毛的策略赞叹有加,并不觉得十分可怕:

> 毛……与他的对手玩讽刺的猫捉老鼠游戏。毛泽东故意将他的行踪以对方可以收到的电报送出……他刻意跟国民党追兵保持绝不超过一天行军路程的距离。毛知道胡宗南想要亲自抓到他,以成为蒋介石心中的英雄,他充分利用胡宗南的这层心态。在每个驻扎地,毛泽东都会等他的侦察兵带来追兵仅剩一个小时的路程的消息,然后再慢条斯理地将外套穿上,骑上马,然后再领着他的小总部迅速地冲下小路……当国民党军队筋疲力尽……并对整个追逐情况感到厌恶时,彭德怀将军将敌军诱入他选中的一块口袋形绝地……以士饱马腾的绝对优势攻击敌人。②

毛在井冈山上学到的朱老聋的特别教诲,长征途中他就获益匪浅,此时也还十分管用。4 月在给彭的一份电报中,他将之称为"蘑菇战术"。这是专门设计来饿垮敌人,耗竭其给养的。

到此时为止,国民党的攻势已深陷泥潭。毛(还有美国,各自独立地)于上年秋天曾就此预言过。蒋的兵力过于分散单薄,通讯线路也拉得过长。总司令此后也承认,把他最好的部队派到东北去,而不是首先确保华北和华中的中

---

① 《毛泽东选集》第 4 卷,第 103—107 页(1946 年 9 月 16 日)。
② 李敦白:《藏在后面的人》,第 118—119 页。

原省份,是犯了重大战略失误。他对东北当地人的不信任也于事无补。当国民党人从外地带人去管理该地区时,便失去了当地士绅的支持。但是潮流逆转的关键因素是,解放军轻松地从游击战策略转移到了运用大型的机动组合。在同日本人作战中学到的经验,强化的纪律和在整风期间一点一点灌输进去的"目标一致",现在都得到慷慨的回报了。

是年夏天,共产党人停止撤退,反攻开始了。

林彪发动一次三面攻势,切断了东北主要城市之间的铁路联系,并迫使国民党军队将战线向南回撤 230 公里。"独眼龙"刘伯承跨过黄河攻入河北,陈毅也在山东越过了黄河。再向北一点,聂荣臻攻占了石家庄,国民党在中国腹地据守的第一座主要城市陷落,北京到武汉的铁路干线的控制权落到共产党手中。到 1947 年 12 月止,毛已可以宣布说,64 万国民党士兵伤亡,100 多万人投降。

他喜不自胜地说,战争已经到了转折点。"[一年前]我们的敌人兴高采烈……[并且]美国帝国主义分子也手舞足蹈……现在是[他们]为悲观情绪所统治的时候了。他们唉声叹气,大叫危机,一点欢乐的影子也看不见了。"①

1948 年的整个春夏两季,毛的兵力保持了优势。到 3 月底,除长春和沈阳外,东北大部分落入林彪的手中,国民党军的增援及后撤的可能性均被切断。再向南一点,解放军将领们收复了晋、冀两省的大片地区,整个山东及豫皖两省的大部分。一个有重要象征意义的胜利是,4 月 25 日延安落入共产党人之手。毛开始计算最后胜利到手之前尚须被歼的国民党军的旅数。1948 年 3 月,他预测到 1951 年中就可以推翻国民党的统治。八个月以后,他把时间提前到 1949 年秋。

粉碎国民党人抵抗的速度甚至让他自己也吃惊不已。②

一个因素是随着美军的介入战争所导致的国民党军队素质的蜕变。③ 国

① 《毛泽东选集》第 4 卷,第 160、162—163 页(1947 年 12 月 25 日)。

② 1948 年 10 月 10 日,毛仍然预计要到 1951 年年中才能推翻国民党的统治。仅仅过了三个星期,即在 10 月 31 日,他就改变了原来的想法,把预计的时间提前到 1949 年的秋季(《毛泽东年谱(1898—1949)》下卷,第 378 页。也可参见 1949 年 2 月毛同安纳斯塔斯·米高扬的谈话(师哲:《在历史巨人身边》,第 375 页)。

③ 以下有关内容大部分是依据易劳逸在他的《毁灭的种子:1937—1949 处于战争与革命中的国民党的中国》一书中(特别是第 6、7、9 章)所作的详实的论述。也参阅了胡素珊:《1945—1949 年的国共冲突》,载于《剑桥中国史》第 13 卷,第 763 页(共产党在保护治下居民免遭此类劫掠方面的无能为力),第 737—751 页(在城市中,那个政权也是风雨飘摇)。

民党将军们对赶走日本人失去了兴趣,他们心想,他们的盟军或迟或早要替他们办到的。用蒋的一位将领的话来说:"我军……变得软弱,耽于享乐……[他们]缺乏斗志,没有牺牲的精神。"领导的无能使事情更糟。驻华美军司令维迪梅尔称蒋的军官团"无能,愚蠢,缺乏训练,卑怯[且]……完全没有效率"。总司令本人也承认:"我整夜不眠,唯恐他们会做出什么蠢事来……他们十分冥顽不灵……你必须设想好他们能做出来的一切错事,并事先以此提醒他们注意。"但蒋本人不断的干扰也往往使其将领们手足无措,失去主动性。

缺乏情报来源也加重了国民党的困难。康生反对国民党特务的运动尽管纯属无稽之谈,但却使得蒋的属下渗透进哪怕是共产党军队的基层也没有可能了。相反,蒋的助理参谋长刘斐将军,从外表上看是一位地地道道的国民党职业军人,华而不实,官气十足,却是一名共产党的卧底。国民党战时计划委员会主任郭汝瑰也是一只共产党的鼹鼠。内战临结束时的各次大战役中,共产党对国民党的行动事先就了如指掌了。

士气,或者说是缺乏士气,也是同样重要的。蒋的军队是征募来的。拉夫队跑进村去从田地里把男丁拉走,留下一家人去挨饿。原想让壮丁们接受基本军事训练的征兵中心反倒用重兵把守着。在某些地方,即使是在隆冬,夜里也把壮丁们的衣服剥光以防止他们逃走。"可怜的家伙们赤裸着睡觉,"一名美国观察员报告说,"四五十个人挤在一块 13 平方米大小的空间里。中士对我们说,这样挤在一起他们就可以暖和些,也能睡得好……"在登记后,他们就会像囚犯一样给捆在一起,拖到他们的部队中去,经常是在数百公里之遥的前线那边。他们经常没饭吃也没水喝,因为他们的军饷都被贪污的军官们"克扣"掉了。在一次从福建到贵州的行军中,出发时的 1000 名壮丁中只有 100名抵达目的地;另一次的情况则是 700 人中只有 17 人活了下来。这些都不是特例。一年之内,在 167 万名壮丁中,就有近一半人在到达部队前或死或逃。活下来的人在到达前线后,有很多人一有机会就会逃走。一支国民党部队每个月逃走 6% 的人员都算是正常情况。那些留下来的人都是长期营养不良,缺少有效的医疗。迪克西使团的包瑞德上校报告说,他看到国民党士兵们"行军时还没走上一两公里,就一头栽到地上死掉了"。①

像野兽一般供人驱使,军队的战斗力自可想见了。另一位美军军官报

---

① 关于包瑞德对国民党军队的暗淡前途的评论,见《迪克西使团:1944 年美军观察组在延安》,第 60、85—87 页。

告说：

> 我访问过蒋的士兵占领并劫掠过的一些村庄[在前共产党控制区]。只要不能用偷来的牛车或驮牲拉走的东西，他们就给破坏掉……他们把粪便与玉米、小麦和小米搅和在一起使粮食无法食用。深水井……灌满了泥土……在一个村学里，国民党士兵如同在别处那样乱拉屎尿，还把人粪泼到墙上。一位年轻妇女……对我哭诉说，她从一座炮楼被拖到另一座炮楼，接连许多天遭受轮奸。国民党军队刚撤离后我们就赶到一个村子里，那里只留下一位年逾75岁的老妪，她坐在那里动弹不得，因为她也被强奸多次了。[1]

在一些地区，共产党在保护治下居民免遭此类劫掠方面的无能为力，曾使得农民起而反对他们。30年代中，国民党人曾使用同样的策略并达到类似的效果。

毛的反应是逐步推行一度因实施统一战线而被拖延下来的土地改革。[2]"土豪劣绅"们被拖拽到群众大会上公审并处决。农村的阶级关系被人为地激化了，其目的是把农民中最贫苦的阶层赶上架，逼着他们与共产主义事业共存亡。

在城市中，那个政权也是风雨飘摇。由秘密警察做后盾的一党独裁；对自由派异议的压制；政府滥印钞票以支撑内战，造成通货膨胀和工薪贬值；渗透性的普遍腐化使得合法的工商业无法生存——所有这一切使得曾是国民党核心支持者的那些集团转而反对它了。

这些都是国民党病入膏肓的征兆。但这种无可救药却根植于蒋介石创建的统治体系的实质之中。它太衰弱太多派系倾轧以致无法以暴力强加其意志了，它也太腐败太漠视公众福利以致掌握不到基础广泛的支持了。这并不是说国民党容易被击败，美国源源不断地向蒋提供武器和装备，根据美国国务院的计算，这些武器和装备价值近3000亿美元，共产党说实际数字要大于这个。

---

[1] 迪安编：《回忆柯吉·阿利雅什：一个美国士兵在延安》，第29页。

[2] 向更激进的土地政策转变的信息是从由刘少奇起草并于1946年5月4日发布的中共中央指示中传递出来的。1947年12月，毛称之为"战胜敌人的最基本的条件"(《毛泽东选集》第4卷，第165页)。然而，第二年又认为，这个政策已变成极左的、并要努力加以制止的政策(塞茨编：《中国共产党掌权：文献和分析》，第1197—1201、1280—1371页)。

蒋介石本人在 1947 年 6 月宣布说,与解放军相比,他的军队在作战技巧和经验方面具有绝对优势,就军事供给而言,强于解放军 10 倍。

与之相反,毛依靠的是"群众的集体意志"。而它却足够了。

两年前,在党的七大上,他曾经叙述过一个关于北山愚公的古老的寓言故事。他的家门被南面的两座大山挡住去路。他带领儿子们拿起锄镐,开始将山挖掉。另一个村民讥笑他,愚公回答说:"我死了以后有我的儿子,儿子死了,又有孙子,子子孙孙是没有穷尽的。这两座山虽然很高,却是不会再增高了,挖一点就会少一点,为什么挖不平呢?"由于他毫不动摇,每天挖山不止,毛说,他的信心感动了上帝,派了两个神仙下凡,把两座山背走了:

> 现在也有两座压在中国人民头上的大山,一座叫作帝国主义,一座叫作封建主义。中国共产党早就下了决心,要挖掉这两座山。我们一定要坚持下去,一定要不断地工作,我们也会感动上帝的。这个上帝不是别人,就是全中国的人民大众。全国人民大众一齐起来和我们一道挖这两座山,有什么挖不平呢?[①]

毕毛之余生,这则愚公的故事将作为他改造中国的努力的一个借喻。1945 年 8 月日本的急速垮台,就像三年半以后国民党的垮台一样,只是强化了他的这个信念:除去人的意志力外,其他的一切都是次要的。毛坚持说,不是原子弹而是群众掀起的斗争打败了日本人:

> 原子弹是美国反动派用来吓人的一只纸老虎,看样子可怕,实际上并不可怕。当然,原子弹是一种大规模屠杀的武器,但是决定战争胜败的是人民,而不是一两件新式武器。
>
> 一切反动派都是纸老虎……希特勒……是一只纸老虎。墨索里尼也是如此,日本帝国主义也是如此……蒋介石和他的支持者美国反动派也都是纸老虎……我们所依靠的不过是小米加步枪,但是历史最后将证明,这小米加步枪比蒋介石的飞机加坦克还要强些……这原因不是别的,就在于反动派代表反动,而我们代表进步。[②]

---

① 《毛泽东选集》第 3 卷,第 271—273 页(1945 年 6 月 11 日)。
② 《毛泽东选集》第 4 卷,第 100—101 页(1946 年 8 月)。

带着对其事业的正义性之不可动摇的坚定信念,1948年秋,共产党军队开始为决定现代中国命运的三大战役做准备了。[①]

9月初毛就草拟了战争的总规划。林彪首先发动,率领70万军队攻取锦州这个从北平到东北的重要铁路枢纽城市。在持续31小时的激战之后,10月15日该城陷落。以后的事态发展方式正如毛之预见。一支10万人的国民党的救援部队从沈阳出动了。林彪佯装南进,实际派遣主力北上,将这路援军全部歼灭了。长春在林彪军队的围攻之下,也同时投降了。留下了沈阳及其半数守军,到11月2日也有样学样。林彪被公认为中共最杰出的将领是不无缘故的。在七个星期的时间内,蒋丢掉了整个东北和50万最精锐之师。一夜之间,军事形势发生了转变。国民党军不仅全线后撤,而且自战争开始以来,共产党军首次在人数上超过了他们。

随后朱德命令林彪向南急行军约100公里去包围天津与北平。在那里林的东北野战军和聂荣臻的华北野战军会合后,给予林一支约100万人的联合部队,共产党有史以来的最大集结。国民党人只有60万部队。

毛又一次做出了行动规划。他吩咐林彪说,主要任务是切断敌人的逃路。毛警告说,国民党人"如同惊弓之鸟",只有完成了包围圈,才可以着手进攻,目标应是天津,而不能像蒋所期望的那样是北平。

与此同时,中原野战军和华东野战军,在刘伯承和陈毅的率领下,在平津地区向南640公里的地方发动了第三大战役。

淮海战役,如其所称,席卷了皖豫苏鲁四省,这是淮河以北、东方大运河流经的一块地域。战役只持续了两个月。双方各损失了50万人员,但共产党人有200万人的农民支前队,在以邓小平为首的特别前敌委员会的指挥下提供后勤支援。如同在东北那样,战斗以摧毁蒋的一个弱部开始。援军也为共产党游击队的行动所牵制,而当大规模的援军出发时,他们便落入了刘伯承在徐州布下的一只大口袋之中。到1月10日淮海战役结束时为止,有20多万国民党士兵或死或伤,30多万人被俘虏。

正当蒋还在为其失败而头晕目眩之时,林彪又加紧了对北方两大城市的

---

① 胡素珊:《1945—1949年的国共冲突》,载于《剑桥中国史》第13卷,第774—783页;艾伦·威宁顿:《和毛一起吃早餐》,伦敦,劳伦斯和威沙尔特1984年版,第82—106页。关于最近中国共产党官方对这个问题的论述(把重点放在了邓小平的作用上),见胡绳:《中国共产党简史》,第370—381页。

钳形攻势。1月15日天津陷落。一星期后,守卫北平的国民党军司令傅作义将军,为该都城的投降事宜开始了谈判,表面上他是为了拯救它免遭共产党炮火的袭击。他的20万军队被编入解放军,他本人以后也在新的共产党政府中领一份干俸。

北平投降那一天,蒋介石辞去了总统职位(但还保留了党的领袖头衔)。

四个月当中他损失了150万人。而在两年半前,共产党还准备接受在一个联合政府中充当一个小角色呢。此时他们竟然提议,要求将蒋当做待惩罚的战争罪犯,要求政府辞职,要求废止宪法并要求将国民党军残部编入解放军。与蒋的继任者李宗仁的和谈开始不久旋告破裂。4月21日,刘伯承部开始跨越长江。三天后南京陷落;5月3日杭州失陷。5月27日上海丢失。到这时为止,蒋已经决定放弃中国大陆,并将其司令部转移到台湾去。他将在那里等待他确信的有朝一日一定会爆发的美苏大战,到那一刻来临,他和他的亲美的军队将胜利回归中国大陆,收复失地。

随蒋而去的还有国民党空军和海军、残存的最精锐的陆军师、3亿美元的黄金、白银和硬通货的储备。在被剥夺了资金和军需供应后,国民党的抵抗落潮了。对一切的意图与目标来说,争夺中国的战争就此结束。

国民党的垮台使毛及其作为一个整体的共产党面对着管理上的挑战。这不只是管理一块边区或根据地,而是管理一块三倍于西欧大小、历经数十年战乱、有着世界人口近四分之一的一个大国。他首当其冲要操心的事就是如何处理新近征服的城市。

毛对城市生活的谨慎小心根植于他年轻时在北平和上海时的体验。他从未完全抛弃过作为一个乡巴佬和在精于世故的城里人当中是一个农民的儿子那种感觉。[①] 他在一座大都市长沙学习过,在另外两座大城市广州和武汉,也都似乎很幸福地生活和工作过。但他始终把城市视为一种稍带洋味的地方。在整个内战时期,毛的战略一直是争取农村的控制权;攻进城去可以缓一缓。除了1945年8月那一次片刻的恐慌以外,其时处于战争结束期,很像是医学上的膝反射反应,他曾下令在从上海到北平一线上日本人占领的城市中,仓促发动城市暴动(对他来说万幸的是,这些暴动都在最后一刻被取消,从而避免

---

① 有关毛为"乡巴佬"所作的辩护,见塞茨编:《中国共产党掌权:文献和分析》,第1069页(1942年2月1日)。

了任何可能的损失）。这种渐进主义方式一直维持到 1948 年末。他指示解放军"先占领中小城市和广袤的农村地区,后夺取大城市"。

然而,到次年 3 月,"把工作重心从农村地区转移到城市"的问题已无从拖延了。

那个月,毛发表了一系列讲话,面对党的统治集团,确定新政权将要遵循的经济政治进程。他说,城市生活水平必须提高,以赢得城市居民的拥戴。主要工业和外国公司要国有化,但资本主义的其他一些形式要继续下去。中国将会由一个以共产党为首但包括一定数目的进步小党派的联合政府统治,这些小党派多数是由前国民党左派组成的分裂团体,代表出身资产阶级和自由派知识阶层的温和派非党人士。这套新体系将冠名为"人民民主专政",如同 20 年前在中华苏维埃共和国时那样,他要着力表明民主的成果并非全体民众所共享的:

> [反动派说]"你们独裁。"可爱的先生们,你们讲对了,我们正是这样……只让人民有发言权。人民是什么? 在中国,在现阶段,是工人阶级,农民阶级,城市小资产阶级和民族资产阶级。这些阶级在……共产党的领导之下,团结起来……向着帝国主义的走狗即地主阶级和官僚资产阶级以及代表这些阶级的国民党反动派及其帮凶们实行专政,实行独裁,压迫这些人,只许他们规规矩矩……对于人民内部,则实行民主制度,人民有言论集会结社等项的自由权。选举权,只给人民,不给反动派。这两方面,对人民内部的民主方面和对反动派的专政方面,互相结合起来,就是人民民主专政。[1]

对于那些恰好站在这条阶级划分线对面一侧的人来说,这些话可不是闹着玩的。[2] 毛坚持说,人民只有在违犯法律时才会受到惩罚。但是他又把司法部门描述成阶级暴力的工具。

尽管如此,在 1949 年,中国公民中的大多数及众多外国侨民,都翘首盼望

---

① 《论人民民主专政》(1949 年 6 月 30 日),见塞茨编:《中国共产党掌权:文献和分析》,第 1364—1374 页(1949 年 3 月 13 日)。修订后收入《毛泽东选集》第 4 卷,第 411—423 页。

② 1948 年 1 月,当毛试图最大限度地扩大农村中对党的支持时,他还提出了关于这个问题的另一个观点,指出:"我们的任务是……消灭地主阶级,而不是消灭地主个人。"(《毛泽东选集》第 4 卷,第 186 页)他提出,对作为个人的地主和富农要"挽救和改造"。

着共产党机构的降临,以为他们带来的不是镇压,而是从作为国民党统治最后阶段所标志的贪污与腐败中的解脱。

阿伦·威宁顿,随同第一支解放军分遣队进入北平的一名英国记者,发现街道上站着一群"欢呼和笑逐颜开的人"。① 德尔克·鲍迪,其时在清华大学从事研究,在其日记中提到,该城中洋溢着"一种新的宽慰感"。"我的心里也没有怀疑,"他补充说,"共产党人上这儿来是由于大多数人站在他们一边。"② 在共产党接管天津后第一批开进该港口的香港不定期航行货轮的外国船长,在发现了一座没有了"例贡钱"的港口后竟然大惊失色。他报告说,不仅贿赂被拒绝,甚至也没有一个人接受香烟。③

在一个有史以来就将官场视为腐败之同义语的国家中,保持廉洁奉公和艰苦朴素的特殊环境,对于毛来说具有极其重大的意义。他警告说,党正在进入面对不熟悉的新危险的未知领域:

> 因为胜利,党内的骄傲情绪,以功臣自居的情绪,停顿起来不求进步的情绪,贪图享乐不愿再过艰苦生活的情绪,可能生长……可能有这样一些共产党人,他们是不曾被拿枪的敌人征服过的,他们在这些敌人面前不愧英雄的称号;但是经不起人们[资产阶级]用糖衣裹着的炮弹的攻击……我们必须预防这种情况。夺取全国胜利,这只是万里长征走完了第一步。如果这一步也值得骄傲,那是比较渺小的,更值得骄傲的还在后头……中国的革命是伟大的,但革命以后的路程更长,工作更伟大,更艰苦……我们不但善于破坏一个旧世界,我们还将善于建设一个新世界。④

毛在结束时说,干部们必须将他们原先熟悉的东西丢在一边,学会原来不懂的东西。他告诉他们,俄国人在他们的革命胜利以后,一度曾忽视经济建设,但那一点并未阻止他们建设"一个伟大而光明的社会主义国家"。俄国做到了的,中国也能做得到。

---

① 威宁顿:《和毛一起吃早餐》,第 103 页。
② 德尔克·鲍迪:《中国日记:革命的一年》,纽约,亨利·舒曼 1950 年版,第 99 页。
③ 威宁顿:《和毛一起吃早餐》,第 106 页。
④ 《毛泽东选集》第 4 卷,第 374 页(1949 年 3 月 5 日)[译文有改动]。也可参见塞茨编:《中国共产党掌权:文献和分析》,第 1346 页。

1949 年 10 月 1 日下午,毛登上了北京俯瞰天安门广场的天安门城楼,身边簇拥着共产党当权派及其进步的盟友们。他正式宣布了中华人民共和国的成立。

　　十天前,在批准新宪法、定名北京这座明清两朝的首都为新的政府所在地(以取代南京),以及通过毛本人担任国家元首的一次会议上,他曾宣布说:

　　　　占人类总数四分之一的中国人从此站立起来了。中国人从来就是一个伟大的勇敢的勤劳的民族,只是在近代才落伍了……我们团结起来……打倒了内外压迫者……我们的民族将再也不是一个被人侮辱的民族了……①

　　此时,在金秋温暖的阳光照耀下,巨大的红丝绸灯笼在紫禁城殷红的城墙前,在和煦的微风中轻轻摆动,他以其高音调的湖南口音,面对着拥挤在下面用墙围着的狭窄广场上的一万多人,重复说道:“我们四万万七千五百万中国人民,已经站起来了,我们的前途是无限光明的。”

　　为这一时刻做准备,花去北京的新共产党当权者好几个月的时间。正如当地人所曾指出的那样,毛的政府将“穿上新衣裳”。广场本身被扩大了。古老的木槐树丛被砍伐掉,浇灌了混凝土并铺上了大石板,聚光灯竖立在钢塔上。在国民党统治时期作为装饰城楼用的、在一块用敲平整了的石油桶焊接在一起的钢板上绘制的蒋介石的一幅两层楼高的褪了色的肖像画,已经被悬挂在广场一侧的城墙上一幅毛的同等大小的画像所代替。讲话过后是军事检阅,前面是骑兵开路,后面是长长一大串缴获的美军货车和坦克。随后是市民游行者,高呼着:“毛主席万岁!万万岁!”这时毛的嗓音通过话筒传到下面作为呼应:“人民万岁!”随着暮色的降临,又有一场壮观的焰火表演,整个北京都可以看得到。舞蹈者们手提彩色的纸灯笼,上面贴着铁锤和镰刀以及红星等标志。在广场下面形成了一条彩色飘带,一位诗人在刻画这一场景时形容为“如同一艘红色的巨轮,中国的国家之舟,在光芒四射的碧蓝色大海上航行”,而此时铙钹、喇叭和大鼓的喧闹声震耳欲聋,夹杂着毛的姓名的欢呼声,回荡在古老的帝王之城的黄色琉璃瓦屋顶之上。

　　第二天,苏联成为第一个承认这个新生政权的国家。众多形形色色的团

---

① 《毛泽东选集》第 5 卷,第 16—17 页(1949 年 9 月 21 日)。

体,其中有一些小的共产党组织,以及极左翼的名人,从泰国共产党工作委员会到英国工党议员柯尼·齐里亚库斯,都发来了贺信贺电。毛着手准备他的第一次出国旅行——去莫斯科。

他之乐意离开中国,甚至在内战尚未结束之时,既证明了他对其同事们的信任,也证明了他意图附加在此次旅行上的压倒一切的重要性。随着1949年的行将结束,西南中国的大部分仍然掌握在国民党的手中,解放军夺取紧贴着福建沿海的金门岛的一次尝试被击退,并造成了9000名共产党士兵的死伤。11月中,蒋介石从台湾飞到四川,国民党在那里建立了一个临时首都。12月6日他仍在那里,此时毛已经登上了开往俄国的专列。

这也足以证明毛的外交政策处于优先地位。①

对于新生的共产党政府来说,简单地继承国民党人留下来的外交联系没有什么问题。毛要的却是同西方大国的一种决裂,一刀两断,以抹去一个世纪以来尚存子遗的奇耻大辱。那一年早些时候,他曾经向前苏共政治局委员,斯大林派来中国做实情调查访问的特使米高扬,解释了政府打算遵循的、涉及某种程度的外交孤立的所谓"一边倒"政策。他说,俄国的帮助会受到欢迎。但是,直到中国"安顿好了家园",才会允许别国的接近。只有等中国自己作出决定,认为时机已到,才能允许帝国主义国家来建立外交使团。同时,他们的前外交代表及其公民,将承受巨大的压力直到离境为止。

新中国,这个新的"中央大帝国",将会使蛮夷们等在国门之外,如同古代中国一度曾经做到的那样。

毛在夏天的一次讲话中曾经详细解释这些决定的隐含意义:

> [反动派说]"你们一边倒。"正是这样……不是倒向帝国主义一边,就是倒向社会主义一边,绝无例外。骑墙是不行的,第三条道路是没有的……我们在国际上是属于以苏联为首的反帝国主义战线一方面的,真正的友谊的援助只能向这一方面去找,而不能向帝国主义

---

① 毛的逐步改善对美国的态度和决定推迟同西方建立外交关系的"一边倒"的政策,陈兼:《中国走向朝鲜战争之路》,纽约,哥伦比亚大学出版社1994年版,第15—23、33—57、64—78页;亨特:《共产主义中国外交政策的起源》,第171—180页;尚:《同西方帝国主义作战:毛、斯大林与美国》,第158—186页;张曙光:《威慑与战略文化》,第13—45页,都作了详细的论述。有关文献资料,见张曙光和陈兼编:《中国共产党的外交政策与亚洲冷战》,第85—126页。最具有决定意义的时期是1948年11月上旬占领沈阳时,这迫使毛第一次面对要处理同美国的外交关系的现实。针对这个问题,他强调要立即从以避免激怒西方为主的态度转到积极维护新中国的主权。

战线一方面去找。①

这里有一条重要的细微差别。毛所说的"倒",不是成为整块石头的一部分。中国可能属于苏联领导的"反帝国主义战线"(恰如中共早年曾属于一条国民党领导的"统一战线"一样),但是无论在这两种情况之中的哪一种情况下,都不意味着他们的政策是一样的。对毛而言,一条战线的成员关系包括统一和斗争两个方面。

斯大林对中共利益的出卖是很难令人忘怀的。

那年春天,这位苏联领导人本人曾经敦促过毛,明确表示过不要把他的军队派过长江去,控制好北半个中国就够他自我满足的了。② 他曾经解释说,避免触怒美国是比较谨慎的。但毛知道,斯大林也知道,一个分裂的中国符合俄国的利益而不符合中国的利益。毛向米高扬指出:"有真朋友也有假朋友,假朋友只是表面上对你好,说一套做一套,他们欺骗你……我们将会出于自卫的立场反对之。"③

五个月后,当解放军在国民党的一片溃败之中胜利向南推进时,斯大林做了类似道歉的表示。他告诉正在访问莫斯科以讨论未来苏联援助问题的刘少奇说:"胜利者是不受审判的。我们觉得我们是妨碍过你们的,因为我们常常不够了解你们事情实质,可能讲错话。"④

在 1949 年 12 月 16 日的寒风中,当斯巴斯基钟楼的大钟敲响中午 12 点的时候,毛的专列驶进了靠近克里姆林宫宫墙的雅罗斯拉夫斯基车站。宫墙

---

① 塞茨编:《中国共产党掌权:文献和分析》,第 1368—1369 页。

② 在这个问题上还存在着争论。其中,迈克尔·尚认为,斯大林在 1945 年犯过错误之后,不可能在四年后第二次再犯试图阻止毛的错误(《同西方帝国主义作战:毛、斯大林与美国》,第 169 页)。然而,中国的党史学家则坚持认为,俄国人对中国人民解放进军华南以免引起美国的干涉完全持保留的态度(索尔兹伯里:《新皇帝》,第 15 页)。1956 年,毛本人曾对苏联大使说:"当反对蒋介石军队的武装斗争达到高潮,我们的部队即将取得胜利时,斯大林却提出与蒋介石和谈,因为他怀疑中国革命的力量。"(《冷战国际历史研究会刊》1995 年冬第 6—7 期,第 165 页)也可参见陈兼:《中国走向朝鲜战争之路》,第 67、245—246 页,注释 13,有关毛和周恩来后来的有关评论。俄国在 1949 年整个夏季都保留它的驻国民政府的大使馆的决定(这一点常常被用来作为斯大林不情愿断绝他与蒋介石的关系的例证)与此没有直接的关联。最重要的是它反映了莫斯科继续保持中苏友好条约的连续性的愿望,这个条约中有中国承认外蒙的独立和给予苏联在满洲的特权的条款。

③ 师哲:《在历史巨人身边》,第 385 页。

④ 师哲:《在历史巨人身边》,第 414、426 页;与此略有不同的说法,见陈兼:《中国走向朝鲜战争之路》,第 72—73 页。

上的灰泥,用白漆和赭石漆作为底色的、华而不实的镀金建筑物的外表,映衬着红旗发出的愤激的火光。

毛的心中疑虑重重。几天前,在斯沃德洛夫斯克,当他在月台上踱步的时候,他突然脚步不稳,脸色煞白,冷汗淋漓。有人把他扶进车厢后,他对俄国人说他是感冒了。但这却是神经衰弱的一次发作。斯大林尽管有着那么多的过错,但还是毛心目中的共产主义教皇。在未来数星期内需要他们徐徐推进的相互关系,将决定"一边倒"能否转换成实际的政策。

毛这位世界共产主义的次最强领导人,是不靠俄国人有意义的帮助而能够单独取得政权的不多几个人之一。对这班苏联领导人来说,他到此时仍然是一个谜。他只是一个单纯的共产主义原教旨派(在这种情况下他就不会轻易被纳入苏维埃式谋略之中)? 或者他可能成为又一个铁托,后者的挑战已经导致他在一年前被驱逐出了共产主义阵营①。斯大林也想把这种关系放到适当的立足点上,那天晚上,在下午6时,克里姆林宫圣凯瑟琳大厅的重门打开了,毛发现斯大林和苏共政治局的全班人马等着会见他。这是一次特意的安排,作为对待一位例外的贵宾的例外的姿态。②

那位苏联领导人热情洋溢地接见了他这位"中国人民的好儿子"。但紧跟在表面客套之后的,便是那种潜在的紧张气氛了。当这位苏联领导人认为毛就要提及他们间的分歧时③,他便用对刘少奇说过的同样的话打断道:"你现在是一个胜利者了,而胜利者总是对的。那是条规律。"拘谨的谈话继续下去,斯大林问毛他这次来访想要点什么。"好吃又好看的东西。"毛回答说。当这

---

① 美国国务院的乔治·坎南等人1940年末争辩说,毛会像铁托那样对苏联的控制表现出对抗,助长他们的分歧,符合美国的利益。毛本人以后谴责过斯大林1949年时曾把他看成"第二个铁托"。张曙光:《威慑与战略文化》,第36页;《冷战国际历史研究会刊》1995年冬第6—7期,第148—149、165页。

② 有关毛在莫斯科期间详细的、意见不一的论述,可以从以下论著中找到:陈兼:《中国走向朝鲜战争之路》,第78—85页;谢尔盖·冈察洛夫、约翰·刘易斯和薛立泰:《不可靠的伙伴:斯大林、毛与朝鲜战争》,斯坦福大学出版社1993年版,第76—129页;师哲:《在历史巨人身边》,第433页以后;尚:《同西方帝国主义作战:毛、斯大林与美国》,第29—33页。毛本人在1956年3月同帕维尔·尤金的谈话中回顾了他的这次出访活动,这篇谈话发表在《冷战国际历史研究会刊》1995年冬第6—7期,第165—166页,这和俄国人所做的1949年12月16日和1950年1月22日毛同斯大林会谈的会议记录是一致的(同上,第5—9页)。

③ 毛开始对这位苏联领导人说:"很长一段时间以来我一直受批判,坐冷板凳,没有地方表达我的观点……"他可能打算接下来为在那些艰难岁月里得到过共产国际的支持而感谢他(在这一过程中他也可以含蓄地提醒斯大林,他曾经落到莫斯科的中国被保护者们的手中而备受侮辱的事)。但是,就在这一当口,斯大林打断了他的话。师哲:《在历史巨人身边》,第435页。

句话翻译成俄语后,克格勃头子拉夫伦蒂·贝利亚咯咯地笑起来。斯大林坚持想知道他说的是什么。毛还想解释得清楚一些,但这时两个半小时的会见结束了,这位苏联领导人屈尊地问毛,中国有否气象学服务,毛是否同意将他的著作翻译成俄语。

事实上,斯大林充分而精确地了解毛要的是什么。中国期望俄国废除同蒋介石签订的中苏友好条约,并谈判一种新联盟,以与共产主义政权之间的兄弟关系相适应。

斯大林却不愿这样做。其借口是,与蒋之间的协议源于与英美达成的雅尔塔协定,他对毛说,"因此,改变会提供给英美以合法的基础对[与这一点]相关的各点提出质疑",诸如苏联对千岛群岛与南萨哈林岛这些前日本领土的权利。这纯系空谈——而且是故布疑阵。他还用典型的斯大林方式对毛说,如果他想要建立与莫斯科的新关系,就得按照俄国的调子做。现存的条件将正式予以有效的保留,并且在接受它时,毛还得承认斯大林的最高权威。这位苏联领导人还以给苦药丸加糖衣的方式添加了这么一点点东西,即两国政府非正式地给条约内容做一些修订,那倒是无关大碍的。

毛对这套把戏谙熟于胸。

1938 年当斯大林认可了他的领导权时,象征性的报酬曾是,毛必须公开承认斯大林把西安事变当做一次日本挑起的阴谋的看法是正确的。毛曾付出过那个口惠。他以后曾说,同斯大林在一起,就如同"父子关系或猫鼠关系"。

但这一次牺牲的代价过于高昂了。与俄国的关系是毛对待世界其余部分的政策的基石。如果这些政策继续落在中国的奴颜婢膝之基础之上,那么革命想要达到的目的究竟是什么? 如果俄国坚持让过时的条约作为"一致"的需要而加以保留,那么资本主义国家为什么应当同意重新落实同中国关系的基础?

毛又陷入了泥潭。以通常的避实就虚方式,他避免直接面对斯大林,而转换到一个似乎较小的话题上——周恩来上莫斯科来与他会合是否可以(如果周被请来了,就意味着俄国人同意谈判一款新条约;如果说他不必来,旧条约将继续下去)。

以后的两个星期中,谈判被搁置了起来。

毛愤愤地待在一边,半是囚犯,半是贵客,落在莫斯科西郊数公里外一片桦树林中的斯大林个人的俄式乡间别墅那令人厌烦的浮华气派中。12 月 21 日,他参加了纪念这位领导人 70 岁诞辰的一套仪式,作了一次纯属言不由衷的捧场讲话。这也只是纯粹的礼仪场合;俄国人随后突然取消了临时商定在

23 日的会谈。毛气炸了。"我一天就是三件事,"他拍打着桌子对他的苏联联络官们说,"吃饭,拉屎,睡觉。"斯大林两天后打电话给他时还故意闪烁其词,拒绝提及政治议题。当轮到他打电话给斯大林时,有人告诉他这位苏联领导人外出了。

这种使得两人都在等着对方先眨眼睛的拜占庭式的意志较量,也可能会没完没了地持续下去,假如不是西方记者们已经为毛的明显消失而感到困惑不解,开始风传他可能已经遭到软禁的话。流言提醒了斯大林,他派塔斯社记者去采访他。毛随即指出,他乐意留在莫斯科,只要这样能让他得到一款协议。随后不久,斯大林后退了。1950 年 1 月 2 日,莫洛托夫受权通知他,周可以来莫斯科了:旧条约可以抹掉,用一项新条约替代它。"可拿雅尔塔怎么办呢?"毛在与斯大林下一次会晤时恶作剧地问道。"让它见鬼去吧!"这位苏联领导人回答。

究竟是什么确切的原因让斯大林改变主意尚不清楚。毛认为英国急于要承认北京政府的决定发挥了关键作用,给斯大林认为的中国可能会倒向西方的偏执狂想法火上浇了油。但或许他只是直观地认识到,在这个议题上,毛是绝对不会退让的。

无论如何,六个星期后的 2 月 14 日,在有斯大林和毛在场的情况下,两国外交部长,周和维辛斯基签订了新的《中苏友好同盟互助合作条约》。那天晚上,作为再一次的打破先例,这位苏联领导人出席了毛在"都市宾馆"大舞厅主持的一个招待会。对于斯大林来说,离开克里姆林宫是如此非同小可,以至于俄国保安官员们坚持要放置一块防弹玻璃以分隔领导人与普通宾客,其结果是谁都听不到祝酒词,直到毛要求把它给撤了。

外表又一次暴露出虚伪。细节的谈判极其痛苦而且艰难。斯大林的译员尼可拉依·费德林回忆起他们所占用的那间屋子活像"排练中的一出魔法表演的一块舞台"。毛坚持要求在美国进攻中国的事态中苏联给予中国以援助的坚定不移的承诺,而只有斯大林,能够用必须在明确宣布的战争状态下这一附加条件将之巧妙地予以避开。毛还又一次为斯大林在新疆和中国东北的特权的要求所激怒。斯大林站在他自己的立场上,依然坚信毛只是一个人造黄油式的共产党员,19 世纪俄国农民领袖普加乔夫的中国版。"他误解了我。"毛后来抱怨说,"他认为我们的革命是一个赝品。"①

---

① 《在成都会议上的讲话》(1958 年 3 月 10 日),《毛泽东思想万岁》,北京 1969 年版,第 159—172 页。

不管怎样，已经达成一种临时协议了。当毛踏上漫长铁轨上的归途时，他可以聊以自慰的是，他已经为中国在世界上的新地位奠定了一种坚实的基础。随着内战的行将结束，政府就可以腾出手来重整破碎的经济，从而迈出通向社会主义的道路上最初的轻快脚步。

四个月后的 1950 年 6 月 25 日上午 4 时 40 分，朝鲜战争爆发了。

毛预先曾得到过警告。北朝鲜领导人金日成六个星期前曾飞到北京，告诉他莫斯科同意发动一次军事进攻以重新统一这个半岛。老谋深算的斯大林捎下了这么个条件：金必须首先得到毛的赞同。"假如你在那边碰了壁，"这位苏联领导人对他说，"我连一只手指头也懒得抬的。"这一暗示是把毛逼上放弃这班朝鲜人的死胡同。在与中国的讨论中，金忽略了这部分的谈话内容。[①]

在北京，这场战争极端不受欢迎。[②] 不仅存在美国将做如何反应的不确定性，而且中国人自己也处在进攻台湾的准备阶段。对金说的给斯大林送去一个信息请他进一步明确他批准了这次进攻的故事，毛已经深自狐疑。这位斯大林在他的答复中确实但也很小心地干脆把皮球踢到毛的院子里：他说，最后的决定，必须由"中国与朝鲜的同志"共同作出。如果中国不同意，决定就应当被推迟。[③] 这使得毛无法作出真正的选择。10 万名朝鲜人在东北同中国军队并肩作战过。他怎么能开得了口对金说，他不必争取"解放"他自己的国土？这位北朝鲜人得到了中国默许的暗示。

但双方的不信任还在继续。金下令不可让中国人知道攻击的确切日期，还把他们排斥在军事决策之外。

对蒋介石来说，这场战争真是天赐良机。六个月前，杜鲁门曾明确表示，台湾如遭攻击，美国将不会出面干涉以保护国民党人。4 月，中国军队曾在广东省外海的海南岛上进行了一次大规模的陆海空登陆，在两星期内粉碎了国民党军的抵抗，并造成 3.3 万名国民党士兵的伤亡。这看起来好像也确实是

[①] 冈察洛夫、刘易斯和薛立泰：《不可靠的伙伴：斯大林、毛与朝鲜战争》，第 145—146 页。

[②] 冈察洛夫、刘易斯和薛立泰：《不可靠的伙伴：斯大林、毛与朝鲜战争》，第 146 页。3 月末，在同北朝鲜大使李周渊会谈时，毛以其特有的简练谈到了美国介入的问题，他指出，一方面美国"不会因为[像朝鲜]这么一个小地方而卷入第三次世界大战"，但另一方面，如果世界大战没有爆发，北朝鲜也不要忽视它的存在，相反，还要开始为世界大战的爆发做准备（《冷战国际历史研究会刊》1995年冬第 6—7 期，第 38—39 页）。

[③] 罗什金致斯大林电（1950 年 5 月 13 日）和斯大林致毛泽东电（1950 年 5 月 14 日），《冷战国际历史研究会刊》第 4 期，第 61 页。

进攻台湾本身的一场彩排。下一步将是进攻金门岛和其他沿海岛屿,接下来将会是翌年发动的总攻击。①

朝鲜改变了这一切。② 美国可能会对从各方面来说都是一种延续下来的中国内战睁一只眼闭一只眼。但是当一个受苏联庇护的朝鲜半岛北部的国家对受到美国有效保护的半岛南部的国家进行武装侵略时,它是不可能同样行事的。6月27日,华盛顿宣布说它将派军支援南韩的李承晚,并且,作为额外措施,美国第七舰队将保证台湾海峡的中立。

毛的最初反应是有限的。中国的防空部队转移到边境的北朝鲜一侧,以防卫跨越鸭绿江的大桥和从东北南部派遣过境的援军,如同一位中国将领所说,必须立足于这样一种基础"未雨绸缪"。进攻金门的计划被无限期地搁置起来了。

然而,到7月底,随着北朝鲜继续其胜利的南进,毛开始坐立不安起来。他看到了,正如金日成所看不到的那样,朝鲜人的战线拖得过长且极易受到一次美军的反击。8月4日在一次政治局会议上,毛首次提出中国军队不得不直接卷入战争以援助北朝鲜人的可能性,即使是以美国的核打击为代价。他对同事们说,问题是,如果美国人打赢了,他们的胃口就会大开。中国就会面对美军对东北和华东沿海城市的空袭的威胁;国民党部队越过海峡反攻大陆;甚至有可能出现法国军队越过中国南部的中越边境打击胡志明军队的配合行动。

两个星期后,毛的担心加深了。周恩来的一位军事参谋相信,美军将领道格拉斯·麦克阿瑟将军就要在朝鲜半岛狭窄腰杆上的北纬38度线南侧的仁川采取行动,那一条线通常是南北两部分的划分线。毛抬眼看了一下地图,这位年轻的评论员让他信服了。他命令解放军再调动50万部队部署在东北边境一带,并开始计划一场为时一年的战争。

---

① 张曙光:《威慑与战略文化》,第51—73页。毛原打算在1950年夏攻打台湾,但准备工作所用的时间比他预想的要长,因此在6月初,攻打台湾的时间被推迟到1951年年中(冈察洛夫、刘易斯和薛立泰:《不可靠的伙伴:斯大林、毛与朝鲜战争》,第148—149、152页)。8月11日,中共中央军事委员会发出命令,由于朝鲜局势的发展,攻打台湾的时间将推迟到1952年或1952年以后(张曙光和陈兼编:《中国共产党的外交政策与亚洲冷战》,第155—158页;陈兼:《中国走向朝鲜战争之路》,第132页)。

② 无论如何,1950年春和初夏美国对台湾的政策是强硬的(陈兼:《中国走向朝鲜战争之路》,第116—132页)。即使如此,对于美国来说,为自己支持中国国民党的军事行动找出正当的理由远比南朝鲜的防御要困难得多。

与此同时,他向金发出一项紧急警告。

他说,从战略上讲,美国确实是一只纸老虎。但从战术上讲,"美国又是一只真老虎,而且要吃人的"。朝鲜人应该重新集结准备打退一次登陆袭击,"从战术的观点看问题,有时撤退比进攻更好……你的敌人是很难对付的。不要忘记,你正在同帝国主义首领作战。要做好最坏情况的准备"。

金没有理睬。斯大林也是如此。9月15日,仁川登陆开始了,北朝鲜军队土崩瓦解。平壤一片恐慌。金派了两名高级助手到北京求助。斯大林也加入进来,允诺如果毛肯派地面部队去防止朝鲜人的没顶之灾,他将提供空中掩护。

自从1945年日本投降后遭受重创的那几个月以来,接连几个星期中毛又一次面对最险恶的情况。他几乎不眠不休。一方面,他对他安置在东北负责战备的高岗说,似乎无法避免直接干预了。另一方面,中国急切地需要和平以从事经济重建。自从清王朝倒台以来的近四十年中,这个国家饱罹战乱。共产党人还得去收复西藏和台湾,并且在内陆据估计还有100万土匪正流窜乡野。工业是一片废墟;城市里有大批的人失业,中部平原饥馑横行。

甚至在北京,食品供应也很短缺。归因于国民党特务的暗中破坏事件大量增加,这个政权以结束国民党人的腐败、稳定通货和恢复基本商务为手段所取得的信誉投资也将毁于一旦。

然而,到9月底,该来的和不该来的还是都来了。

毛的军事计划人员预测说,在头一年,中国将会有6万人死亡和14万人受伤的损失。美国人拥有优势武器装备,但解放军受到了更好的鼓动,具有更大的人力资源库,并且在没有一条稳定战线的情况发生时更擅长"拉锯战"。中国军队因此应采用传统的"集中优势兵力击破弱小之敌"和打歼灭战的毛泽东主义的战略,以最大限度地造成美军的伤亡,并腐蚀美国公众对继续进行战争的支持。他们得出结论说,中国人最佳的介入时间是在美军跨越北纬38度线进入北方之后不久,因为在这一点上美国人的供应线将会延伸到最大限度,中国军队将可以接近其后勤基地,并且在政治上中国的介入也会更容易经受公众舆论的批评。

9月30日,第一支南韩部队跨进了北朝鲜。24小时后,正当中国领导人庆祝人民共和国建国第一个周年纪念日的时候,金派一个密使乘专机到北京送来一条消息,承认他面临崩溃的边缘。"如果继续进攻三八线以北地区,"他阴郁地说,"只靠我们自己的力量,是难以克服此危急的。"第二天,毛在一个书记处扩大会议上说①，现在的问题不是我们应该与否而是应该如何迅速派兵去朝鲜。一天的差异将会是决定性的……今天我们要讨论两个紧迫的问题：我军何时进入朝鲜，以及谁来当这个司令员。

但是，对毛来说，如果介入已无可避免，并不意味着领导层其余的人都会立即赞同他的看法。当 10 月 4 日政治局全体成员与会时，多数人都反对他，理由同样是出于他 8 月里曾经掂量过的经济和政治的综合原因。

林彪特别显得多疑。他争辩道，如果金被打败的话，中国就在鸭绿江沿岸建一条防线，让北朝鲜人以东北为基地打游击战以恢复失地好了。毛却不为所动。那样的话，中国就要放弃主动权了，他回答道，"我们就得[在鸭绿江上]一年又一年地等下去，永远不知道敌人何时会进攻。"林本来是毛想象中的中国参战部队的首选指挥员，但他以健康不佳为由谢绝了。此时毛转而提议由彭德怀去指挥。彭乘飞机从西安赶回来，很晚才出席会议。但他同意毛的分析，让步是不会让美国佬止步的。第二天下午继续开会，彭的支持有助于保证赞同采取军事行动的一致性。

两天以后，美军的首批部队——美国第一骑兵师——跨过北纬 38 度线，华盛顿敦促联合国批准了以朝鲜统一作为最终目标。10 月 8 日，星期天，毛发表一项正式法令，创建一支中国远征部队以援助北朝鲜，并可以将它叫作中国人民志愿军，以强调此项使命属于一种基于共产主义团结的道德讨伐的实质，而且更重要的是，维持这样一种设想，即北京的干涉乃是非官方的，从而不让美国人针对中国城市的报复找到理由。该军打算 10 月 15 日开始跨过鸭绿江。

随后，在远征就要开始的三天之前，毛突然命令整个部队的调动停下来，急召彭回北京"重新考虑[介入]问题"。

问题像往常一样又是出在莫斯科。在苏联的军事支持上又冒出了一场危机。10 月 1 日斯大林从他正在休假的索契黑海别墅打电话给毛："我明白，我们的朝鲜同志的形势处于绝望之中了……我认为你们应当调动至少五到六个师，立即赶赴北纬三十八度线。"在毛的心目中，这又传递出一项警告。问题不在斯大林的请求本身。使毛担心的是这位苏联领导人绝口不提俄国人在仁川大恐慌的日子里曾作出的承诺，即苏联提供的空中掩护和军需供应。

---

① 1950 年的书记处还是作为政治局常委会的服务机构。除毛本人外，它还包括刘少奇、周恩来和朱德。第五位成员任弼时因突发中风于是年晚秋去世，后为陈云所继任。

毛决定虚声恫吓。他回答说,政治局多数委员反对介入,他打算派周恩来前来紧急磋商。

10月10日,他们在索契见了面。按照毛的指示,周呈递了可称之为最后通牒的东西。他告诉斯大林,中国尊重苏联的希望。如果俄国人愿意提供空中掩护和大量武器装备,中国人就将介入。否则,毛就依从斯大林的判断,下令取消一切准备。随后他坐回到椅子上去等待这位老独裁者的反应。

使周发毛的是,斯大林只是点点头。

如果中国人感到太困难,无法介入的话,他轻描淡写地说,北朝鲜就只好放弃了。金日成只得求助于以东北为基地的游击战争了。

周的手都快颤抖起来了。接下来十小时的谈话以凌晨5时结束的一次酒会作为收场。周把一份他和斯大林共同签署的电报传送给毛,在这里他所能获得的是一些最新的保证,俄国将提供必需的武器与对中国城市的空中防卫,但是将不会有朝鲜上空的空中掩护,至少在头两个月内是如此。斯大林的借口是苏联空军需要时间做准备。事实上他是丧失了信心。即使有中国人的帮助,他认定,北朝鲜也一样会被打败。如果苏联飞行员加入进来,同美国发生冲突的危险就会大大增加。

对毛来说,这一仅仅在数星期前刚作出的军事承诺上的背信弃义的决定,是斯大林的全部背叛中最为苦涩的一次了。

1936年在西安和1945年在东北,那些全都是与一个正在为夺权而奋斗的中国党的政治利益得失相关的。但现在中国已经是一个主权国家,俄国是条约盟国。无论"一边倒"与否,毛得出结论,苏联绝不是一个值得中国信赖的伙伴。

一如以往,中国领导人最终不得不屈服。毛的恐吓受到申斥。[1] 中国已泥足深陷,想改变进程已经没有任何真正的可能。政治局同意了。10月13日,星期五,毛打电报给周说,介入无论如何只有干下去了。即使如斯大林其

---

[1]　10月2日早上,毛起草了一封给斯大林的电报,告诉他中国决定出兵(口述资料;张曙光和陈兼编:《中国共产党的外交政策与亚洲冷战》,第162—163页)。那天的晚些时候,他收到了斯大林的回电,他放弃了最初的草稿(手稿的复制件保存在中国中央档案馆),并经驻北京的苏联大使馆发出了一份新的电文(10月3日,斯大林收到了这封电报,电报的复制件保存在俄罗斯总统档案馆)。周后来证实,毛向斯大林提出了"两个选择,并请他决定",而几年后毛只记得中国威胁说不出兵(1970年同金日成的谈话,引自陈兼:《中国走向朝鲜战争之路》,第199页)。斯大林10月1日给毛的电报、10月8日给金日成的电报和毛10月2日给斯大林的第二封电报,见《冷战国际历史研究会刊》1995年冬第6—7期,第114—117、106—107页,注释30。

人也为之动容了。"这么说,中国人真正是好朋友!"这句话后来被广泛引用。毛的麻烦还没有完结。在东北的军队将领们为他们的部队没有任何空中掩护地暴露在美军轰炸之下的前景深为忧虑。17日,他们联名给彭德怀写信,提议中国介入战争推迟到次年春天。但随着韩国的军队已经兵临平壤城下,此事已经无可选择了。第二天,在听到彭的报告后,毛对同事们说:"无论有多少艰难险阻,我们不应该改变[我们的]决定,也不应该推迟它。"在毛的提议下,会议同意,19日晚志愿军在夜幕的掩护下开始进入朝鲜。30小时后的午夜左右,总参谋长聂荣臻通知他说,军队正在按计划跨过鸭绿江。几个星期以来毛第一次美美地睡了一整宿。[①]

一旦决策完毕,战争本身倒是极其简单的。

在10月末和11月初最初的小型自卫性冲突发生后,彭下令总撤退。随后在"回家过圣诞节!"的口号下,麦克阿瑟发动了一次直抵鸭绿江的全面攻势。如同美国人很快就发现的那样,毛又在用他的"诱敌深入"的老把戏了。11月25日凌晨,中国人反攻了。十天内造成敌人3.6万人的伤亡(包括2.4万名美军),彭的军队夺取了平壤。

这并不是一场完美的战斗。中国人的伤亡也很高,士兵们忍受着严寒和食品匮乏的骇人折磨。无论如何,在介入战争后的数星期内,彭的志愿军事实上收复了整个北朝鲜。

当此关头,彭提议休整到翌年春天。毛却下令继续推进。俄国人开始提供有限的空中掩护,并且,随着战争期间取得的成功,斯大林答应改善军事再补给。彭裹足不前,但在毛的敦促下,勉强下令在新年除夕发动新的攻势,当晚将会有一轮满月,便于夜间行动。而且美国人将会忙于庆祝岁末的节日。五天后,中国和北朝鲜军队占领了南韩的首都汉城,此时这里已然是一片废墟,颓垣败壁,瓦砾遍街,并迫使美国人进一步向南退缩约130公里。但到那时止,彭又驻兵罢战了。金日成暴怒不已,向斯大林抱怨。然而,这位苏联领导人却支持彭的决定。

---

① 20世纪90年代以来公布和发表的大量的证据(包括中国中央档案馆的文献、中国当事人的回忆录和最近解密的苏联的资料)使人们对1950年夏秋导致中国决定出兵朝鲜的斯大林、毛和金日成之间的秘密军事协定有了新的了解。特别参见陈兼:《中国走向朝鲜战争之路》,第131—209页;冈察洛夫、刘易斯和薛立泰:《不可靠的伙伴:斯大林、毛与朝鲜战争》,第130—199页;亨特:《共产主义中国外交政策的起源》,第183—190页;张曙光:《毛的军事浪漫主义》,第55—94页;张曙光:《威慑与战略文化》,第90—100页。

一个月后,美国人又反攻了,彭提议撤兵,以土地换时间,这是遵照毛本人的教诲并曾在共产党人反对蒋介石和日本人时颇为适用的一句名言。但是毛却不予理睬。他想坚守汉城与北纬38度线,占领它们已经成为红色中国新兴力量的一个强有力的象征,无论是在国内还是在国外都是如此。

彭在一封接一封的电报中试图解释为什么这是不现实的。"靴子、食品和军火尚未得到补充。"他告诉毛,"战士们不能赤着脚在雪地里行军打仗。"随着气温下降到摄氏零下30度,成千的人冻馁而死。

在毛的长期生涯中,这是他第一次让政治考虑蒙蔽了军事判断。

结果不但汉城被放弃了,而且连带北纬38度线的东侧及其向北的一长条领土也被放弃了。在四个月多一点的时间内,中国志愿军损失了14万人。美国人沿北纬38度线建立了一条坚固的堡垒式防御线,战争进入了围绕着双方现有阵地的拉锯战。1951年6月,和谈开始,但双方都不愿承认自己已经受够了。直到两年后斯大林去世和共和党人德怀特·D.艾森豪威尔当选为新任美国总统,美国人和中国人才准备不顾双方在朝鲜的被保护人的反对,结束这场流血,签署一项停战协定。①

彭和其他从朝鲜归国的中国将领,对先进军事技术的威力有了第一手的体验,相信战争已经发生了根本的变化。此后五年中,作为国防部长,彭花费了大量精力改造解放军,试图使之成为一支现代化的职业军队。

毛却不是。对毛来说,装备较差的中国军队同美国军队的精华打了个平手的事实,只能使他关于意志力而不是武器决定战争胜负的信念更加坚定了。"我们取得了伟大的胜利。"那年秋天,他不胜喜悦地说:

> 我们摸了一下美国军队的底。[对美国军队]人们如果不接触它,就会怕它。我们……把它的底摸熟了。美帝国主义并不可怕,就是那么一回事……现在中国人民已经组织起来了,是惹不得的。如果惹翻了,是不好办的。②

毛在冲突之初寻求速胜和戏剧化的战斗结果而表现出的缺乏耐心只是冰

---

① 对中国在朝鲜军事战略和策略以及毛在制定这些战略和策略的过程中所起的决定性的作用的最好的、最详尽的描述,见张曙光:《毛的军事浪漫主义》,第95—244页。

② 《毛泽东选集》第5卷,第115—120页(1953年9月12日)。

山之一角而已。既然中国已经"站起来了",他便渴望重建古代的辉煌了。朝鲜,与越南一样,多少世纪以来一直是中国的纳贡国。1950年秋,中国卷入战争不只是为了防止一个亲美的敌国在鸭绿江对面出现。国家安全,从更深层的意义上讲,需要宗主国关系的恢复。出于同样的原因,毛也派遣军事顾问为胡志明的军队工作。越南也得回归中国的怀抱。

朝鲜战争后,在毛的著作中,美国已不再是唯一的纸老虎了。中国对待苏联的态度也经历了一个重大的转变。[①] 在制止北朝鲜的溃败上,中国助了俄国一臂之力。斯大林的继任人当对毛的新政权刮目相看,恐怕还得带上一丝忧惧才是。倘若一个虚弱的中国尚且能够如此英勇地行事,俄国的这个伙伴一旦壮大起来会有何许前程呢?对毛来说,莫斯科的股票已经下跌。俄国人不仅那样不地道地诱迫中国卷入一场它本想避免的冲突,而且他们还露出了靠不住和骨子里虚弱的老底子。

从表面上看,什么也没有改变。中国拼命争取苏联的援助重建经济。在1950年的冷战中,它也没有转而求援的其他地方。但是,轻蔑仇视的种子已经播下了。

当最后的较量记录公布时,中国已经在朝鲜蒙受了近40万人员的伤亡,包括14.8万人的死亡,其中之一就是毛的长子毛岸英。

打从五年前自莫斯科回国后,岸英一直工作在农民当中——追寻他的中国根,如他父亲所述——随后去了北京的一家工厂,在那里他成了党支部的副书记。1950年秋,得到毛的同意后,他报名加入志愿军去了朝鲜。彭德怀拒绝了他跟随一个步兵团工作的请求,考虑那对他过于危险了,并转而任命他在自己的参谋部里担任一名说俄语的联络官。1950年11月24日,就在中国军队越过边境不到五个星期之后,彭的在一处废弃金矿内的司令部遭受到美国轰炸机的袭击,彭本人和多数参谋人员托庇于一条坑道而安然无恙。岸英和另一名军官却落入了险境,临时躲在地面上的一所木头房子里。房子被一枚燃烧弹击中,两个人都烧死了。

革命已经夺走了毛的兄弟姐妹:他的堂妹毛泽建,1930年与杨开慧一道

---

① 几年后,毛宣称,仅仅在朝鲜战争后,斯大林才开始相信中国共产党(《冷战国际历史研究会刊》1995年冬第6—7期,第148—149、156页)。另一方面,徐向前1951年曾在莫斯科同苏联人商议战争的武器补给问题,他断言,俄国人之迟迟不提供军事援助是因为他们不想让中国变得太强大(张曙光:《毛的军事浪漫主义》,第222页)。这两种说法并不矛盾。也可参见冈察洛夫、刘易斯和薛立泰:《不可靠的伙伴:斯大林、毛与朝鲜战争》,第217—225、348页和注释9。

被处决;他的小弟弟毛泽覃,1935年在江西的一次与国民党军队的冲突中去世;二弟毛泽民,1942年被新疆军阀盛世才杀害;他的另一个仅存的儿子毛岸青,精神上不很稳定。

岸英与父亲的关系一直都不很亲密。毛是一个发号施令的人,他坚持他的孩子们的行为要无可指责,并受到与其他任何人同等的对待。他的警卫员李银桥回忆到他曾对孩子们说:"你是毛泽东的孩子,那可是你命苦的地方。"然而,自从这位年轻人回到中国,两人的关系逐渐亲密多了。当他死在28岁的年龄上时,那种可能在毛的内心中唤起一种深沉的个人的至诚之情的、硕果仅存的人性上的联系,也就此切断了。

以新中国的诞生为标志的流血绝不仅仅局限于朝鲜战争。在伴随着它的不止一次政治的、经济的运动中,平民的死亡人数要高出好多倍。

1950年春,毛开始动员全党付出极大的必要的努力,在具有3亿多人口的华中及华南的广大地区建立共产党的统治,这些地区都是在过去12个月当中由解放军攻占下来的。他曾经下令说,第一步就是"稳定社会秩序"。这就要求"坚决消灭土匪、间谍、流氓和恶霸",以及国民党的秘密特工。他说,这些秘密特工散布反对共产党的谣言;暗中破坏经济工作;谋害党的工作者。这些指控全都有部分的事实基础。是年当中,有3000名官员当在农村试图征收粮食税时被人杀害。

最初的意图是谨慎地推行。"首恶"必办,胁从不问。①

朝鲜战争改变了这一切。整个中国,成千上万的人们加入反美示威游行。

在北京城的正中央竖起了一块巨大的宣传画,显示了杜鲁门与麦克阿瑟的铁青面孔,满脸胡茬,鲜血淋漓地把手伸向中国,却遭到一名健壮的中国志愿军战士的驱逐。人民受到鼓励,向前线的士兵们寄送小礼品,并附上激励士气的话语和信息,诸如:"我省下这块肥皂寄给您,这样您就能够用这块肥皂洗掉溅在您衣服上的敌人的血,并准备下一个战斗了。"工人们捐出工资以支援战争;农民们保证增加生产,捐出余粮。为鼓励这类实践活动起见,他们被告知,用这样的方法购买的武器都会镌刻上捐赠者的姓名。

---

① 高和利昂编:《毛泽东文集》第1集,第97—103页(1950年6月6日)。毛在1950年年中所强调的对反革命要实行宽大政策并不像通常描写的那么引人注目。他的论述"[我们一定不要]处决个别秘密的代理人,也不能逮捕他们中的大多数"通常注明的日期是1950年9月27日,而实际上这段话是他在七年前说的。但无论如何他仍然是想把这场运动控制在一定的范围内。

外国人也扮演了他们的角色,但都是些反面的例子罢了。一名长期旅居中国的意大利人被指控阴谋在 10 月 1 日游行时暗杀毛。他还被指控领导着一个美国的间谍活动网,他的一个邻居,一个日本人做其助手。在一次简略的审判之后,这两个人被驱使着站在一辆敞篷吉普车上,游街示众后被带到天坛边上的一块刑场上,并在那里被枪毙了。还有两个外国人,一名意大利主教和一名法国书店老板,作为嫌疑从犯也被关押起来。这个阴谋是否捏造姑且存疑。党报《人民日报》上连篇累牍大肆渲染的结果,大大有助于粉饰美化强制推行更加严厉的社会控制措施。[1]

随后中国声称,美国正在朝鲜使用细菌战,并且美国军事机构正在用船运载中国战俘到美国内华达州去,用他们试验核武器的效果,以此不断施加进一步的舆论压力。在中国的每一个角落,中国人都慷慨激昂地陈诉对帝国主义暴行的愤怒。那些没有激愤起来的人都被疑为不够忠诚。

在这种超高温的氛围中,镇压反革命运动也白热化了。在六个月的时间当中,有 71 万人,其中有些人只是在某种程度上与离去的国民党稍有牵连,但无论多么轻微,都被处决或被迫自杀了。

至少还有 150 万人在被送到新建起来旨在容纳他们的"劳动改造营"中消失了。

毛本人细致地给这一行动定了调门,从 1950 年冬直到次年秋发布了一连串不间断的指示。这样,在 1951 年 1 月,当运动明显沉寂下来时,他坚持说,死刑应当执行,宣称:"如果我们软弱犹豫,并过分宽大地……对待坏人,将会带来极大灾难。"两个月后,他又呼吁刹车。"放纵轻率是主要危险。"他此时警告说,"一个反革命分子早几天晚几天被处决并没有多大差别,但是……错抓错杀就会造成很坏的结果。"到 5 月,他鼓动搁置死刑,因为否则"就会夺走我们一大批的[囚犯]劳动力"。一个月后,运动需要再次鼓劲了。"需要处决以平民愤……的人,"毛宣布说,"必须为达此目的而处以死刑。"[2]土地改革也急速而剧烈地滑向左倾。

毛设计了一条新的指导原则,叫"不急于纠偏"。在差不多每一个村子里,至少一个,有时是好多个地主被捆绑到由党的工作队组织的群众大会上去挨

---

① 鲁姆:《北京》,第 33—39、67—74、83—92 页。

② 高和利昂编:《毛泽东文集》第 1 集,第 162—163 页(1951 年 1 月 17 日);《毛泽东选集》第 5 卷,第 54—56 页(1951 年 3 月 30 日、5 月 8 日和 6 月 15 日)。

斗,要么当场被激怒起来的农民活活打死,要么被关押起来留待以后处决。

与苏联的实践相反,毛坚持说,在这些运动中,不是由公共安全机构,而是由普通民众自己发挥主要作用。其基本理由与1927年在湖南及30年代在苏区根据地时相同:赤手空拳杀死压迫他们的地主的农民,以某种方式联系着一种崭新的革命程序,这是被动的观察者们所无从想象的。

党在城市试图发动一次相应的社会改造时又面临着更大的挑战——“净化社会”,如毛所称,“扫除旧社会遗留下来的一切污秽和毒害的东西”。①

为达此目的,从1951年秋开始,毛又迅速发动了同一系列的三个政治运动:“三反”(反贪污、反浪费、反官僚主义)运动,他解释说,主要为防止党员干部“被资产阶级所腐蚀”;“五反”(反对行贿、反对偷税漏税、反对盗窃国家财产、反对偷工减料和反对盗窃经济情报)运动,其首要目标是用“糖衣炮弹”引起腐败的资产阶级;第三是一个思想改造运动,以延安整风运动为其楷模,用以改造城市知识分子,尤其是那些在西方接受过教育的人,加强其与党的一致,根除资产阶级思想。

又一次,主要演员不是国家机构或党的机关,而是本身构成各次运动对象的男男女女们和被动员起来评判他们的“广大群众”。在“三反”、“五反”中,工人们告发他们的老板;干部们相互揭发;孩子们受鼓动揭露他们的父母;妻子们反戈一击斗争丈夫。积极分子们组织“打虎队”,揪出实际的或假想的罪犯,开群众大会羞辱他们。

野蛮的恐怖气氛发展起来了。毛宣布说:“轻者批评改造,重者撤职,惩办,判处徒刑(劳动改造),直到枪毙。”对很多人来说,精神压力变得无法忍受。两个运动加在一起又夺走了数十万之多的生命,其中很多人为自杀,而据估计有2亿美元,在当时这是一笔惊人的数字,被作为不法活动的罚金从私人公司中转走并集中起来。侥幸存活的干部、私人业主和其他城市人口等,对于共产党的宽容大度的极限,总体上都学到了刻骨铭心的一课。

1952年夏,毛解释说,资产阶级已不再被视为无产阶级的一个盟友了。它已经变成由工人阶级发动的斗争的主要对象。②

知识分子被区别对待。他们要被清除掉资产阶级思想,尤其是个人主义、亲美主义、客观主义(漠视政治)和“针对劳苦大众的自命清高”。这些论题都

---

① 《毛泽东选集》第5卷,第72页(1952年1月1日)。
② 《毛泽东选集》第5卷,第77页(1952年6月6日)。

要经过小组讨论,其参加者都要做一层深似一层的反复的自我批评,直到与毛的正统理论不相容的任何比较独立的思想都被清除掉为止。

或迟或早,毛将不得不去为党对城市人口的严密控制政策辩护,而无论朝鲜战争爆发与否。或许,他在和平时期本来可以如此作为,死亡数目本来没有必要下降一些。地主们的权利本来还应该被剥夺,资本家和知识分子本来更应该与党保持一致。同样无时不有、无处不在的去公安局强制登记的制度,在居民委员会的查访下指定居住权的制度,附设在每一位城镇居民工作单位中的安全部门主管的人事档案制度,在没有对外战争的情况下,或许本来统统应该强制实行。

即便如此,对于中国共产党人来说,朝鲜冲突也还是祸兮福所倚的事。

它产生出一种民族复兴情绪和民族自豪感,甚至在那些或许对这个新生政权了无好感的人当中也还油然而生出一种敬意。对在战场上的英勇牺牲行为的勉力理解,有助于解释国内的极端措施。来自美国的外部威胁给内部的改造运动火上浇油。最重要的是,它放手让毛去自行其是。毛的国家如此牢固地确立起来,根本不是他当初所能想见、所能感受的。还是在他与周恩来从石家庄附近的临时总部出发,进入新近征服下来的北京那会儿,毛当时的感受如他本人所说——"进京'赶考'"。替他设身处地地想一想,毛已然漂亮地通过了初试。"曾经沧海难为水",经历了如此漫长岁月的革命与战争,让普通人去受苦受难的些许代价实在是无足轻重的了。

第十三章

稚嫩的魔法师

经济不是毛的长项。[①]

30 年代初他在江西所进行的考察局限在农村的阶级关系上,而不是在农村贸易的发展史上。甚至当他公开承认的目标是描述一个小集镇的商业生活时,其结果也只是经他不知疲倦地排列起来的一份数百种不甚值钱的土特产品的清单,拘泥于细节的堆砌,而没有对经济增长时期推动就业与繁荣的原因,或是恶劣时期使之萧条的原因,做一番痛苦的了解。

十年以后的延安是毛的新民主主义的舞台,是与抗日战争和统一战线的政治需要相伴随的,面对的是具有一种强大的资本主义成分的混合经济。40 年代初期共产党人在经济领域内做出了两大物质创新,合作制度的创立和红军经济上的自给自足运动,同样都是出于政治上的推动——一个是作为从农民的个体所有制向集体所有制迈开的一步,另一个是减轻向平民大众征派负担的一种手段。两者到了人民共和国时期仍然要延续下去。1951 年冬在人民解放军占领西藏时,毛最大的关注就是军队能生产出足够的食物以满足自身的需要。他警告说,反之就不可能赢得西藏人民的支持。

毛对自给自足的强调,是他所生于斯长于斯的小农经济的产物,也是对其处于敌人封锁的惯常威胁之下的红色根据地的经验的承继。经济上的闭关自守,无论是处于省一级还是国家一级,都只是一种信念上的东西。中国的历史经验教导说,外国都实行剥削制度,应当少同它们打交道。纵观整个毛泽东主义时代,外贸总是控制在最低限度,收支的平衡坚定地保持着黑字而不是赤

---

① 1956 年 12 月毛在同企业界人士谈话时说:"在经济上,我是个外行。"(高和利昂编:《毛泽东文集》第 2 集,第 200 页)

字。中国只接受苏联的贷款,而且除在朝鲜战争中的军事供应外,也只是在有限的数目上。1949年俄国人提供了一笔总价值为3亿美元的信贷,即使是在当时也不算是一笔大数,这在很大程度上要归因于斯大林的吝啬。毛本人深信,中国的对外借贷将保持低水平。

就在夺取全国胜利前不久,毛公开说过他首先关注的是经济。"我们必须学会我们原来不懂的东西。"他警告说,"我们必须向一切内行的人(不管什么人)学经济工作……不懂就是不懂,不要装懂。"[1]

三年过去了,当他和他的同事们面临着为刚刚取得和平的幅员广大的国家制定一套全面发展的战略时,他们的确是如此行事的——还聘请了苏联专家来帮助自己。一项以苏联的实践为模式的五年计划制定出来了,由苏联援建的一百多家大型重工业企业是其核心内容。

以后毛曾抱怨说那段时期受到了"教条主义"的控制。"因为我们不懂,完全没有经验,"他怨气冲天地说,"横竖自己不晓得,只好搬,不管文章正确不正确,中国人都听,都奉行,总之是苏联第一。"[2]但在1953年,俄国人的指导却是毛所想要的东西。那年春天,他个人敦促官员们要"在全国范围内掀起学习苏联的高潮"。

只有在两个主要方面中国摆脱了苏联的道路。毛采取了一种自愿的、逐步引导的方法,取代了斯大林主义的强迫集体化的程序。[3]首先鼓励村民们组成互助组,少数几家人联合起来,共享耕畜、农具和劳动力;以后进入初级农业生产合作社,其成员以其土地数量与所付出的劳动总量的总和按照比例取酬;以后是高级生产合作社,在那里全村的土地和设施都成了集体财产,其成员只在劳动的基础上取酬。与此相似,在工商业界,毛在1953年夏提出来的"社会主义改造的总路线"保留了新民主主义制度的物质成分。他宣布说,为在城市中建设一个社会主义经济,需要我们用"15年或者更多一点时间",在农村要用18年时间。在这段时间中,中国的私营企业主们(其精神已为"五反"运动的暴力所粉碎)都要将企业改造为与国家合作的公私合营的关系,国

---

[1] 塞茨编:《中国共产党掌权:文献和分析》,第1374页(1949年6月30日);《毛泽东选集》第4卷,第423页。

[2] 《在成都会议上的讲话》(1958年3月10日),斯图尔特·施拉姆:《毛泽东未发表文稿》,哈蒙兹沃思,企鹅出版社1974年版,第98页。

[3] 爱德华·弗里德曼、保罗·皮克威茨和马克·西尔顿:《中国村庄:社会主义国家》,耶鲁大学出版社1991年版,第112—184页;戴维斯:《新政权的建立和巩固》,《剑桥中国史》第14卷,第110—111页。毛紧接着就承认,在农业上,中国不能效仿苏联,见施拉姆:《毛泽东未发表文稿》,第98页。

家允许他们继续抽取 1/4 的利润。

这听起来确乎很有道理。对于由投身于激进变化的一小群革命者领导的一个激化阶级仇恨的国家来说，毫无疑问是太有道理了。

早在 1951 年，在他们试图完成的改造步伐问题上，就曾发生过一场争论。那一年，财政部长薄一波在刘少奇的支持下，曾经为情势所迫说过农业合作化推进过快的话。12 个月后，在毛的赞同下，此时已担任政治局高层委员、东北地区党的首领的高岗提出相反的观点。迅速的合作化是绝对必要的，他说，因为，如果"农民自发的资本主义倾向"得不到控制的话，中国的未来将是资本主义，而不是社会主义。以后，高、薄两个人又再度交锋，这一次是关于税收政策。薄提出平等对待国有企业与私营企业。高指责他鼓吹"阶级调和"。毛又一次支持高。他说，薄被"精神的糖衣炮弹打中了"，使他屈从于资产阶级思想的影响。如果党的事业要前进的话，这样的"右倾偏向"必须予以纠正，"讲清楚社会主义道路和资本主义道路的问题"。[①]

这样，战线就拉开了。50 年代初这些微妙的争论所形成的两难推理——经济增长对于自发的资本主义；意识形态的命令对于客观现实；社会主义道路对于资本主义道路——将会在此后几年迭次的政治大动荡中发生反响，例如反右倾运动、大跃进与文化大革命。动乱的种子已然播下，不是直到毛统治的晚期而偏偏就在他统治的前期。

薄与高之间的争论，还为中国领导权的第一次大的权力斗争提供了跳板，这是自从 30 年代晚期以来毛驱逐张国焘和王明后的第一次。高是共产党特权组织中的一颗上升的新星，比刘少奇和周恩来小六七岁，他"不圆滑世故，热情奔放，有能力"，并且更重要的是，毛喜欢他。他还野心勃勃。在东北，他越过自己的权限去发展与俄国官员的交往，并且明显地利用了这一渠道散布了刘和周亲美的流言。刘是他攻击薄一波的背后真正目标。1952 年晚秋，当毛将高召到北京主持国家计划委员会时，中国正打算转变到计划经济。因此，这是一个关键性的重要职务。到第二年春天为止，高处心积虑要取刘而代之。

其他的因素也起了作用。毛正觉察到他的国家职责相当累人。1952 年

---

① 弗里德里克·戴维斯和沃伦·孙编：《中国农业合作化的政策》，纽约，阿芒克，夏普出版社 1993 年版，第 28—32、53—54 页；弗里德里克·戴维斯：《毛的宫廷政治：高岗与 1950 年初的党内宗派主义》，纽约，阿芒克，夏普出版社 1990 年版，第 42—43、62—71、187—212 页；戴维斯：《新政权的建立和巩固》，《剑桥中国史》第 14 卷，第 99—101 页。毛对薄一波的批评可以在《毛泽东选集》第 5 卷第 103—111 页（1953 年 8 月 12 日）上找到。

起他开始谈及"退居二线"来,他说此话的目的是想摆脱党和政府的日常事务,让那些年轻一些的同事们去做,这样他就能专心致志于大政方针和理论研究了。这并不是暗示毛的控制可以稍加削弱。相反,在这一阶段,他对决策的控制变得更加显著了。1953年5月,他发现党的中枢神经——中共中央办公厅——的主任杨尚昆,在事先没有征求他同意的情况下擅自发布指示后,大为光火。"这是错误的,是破坏纪律的。"他震怒了,"嗣后,凡用中央名义发出的文件、电报,均须经我看过方能发出,否则无效。"[①]他的这一反应显示出他对自身作用发生变化的观念究竟有多深刻。1943年,他的同事们赋予他在例外的情况下监控政治局其他成员的权力,到这时已过去了十年,他已经僭取了统揽一切的威权:没有他明确的同意,他的同事们什么也做不了。

而对高岗来说,"二线"之类的讲话就是一个迅速行动的信号,要在毛的引退、允许刘牢固树立自己作为接班人的地位之前下手。他还进一步从莫斯科发生的事件中得到鼓舞,那里在斯大林去世之后,相对年轻的捷奥尔基·马林科夫继承了他的衣钵。而那班老的政治局成员们,像莫洛托夫和卡冈诺维奇等都消失了。如果马林科夫在俄国办得到,高暗地里盘算道,为什么我在中国就办不到呢?

结果转化成一场宫廷暗斗。

高首先在华东取得胜利,他给该区领导人饶漱石提供了总理的预期职位。

然后,由于一次极其罕见的机会,他获得了一份新政治局委员草拟名单的副本,这是中央委员会机关中刘少奇的一位助手准备的作为下一届党代会的工作文件。它提议增加像刘这样内战中在国民党控制的"白区"工作过大部分时间的人的代表席位,其中的典型人物就有薄一波,他们取代了一些在红区战斗过的人。掌握了冒烟的枪杆子并声称拥有毛的支持的高岗,开始争取在前红区工作过且颇孚众望的同事们的支持。

彭德怀首先落入了陷阱。林彪也是。但邓小平在开始与高磋商党内职务的未来分配问题之后,觉察到有什么不对头,便打了一份报告给毛。把政治触角放在了莫斯科并曾目睹斯大林在大清洗中的作为的陈云,也通报给了主席,后者要这两人缄口不言。

毛此时设下自己的伏兵。12月政治局开会时,他宣布说他准备到南方休

---

① 《毛泽东选集》第5卷,第92页(1953年5月19日)。刘受到间接的批评,因为他负责书记处的日常工作。

息几个星期,并像往常一样提议刘代理他的职务。高跳起来去咬饵了。他建议说,主席不在的时候,其他政治局高层领导人为什么不轮流负责呢?毛指示说,他会考虑这个主意。接下来的两个星期中,高疯狂地以其他一些领导职位作为交换而游走于其同事们当中,包括将他自己的职务提升到副主席,或者换个提法,就是总书记。

到12月24日为止,当政治局再次开会时,毛已经听说够了。他指责高有非原则的派性,进行"地下活动",并企图加强他个人的权力。宫廷阴谋破产了。

以下的几个月中,胜利者与失败者各有应得报偿。

高相信是毛出卖了自己。1954年2月,他企图自杀。8月他再次服毒自杀,结果了自己。饶漱石遭逮捕,20年后仍身陷囹圄,并死于肺炎。

彭德怀与林彪做出了申诉,说是自以为高的行动得到毛的赞同(尽管两人与刘的关系仍然处于明确敌对状态中)后被免除了罪责。邓小平提升为中央委员会秘书长,随后又提升到政治局。陈云也获荣升,在两年后的八大上,他成为党的副主席,而邓也被提名总书记。①

薄一波发动的有关变化步伐的辩论,在没有达成合作化究竟应以多快速度进行的明确共识的情况下结束了。毛的本能是加快步伐。但每一次当他强制性地加快步伐,过度热情的地方官员就会迫使农村人口进入毫无准备的合作社中,在那里人们认为社会主义就是"吃大锅饭",穷人吃富人,直至资源耗竭,然后就是债台高筑,大家伙儿都跌入贫穷之中。

1953年春,在毛的首肯下,发起了一场反"冒进"的运动。但形势甫定,又出现了"自发的资本主义":处境好一些的农民开始雇佣帮工,放高利贷,并买卖土地。这又触发了一场新的运动,这一次叫作反"冒退"。集体化轰鸣向前——带来了甚至更加有害的结果:富裕农民们屠宰了他们的牲畜,而不愿与他们更贫苦的邻居们分享。于是,到了1954年,长江一线严重的洪水使夏收减产。决心表现其领导气魄的地方干部们坚持要维持粮食采购量。食品骚动爆发了。在南方的一些省份,农民们诅咒说,共产党比国民党还坏。

与此相应,1955年1月,毛第三次猛然刹车。他承认,合作化运动超越了

---

① 弗里德里克·戴维斯在他的研究论著《毛的宫廷政治:高岗与1950年初的党内宗派主义》中对高岗事件作了最可靠、最完整的论述,他在书中断言,毛并没有撤换刘和周的意思,而是让国家主席一职在助长高的野心方面究竟起了多大的作用这样一个关键的问题公开化。熟知这段历史的人的口述资料认为,毛确实以此诱惑过高,而后者的自杀正是对毛背信行为的无声抗议。

农民客观接受能力。新政策又会是一句"三字方针:'停、缩、发'"。高级社的数目已经从 1952 年秋的 4000 个增加到是年冬天的 67 万个,7 个中就有 1 个是全体农户入社。毛此时颁发命令说,今后 18 个月当中不应再予以扩大了。刘少奇批准了一项计划。为力求稳定起见,解散现有高级社的 1/4 以上,粮食采购量也锐减了。

要是毛愿意撒手不管此事,一切也许会很顺利。然而,到了 4 月,他出发到南方巡视,要亲眼去看一看。在那里,在地方干部们的包围与鼓动之下——由于他们的自身利益与合作化运动密切联系在一起,因此他们极其乐意于只向毛说并非他真想听到的话——这位主席由此得出结论,农民的抵抗被夸大了。

只有邓子恢,从 20 年代末起就一直是毛所信赖的盟友,毛也曾指派他去查看过合作化运动,有勇气力排众议对毛说,他犯了错误。①

从内心深处说,毛知道邓的爽直。在一次恳谈会上,他退一步承认说:"农民要的是自由,但我们要的是社会主义。"②然而,毛过分沉溺于其社会主义化的农业的幻想,而不允许有实际的障碍,甚至在他承认这种障碍的存在时,也还要坚持自己的方式到底。邓严厉地对其部下们说,问题在于主席认为,"搞合作化时[物质]条件不是必要的"。他的反对被搁置一边。"你们的头脑需要用大炮轰一轰",毛对邓光火了,③并且在 7 月的一次省委书记会议上,他提出马上要做到的是:

> 在全国农村中,新的社会主义群众运动的高潮就要到来。我们的某些同志却像一个小脚女人,东摇西摆地在那里走路,老是埋怨旁人说:走快了,走快了。过多的评头品足,不适当的埋怨,无穷的忧虑,数不尽的清规和戒律,以为这是指导农村中社会主义群众运动的正确方针。
>
> 否,这不是正确的方针,这是错误的方针。
>
> ……这是 5 亿多农村人口的……运动,带有极其伟大的世界意

---

① 这部分内容主要依据戴维斯和孙编辑的《中国农业合作化的政策》一书中特别是其中第 82—154 页上收入的有关文献;和戴维斯:《新政权的建立和巩固》,《剑桥中国史》第 14 卷,第 110—119 页。
② 戴维斯和孙编:《中国农业合作化的政策》,第 42 页(1955 年 5 月 9 日)。
③ 戴维斯和孙编:《中国农业合作化的政策》,第 107 页(1955 年 7 月 11 日)。

义。我们应当积极地热情地……去领导这个运动,而不是用各种办法去拉它向后退。[1]

随着毛本人不再疑虑和所有反对意见的沉默,目标都被成指数级地提高了。他本人谈及,到 1957 年底,要让半数的农村人口合作化。各省官员决心加快步伐。到了 1955 年 7 月,有 1700 万个家庭加入高级社。六个月后,这一数字达到 7500 万,占全部农村人口的 63%。毛对其秘书说,自从打败了蒋介石以后,他还没有感到如此高兴过。在准备庆祝其 62 岁生日时,他洋洋得意地说:

> 1955 年上半年是那样的乌烟瘴气,阴霾满天。1955 年下半年却完全变了样,成了另外一种气候……这[合作化运动]是大海的怒涛,一切妖魔鬼怪都被冲走了……这一年过去,社会主义的胜利就有了很大的把握了。[2]

事实上,到 1956 年 12 月止,只有 3% 的农民仍然从事个体耕作。农业的社会主义改造,按计划是一直要持续到 1971 年的,现在已经提前 15 年完成了。

从意识形态上讲,这是一次了不起的成功。从政治上讲,这是多重的赐福。从经济上讲,其背后潜藏着的却是灾难的种子,因为这使毛相信,也使他的同事们相信,只要有必胜的意志,物质条件是无须为决定性的。

集体化耗干了乡村中此后一代人的精力,引起了农村社会的总体水平下降,抑制了独立进取的精神,挫伤了大多数的生产力;所获得的回报仅为最低下的能力,取代地主及文人学士统治的是党支部,其成员享有权力和特权,对于盗匪活动和起义没有丝毫的畏惧,而其前辈们数百年来却是颇受这种精神压力牵制的。

随着农村区域进入了社会主义,毛又把注意力投向了城市。他宣布说,资产阶级已经孤立了,应该"一劳永逸"地加以处理了。仅仅两年前他的有关混合经济将存在到 60 年代中期的诺言都被忘记得一干二净了:

---

[1] 《毛泽东选集》第 5 卷,第 184 页[译文略有改动](1955 年 7 月 31 日)。
[2] 《毛泽东选集》第 5 卷,第 249—250 页(1955 年 12 月)。

有人说我们太没有良心了,我们说马克思主义者对资产阶级的良心是不多的,在这方面良心少一些才好。我们有些同志太仁慈了。我们要使资本主义在地球上绝种,使资产阶级成为历史上的东西,这是很有效的,是一件好事情。①

这是 1955 年 10 月他在党的领导人的一次秘密会议上所作的讲话。在与中国企业界人士见面时,毛深入浅出地划分了一条更加细微的界限,上海资本家中的某一位不知名的聪明人将之总结为"如何让猫吃辣椒"②的办法。据说,刘少奇提倡坚定性。"让人捉住那只猫,"他说,"把辣椒塞进猫嘴里,用一根筷子把辣椒送下去。"毛给吓坏了。暴力,他宣布道,是不民主的:必须劝猫自愿吃下去。然后周恩来也试了试。"我可是要让猫挨饿的。"这位总理说,"然后我用一片肉将辣椒包裹好。如果这猫饿得不行了,它就会整个儿地吞下去。"毛又一次摇了摇头。"不可以用欺骗的法子,"他说,"切勿愚弄人民!"他解释说,他本人的答案其实很简单。"你用辣椒去擦猫屁股。当辣椒把猫屁股擦烫了,猫就会舔掉它,而且会因为你让它这样做而感到很高兴。"

就这样,国有化就未必需要采取颁布法令的办法了。毛向其私下邀请与会的两条腿的"猫"们征询他该怎么做的意见。这些在"五反"运动中背部被辣椒擦得至今仍然滚烫的企业家们争相向他保证说,国有化正是他们企盼已久的东西,越快越好。

即便如此,接管的速度也快得令人叫绝。

1955 年 12 月 6 日,毛宣布说,到 1957 年底以前应接管所有的私营企业,比他最初的规划提前了 12 年。在实践中,北京的所有私营工商业企业在新年的前 12 天中就转变成公私合营所有制了。为标志这一成就起见,毛和其他领导成员 1 月 15 日在天安门广场出席了一个有 20 万人参加的庆祝大会。其他大城市也竞相效尤。1956 年 1 月底,城市经济已经紧随农村地区,转入党和国家念在口中的紧箍咒的控制之下。

这转而成为又一次反重力跳远的信号。

---

① 《毛泽东选集》第 5 卷,第 214 页(1955 年 10 月 11 日)。

② 罗德里克·麦克法夸尔由于发现了这个暴露真相的小寓言而得到了人们的信任,卡尔·伊斯克伦德在《红色官僚》(伦敦,阿尔文·瑞德曼 1959 年版,第 150—151 页)中对此作了详细的论述。见麦克法夸尔:《文化大革命的起源》第 1 卷,牛津大学出版社 1974 年版,第 327 页,注释 51。

毛宣布说，"右倾保守主义"是这一进程的主要障碍，并设置了一些新的目标。在今后的数十年当中，他说，中国必须成为"世界头号国家"，在文化、科学、技术和工业发展上超过美国。"我不认为[美国的成就]有什么可怕的地方。"他平静地说下去，如果美国每年生产出 1 亿吨钢，"中国就应当生产出好几亿吨钢来"。①

作为第一步，他号召提前完成第一个五年计划，公布一项使粮棉产量翻一番的 12 年农业纲要。1955 年最后一个月在合作化高潮时他曾用过的口号"多、快、好"，此时已被修改成为"多、快、好、省"，似乎如此一改就会更有理性似的。正如一位外国学者所指出的那样，突变式的社会主义已经成为毛所热中的经济推进模式。

1956 年 2 月 25 日，在克里姆林宫内白色与金色交相辉映的巴洛克式宴会大厅里，在正在召开的苏共第二十次代表大会上，就在 12 个月前成功取代了短命的马林科夫的尼基塔·谢尔盖耶维奇·赫鲁晓夫，此时正站在他的贵族同僚们面前，说出了他们内心深处都知道但却从未指望能听到的话：就是那个让他们长期以来在其面前感到不寒而栗的斯大林，一直都是一个残忍的精神变态者，受到"不可信因素引起的迫害妄想症"的折磨，把对他的个人崇拜表现成一种反复无常的、专制暴君式的统治；其"军事天才"把俄国带到为德国所挫败的边缘上；其病态的怀疑与不信任将数百万无辜的男男女女送进残酷的、毫无必要的死亡之中。②

秘密报告，如其广为人知的名字那样，在封闭的会议上传阅，兄弟党的代表受到封锁，直到代表大会结束的那天方可看到。一星期后，率领中共代表团的邓小平与朱德一起飞回中国，随身带着一份草草译就的副本。

仅就毛本人与斯大林间的个人问题来谈，人们或许本来能指望他欢迎这位苏联独裁者身后的应得惩罚。在某一重要的意义上，他的确是这样：他说，这样的批评，"捅破了迷雾，打开了匣子。这带来了解放……[允许人们]说出心里话而且能够思考问题"。③ 然而，总的来说，毛深深地怀疑赫鲁晓夫的方式。3 月底在与苏联大使的一次会晤中，他谈及斯大林对待中国的诸多错误，

---

① 高和利昂编：《毛泽东文集》第 2 集，第 13 页（1956 年 1 月 20 日）。
② 菲力普·肖特：《龙与熊》，伦敦，哈德和斯托顿 1982 年版，第 265—276 页。1956 年 6 月 4 日，美国国务院发表了这篇秘密讲话的全文。
③ 1956 年 9 月同南斯拉夫社会主义代表团的谈话，《冷战国际历史研究会刊》第 6—7 期，第 151 页。

第十三章　稚嫩的魔法师　393

但极少涉及个人崇拜这一赫鲁晓夫所攻击的核心。他还转而强调斯大林是"一个伟大的马克思主义者，一个优秀而忠诚的革命者"，他所犯的错误并"不是在所有方面，而[只]是在某些问题上"。① 这些观点随后不久便在《人民日报》一篇题为"论无产阶级专政的历史经验"的社论中反映出来。这篇社论是在赫鲁晓夫的讲话差不多六个星期之后发表的，比共产党集团的其他国家接受新的苏共路线要晚了许多时间，它第一次公开表达了中国党的立场：

> 无论有怎样的错误，对于人民群众说来，无产阶级专政的制度……比起资产阶级专政的制度，总是具有极大的优越性……有些人认为斯大林完全错了，这是严重的误解……我们应当用历史的观点看斯大林，对于他的正确的地方和错误的地方作出全面和适当的分析，从而吸取有益的教训。不论是他的正确的地方，或者错误的地方，都是国际共产主义运动的一种现象，带有时代的特点。②

社论坚持说，在斯大林的领导下，苏联取得了"伟大业绩"，他在其中也有"不可磨灭的功劳"，而他的"错误"只是局限在他晚年的生活中。

这篇社论只是中苏联盟的缓慢解体过程中的第一步。它明确表示，在未来，中国照抄苏联的经验只会是有选择的。它还关于斯大林的助手们，现在是他的继任者们在斯大林被指控触犯的罪行中的作用问题，提出了尽管是很隐秘的，这在不久以后米高扬与彭德怀之间的充满机锋的对话中反映了出来。"要是我们说出来，我们就会掉脑袋的！"这位亚美尼亚人承认说。"那么哪一种共产主义是怕死的共产主义呢？"彭轻蔑地答道。但是，尤为重要的是，《人民日报》的评论表明了中国人对待莫斯科的态度上的一种基本变化。这就是说，它是从一种平等的而不是主仆的立场出发写出来的。毛正坐在对一个新登场的苏共领导层的匆忙行为进行评判的席位上。

就是出于对于平等地位的坚持态度，而远远不是出于意识形态上的分歧，一方面，使得赫鲁晓夫及其同事们做出维持旧的"老大哥"关系的努力，另一方面，也导致了北京与莫斯科之间的关系在不出十年的时间内闹到无可挽回的

---

① 1956 年 3 月 31 日同尤金的谈话，《冷战国际历史研究会刊》第 6—7 期，第 164—167 页。

② 罗伯特·鲍威和费正清编：《1955—1959 年的共产主义中国：政策文献及其分析》，哈佛大学东亚研究中心 1962 年版，第 144—151 页(1956 年 4 月 5 日)。

地步。[1]

随着 1956 年的到来,毛对赫鲁晓夫要把"共产主义的婴儿与斯大林主义的洗澡水一齐泼掉"的担心,正如一位当代作家所指出的那样,似乎得到了充分的验证。那年夏天的波兰骚乱之后,苏联支撑的华沙领导层被替换掉了,仅仅半年前赫鲁晓夫还亲自安排他们就了职。接任的是由斯大林的牺牲品之一并遭到俄国人强烈反对的乌拉迪斯劳·哥穆尔卡领导的一个新"自由派"集团。此后不久,一个构成对于莫斯科控制权更严重的挑战又来自于匈牙利,在那里,作为斯大林主义者的第一书记马迪亚斯·拉科西为伊姆雷·纳吉领导的改革派所废黜。

在波兰问题上,毛支持哥穆尔卡,其根本原因是苏联的大国沙文主义,中国也长期深受其害。刘少奇被指派去莫斯科,10 月里他劝说赫鲁晓夫不要诉诸武装干涉。但是当匈牙利宣布说,它打算脱离苏联集团的军事联盟"华沙条约"时,毛又采取了一种截然相反的观点。支持一个兄弟党选择其自身的社会主义道路的权利是一回事,而面对反革命采取袖手旁观的态度则又是另一回事了。这一次又是刘少奇给赫鲁晓夫施加压力,要他派兵以武力扑灭反叛。

苏联领导人在其东欧后院所遭遇到的麻烦进一步降低了毛对他们的估价。

1956 年 11 月 15 日,就在俄国军队占领匈牙利后不久,他对在数星期前的中共八大上选出的新一届中央委员会,谈及从对过去一年所发生大事的反省中所得到的益处时说:

> 我看有两把"刀子":一把是列宁,一把是斯大林。现在,斯大林这把刀子,俄国人丢了……我们中国没有丢。我们第一条是保护斯大林,第二条也批评斯大林的错误……

> 列宁这把刀子现在是不是也被苏联一些领导人丢掉一些呢? 我看也丢掉相当多了。十月革命还灵不灵? ……苏共二十次代表大会赫鲁晓夫的报告说,可以经过议会道路去夺取政权,这就是说,各国可以不学十月革命了。这个门一开,列宁主义就基本上丢掉了……

---

[1] 1956 年 9 月,毛把中苏关系说成是"有几分是兄弟关系,但父子关系的阴影还没有完全消除"(《冷战国际历史研究会刊》第 6—7 期,第 151 页)。两年后,当毛因为莫斯科的家长式作风和轻视中国人能力的做法而向苏联大使大发雷霆时,这种阴影就无所不在了(同上,第 155—159 页)。

你［俄国人］有多少资本呢？无非是一个列宁，一个斯大林。你把斯大林丢了，把列宁也丢得差不多了，列宁的脚没有了，或者还有一个头，或者把列宁的两只手砍掉了一只……我们是学习马克思列宁主义，学习十月革命的。①

这番话比毛以往所讲的任何话都刺耳得多，甚至包括在政治局的私下场合。尽管他的这些评论还是保密的，但还是激发了《人民日报》于 12 月底发表的第二篇社论，题目是《再论无产阶级专政的历史经验》②。它宣称说，十月革命的道路，特别是由无产阶级使用暴力从资产阶级手中夺取政权的方式，是"放之四海而皆准的普遍真理"。任何"回避这条道路"的企图都是修正主义的。

当周恩来 1957 年 1 月访问莫斯科时，他一点也不惊讶地发现，苏联领导人都"很不高兴"。

到这时为止，两党之间显现的争论涵盖了四个主要方面，而且都根植于苏共二十大。首先是对斯大林的评价：毛坚持说他是"三七开"。③ 其次，是就赫鲁晓夫的"社会主义的议会道路"的争论，而这又与第三个论题也就是与和平共处密切相关。以毛的观点看，帝国主义从未间断过对社会主义阵营的敌视态度。12 月社论得出的结论说："帝国主义者亡我之心不死。因此我们千万不要忘记……世界范围内的阶级斗争。"对中国来说，说这话时尤其有着十足的感受：其联合国中的席位依然为台湾所占据④；其与美国所保持的最后联系还是在朝鲜战场上。苏联领导人的感觉就大不相同了。他们按照常规方式在联合国或通过外交渠道，处理与美国以及其他资本主义强国的交往。对克里姆林宫来说，同西方保持审慎的、既竞争又接触的复杂关系，要比冷战的毫无

---

① 《毛泽东选集》第 5 卷，第 341—342 页（1956 年 11 月 15 日）。毛在更早些时候的 10 月 23 日同苏联大使尤金会谈时就使用了类似"刀子"的说法（《冷战国际历史研究会刊》第 10 期，第 154 页）。

② 实际该文作者为中央政治局。——译者注。

③ 高和利昂编：《毛泽东文集》第 2 集，第 114 页（1956 年 8 月 30 日）。同样的说法出现在毛的《论十大关系》的讲话（1956 年 4 月 25 日）中，这个讲话已收入《毛泽东选集》第 5 卷（第 304 页），但这个说法显然不是原文上就有的，而是后来加上去的。

④ 1949 年共产党胜利之后，台湾的蒋介石政权，在美国的支持下，继续占据着中国的联合国席位。按照斯大林的命令，苏联从 1950 年 1 月到 10 月抵制安理会会议，装出对国民党的存在表示抗议的姿态。其效果实际上是使人民共和国永久被排除在联合国之外，以保证达到斯大林最大限度地限制中国独立性，使之依附于莫斯科的目标。在中国介入朝鲜战争之后，排除北京的提案每年都在联大会议上投票通过，直到 1971 年台湾被驱逐。

结果的僵死关系有吸引力得多。

对于俄国人来说，最后的同时在某种方式上也是最令人头痛的是，毛对矛盾方面的强调态度，因为没法说得清楚矛盾会有哪些导向。在莫斯科这方面，这类说法从未准备好过。斯大林本人曾批评说这种态度是非马克思主义的。然而，就在这里，毛宣布说，斯大林的滥用权力显示了即使是在社会主义制度下也会出现矛盾。12月，《人民日报》肯定了"在社会主义国家中不同部分的人民之间，在共产党内的同志之间，以及在政府与人民之间的矛盾"的存在。此外还有"社会主义国家之间的矛盾，[及]各共产党之间的矛盾"。从俄国人的立足点上讲，保持坚如磐石的团结是再好不过的了，那是一罐虫子，谁都不希望看它打开。周恩来访问过后发表的联合公报是不可动摇的："在社会主义国家之间的关系中……从来没有过并且今后也不会有基本矛盾。即使过去也许曾经有过的……缺点，此刻也正在加以纠正与消除。"①

尽管有着这些分歧，1957年初还看不出有正在迫近的决裂的丝毫迹象。虽然周恩来抱怨苏共领导人极不情愿面对自身的错误，他们的"主观性[和]狭隘性……[他们的]以恩人自居和干涉其他兄弟党和政府内部事务的倾向"，但他还是小心地加上一句，"尽管有着上述因素，中苏关系仍然较斯大林时代时好得多"。毛也是比较乐观的。"苏联放的屁并不都是香的！"他承认。赫鲁晓夫傲慢自负，迷恋权力，如果俄国人坚持其错误，"就肯定会有这么一天，把事情一股脑儿地全都抖搂出来，让真相大白的"。② 但在两国共产党之间的辩论却是不可避免的，而北京和莫斯科都还在继续寻找共同的立场。

在整个50年代上半叶，中国的知识分子一直是被作为一个"黑色阶级"来对待的，他们被认为对共产主义革命怀抱敌意或至少也是半心半意。与朝鲜战争相伴随的思想改造运动，以人身攻击的方式深入进行，点名批判个人及其作品，其中就有哲学家胡适，毛青年时代在北京当一名助理图书馆员时曾听过他讲的课。毛还能抽出时间发动批判一批电影的运动：故事发生在义和团起义期间的《清宫秘史》，被宣布说是鼓吹向帝国主义投降；还有《武训传》，说的是19世纪中一名乞丐用他积攒的讨饭钱为穷孩子们建造学校的故事，也被指控为鼓吹向封建主义投降。另一个主要努力是把知识分子带到批判自由派思想家梁漱溟的战线上，梁曾经斗胆批评共产党对农民征税过多。在一次中央

---

① 麦克法夸尔：《文化大革命的起源》第1卷，第176页。
② 高和利昂编：《毛泽东文集》第2集，第71页（1956年4月）。也可参见第114页（1956年8月30日）。

人民政府委员会会议上,梁曾经作为宾客应邀出席,毛公开嘲笑他长达一个多小时:

> 梁先生自称是"有骨气的人"……你究竟有没有"骨气"? 如果你是一个有"骨气"的人,那就把你的历史,过去怎样反共反人民,怎样用笔杆子杀人……向大家交待交待嘛……杀人有两种,一种是用枪杆子杀人,一种是用笔杆子杀人,伪装得最巧妙,杀人不见血的,是用笔杀人。你就是这样一个杀人犯。
>
> 梁漱溟反动透顶,他就是不承认……你梁漱溟的功在哪里? 你一生一世对人民有什么功? 一丝也没有,一毫也没有……梁漱溟是野心家,是伪君子。[1]

这简直就是用高射炮打蚊子。对毛来说,任何异端思想的表达都埋伏了未来反叛的种子。文字的鞭打使梁逃过了一劫。

在与延安时期迫害王实味致死一案极为相像的一桩案例中,一名名叫胡风的左翼作家被指控领导着一个"反革命集团"并因而下狱。就像十年前的王实味一样,胡的过错始终是拒绝服从党的意志。像王一样,他的命运给普通知识阶层提供了一个可怕的警告:不能紧跟党的路线会有多大危险。

因此,在这样一种环境中,当1956年4月毛号召在"百花齐放,百家争鸣"的口号[2]下让知识界的大辩论重新繁荣起来,倒是毫不令人惊奇的,事实上它还落在了非常坚实的地基上。在过去的六年中,他们承受了种种锤打之后,中国的知识分子们最想要的莫过于公开挺直脖子,重新开始说出自己的心里话了。

各种各样的因素交织在一起,引起了这一陡然的并且也是全然没有预料到的变化过程。

中国处于和平时期。党安然无事地掌管着权力。向着一个社会主义经济

---

[1] 《毛泽东选集》第5卷,第121—130页(1953年9月16—18日)。也可参见周鲸文:《风暴十年》,时代批评出版社1962年版,第434—437页。

[2] 众所周知的毛第一次使用完整的"双百"方针的口号是在1956年4月召开的扩大的政治局会议上(高和利昂编:《毛泽东文集》第2集,第70页)。他在5月2日召开的最高国务会议上又重申了这个口号,并由宣传部长陆定一在5月26日在更广泛的范围内传达(麦克法夸尔:《文化大革命的起源》第1卷,第51—56页;鲍威和费正清编:《1955—1959年的共产主义中国:政策文献及其分析》,第151—163页)。

体系的转变已然在深入进行之中。在国家生活的各个方面都维持着对政权的极度牢靠的控制,不容置疑地说,或许在最初几年当中,已经变得有些反生产力了。那年春天,毛的迭次讲话的主旨是分散权力的需要。"束缚创造性和主动性的纪律应当废止。"他就某一点说道,"我们需要一点解放精神去推动工作的完成。始终处于严格控制之下无法工作。"①或迟或早,这样的一次解冻就会开始,而全然不顾其他因素了。正如毛所解释的,这只是一切事物内在的辩证关系的一部分:"如果战争不是在和平时期酝酿起来的,那么战争何以能够突然而至? 如果和平不是在战争期间酝酿起来的,又何以能有突然而至的和平?"②

但是在 1956 年早期,两大附加的力量开始将党朝着自由化的方向推进。一个是熟练劳动力,尤其是科学家和工程师的短缺,成了阻碍毛的加速经济发展计划的原因。为尽力弥补起见,给知识分子涨了工资;分配了较好的住房;还做了召唤居住在欧美的中国教授们回国效力的尝试。但毛不久就认识到,如果这一问题得到解决,党内官僚们将不得不停止干涉他们所不懂的学术事务;此外还不得不给予知识分子们更多的闲暇以让他们随心所欲地工作。第二个力量就是那份秘密报告,以及中国的停止机械照搬苏联方法的一种决心。在教育界,在工厂管理上,在诸如遗传学和音乐等多种多样的领域内,中国的知识分子和管理人员们突然发现自己多年来第一次处于自由地进行实验的边缘。

1956 年夏,这些变化当中没有一个可以被形容为戏剧性的。这种宽松的最显而易见的效果,就是给中国人日常生活的那种刻板严峻的简朴节制抹上了一笔新的色彩与活力。年轻妇女开始穿上花布裙。外国人报道说,传统式的中国长裙,用于正式场合中的旗袍,精巧地剪裁到膝盖上两三厘米的地方。舞会也允许举行了,可以播放格什温和施特劳斯的舞曲。《人民日报》从四版扩至八版,刘少奇告诫中国记者们少作枯燥无味的报道。

在政治上,反冲力被降到最低限度。围绕毛泽东的个人崇拜基本未予触动地保留着。③唯一有意义的变化源自 9 月份党的第八次代表大会,就是从

---

① 高和利昂编:《毛泽东文集》第 2 集,第 66—75 页(1956 年 4 月)。

② 高和利昂编:《毛泽东文集》第 2 集,第 255 页(1957 年 1 月 27 日)。

③ 《人民日报》还特别强调"领袖在历史上起着巨大的作用",并指出,否认这一点是"完全错误的"(鲍威和费正清:《1955—1959 年的共产主义中国:政策文献及其分析》,第 147 页)。也可参见《冷战国际历史研究会刊》第 6—7 期,第 149 页。

中共党章中删去"毛泽东思想"作为党的指导思想的有关文字。但这也只是作为一种党的领导层结构发生变化而引起的变通措施来对待的,因为毛此时开始实施其打从1952年就已经讨论过的退居"二线"的计划。那年早些时候,他曾写信给孙中山的遗孀宋庆龄,信中谈及他开始感觉年岁大了,"最近几年大概还不至于要见上帝,然而甚矣吾衰矣。"① 一个荣誉党主席的新职位一直在虚位以待,等待着刘少奇继承他的衣钵的那一时刻(一般认为将会是1963年,其时毛将步入其70岁华诞)。

随后便发生了波兰危机和匈牙利事件。

各国的共产党政权都在恐惧地注视着,担心着这一政治瘟疫的蔓延,社会主义集团也面临内部瓦解的威胁。中国是一个例外。1956年冬,毛连篇累牍地发表讲话,向全党以及党外盟友们一再保证说,不存在任何可能导致类似骚乱的机会。

他继续探求引起东欧风暴的原因。他对中央委员会说,部分的答案是波兰和匈牙利的共产党都未能适当做好肃清反革命的工作。中国不会犯类似错误。但另一个因素是官僚主义,官僚主义导致波、匈两国共产党的干部疏远了群众。这一问题中国也还没有解决好:

> 现在,有这样一些人,好像得了天下,就高枕无忧,可以横行霸道了。这样的人,群众反对他,打石头,打锄头,我看是该当,我最欢迎。而且有些时候,只有打才能解决问题。共产党是要得到教训的……我们一定要警惕,不要滋长官僚主义作风,不要形成一个脱离人民的贵族阶层。谁犯了官僚主义……群众就有理由把他革掉。我说革掉很好,应当革掉。②

毛说,答案就是再来一次整风运动,但是应以给群众的不满情绪提供安全阀这样一种形式。他议论道,匈牙利的问题,就是那边的党未能以适时的方式处理好统治者与被统治者之间的矛盾,其结果是腐败了,对立起来。"要是长了脓包那是一定要流脓的。"他继续说,"基本的一条是,我们必须从这类事情

---

① 高和利昂编:《毛泽东文集》第2集,第19页(1956年1月26日)。

② 高和利昂编:《毛泽东文集》第2集,第158—195页(1956年11月15日)。和毛在此后几年中的绝大多数讲话一样,这个讲话是随意的、漫谈式的,因而它也只能在红卫兵编的两个版本(这两个版本有很大的不同,但也有部分的相同)中找到。

中得出教训。"接下去他又说,在中国,应当允许工人罢工,因为这样"有利于解决国家、厂长同群众的矛盾",学生也应当允许示威。"无非是矛盾。世界充满着矛盾。"①

这样,到了1956年底,就要成为所谓的鸣放运动的两大基本要素——使党更能响应群众意愿的一场整风运动;放松控制,好让公众的不满情绪宣泄出来——都已经确定下来了。唯一未确定的就是何时发动(毛曾建议次年夏天)及应当如何铺开的问题。

当此紧要关头,一个新的因素介入了。

一些年轻作家,受到接连出现的文化宽松迹象的鼓舞,最终鼓起勇气开始测试党的新容忍度的界限。保守派被激怒了。1957年1月7日,解放军的一群文官在《人民日报》上发表了一封公开信,他们抱怨说,传统的文学形式正在排挤社会主义的现实主义,毛在延安时倡导的文艺为政治服务的原则正被阳奉阴违地对待。赞同的评论雪片似地飞来,表明了他们的观点广受认同。

同往常一样,当毛感到他的目标受到阻挠时,他止步了。

在公开场合,他的反应是低调的。在那封信发表五天后,他选择了自己的一组以古典风格写成的诗词寄给《诗刊》杂志,并被纳入庆贺该刊创刊的栏目当中发表。这里隐含的信息就是,与解放军的那一群人的主张相反,传统的文学形式在中国仍然有其地位。

在私下里,毛就更直率了。那班批评家搞错了,他对当月晚些时候召开的一次党的高级官员们说,自由不是太多了而是太少了,与马克思主义相敌对的著作,例如蒋介石的著作,应该在中国大陆上公开发表,因为"你没有看过蒋介石的文章,要反对人家就反不好"。作为西方新闻报道的摘要以供高级干部有限度使用的《参考消息》的发行数,应该扩大100倍,以"把帝国主义资产阶级的东西发出来"。② 就连梁漱溟这样的人,也应该自由散布其思想:"有屁让他放,放出来有利,让大家闻一闻,是香的还是臭的……争取多数,使他们孤立起来。"③

毛宣布说,把事物孤立起来看是不对的,使群众免疫的最好方法是把有害

---

① 高和利昂编:《毛泽东文集》第2集,第205页(1956年12月8日)。

② 高和利昂编:《毛泽东文集》第2集,第279页(蒋介石);第255、280—281页(《参考消息》)[1957年1月27日]。他后来又提到了蒋的著作,说它们只能在一定范围内限量出版发行(同上,第356页,1957年3月1日)。

③ 高和利昂编:《毛泽东文集》第2集,第260—261、290页(1957年1月27日)。

的思想暴露给他们看,这样就可以增强其政治免疫力。指导原则应当是:

> 真理是跟谬误相比较,并且同它作斗争发展起来的。美是跟丑相比较,并且同它作斗争发展起来的。善恶也是这样……总之,香花是跟毒草相比较,并且同它斗争发展起来的。禁止人们跟谬误、丑恶、敌对的东西见面……这样的政策是危险的政策。它将引导人们思想衰退,单打一,见不得世面,唱不得对台戏。[1]

在党内,这种对于"反面教材"的利用,是从 30 年代就已经实施了的。但是这一次,毛提议将同样的方法提交给整个人民去使用。他坚持说,即使引起了骚乱,也没有什么可害怕的:

> 我们共产党历来对帝国主义、蒋介石国民党……都不怕,现在倒怕学生闹事,怕农民闹社,这才有点怪哩……怕是没有出路的。越怕,鬼就越来……我看,谁想闹谁就闹,想闹多久就闹多久,一个月不够就两个月,总之没有闹够就不收场。你急于收场,总有一天他还是要闹……这有什么好处呢?就是把问题暴露出来,把是非搞清楚……不要什么事情总是捂着……要揭露矛盾,解决矛盾。[2]

毛的这班省一级党委书记的听众,是必须在所发生的事态中掌握"麻烦"的人,明显也是较次一级占压倒优势的人。几个星期后,他承认这个党有"50% 或 60%"的人,包括 90% 的高级干部不同意他的意见。他的像"在 6 亿人口当中,我认为每年有 100 万人闹事是正常的"一类的点火声明,甚至于感觉最糟糕的一句话,无非是出全国性的大乱子,"我们无非再到延安去,我们就是从那个地方来的",只会使他们更加警醒。

十多年前,他们的反对也曾迫使毛止过步。而到了 1957 年,他已经今非昔比了。自从人民共和国成立以来,他无视其同事们的怀疑态度而作出的两大决策——进入朝鲜战场和加快合作化——都已经成功地得到了证明。

如果党这一次态度勉强,就会使他想要推行的一切变得更加举步维艰。

---

① 高和利昂编:《毛泽东文集》第 2 集,第 253 页(1 月 27 日)。
② 高和利昂编:《毛泽东文集》第 2 集,第 258—259、289 页(1 月 27 日)。

那年春天,在他的迭次讲话中,他解释了列宁的一个相似的声明,他在1937年曾经引用过的:"敌对双方的统一是暂时的;对立的斗争是绝对的。"和谐是短暂的;斗争是永恒的。40年前的作为学生的毛曾经写过"这不是因为我们喜爱动乱,而只是因为……人的本性乐于接受突然的变化",此时他对其同事们说:"人生更复杂一些是好事,否则就太乏味了……要是只有太平而没有麻烦……就会导致思想停滞。"

让毛决心推进的,还有其他更为实际的原因。首要的是,那些有助于发动自由化运动的工程技术人员的匮乏,还只是冰山的一角。中国有一支1200万人的无产阶级队伍,小资产阶级(包括农民)有5.5亿人。要发展经济,需要他们全部的能量。但是,毛强调说,还需要一个相互监督的政策,有了这一个政策,小资产阶级知识分子就可以自由批评共产党员,后者也可以反过来"教育"这些小资产阶级。①

这些思想首次正式向广大公众作出表述,是在1957年2月27日的一篇题为"关于正确处理人民内部矛盾的问题"的讲话中。这篇讲话持续了四个小时,应邀与会的听众接近两千人,其中有科学家、作家和民主党派领导人。

一开始,毛以褒奖的言辞谈及知识分子们已经经受过的自我"锤炼"和自我改造的过程。他说,思想改造仍然是必需的,但在以前它还是"有点粗糙,伤了一些人"。从现在起,政策就不同了:

> "百花齐放,百家争鸣"[的口号]是在承认[社会主义]社会仍然存在着各种不同的矛盾的基础上提出来的……如果你只想种[香花]而不要草,是办不到的。禁止一切草类,不准它们生长,难道是可能的吗?现实是,这不可能。它们还是要长的……把香花与毒草区别开来是很困难的……马克思主义在开始的时候受过种种打击,被认为是毒草……哥白尼关于太阳系的学说……伽利略的物理学,达尔文的进化论,都曾经被看做是错误的东西……从香花和毒草的生长中又有什么可怕的东西呢?没有什么可怕的东西……坏花当中也可能有些好花……[像]伽利略[和]哥白尼。[相反地]看上去像马克思

---

① 这个思想在毛2月16日的两次讲话(麦克法夸尔、切克和吴文津合编:《毛主席秘密讲话》,第117页;高和利昂编:《毛泽东文集》第2集,第302—305页)中以稍显杂乱和不连贯的方式清楚而详细地作了说明。也可参见同上,第260页("对民主人士,我们要让他们唱对台戏,放手让他们批评")(1957年1月27日);《毛泽东选集》第5卷,第313—314页(1956年8月30日)。

主义的花也可能不是那么回事。

使用"简单的方法"解决思想问题,毛补充说,是弊大于利的。动荡发生了怎么办?"我说,让他们把心里的话都说出来……我在当学生时也曾因为问题得不到解决而产生过扰乱……强迫是国民党的办法。我们要做的是与国民党的办法相反。"①

这篇讲话不但立即发表了,而且录音带也在全中国各城市的知识分子和党的干部的集会上播放过了。

反响是多种多样的。一个人宣称他"为毛主席的讲话所深深鼓舞,整整一宿都睡不着觉"。一名上海的企业家罗伯特·罗回忆说:"我感到惶惑。毛的一席话使得一切都变得可能了。多少年来第一次,我让自己产生了一线希望。"②但多数人还保持慎重,正如一则中国谚语所说,"一朝被蛇咬,十年怕井绳。"人类学家费孝通曾写道,"早春的天气"会带来骤然的霜冻灾害。历史学家翦伯赞更是直言不讳。他说,知识分子不知道是否该信任毛,"直到现在知识分子还在摸底的阶段……他们还在揣测,这是真放还是假放。如果是真放,放多少,放了以后还收不收,放是手段还是目的……以及哪些问题能争鸣,哪些问题不能争鸣等等"。③ 他补充说,其结果是大多数人都决心保持沉默。

他们的谨慎或许还有可能是一种标志,假设他们能够了解到就在鸣放运动公开发动前夕,在党的一次秘密会议上,毛所作的一次秘密讲话内容的话。在公开场合,他曾宣称资产阶级和民主党派已经取得"很大的进步";而在私下里他却说他们是不值得信任的。在公开场合,他曾说过学生"爱国";而在私下里,他抱怨说,有 80% 的学生有资产阶级的背景,因此如果他们反对政府倒是"毫不奇怪的"。在公开场合,他曾坚持说"毒草"必须允许生长;而在私下里,他说必须将它们锄掉去肥田。在公开场合,他说"只有极少数"反革命分子;而在私下里,他说必须将他们"坚决镇压下去"。在公开场合,他说过允许骚乱;而在私下里,又说只允许"坏人"去"暴露和孤立他们自己"。

对毛的辩证思想来说,这些都只是同一枚钱币的正反两面。"在对立面的统一中,"他解释说,"总有一个方面是主要的,而另一个方面是次要的。"④问

---

① 麦克法夸尔、切克和吴文津合编:《毛主席秘密讲话》,第 113—189 页(1957 年 2 月 27 日)。
② 卢赫和伊文斯:《逃离红色中国》,第 222 页。
③ 麦克法夸尔:《百花运动与中国知识分子》,第 24—25、27—28 页。
④ 麦克法夸尔、切克和吴文津合编:《毛主席秘密讲话》,第 256 页(1957 年 1 月 27 日)。

题在于,对毛而言,哪一面正哪一面反是完全可以改变的。

整个3月和4月当中,毛忙碌于把"鸣放运动"吹嘘上天。事实证明,这实在是一份煞费力气的苦差。超乎以他自身地位上的闪烁其词(达到了使知识分子们感觉到满腹狐疑的程度)之外,中下层党的干部们保持着深深的敌意。他们毕竟是一切反官僚主义运动的天然靶子,一旦整风开始,他们便会稳坐在毛所应允的鼓动和骚乱的接收一端了。

在官僚阶层的最上端,政治局保持着奇怪的沉默。"鸣放运动"是毛的个人表演。"我独自与人民一起",他以后曾说道,而且是煞有介事的。只要他的同事们公开支持他(他们也的确支持他),至于私下里,是刘少奇和北京党的领导人彭真不够热心,还是周恩来和邓小平十分热中,就无关紧要了。① "放与鸣",如同它们被称呼的那样,就不容易只是受到行政命令的影响。那就不必非得劝说人们说出心里话不可了,也就不必非得劝说基层党的官员们去做劝说工作了。

到最后,毛花费了三个星期的时间,坐火车做了一次穿越华东地区的长途旅行,这期间,如他自己所说,当了一回"流动的说客"。他有一半时间都花在使党内干部们相信,即将到来的运动,将会是"平静的和不急不慢的","和风细雨的而不是急风暴雨的",而且还不允许扩大成大规模的群众斗争。另一半时间是花费在安抚非党团体的恐惧上。在此过程中,进行运动的基本理论(以及指导运动所采用的手段)都得到了确切的定义。

既然反对地主和资产阶级的阶级斗争已经基本平息,毛解释说,党和人民之间的差异自然变得十分明显了。"以前,我们与人民并肩打击敌人。那么,由于敌人已不存在……就只有人民和我们了。如果他们有委屈不向我们申诉,他们还能向谁申诉呢?"如果这些差异都得到了解决,人民就会受到鼓舞,替他们自己着想。"如果我们……不允许[这样],我们的国家就会丧失活力。"所采取的方法就是批评和自我批评,以民主党派起带头作用。"[他们必须发表]讽刺性的评论以揭露我们的缺点。"毛宣布说,"我们必须振作起来,让他们

---

① 罗德里克·麦克法夸尔详细论述了中国主要领导人在"双百"运动上的分歧(《文化大革命的起源》第1卷,第13—16章),而且后来许多作者都效法了他。最近掌握的更多的资料使人对他的结论产生了怀疑:不光是1957年高层领导之间根本没有出现过分歧,就连毛受到来自他同事的强大压力这样的事也从没有发生过。尽管刘和彭真对"双百"运动没有邓和周那么热心这种说法似乎有一定的道理(我个人也相信这一点),但无疑还缺乏足够的证据证实这一点。绝大多数引自克里姆林宫对中国人公开言论的分析(在1974年麦克法夸尔的书出版时,它几乎是唯一可找到的资料来源)的例证由于被证明是错误的,因而这对于研究方法的局限性也提出了有益的警告!

攻击……共产党必须让自身受到一会儿谴责。"①

在表面价值上——并且直到最后,多数知识分子只是视之为表面价值——这是一种使人迷惑的前景,尤其当毛继续谈及他的许诺,至少是在学术与新闻圈子内,是对党的独裁权力的一种有意义的侵蚀。到此时为止,他承认说,非党人士可能担任了大学校长,或者一份"非党"报纸的主编,但实际权力却总是掌握在一位党员副职的手中。在将来,非党人士应当拥有"职位和事实上的而不只是形式上的权力。从现在起,无论在什么地方,谁是正职谁负责"。②

到 4 月中旬时,毛的努力开始结出成果了。

他已经发现,作为一般原则,在"鸣放"中有必要允许党的官员有限度地批评所谓"加强党的领导",但不允许产生"组织破坏和混乱"。他还提及知识分子们对党正在设置陷阱的担心,并且警告干部们注意,他并不否认事情有可能正是这种情况。经过这一番交底打气之后,党的官僚阶层停止了一直拖沓不前的步伐。

在毛把《人民日报》主编邓拓召到他自己的卧室里来,仰卧在堆满书籍的特大号床上,把他劈头盖脸地臭骂一顿后,甚至《人民日报》也陷进去了。尽管此前《人民日报》对新政策的沉默忠诚地反映了党的怀疑态度。邓拓的一位副手王若水,一位衣着整洁、自视甚高的人,那时正在赶过来参加召见的半途中。他后来回忆起,当时他看到那种凌乱的场景时感到吃惊不已,此时这位已近老年、肌肉松弛的主席,穿着睡袍指着他们破口大骂道:"为什么把党的政策封闭起来,这里面有名堂。过去说是书生办报,现在应当说是死人办报。"他盯住邓的脸继续说,"你不要把着茅坑不拉屎。我看你当了皇帝,会亡国……"当这位受到责骂的主编提出辞职时,毛摆摆手把这请求撂到一边。王受命写一篇推动"鸣放运动"的社论,并于 4 月 13 日见了报。③ 从那时起,人民当中便开始广泛流传起这么一句话:欢迎非党人士批评政府。一个星期后,政治局例会,

---

① 麦克法夸尔、切克和吴文津合编:《毛主席秘密讲话》,第 359 页(平静的和不急不慢的)[3 月 20日];第 300、329—330 页("以前……他们还能向谁申诉呢?")[3 月 18 日和 19 日];第 292—294 页(替他们自己着想)[3 月 17 日];第 305 页(活力)[3 月 18 日];第 303 页(讽刺性的)[3 月 18 日];高和利昂编:《毛泽东文集》第 2 集,第 517 页(谴责)[4 月初]。

② 麦克法夸尔、切克和吴文津合编:《毛主席秘密讲话》,第 366—367 页(4 月 30 日)。也可参见同上,第 229 页(3 月 8 日);高和利昂编:《毛泽东文集》第 2 集,第 522 页(4 月初)。

③ 麦克法夸尔、切克和吴文津合编:《毛主席秘密讲话》,第 50—52 页;高和利昂编:《毛泽东文集》第 2 集,第 515 页。1997 年 6 月在北京对王若水的采访。

决定宣布运动正式开始了。省级领导人被告知，要在 15 天内汇报"鸣放"的数字。但是毛甚至还不愿等这么长的时间。事实上，他说，整风"已经进行两个月了"。正当中国人庆祝五一劳动节时，"鸣放运动"的标语赫然印在《人民日报》头版通栏，全国党内外的所有报纸都竞相仿效，运动正式开始了。

"大鸣大放"是在任何一个共产党国家中所曾进行过的最雄心勃勃的尝试，旨在将一个极权主义体系与民主检查和制衡结合起来。就连毛也不敢断言它会产生什么结果。"我们尝试一下看看像个什么吧。"他就某一点说道，"如果我们需要亲口尝一尝，也不会有什么好担心的。"倘若党不"需要亲口尝一尝"挨批评的梨的滋味的话，那究竟会发生些什么，恐怕就要留待人们谨慎地加以求证了。

随着 5 月的到来，非党学术界人士、文艺家、民主党派的成员、企业家，甚至有一些工人和农村官员，逐渐鼓足勇气并决定说出来——或者说，是更频繁地被诱劝这样做，虽然这是违背其良知的。

尽管中央委员会宣布说，非党人士的参与必须是自愿的，地方官员们迫于强大的压力，要确保在其单位的"鸣放"被视为一次成功。一位受过美国教育的英语教授巫宁坤在精英聚集的党校教书，据他回忆说，他的一位年纪较大的同事曾接近过他，在系里召开的几次会议上抱怨说，"好像没人愿意表达出观点……抖搂出来的全都是鸡毛蒜皮的小事"。在几经进一步鼓动之后，巫最后说道："我没有理由怀疑他们的诚意，所以我发了言。"[1] 长沙公安局的一名女干部被告知说，如果她想入党的话，她应该表示自愿"做点什么贡献"。[2] 北京主要的商业街王府井大街上一家商业协会的一位领导人[3]，在地方党委书记的敦促下开了口，"给别人做个榜样"。他们都苦苦思索，并且认真撰写。其他数百万人的情况也都差不多。

由此而产生的批评当中，最主要的一击就是，知识界 1949 年迎来的共产党员们，作为从国民党暴政下解脱人民的解放者，在仅仅不到八年之后，就发展成为一个新的垄断权力与特权的官僚阶级，并且已经疏远了群众。其结果是，毛从匈牙利事件中引出的教训并没有错：在非党人士的眼中，党的官员们

---

① 《独自落泪》，第 54 页。
② 梁恒和夏皮罗：《革命的儿子》，第 8—9 页。
③ 这是我的岳父顾震。

实际上已经变成了"一个脱离了人民的贵族阶层"。最尖锐的批评之一出自储安平,一份有影响的民主党派报纸《光明日报》的总编辑,据他观察,共产党人已经把中国变成一个"党天下"的清一色局面。

小人物们仍然比较直率。党员们的举止犹如"一个单独的种族",一位教授写道,他们得到优厚的待遇,视其余人等为"顺民,或者用一个刺耳的词,奴隶"。一位经济学讲师抱怨说:"过去穿破鞋,现在坐小卧车穿呢子制服的党员和干部……今天老百姓对共产党是'敬鬼神而远之'。"他继续说道:

> 共产党对我三心二意,我对你也三心二意。中国是 6 亿人民的中国,包括反革命在内,不是共产党的中国……搞得好,可以;不好,群众可以打倒你们,杀共产党人,推翻你们,这不能说不爱国,因为共产党人不为人民服务。共产党亡了,中国不会亡。

另一个持续不断的话题就是党错误地对待知识分子。"一会儿被当成狗屎,一会儿又被当成万两黄金",如果党需要你,一位记者写道,你就是杀人犯也不要紧;如果党不需要你,无论你怎样诚恳地工作,也会将你弃置一边。一名工程师抱怨说,知识分子就像在日本人占领时期那样受到压制。党员们四处窥探着,将其非共产党同事们的行为举止汇报给组织人事官员们。结果是"就连私下里在亲密朋友的圈子中,也没有人敢发一点脾气……人人都学会了言不由衷、顾左右而言他的技巧;一个人说的是一件事,想的却是另一件事"。①

5 月 4 日,也就是发动运动的三天之后,毛发布了一道秘密指示,他在其中说道,尽管有些观点表达上有问题,还没有到戳穿它们的时候。"不要停顿或间断。"他写道,"没有社会压力,整风不易收效。"因此,"至少几个月内",对批评继续不予追究。然后,一旦党整顿完毕,运动就会扩大,批评就会延伸到民主党派和知识分子中去,延伸到整个社会上。②

但是,由于人们的怒火、疑虑和痛苦澎湃奔涌,毛开始另作打算了。

5 月 15 日,一份限制发给中央委员以上级别官员的题名"事情正在起变

---

① 麦克法夸尔:《百花运动与中国知识分子》,第 44—109 页,特别是第 51—53 页(储安平);第 87—89 页(经济学讲师);第 65 页(狗屎);第 68 页(没有人敢)。
② 《建国以来毛泽东文稿》第 6 集,第 455—456 页。

化"的备忘录,标志着毛的态度正在起着变化。毛首次在备忘录中用了"修正主义"一词来指国内事态。他说,修正主义者们否认舆论的阶级实质;他们赞赏资产阶级自由主义和资产阶级民主,反对党的领导。这些人是共产党内的主要危险,他们正在跟社会上的右翼知识分子互相勾结,抱成一团。就是这些非党"右派"(又一个他首次使用的词汇)要对这种"猖狂进攻"负责:

> 右派都不懂辩证法:物极必反。我们还要让他们猖狂一个时期,让他们走到顶点……人们说:怕钓鱼,或者说:诱敌深入,聚而歼之。现在大批的鱼自己浮到水面上来了,并不要钓……右派有两条出路。一条……改邪归正。一条,继续胡闹,自取灭亡。右派先生们,何去何从,主动权(一个短期内)在你们手里。①

处在毛的位置上,这并不像他在表面上看起来的那样发生了一种戏剧性的变化。毛之注意力的焦点正不祥地从"花放"转向了铲除"毒草"。

既然文件是秘密的,外界的公众,以及"右派们"本人,对这些发展都还被继续蒙在鼓里。

运动接下来扩展到北京大学校园里,那里的一座餐厅的外面设有一堵"民主墙",墙上面的张贴物有好几层厚。学生演说家们对数以千计的听众高谈阔论,所涉及话题从多党选举到社会主义与资本主义的优劣互见。运动找到了它的殉难者,一位名叫林希翎的 21 岁的文学系学生,攻击党实行"封建社会主义",并敦促进行彻底的改革以保障基本自由。学生团体也组织起来了,取名如"苦药方"、"低层之声"、"野草"及"春雷"等,他们发行油印期刊,并派出积极分子到外地去与志同道合者们"交流经验"。

又过了一个星期后,毛再次讲话了,这次是公开的。在一次接见青年团代表团时,他警告说:"一切离开社会主义的言论行动都是完全错误的。"②这句话立即用巨大的白字写在校园内一座建筑物的侧面。

但是毛点起来的火并不十分容易扑灭。学生领袖们公开号召结束共产党的统治。老师们为其学生榜样所鼓舞,也起了推波助澜的作用。毛的统治是"专横无情的",一名沈阳的教授宣称,要说中国无民主,其错全在党中央。还

---

① 《建国以来毛泽东文稿》第 6 集,第 469—476 页。也可参见《毛泽东选集》第 5 卷,第 440—446 页。
② 《毛泽东选集》第 5 卷,第 447 页(5 月 25 日)。

有人说及"狠毒的专制独裁",效仿的是"奥斯维辛集中营的法西斯手法"。在武汉,中学生们也涌向街头,冲击了当地政府机关。四川与山东也有骚乱的报告。

6月8日,就在整风开始后不到六个星期,毛便发动全党进行反击了。

"某些人",《人民日报》说,正在利用整风运动的机会试图"把共产党和工人阶级打翻,把社会主义的伟大事业打翻"。毛本人同一天在一条中央委员会指示中谈到,党的一小部分已经被反动观点所腐蚀——就是说,他补充道,"挤出来了脓包"。十天后,他在2月里的《矛盾问题》的讲话首次公开发表——但却是做了很大修改的修订版,其中有新规定的区分"香花"和"毒草"六条标准。这些都有效地复述了在运动开始之前毛私下里给党的官员们作出的保证——就是说,只有当批评是为了加强而不是削弱党的领导时,才是可以接受的。

最后在7月1日,在又一篇《人民日报》的社论中,毛点名攻击了林业部长罗隆基和交通部长章伯钧,两人都是名叫"中国民主同盟"的小型联合党派的领导人。该社论说,他们组成一个反革命同盟以推行一条"反共、反人民、反社会主义的资产阶级路线"。这里暗示的是,"双百"方针是正确的,但决不能允许一小撮对共产党的胜利耿耿于怀、妄图倒转历史的极端分子搞破坏活动。

全盘翻个儿完全是毛的杰作。然而,很明显,他乃是不得已而为之。[①] 以后他说过就在党和社会上大批的人对大规模的动荡的危机惊愕不已之时,他也曾为"假象所困惑"。以在此后的一个夏天和秋天里的几次讲话为例,他明确表示,他继续相信最初的"鸣放运动"政策是对头的。他说,"右派分子们"是反革命分子,但他们应该得到宽大处理,"这是鉴于许多历史事件采取了极端政策的后果,并不良好"。[②]

在毛的特殊词汇中,"宽容"只是一个相对的词。[③]

"右派"不被枪毙。事实上,其中地位较高的包括罗隆基、章伯钧和另一位部长章乃器在内,两年后都获大赦了。但对52万名小人物——中国的全部非共产党员知识分子与官员中的1/20——采用劳动改造或流放农村好让他们

---

① 这一点最明显地表现在毛起草的七一社论中,他在这个社论中写道:无产阶级和资产阶级之间新一回合的斗争已经是"不以人的意志为转移的。就是说,是不可避免的。人的意志想要避免,也不可能。只能因势利导,夺取胜利"(同上,第594—595页)。也可参见他在这个月晚些时候所强调的,"争鸣"不能被完全废除(第640页)。

② 高和利昂编:《毛泽东文集》第2集,第639页(7月17日)。第654—655、662页(7月)。

③ 10月,毛与早些时候的运动作了明确的比较,宣称"我们没有用过去对待地主和反革命的方法来对待他们"(同上,第732页)。

去学习农民的阶级觉悟。在很多单位,地方党组织的书记们下令要达到一个固定比率:预定有5％的干部应被划为"右派"。那些具有可疑背景的人,或是过去某一段时间里与党的特权阶层曾发生过争吵的人,一律作为首选对象。

在西方受教育的英语教授巫宁坤,遭到逮捕并在狱中羁押三年,先是去东北,然后又关押在天津附近。批评过其部门首长的长沙的那位女警官被送到郊区劳动改造;随后她丈夫为避免"右派"帽子波及他自己和子女,徒劳无益地和她离了婚。王府井的那位商会会长(一名资本家)用了20年的余生,在服刑机关进进出出。他们以及五十余万与他们遭遇相似的人,亲见了本人及家庭成员的性命被无情地摧毁。他们并非像地主与反革命分子那样由于自己的行为(过去的或现行的,真实的或想象的)而受罚,仅仅是由于自己的思想而受罚。

毛本人对这类指控也很敏感。"这些人不但有言,而且有行。"他宣布说,"他们有罪。'言者无罪'的说法对他们不适用。"①这是苍白的辩护。

"鸣放运动"的悲剧是,毛真正想要知识分子们替"他们自己着想",按照他们自己的自由意愿参加革命,而不是被裹挟于其中。他对党的干部们说过,他的目标是"想造成一个又有集中又有民主,又有纪律又有自由,又有统一意志又有个人心情舒畅、生动活泼,那样一种政治局面"。②

然而,在实践中,这一公式却完全不打自倒了。到50年代中期,毛十分自信于其本人的思想基本正确,即他不再能够理解,人们为什么要有自己思考的自由,想他们之所想,而不是想他之所想——那么,只要保留一星半点儿思想独立的火花,他们就会产生出他所不赞成的想法,他就会感到有必要去进行压制。在实践中,纪律总是占上风,思想独立总得被摧毁,根除"毒草"总会导向绝顶荒谬的程度。

还有另一个更为直接的结果。

知识分子们在反右派斗争中受到了如此之多的煎熬,他们再也不会相信毛了。25年之后,当王府井的那位老商人奄奄一息之际,他对家人的最后一句话是:"千万别信共产党!"打从毛的年轻时代起就一直梦想的、那些他极其需要的、建设强大的新中国的人才,就这样无可弥补地被他疏远了。

自共产党政体成立起的八年当中,毛的生活令人无从辨认地彻底改观了。

---

① 高和利昂编:《毛泽东文集》第2集,第596页(7月1日)。

② 高和利昂编:《毛泽东文集》第2集,第655(7月)。

这不仅仅是由于他掌握了更多的权力。作为 6 亿人民的最高领袖,他成了一个威严的孤家寡人,以一种帝王式的光辉将自己包装起来,远离了他的同事们,也为他所统治的人民孤立了。

人民共和国宣布成立一个月后,他住进了中南海的宅邸,一座有围墙的、由前清亲王们的寝宫和传统庭院组成的建筑,它坐落在紫禁城围廊内的一处公园里面,又用人工湖将邸宅与紫禁城隔开,并以人工湖的名称给这一大片建筑命了名。国民党掌权时以南京为首都,这里遂年久失修。但到了 1949 年,中南海里的旧宫殿被整茸一新,以供政治局成员使用,三层现代洋楼建造起来作为中央委员会和国务院的办公地点。毛和他的全体随员占据了一座前皇家图书馆,那是一座华丽的青瓦顶的建筑,18 世纪时为乾隆皇帝而建,皇帝本人手书的"丰泽园"三个字镌刻在巨大的山墙南大门之上的一块木板上。内院以苍松古柏遮荫,毛有自己的套间,名叫"菊香书屋",包括一间高天花板的阔大房间做其寝室、书房和客厅三合一使用;一间大餐厅;另一端是江青的寝室,以一条铺砖的甬道与她的套间相通,那又是在邻近的另一座建筑里了。毛的女儿,李敏和李讷,住在下一进庭院里,由江青的大姐照看着;而毛泽民年轻的遗孤毛远新,在附近不远处也有住房。

对毛来说,如同在他之前的中国帝王们一样,中南海是一只蚕茧。取代了宦官们簇拥着他的,是他的秘书们以及贴身侍卫们。为了他的保卫工作,共有三层同心圆般布置的警卫部队,滴水不漏且无处不在。他的食品来自一处特别设计的安全农场,在供他食用之前由专人先尝以防中毒。1950 年 10 月任弼时死后,毛及全体其他高层领导人们,被指派了个人的内科医生。在延安和石家庄时,在一班保安卫队的随从下,他曾经还有随意四处溜达的自由;在北京,他就不能搅乱事先做过安排和搜索的路线的每一个细节了。当他真的旅行时,他总是登上一辆防卫精良的专列。他极少乘坐飞机,以防台湾国民党人试图暗中破坏或打下他的座机①。

在前些年里,毛时不时地还想打破他的关心者们在他身边布置下的保护屏障。通常却都是无功而返。

他的侍卫长李银桥回忆起一次在天津时,毛坚持要在一个餐厅用餐。话

---

① 此事不像听上去那样空穴来风。1955 年,一架计划运送周恩来去印度尼西亚的飞机在半空中爆炸了,炸弹是一名在香港的国民党特工安置在飞机上的。在中国情报部门获得风声后,周恩来临时改变了旅行计划。获准陪同前往的中国代表团的其他成员在这次空难中丧生。

事先传了过去。经理清空了其他客人。但是，当毛在楼上的一个窗户边停下来，想向外看一眼下面街景的时候，他被对面阳台上一个晾衣服的女人瞥见了。她（看到伟大领袖后的）兴奋的叫喊声，吸引来这么一大群人，把附近的街道围堵得水泄不通，当地驻军司令花去六个小时才有效地劝散了他们，好让毛离开。这以后，无论他何时要打破他的安全官员们为他安排的路线，这一事件就会被用作他不得打破规矩的理由。

他的身边缺少一个家庭，也加剧了他的孤独感。岸英死了，岸青在大连一家精神病院里接受治疗。50 年代中的大部分时间里，江青都因病卧床不起——起初是心理失调，其实质既非中国医生又非俄国医生所能发现，随后又是子宫颈癌——做了好几次去莫斯科的旅行以接受治疗，旅行往往一再延期，最长的一次超过一年。唯有毛因能摆脱掉她而感到十分高兴，当她请求允许她回国时，毛还坚持要她待在那儿，直到完全康复为止。根据他的医生所说，到 1955 年时，他们已经趋向于分居：以往他们相互间还有着何种感情的问题一直悬而不决。就连努力表现出宽厚态度的李银桥，到 50 年代中期也得出结论说，这一婚姻已到了悬崖边上。他们的饮食、睡眠和工作都是分开的，只有在极罕见的场合下，他们才一起相处，江使得毛神经紧张，他随后会向警卫们抱怨说，他再也不想见她了。

他们的疏远益发使他怀念起他以前的妻子们：21 年来他首次再见到了贺子珍；而对于杨开慧的回忆驱使他写下了一首十分浪漫并令人回肠荡气的优美的旧体词，他将这首《蝶恋花》词中的人物寄托为"神仙"。该词寄赠给一位叫李淑一的老朋友，这位妇女 30 年前在"马日事变"开始时正在坐月子，喂养她的幼子。李的丈夫柳直荀，在开慧被害后不久也遭杀害了。在汉语中，两位已故人物的姓氏恰好象征着"柳树"和"杨树"，毛运用了一种语言技巧，使这一象征手法与吴刚的神话传说联系在一起，吴是一位希腊神话中西西弗斯一类的人物，受遣去砍伐月宫中一株永远砍不倒的桂花树：

　　我失骄杨君失柳，杨柳轻扬直上重霄九。问讯吴刚何所有？吴刚捧出桂花酒。

　　寂寞嫦娥舒广袖，万里长空且为忠魂舞。忽报人间曾伏虎，泪飞顿作倾盆雨。①

---

① 《毛泽东诗词十九首》，第 30 页［译文略有改动］。也可参见特里尔的《毛》第 276—277 页上的译文。

这眼泪有苦亦有甜,反映了那年夏天在毛沉湎于对以往较为简朴岁月的回忆中时他本人的情绪①。

他的随员当中有人总结说,他变得摆脱不了年事渐高的压力,想抵挡随之而来的必然死亡的种种暗示。但李银桥可能有更好的解释,他说,毛让年轻人围绕着自己只是为了逃避孤独。在他一生的最后20年当中,毛本人也承认,他们构成了他的替代家庭。他从他们身上比从自己的女儿们身上找到了更多的亲情,女儿们只是在寄宿学校里度过更多的时间。警卫员们给他喂夜间睡眠的安神药片,替他按摩以驱赶他的失眠症;他们协助他穿衣;他们侍候他吃饭;他们留心他的每一个举动。但是他们只是一个非永久性的家庭,其成员可以在一念之下被赶走;一个仿造的家庭,并不涉及家庭职责,也没有血缘上的联系。

在这个紧密的小圈子之外,毛在其无所顾忌的弄权岁月中,被切断了所有人性上的正常联系。他与政治局其余成员的关系只限于政治上。斯大林还曾有与其老友们狂饮达旦的时候,毛却一步一步地退缩到他本人思想上的自我隔离之中,友谊被彻底排除掉了。"人与'神'之间的联系只是一种祷告,及对于祷告的回答。"多年以后李银桥写道,"他们之间不会有立足于平等关系的交流。"以往,毛很多的注意力为军事事务所牵制——内战,与日本的战争,重开内战,随后又是朝鲜战争。1953年后就只剩下政治了。

"鸣放运动"是毛打破苏联共产主义式的自上而下的严密指挥系统,以寻找一种独特的中国方式的第一次尝试。赫鲁晓夫并不赞成。毛私下里反击说,这些俄国人心如铁石,他们放弃了马克思列宁主义的基本原理。当这一实验在反右派运动中只收到伤筋动骨的结果时,他开始渴望再一次用旧时的努力加试验方式的动员群众的战略,这在以前合作化运动的过程中曾达到较佳的目的。

1956年春,他曾经尝试对经济使用这一原则。但这次所谓的"小跃进"由于地方干部们制定了不可能达到的高目标而失败了,农民们和一肚子不高兴的工人们放下工具以示抗议。当周恩来敦促放慢步伐时,毛极不情愿地站到了一边。《人民日报》就此撰写了一篇《要反对保守主义,也要反对急躁情绪》

---

① 在写了《蝶恋花》词数星期之后,毛邀请了在长沙当过杨开慧和他本人女仆的陈玉英访问北京。他们谈了两个小时,临走时他对她说:"今天见到你,就好像我又见到了开慧一样。"

的社论,送来请毛过目,送还时,上面写着他手书的两个大字:"不看。"

这段时间中,他到处解释这一挫折。他争辩说,在经济建设中,就如同在战争中一样,前进总不会是直线式的,而只能是连续性波浪式的。"有升有降,"他说,"一浪逐一浪……事物必定按照波浪式的规律发展和前进。"①"小跃进"失败了,他提出论证,因为它刚好赶上了中国经济发展的波谷;等到这一循环的较有利的时刻,它就会大大取得成功。

1957年秋,毛认定再努力一次的时刻到了。

这一次,其他多数领导人都同意了。苏联的模式被视为失败。合作化未能使农业生产出现为筹措一种苏联式的工业化进程所必需的剩余基金;需要去实施它的知识分子们已经表现出很不可靠性②;协助实践它的苏联经济援助也失效了,因为俄国人正在用他们的钱去支撑东欧的盟国。出现了一种意见说,可以找到的一种替代办法是,跨越中国经济,将剩余农业劳动力转变成工业资本。

与这些实际命令相伴随的是,政治内容也发生了变化。

贯穿春天的整个"鸣放运动"的全过程,毛不断地重复八大上批准的公式,阶级斗争已经"基本结束"。③ 6月反右斗争开始后,他又强调说,虽然"大规模的急风暴雨式的阶级斗争""已经基本结束",但阶级斗争就其本身而言还是非常活跃的。④ 此时他坚持说,中国社会的基本矛盾不是经济上的矛盾,"'八

---

① 高和利昂编:《毛泽东文集》第2集,第159、179—180页(1956年11月15日)。

② 高和利昂编:《毛泽东文集》第2集,第660页(7月)和第702页(1957年10月9日)。虽然毛从1957年夏天起就开始强调需要一批无产阶级的知识分子,但他并没有完全放弃利用资产阶级技术人员的可能性,他的这一思想在整个20世纪50年代后期不时地会冒出来(麦克法夸尔:《文化大革命的起源》第2卷,第40、179—180页)。

③ 麦克法夸尔、切克和吴文津合编:《毛主席秘密讲话》,第280、285、288、301、308、303页,特别是第371页。刘少奇后来大概就是因为在他向八大所作的报告中编造了这个概念而受到指责的(麦克法夸尔:《文化大革命的起源》第1卷,第119—121、160—164页)。然而,毛这时既没有对刘的报告也没有对八大的决议表示反对。1956年11月15日,他在中共八届二中全会上说:"今天中国的阶级矛盾已经基本解决,当前国内主要矛盾是先进的社会制度同落后的生产力之间的矛盾。"(高和利昂编:《毛泽东文集》第2集,第184页)这与刘起草的决议的有关部分是完全一致的。毛从一开始就强调,"基本"是指"还不完全"(同上,第197页,1956年12月4日),而且刘的报告中也清楚地表明了这一点,他的报告指出,阶级斗争只有到社会主义改造完成之后才会结束(全文载于鲍威和费正清编:《1955—1959年的共产主义中国:政策文献及其分析》,第188页)。只是在1957年的春天过后,毛才开始改变他的关于无产阶级和资产阶级之间的斗争的思想,八大上所确立的观点受到质疑。

④ 《毛泽东选集》第5卷,第395页(6月19日)。关于正在出现的介于两者中间的一条新路线的表述,见高和利昂编:《毛泽东文集》第2集,第566—567页(1957年6月8日)和第578页(6月11日)。

大'决议上有那么一段,讲主要矛盾是先进的社会主义制度同落后的社会生产力之间的矛盾。这种提法是不对的",现在的"主要矛盾就是社会主义和资本主义两条道路的矛盾"。还是那条老的基本上是错误的路线。① 总之,舞台为左倾再一次冒头做了预先布置。

10 月在中央委员会全体会议上,毛再一次想象出以农村经济革命为基础的光辉前景。② 他说,中国将取得世界最高的粮食产量。在 15 年内,年钢产量将会达到 2000 万吨(四倍于 1956 年的产钢水平)。尤为异乎寻常的是,他还坚持必须消灭"四害",使中国成为"四'无'国家:无老鼠,无麻雀,无苍蝇,无蚊子"。各处的公民都举行集会响应他的号召,一名来访的俄国专家回忆说:

> 一大早,一名妇女令人毛骨悚然的叫喊声把我吵醒。我冲到窗户前,看见在隔壁大楼屋顶上一位年轻女人跑过来跑过去,疯狂地挥舞着一根竹竿,上面系着一大块布。突然,那女人停下来……只过了一会儿,她就冲到了街上,一面鼓敲将起来,她又开始了可怕的叫喊及其特殊旗帜的疯狂挥舞……我明白了,在旅社的所有高层中,穿白衣服的女人们都在挥舞着布和毛巾,据推测,这样可以驱赶落脚在屋顶上的麻雀。③

这一计划奏了效。一次次的大驱逐使得麻雀累得掉在地上死掉了。又一位外国人数月后报道说,四个星期中他看不到一只麻雀,以及只有 15 次看到了苍蝇,通常还只有孤零零的一只。很不幸,毛忽视了杀死麻雀(sparrow-cide)④会引起庄稼遭受毛虫(通常由鸟类吃掉)侵害的警告。次年,麻雀这一目标为臭虫所取代。

国内的革命干劲也和外部的大事相配合。10 月 4 日,当中共中央全会召开时,苏联发射了第一颗人造地球卫星,此时毛指出,美国甚至连"一个山药蛋还没有抛上去"。

---

① 高和利昂编:《毛泽东文集》第 2 集,第 809—812 页(未标明日期,但很可能是 1957 年 9 月)。
② 高和利昂编:《毛泽东文集》第 2 集,第 696—713 页。毛对未来的展望决定着他想象的未来就是一个农民靠"几分地"就能养活自己的景象(同上,第 700 页);1 分地等于 1/60 英亩或大约 8 平方码的地方。
③ 米哈伊·克罗契克:《在红色中国的苏联科学家》,蒙特利尔,国际出版公司 1964 年版,第 68 页。
④ 可惜我不能声称自己发明了这个意味深长的新词;这个词是罗德里克·麦克法夸尔发明的,而且它能在更广泛的范围内通用,我在这里是借用它来说明我的问题。

不久以后,赫鲁晓夫谈到将"超过西方的(个人消费)肉类与乳类产品的水平放在第一位",并坚持说"这不是一个算术问题,而是一个政治问题"。此话对于毛正如同天籁一般中听,因为他刚刚对自己的中央委员会说了,在政治与技术的关系权衡上,"政治是基本的,占第一位的"。① 过了一个月,正当毛造访莫斯科并参加世界共产党大会时,这位苏联领导人宣布计划要在 15 年内在铁、钢、煤、电力和石油及其他多种消费品的生产上超过美国。不是仅有一人发出了挑战,毛立即通报与会的世界共产主义领导人说,中国将在 15 年内超过英国。

随后他向他们谈及他对当前世界形势的看法,引用了中国古典小说《红楼梦》里的一句话,"不是东风压倒西风,就是西风压倒东风":

> 我认为现在国际形势到了一个新的转折点……特点是东风压倒西风。也就是说,社会主义的力量对于帝国主义的力量占了压倒的优势……我想可以得出一个概念,西方世界被抛到我们后面去了。抛得很近还是抛得很远? 照我讲——也许我这个人有些冒险主义,我说,永远地抛下去了。②

在这种过热的气氛下,更不要提心理上的欣快症状态了,毛 11 月末一飞回北京就去面对国内的经济挑战。指示已经拟就。由于已经承诺超过英国,毛确认到 70 年代初中国将生产 4000 万吨钢(将不到两个月前在中央全会上批准的已经过高的数字又翻了一番),还有压倒英国的水泥、煤、化肥和机械设备的产量。唯一的问题是如何办得到。

为寻找答案,毛动身去各省进行了长达四个月的视察旅行,他从华南跑到东北;3 月西进四川;然后沿长江乘船而下到武汉;最后在 4 月去湖南和广东。

表面上,如同 30 年代在江西时那样,他在进行新政策的构思前,先以实行基层调研的方式,以图"从事实中寻找真理"。但有一个关键的区别。在 25 年前的"中华苏维埃共和国"时,他不怀任何目的地随心所欲地进行调查。在 1958 年的人民共和国时,他的每一个步骤都是数日或数周前就提前谋划好的。"下到基层"这时只是说,首先会见省委第一书记,访问经过仔细选择的示

---

① 高和利昂编:《毛泽东文集》第 2 集,第 702 页(1957 年 10 月 9 日)。

② 高和利昂编:《毛泽东文集》第 2 集,第 783、786 页。

范农场,那里的人们都只是简略地对毛谈及省当局想要他听到的话。他还是得不到精确的第一手信息。相反,他得到了一种信息丰富的错觉,他就要以此来证明比无知还危险得多的政策了。

在毛的旅程的每一站,他都要召集一次领导层会议,以此为理论基础,"大跃进"渐趋成形了。

1958 年 1 月 4 日在杭州,他首次提出他的"不断革命"的观点(他迅速加以解释说,这是一种与托洛茨基的异端邪说不相干的概念)。在中国已经完成了的"社会主义革命"(生产手段上的合作化)将依靠这一概念不停顿地引导到一场"思想政治革命"及"技术革命"上去。他将后面的这一术语阐释为一种新的生产"高潮"的标志。

十天后在南宁,他对 18 个月前劝说他放弃"小跃进"的那些人发了一通怒气。"我就是冒进的'罪魁祸首'。"他挑衅般地宣布说,"你反冒进。好吧,我反反冒进!"周恩来作了自我批评,承认他"动摇了政策",犯了"右倾保守主义错误"。3 月在成都,毛申斥了计划委员会主任,说他奴隶般地坚持苏联的实践,还训斥了全党对待一般意义上的"专家"尤其是对待资产阶级专家所表现出的"奴隶思想"。一个月后在汉口,他进一步宣布说,资产阶级知识分子构成了一个必须被斗倒的剥削阶级,还说中国不应该为这些人所设计的经济规律所束缚:

> 要科学家破除迷信,对其科学技术要又信又不信⋯⋯要有观点指挥材料,不要材料把观点淹没了。要学会用政治带业务⋯⋯谈起来就是数目字,不谈政治,政治都没有,哪里有水平? 政治与数字是官兵关系,政治是元帅。[1]

夸大政治意愿我们是够熟悉的了,但毛极少如此断言实际和数字可以被忽略。1958 年晚春,他异常兴奋,在共产主义前途无限光明的幻象鼓舞下,任何事情也无法阻挡 6 亿人民的齐心协力。

他的信心是由上一年冬发动的全国范围的兴修水利运动而煽动起来的。四个月当中,1 亿农民挖渠修水库蓄水近 2000 万亩,大大超过原先的目标。[2]"揭盖子,破迷信,让劳动人民的积极性和创造性都爆发出来"就是唯一必要的

---

[1] 《毛泽东思想杂录》第 1 卷,第 89 页(1958 年 4 月 6 日)。

[2] 麦克法夸尔:《文化大革命的起源》第 2 卷,第 34 页。最初的目标是在 12 个月内能达到灌溉 700 万英亩。

了,他对 5 月的八届二中全会说道。这是正式发动大跃进的时间,奇迹是可以创造出来的,他还补充说,差不多像是一种反思了:"不是的,我们不是狂人!"[1]

不管发疯与否,上年制定的工农业生产的目标还是成倍地上升了。

3 月在成都会议上,毛敦促省领导们停留在可能的范围内。"革命的浪漫主义是好的,"他对他们说,"但没有措施不好。"[2]

到 5 月时,他已经将那一年的钢产目标从 600 万吨提高到 800 万吨,还将超过英国的时间长度缩短了一半(7 年),而且 15 年要超过美国,与赫鲁晓夫给俄国提出的目标一样。毛提议,事实上,中国可能率先到达那里,并"提前实现共产主义"。自那以后,所有的限制统统都被抛到脑后去了。1958 年秋,预计钢产量又被提高到 1070 万吨,三个星期后又是"1100 或 1200 万吨"。到此时为止,毛设想 1959 年钢产量为 3000 万吨(超过英国);1960 年为 6000 万吨(超过俄国);1962 年为 1 亿吨(超过美国);并且,到 70 年代初为 7 亿吨,数倍于世界其余地区产量之和。1958 年粮食产量目标也是一个劲儿地往上飙升,先是 3 亿吨(为以往丰产纪录的两倍),随后又到了 3.5 亿吨。[3]

同以往一样,这一目标将使得中国伟大起来。"因为你虽人口多,"毛对政治局说,"力量还没有表现出来,有一天赶上英国、美国,杜勒斯就看得上眼,确实有这个国家。"[4]这还没完。新的共产党中国还将会是优雅的。"法国人,"毛注意到,"把他们的街道、住宅和林荫道弄得很美:如果资本主义能做到,我们为什么做不到?"[5]这就是说,人们的物质享受也将是充足的。曾经是毛在井冈山上的部队将领之一的谭震林,取代了他的同龄人、头脑清醒的邓子恢出任农业主管,揭示了一幅连赫鲁晓夫的"土豆烧牛肉式的共产主义"也会自叹不如的诸多幻象:

共产主义到底意味着什么呢? ……第一,吃要吃得很好,不是光

---

① 《毛泽东思想杂录》第 1 卷,第 95—96 页(1958 年 5 月 8 日)。

② 麦克法夸尔:《文化大革命的起源》第 2 卷,第 43 页。

③ 麦克法夸尔:《文化大革命的起源》第 2 卷,第 33、82、85、90 页;《毛泽东思想杂录》第 1 卷,第 123 页(1958 年 5 月 18 日)。在大跃进之前,毛曾经预言,中国用 50 年的时间就能够达到美国的生产水平。

④ 《毛泽东思想杂录》第 1 卷,第 115 页(1958 年 5 月 23 日)。也可参见麦克法夸尔、切克和吴文津合编:《毛主席秘密讲话》,第 409 页(1958 年 8 月 19 日)。

⑤ 麦克法夸尔、切克和吴文津合编:《毛主席秘密讲话》,第 432 页(1958 年 8 月 30 日)。

第十三章 稚嫩的魔法师 419

吃饱。每顿都有荤,或者吃鸡子,或者吃猪肉,或者吃鱼,或者吃鸡蛋……就是花样很多,适合于每一个人……当然山珍海味那是办不到。特别是燕窝,这量是少得很,国庆节、五一节可以吃,或者举行结婚时可以吃一顿。第二是穿,也是应有尽有,各种花色、各种样式都有,不是乌鸦一片黑,也不是一片蓝……工作之外,其余全都是绫罗绸缎,都是毛料呢绒……第三是住,要跟现代城市比,谁最现代化?就是人民公社……北方有暖气,南方有冷气……人民公社统统是高楼大厦,统统是现代化设备,而且每一个居住的地方就是一个花园,居住的条件、居住的环境要现代化,要比现代化的城市还好。第四是行,除了赛跑外,要到什么地方去就有汽车、火车、飞机、轮船……每个人做到有一架飞机的时候也不是太远……第五,每个人都要受高等教育,要普及教育……这些总起来叫共产主义。[1]

谭并不是唯一夸夸其谈的人。毛本人也曾设想过,柏油马路也可以当成飞机跑道,每个城镇都有自己的飞机、自己的社区哲学家和科学家。"这就像玩麻将",在反复盘算着中国的财富将堆积如山时,他兴奋地宣布说:"你只需将你的赌金翻番好啦!"[2]其他领导人都表示赞成。就连现实到了底的邓小平也预测说,每个中国人都会有一辆自行车,女人都穿高跟鞋,抹口红。这种异乎寻常的显著变化的态度,又是从何而来的呢?

为了取得权力,毛能够耗费其成年后的全部生活,去细致地对什么是可能的、什么又是不可能的作出标准化的评判,却又如何突然地将全部常规的标准束之高阁,信奉起一种连草草一瞥也可以判断出是不可能实现的乌托邦式的梦幻来?周恩来、薄一波这样的人,又如何能够从仅仅一年之前还在坚持着的谦逊得多的目标,此时转而支持就是在当时看来显然也是最奇特的臆想的计划呢?

就连几乎过去了半个世纪的现在,给出一份完整的答案也殊非易事。

刺激无疑来自俄国人造地球卫星的成功发射,它给毛提示了技术进步带来的种种可能性。一度引起他兴趣的科学,使他着了迷,但那只是中世纪的而不是现代意义上的科学。他贪婪地读书,但那只是为了安慰其本人的世界观

---

① 麦克法夸尔:《文化大革命的起源》第2卷,第84页。
② 高和利昂编:《毛泽东文集》第2集,第740页(1957年10月13日)。

而不是去重新洞察世界。他的几次讲话,不久就夹杂着证明其政治主张的对科学的牵强附会了:原子结构显示了一切事物的内部矛盾;化学元素的激增表明了"事物总是向着其对立面转化";新陈代谢就是所有事物都有一分为二的倾向的一例。对毛而言,科学进步验证了他长期特有的信念,意志可以战胜事物(或者说,如他在 1937 年时所说,"精神对物质的反作用")。如同一块近代哲学家的里程碑一样,这将会使得中国为贫穷落后所困扰的现实发生质变,成为一个没有灾荒或饥馑的光辉的新世界。对他来说,无须什么精密的分析和严肃的证据这些教条。中国不曾有过伽利略,不曾有过哥白尼,不曾有过达尔文或亚历山大·费莱明,没有人培养出一种怀疑论的质询精神。现代科学,就像现代工业一样,是一种新近进口、洋味十足的东西,在中国的文化中还没有扎下根来,毛就在这一时间前后曾爽快地承认,对这两样他一点也不在行。他抓住不放的是这样一种理念——通过技术革命取得无限进步的前景。

在一个有着科学与产业专门知识传统的国家中,大跃进中所想达到的目标,本来可能由于其本身确实具有的白日梦特点而注定受到摒弃。

但在中国就不一样。在政治局中,只有陈云在经济事务上问了一些令人困窘的问题,但从 1958 年开始,他就已经在体系上置身于局外了。周恩来也许会有保留意见,但即便是这样,他也只是保留在内心中:在反对毛的"冒进"欲望时,他曾经烫伤过手指头。

而在另一些领导人中,刘少奇有自己的理由去附和主席的事业。他与周的关系存有双方都不肯承认的更大的对抗性因素。大跃进要由刘的党组织发动,而不是周的国务院:无论哪一方情况变糟,都会对另一方有利。还有,两年前毛通知政治局常委会成员们,作为其退到"二线"的一部分,他打算辞去国家元首的职位。在 5 月的八届二中全会上,正式宣布了刘将接他的班。如果刘对于大跃进有所怀疑的话——尚无证据显示这一点——对经济增长的戏剧化高涨的关注,意味着他对国家最高行政机关的前景的觊觎将会过于明显,因此他只得睁一只眼闭一只眼任它去了。

政治局其他成员是由老派的对党忠诚不贰的人组成,像林伯渠,20 年代中期在广州时,他就曾和毛在一起;还有李富春,此时为国家计划委员会的主任,他与毛的关系也可以回溯到"新民学会"时期;新近提拔上来的人像上海和四川的第一书记,基本上也是由于其对跃进的热情而获得毛的批准;还有由新近提升到政治局常委会的林彪与国防部长彭德怀所领导的军队中人物,多年来彭德怀通过艰难的方式才认识到,在一切重大问题上毛都是无可怀疑地正确的。

1958 年,所有这班人都无意于向毛挑战。大多数人都相信他的看法,即一个繁荣的新时代就在眼前。唯一可能纠正他们的集团——资产阶级知识分子们——已经名誉扫地了。

那年夏天,毛知道了他想做什么;知道了为什么要去做;但是他却不知道如何去做好它。5 月里,他还是一直在哀恸地问着自己:"除去苏联的方式外,有无可能找到一条更快、更好的途径?"①

事实上,尽管他还没有认识到,答案的萌芽已经近在手边了。上一年冬的兴修水利运动,由于允许干部们动员数量极大的必要劳动力去修建堤坝与运河组成的灌溉网,合作社加入者们的一连串反应已经开始了。

现在已经有了建造共产主义社会的现成的建筑群。6 月末,毛搜索枯肠去找一个名称,一种源于马克思主义时代的概念,以便将这一过程推进一步。他说,必要的是,一种将农业、工业、商业、文化、教育与自卫结合在一起的"大公社"的形式。这个名称取自于 1871 年的巴黎公社,毛在 1926 年的一篇文章中记述过它所具有的"深刻意义";这一概念还来自第一次世界大战结束时,在他的无政府主义者生活中,作为一名年轻的学生,然后是教员,他曾经对一种实验性的公社生活的浅尝辄止。

1958 年 8 月 9 日,毛正式宣布:"人民公社好。"三星期后,在天津以北渤海岸边的海滨避暑胜地北戴河召开的一次扩大的政治局会议,就将这一判断奉若神明了。政治局声称,公社是"社会主义建设逐步过渡到共产主义建设的最佳组织形式"。从延安时代起一直是毛的秘密警察首领的康生,一直都是毛的心腹之一。他亲自写了一首简洁的有韵诗,全中国的农民那年唱了一个秋天:

> 共产主义是天堂,
> 人民公社是桥梁。②

毛本人还是有点不安。"这种共产主义精神很好。"在北戴河他对同事们说,"人活着只搞点饭吃,不是和狗搞点屎吃一样吗? 不……搞点共产主义,有

---

① 《毛泽东思想杂录》第 1 卷,第 120—121 页(1958 年 5 月 18 日)。
② 麦克法夸尔:《文化大革命的起源》第 2 卷,第 103 页。

什么意思呢？……空想社会主义的一些理想，我们要实行。"①他提出，推进的方式就是回归到共产党在延安时实行的"供给制"形式中。中国将逐步向一种非金融制经济转变，在那里食品、衣物与住房将全部自由供给。"公共食堂，吃饭不要钱，就是共产主义。"他宣布说。最终连货币也可能被废除。②

在接下来的两个月当中，自从春天以来一直气势汹汹、锐不可当的大跃进，暴发成一场狂乱的行动，并一举改变了中国农村的面貌。

5亿左右的人民，其中有很多人仍然在两三年前刚刚成立的合作社中挣扎作自我调适以求生存，突然发现自己此时又属于一个名字叫作"人民公社"，从训诂学的角度讲就是"人民的公共互助的组织"这样一个东西了。在那里，他们将与成千上万以前散布在各个村落、完全素不相识的人有福同享有难同当了。公社成为农村社会的基本单位，而且是全国其他行业的设定模式。毛说："将来一律叫公社……城市、乡村一律叫公社。"③

对于很多人，尤其是对于较富裕的家庭来说，这种转变是痛苦的。

私有土地与农具牲畜被征收，通常没有补偿。在华南，就连海外的亲戚寄来的汇款也被吮吸了去，投入大锅饭中了。家庭被迫交出他们的炊事用具，缘由是大众食堂已经解除了他们的后顾之忧。还有为老年人推出的"幸福之家"，为小孩子兴办的寄宿幼儿园。父母们被劝说放弃"资产阶级感情依恋"以赞成一种集体化、军事化的生活方式，在这种生活方式下，理想的家庭单位是一对身强力壮的人，愿意而且能够作为一支突击队的成员以斯达汉诺夫工作日④的劳动时间去工作。

官方设想每个人每两天至少有六小时的睡眠时间，但一些突击队却鼓吹连续劳动四五天不休息。由于没人能够挺得下来，弄虚作假也就十分普遍了。农民们睡觉时让灯在地里彻夜点亮，只留下一个人望风，以防干部过来巡查。物质刺激受到谴责，并被假设为由于自由供给制而变得毫无必要，很多公社发现，其社员没有物质刺激便拒绝工作。然而，却只有最发达的单位才能提供这项制度的最高目标所声称的"十项保证"，就是在"吃饭、穿衣、住房、上学、医

---

① 麦克法夸尔、切克和吴文津合编：《毛主席秘密讲话》，第414页(1958年8月21日)。

② 高和利昂编：《毛泽东文集》第2集，第812页(1957年9月)。也可参见麦克法夸尔：《文化大革命的起源》第2卷，第130—131页。

③ 麦克法夸尔、切克和吴文津合编：《毛主席秘密讲话》，第419页(1958年8月21日)。

④ A.斯达汉诺夫，前苏联著名劳动模范，首创每日过量劳动的所谓"斯达汉诺夫工作日"——译者注。

疗、葬礼、理发、看戏、冬季取暖费用和举行婚礼费用"等十项开支上为其成员提供保证。

这多半是由对于共产主义革命早期的简单化和狂热性的怀旧情绪所激发起来的。

党的干部接到命令要与群众同甘共苦。毛本人也同周恩来总理及其他政治局委员们一道去北京附近的一座新建的水库工地上劳动，以供拍照来树立"同甘共苦"的榜样。自将军以下的解放军军官们接到了命令，每年要用一个月时间在部队中服务。在"全民皆兵"的口号下，发动了一场民兵运动，农民们在地里劳动时也要将老式的步枪带在身边。

然而，就在大跃进的关键时刻，下达了钢产量与粮产量的指标。

事情变得很明显，国家的大中型钢铁厂无法满足新指标的要求，毛安排负责钢铁增产的周恩来，提议搞一次使用"后院高炉"的群众运动，这是一种与农村中用来制造农具的、小而土的熔铁厂相似的小高炉。

结果是直接的和奇特的。中国农村中烟囱星罗棋布。在延安时入党、此时在北京电台工作的李敦白是一个热心人。他写道："每块田地、每个山坡都闪着可以将铁化成钢的火炉光，而这些地方也许几辈子来都从未生产过一片钢。"[1] 艾尔伯特·贝尔霍姆，另一位拥护共产主义事业的美国人却有不同的看法。当他在山东的纸厂被命令建造高炉时，"党的街道委员会的成员们挨家挨户地跑，征收铁锅铁罐，拆除铁栏杆，甚至砸掉门上的铁锁——他们还拆掉我们工厂车间外面的散热器，并把它熔化掉"。[2] 一位去过大西南的云南省的英国来访者，谈到在一个村子里有四座改进过的炼铁的高炉装置，他看到了"一种狂暴、沸腾、喧嚷的疯狂场面……人们抬着满筐的生铁，人们添加燃料，人们驱赶牛车，人们敲打着用白热金属制成的锅，人们站在东倒西歪的梯子上朝高炉里看，人们推着用粗糙的金属制成的手推车"。公社主任解释道，他们在读报纸上的一篇文章时学会了炼钢。[3]

相同的景象在中国城乡的每一个地方重复出现。在北京，工厂、政府机关、大学，甚至作家协会，都建立了原始的铸造厂。《北京周报》的编辑们报道说：

---

① 李敦白：《藏在后面的人》，第 231 页。
② 斯坦利·卡尼奥：《毛与中国：动乱的遗产》，哈蒙兹沃思，企鹅出版社 1990 年（第三版修订版），第 93 页。
③ 麦克法夸尔：《文化大革命的起源》第 2 卷，第 115 页。

为了响应政府的号召……我们也在自己的后院炼起钢来……有
人带来了打破的各类铁锅；又有人贡献了旧砖和石灰石；还有人交来
各式各样的小东西。不过数小时之内，一座中国风格的反射式搅炼
高炉就建成了……这群人当中，唯一可以称为懂点技术的是一个年
轻人，他在我们的高炉投产前曾去参观过几座正式建造的公办高炉。

　　1958 年 9 月，中国钢铁产量的 14％ 出自于这类地方上的小高炉；到 10
月，这一数字是 49％。当这一运动达到高峰时，有接近 1/4 劳动力人口的
9000 万人，放弃了他们正常的工作任务参加进来。[1]
　　其结果，不可避免地造成了农业劳动力的锐减，将秋收置于危险之中。10
月，学校关了门，学生和另一些非基本人员，包括商店营业员，被派到田地里去
劳动。农民突击队又一次彻夜劳动。
　　毛和其他领导人相信，增产的粮食正在入仓。在实验田里的密植结合深
耕技术，已经产生出非常收成的喜报。一位有魄力的模范农民哄骗邓小平相
信，他取得了相当于每英亩 200 吨的好收成。据说甚至"正常"的高产田要产
30 吨，普通田是 9～15 吨——这是在一个历史上的好年成时平均亩产最高也
只达到 1 吨的国家内。政治局谈到粮食增产时，说是"百分之一百，百分之数
百，超过百分之一千和百分之数千"。到冬季开始时为止，有些谎报已经变得
如此荒诞，以至于毛都开始怀疑起来了。但他还是对生产率令人震惊的增长
怀有足够的信心，他的绿色革命已经达到预期的目的，即中国 2/3 的可耕地已
得到造林或可获得休耕。
　　精耕细作的一个缺点是需要大量劳动力的投入。它导致毛作出一个致命
的决策失误——放弃中国的出生率控制计划，这最终可能是大跃进造成的所
有后果中最严重的一个。
　　与此同时，处于不信任的集体悬念之中的中国领导人，从让他们都深信的
东西中品味出的将是一种光辉的前景。
　　当中央委员会 12 月在武汉开会时，毛宣布说，粮食产量将会是压倒性的
4.3 亿吨，比历史最好年成多两倍。为了"谨慎"起见，公开宣布的数字降低了
15％；尽管 1070 万吨的钢产量目标也已经完成，毛承认只有 900 万吨(以后经

---

[1]　麦克法夸尔：《文化大革命的起源》第 2 卷，第 114 页。

修正降到 800 万吨)具有可接受的质量。这也导致他令人感到诧异地承认了北戴河制定的钢产量数字是不现实的。"我犯了一个错误。"他对全会说,"当时是热心,没有把革命热情和实际精神结合起来。"但是他的这种勇于自我批评精神的方式,却正是他相信大跃进是一次极大成功的最确实的证明。从他所提出的新的钢产量目标看,这也是很明显的:尽管低于北戴河,也还是绝对乐观的,1959 年为 2000 万吨,1962 年为 6000 万吨。[1]

随着 1958 年的即将结束,毛满意地回顾了已经取得的成就。"过去的一年当中,发生了这么多的好事情。"他愉快地说,"道路已经开辟。很多事情已经实现,有些甚至是我们以前所不敢梦想的。"[2]中国披荆斩棘迈向共产主义,他的这一梦想正在开始变为现实。俄国人也给比下去了。

两年前,在小跃进开始时,他曾写过中国人"一穷二白"的话。这是一种有利条件,他坚持说,因为"一张写过字的纸,你就不能再拿它做什么了"。在整个大跃进中,穷和"白"始终是一个话题。就像他在 4 月的一篇文章中所说的那样:

> ……中国 6 亿人口的显著特点是一穷二白。这些看起来是坏事,其实是好事。穷则思变,要干,要革命。一张白纸,没有负担,好写最新最美的文字,好画最新最美的图画。[3]

这篇宣言,以其惊人的气魄与妄自尊大的雄心,要像使用油灰一样铸造起 1/4 人类的生命与思想,投射给人们以对毛的渐入老境的心态的令人警醒的一瞥。如此规模的傲慢自大预示了天大的灾祸。要不了多久它就将应验的。

俄国人带着日渐增长的焦虑注视着这些发展。1957 年 11 月,毛去莫斯科参加世界共产党大会时已经留下了不安的痕迹。在他到达的时候,赫鲁晓夫迎接他时提出一项好得无法拒绝的提议:把核武器技术提供给中国的一项秘密协议,包括一枚原子弹样品,交换条件是毛对这位苏联领导人个人的支持,以及在国际共产主义运动中维持俄国人老大的地位。从两个方面来计算,毛本来都应该乐于答应。这位"新上任的"赫鲁晓夫想压倒美国,比那个秘密

---

[1] 麦克法夸尔、切克和吴文津合编:《毛主席秘密讲话》,第 484—486 页(1958 年 11 月 21 日)和第 502—505 页(11 月 23 日);麦克法夸尔:《文化大革命的起源》第 2 卷,第 121—122、128—130 页;《毛泽东思想杂录》第 1 卷,第 141、144—145、147 页(1958 年 12 月 19 日)。

[2] 麦克法夸尔、切克和吴文津合编:《毛主席秘密讲话》,特别是第 449—450 页(1958 年 11 月 6 日)。

[3] 施拉姆:《毛泽东的政治思想》,第 253 页(1958 年 4 月 15 日)。

报告的作者更适合他的胃口；毛也从来没有争论过国际共产主义运动需要一个领导核心(尽管他本来有可能补充说,这并不一定非俄国莫属)的问题。

核协议就要把已经摇摇欲坠的中苏关系向着深渊又推近一大步了。

在为其"东风压倒西风"的信念鼓舞下,毛给世界共产主义运动的领导人们讲述了关于他们的未来胜利的一种启示录般的幻象。如果和平得以维持,他说,社会主义阵营将变得不可战胜。但还有另一种可能：

> 要设想一下,如果爆发战争要死多少人？全世界 27 亿人口,可能损失 1/3……大不了,死掉一半人,还有一半人,帝国主义被夷平了,全世界社会主义化了,再过若干年,又会有 27 亿,一定还要多。①

这里倒没有什么特别新鲜的东西：1954 年时毛就已经向尼赫鲁表达过相同的观点了,当时台湾海峡的紧张气氛曾导致美国暗示动用核武器的可能,几个月以后,他又向一位芬兰外交官重复过更加危言耸听的言辞。"即使美国的原子弹威力再大……把地球打穿了,把地球炸毁了,"他对这位吃惊不已的外交官说,"那对于太阳系来说,还算是一件事情,但对整个宇宙来说,也算不了什么。"②然而,涉及如此天马行空的话题的私下里信口开河是一回事,对着六十多个国家的共产主义官员们参加的一个公开会议却又是另一回事了。对他们来说,毛的话使人不寒而栗。苏联领导层突然感到疑惑起来：一个如此漫不经心地轻言核毁灭的人,一旦有了自己的核武库,能否真正受到信任呢？但到此时为止,技术协议已经签署了。

第二年春,毛突然开始了大跃进,使俄国人放心的是,作为苏联的一个核伙伴,中国就没有必要花钱去建设一支常规部队了。

与此同时,赫鲁晓夫千方百计地提高苏联对北京的核武政策的影响力。为达此目的,他提议进一步扩大军事合作,包括一项联合建立一座与苏联的太平洋潜艇舰队进行通讯联系的超长波无线电台的协议(70％的费用由苏联支付,其余的归中国支付),以及另一支苏中联合的小型核潜舰队。

使之大吃一惊的是,毛的反应很糟糕。7 月底,在与苏联大使巴威尔·尤金的一次会见中,这位主席用刻毒的言辞,滔滔不绝地倾诉了积郁已久的、对

---

① 高和利昂编：《毛泽东文集》第 2 集,第 788—789 页(1957 年 11 月 18 日)。
② 《毛泽东选集》第 5 卷,第 136—137 页(1955 年 1 月 28 日)。

他视为的莫斯科的高压手段的愤懑之情：

> 你们就是不相信中国人，只相信俄国人。俄国人是上等人，中国人是下等人，毛手毛脚的，所以才产生了合营的问题。要合营，一切都合营，陆海空军、工业、农业、文化、教育都合营，可不可以？或者把一万多公里长的海岸线都交给你们，我们只搞游击队。你们只搞了一点原子能，就要控制，就要租借权。此外，还有什么理由？……我这些话很不好听……[但]你们把俄国的民族主义扩大到了中国的海岸。①

对毛来说，"合营"大有中国受辱于西方列强时所强加给他的那些不平等条约的滋味，还有 1950 年苏联要求在东北和新疆的特权的滋味。他对尤金说，赫鲁晓夫有过废除斯大林强加的那些条约的善意，而现在他本人也以完全一样的方式行事了。

赫鲁晓夫在他的回忆录里回忆说，尤金关于这次会晤的报告，就像是"晴天霹雳"一般，但却没有理由不相信他的话。过了不到十天，他就由国防部长罗迪昂·马林诺夫斯基陪同秘密地飞到北京，试图解开这团乱麻。

他失败了。毛不仅毫不妥协，拒绝支持苏联潜艇哪怕是在中国海岸休假的安排，而且，作为一种有害的象征性的冷淡态度，毛在中南海修建的一处露天游泳池边举行了海军问题的谈判。他们就在那里晒日光浴，赫鲁晓夫回忆道，"就像躺在温暖沙滩上的海豹"，②这位苏联领导人不会游泳，被迫忍受浸泡在一只橡皮圈溅起的水中的屈辱。

三个星期后，又一场重大危机爆发了，这一回涉及了台湾。

1958 年 1 月，中国人又一次为策划占领金门与马祖两个小岛秘密地做好了准备。那年夏天，伊拉克的一次左翼政变，导致了美英派兵到中东，给予毛苦苦等待着的一个机会。7 月 17 日，他对政治局说，对国民党前哨阵地的一场攻击，将会把美国的注意力从一团糟的伊拉克吸引过来，让世界看看，中国说支持民族解放运动时态度是认真的。原先的计划是以炮击这两个小岛开始，九天后——就在赫鲁晓夫到来前不久——毛下令延期到 8 月下旬。到那时为止，这位苏联领导人已提议召开苏、美、英、法四国缓解中东紧张局势的高

---

① 《冷战国际历史研究会刊》第 6—7 期，第 155—159 页(1958 年 7 月 22 日)。
② 斯特罗比·塔尔伯特编：《赫鲁晓夫回忆录》，布朗·里特尔公司 1974 年版，第 290、259 页。

峰会议,对此《人民日报》刻薄地加以评论说,这是认为"只要加点调味品并与侵略者妥协就可以取得和平的愚蠢看法"。其结果是,毛错误地判断了美国的决心。在过了僵持中的十天以后,美国大放其风说不惜动用核武器,中国人被迫退却。赫鲁晓夫在使自己确信俄国不必再冒险卷入冲突后,答应中国说给予最大的援助。两个月后,这场危机以极佳的京剧程式宣告结束,毛宣布说,解放军将继续炮击该岛屿,但只是在每个月的双日里进行。①

这些争辩的短期效果是提醒了中苏双方:从各自的民族利益考虑,要维持相互间一种正常的工作关系。中国冷却了深深激怒俄国人的关于快速跃进共产主义的夸夸其谈,赫鲁晓夫也批准了给予中国工业发展项目的50亿卢布贷款项目。

但是,在表面友好的背后,相互间的不信任却在加深。对于赫鲁晓夫而言,毛拒绝答应更紧密的军事合作,而不顾莫斯科已经答应要协助中国发展核武器,他对核武器的倨傲态度及他在非正统教条上越滑越远,这一切说明了毛是一个反复无常、不懂人情世故和难以捉摸的人。对于毛而言,赫鲁晓夫将同美国协调改善关系放在优先地位,是对国际共产主义运动和他所承诺要推进的革命事业的背叛。那年冬天,这位俄国领导人同杰出的美国政治家赫伯特·汉弗莱参议员谈话时,对中国的公社颇多微词,而在毛的眼里,这只不过是背弃社会主义基本团结的又一例证而已。

毛12月在武汉发动的巩固大跃进成果的运动,整个1959年春天都在稳步进行中。在承认后院高炉生产的多数都是不可使用的产品后,这一运动已经放弃——只是到处凝固起来并且锈迹斑斑的粗笨金属块,把乡村的秀丽景观破坏得千疮百孔,这种拜伦式的纪念碑记录了一个民族的愚妄。到夏初时,毛已经承认,1959年钢产量目标应当从2000万吨再降回到1300万吨,前一年的粮食产量已经开始在下降,却被过多地加进了水分。"就像一个在玩火的孩子……只有被玩火烫着了才会知道痛的,"他沮丧地承认,"因此,在经济建设中,我们向自然宣战,就会像一个没有经验的孩子一样,对战略和战术都不熟悉。"②有命令给各省领导人,要他们不要过分地逼迫农民。毛冷峻地警告

---

① 这段论述主要是依据张曙光:《威慑与战略文化》,第235—237、250—265页;以及麦克法夸尔:《文化大革命的起源》第2卷,第92—100页。

② 《毛泽东思想杂录》第1卷,第157页(1959年2月2日)。

说,否则,中共就会像上古的秦朝和隋朝那样完蛋,那两个朝代都是先成功地统一了中国,接着在不多的数十年中,便由于暴政而丧失了政权。

这还只不过是小修小补罢了,并不改变基本原则:毛说道,共产主义不可能明天就实现,但在15～20年"或许更长一点时间"后就会取得成功。无论如何,这时最终似乎有某种现实感开始复苏了。

在这种相对清醒的思维框架中,中央委员会7月在长江南岸的庐山风景区举行全会。途中毛访问了老家韶山,这是1927年以来的第一次。人们领着他看到的景象加强了他大跃进是成功的信念,但是各省的空想主义左派分子的冒进观念也需要进一步抑制——在到达庐山后不久,他便为达到这一目的而着手进行努力了。

然而,毛并不是这一年中唯一进行寻根旅行的中国领导人。国防部长彭德怀数月前也回到了与毛同省同县的、他的家乡湖南湘潭县乌石村,这里距离毛的出生地并不远,这也是他自从20年代以来的首次回家,但在归途中却得到了与毛截然不同的印象。

逗留在彭的脑际的是大炼钢铁的残迹——生铁块锈蚀在田地里毫无用处;颓垣败壁,房梁都被掀了去喂了高炉;果树也为了同样目的被砍掉。在所谓老年人的"幸福之家"中,他看到的是,只能靠最低定量维持生命的骨瘦如柴的老人们,甚至连一条裹住身体取暖的毯子也没有。"老人们会硌掉牙齿的,"一位老汉说,"而娃子们却只会哭。"农民们敢怒不敢言,彭得出结论说,他们憎恶日常生活的军事化,被强迫进公共食堂集体用餐,以及家庭生活遭受破坏等。干部们处在要超过其他公社的竞争对手的持续不断的压力之下,因而导致粮食产量的系统性虚报,经常达到10～20倍的地步。农民们还告诉他,不这样做就会给打上"右倾"的标记。

彭不是毛所钟爱的同事。历史上他们曾多次发生冲突,这可以一直上溯到1928年冬。当时彭和他的那一支湖南老乡组成的小部队,曾被丢在井冈山上,毛未能执行预定的牵制行动好让他们突围。国防部长的忠诚是对党的,不是对作为个人的毛的。

在韶山,主席深受感动,并写下一首诗,颂扬"喜看稻菽千重浪,遍地英雄下夕烟"的景象。彭在湖南的最后一夜脑海里也闪过诗句,但他看到的却是"谷撒地,禾叶枯",并庄重地发誓要"请为人民鼓呰呼"。

然而,事实上,彭并未履行誓言。1959年上半年,他对于大跃进并无只言片语的批评。这也许是部分地因为,他的注意力被3月间爆发的西藏叛乱吸引过去了;另一部分原因是,毛本人到这时也在以某种方式号召温和的行为以修正更为极端的错误了。但主要原因还是,要想呼吁收回毛本人极其投入的这些有疑问的政策,其中有着极大的困难,即便对于30年来一直追随在毛的左右并具有彭这样身份地位的人。

五年前,高岗曾经试图打破毛设置的界限,结果落得个身败名裂。1955年,邓子恢也在合作化问题上反对过毛——在技术上而不是在政治上;邓活了下来,但却丢掉了大部分的权力。第二年,周恩来质疑了小跃进,结果只能使自己落得个在18个月后被迫退而做出自我批评的下场。这还不包括在鼓励大鸣大放的运动中斗胆发言的那些人的命运。

到1959年时,事情已经变得很明显,可以平安无事地批评毛及其政策的唯一人选就是毛本人;其他任何人都要冒风险。回到北京后,彭的"请命"的热情便冷却下来了。像其他持怀疑态度的人一样,他也独善其身了。值此关头,一个新因素起而发挥作用了。

严重的食品短缺初露端倪。开始仅限于城里人,粮食定量削减了,蔬菜和食用油不见了。随后,政府加紧采购,以供养大跃进中从农村吞没大量劳动力过来的工业劳动大军,农村也短缺了。1958年的收成根本不足3.75亿吨,甚至还不足2.6亿吨,而这却是政府新的最佳估计,但实际上只有2亿吨(直到毛死后才得到承认)。那还是一个记录。但领导层的浮夸导致他们宣布说,中国进入了一个充足的时代,人民想吃多少就吃多少。这又使得农民真的大吃大喝起来:形象点说他们在家内家外吃掉了他们自己。在中国的很多地方,饥荒蔓延了。

彭较其他人更准确地得知收成的真实状况。军队运输队被动用来将救援粮食运送到情况最糟的地方,随着绝大多数从农村应征入伍的战士得到来自家乡的消息说,他们的家庭即将挨饿,解放军内部开始出现不祥的流言了。

同时,部分是作为一种努力,以使跃进具有更符合理性的基础,并反对虚报的生产数字,毛开始敦促官员们坦率地表达其观点。"一个人有时胜过多数"。4月他对中央委员会说,"真理往往掌握在少数人手中……要言者无罪,按照党章可以保留自己的意见。"①他援引明代儒家官僚海瑞的例子,这是一

---

① 《毛泽东思想杂录》第1卷,第176页(1959年4月)。在一年前党的八届二中全会上,毛第一次使用了这一提法,当时他批评了对他格外阿谀奉承、一直极力主张党要无条件地紧跟他的追随者之一(上海市委第一书记柯庆施)的一个讲话。毛说:"真理在谁手里,就跟谁走。""即使掏大粪的,扫街的,只要他有真理,我们就跟……哪个好,真理在哪儿,就跟。不要跟某个人……要独立思考。"(同上,第107页,1958年5月17日)

个 16 世纪时对皇帝犯颜直谏被罢官的刚直不阿的典型。毛宣布说,中国需要更多的海瑞。从 6 月开始,党的宣传官员们开始撰写诗歌、散文和戏剧,赞颂这位明朝官员的德行。7 月 2 日,也就是庐山会议召开的当天,毛重申了他的保证,任何人都不会因为"做出批评和提出意见"而受到惩罚。

彭一开始打算逃避会议。他刚刚结束东欧的一次长达六星期的旅行,感到很疲惫。但是在毛的敦促下,他动身去了庐山。而当他到那儿后不久,他就认定此时此处是履行他去年冬天"请命"誓言的恰当时机和恰当地点。

这位国防部长就像他过去一贯那样直言不讳。同西北局的官员们一起进行小组讨论时,他宣布说:"人人都得对[大跃进期间]所犯的错误负责⋯⋯包括毛泽东同志在内。"一星期后,他决定要找毛本人解决他所关心的问题。但是当他在 7 月 13 日星期一上午来到毛的住所时,他被告知主席尚在睡觉。因此,当天晚上,他着手将他的观点写成"意见书",让他的副官誊清了一份,第二天早晨,在并无丝毫紧张情绪的情况下,派人把"意见书"送去给毛阅读。

彭的信中搀进了相当多的对于大跃进取得的成就——显然包括史无前例的增长率,关于这一点他写道,证明了毛的战略路线"总的来说⋯⋯是正确的"——的谀辞,并对一些特有的缺陷作了批评。从个人角度考虑,这些都是无可非议的。毛本来可能不爱听,比如可能产生左倾错误的"小资产阶级狂热性";后院炼钢运动中"有失有得"(暗示了前者占优势);"[我们]对社会主义有计划、按比例发展的规律体会不深";经济建设并不像解放军炮击金门和平息西藏叛乱一样成功。然而,所有这些事情或许本来都是毛本人可以圆满地加以表达的。问题在于,累积起来说,其效果就是破坏性的了。对毛而言,彭之信息的重心是大跃进,甚至从理论上加以评判也是如此,从事实上看更是已经导致了灾难。"意见书"中时不时地将主席本人与已经犯下的错误联系到一起,包括一处他从毛的主张中所引出的"政治是统帅"的论题:

> 在这些同志看来,只要提出政治挂帅,就可以代替一切,忘记了政治挂帅是⋯⋯发挥群众的积极性和创造性,从而加速我们的经济建设。政治挂帅不可能代替经济法则,更不能代替经济工作中的具体措施。[①]

---

① 《彭德怀案件(1959—1968)》,第 12 页。

但是比彭所写下的一切更令毛激怒的是,他以妄自尊大的方式所采用的那种评头论足的权力。尽管有着毛对海瑞的赞扬,但对政策的"直谏"是一回事,对皇帝的"犯颜"则是另一回事了。

三天以后,7月17日,按照毛的指示,会议秘书处把彭信的内容分发给全体代表。一般来说,这在当时可以被解释成一个信号,如果没有毛的赞许,至少彭的观点也可以作为讨论的可接受的基础。在以下的几天当中,另外好几位中央委员会委员——包括张闻天,30年代中期毛的盟友,当时还仍然是政治局候补委员——作了支持彭的观点的发言。还有两位政治局委员,李先念和陈毅,暗示了对这一观点的支持,其他一些人则犹豫不决。

就在这当儿,毛发言了,事情大出彭的意料。

就像此后数年中这位主席的多数讲话一样,这是一种信口开河的、某种程度上很难连贯一致的声明,通篇是离题万里的半成熟的想法。但是他透露了两个恶兆。他说,彭德怀的信构成了就像李立三、王明和高岗当初所犯下的那种政治路线错误。彭及其支持者们是右倾分子。还有些人也"处在边缘"。他警告说,那些正在摇摆不定的人必须迅速下定决心,搞清楚自己希望站到哪一边。毛还说,其次,如果除了挨批评之外一无是处,共产党政权就会倒台。如果发生了那种情况,他就会再一次"上井冈山"以重建政权。他以一种对彭的天然盟友、解放军的元帅们直接挑战的方式,威胁性地补充说:"你解放军不跟我走,我就找红军去。我看解放军会跟我走。"

在毛讲话之后,如彭后来所写的那样,他"带着沉重的心情"步行回到住所。他失去了胃口,接连几个小时躺在床上,目光盯着半空。他的警卫叫来一位医生,医生断定他病了。这位国防部长纠正了他。"我要是病了的话,"他说,"那恐怕是治不了了。"

会议于7月30日结束。第二天,毛召集了一个政治局常委扩大会议以决定彭的命运。①

赫鲁晓夫又一次简化了他的任务。六个星期前,在计划将这位苏联领导人答应给毛的原子弹样品用船运来中国的前夕,俄国人通知北京说,他们取消了核技术协议。此时,就在彭呈送其"意见书"的同一星期,赫鲁晓夫公开否定

---

① 以上有关彭与庐山会议的论述依据的是下列材料:李锐:《庐山会议实录》,河南人民出版社1995年版;多米斯:《彭德怀》;《彭德怀案件(1959—1968)》,香港,联合研究所1968年版;戴维斯:《中国的政治与整肃:1950—1965年的整风与党的标准的降低》,第384—440页;麦克法夸尔:《文化大革命的起源》第2卷,第187—251页。

人民公社。毛一点没有耽搁地在庐山传达了台湾中央社有关这位苏联领导人言论的一份评论。还会有什么更好的证据能够证明彭及其支持者们"客观上"援助了中国的敌人呢,如果实际上没有与他们共谋一致的话? 彭和张闻天毕竟都刚刚访问过莫斯科。

在这种影射的背景下,毛毫不费力地就劝说了他的同事们,他们所遭遇到的是一次反党阴谋,彭和他的"军事俱乐部"应该被发射到外太空的黑暗之中去。

实际的问题不再是主席是否正确的问题,而是任何人有否勇气告诉他,是他搞错了的问题。无疑,这不是像弹簧一样的周恩来的事,对他来说避免同毛的正面遭遇是其政治生存的基本前提。这也不是刘少奇的事:他还没有就彭1953年给予高岗的一次同情申诉而宽恕他。陈云因病没有到会,邓小平恰好因玩网球摔断了一条腿。林彪憎恶彭,毛要他做什么他就会做什么。在所有核心人物中,只有已届古稀之年的、令人尊敬的朱德元帅,耿直——或曰忠诚——到足以为彭的行为辩护,提出温和处置的忠告——他以后需要就他的温和做出自我批评的。由毛的秘书之一的李锐所做的常委会会议的逐字记录,对毛时代中国内部高层生活的难以忍受提供了揭露性的一瞥,李锐本人不久后也遭到清洗。记录中有如下的话:

> 毛泽东:讲"小资产阶级狂热性",你主要是向着中央领导机关,并非向省,更不是向群众。这是我的观察……其实讲这个,锋芒是攻击中央。你不承认,也可能承认。我们认为你是反中央,信是准备发表的,以争取群众,组织队伍,按照你的面貌改造党和世界……
>
> 彭德怀:说小资产阶级狂热性……是政治性问题,并没有把握……
>
> 毛泽东(打断):信公开发表,所有反动派欢呼。
>
> 彭德怀:信是交给你的,觉得会议就要结束了,写个信,此件请审阅、批示。我写信原意是,有无参考价值,请斟酌。
>
> 毛泽东:此话不真实……你认为不好说的,你不交心……人们只看到你简单、坦率、心直口快,初交只看到这一面。久了,就从现象看本质。弯弯曲曲,内心深处不见人。人们说你是伪君子……你就是右倾机会主义。照信的后一部分讲,领导与党就不行了。你要打无产阶级的旗帜。

彭德怀：我是直接写信对你讲的,没有搞非组织活动。

毛泽东：有右倾活动。

彭真：你在西北小组讲：人人有责,包括毛主席……这些箭靶子射谁?……

贺龙：对主席成见深,信中有历史成见……

周恩来：方向是对总路线进攻,站在右倾立场,信的锋芒指向总路线。

毛泽东：……你们要瓦解党,这回是有计划、有组织、有准备,从右面向正确路线进攻……〔延安时〕华北座谈会操了40天娘;补足20天,这次也40天,满足操娘要求,操够……①

彭德怀：你们这样推测,就难讲话了……可以放心,不会自杀,不会当反革命,可以种地参加劳动……②

8月2日,中央委员会召开会议,批准了常委会的决定。彭手下的几位同事为他说话(其结果立即受到迫害)。国防部长丢尽脸面,作了一次自我羞辱的讲话,他宣布说,他写给毛的信是"一系列右倾机会主义的谬论",承认是从"极其错误的个人偏见"的动机出发,损害了毛的"崇高地位"。③ 这篇讲话只是一种毫无意义的姿态,以后他为此悔恨不已。

中共中央在其决议中指责他领导了一个"右倾反党集团";对毛发动了"罪恶的攻击";抓住"暂时的、局部的缺点"以便给"当前形势抹黑";同高岗组成"反党联盟";从事"长期的反党活动"。似乎这些还不够,还要把他、张闻天和所指称的集团的另外一些成员,形容为内战期间钻进党内的"资产阶级代表人物"。④

随后这里又出现一个矛盾。所详细列举的罪行超过了开除出党的标准(如果这些情况发生在较低级别的干部身上,可能会被长期关押在劳改营,或者甚至被处决),中央委员会却作出决定,这些"阴谋分子"不但可以保留党籍,

---

① 毛在这里答复彭稍早时候的一个讲话,这位元帅曾于其中提到在1945年七大以前他已经受到(显然与百团大战有关)的批评,"你在延安操娘操了40天,"他怒冲冲地说,"我在庐山只操了你18天娘,你就已经要出来制止我了!"

② 李锐:《庐山会议实录》,第192—207页。

③ 《彭德怀案件(1959—1968)》,第31—38页。

④ 《彭德怀案件(1959—1968)》,第39—44页。

而且彭和张闻天一面失去了他们的政府职责，一面又可以留在政治局职位上。

这为毛制定的"治病救人"长期政策提供了一个样板。事实上，这对于彭在人民解放军内部以及在一般党员的心目中的地位还有更多的意义。就连对毛来说，否定一位革命战争的伟大英雄也殊非易事，他曾经在朝鲜领导过中国志愿军；是一位具有不朽的荣誉、生活俭朴、道德上无可挑剔的人。这位主席除表面上表现出宽宏大量外也别无选择，哪怕在私下里他还继续对彭的"突然袭击"恼怒不已。

一个月以后，自从1956年以来一直为毛所举荐的、作为彭的实际接班人的林彪，被提名取代彭担任国防部长。林身体状况不佳，从1949年开始少有公务。但他是毛的忠实信徒，他抱着根除彭对军队的影响的愿望，着手工作，这种影响在50年代和60年代中并不亚于在内战中，一直作为毛的政治权力的根基。彭的家从中南海搬了出去，此后的六年当中，他在北京北郊颐和园旧址附近的一栋建筑物中，在遭到软禁的情况下过着与世隔绝的生活。尽管他还保留着以往的职位，却再也没有出席过一次政治局会议，也没有履行过任何公务。他的事业结束了。

使得彭的同事们竞相凌辱他的并不仅仅出于个人性格上的怯懦和政治上的自私。如果政治局如此行事，那是因为毛使之然的结果。

对于主席的批评并非一定等同于推翻党的领导。从1949年以来，事情也不总是如此。然而，就在此时此刻，在敦促人们出来说话，保证不会遭到报复的几个月之后——要是有人果真这样做了，毛是咽不下去的。在庐山时，张闻天曾经在一篇特别激怒毛的短文里抱怨说，大跃进的全部问题只有一个根本原因——党内民主的缺乏，这就是说，一个人说了算。"几句话讲得不对，就被扣上帽子，当成怀疑派、观潮派，还被拔白旗。"他对会议说，"为什么这样呢？为什么不能听听反面意见呢？……怕什么呢？"[①]

究竟为什么？为什么毛不肯接受他本人公开请求的批评呢？

在彭的情况下，有些特别的因素在起作用。在内部圈子的压力锅炉内部，这位主席对承袭他本人观点的那些人的影响是公开的。在他决定如何对彭的信做出反应的那关键的两天当中，康生和左翼的中共上海市委第一书记柯庆施，此前一直都身处大跃进的最前线，因而对任何政策上的改变都特别敏感。

---

① 《中国的法律与政府》第29卷，第4辑，第58页。

他们巧妙地将他们对国防部长集中组织指挥一场反叛的大合唱的怀疑观点添油加醋地和盘托出。而且,这个可恶的心高气傲的彭,与毛争执了数十年,因而绝不是一个与毛意气相投的人,现在居然敢批评毛的政策这一事实,就足以使毛的反应更加激烈起来。

那封信投到的当天,他就对他的参谋班子说:"就彭德怀所涉及的地方而言,我始终有一个原则。那就是,他要攻击,我就要反击……[与他之间]有30%是合作,70%是冲突——31年来似乎一直如此。"①

即使没有如此恶化的环境,毛无疑也会以同样的方式行动。随着50年代即将结束,在他的心目中,"异议"与"反对"是殊途同归——鸣放运动中的知识分子的异议也好,党内的异议也好。

鸣放运动之后,他曾经警告说,在中国社会中,无产阶级与资产阶级之间的阶级斗争将会在未来的多年中继续存在。现在他断言说,党内也是如此:

> 庐山出现的这一场斗争,是一场阶级斗争,是过去十年社会主义革命过程中资产阶级与无产阶级两大对抗阶级的生死斗争的继续。在中国,在我党,这一类斗争,看来还得斗下去,至少还要斗20年,可能要斗半个世纪……矛盾和斗争是永远的,否则不称其为世界。资产阶级政治家说,共产党的哲学就是斗争哲学。一点也不错,不过,斗争的形式,依时代不同而有所不同罢了。②

这里就此提出了一个观念的基础,即党内有一个"资产阶级",如果要保持革命的纯洁性,就必须不惜代价地将它搜寻出来,这成了主宰毛之余生的观念。

正如鸣放运动一样,经过反右派斗争,中国的知识分子们沉寂了,庐山会议上经过对彭德怀的迫害,毛的党内同事们也沉寂了。朱德曾经问过常委会:"如果有人不喜欢我们吭声,那谁还敢说话?"现在他算是得到了主席的回答。终毛之余生,再也不会有一个政治局委员公开向他的政策挑战了。

还有一个更令人沮丧的对比。反右派斗争造成了50万牺牲者。反"右倾机会主义"斗争,作为众所周知的反对批评大跃进的运动,触发了一场大到十

---

① 李锐:《庐山会议实录》,第73、181页。
② 《中国的法律与政府》第29卷,第4辑,第58页。

数倍于前的政治流血：人数达到 600 万人，其中多数人是党员或低层官员，据称由于反对毛的政策的原因而受到批判和斗争。在四川，有 80% 的基层干部遭驱逐。如同在 1957 年那样，地方党的书记们向其下属分配要达到的迫害牺牲品的指标。在某些地区，整个小组遭到指控，而不只是个人了。又一次出现了无数的自杀事件。"人人自危，"一位省第一书记回忆说，"母亲们和父亲们，丈夫们和妻子们，都不敢互相说话了。"①

然而，更加糟糕的事还在后头呢。

如同两年前那样，对有嫌疑的"右倾分子"的攻击一开始，便又产生了新的一轮左的狂潮。毛在上半年所做的给大跃进降温的努力骤然转向反面。为了证明彭是错误的，他所否定的政策仍然葆有无限的生命力，毛又一次大声地梦想起象征丰饶的生产数字：到世纪末时，年产 6.5 亿吨钢，或者 10 亿吨粮食。

这种复苏了的富足感的梦想恰逢食品供应的进一步锐减。南方的洪水伴随着北方的干旱，使得 1959 年的收成成为若干年来最差的一年。政府宣布收成是 2.7 亿吨；直到毛去世后才公布的实际数字却是 1.7 亿吨。在中国并不是从 1949 年起就结束了饥饿。多数冬天里，这一省或那一省尚有小块地区遭受饥馑。② 1959 年，就在红色中国成立十周年的庆典当中，全国却有数以亿计的人民在挨饿。自共产党胜利以来，首次大规模的饥荒已显征兆。

同苏联的关系尽管相互间仍很紧张，中国唯一重要的盟友却突然要变得翻脸不认人了。那年春天西藏叛乱，随后是达赖喇嘛的叛逃，引起与印度的摩擦；8 月，在庐山全会结束不到十天的时候，在发生的一次边境冲突中一名印度士兵被打死了。赫鲁晓夫采取中立的态度使毛十分恼火。一个月后，在成功访问美国的归途中，赫鲁晓夫飞到了北京。这次访问确定了和平共处的策略，中国对此却表示深恶痛绝。赫鲁晓夫表面上是参加十周年的庆典，但事实上是做最后一次努力，以期两国关系步入正常轨道。事情从一开始就注定了。这位苏联领导人废除核合作协议的决定；他对美国帝国主义的追逐；最近数月以来他坚持台湾只能以和平手段加以收复；绝口不提与印度的争执——这一切，在毛看来，说明精心策划的背叛行为已经够多了。

三天来，双方争执不休。什么也没有解决。

---

① 戴维斯：《中国的政治与整肃：1950—1965 年的整风与党的标准的降低》，第 428—436 页。
② 在广西，1955 年，省委第一书记由于没能阻止住饥荒的蔓延被解职。在安徽，甚至在获得大丰收的 1958 年期间，一个县就有 500 人被饿死（麦克法夸尔：《文化大革命的起源》，第 3 卷，第 210 页）。

早在 1956 年时,在毛的心目中这种疑窦就已经开始形成了,苏联领导层已经放弃了"列宁主义这把刀子",到此时更昭然若揭。他认定说,正如在斯大林时代那样,俄国一直将自己的利益放在第一位,而把中国的利益放在其次。而对于赫鲁晓夫来说,这次访问也标志着最终的分手方式。他得出结论,毛生性好斗,口是心非,民族主义很强。一种兄弟关系的基础几乎已经不复存在。

　　1960 年 2 月,在莫斯科召开的一次华沙条约的会议上,双方当着东欧集团成员们的面,就和平共处问题争得面红耳赤。4 月,纪念列宁诞辰 90 周年的一篇文章,经过毛的亲笔修改后,《人民日报》将之作为中国立场的思想基础予以发表。文章说,只要帝国主义还存在,战争总会发生;和平竞赛是由"老牌修正主义者及其现代追随者们"布下的骗局。双方开始在其他共产党中寻求支持。公开分裂也就不可避免了。6 月在罗马尼亚党代会上,赫鲁晓夫首次点名宣布毛是"一个极端左倾分子、极端教条主义者和一个左倾修正主义者",他就像斯大林一样,已经变得"除自身利益外全然忘记其他任何利益,编织一套与现代世界相隔离的理论"。代表中国的彭真,做出了善意的反应。他说,赫鲁晓夫为将其非马克思主义观点强加于人而采用一种"家长式的、武断的和专横的"方式行事。

　　三个星期后,苏联领导层正式通知中国,以直接报复的方式,撤出全部苏联专家,中止全部苏联援助。他们停建了只建成一半的工厂;撕毁了蓝图;放弃了研究项目。近 1400 名苏联专家及其家属登上了开往莫斯科的专列。如果赫鲁晓夫的意图如其助手们所称,是为迫使毛回头的话,这回他做出的却是极大的误算。就连那些隐藏起对公社和对毛的大跃进战略持怀疑态度的中国领导人此时也起而自卫了。俄国的背信弃义证明了,毛寻求中国独立自主的共产主义道路的执著态度一直是经得起充分考验的。中国再也不会让自己依赖于一个外部强国了。

　　然而,苏联的行为却引起了中国经济的极大破坏性后果,而且恰恰又在它最难应付这一后果的时候。

　　到了 7 月,事情已经变得很清楚,1960 年的收成比上一年更糟糕。[①] 这部分地归因于天气,占到全部可耕地 1/3 以上的 0.4 亿公顷的土地遭受到百年不遇的大旱灾的袭击。在山东,12 条主要河流中有 8 条干涸见底了。就连黄

---

① 麦克法夸尔:《文化大革命的起源》,第 2 卷,第 322—325、329 页。对大跃进之后令人恐怖的饥荒的详细描述,见加斯波尔·比克:《饿鬼》,伦敦,约翰·莫瑞公司 1996 年版。

河也跌落到人们可以徒步从浅滩处涉水过河的水位,这里已看不到丝毫生机。洪水接踵而至,又有 0.2 亿公顷土地遭受重灾。经过一个冬天的饥饿,农民们已无力量抗击灾害,更为残酷的是,由于大跃进的狂乱引起的破坏性结果,他们也没有工具去这样做。"人民太饥饿了,一点劳动的力气也没有了,猪也太饥饿了,都站不起来了。"一名年轻士兵哀怨不已,"公社社员们不停地问:'真是毛主席要让我们这么挨饿吗?'"那一年,中国在挨饿。所有可以征集起来的粮食数目不足可怜的 1.43 亿吨。就连在北京郊区,人们也在吃树皮草根。在中国供应最好的城市——首都北京,年死亡率也猛增了两倍半。在极左的省委书记们推进大跃进最卖力气的安徽、河南和四川那些地区,有 1/4 的人口死于饥饿。倘若有买主的话,人们连妻子也出卖——妇女们也乐于被出卖,因为这种交易就意味着生存。土匪强盗又出现了。"人相食"普遍起来,这还是在毛年轻时度过的饥荒中出现过的。农民们相互吃掉对方的孩子,以避免吃掉自己的孩子。

表明了全国性大灾难波及范围的详细数字,甚至对政治局委员也进行封锁;只有常委会才能得到。

1959 年和 1960 年,有大约 2000 万人死于饥饿,少生了 1500 万个孩子,因为妇女们虚弱到没有了分娩的气力。1961 年又有 500 万人饿死了。这是发生在中国的最大的人灾——比 1870 年的大饥荒更糟;比太平军起义的大灾难更惨[①]。

当毛为其妄想所引起的破坏性后果冥思苦索之时,他开始阴郁地实施其耽搁已久的退居"二线"的承诺了。大跃进已经以一种启示录式的失败而告收场。他的普遍丰足的浮夸式梦想已经蜕变为一段纯粹恐惧的史诗。1960 年底,他一劳永逸地放弃了使中国变成一个经济大国的想法,从此再也不用费神将自己与这个想法联系到一起了。

---

① 1980 年,中国的头号领导人胡耀邦公开承认饥荒的存在,确定死亡数目为 2000 万人。这一数字依据了常委会编纂的临时文件。以后一些西方作家和中国作家们提议说,总死亡数目为 4000 万~6000 万人。然而,这些估计都是在受损最严重的地区取得了数字后,再将之推广到作为一个整体的国家后达到的数字,与那一段时期总的人口趋向线的相互关联松散。在缺乏与之相反的结论性证据的情况下,2000 万~3000 万额外死亡数字应当是最可信的。这个数字也的确是充足的。

第十四章

不朽的冥想

在毛的极大愚行所引起的财富与人口的大出血之后,恢复哪怕是表面的正常秩序也得用去五年的时间。

恢复期的第一年——或者用官方的词汇来说,叫做"调整、巩固、充实、提高"时期——采取的是一种拼命爬行的方式,以寻找任何可能用来保持人民共和国免于分崩离析的替代措施。在四川及另外三个西部省份,以及西藏,解放军曾接到命令去镇压由饥饿的农民发动的武装叛乱。在河南,为给予公社一种自卫手段而创建的民兵,发展到横行乡里,犯下武装抢劫、强奸和杀人的罪行。农民们提到民兵时用"山大王"、"虎帮"和"刀斧手队"来称呼他们。在那里及在山东,大跃进的过头之处一直是最显著的,很多地方的政府当局已经彻底瓦解了。刘少奇警告说,中国面临着一种无政府倾向,类似于 20 年代初内战期间苏联所经历的那种情况。

为减缓城市食品供应的压力,有 2500 万城市居民被迫迁移乡下——毛赞赏地将这一行动形容为规模相当于"比利时一类中等国家全部人口进行疏散"的伟业。就是这样,还需要进口大量的粮食以供应尚存的人口。1961 年,从国外购买了近 600 万吨小麦,多数来自澳大利亚和加拿大,甚至有些还来自美国,通过欧洲转运来的。在这一水平上的粮食进口一直持续到 70 年代。

伴随着这些及时的步骤,刘和他的同事们开始重新检查大跃进所遗留的种种可能的问题。

困难一如既往地来自毛。

他的退居"二线"并不意味着放弃权力,只是换个不同的操作方式罢了。而在此以前,主席确定步伐,其余每一个人只能跟随前进,此时他指望其他政治局常委会委员们来领导,但只能以与他本人的思想相一致的方式。彭德怀曾经领教过这一代价,即毛只能允许独自向他框定的政策提出疑问。现在轮到刘少奇和邓小平去发现身居"一线"的种种危象了。1961年3月,在邓提出(事先没有明确获得毛的同意)农业政策在南方和北方应分别掌握之后,毛追究道:"究竟是哪一个皇帝下的圣旨?"[1]

其结果是极度的谨慎。重新考虑大跃进中各种"新生事物"——人民公社、集体食堂和自由供给制——一事应当绝对避免,直到毛本人的思想理出个头绪时为止。因此,1961年3月,中央委员会重新着力确定了公社膳食安排的价值。但是,一个月以后,当毛认可了一份陈述公共食堂已经成为"发展生产的一种障碍和党群关系的一块恶性肿瘤"的报告[2]时,他的同事们立即改变了进程。在几天之内,主席的新路线便得到了刘少奇的响应,出发去湖南做视察旅行;周恩来去了河北;邓小平、彭真和朱德也相继迅速出动。就连在劳改营中也可以感受到这一冲击,既然集体吃饭制度已经结束,中国的囚禁人口开始在那里制造铝制炊具以替代在后院炼钢运动中被熔化掉的铁制炊具,于是农民家庭就可以再一次用这些工具给自己做饭了。

6月,供给制也不见了。可以分配做私人地块的土地数量增加了。伴随着列宁主义的口号"不劳动者不得食"的流传,"多劳多得"的原则恢复了——而这对大饥荒时代的确是一个冷峻的警告。大跃进年代一度遭禁的农村集市贸易又获批准了,流动小贩和街头生意人重新出现。

终于,到9月,毛最终做出了一个让步。

夏季当中,在领导层批准后,很多公社被划分成原先规模的一半或是1/3大小,以图减少其臃肿不便的程度。这时毛通知他的同事们说,他已经作出决定,确定指派各个家庭的劳动力和确定收获成果的分配的基本经营单位,还应该划分得更小一些,从若干个村组成的"大队",转移到与最初在五六年前成立的单村合作社规模相当的"生产队"。其目标是用收入直接与他们自身的努力及其邻居们的努力挂钩的办法,而不再用将他们的资源与其他社区的那些家庭共享的办法,以图恢复农民们的主动精神。

这同毛1958年制定的那些原则是大相径庭的。当时他曾经宣布说,公社的优越性就在于它们是"一大二公"。此时他能够指望的最好状况是,尽管面对着的是饥荒的袭击和全国范围的道德沦丧,公社的概念仍可以得到保留。

---

① 麦克法夸尔:《文化大革命的起源》第3卷,第43—44页。
② 《建国以来毛泽东文稿》第9集,第467—470页。

然而,主席优先采取的后退措施,其结果却再一次显得不够充分。

部分的问题是,由于刚刚过去的那段时期当中出现过那么多弯弯绕,就是说,地方干部们唯恐过一段时间风向再一次改变,他们就又会被扣上"右倾分子"的帽子,因而不愿改变进程,就连政治局命令他们那样做也不行。

另外的问题是,与左倾政策紧密相关的人——不仅在地方各级,而且包括政治局中的激进派,像康生、上海的柯庆施和四川的领导人李井泉等——感觉到大跃进被公开否定就会导致他们政治上的曝光,因此,他们拼命拖后腿,李井泉甚至到了在毛本人已经否定了公共食堂以后还要维护它们的地步。

此外,两大集团都注意到,在有关事态所强加的改变方向的问题上,主席尚处于深刻的矛盾之中。他不仅拒绝承认过去的政策是错误的,而且进而一条道走到黑,说是谁也避免不了犯错误;而且那一年制定出来的调整商业与工业并鼓励科学、教育、文学和艺术上新努力的新计划,全都包括有诸多内在的意义含混点(并且为争取毛的赞同起见必须包括进去),以便让它们依据主流政治风向的不同,既可以做激进的也可以做温和的解释。周恩来总结这种基于新政策上的不稳定的妥协时,敦促官员们"一方面要推动阶级斗争,另一方面要巩固统一战线"①——他十分清楚,这种意识形态圈子里的方枘圆凿的做法是不可能的。

在这种种情况下,毛的同事们继续严格地坚持主席所设置的参数值。

钢和煤的指标自 1957 年以来第一次削减到与实际有着某种联系的水平。产业工人们又允许拿点奖金了,工厂经理们又恢复了旧有的权力。邓、刘和外交部长陈毅(尽管没有一贯谨慎的周恩来)都精心地按照毛的心照不宣的办法,承认犯了错误——刘和邓两人都引用了他们访问过的地区内农民们的说法,说饥荒的原因是"三分天灾,七分人祸"。但谁都没说"人祸"是什么,更没说是谁闯下的"祸"。

因此,僵局仍然持续着。

毛用秋天的剩余时间去适应其"二线"的新角色,保持着沉默。他的同事们敦促更大的现实主义,但对于这一类的多义词是没有人会信服的。下层官员们抑制着火气,等待着更明确的信号。

其结果是,到了 12 月,还是没有任何有价值的经济信号出现。在安徽和其他一些重灾省份,干部们开始试验起所谓"家庭责任制"来,在这一制度下,

---

① 《周恩来文选》第 2 卷,第 345 页。

土地被承包给农户进行个体耕作。朱德在回老家四川探访时,发现农民们放弃了公社的活,在自己的土地上种庄稼的事例,便问及在眼前的这种绝境下,像这样有利的行动是否应当得到官方的认可,因为"就是你不把它写下来,它总还是要发生的"。

对毛来说,这可就是提出要把农村集体化的幽灵统统放掉的问题。

因此,1962年1月,他在北京召集了一次中央工作会议,出席这次集会的并不只是通常出席这类会议的二三百名高级官员,而是从全中国各地的各县各公社党委会来的七千多名干部。

在这一非常会议背后的想法是,这次会议应该标志着一个转折点。但是,就在毛要求会议号召停止对社会主义价值的腐蚀侵袭的地方,刘少奇和其他"一线"领导人却将会议视为坦诚相见的一刻,终于到了可以从过去的错误中汲取教训,全党将在意见一致的政策基础上开创一个新的起点,向与会的地方干部们直接予以传达并向基层群众进行说服的时候了。刘作报告时定了调子。他毫不吝惜地赞扬说,每当事情陡转直下到了"关键时刻"之前,都会有毛的正确指导。"有必要指出的是,"他承认说,"过去几年我们的工作中所犯的缺点错误,首先要负责的是中央。"①然而,这就引起了代表们在发言中提出说明责任起因的要求。无论是刘还是其他人都还没有做好在公开会议上归咎于自己的准备。但是几天以后,在一个《报告》起草委员会上,北京市领导人彭真终于按捺不住了。他说:党中央就包括主席、少奇和中央常委的其他同志,有多少错误就是多少错误。彭继续说,毛主席也不是什么错误都没有。"三五年内"过渡(到共产主义)问题和办食堂,都是毛主席批的……如果毛主席的"百分之一、千分之一的错误不检讨",将给我们党"留下恶劣影响"。

十天后,毛做出了反应:

> 凡是中央犯的错误,直接的归我负责,间接的我也有份,因为我是中央主席。我不是要别人推卸责任,其他一些同志也有责任,但是,第一个负责的应当是我。
>
> 我们有些同志……害怕承担责任,不允许群众讲话,老虎屁股摸不得。凡采取这种态度的人,十个就有十个会要失败,人家总是要讲

---

① 《刘少奇选集》第2卷,第355页。

的……你老虎屁股真是摸不得吗？偏要摸！①

尽管这是最低限度,毛的承认负责的态度还是像电流一样刺激了大会。他无须多说:在已经学会将他视为不会犯错误的这个党内,由他来承认有一点过失就已经是非同寻常的足够了。

下一个星期当中,从周恩来和邓小平往下数,一只"老虎"接着一只"老虎",如同举行仪式一般,以详细列举坦白错误的方式鞭挞着自己。当 2 月 7 日会议结束时,在政治局当中,在地方代表们当中,都有了一种新的感觉,那就是:旧的一页翻了过去;现在终于有了可能,让过去的一年中恢复了的温和而实事求是的政策发挥效力了。

对毛来说,这次"七千人大会",如同日后所显示的那样,地地道道是一次极其讨厌的经历。他从不喜爱检讨自己(而要引出总结过去的路线又必须承认这是最起码的条件)。他为基层代表们表现出来的对于大跃进政策的敌意,为会场上须解释为什么会发生灾难的要求,都感到十分懊丧。"白天'出气',晚上看戏,两干一稀,大家满意,那就是马克思列宁主义对于他们所意味着的东西。"他咕哝说。他对彭真的责难尤其耿耿于怀,尽管三年的灾害和经济的崩溃所造成的变化了的环境,意味着他再也不能像在彭德怀的案例中那样做出反应了。会议还产生了一个令人揪心的逆流,那就是对为这位丢尽了脸面的元帅平反的支持,既然他对大跃进的批评已经被证明是十分正确的。一旦有人替彭辩护,了解自己的处境将会十分凶险的刘少奇会尽全力扑灭允许彭复位的任何建议,但那样一来就等于让听众们理解成:彭的批评虽然是正确的,但他的错误却只能是"私通俄国"和"阴谋反对党的领导"。

刘本人对会议的讲话也使毛感到头痛。

就在刘尽职地援引"自从 1958 年以来,我们的成绩是主要的,缺点是次要的"②这一咒语时,他已经承认而毛却决不会承认的是,在国家的一些局部地区,挫折已成现实,从全国范围看,成就对失败的比率已经不像毛所定的那样是 9∶1,而是 7∶3 了。

然而,比这些都更令毛担心的是,会议在重新确定社会主义基本真理上无所作为。"如果我们的国家不建立一个社会主义经济,"他曾经警告代表们说,

---

① 施拉姆:《毛泽东未发表文稿》,第 167、186 页。
② 《刘少奇选集》第 2 卷,第 420 页。

"我们将变得……像南斯拉夫那样,那实际上已经是一个资本主义国家了。"①而此时下面却了无反应。处于经济衰落之中,却奢谈什么保留社会主义信仰,在多数代表的心目中并不是最重要的。

因此,会议结束时,毛退居到杭州,在那里他过完了春天和初夏,第一次将党和国家事务的全权一股脑儿地丢给刘少奇、周恩来和邓小平这三驾马车了。

3月,他派了他的私人秘书田家英去他的老家韶山冲,实地看一看农民们在如何度日。田很惊讶地发现,他们想谈论的全都是"家庭责任制",而他和毛对此却都极不赞成。他们解释说,自从1955年合作化以后,收成连续多年下降了。只要在自己的土地上耕作,他们就能扭转这一颓势。到5月份,田家英转变了:"包产到户"在政治上可能不正确,但在中国此刻正置身于极度绝境的情况下,这却是提高生产的最佳方法,也是农民们希望得到的东西。陈云和刘少奇都赞成。在6月书记处的一次会议上,邓小平引用了一句四川老家的谚语说:"黄猫黑猫,只要捉住老鼠就是好猫。"②主管农业的邓子恢以前曾与毛在建立合作社的问题上发生过争执,此时正在制定有效推行"责任制"的全国性规划。在很多地区,农民们已经提前行动了。当年夏季,中国有20%的土地正在一种个体基础上进行耕作。③

当田向毛通报了他的发现时,这位主席的反应是,重复七年前他对邓子恢说过的话:"农民们要自由,但我们要社会主义。"他多次对田冷淡地说"我们不能完全成为群众的尾巴",而这就是一例。

又过了几个星期,毛抑制住怒火。农村的形势依然过于尖锐,就连他想冒险掉转船头也绝无可能。但到了7月初,事情变得很清楚,夏收将会比前两年都好。因此,他进行了决定性的干涉,农业的复苏并不需要"责任制"带来的意识形态上的妥协。在不必费神通知政治局常委会的"一线"领导人的情况下,他回到了北京,在那里他命令以前在延安时他的政治秘书、现在是政治局候补委员和主流激进派成员的陈伯达起草一份加强集体经济的中共中央决议。随着这位主席回京并再次处于临战状态的消息泄漏出去,他的同事们便四散开去寻求庇护了。

邓小平急促地发出一条指示说,将"黄猫黑猫"的谚语从他讲话的书面文本

---

① 施拉姆:《毛泽东未发表文稿》,第167页。

② 实为7月7日接见共青团三届七中全会全体人员时的讲话——中文版编者注。

③ 薄一波:《若干重大决策与事件的回忆》中卷,第1078页。田家英估计的数字为30%,毛也引用了这个数字(麦克法夸尔:《文化大革命的起源》第3卷,第226—227、275页)。

中删除。陈云又告了病假，从此他又过了焦虑不安的15年，在毛死后才回来工作。刘少奇在做了自我批评说，未能防止其他领导人的错误后，又退到了一边。连极度小心谨慎的周恩来也由于沦为悲观主义的牺牲品而受到叱责。"1960年以来，不讲一片光明了。"毛怒冲冲地说，"只讲一片黑暗，或者大部分黑暗。"①

然而，包产到户并不是毛唯一的心病。他对刘采取的对美国和苏联的调和立场也很不高兴。这是由"留苏学生"王稼祥起草的一份文件引起的，王在30年代末曾协助说服斯大林确认毛的领导地位，此时他正领导着党的国际关系部的工作。在一段时间的激烈内耗中，王争辩说，中国应当竭尽所能地避免国际冲突。刘和邓都表示同意。是年春天曾有过与印度和苏联的紧张关系趋向某种缓和的模糊迹象，6月又与美国达成一项谅解以避免为台湾重开冲突。

对毛来说，这一切都透露着背叛。

就在他第一次把控制权交给他亲手挑选的领导中国的这些人时，他们却在两大关键问题——对外反对帝国主义及"其走狗修正主义"和对内防止资本主义——上表现出他们自己，从最好的方面说，会作出重大误断；从最坏的方面说，则犯有为短期实用目的而无原则妥协的罪行。

主席在北戴河的年度夏季工作会议上发动了反击。他宣布说，"责任制"与集体经济是水火不相容的。因此，党面临着一个明确的选择："我们是走社会主义道路呢还是走资本主义道路？我们要不要农业合作化？"这与他在庐山上采用的策略一样，当时在彭德怀和他本人之间，他曾面对中央委员会提出过相同的善恶选择。依毛看来，从来就没有中间道路。

这样，他又从经济上农业耕作的实际问题转移到政治斗争领域内。毛重新提出他在1月份就提出过的南斯拉夫的例子，那是一个由于放弃其社会主义经济而"改变了颜色"的国家。他提醒他的听众说，在社会主义下，阶级斗争继续存在，而且，苏联的进展也已表明，"资产阶级还会再生"。他暗示说，同一类的事情，有朝一日在中国也可以发生。②

一个月后，在中央十中全会上，毛又转回到这样的话题：

　　我们这个国家要好好掌握、好好认识、好好研究这个问题。要承
认阶级长期存在……要好好教育青年人。不然，我们这样的国家还

---

① 麦克法夸尔：《文化大革命的起源》第3卷，第276页。
② 麦克法夸尔：《文化大革命的起源》第3卷，第269—281页。

会走向反面……我们就从现在起，就必须年年讲，月月讲……使我们对这个问题，有一条比较清醒的马克思列宁主义的路线。[①]

毛还明确补充说，庐山上所发生的事情不会再次重复，当时"[彭德怀操娘的话]这一操，就被扰乱了，工作受到影响"。这一次，在千百万人饿死之后，连他也不愿意在这一时刻重操阶级斗争，因为这很有可能导致经济复苏的失败。然而，他却宣布说，右倾机会主义，或曰"中国的修正主义"，如他此时所称，"在国家内和在党内"都还存在，因此还必须进行斗争。[②]

就这样，结束了刘少奇将中国的政策放在一种更加常规的基础上的短期努力，这一基础是以经济的强制推动而不是以阶级斗争为指导的。

在政治局中没有人试图勒住毛的放火癖式意识形态上的催马狂奔，也不再像在同年1月的"七千人大会"上当他的最大弱点暴露出来的那一时刻那样，试图钳制他的权力。作为一种结果，1959年8月在庐山时毛首次提出来的、资产阶级可能出现在党内的标志，此时又一次被提到中心舞台上，鲜明地与意在抵制变了质的苏联式共产主义的浅显的四字口号"反修(对外)防修(对内)"相联系。这一致命的联系揭示出了在毛生命的最后14年中主宰中国政治的他的思想。

1962年7月，在印度军队沿西藏和印度东北边境之间有争议的边界上建立检查站之后，武装冲突爆发了。10月，在尼赫鲁轻率地说出"解放被占领的印度领土"后，毛认定教训一下"那位反动的民族资产阶级的代表"的时候到了。在做出一系列的安排，调动了约三万名中国军队之后，印度军队决定性地溃败了，等到11月21日中国人宣布单方面停火的时候，尼赫鲁已经迫不得已发出耻辱的呼吁以向西方求助。

在冲突的早期阶段，与上一次1959年时对待中国与印度的那场争吵相比，赫鲁晓夫对中国稍多了一点支持，但这是因为他当时正卷入到他自己在古巴的危机之中，在那里美国中央情报局试图找到苏联导弹的安置点，他需要中国的支持。一旦古巴的争执过去了，这位苏联领导人又转回头采取惯常的亲印度的立场，更加倍地引起毛的憎恶，这不仅在于赫鲁晓夫对社会主义团结的背叛上，而且在于他对待美国人时所采取的冒险主义与投降主义的错误决断

---

① 施拉姆：《毛泽东未发表文稿》，第189—190页。
② 施拉姆：《毛泽东未发表文稿》，第192—194页。

的混合。自从 1961 年底俄国人把阿尔巴尼亚逐出社会主义大家庭之后曾一度沉寂下来的中苏之间的辩论,数日之内便重燃战火并达到高潮。一年之后,在一个系列的九篇洋洋洒洒的长篇公开信(以"关于国际共产主义运动总路线的辩论"著称于世)中,中国人首次指名攻击苏联共产党(俄国人也以牙还牙)。

对外重启兵衅也伴随着对内的耀武扬威。

1962 年冬,禁止个体耕作的决定,导致一批省一级的首创性文章不久便汇集在一起,以毛个人批准的出版许可,冠以《社会主义教育运动》的书名发表了。其存在的理由十分简单。如果农民以及领导他们的地方干部,仍然在"责任制"的形式下追逐资本主义,他们便需要重新学习集体经济的优点和社会主义的优越性。

在最初的形式中,运动被引导到反对干部的腐化,以及像包办婚姻、泥土占卜、巫术、佛道礼仪和祖先崇拜这一类的反社会主义行为。举行鼓励老一辈的公社社员进行"忆苦"的大会,诉说旧社会的苦难以劝说年轻的农民,即使遭遇饥荒年代,生活在共产党的领导下也是更得人心的。党的宣传工作者们创造了一个名叫雷锋的解放军战士的新模范角色,他的军旅生涯是在给同志们洗床单、帮助炊事员洗白菜和帮助老太太过马路中度过的,在"做一名无名英雄无上光荣"的座右铭鼓舞下,为了革命事业的利益而无私地献出了生命。雷锋是一颗最完美的永不生锈的螺丝钉,他的奉献和对党对毛主席的坚定不移的忠诚与服从被编进了一本日记中:

> 今天早上起来,我感到格外地高兴,原因不是别的,昨晚我梦见了伟大的领袖毛主席。正好今天又是党建立 40 周年的诞生日。今天,我有向党说不尽的话,感不尽的恩,怀有无限的感激之情……我像一个学走路的孩子,党像母亲一样扶着我,领着我,教会我走路……亲爱的党,我慈祥的母亲,我要永远做您的忠实儿子。①

但是运动必须进入攻坚阶段而不能只停留在"忆苦"和仿效雷锋阶段。在 1963 年 2 月的一次中共工作会议上,毛断言说,以阶级斗争防止修正主义是唯一的方法。他宣布说:"阶级斗争,一抓就灵。"因此,会议同意发动一场全国范围的运动以贯彻农村中的"四清"(清理账目、仓库、财物与工分),和城镇中

---

① 转引自玛丽·史瑞丹:《赶超英雄》,载于《中国季刊》1969 年第 33 期,第 52—53 页。

的"五反"(反对贪污盗窃、投机倒把、铺张浪费、分散主义和官僚主义)。三个月后,在杭州召开的另一次工作会议制定了一份正式的运动程序,毛在其中用启示录式的词语描述了倘若滑向修正主义而又得不到制止的话,将会处在何等危险的境地:

> ……照此办理,那就不要很多时间,少则几年、十几年,多则几十年,就不可避免地要出现全国性的反革命复辟,马列主义的党就一定会变成修正主义的党,变成法西斯党,整个中国就要改变颜色了……这一次社会主义教育运动是……重新教育人的斗争……[并且是]向着正在对我们猖狂进攻的资本主义势力和封建势力作尖锐的、针锋相对的斗争,把他们的反革命气焰压下去……①

在发出这次战斗号令之后,毛又一次地退到一边,看一看"一线"领导人们将如何处理他已经委托给他们的这项新使命。

这是一项微妙的任务。农村的资本主义得到了抑制,但是被定为对于经济复苏是必要的农村集市和自留地得到鼓励。为清理腐败干部而推动了群众批评,但在生产上却没有造成有害的效果。

随着运动的推进,党的领导人发现,与他们所面对的任务的纯比例问题相比,这些老话题逐渐失去了意义。最初毛曾用他惯常的掐指一算的方法,建议说,大约5%的农村人口有"问题"需待纠正。到1964年春,他和刘少奇都在议论说,有1/3的农村生产队为敌对势力所掌握。干部腐化不仅几乎成风,而且很多基层官员都在前十年的这个或那个政治运动过程中挨过整,以至于没有多少"清"的地方干部可以提拔上来。从旁监督运动的外来干部们发现,他们不得不以同样值得怀疑的一伙干部来替换掉一伙有问题的官员,就是因为没有其他有效人选。

为处理这一局势,1964年9月,刘少奇发动了对全中国农村党的组织有史以来最大规模的彻底清洗。

有150万干部被动员起来,组建万人或在某种情况下为数万人的工作队,如同人潮一样涌进被挑选出来的县份去工作至少六个月,清理村级以上的领导班子。运动的目标扩大到包括思想、政治和组织,以及经济犯罪。暴力是很

---

① 鲍姆和戴维斯:《四清:1962—1966年的社会主义教育运动》,第70页。

普遍的。甚至在最初的温和阶段,湖北省的一批试点县就死了 2000 人,而在广东就有 500 人自杀。以后,用一名党的基层干部的话说,"地狱之门统统打开了"。湖北省委第一书记王任重是毛所钟爱的一位省级领导人,号召进行一场"暴力革命风暴",在这场风暴中,很多基层党支部瘫痪了,权力临时移交给贫农协会。刘少奇本人也提及过这场历时 5 到 6 年的剧变。

作为阶级暴力的一名信徒,这本应成为使毛大喜过望的一种前景。随着1964 年的即将结束,自从刘被定为毛的继承人以来,他和这位比他年轻一些的接班人在思想上似乎较以往任何时候都更接近些了。但是,正如以往经常出现的情况那样,表象是会误导人的。

1952 年毛最初作出退到"二线"的决定,部分原因是想逃避他所嫌恶的作为国家首脑的常规事务,集中精力思考战略问题;另一部分原因也是想让他公认的接班人们在处理党和国家事务中积累经验,而他在一旁还可以指导他们。苏联发生的事态不久便使第二个原因成为了主要原因。毛以后说过,马林科夫之所以未能持久,就是因为斯大林在世时从未让他执掌实际权力。惟其如此,他解释说,"我想要他们[刘少奇和其他人]在我过世以前就建立起威望来"。①

苏联的坏榜样并未就此止步。在毛的心目中,赫鲁晓夫变成了一个更掉价的继承革命事业的候选人,不仅丢掉了"斯大林这把刀子",也丢掉了"列宁这把刀子"。在他的领导下,苏联成为一个修正主义的,实际上是资本主义的国家。马克思和列宁的遗产被滥用了,这都是由于斯大林在培养推进其事业的革命接班人问题上的失败。

一直到 1961 年,将刘少奇作为毛本人的革命遗产的管理员的选择都是一种正确选择,毛似乎对此并无多少怀疑。刘是组织的化身,一个不苟言笑、威仪赫赫的人,没有真正的朋友,没有外露的兴趣并绝少幽默感,他的奇异的精力全部都倾注到为党服务中去了,实际上这就意味着,这些特色恰好构成了毛所想要的一切。他严于约束自己与家人;避开各类特权;创造出一种清教徒式的、受欢迎的公共形象。据说他每天的工作时间是 18 小时,其行为准则是如此绝对化,以至于当他发现由于他的彻夜工作,每天被额外付给 1 元钱(其时大约合 30 便士)时,他坚持要通过扣除工资的办法偿还掉每一分钱。

是年 9 月,当毛对美国陆军元帅蒙哥马利谈及刘是他指定的接班人时,此

---

① 《时事背景》第 891 期,香港,美国总领事馆,第 71、75 页。

话立即在党的高层组织中广泛传播开去,很明显这是为他的引退打下基础,如同1958年的党章中所预示的那样,在下一次党代大会上他将成为荣誉党主席。

每一次五一劳动节和十一国庆节,刘的肖像都印在《人民日报》上,与毛并排,大小也一样,他的著作与毛的著作一起被学习(一如20年前在延安整风运动中那样),而且按照毛的提议,为他的著作出"选集"版本的工作已经着手进行了,这是到那时为止还仅是毛一人所享的殊荣。刘在30年代所写的一篇论著《论共产党员的修养》作为单行本一版再版,总数达1800万册。

这并不意味着他们之间没有摩擦。与柔顺的周恩来不同,也与阿谀奉承的林彪不同,刘有他自己的心机(这也是毛挑选他做自己副手的首要考虑)。有时——如在1947年时,当毛责备他在土改运动中过于左倾时;或如1953年,当毛利用高岗抑制刘的独立性时——刘的我行我素的倾向甚为激怒毛。但是尚无任何迹象显示破裂即将发生。

1962年春事情开始起变化了。

在"七千人大会"上刘对大跃进的批评是一个因素。毛引退的五个月当中他的缺乏坚定性更如火上浇油。如果刘在经济不能产生效果时就这样轻易丧失理性的话——认可涉及出卖基本的共产主义价值的应急措施——那么当主席不在时,如何能够相信他捍卫毛的政策呢?这就犹如,毛以引退的方式,将足够的绳索交到刘的手中,让他去吊死自己,他的继承人显然也及时满足他的要求。以后的两年时间里,毛会保留其判决,但他对这位年事稍幼者的信任已经动摇了。

对他而言,作为荣誉党主席引退的计划再也不会提起了。相反,在次年1月的一首《满江红》词中,在他步入古稀之年时,他再一次庆祝他推动中国走他选定的道路的不能自已的雄心:

> 多少事,从来急;天地转,光阴迫。一万年太久,只争朝夕! 四海翻腾云水怒,五洲震荡风雷激,要扫除一切害人虫! 全无敌。①

"害人虫"就是赫鲁晓夫一类的修正主义者,或许对他们只要就近瞥上一眼就够了。但毛意识的潜台词是:他还将不得不在前线亲自领导,因为他无法信赖其他任何人接替自己这样做。

---

① 《中国文学》1966年第5期。

毛对刘的怀疑也以另一种方式显示出来。

从 1962 年夏天开始，他便着手开发替代的权力机构，作为对由党的第一副主席刘少奇、总书记邓小平及其副手彭真控制的党的机器的一种反作用力来发挥作用。

自从 25 年前在延安结婚以后，一直被置于聚光灯之外的他的妻子江青，是年首次亮相，开始扮演公众角色了。9 月，当毛接见印度尼西亚总统苏加诺时，她的照片出现在《人民日报》的头版上。三个月后，当毛又一次向他钟爱的目标之一中国的知识分子发动猛攻——这一次是以根除民族文化生活中的修正主义为借口——时，江青已经随时准备尽力捍卫他的作为了。他们之间的个人关系早已结束，但在政治上，她还是他的马前卒；她的忠诚是没有问题的，除了证明她对他还有用之外她在生活中别无所求。从 1963 年 4 月开始，她开始咬啮刘的文化主管们以及他们所喜爱的剧作家、电影制片人、历史学家、哲学家、诗人和艺术家，直到整个中国的文化生活都是千人一面，只剩下她热切推出的带有浓重毛泽东主义色彩的"革命样板戏"为止。

在主席面对遭刘破坏的感情因素中，周恩来本人一直急于守住自己的一隅，此时已成为毛的新内阁小圈子里又一个不可缺少的角色。中共上海市委领导人在柯庆施及其新提拔的张春桥的领导下，组成了一个激进的小组以推行较为保守的北京领导人所不赞成的政策。毛的老秘书陈伯达亮出一个更高的形象。康生也是这样，他成了邓小平的书记处内给主席提供消息的人。不久便表现出他并没有忘记他在延安时作为秘密警察头子的老行当。他组建了"专案组"以调查他所指称的一个推动替高岗翻案的暗藏的阴谋。在行将到来的翻天覆地的剧变中，康生将用这一策略来对付毛的敌人，作为一次令人毛骨悚然的预演，成千的人遭受盘问，一位高层副总理仅仅因为一本尚未出版的、以陕西的老根据地为背景的历史小说这唯一的证据而受到清洗，据说这部小说的主角就是以高岗为原型的。

但是毛的最重要的安排就是林彪。自从 1959 年受命以来，他一直处心积虑地工作着，以改造解放军使之成为思想意识过硬的军队，作为人是比武器更重要的因素这一毛的观点的化身，在这里，政治始终"是统帅，是灵魂，是一切工作的生命线"，[①]毛泽东思想是"当今世界的顶峰……[和]当代思想的顶

---

① 麦克法夸尔：《文化大革命的起源》第 2 卷，第 320 页。

点"。① 1960 年,在《毛选》第四卷刚刚问世时,林彪就率先在《人民日报》上发表了重要的赞颂文章,一年以后,又是林彪提议将主席的警句编纂成手册,提供给士兵去背诵。1964 年他又提出建议,导致"小红书"的问世,这是中国青年们未来的"圣经",毛的个人崇拜的护身符和试金石。此后不久,在一次重兴红军时代早期的平均主义的简朴生活的尝试中,军衔和徽章被废除,只有凭军服上装的四个口袋才可以辨别出军官,普通士兵的军服上装只有两个口袋。到此时为止,解放军已被奉为全国人民的象征无限忠诚、献身和自我牺牲的楷模。

一直到 1964 年春天时,毛尚未采取任何行动以表现出任何有关刘是否适合作为接班人的明确结论。他继续将刘的名字与他自己的名字连在一起作为"中国马克思列宁主义"的两个主要代表。

但刚刚到了夏季,他的怀疑就加深了。

一个显著的因素是他意识到,尽管他们有着明显一致的观点,刘在社会主义教育运动中的目标与毛本人的目标还是有所不同。1964 年 2 月,邓小平对斯里兰卡的一名外交官说,他希望毛不会注意他们正在做着的一切,因为要是他注意了的话就一定不会赞成的。刘想用这一运动使农村地区的党组织成为一个可靠的、有纪律的工具,以强化正统的马列主义经济政策。毛想要的却是以释放出群众的能量的方式来反对修正主义。

随着毛觉察到这一分歧,他回忆起刘在 1962 年上半年的行为,开始重新考虑起他的法定接班人当时说过的一些事情,包括对"七千人大会"谈及毛的"三面红旗"——党的总路线、大跃进、人民公社——的一篇讲话。② "三面红旗,我们现在都不取消,都继续保持,继续为三面红旗而奋斗,"刘曾经保证过,"现在,有些问题,还看得不那么清楚,但是,再经过五年、十年以后,我们再来总结经验,那时候,就可以更进一步地作出结论。"③此时,正当毛深深地卷入到中国党与莫斯科之间的辩论中这一时刻,他开始怀疑起刘的话是否包含一种隐含的威胁,即在他死后改变中国的政策,就如同赫鲁晓夫在斯大林死后所做的那样。这种怀疑还只是一小步。毛还想起了另外一些事情。1959 年时,康生曾说过,斯大林犯了错误,这不是因为他镇压"反革命"过于严厉了,恰恰

---

① 麦克法夸尔:《文化大革命的起源》第 3 卷,第 436 页。

② 当然,关于毛在 1964 年春和初夏内心深处的想法我们还不能确定,但我们可以尝试找出可能影响他 7 月在中国共产党给俄国人的信中所作结论的几个方面的因素。

③ 引自王若水:《毛泽东为什么要发动"文革"》,内部资料,北京,1996 年 10 月,第 12—14 页。

相反,倒是因为他镇压得还不够严厉。他的失败是没有"挖出"像赫鲁晓夫一类的人,才使得他们出来玷辱他自己。问题又一次摆了出来:毛会犯同样的错误吗?到了1964年7月,这些思想凝聚到一点,毛批准了一篇文章,中国党致苏联党的第九封也是最后一封"公开信",其中特别涉及接班人问题:

> 培养无产阶级革命事业接班人的问题,从根本上来说……就是将来我们党和国家的领导能不能继续掌握在无产阶级革命家手中的问题,就是我们的子孙后代能不能沿着马克思列宁主义的正确道路继续前进的问题,也就是我们能不能胜利地防止赫鲁晓夫修正主义在中国重演的问题。总之,这是关系我们党和国家命运的生死存亡的极其重大的问题。[①]

回想起来,这几行字提供了毛的内心世界中正在盘算着的行事方式的令人吃惊的启示。然而在当时,他的同事们却没有一个人看出丝毫的不祥。很明显,他们也没去注意随后的一段文字,其中谈到接班人"是在群众斗争中产生的,是在革命大风大浪的锻炼中成长的"。

随后在10月,传来了赫鲁晓夫倒台的消息,他的继任人指责他说,他是凭他个人的狂想进行统治,并且把"鲁莽的计划"强加到长期受苦受难的俄国人民头上。在他的老对手应得的惩罚与他本人的统治风格可能受到的指责之间,毛是否在思想上得出相似的结论尚不得而知。但是,假定他此刻洞察了刘的目标与他本人的目标之间的区别的话,无疑他感觉到了自己的虚弱无力与易遭攻击。一个月后,赫鲁晓夫的接班人们断然拒绝了中国人的一次重开双方之间谈判的努力,最终定格了中苏双方教派纷争的不可改变性,以及世界共产主义运动分裂成实力不等和不可调和的两大部分的事实。

毛的继续革命的主张此时比以往更加着眼于对异端的中国方式的推动,各国真正的革命者都可以从这种方式中得到灵感。在九封公开信中,这种40年前从莫斯科翻译到北京来的、为斯涅耶伏利耶特称之为"麦加"的主张一直隐含不露,只是在作为革命知识源泉的基础上被写进文章中去。随着1964年的行将结束,毛开始觉得有必要把他打算耗竭其余生的终极目标加以公开了。

他的目标不再是使中国富裕起来。那是刘少奇的逻辑。

---

① 《关于国际共产主义运动总路线的论战》,外文出版社1965年版,第477—478页。

革命热情与富裕程度成反比。"亚洲政治上比英美进步,因为亚洲人的生活比英美差得多。"数年前他写道,"穷就要革命……[再过几十年]我们东方国家富裕起来了,他们[西方]的生活水平降低了,人民就会进步。"①毛此时意识到,未加说明的推论是:如果中国繁荣起来,它就会不再革命了。在政治上这样实话实说——极少有中国人愿意在追求抽象的思想目标时接受连绵不绝的贫穷——是不可能的,但在实践中,在进行富裕与革命之间的两难选择中,毛倾向于革命的一方。

为达到使中国成为一个"红色道德"的王国,在那里阶级斗争将改造人们的思想,持续地推进革命事业,并会像一座灯塔一样照亮世界人民。刘和他的那一班有着类似思想的人,连同他们所代表的那一套正统思想,都将不得不被扫地出门。

在这添加了图解的思维框架中,在 11 月末和 12 月里,毛召集了一系列的高层领导人会议,会议期间毛的行为较以往还要执拗与乖戾得多。

11 月 26 日,正当讨论一项长期防御计划时,他突然发出忠告说,"你是第一副主席,天有不测风云,不然一旦我死了你接不上。现在就交班,你就做主席,做秦始皇。"②刘谨慎地加以拒绝了,对毛喃喃自语说他不再有力量担任这份工作而且也没有人听他的——刘听到这话也没有表现出张皇失措。两星期后,这位主席说道,党内出现了一个资产阶级,并且正在"喝工人的血"。就在这一场合中,他首次用到"走资本主义道路的当权派"一语。③ 以后,在 12 月 20 日,他再一次说道,是刘而不是他自己正在掌权。这一次他争辩说,社会主义教育运动必须重新定位——不要再对准腐败干部和盗用公款的农民,而要通过群众斗争的纯净之火,从党的阶级组织中清除一切修正主义思想的根苗。首先应当对付的是"狼",是"当权派",毛威胁性地警告说,"狐狸"——那些小违法者——以后再对付也不晚。④

刘非同寻常地坚持自己的立场。他同意毛的意见,一些省的省委"烂掉了",腐败官员们的"党内后台老板"应当作为首选的目标。但他明白地表示说,他感到,应当将这一目标纳入一场运动的内容而加以完成,运动的主要焦点仍然是根除腐败行为,而不是一场反对"修正主义"的意识形态的进攻。

---

① 麦克法夸尔、切克和吴文津合编:《毛主席秘密讲话》,第 270—271 页(1957 年 3 月 10 日)。
② 丛进:《曲折发展的岁月》(1949—1989 年的中国,第 2 卷),第 602 页。
③ 《建国以来毛泽东文稿》第 11 集,第 265—269 页。
④ 《毛泽东思想杂录》第 2 集,第 408—426 页。

12月26日,毛在人民大会堂庆祝他的71周岁生日的一次宴会上宣泄了他的不满,他不点名地指责说,刘的观点是非马克思主义的,邓小平正在把党的书记处搞成一个"独立王国"。两天后,在一场更加异乎寻常的大发作中,他重提五年前他曾经发出过的威胁,说要是他的同事们站在彭德怀一边的话,他就要上山去,建立一支新红军。他举着一份党章,在冷冰冰地陈述,他也同其他任何一个党员一样有表达意见的权利之后,暗示说邓正打算制止他参加领导层会议,刘也在试图阻止他发言。他并非不祥地回忆起1962年他同刘少奇以及常委会其他人之间在"责任制"问题上的一次争论。那曾是"一种阶级斗争",毛宣布说。此时,一场新的斗争已露征兆,其主要锋芒将是"整党内走资本主义道路的当权派"。

这一煽动性的用语被写进了1月中旬发布的一个新的对运动的指导性文件之中。只是在用字上略有改变:取代"当权派"的是"掌权者"一词。在其原始的草稿中清楚地写着,甚至在党的中央委员会里也可以发现这种变了节的共产党员。但是,对于毛的思维运作方式明显十分知底的周恩来,设法将"中央委员会"替换成"中央委员会各部门"。

刘少奇本人,以及领导层中其余多数人,却将毛的断言视为一位倔脾气的垂垂老者的喧闹不休,他是一块尚能撞击出火花来的远古巨石,但是却越来越受其过去的革命梦想的束缚。危机似乎就会如风吹过,但是刘的命运已成定局。剩下的问题对毛来说,只是找到一种适当的手段将他解决掉而已。

第十五章

灾 变

　　1965 年 2 月，主席派遣江青去上海。她的使命就是寻找适当的机会预埋意识形态的导火索，而毛本人将触发一系列复杂的事态将之点燃，并将中国拖入无产阶级文化大革命的激烈动荡中去。

　　毛选择的煽起这场即将来临的风暴的契机源于六年之前。其时他发动了一场运动，号召党员们效仿明代官员海瑞，他对 16 世纪的一位皇帝的抗辩被毛推荐为刚直不阿与仗义执言的圭臬。彭德怀过于从字面上理解了毛的话，因而遭受到被清洗的痛苦。但是学习海瑞的运动仍持续着，并为证明毛的意旨起见又组织人写出了一批剧本，其中就有名叫吴晗的一位著名学者写的一部新编历史剧《海瑞罢官》。毛的内部圈子中有人议论吴的剧本，其中就包括江青，说这部剧是寓意为彭德怀翻案的，海瑞的遭遇与彭十分相似。毛赞赏吴的作品，一开始并不同意这种指摘。但是，到了 1965 年初，他意识到了该剧作的用途。

　　吴晗并不只是一位历史学家，他还是北京市的一位副市长，也是彭真的一个被保护人。彭既是首都的市党委第一书记，又是中共的全国性机器的核心——中共中央书记处——实际上的副总书记。毛意识到，对吴发动的攻击能够像打入一只政治楔子的尖端一样击破彭真的王国，而彭的背后就是刘少奇。

　　在上海，江青吸收了一名叫姚文元的激进左翼文人到她的麾下服务，其人首次引起毛的注意是在反右斗争期间，当时他起到一把砸向资产阶级知识分子的铁锤的作用。在极端秘密的情况下，姚假装生病，躲进一家疗养院去工作，以完成江青交托给他的一篇洋洋万言的文章，宣布吴的剧本是一株"毒草"。

这篇文章的撰写用去了整整一个夏季。期间十易其稿,其中三次由毛亲笔修改。当该文最终在 8 月定稿时,这位主席又等了三个月,这期间他加了格外的小心,将自 1959 年以来一直软禁在家中的彭德怀,发配到四川省的一个岗位上去工作。

　　1965 年 11 月 10 日,当彭真与吴晗到北京以外的地方旅行时,姚的文章刊登在上海的一家报纸《文汇报》上。按照毛的指示,文章并没有与彭德怀直接联系的资料。那些资料还处在保密期。相反,姚指摘吴晗把海瑞对农民的支持以对个体耕作观念的同情(当然这也是给毛对其副手刘少奇的不满火上浇油的话题)的方式加以刻画。他宣布说,该剧因此应被看做"资产阶级反对无产阶级专政和社会主义革命的斗争焦点……其影响极大,流毒很广。不加以澄清,对人民的事业是十分有害的"。

　　在中共北京市委内部,姚的炮轰引起了恐慌。

　　据说,那年的早些时候中宣部下发的指导方针曾禁止对人而不对事的攻击。要想发现是谁批准了该文的发表是不可能的。彭真回到北京以后,命令北京的报界,包括《人民日报》在内,不得予以转载。几天后,他又拒绝批准该文以小册子形式进行散发。这种情形使得毛回首往事感慨万千地说,彭对北京的控制是如此严密,竟达到了"针插不进,水泼不进"的地步。

　　在这个节骨眼儿上,这位主席完全可以不费吹灰之力,只要简单地下令转载这篇文章就行了。但是他还是不肯露出他的手来。因此,他转而耍弄起周恩来这个和事佬来了。11 月 28 日,周在北京召集了一次会议。会上,在听取了彭的同事们的反对意见,说姚借助于"辱骂与敲诈"的手段之后,周便下达指示说,在这类笔墨官司上,正确的方式应该是"既容许批评的自由,也容许反批评的自由"。两天以后,经周的赞许后,姚的文章连同为达到这一效果的一篇编者按一道,最终出现在《人民日报》的学术版上。

　　针已然插了进去。

　　在姚文元的文章在上海发表期间,毛在中央政治局常委会上宣布解除杨尚昆这位领导中共中央办公厅的遵义会议的老战士的职务。借口是杨曾在1961 年组织了对毛的专列的窃听。但是毛对杨五年来的作用还是很清楚的,只是并未采取任何行动罢了。他现在采取行动是因为办公厅是党的联系中心,他需要确保它掌握在可靠的人手中。杨的位置由又矮又胖的汪东兴所取代,他是对外号称 8341 部队的中央警卫团的指挥员,专司各位领导人的安全保卫。二十多年来汪一直追随在毛的左右,对毛的忠诚是没有问题的。

四个星期以后,又一名高级官员遭清洗。罗瑞卿的地位可以一直追溯到30年代的江西。当林彪成为国防部长时,毛指派罗担任总参谋长。但是这两人在解放军究竟应当是一支基本的职业军队还是一支政治力量的问题上发生争执,罗还不够明智地劝说林应该"多多休息"以保持健康。当这个问题被提到政治局常委会上时,在林的敦促下,毛同意将罗挂起来,并由周恩来和邓小平组织一个"调查组",以"说服"罗坦白他确曾打算让国防部长靠边站。

这样,到1965年12月中旬时,毛的高层同事们都在努力想搞清楚所发生的一系列无法解释清楚的事件。主席惩罚了一位党的老干部杨尚昆,表面上只是因为他数年前犯的一次错误。他默许了对另一位老干部罗瑞卿挂职的清洗,明显只是为了取悦林彪。他还鼓励了一场微妙的文学上的讨伐行动,是否预示对北京市党组织的一场大规模的攻击尚不清楚。

对于刘少奇个人而言是没有任何选择的。从11月底开始,毛的所有同事都具备的自我保全的最佳本能,促使他疏远了彭真,并且下了决心,无论政治上发生什么翻天覆地的变故,也不让它落到自己的头上。

在这种紧张的气氛中,毛又采取了第二个步骤。

就在圣诞节之前,毛在杭州对陈伯达及党刊《红旗》杂志的一个激进派小集团说,姚文元的文章(他仍然没有承认在其中发挥了作用)没有打中要害。吴晗剧本《海瑞罢官》的要害问题是其标题的后两个字"罢官"。"嘉靖皇帝罢了海瑞的官。"毛说,"我们也罢了彭德怀的官。彭德怀也是'海瑞'。"①这一声明的重要性在于,这意味着吴晗的问题在未来将不会仅仅被作为文学上的问题而会被作为政治上的问题来对待。

1月份呈现出胶着状态。毛的谈话甚至在政治局内也尚未公开。当陈伯达的班子里有一个人写了一篇文章,首次详细披露(未提供消息来源)了这一爆炸性的信息,主席认为吴一直寻求为彭德怀翻案时,彭真指使他在宣传部的盟友封锁舆论,但他无法彻底制止对吴晗的攻击。2月份又传来一些坏消息。在林彪的唆使下,江青开始在解放军的文化工作部门推行一场新的反封建反资本主义思想的运动,意味着这一场反对吴晗的运动就要加快步伐了。

在此关头,这位北京领导人作困兽之斗,力图捞回主动权。

---

① 丛进:《曲折发展的岁月》(1949—1989年的中国,第2卷),第613页;郝梦笔和段浩然编:《中国共产党六十年》,北京,解放军出版社1984年版,第561页。也可参见叶永烈:《陈伯达其人》,第228—230页。

在过去的 18 个月当中,他牵头组织了一个中央"文革小组",这是毛为对抗艺术界的修正主义而建立起来的。在彭真的提议下,这个团体通过了一个处理意识形态争论的新指导纲领。这个后来广为人知的"二月提纲"肯定了"在以毛泽东思想为一方,以资产阶级思想为另一方之间"正在进行着一场"大斗争",而且也承认吴晗犯了政治错误。但是它还坚持说,正如周恩来在上一年 11 月时所提出的那样,学术上的争论应该用学术手段而不是用政治手段来解决。

2 月 8 日,彭和小组其余成员飞赴武汉向毛汇报。主席没有明确赞同"提纲",但他也没有说出任何反对意见。他问彭真,他是否认为吴晗是一个"反党分子",还表示了对"罢官"一词的意义的关注。但他又补充说,倘若没有证据表明吴与彭德怀有组织上的联系的话,这位历史学家或许还可以继续担任副市长。

彭回到北京,相信他已经躲过了风暴。

接下来的几星期中,还有一些小的骚动。毛抱怨说,《人民日报》只是一家"半马克思主义的报纸"。他对周恩来和邓小平发牢骚说,彭真把北京市搞成了一个"独立王国"。

还有更加令人担心的事——倘若彭真了解到,在江青和解放军召开的文艺座谈会之后起草的一份纲领性文件得到了毛的赞许,而这份文件中说,自从1949 年以后,"我们一直处于一条与毛主席的思想截然相反的反党反社会主义的黑线的专政之下"。① 既然彭真自 1964 年 7 月以来一直掌管文化工作,他就会受到牵连;由另一位政治局候补委员陆定一掌管的中宣部也会受到牵连;更为广泛的是,自 1949 年以后的全部文化机构也在其中。文件首次明确显示,现存的文化价值将遭到全盘否定的前景。

在采取下一步行动之前,毛一直等到 3 月底,当刘少奇为期一个月的出访亚洲成行之后。毛此时泄露了这样一条消息,说他想看到"二月提纲"在"模糊阶级阵线"的基础上受到批判。他宣称,吴晗及其一类的知识分子是"学阀",受到彭真这位"党阀"的庇护。他威胁说,不仅要解散彭的"文化革命小组",而且要解散他称之为"阎王殿"的中共中央宣传部,直至于北京市委本身。

毛的观点由康生对 4 月 9 日由邓小平主持的一次书记处会议正式作了传达。康生列举了彭在处理吴晗事件上的"错误";陈伯达罗列了他上溯到 30 年

---

① 《北京周报》,1967 年 6 月 2 日。

代涉及政治路线的"罪行"。这次会议决定,将这一情况交由政治局全体会议去作出决定。两个星期后,刘少奇从出访的最后一站缅甸回国,结束了他的亚洲之旅,便立即被召唤直接去杭州,由毛召集的一个宣布彭真命运的政治局常委会会议正等待着他的出席。毛在那里通知他说,彭真一伙将受到清洗,而且要在毛不到场的情况下,由刘本人在下月北京将要召开的一个扩大会议上传达这一结论。

这次会议自 5 月 4 日开始,历时三个多星期。

康生,接着是陈伯达和上海市的激进派领导人张春桥,再次扮演检举人的角色。康生宣称,"彭真、陆定一、罗瑞卿、杨尚昆反党集团"的存在,表明了修正主义就出现在中央委员会内,正如毛在 16 个月前关于社会主义教育运动的大辩论期间所预言的那样。反党集团成员必须公开予以批判并调离岗位。周恩来指责这四个人"走资本主义道路"。林彪夸大其词地谈到"可能发生反革命政变,要杀人,要篡夺政权,要搞资本主义复辟"和"火药味"。①

5 月 16 日,会议通过了一个中央委员会的通知,表面上看它的发表是用来取代已经名誉扫地的"二月提纲",但实际上它是日后为(中国人)所熟知的"(发动)无产阶级文化的大革命(简称文革)"的第一个官方保留文件。它已经酝酿了一个月,毛本人不少于七次地对它进行了修改。通知宣称,中央的政治问题,是"执行还是抵制毛泽东同志关于文化革命的路线"的问题,并不仅仅只有彭真一伙是叛徒。还有其他"走资本主义道路的当权派",也必须加以清除:

> 混进党里……是一批反革命的修正主义分子,一旦时机成熟,他们就会夺取政权,由无产阶级专政变为资产阶级专政。这些人物有些已被我们识破了,有些则还没有被识破。有些正在受到我们信任,被培养为我们的接班人,例如赫鲁晓夫那样的人物,他们现在正睡在我们的身边。各级党的干部必须格外注意到这一点。②

通知宣称废除彭真的"文化革命小组",并成立一个由陈伯达任组长、由江青、张春桥和另外两人为其副手的同名团体,康生是顾问。彭真及其一伙被投入到外部的黑暗——有些人被投入监狱,另一些人遭到软禁——之中,一个中

---

① 郭华伦编:《中国共产党机密文件》,第 646—661 页。
② 郭华伦编:《中国共产党机密文件》,第 230—236 页;《人民日报》,1966 年 5 月 17 日。

央专案调查组建立起来以调查他们的"反党行为"。

因此,到了1966年5月中旬,毛已经将其苦心经营的剧变的宏大目标广泛地告知了全党:解除妄图出卖社会主义事业的"走资派"的权力。他已经绕过政治局和党的主流指挥体系,另建了一个司令部去指导这一革命,这一指挥部的成员基本上都是他在1962年开始聚集到一起的激进势力,并恰好构成一个五点梅花形——林彪不在其内,毛对林另有安排。但是,就连最接近他的那些人也始终难以弄明白,为什么他会以这样一种曲折的方式着手进攻,而对于其最终目标究竟是什么他则更加讳莫如深了。

导致毛以如此迂回曲折、令人费解的方式行事的一个考虑就是拒绝承认。

如果最初对吴晗的攻击错了的话,毛本可以责备江青的过分狂热,江主管文化事务的公共角色也可以使她令人信服地成为一只替罪羊。在迫使刘少奇执行针对彭真的那场他本人恰好不在场的丢脸政变时,他也同样十分谨慎。领导层中的其他人却难以转过弯来,他们抱怨说这样对待彭真太不公平,还要由他们出面干这种脏事。

但是还有一个更加基本的原因。

在上一次领导层发生冲突的1959年那次,这位主席可以用对他本人信任投票的方式,把政治局中其余的人拉回到他这一边。他的对手彭德怀是一个脾气暴躁、头脑简单的老兵,他那刻薄的口齿使他树敌过多,而不能多争取朋友。将他描述成是对党的稳定的一种威胁似乎比较好办些。但这一次,他的行动的基础,从任何反对的标准来看,都不只是十分脆弱的,而且整个就是莫须有的。毛希望清洗威望仅次于他本人的刘少奇,还有党的总书记邓小平。这两个人对他的政策都不构成任何公然的挑战,两人都得到老一辈领导人的多数支持。在面对面的辩论中竟然没有一点令人信服的理由可以使毛得以说服他的同事们让刘邓下台。

既然前沿攻击很成问题,这位主席就退回到他所熟知的游击战术上。"战争是政治",他曾经写道,"而政治是另一种形式的战争"。很明显,刘的头脑里可能从来就没有闪念过,毛的行动或许是一场更大冲突的前奏曲。他只是看到,主席正热中于发动一场新的使文化界革命化的运动,彭真碍着他的事。

如果领导层其余的人此时联合在一起阻止他,他们或许有可能将就要降临到他们头上的大灾难转移开。但是这样做会要求他们在政治局常委会上同毛面对面地对抗,而这样一种斗争是他们谁也消受不起的。

庐山上彭德怀的失败到1966年时仍然是记忆犹新的,那是畏惧与自私自利交互作用使然。将毛及其著作神圣化,是林彪苦心经营的结果,此时也达到这样一种梦想不到的高度,直接反对毛已成不可想象之事。毛在任何情况下也决不给对手一丝一毫的机会。直到杭州会议召开的前夕,刘少奇一直缺席,这就意味着没有一点时间组织起有效的对抗,即便有人希望这样做的话。后来在北京召开的政治局扩大会议按照毛的指示囊括了 60 名他一手挑选的支持者出席。尽管他们不能投票,但仅仅是由于他们的存在也使得详尽的讨论成为不可能的事。

还是有一些预警的信号本来应该能够昭示领导层,最近的这场运动将与毛以往发动的任何运动都有所不同。争论所用的语言更多极端化与情绪化的指责——这是一种策动暴乱群众而不只是制造一次政治事端所适用的语言。个人动机与政治动机打从一开始就错综复杂地纠缠在一起。毛对江青以及个人小圈子内亲信们的使用,加强了这一倾向。林彪曾以其政治上的一名反对派毁谤其妻叶群——宣称他们结婚时她不是一个处女——为由召集了一次政治局会议。

5 月份还有另一个事本来也可以提醒刘少奇小心毛正在酝酿的阴谋诡计。

姚文元又发表了一篇批判文章,这一次他所攻击的不仅是吴晗,而且包括吴的两个同党——有段时间里担任人民日报社社长的邓拓,1957 年时毛曾经由于他未能发表“鸣放运动”的文章而狠狠地教训了他一顿;还有一位名叫廖沫沙的小说家——60 年代早期曾经在每星期一次的杂文栏目《三家村札记》上工作过。姚文元宣称,该栏目使用伊索寓言式的语言和历史悠久的中国传统的“指桑骂槐”的方式含沙射影地向毛进攻。①

当然,这种指责差不多是毫无根据的。尽管在事后看来,一些如《王道与霸道》和《健忘症》(形容一种唯有“彻底休息”才能治愈的精神失调症)等篇目,似乎是以只适用于毛的情况的方式写出来的——在中国没有人此时作此联系,更没有人此时看得出来《海瑞罢官》是为彭德怀翻案的。相反,这些杂文是供基层官员们阅读的,他们的愚昧曾经加剧了被委婉地称为“三年自然灾害”

---

① 《人民日报》,1966 年 5 月 11 日。麦克法夸尔就姚文元对邓拓的指控作了详细的论述(《文化大革命的起源》第 3 卷,第 249—258 页)。我本人曾经同包括邓拓的一些同事在内的中国杰出的知识分子进行过交谈,证实在当时并没有人认为邓拓的言论是指向毛的(主要是由于他的威望太高了,人们根本不可能想到他还能成为被攻击的目标)。相反的观点,见默利·古德曼:《中国的知识分子:建议与异议》,哈佛大学东亚研究中心 1981 年版,第 27—38 页。

的危害——毫无疑问他们全都如此。

但是,姚的文章醉翁之意不在酒。

倘若彭真这位政治局委员可以设置一条反对主席的文化政策的"反党反社会主义的黑线"的话,倘若一小撮党内作家能够在四年时间里在首都的公开印刷物上不受惩罚地对毛冷嘲热讽的话,那么由毛安排负责党的事务的刘少奇为什么对阻止这一切无所作为?

只有两种可能的答案。要么刘不称职,要么他与毛的反对派结成一伙。

5月14日,康生派他的妻子曹轶欧去北京大学与一位名叫聂元梓的哲学系党总支书记取得联系。十天以后,在曹拿出她确定无疑有高层背景之后,聂和一小群支持者们写了一张大字报,指控该校校长陆平压制毛有关文化革命的指示,并贴在学校小卖部外面的墙上,九年前"鸣放运动"就在那里轰轰烈烈地开展过。大字报敦促师生"坚决、彻底、干净、全部地消灭一切牛鬼蛇神,一切赫鲁晓夫式的反革命的修正主义分子,把社会主义文化革命进行到底"。①

陆平主持的大学党委也加快了行动。第二天上午,就出现了数百张大字报,其中绝大多数是指责聂一伙的。

6月1日,曹所允诺的"高层背景"到来了。

毛亲自赞扬了聂的大字报,下令电台向全中国广播。两天前由陈伯达接管的《人民日报》,宣称该大学是"反党反社会主义的顽固堡垒",该校领导人陆平是"黑帮"。聂一时声名大噪。全国各地的支援电报如雪片飞来。北京其他院校的学生们也成群赶来探望她,并就如何对付他们各自的高等学府中那些顽固不化的党委会寻求她的指导。

首都的中小学学生,在上层阶级子女(从其父母处得知正在发生的政治骚动)的领导下,甚至行动得更加迅速。

5月底,清华大学附中一名永远不知其姓名的勇敢的学生造出了"红卫兵"这一名称②,立即便形成一个运动,并像野火一样燃遍北京各中小学,给一场狂热崇拜毛的运动火上浇油,推波助澜,一天比一天变得更加过分,更加不可思议。5月18日林彪对政治局作了一个讲话,发动了这场个人崇拜运动,

---

① 《人民日报》,1966年6月2日。
② 《中国青年》,1986年第10期。

他断言:"毛主席是一个天才……一句顶一万句。"①《人民日报》发出呼声:"毛主席是我们心中的红太阳。毛泽东思想是我们生命的源泉……谁要是胆敢反对毛主席,就要将他打翻在地,再踏上一只脚。"该报说,毛的著作"比金子更贵重";"句句是战鼓,句句是真理"。②

刘和邓不无惊恐与越来越困惑地注视着这些发展。

还是春季时,就已经有了残酷的预兆,表明了反对修正主义的政治迫害将继续进行下去。前总参谋长罗瑞卿从高层的窗户跳下去,企图自杀。他活了下来,但是摔断了两条腿,对他的斗争会还在开下去。姚文元的文章发表后,邓拓也结束了自己的性命。不到一个星期,又轮到了毛的秘书田家英。有人对他说,他作为一名右派被开除了公职。当晚他就自杀了。自杀长期以来一直是中国政治运动的一大普遍特色;但是自 1954 年以来除高岗外还没有党的高级干部自杀的先例。邓拓和田家英的死被普遍看做是中国传统的学者抗议不公正待遇的一种方式。

政治机构内部所出现的这一类严峻事态加剧了大中学校中急剧上升的骚动。

刘邓深知——九年前在"鸣放运动"期间就目睹过那一结果,更不用提他们本人在年轻时作为学生鼓动者所获得的经验了——校园骚动的火焰一旦被点燃,整个国家就会在顷刻间陷入一片火海。更有甚者,陈伯达此番明显有着毛的赞许,所发表的煽动性社论更如火上浇油。在这种情况下通常的补救措施是派进工作组,实行整顿并重新组织起陷入瘫痪的党委。在北京大学,作为一种堵漏措施,工作组已经派进去了。但这就是主席想要干的事吗?

刘和其他"一线"领导人乱了方寸。

毛此时正在杭州。自从上年 11 月起他就没有插足北京的事务。刘打电话请他回京并亲自主持运动。毛回答说他要继续在南方逗留一段时间,他们应该以他们认为的最佳方式处理局势。几天以后,刘邓飞到南方直接请求指示。毛还是做同样反应。这一次他恩赐说,工作组的使用不被排除在外,只是"派或不派都行,一定不能草率"。这句话不但是模棱两可的,而且是有预谋的。

就在这一基础上,党的干部和共青团员们组成的工作组被派进首都各高

---

① 郭华伦编:《中国共产党机密文件》,第 658、661 页。
② 严家其和高皋:《动荡的十年:文化大革命史》,第 60—61 页。

等学府中,另一些大城市在恢复秩序的指示下,也试图将运动纳入控制范围。

在《人民日报》及其他报纸拼命进行狂热训导的情况下,这一传统的和组织严密的方式竟瘫痪了,而且它也有失于抚慰学生们真正的冤屈。在中国的大学里,就在文化大革命前夕,在"鸣放运动"中冒出来的"右派"问题非但没有消失,而且在多数情况下有愈演愈烈之势。毛对大学里的党的"学霸"式官僚主义的指摘在一些人中引起共鸣,他们受够了那种专断式荒诞念头之苦。无能之辈受到保护;创新思想受到压制;任人惟亲,裙带关系成风。教学上的首选方式还是"填鸭式"——如同在 30 年代时那样——因为做死学问少冒政治风险。党团员们分配到报酬优厚的工作岗位;而且,由于经济上仍很艰难,这些人中很少有人下到基层去受苦。

在数日内,冲突就发展了。工作组将学生的反叛行为定为"反党反社会主义分子"。激进派反驳说,刘派来的人是与废黜了的党委勾结起来的"黑帮分子"。到 6 月下旬,有近四十个工作组被赶出校园。刘少奇做出的反应是将成千的学生打上"右派"标记,组织批判学生领袖的斗争会。支持学生的教工还作为反革命分子遭到拘留。

回顾起来,令人难以理解的是,刘邓何以竟会从根本上误解了毛的初衷。

然而,就在此时,主席所构想的暴力手段不仅他的对手们无法理解,就连他的盟友们也没有想到。他所作出的发动群众反对党本身的决定是如此不可理喻,政治局里竟没有一个人能够相信。北京大学的激进派发动的一场批判陆平和另外 60 个"黑帮分子"的斗争会上,遭到斗争的人被迫跪在地上,戴着高帽子,涂黑了脸,衣服拉成了碎条,遍身贴满大字报,任由学生们拳打脚踢,揪他们的头发并用绳索捆住后游街示众。不仅刘少奇,而且陈伯达和康生都宣布说,这是一次"反革命事件",为首的肇事者必须严加惩处。

就在毛深藏不露的当儿,人人都在努力按照他的思维方式去弄明白正在展现的事态。对刘邓而言,这是"鸣放运动"的险恶再现,"引蛇出洞",揭露那些贩卖资产阶级思想的人,而与此同时让那些受他们蒙蔽的年轻人得到教训。陈伯达和康生理解的是,毛打算剥夺刘少奇的权力,但只看到这是使政策激进化的部分新尝试,而没有看出这是旨在粉碎党的体制的一次冲击的开端。

而这一次却是使得他们全体都将恍然大悟的快捷方式。

毛的捕捉器即将被触发,如他 25 年前在延安时告诫过康生的那样:"瓜熟了。瓜还未熟时不要去摘。瓜熟则蒂落。"

7月16日,毛用了一个多小时在武汉附近的长江里游泳,顺流而下漂了十多公里。这是精力的一次展示,是他即将重新投入战斗的一种暗示。72岁高龄的主席畅游长江的照片刊登在中国各大报纸上,新闻纪录片在各地电影院放映。

两天后,在未通知刘少奇的情况下,他飞回了北京。

那天晚上,他与陈伯达和康生躲进了密室,拒绝接见这位国家元首,以作为进一步的故意冷落。

第二天上午他对刘说,派工作组是一个错误。江青去了北京大学,她在那里对激进派学生们说:"不造反的靠边站!要革命的站过来!"陈伯达宣布,批判陆平的斗争大会完全是一次革命事件,而不是一次反革命事件。25日,毛号召工作组全部撤离,并把刘的政策说成是"一个政治路线错误"。两天后,江青、陈伯达和康生领着整个"文革小组"进入北京师范大学,在那里的一次群众集会上,他们号召学生们"克服一切障碍,解放思想,进行彻底革命"。[①]

不久后,在人民大会堂的一个"文革"积极分子的会议上,刘对派遣工作组的错误做了自我批评。但此时对他人们的情绪已到了怨愤的边缘,不过他也已经猛醒,毛已经将他树成了靶子。"至于怎样进行无产阶级文化大革命,"他对那些积极分子们说,"我老实回答你们,我也不晓得。我想党中央其他许多同志、工作组的成员也不晓得。"他还特意补充一句说,其结果是,"犯了一些错误又改正……慢慢地学会了一些"。[②]

8月1日,主席召集了一次中央全会——近四年来的第一次——批准了指导无产阶级文化大革命的政治思想基础。在他的政治报告中,刘再一次承认了他派遣工作组这种方式的错误。但是,像往常一样,他提议说,这一类结果较多地出于缺乏透明度(他在这里部分地暗示毛),而较少地出于路线上的基本错误。接下来的辩论清楚地表明,对他的观点,有很多人表示同情。

因此,三天以后,毛召集了一个政治局常委扩大会议,他在会上将派遣工作组比作北洋军阀和蒋介石国民党的镇压学生运动。刘邓执行了一套"镇压和恐怖"的法令,他阴沉地补充说:"'牛鬼蛇神',在座的就有。"当刘反诘说,既然他一直在负责首都的事务,他随时准备承担责任时,毛嘲笑道:"你在北京专

① 严家其和高皋:《动荡的十年:文化大革命史》,第49—52页;《中国共产党历史大事年表(1919—1990)》,第327—328页。
② 洛厄尔·迪特默:《刘少奇与中国的文化革命:大批判的政治》,加利福尼亚大学出版社1974年版,第89—90页。

政嘛,专得好!"①

这一煽动性声明立即作为会议文件传达下去。就像七年前在庐山上谴责彭德怀时的讲话那样,毛的怒气使得全会目瞪口呆。

第二天,还没等这个消息传达下去,他就又在一张题为"炮打司令部"的大字报上写出来。毛断言说,自从6月以来,在以往的两个场合——1962年在农业个体经营问题和1964年在社会主义教育运动问题上——反对过他的某些"中央领导同志",一直对抗文化大革命并企图复辟资产阶级专政。他们"颠倒是非,混淆黑白",他宣布说。"围剿革命派,压制不同意见。实行白色恐怖,自以为得意,长资产阶级的威风,灭无产阶级的志气,又何其毒也!"②仅看这张大字报的标题,就加强了对他所暗示的某些未点名的"领导同志"形成的党内的一个资产阶级司令部的攻击力度。

毛的大字报证实了刘在几天前开始朦胧地觉悟到的东西:主席决定要撵掉自己。

他在政治局内以邓小平为首的盟友,以及他在中央委员会里的支持者们,都在等待着斧钺落到自己的头上。此时还没有:毛还没有等到机会。按照他的指示,陈伯达、康生、公安部长谢富治及另一些激进派代表集中全部火力向刘进攻。出席者中没有几人能够理解国家元首居然会犯错误。但是也没有人试图保卫他。从开始长征以来的32年当中,没有人曾挑起与毛的斗争而又能获胜的。1966年8月,尽管毛在领导层中引起很大的混乱,但就全国范围而言,似乎还没有到最佳的发动时机。

当天下午,毛派出一架飞机从大连接回带着一家老小去躲避暑热的林彪。周恩来到机场去迎接他,随后一道驱车进入北京,路上简短地告诉他正在发生的一切。接着,主席本人接见了他,并通知他说,他就要取代刘成为党的副领袖。林非常明白这样一种使人晕眩的提升的危险性,开始还试图以健康不佳为由婉言谢绝。但是,毛的决心已定。

8月8日,中共中央以无记名投票的方式勉强通过了一份文件,毛本人对这份文件进行了最后的润色,这就是广为传播的《十六条》。这是一份"大乱"的蓝图,此后三年中"大乱"之火将吞没整个中国。

《十六条》宣布,文化大革命是"一次触及人们灵魂的伟大革命",一种"不

---

① 巴纽茵和于长根:《十年动乱:中国的文化革命》,第80页。
② 《北京周报》,1967年8月11日(译文略有改动)。

可阻挡的总趋势";它将克服资产阶级和封建主义思想,并将灌输一种以"毛泽东思想伟大红旗"为代表的"无产阶级世界观"。它是一场自下而上的革命,群众将在这场革命中解放自己。毛告诫全党说:"相信群众,依靠群众,尊重群众的首创精神,抛开畏惧,不怕干扰。"他在1957年时也说过很多与此相似的话。但是这一次,他的突击队是"革命的年轻人","勇敢无畏的开路先锋"。他们的任务与"鸣放"时期他所发动起来的那些资产阶级知识分子也不相同。此时的目标已经不是官僚主义的干部们的懒惰与傲慢,而是"一切走资本主义道路的当权派"。[1]

毛并不是十分乐意公开说刘少奇是他们的首领。但是当全会选举了——是以江青根据毛的意愿草拟的,而不是按照规则所需由党的组织部门提供的一份名单为基础——新的政治局班子时,刘少奇的排名次序由第二位跌落到第八位。

"一线"和"二线"都无影无踪了。林彪以副主席的头衔成为了毛唯一的助手。周恩来总理一如既往地排位第三,但也像生病的陈云和朱德一样,此时只是一名常务委员会委员。毛的激进派同盟陈伯达和康生,还有此时已替代了彭真在书记处的位置的广东的领导人陶铸,也加入其中。邓小平发现自己——尽管他同刘少奇有关联——还是得到了提升,在等级集团中排名从第七位升至第六位。他的案子只是向后推延而已。

8月1日,当全会召开的当天,毛写了一封信表示"热烈支持"发起红卫兵运动的清华附中的红卫兵们。这是一个信号,红卫兵组织直到此时为止还是被限制在首都的范围内,现在一下子就遍及了全中国。

两星期后,100万名红卫兵,其中有些来自四川和广东等偏远省份,会聚到北京的天安门广场,成为十次盛大集会中的第一次。8月17日午夜,大中学生的小分队唱着革命歌曲,手持丝质红旗和主席画像,开始向象征永久和平的长安大街进发,去夺取他们的位置。毛恰好在东升的旭日投下第一缕光线的时候出现。上午5时后不久,他从紫禁城健步走出,直接融入到人群中去,然后退回城楼上的通道中接见红卫兵代表。

为强化尚武情绪起见,这位主席同其他政治局成员一道,都穿上了绿色的解放军制服——自从1950年中国志愿部队进入朝鲜时起,他一直都没有穿过

---

[1] 米尔顿、南希和施尔曼合编:《人民中国》,第272—283页。

军装。

随着《东方红》的乐曲奏起，大会开始了。陈伯达和林彪竭力鼓动起人群的狂热情绪，称赞毛是"伟大领袖、伟大导师、伟大舵手、伟大统帅"。接着，北京一所中学的一名女学生将一只红卫兵的臂章别在毛的袖子上，于是激发了广场下面聚集的年轻人的极度狂热。毛本人没有说话。此时此刻他也无须说话。

> [引自一封典型的家书]告诉你一个好消息，天大的喜讯……我见到最最最最敬爱的领袖毛主席！同学们，我见到毛主席啦！我今天太高兴啦，连心都要跳出来啦……我们跳舞！我们歌唱！在见到我们心中的红太阳之后，我止不住发狂似的在北京城里到处跑……我能够那样清楚地看见他，他又是那样令人印象深刻……同学们，我此刻如何给你们形容那是一个怎样的时刻呢？……今晚我又怎么能够入睡呢！我决定将今天作为我的生日。今天，我开始了一个崭新的生活！！！[1]

一股献身热情的亢奋洋溢在大街小巷中。少数有独立见解的人看透了这一近乎赤裸的神学伪装，如同这位学生几星期后所写的那样："文化大革命并不是什么群众运动，而只是一个人用枪杆子驱赶群众而已。"但是大多数人并不清楚。毛找到了他向政治高地发动进攻的新游击队。整整一代中国年轻人乐于以毫不置疑的盲从，为他去杀戮，去牺牲。

他们也的确去杀戮了。

8 月 18 日集会后不到几天就开始了。牺牲品之一就是杰出的作家老舍，《骆驼祥子》与《茶馆》的作者。同其他 30 位文化界人士一道，他被带到北京的国子监的院子里。他们在那里被剃了阴阳头(头发的半边被剃去，半边被保留)；脸被泼上黑墨水；脖子上挂着标记有"牛鬼蛇神"的木牌。随后又强迫他们跪在地上，这时红卫兵们用木桩和皮带抽打他们。老舍其时 67 岁了，被打得当场昏死过去。第二天清晨时分有人把他抬回家时，他的衣服上沾满了厚厚的血渍，他妻子不得不将衣服从他的身体上剪下来。第二天他在距紫禁城

---

[1] 迈克尔·斯科恩哈斯:《1966—1969 年中国的文化革命:不是午餐会》,纽约,阿芒克,夏普出版社 1996 年版,第 148—149 页。

不远的一个浅湖中投水自尽了。

成千的小人物遭遇到同样的命运。在北京难得有一个大杂院里没有至少一个被红卫兵殴打致死的人。8 月底的四天当中,在郊区的一个小地方,就有325 人被杀死,从六个星期大的婴儿(孩子出生于一个"反动家庭")直到八旬老翁不等。

平静而有理想的年轻学生之迅速为复仇的愤怒所控制,此事震惊了年事稍长的人们。对毛来说,这是中国人民"战斗精神"的一个标记。[1] 从 1919 年的五四运动开始,直到 40 年后的"大鸣大放"运动为止,以往有过多少次明显的例子,将宁静的校园在数小时的时间里急遽转变成政治骚动的沸腾大锅?这一次,是这块土地上最铁腕的人物——主席本人亲自指明了道路,在《十六条》中再次发出号召,革命是"一个阶级推翻另一个阶级的暴烈的行动"。[2] 林彪也敦促他们去"破四旧"——"旧思想、旧文化、旧风俗、旧习惯"。[3]

暴力、革命和权力,在毛看来,是他毕生为之奋斗的事业中实现其政治梦想的三位一体。

在 60 年代,如同在 1926 年的湖南农民运动、30 年代江西的"土地调查运动"以及 40 年代和 50 年代的土地改革中那样,暴力适用于同样的目的。红卫兵们以主席的名义进行鞭笞和杀戮——就像农民们将地主们打死一样——是将自己义无反顾地献身于毛泽东主义。福建的一个红卫兵肯玲[4],形容他作为一个 16 岁的中学生的最初动机:

> 六十多岁的陈老师身患高血压症……被拖到教学楼的三楼……遭到拳头和扫帚的痛打……他多次晕厥,但都有人用凉水泼洒到他的面部……使他苏醒过来。他无法移动他的身躯;他的脚受到玻璃和荆棘的割伤。他叫喊着:"干嘛不杀了我?杀了我吧!"这种情况一

---

[1] 见米尔顿、南希和施尔曼合编《人民中国》第 265 页引用的毛 1967 年[5 月]会见阿尔巴尼亚代表团时的谈话:"有人说中国人民是酷爱和平的,我看就不那样达到酷爱的程度。我看中国人还是好斗的。"

[2] 《十六条》引了毛 1927 年的《湖南农民运动的考察报告》,大意是说革命不能"那样雅致,那样从容不迫,文质彬彬,那样温良恭俭让"。虽然它没有引用后面那句把革命定义为"暴动"的话,但红卫兵——毛也一定想让他们这样——抓住并利用它作为他们合法进行暴力活动的依据(例如见肯玲:《报应》,纽约,G.P. 普特那姆公司 1972 年版,第 19 页)。

[3] 《北京周报》1966 年第 35 期。

[4] 此名为音译——译者注。

直持续了六个小时,直到他大小便都失禁了。他们试着用一根木棍塞进他的直肠。他终于最后一次地崩溃了。他们又给他浇凉水。这回太迟了……人们开始一个接着一个逃开去。杀人者稍有恐惧。他们……召来了校医,[他]开了死亡证明书:"死于高血压突发……"当[他妻子]冲到现场时,她被强迫接受这一死因后才允许她抬走尸体……

　　在充满了恐怖的梦魇的一个夜晚过后,第二天,我振作起足够的勇气到学校去目击这种酷刑……大约十天之后,我逐渐习惯了这一切,血肉模糊的躯体或是尖叫声不再令我不安了。[①]

有资产阶级亲戚的老师;"民主党派"的成员;"黑五类"(以后将叛徒和特务包括进去变成"黑七类";最后又变成"黑九类",加进了资本家和"臭知识分子")出身的人———一句话,"常规性的嫌疑犯"———都是首选的目标,他们通常都得到了党委的微妙鼓励,而党委这样干又是试图以这种方式将红卫兵之火烧到别处去而不是烧他们自己。不久,又有了警察和军队中同情分子们的支持,屠杀变得系统化了。

对青少年们来说,从肉体上消灭那些曾经对他们具有权威的人,再也不会有比这样做更具有推翻旧秩序的说服力与象征性了。"造反有理。"毛曾经在1939年12月时写道。[②] 这句话由《人民日报》给予转载,红卫兵使之成为自己的信条。他们实际上并不是在杀死他们,而是在以公开羞辱其牺牲品的方式,使某一点明确起来,那就是,对于毛正在推进的非常变化,谁都不能置身事外。如同在北京的某些剧院里演出的"人民斗争会"那样,红卫兵的恐怖起到一种教育性的同时也是惩罚性的作用。

不久,革命开始吞食起自己的后代了。

与中国革命早期阶段的相似性是刻意求之的。对毛和他的年轻追随者们来说,文化革命都是再创他当年夺权斗争的辉煌时代的部分的尝试。

8月底,主席批准了一个全国性的"大串联运动",在长征精神的鼓舞下,红卫兵们被给予了免费乘坐火车游历全国各地散布文化革命信条的权利,地方上

---

① 肯玲:《报应》,第20—22页。
② 米尔顿、南希和施尔曼合编:《人民中国》,第239页(1939年12月21日)。1966年8月24日《人民日报》引用了这句话。

的青年人来首都参加毛主持的红卫兵大集会以灌输热情。在这一过程中,千百万年轻的中国人访问了他的出生地韶山、井冈山的第一个红色根据地,以及其他的革命圣地,并且常常是做徒步旅行以重现其革命先辈们的经历①。

同样地,破四旧运动可以与五四运动时结束的长达 12 年打破旧社教相媲美。

就在毛与他的学友们剪掉满族大辫子的地方,红卫兵们向"港式发型、港式服装、牛仔裤、尖头皮鞋和高跟鞋"宣战了,正如一个组织所提出的那样,这是为了"堵塞一切导致资本主义的漏洞,并粉碎一切修正主义的温床"。各个街角上都建立了"改过站",给犯错误的人剃头。半个世纪以前就在同一个地方,陈独秀的"新文化运动"曾经宣告了一场从古文向白话文的语文变革,此时又有了一场改变名称的"运动":旧的"封建"字号遭到废弃,替换成像"卫东"(保卫毛泽东)、"捍彪"(捍卫林彪)、"永革"(永远革命)等一类流行的名称。孩子们将他们原有的名字换成"红荣"(红色光荣)或"向东"(面向毛泽东)等。苏联大使馆门前的道路变成了"反修路";1921 年由洛克菲勒基金会创办的北京协和医院此时更名为"反帝医院"。红卫兵甚至打算改变交通信号灯,以便让红灯成为"行"的信号,直到周恩来告诉他们,红灯对于人更醒目,因此应该保留为"停止"的信号时才算罢休。还是周恩来派遣军队去守卫故宫,因为这时有红卫兵手持开山斧想去粉碎古代雕塑。另一些历史古迹就没有这么幸运了。在整个中国,城楼与庙宇遭到破坏,铜塑像和手工制品被销毁,清真寺和修道院遭破坏,绘画和佛经遭焚毁,僧侣尼姑被勒令还俗。

但是就在毛的一辈曾经以彻底搜查奉神供佛的公共场所(毛本人甚至还曾抗辩说,人们只要判断时机到了,自己就可以采取行动)为满足的地方,红卫兵们搜查了私人住宅。② 北京很多住宅在 1966 年秋受到过红卫兵们的搜索。古董、书法作品、外汇货币、金银、珠宝、乐器、绘画、瓷器、老照片、著名作家的

---

① 另外也有成百万的人利用这种免费施行的自由游山玩水,去三峡、新疆和内蒙古等风景名胜地。这一点毛很理解。他本人也曾这样做过,1919 年春他就从北京旅行去上海,随后描述了他的青年时代的一次更值得经历的体验。

② 毛在《湖南农民运动的考察报告》中写道:"菩萨是农民立起来的,到了一定时期农民会用他们自己的双手丢开这些菩萨,无须旁人过早地代庖丢菩萨。"(施拉姆:《毛通向权力之路》第 2 卷,第 455 页)。瞿秋白 1928 年在党的第六次全国代表大会上也严厉指责了"那些浪漫的小资产阶级革命派,他们不去想想样夺取政权……而是用强制的方法去毁坏农民家里供奉祖先的牌位……"(《中国历史研究》5,1,第 21—42 页[1971 年秋])。遗憾的是,到 1966 年,这种严厉的批评或谴责就已经被遗忘了。

手迹、科学笔记——所有这一切都是可疑的,应被当场予以没收、偷盗或破坏。在上海,这一类搜查积攒了 32 吨黄金、150 吨珠宝、450 吨金银首饰和 600 多万美元的现钞。严重的被抄家庭通常是出身于"黑五类"阶级的,他们的住宅被查封,人被赶出城市;较小的冒犯者只会失去财物。就连像种植盆栽植物、养笼鸟和宠物猫狗等,也曾受到毛的批判。

书籍是一种特殊的目标。毛当学生时曾经提出过,基于不让"死人压活人"和革命的实质是"除旧布新"的原则,"唐宋以后之文集诗集,焚诸一炉"。

但是,1917 年的毛只是提议而已。而 1966 年的红卫兵们可就采取行动了。遍及全中国的城市,从寺庙和图书馆、书店和私人住宅里成袋成袋拖来的书籍堆积在主要广场上。上面提到的那个肯玲回忆起 9 月初在厦门的情景:

> 堆积物包括不同的东西:木质祖宗牌位,国民党的纸币,浅色的中式旗袍……麻将牌,扑克牌,外国香烟……但是其中最多的是神像和图书。城市图书馆的所有图书都被搬走了……其中有黄色的、黑色的和有毒的图书。其中很多都是手工制作的旧式线装书。下午 6 时过后不久,50 公斤的汽油倾倒在书堆上,随后点起火。火焰蹿到三层楼高……[他们]烧了三天三夜。①

以后一段时间,旧书被送去制纸浆。这样,很多罕见的典籍如宋、明代的善本书就这样永远消失了。

然而,在毛的青年时代的摧毁偶像崇拜运动和半个世纪过后他的红卫兵接班人的所作所为之间,一个最大区别是,他那一辈人的反抗是为了将自身从儒学正统的束缚中解脱出来,因而引起了自由思想的大爆发,其中一切新观念、新潮流和新的社会信条,都在允许存在之列。

红卫兵要掩埋的恰恰是此时一息尚存的些许自由,将一种严厉程度有甚以往任何思想禁锢的新毛泽东主义正统强加于人。他们的目标是破除旧的一切,是"焚书坑儒",就像两千年前的秦始皇所做的那样。这样,用毛的话来说,中国就可以变成"一张白纸",做好准备,好用马克思列宁主义毛泽东思想的圣命去加以题写。

填补"四旧"遗留下来的空白的,是所构想的"四新",亦即"新思想、新文

---

① 肯玲:《报应》,第 52—53 页。

化、新传统、新习惯"。在实践中,这就意味着大肆颂扬毛及其思想,以排除其余的一切。他将不再仅仅是受到尊崇,而将被顶礼膜拜。

每天早晨在工作处所,人们正式起立朝毛的肖像三鞠躬,作为当天工作开始之前无声的"早请示"。每天晚上他们又重复这一礼仪,作为当天圆满完成工作的"晚汇报"。红卫兵们要求他们的牺牲品们向毛祈求宽恕。在城市火车站,旅客们必须先在月台上跳起"忠字舞",然后才允许登车。在农村地区,甚至还有"忠字猪",就是烙上"忠"字的标记以显示就连哑巴牲畜也能认识到毛的天才。提到毛的著作要用"红宝书",每当新的一批毛的书上架都得举行特殊的仪式。积极分子们将毛的文章背诵下来,在身体上别上毛泽东像章。电话交换台操作员要向打电话的人用"毛主席万岁!"作为问候。商务信件要用毛著作的语录作为开头,用粗体印在信纸上。集中了他的警句的"小红书"是工作上创造奇迹的力量源泉。中国报纸报道了,用其思想武装起来的医务工作者们如何能够将聋哑人治愈;一名瘫痪病人如何依靠毛泽东思想恢复了自己的肢体功能;还有一个例子是毛泽东思想如何能够起死回生。

在中央委员会内部如同在全党内部一样,激进派处于少数。多数官员为可能危及其地位的另一种剧变的前景而提心吊胆。这位主席本人对此倒不抱任何幻想。"靠你们自己引火烧身,煽风点火,敢不敢?"7月里他曾经疑虑重重地反问道,"因为是烧到自己头上。"因此便有了他招募年轻人作为他的新革命卫队的决心。

到 1966 年 10 月时,红卫兵的恐怖策略——其目标此时已从他们的老师转移到高层教育界官员然后又是省级党委了——开始对刘少奇的关键支持者们施加压力。当月刘和邓小平在中央工作会议上做了检查,会上他们首次受到妄图复辟"资产阶级专政"的指责。此后不久中央组织部秘密贴出的大字报在北京的中心地带显眼地展示出来,点出了这两个人的名字。从官方来看,他们仍保留着领导位置。但是在国庆节当刘作为国家主席站在正向人群挥手的毛的身边时,在观礼台上同他站在一起的李敦白回忆,他的眼睛里噙着"恐惧的泪水"。[①]

然而,毛不得不承认,在政治势力的平衡中,光凭红卫兵是缺乏他所要求的引起决定性转变的力量的。8月,他曾经信心十足地说过,"乱上几个月"就

---

① 李敦白:《藏在后面的人》,第 329 页。

足以让几乎所有的省级领导人垮台了。而到此时,事情已经很明显,还需要更长一些的时间。

他对此做出的反应是,软化他对老干部们的敌意——甚至在一篇著名的讲话中,他还为他所造成的伤害做了道歉:

> 同志们不那么理解。时间很短,来势很猛。我也没有料到……文化大革命,这个火是我放起来的……不那么通,有抵触,这是可以理解的……路线错误,改了就是了。谁人要打倒你们呀?我是不要打倒你们的,我看红卫兵也不一定要打倒你们……你们过不了关,我也着急呀。时间太短,可以原谅……①

在同一场合中,他坚持说,刘邓与彭真不是同一类人。他说,他们公开行动,"要允许人家犯错误,要允许人家革命……允许改嘛。"②

与此同时他又采取了几个步骤以支撑激进派。

红卫兵们接到指示说,要扩大其阶级基础。早期的红卫兵口号"老子英雄儿好汉,老子反动儿混蛋",被宣布为不比封建主义好多少的"历史理想主义"和血统论的东西。成百万过去一直被排除在运动之外的青年人,对党的阶级组织的传统的"红色阶级"并无丝毫爱心,现在却也被卷进激进派的事业中了。

一些热心追踪"走资派"的领导人被判定为追踪不力因而也受到清洗以示对其他人的警戒,让他们表现出更多的热情来。

湖北省党的左翼头领王任重,是毛亲手挑选的文化革命小组副组长,因为压制红卫兵之间"交流经验"而第一个受到指控。随后是当时在党的阶级组织中排名第四、仅次于毛、林彪和周恩来的陶铸,被斥之为"刘邓路线的忠实追随者"。他对文化大革命所采取的观点毛认为局限性过大,而且他企图保护老干部。对于红卫兵来说,这就使他成为一个"顽固不化的保皇派"和一个"高级两面派"。贺龙元帅也是一位政治局委员,受到与彭真结盟的指控。甚至于80岁的朱德也被大字报点名为一贯反对毛的无产阶级革命路线的"黑司令"。稍次一级,大约有20位在首都工作的中央委员被红卫兵带到斗争大会上,在会上他们被戴上高帽子,被恶语相加并遭受体罚。

---

① 施拉姆:《毛泽东未发表文稿》,第270—274页。
② 严家其和高皋:《动荡的十年:文化大革命史》,第218页。

最后,到了12月,"文革"小组将彭德怀从四川带回北京接受审讯。他被关押在一座兵营中接受有关与刘少奇和邓小平之间关系的讯问。

牺牲品的选择,部分由人为的因素决定(陈伯达对于陶铸有着经久不衰的怨愤,王任重冒犯过江青,贺龙的妻子与林彪的妻子叶群从延安时代起便互有龃龉);部分出自政治私利——林认为像贺和朱德这样的军队老干部是他本人取得对解放军绝对控制权的一种障碍。但是,对于他们所有的人来说,只有唯一的、压倒一切的理由,上海的激进派张春桥这样解释说:

> 这次文化大革命就是要把那些老家伙统统打下去,一个也不留。[朱德、陈毅、贺龙]他们没有一个好东西……朱德是个大军阀;陈毅,老机会主义分子……贺龙是个大土匪……哪个能留下? 一个也不能留!

所有这些人都代表着文化大革命发誓要摧毁的"旧思想"。少数人像朱德由于毛个人的禁令而未受到身体上的摧残。但是对于大部分人来说,这位主席服从了他给他的追随者们定下的规则:"相信群众,依靠群众,尊重群众的首创精神。"他本人极少批准拘押,而只让激进派们按照他们认为适合的方式行事。随着对党的老干部们加大压力,毛指示"文革"小组加强针对刘邓的运动。12月18日在接见清华大学红卫兵领袖蒯大富时,张春桥传达了主席的看法。"党中央的那两个人……仍然不肯投降。"他解释说,"穷追不舍! 批臭他们!不要半途而废。"到周末,成千的学生在领头喊口号的人的带领下,游行示威到北京的主要商业街上,在那里的墙上贴了几张大标语,敦促将二人打倒。江青劝说这位国家主席与其前妻的女儿,当时也在清华大学读书的刘涛加入到运动中来——并警告她说,她要是拒绝反戈一击就说明她缺乏"革命诚意"。1967年1月3日,由这位女儿和她的兄弟联名签署的题为"看,刘少奇的丑恶灵魂"的一张大字报,贴在了中南海的内墙上。红卫兵组织将它抄了去到全国各地散发。同一天,一个由办公厅的年轻秘书和警卫员们构成的约莫三十名成员冲进国家主席的家中,严词痛斥他大约有45分钟,并迫使他背诵小红书中的语录。

三天后,红卫兵们再次进行打击。这一次,一个电话诱骗刘的妻子王光美急匆匆地赶到北京的一家医院,电话上有人对她说她的另一个女儿平平在车祸后正等着做手术。到达医院后,她没有发现受伤的孩子,只有一群清华的造反派,他们把她带到清华的校园里,开了一场针对她的斗争大会。

与此同时,七个月前由毛批准成立的调查彭真及其同党的中央专案调查组,成立了一个特别小组以调查王光美的历史。她出身于一个富裕家庭,在美国的一个教会学校读过书。对康生来说,毛曾经要求他重新担负起政治安全事务的职责,这一点立即提高了王光美可能是一名美国特务的可能性。以后又成立了另一个"专案组",以证明刘少奇于20年代在白区工作期间作为一位地下党领导人曾经出卖过共产主义事业。

在发生医院事件的一个星期以后,毛最后一次邀请刘到菊香书屋来。

毛欣赏他的胜利;他爱品味这些成果。

他热心地询问了平平的健康(充分地了解到那一"事件"是一个虚构),并且回忆了往昔的时光。刘请求毛批准他辞去全部正式职务并带着全家去延安,或者回到湖南的故乡,到公社里去当一个农民。主席没有回答。他沉默地坐着,一支接着一支抽着烟,在刘起身告别时,他只是说:"好好学习。保重身体。"五天以后的1月18日,刘与包括毛和周总理等在内的政治局委员进行联系的电话专线被切断了。他变得彻底孤立了。

是年冬天,毛给激进派的军械库又添加了一件严酷的武器。

随着红卫兵组织的扩张,由反对工作单位的党委而遭受惩罚所造成的个人不幸的案例中所涉及的军工厂和国营单位的诸多工作人员,组成了自己的造反组织。11月初,上海的一个年轻的工人,33岁的王洪文,建立了"工人革命造反总司令部"(工总司),以联合该市的激进派工人组织。当该市当局拒绝批准这个新团体时,王派遣了一个代表团去北京。上海市党委派人停开了他们打算乘坐的火车,于是工人们采取了卧轨行动——铁路运输被阻断长达30多个小时。被派去处理这一争端的张春桥,立即认可了工总司的要求,并指示上海市长曹荻秋做公开检查。两天以后,毛批准了张的行动,并宣布说所有工商企业从业工人和政府官员具有建立群众组织的合法权利。

然而,工人团体就像在它们之前的学生红卫兵组织一样,迅速分裂成对立的派系——寻求推翻一切现存权力结构的"革命造反派"与希望保存党的领导,要以一种更加激进的形式取而代之的"无产阶级革命派"。

从11月底开始,上海工总在北京的中央"文革"小组的支持下,与其保守的对手,得到该市党委暗中支持的上海赤卫队之间,发起了一场更具暴力性的权力斗争。12月30日,数万名工人在市党委办公楼外面进行了持续的巷战。罢工爆发了。港口瘫痪了,一百多条外轮等待卸货。铁路运输也停止了。大跃进之后的饥荒中被分遣到全国各地的工人开始要求回到上海的权利。从1967年1月3日——这一天北京掀起了反对刘少奇及其妻子的运动新高潮——开始,王洪文的造反派夺取了上海市的两家大报——先是《文汇报》,两天以后又是党报《解放日报》——的控制权。

在此当口,毛本人进行了干预,派遣张春桥和姚文元带着他的一条指示去该市,该指示正式宣布了上海市党委将无可挽回地倒台,并成立一个"新的政治权威"取而代之。平衡最终向着造反派一方转移。两天以后,有数十万人集中到中央广场举行集会,工总司宣称,不再承认市党委的权威,市政府内的"革命造反派"将实施日常事务的职责。

上海的"夺权"成为其余地区的一个模式。毛称之为"一个阶级推翻另一个阶级"的"大革命"。他援引了一则古老格言:"死了张屠夫,不吃混毛猪。"让人感到即便各省的党委都倒了台,全国仍将保持平静。接下来的三个星期当中,造反派组织在其余七个省市夺了权,其中有北京本身和安徽、广东、黑龙江等省。

然而,还有一个问题。党委的失去资格是一回事,取而代之的究竟是什么则又是一回事了。

无论是毛,还是造反派自身,都未曾真正认真考虑过这一问题。张春桥最初只是想抢先一步夺取行政权力,甩开敌对的红卫兵和革命派系的挑战。但直到1967年2月5日在得到了地方解放军部队的支持后,他才感觉到有效地控制了局势,能够宣布上海人民公社的成立了。

在采取这一步骤中,张确信得到了毛的充分支持。数日前,陈伯达打电话说,主席马上就要批准一个北京公社的建立,上海也应照此办理。《十六条》曾明确宣称,要"像巴黎公社那样实行普选制",以建立地方权力机构作为党和群众之间的桥梁。大跃进期间产生出来的所有"新生事物"中,最重要、最具中国革命创意之象征的莫过于公社了。毛本人1958年曾盼望着有朝一日,"一切都称为公社……[包括]城乡在内"。[①]

然而,出乎意料的是,主席改变了初衷。其余省市接到通知说,不要去学上海的样,张和姚文元被召到北京去聆听毛的解释:

上海人民公社成立以来,一系列问题你们考虑过没有? 如果全

---

① 麦克法夸尔、切克和吴文津合编:《毛主席秘密讲话》,第419页。

国都成立公社，那"中华人民共和国"要不要改名？……人家承认你吗？苏联就可能不承认，英法倒可能承认。改了以后驻各国大使怎么办？……①

推理是假托的——毛本人知道这一点。一个名称的变更根本不会影响中国的国际关系。然而，这成了红卫兵们广播的内容，不久便被普遍地接受了，那就是"公社"这种组织形式受到了反对。它隐含了权力分配的问题：无论毛本人可能偏向何方，外部的限制也只能服从他。

现实是十分不同的。上海领导人的行动曾经迫使毛面对一个深渊——而他不喜欢他所看到的东西。

一个基于巴黎公社式实行自由选举和政治活动不受限制的制度，意味着允许群众自己统治自己。这就是他的"相信群众依靠群众"指示的逻辑——事实上就是整个文化大革命赖以为基础的一种逻辑。但是这样把党摆到哪里去了呢？因此他向张春桥指出了这一点："总得有个党嘛！有个核心嘛！不管叫什么。"②真正的自由选举只能是一个乌托邦式的梦而已。摆脱掉领导人和"打倒一切"可能看起来很进步，但在事实上，它却是反动的，会导致"极端无政府主义"。从某一观点看，毛失去了理智，正如他十年前在夹紧了"鸣放运动"的铁钳时曾经说过的那样，尽管他只是在事后承认他曾经"为假象所迷惑"并有可能是过早地采取了行动。

无论是出自审慎，还是出自恐惧，或者是出自二者的一种明智的混合，其结果是，像上海公社的这种虚幻的意识形态只能弃置不用了。

文化大革命已经到了失去了定向仪、必须破釜沉舟的关头。此时已经鼓动起来的理想，无论看起来如何不合法，都已经沾染了抹之不去的污渍。面对一种抉择，毛曾经宁可要一种有缺憾的统治工具，而不要一点统治工具也没有。在他的提议下，张春桥宣布一种新的权力机构的建立，就是后来为人们所熟知的，由包括革命造反派、解放军代表和老干部的一种"三结合"形式构成的上海市革命委员会。这也是40年前的秋收起义之后，在城乡各地建立的共产党临时行政机构所用的名称。

---

① 施拉姆：《毛泽东未发表文稿》，第277—279页。
② 《毛泽东思想杂录》第2卷，第451—455页。

尽管有着毛的关于"红色道德王国"的美梦的长期启示,上海夺权的直接的和可见的效果,却是对于革命暴力螺旋式上升的一种有力的新推动。

在一些省份,红卫兵和革命工人加倍努力去推翻省委。山西省和云南省的第一书记自杀了,安徽省的领导人李葆华被装载在一辆敞篷卡车上面开过北京的市中心,就像一只待屠宰的牲畜。主席的一条新指示发表了,敦促"无产阶级革命组织"加紧夺权。人群会集到中南海的西门外,要求将刘少奇、邓小平和其他中央领导人揪出来,带到斗争会上去。煤炭部长张霖之被红卫兵逼着戴上一顶重达 60 千克的铁帽子,随后被殴致死。

与此同时,到此时为止一直基本置身动乱之外的解放军,也开始被拖进大乱的泥淖之中。1 月,毛批准解放军"文革小组"组长刘志坚的解职,标志了搜寻刘少奇的"资产阶级反动路线"在军队内部支持者的短期行动的开始。他的案例鲜明地解释了这位主席在接下来的八个月中将要斟酌处理的两难处境。是应该允许军队像民间团体一样参与"文革",还是出于国家安全考虑,把保持战备和部队纪律作为压倒一切的需要?

刘志坚为之身陷囹圄七年之久的罪行,就是曾试图劝阻国家军事训练学院的学员攻击地方部队指挥员。在这一点上,刘得到了负责军委日常事务的叶剑英和另外三位解放军元帅——陈毅、聂荣臻和徐向前——的支持。对江青和陈伯达来说,刘志坚,以及通过暗示说这几位元帅,正在"阻挠文化大革命"。

毛的态度暧昧。在解除刘的职务三天以后,他同意发布一条中央指示,禁止"任何人任何组织冲击军队机关"。但是,在缺少明确的中央支持的情况下,这只是一纸空文且屡遭践踏。军校学员们揪出了南京军区的领导人,开了一场针对他们的斗争会,触动了该军区的司令员许世友上将。他发出警告说,如果此类事件再次发生,他就要下令让部下开枪。福州和沈阳也发生了另一些事件。于是,为协助上海的激进派起见,毛下令让解放军"支左"。这样就使得军队更深地卷入敌对的红卫兵派系的政治漩涡之中的情景更加迫近了,这是高级军官们最不情愿的事情。

很快,到了 1967 年 1 月底,各大军区内领导解放军的老干部们,其中多数都是自从长征时期以来一直跟随着毛的,都极其不满。

新疆首先出了麻烦,那里的一位解放军团长派军队镇压了石河子市的激进派,有好几百人受伤。在四川,一支激进的红卫兵和造反派工人的队伍在攻击一座军营时被缴了械,头头也被抓了起来。在贴近西藏的边远省份青海,军区司令员派遣士兵包围了被激进派"夺权"了的地方党报的办公楼,并将好几名记者殴打致死。在造反派拒绝投降时,他下令进行突袭,有170多人被打死,还有差不多同样数目的人员受伤。在武汉,在涉及一家党报"夺权"的另一场辩论之后,有1000多名激进派分子被拘留,其中有些人被投入监狱,另一些人在公开坦白后被释放。在另外七个省内也发生了类似的事件。

随着这些事件的逐渐被透露出来,同这种号称的"二月镇压"相类似,另一种"二月逆流"也在发展着。毛本人一时疏忽烧断了保险丝,为江青和陈伯达在清洗陶铸的过程中所起的作用而痛斥了他们。他曾经认可了陶铸的解职,但是他反对他们在未曾事先咨询他的情况下先斩后奏。他怒火中烧地说,陈是"一个机会主义者",江青"有野心但没有能力"。就连一开始还试图保护陶的林彪,也由于未曾及时通知主席而受到斥责。政治局中的保守派(四位元帅和好几位副总理),已经对于清洗高级干部的行动深感不快,把这事当做一个信号,毛正在对激进派的过火行为失去耐心——事态的发展将证明这是错误的。1月在军委的一次会议上,当这一问题被提出以后,叶剑英拍桌子拍得太猛,以致一只手的指骨都折了。2月11日在政治局和"文革"小组的一次联席会议上,叶在徐向前和陈毅的支持下再次警示了无政府主义的危险性。他责问说,上海公社的声明,说明了党和军队是多余的吗?没人回答这个问题。

五天以后,毛的另一位最早的知交,副总理谭震林,1927年时曾主持过井冈山根据地的第一个工农兵代表苏维埃,又挑起了与张春桥的一次争论。

"群众这群众那!"谭发怒说,"不要党的领导,一天到晚,光是群众自己解放自己,自己教育自己,自己闹革命。这是什么东西?这是形而上学!"他接着说:"40年的革命,落得个家破人亡,妻离子散……这是党的历史上斗争最残酷的一次!"①第二天,谭震林写信给林彪说:

> 他们不仅不听主席的指示……我们党被丑化得无以复加了……他们有兴趣的是打倒老干部,只要你有一点过错,抓住不放,非打死你不可。他们……能接班吗?我怀疑……总理心胸宽,想得开……等候……难道等到所有老干部都被打下去了再说吗?不行,不行,一

---

① 周明:《历史在这里沉思》第2卷,北京,华夏出版社1986年版,第66—67页;严家其和高皋:《动荡的十年:文化大革命史》,第127页。

万个不行！①

毛的第一个冲动是摆脱像"老兵放炮"这一类的责难。但经过反思，他决定另辟蹊径。6个月前指定的政治局21名成员中，有4个人（刘、邓、陶铸与贺龙）被打倒了，另有4人（陈云、董必武、刘伯承和朱德）停止了活动或处于中立状态。在过去的几天当中，其余13人当中有7人跳出来反对文化大革命政策。

2月18日午夜时分，毛召集了叶剑英和另外两位持批评意见的人——主管金融事务的李先念，计委主任李富春——以及周恩来与两名主要激进派的头目。

"你们要否定文化大革命，办不到！"他以一种老年人的急性子说道，你们为什么不把王明请回来？如果你们希望复辟刘少奇和邓小平，他怒冲冲地说，他就再上井冈山打游击。八年前在庐山时他曾经发出过同样的威胁。但是，这一次，另有一种因素在发挥作用。在递交了最后通牒以后，他震怒起来。事实上，在这场议论的三个基本问题上——党的作用、军队的作用和老干部的作用——主席对于叶和他的同事们所提出来的争议抱有相当的同情感。两星期前，他曾经否定了上海的造反派推行"怀疑一切，打倒一切"的原则。他曾经提出，应该把包括老干部在内的"三结合"形式作为新生的革命委员会的基础——中央是个啥样，省里也应该是个啥样。他也知道存在着一种界限，超越这条界限去考验军队领导层的忠心是不智之举。出于这种种原因，他不愿对这几位元帅过分施压。只有谭震林，他曾经怒气冲冲地拿江青与唐朝皇帝的配偶、后来成为女皇帝的武则天做比较，后者被认为是中国历史上最邪恶的女人之一，因此毛认为他已经超过了补赎前愆的界限，得从视线中消失掉。

在下一个月当中，这些老兵被强迫参加彻夜不眠的学习会，会上由"文革"小组的成员们宣布他们的罪行。在外面的大街上，红卫兵们贴出大字报，号召将他们打倒。但是，不像陶铸与贺龙那样，他们没有受到清洗。到4月底时，毛召见了除谭以外的所有人出席一个"团结会"，会上他提出，他们没有"秘密策划"，只是企图缓解痛苦的感情。

然而，他们的行动却是重要的反弹。

1967年2月以后，政治局停止发挥作用。毛不愿冒其中多数人联合起来

① 转引自严家其和高皋：《动荡的十年：文化大革命史》，第129页。

反对他的风险。取而代之的是,他主要召集此时由周恩来主持的常委会或"文革"小组会议。

与此同时,反对老干部的大字报运动一面把传统的军事领导层推到处于守势地位,一面又在鼓动一场新的极左战斗的高潮。毛本人渐渐相信了,此时在"二月镇压"中恢复稳定的努力搞过了头。在压制激进派的攻击中表现得特别热情的军官们——包括青海的那位军区副司令员——被宣布为极右分子并被送上军事法庭。一开始曾经支持地方军区司令员们做出压制激进派袭击事件的林彪,此时又开始对出现"带枪的刘邓路线"发出警告了。4 月 6 日,毛批准了谴责"任意指责群众组织"的指示。军队以前被允许使用武器以镇压"反动派","反动派"是一个涵义甚广的词,几乎可以用来指称任何反叛团体,或者作为部队自卫的最后手段。现在部队被禁止在任何情况下使用武器对付激进派。

派系暴力迅速升温。大量武器被盗走,包括正在由铁路运往越南的武器。在长江上游的四川省宜宾市,爆发了涉及数万人的阵地战。在重庆市,敌对团体使用防空高射炮轰炸对方的阵地。在长沙市,他们还使用了导弹。13 岁的梁恒发现自己已身陷火海:

> 我跑出去买煤油以备停电时使用……突然,有五六十人抬着机枪冲进湖南日报[大楼]的大门朝我跑来。一个穿着黑衣服、身材矮小的人扛着一面上写"青年小兵班"的旗帜,这是[激进的]"湘江风雷"一派的一个团体的名称……当这班人差不多和我并排时他们瞄准了下面的路面朝远处开火了……
>
> 敌人还未出现,但已经用火力还击……旗手在我前面倒下了,像个铅球一样在地上翻来滚去。旗帜还未触到地面,又有人接过去举起来,艰难地迈开大步。随后他又蜷缩成一团,打起滚来,又有人抢过旗帜,举着朝前冲……
>
> 终于……他们撤退到了附近的隐蔽处……[而]另一些"小兵班"成员却在大门内等着,里边还停了几辆卡车和担架……那些尚未受伤的人疯狂地装填子弹,砸开随意放在地面的小土坡上的装满了又长又尖的子弹的大板条箱……
>
> 与此同时,三门闪亮的加农炮从卡车上卸下来,造反派们试图让军人教他们如何使用大炮。军人们拒绝了……最后他们只好自己使

用。他们放了三炮,但每次炮弹都偏离目标很远……当时我朦胧地发现这很有趣,但随后……一位工人……对我说,由于他不知道该如何使用机枪,他举枪射击,打死了站在 2 尺外他最好的朋友……

[随后来了]一个他们称为"唐司令"的疯狂般的年轻人,腰带上别着两把枪,还有一支小分队。"快,快。"他狂暴地说,"撤,撤……"他们爬上卡车,卡车上堆满了大包大包血污的绷带和杂物,发动机响了,他们走了……

这座城市响了一整天枪,当晚连天空的晚霞都闪现着一抹奇怪的绯红色……第二天我们得知,[激进派]"长沙青年"组织在一次向[保守派]"工联"组织的攻击中,朝五一广场上的湘绣大楼平放了几枚防空导弹。整座长达一个街区的四层大楼被夷为平地。[①]

上年冬天毛在祝酒时的祝词——"全面内战"——变成了现实。

当此关头,主席出发到各省去做一次两个半月的旅行,亲眼去看一看文化大革命的进展情况。他的第一站先到武汉,这里在一个被称作"百万雄师"、有着当地军队司令员陈再道支持的保守派工人组织,和其头头在"二月镇压"以来一直身陷囹圄的激进派"工人总部"之间正进行着一场武装冲突。

毛的亲临被保守着秘密,并格外加强了安全警卫。他所下榻的东湖宾馆的全体人员,在他到来之前全部换班,谨防已经渗透进去的反革命分子。7 月 18 日,星期一,在与当地官员进行了两天的磋商之后,毛作出决定,陈再道犯了错误,必须做公开检查,但保留其指挥权;"工总"应被视为核心左派组织;应鼓励"百万雄师"与他们联合。他说,在工人阶级内部,没有根本的利害冲突。中央"文革"小组的宣传组长王力当晚就将这一指示播了出去,但他在讲话中得出结论时,又把"百万雄师"描述成一个保守派组织,并用城市有线广播系统在城市各街道广播。第二天,公安部长谢富治对军区党委作出了更加详尽的解释。

陈再道接受了毛的裁决。"百万雄师"并不了解这是主席本人的意思因而并不接受。

第二天晚上,该组织的数千名成员强占了军用运输和装甲车辆并开进了军区司令部做武装护卫,要求王力露面与他们对话。在王力不能露面时,他们

---

① 梁恒和夏皮罗:《革命的儿子》,第 133—137 页。

转而去东湖宾馆冲击他所居住的那栋大楼——根本不知道主席就在不足百米之遥的地方。在一支地方部队的身穿制服的士兵们的支持之下,他们冲进了王力的房间,将他拖出来并塞进一辆轿车中,押上斗争大会,在那里他被痛打了一顿,一条腿也被打折了。接下来的三天三夜里,有数十万人——"百万雄师"的成员及其支持者们,包括大批全副武装的士兵——在整个城市中示威游行,高呼解除王力与谢富治的职务,打倒中央"文革"小组中的激进派的口号。①

毛毫发未伤。即便如此,这也许可能是对他的极大震动了。三个月前,他曾经恐吓过他的那套人马,他坚持说,只要群众希望,就可以批准他们冲击中南海。

但是对于激进派来说,这是一次天赐良机,借此可以推动一场一劳永逸地根除军队中保守派抵抗的全国范围内的运动。

林彪和江青将武汉事件作为一次全面的政变加以描绘。毛本人在星期四凌晨的早几个小时就飞赴上海了。这次他对林、江的说法颇有点不耐烦,他指出,如果陈再道果真要发动反叛的话,肯定不会允许他离开的。然而,迫于压力仓皇离开武汉作为一次军事动乱结果的事实,却强烈地刺激着他。

王力第二天就被释放了,并且同谢富治一起飞返北京,在北京他们受到英雄凯旋式的欢迎。林彪主持了天安门广场的一个百万人的大集会,领导层(除去几位元帅以外,显然他们没有受到邀请)全体人员都出席了,大会声讨了武汉军区"竟敢使用野蛮的法西斯的方式围攻、绑架和殴打中央代表"的罪行。

陈再道被召回首都并被剥夺了指挥权。但是,按照毛的指示,并未给他戴上反革命分子的帽子;并且在数千名军校学员试图揪他出去开批斗大会时,北京卫戍区司令员傅崇碧将他藏在他所住宾馆的两层楼之间的一部电梯里达两个小时,直到将这些学员打发走为止。而失败了的"百万雄师"就没有这么幸运了。他们的激进派对手"工总"发动了一场大屠杀。

尽管毛个人对陈再道存有信心,他还是对林彪"揪出军内一小撮[走资派]"的努力给予了充分的支持。这位主席对左派在军事上的弱点变得越来越警醒了,7月中旬他曾对周恩来提议说,应该武装工人与学生。周并未采取任

---

① 这段叙述主要依据的资料是:王年一:《大动乱的年代》;彭成编:《中国政局备忘录》;巴纽茵和于长根:《十年动乱:中国的文化革命》,特别是第144—146页;严家其和高皋:《动荡的十年:文化大革命史》,第235—237页。

何行动,但此后不久,江青就抛出了"文攻武卫"的口号,很快为激进派组织广为使用以使其武装斗争合法化。

8月4日,在给江青的一封私人信件中,毛又迈进了一步。江青把他的信读给一次常委会会议听了。他写道,武装左派是绝对必要的,因为军队的大多数支持保守派工人组织。工人抢掠武器"并不是一个严重问题",应当鼓励群众将法律掌握在自己手中。

在这种热病的气候下,党刊《红旗》杂志发表了一篇纪念8月1日红军建立40周年的社论,清楚地说明了反对军内走资派的斗争是下一步的全国性任务。

当毛读到这篇文章时,他改变了初衷。

正如他在上海公社宣布成立后之所为,此时他第二次作出决定,文化大革命已经到达了极限。他第二次下令撤退了。

毛本人喜欢用辩证法的术语解释这一反复无常的行为:物极必反。因此,在1967年2月时,他曾经返回到保留党的统治原则以待他想重建它的那一天。六个月过去了,此时党的阶级组织最终被摧毁,他承认保留仅存的一个权力工具——军队——具有压倒一切的绝对必要性。这一回不是对于无政府主义的担心让他止了步,而极可能是出于政治家的本能。在自从冬天以来他一直在耍弄的、于激进的行动主义与保持军事上的稳定的权衡中,他把激进派的事业推到了尽头。摆钟决定性地返回另一端的时刻已然到来。8月11日,他传话到北京说,"揪出军内一小撮"的政策是"不策略的"。对于林彪和江青来说,这就够了,他们就像扔掉一只烫栗子一样扔掉了这个口号,并开始寻找起替罪羊来。不久,毛邮返了《红旗》的社论,他在上面批下了致命的判语,草书的"毒草"二字。该文是武汉事件的英雄王力、《红旗》杂志的编辑林杰和另一位中央"文革"小组名叫关锋的笔杆子这三个人的手笔。三个人都被逮捕了。王被附加了一条鼓动外交部发生纷争的罪名,7月末在那里的一个极左派组织夺取了控制权并试图撵走陈毅,随后红卫兵对英国代办处发起一次攻击,主要是由于英国政府逮捕香港激进派的事件,其次是由于在缅甸、印度和印度尼西亚的外交行动的事件。这些事件都激怒了毛,因为从外表上看起来,中国已经履行不了它的国际义务了。这又加强了他的决心,无论如何要确保军队继续作为一支守纪律的力量。

2月,这位主席曾以一个外交上的理由使其从上海公社的立场上的撤退合法化了。8月,为保护军队起见,现在他又使用了一个不同的谋略。

这一波激进派的攻击行动,被谴责为是一个名为"五一六集团"的幻影般的极左派组织之所为。然而这一组织却并非乌有子虚:是年春天在北京钢铁学院由大约四十个人组成的一个红卫兵组织起了该名称,曾经因为贴出了攻击周恩来总理是"二月逆流"的"后台老板"的大字报而大大扬名起来。其他的激进派组织在江青的爪牙们有策略的鼓动下此时也纷纷效尤,江青视周为实现其政治野心的障碍。然而,毛已经命令陈伯达发表一项专门声明说,周是毛主席的"无产阶级司令部"的一个成员,这次煽动遂告终止了。到了8月,"五一六集团"已然不复存在,并且无论如何它与王力、关锋或是以后被认为是它的领袖的其他任何高层人物也没有任何联系。但这些并不重要。只有它所代表的观念才是重要的。从1967年9月毛亲自给这个组织贴上"抱有不可告人的罪恶目的"的"反革命组织"标签之时起,它便成为了他手上的一个全能的武器,用以铲除任何形式的、假想的或真正的政治异议人士。

当月主席批准了一条指示,禁止左派抢掠武器,再有这类事件时部队可以开枪自卫。按照他的指示,江青发表了一个讲话,谴责武斗并宣称"揪军内一小撮"的主张是"一个错误的口号"和"一个陷阱",是右派故意布置来让左派上当的。"不要在我的军队的脸上抹黑呀。"她继续说,"人民解放军是人民的子弟兵。"部队指挥员们的问题并没有完,但是,自从年初以来一直悬在军队头上的尚方宝剑最终被移开了。

1967年春天"二月逆流"的被否定,不仅仅是引发了一波激进派对军队的攻击浪潮。它还标志了对刘少奇及被认定为他所代表的资产阶级思想进行新的一轮批判的开始。

这是以1967年4月1日《人民日报》上中央"文革"小组的笔杆子名叫戚本禹的人所撰写的一篇长文为开端的。该文的标题是"爱国主义还是卖国主义",曾经得到毛的亲笔润色。文章在直接攻击刘(尽管还未直呼其名)是"党内最大的走资本主义道路当权派"上开了先河。就像诸多"文革"时期的驳论文章一样,标题都是极具隐含意义的,其目标是1950年摄制的一部电影,背景是清光绪皇帝时代。因为它给义和团运动抹黑,毛曾经宣布说该影片是卖国主义的,而据说刘是赞许该片的。该文的要害之点在于义和团,就像红卫兵一样,它是革命的,刘对该片的支持是他诸多背叛行为中的一个范例。4月6日,"中南海造反派"对刘少奇住宅发动了自1月份以来的又一波袭击,就戚本禹的指控对他进行质问。第二天,这位国家元首在他住宅的外面贴出一张大字报,否认了所有的背叛意图。数小时后这张大字报就被撕下来。到了当月10日,他妻子王光美被数千名红卫兵带到清华大学去开了一场批斗会,在那里她受尽了羞辱,被强迫穿上一件丝质旗袍、丝袜和高跟鞋,还挂上一串用乒乓球做成的项链,以象征着被设想出来的资产阶级情调。

媒体接二连三的猛攻在继续着。5月,刘的著作《论共产党员的修养》被宣布为"一本反马克思列宁主义反毛泽东思想的大毒草"。主席本人将这本书形容为"欺人之谈……完全是一本资产阶级唯心主义的……大毒草"。

高潮在7月到来。在毛动身去武汉的前一天晚上,北京建筑工程学院的红卫兵们在中央"文革"小组的支持下,在中南海西门外设置了一个"揪刘前线指挥部"。十数只大喇叭不分日夜地大声呼喊毛泽东主义的口号。7月18日,数十万人在外面的大街上集会,发誓要绝食到刘少奇被"揪出"时为止。这一行动未果,因为毛曾经表示禁止。但那天夜晚,"中南海造反派"在领导层的大院内举行了一场"声讨会",会上刘和他妻子被强迫静默站立两个小时,从腰部向下弯曲,而他们的谴责者们却在夸夸其谈,口若悬河。毛的医生目睹他们遭受拳打脚踢,而中央警卫团的士兵们却袖手旁观地站立一边;刘的衬衫被撕破了,人们拖着他的头发牵着他到处跑。两个半星期后,这一形式又重复了一遍。这一回夫妇俩被迫以红卫兵式的"喷气式"姿势站立着,即身体被向前撅按下去而两臂却被向后强拉,此时刘再次就其被宣称的"叛国罪"受以讯问。邓小平夫妇和陶铸夫妇也遭受到类似的羞辱。

与级别较低的官员们受到的对待相比较,这还算是较温和的一帮人。然而,刘此时已经有70岁了,造反者们却拉着他的头发将他的头按到地上。他的左腿受了伤,随后当他像青蛙似的跳回到住所时,他的面部肿胀,颜色青灰。

8月8日,他写信给毛,辞去国家元首职务。

他未得到任何回答。不久后,他受到隔离,离开了家人。王光美被投入监狱。他们的孩子们被送到农村像农民一样劳动。"声讨会"停止了。从那时起,刘被拘禁在他家里的一块单独的地方,而中央专案调查组继续为使他正式被解除职务合法化而搜集叛变的"证据"。

随着构成文化大革命的螺旋式运动变得越来越复杂,"文革"小组的专案组织攫取了越来越重要的地位。实际上它变成了康生个人的独立王国。除了有作为"革命的步兵"之称的红卫兵和造反派工人独立小分队外,"支左"的解放军弥补了他们的无数弱点——康生的政策提供了阴冷的钢铁锋刃,并以此确保在任何情况下"无产阶级专政"都必将胜利。自1967年春以来,交待给调查组办理的事情最初只是局限于对彭真一伙展开调查,以后到了调查刘少奇和王光美的时候,它就戏剧性地膨胀起来了。

康生最初构陷的新案件之一,就是所谓"六十一人"的案件。它涉及一大群党的高级官员,包括前财政部长薄一波、30年代曾在北平被捕入狱的组织部长安子文。在当时党的领导人张闻天和其他政治局成员(包括毛在内)的同意下,身为党的华北局领导人的刘少奇,作为让他们获得释放的一种手段,批准了他们与党组织脱离关系。1945年党的第七次代表大会上对此事曾予以回顾并已肯定了刘的行动是正确的。

康行事方式自由,他网罗了一批训练有素的职业审讯者,采用红卫兵的暴力与微妙的刑罚相结合的方式。薄一波用他散落在单间牢房里的碎报纸片,对他遭受的折磨留下了一份记录,并正确地推测出他的迫害者们将会保留下它们——以便有朝一日政治风向改变,这些就会成为针对他们的部分指控。

又成立了两个"专案组"处理彭德怀和贺龙的案例。1967年7月,彭遭受重殴,试图使之坦白反对毛的阴谋,刑讯者打断了他的四根肋骨。贺龙在医疗方案遭否决后,死于糖尿病综合症。

这些案件中没有一个具有事实基础。全部都是基于屈打成招,加上一些孤立的事件拼凑起来,断章取义,再结合妄想狂似的怀疑,从而构陷成一张网。

到1967年秋,首先,文化大革命火焰风暴的一年行将结束。刘少奇被击败了,他的同伙也都遭到了清洗。康生扩大化了的构陷网更是扫荡了他们的假想的或真正的支持者。红卫兵和造反派工人小分队也已经打破了各省党的老干部们的控制。

在毛的全部政治运动都以之为基础的"斗争、批判、改造"的三段式中,斗争阶段已告结束;批判阶段在继续;而此时占优势的是改造阶段——吐故纳新。

在全国性的大混乱中,除军队外全国的所有主要机构,秘密警察和经济各部门都已被有效地摧毁了。说来容易做来难。1967年9月,在去各省的视察中,毛发布了一条新指示,要求敌对的红卫兵和工人派系团结起来,形成"大联合"。[①] 在北京和上海,做到这一点相当迅速——尽管各大学中的激烈的派系斗争仍在继续中。在其他省份,军队接到指示,当敌对的红卫兵组织派遣代表团到首都来的时候,要维持中立政策。在北京的这些代表在中央"文革"小组

---

① 《人民日报》,1967年12月22日。也可参见米尔顿、南希和施尔曼合编:《人民中国》,第356—360页。

的监控下,被强迫进行谈判直至解决其分歧为止。

为推动联合起见,对立的派系不再被称为"激进派"和"保守派"。相反,地方的名称又使用起来。因此,安徽来的有"好派"和"屁派"——如此称呼是由于激进派说该省的夺权是"好"的,而保守派却说"好个屁"。但是,即便有着这样的鼓励与高位的领导人像江青和康生的个人干涉,安徽的两大派达成协议也还花费了 14 个月的时间。一直到 1967 年秋季时为止,只有六个省市能够成立革命委员会。其他各地的红卫兵和别的群众组织仍在争论有关他们中的哪一派应该参加及哪些省级老领导应该结合等问题,而且其加入必须在毛的"三结合"公式的指导下,他们才能同意予以支持。

与此同时,为强化主席的恢复秩序的号召,反对极左的"五一六"集团的运动极大地扩张开来。第二年 1 月,戚本禹被捕了,并同他以往的同事王力和关锋一道被定为三只"黑手",被充作该组织假定的后台老板。该运动的绝对规模意味着主要的调查任务应由军队担纲,并且在一场相应的运动——1968 年春发动的"清理阶级队伍"运动——中也由军人担任着领导任务。另外的 184 万人员的被捕所造成的后果是,其中多数人被定为"敌特"、"坏分子"、"新生的反革命分子"及其他不受欢迎的罪名。成千上万的无名男女被殴打致死或是自杀。幸存者被送往劳改农场。

另有一些人的罪名是与文化大革命活动直接关联的,他们在新的公安规定下被拘留,其中的一条反革命罪名就是针对毛和林彪,或者作为一种延伸,针对其他任何激进派领导人的指控。该规则早在 1967 年 1 月就发布了,但是直到是年年底恢复秩序的努力开始认真执行时才得到运用。尽管有着这一整套进行压服的武器,这位主席也还不能将一切都纳入他自己的轨道。反对极左的"五一六"集团的运动,鼓励了保守派对"文革"小组的政策的某些方面提出质疑。91 位驻外大使和另一些高级外交代表签署了一张大字报,支持在"二月逆流"期间受到斥责的温和派政治局委员。一个红卫兵组织也这样做了。由毛提名担任北京市革命委员会主任的谢富治被指控为极左。还有人对上海和四川的激进派领导人进行了类似的攻击。

毛的反击来自一个意料不到的方面。

林彪惯于利用文化大革命中的各种运动来加强他对军队的控制。1967 年当中,他一直是一系列光怪陆离事件的受益者。此时,有一个其成员支持激进派的解放军歌舞团在另一个敌对的保守派剧团的演出进行当中发动骚乱。结果该保守派剧团中作为毛家常客的那几位女舞蹈演员,迅速说服了这位主席为他们的事业讨个公道。林彪(以及"文革"小组的其他几位成员)立即转变其支持态度——这一事件遂成为又一场清洗的托词,使得他罢黜了具有独立思想的解放军总政治部主任萧华将军。

1968 年初,林作出决定,他还希望替换两年半以前由他指定接替丢尽脸面的罗瑞卿担任代理总参谋长的杨成武。作为一名年轻的部队指挥员,杨曾经领导、创造的长征途中两大史诗般的伟绩——飞越大渡河和突破腊子口——已经成为解放军的英雄传说。像萧华一样,他也曾表示出自己的想法,颇多让林起疑之处。林还对另外两位高级军官的可靠性颇多疑心:在武汉事件后保护了陈再道的北京卫戍区司令员傅崇碧,以及与空军司令员、林的党羽吴法宪吵翻了的解放军空军政治委员余立金。

1968 年 3 月 21 日,江青和康生发表讲话,宣称"有人"妄图在"二月逆流"的问题上"翻案"。第二天他们便宣布说,杨、余、傅犯了"严重错误"已被解职。3 月 22 日深夜,林彪召集北京卫戍区团以上干部紧急会议,当场宣布撤销傅崇碧北京卫戍区司令员职务①。四天后出现了大字报,指控这三个人煽动复苏右倾保守主义。这标志着一场全国性的反对"右倾翻案风"运动的开始。不久,杨的代总参谋长职务为广州军区司令员、林的最忠实的亲信之一黄永胜所取代。随后在同一个月,毛下令军委常委会的职能应转移到以吴法宪为首并由清一色的林的党羽组成的一个总部去。从那时起,叶剑英、徐向前和其他资深元帅都完全失去了军事决策作用。

林彪从未取得过对解放军的完全控制权。它的规模——500 万人——从各个不同的根据地发展起来,每一个根据地的武装都有一条自己的指挥链条和自己的历史忠诚网络,也就是说,除毛以外(一段时期还有朱德),任何单一的个人都无法控制它。然而,在 1968 年,林差不多如其所愿地接近了对军事权的完全控制,解放军本身在指导国家事务中也起到了一种空前的作用。

那年夏天,毛采取决定性的行动以恢复陕西的秩序,随后又控制了广西的全面内战,在那里装车运往越南的重武器被抢夺,派系战斗将省会城市南宁的部分地区夷为瓦砾。军队被派了进去以隔离交战各方。7 月 3 日,主席发布一条指示,号召立即停止暴力活动。受影响最大的各县都设置了军管会以惩罚那些抵抗者。

---

① 实际为 24 日晚林彪在军队干部会上宣布 3 月 22 日中央命令,江、康在那次会上也讲了话,三天后,又在北京的工体群众大会上讲了内容相同的话——中文版编者注。

军队还接受委托,重新建立全国各大中学校的纪律。并且还往那里派遣了"工宣队",筹备复课闹革命。前两年中,学校由于学生造反而一直处于停课状态。

这又引发了另一种奇特的事件,虽然并不那么特别令人厌恶,但在激发返祖现象上却不稍逊于发生在广西的那些事态。

7月末,毛派遣了一支三万人的工、军宣队去清华大学,那里的激进派红卫兵拒绝放下武器。战斗适时地结束了,尽管直到有十人被打死及一百多人受伤时才作罢。作为一种支持的象征,毛派人给工作队送去一份芒果的礼物,这是几天前一个来访的巴基斯坦代表团送给他的。这是上溯到公元前5世纪的古代典籍《礼记》中制定的礼数,而这段时期里中国古典遗产中的训诲则正是文化大革命既定予以彻底扫荡的东西。如同圣物——一枚佛牙舍利子或是耶稣殉难的十字架上的一枚钉子———一样,芒果也被供奉起来,最后在它们快要腐烂时,就用蜡将其包裹起来,并将其"复制品"分送到其他各个组织中去。

学校复课以利于恢复国内平静,但无补于解决前两年中应当毕业却作为红卫兵待在城里闲逛的成百万青年的问题。

就在文化大革命之前,城市青年的失业已经使得毕业学生自愿上山下乡劳动的运动成为必要了。政治上的骚乱使得在城市寻找工作更加困难。工业产值1967年下降了近14%,次年还有进一步下降的趋势。

因此,1968年秋,上山下乡运动在一个扩大的基础上重新兴起,而这一次却是强制性的了。接下来的两年中,500万城市青年被送到乡下去了。

另一项与此相应的运动,是将数百万名干部和知识分子赶出城市,住到农村中的"五七干校"中去。这一名称起源于毛在1966年5月7日写给林彪的一封信中提出与农民一起劳动一起学习的思想。但事与愿违,多数农民根本不想与这些新来者打交道,还将他们看成是不受欢迎的负担。对毛说来,这却是一种清爽的解决方式,从意识形态上说,这样做完成了他的打破城乡差别的宏愿;从政治上说,将会迫使官僚和他相信由于舒适的城市生活而已经退化了的"新生阶级"通过体力劳动重新精神焕发起来;从社会意义上说,这样做又可以将前红卫兵与他们的许多牺牲品一块儿赶出城市去。

在这里,军队也扮演了一个关键角色。

定居乡下的许多青年在边境地区的军队办的农场中拼命劳动。军官们监视着干校中的"清理阶级队伍"的进程。军宣队被安置在所有政府部门、事业单位、工厂和报社中。

但是,解放军的军事管制最清楚不过的表现却是在省级政府机构中。新生的革命委员会中半数成员是解放军军官,对应的只有不到 1/3 的红卫兵和造反工人选派的委员以及 20% 的老干部,在作用相当于省政府的常委会中,差不多有 3/4 的成员是军人。在基层单位,这一比例更加突出:在像湖北这样处于非同小可的四分五裂状态的普通省份中,由解放军军官主持的各县级革命委员会令人吃惊地高达 98%。实际上,大半个中国处于军事统制之下。

然而,这也是结束传统而进入无政府状态的一种代价。社会组织的破坏已经积重难返,再也无法承受任何别的解决方式了。

1968 年 9 月初,在西藏和新疆,第 28 个和第 29 个,也是最后两个省级革命委员会宣告成立。"文革"小组宣称"全国山河一片红"。舞台最终锁定在四年前毛着手进行准备时的政治格局上。

1968 年 10 月 13 日,中央委员会或谓其子遗,在北京集会召开了它的第十二次全会。原委员中的 2/3 以上受到清洗,在剩下来的委员中,只有 40 名正式委员到会,对于构成法定多数来说是太少了。作为弥补起见,毛提名增补 10 名委员(有违党章中需要根据其职位秩序予以替补提升的规定),并且将 80 名解放军军官和新成立的革命委员会的领导人强塞进去,他们有参与辩论权但却没有投票权。

全会有三项主要任务:批准打倒刘少奇;确认林彪作为毛的新接班人,这已是一种自从 1966 年林彪成为唯一的副主席以来不容怀疑并在 1967 年 11 月由毛明白予以承认的既成事实;谴责"二月逆流"及其所造成的后果,1968 年 3 月的"右倾翻案风"。

在所有这三项任务当中,首当其冲的是诅咒刘的任务。主持执行调查任务的"专案组"工作的江青,已经编纂了三大本完全是基于屈打成招的供词的证据,据说证明了刘至少三次——1925 年在长沙;1927 年在武汉;1929 年在沈阳——向国民党出卖了共产党。为取得这些 40 年前的不足信的叛变指控,康生的调查员们甚至审讯了 2.8 万人,其中多数人随后就作为反革命分子被捕下狱。一个关键的证人孟用潜 1929 年曾与刘少奇一起被捕,被连续审问了七天七夜以迫使他承认他们在关押期间叛变了。他在身体恢复后便撤销了"供词"——但这一点被掩盖起来。

江青本人显然承认,这些都是没有价值的构陷,而在她的报告中,她却罗列了另一些更新的刘的不忠的例子——包括与"美国秘密特工王光美"的相互勾结;向在香港的美国中央情报局机构呈送"有价值的情报";及反对"毛主席的无产阶级革命路线"。她说,支撑这些指控的证据以后将公开发表,尽管事实上从未这样做过。

最终,全会通过决议"将刘少奇永远开除出党";并将他作为"叛徒、内奸、工贼……[及]帝国主义、现代修正主义和国民党反动派的走狗"而撤销一切职务;继续清算"刘及其同伙"。这并不是一次无争议的投票。周恩来、陈毅、叶剑英和其他老一辈的领导干部都被迫举手谴责他们以往的同事。但一位老的女中央委员拒绝参与那种文字游戏,于是她弃权。随后她也受到了清洗。

林彪作为毛的接班人的提名也获得了一致通过。

唯一具有严重分歧的议题出现在对政治局温和派委员的处理问题上。江青和康生想在这次中央全会正着手筹备的下届党代会上充分削减老一辈领导人的作用。为达此目标,在林彪的赞同下,他们指示其党羽在全会分组进行讨论时,配合对老干部们发动一场攻势。朱德被当面指斥为打从井冈山时代起就一直反对毛的领导的"一个老牌右倾机会主义者";陈云据称抵制"大跃进";四位元帅鼓动"二月逆流",寻求推翻对刘少奇、邓小平和陶铸的结论。

毛不为所动。他坚持说,老干部们只是行使了他们表达意见的权利。他还补充说,就连邓小平也不是与刘少奇同一个类型。

在邓的案子上,毛坚持了自从"文革"开始以来的一个观点。1967 年,他拒绝了康生的单独建立一个"专案组"以调查邓的历史的提议,而只是同意让调查贺龙的那个组——调查任务相对较小——建立一个分组去达到那个目的。此时他排除了"文革"小组的将邓与刘一样开除出党的建议。这是一份政治保险单。"那个小个子……前程远大。"有一次他对一个外国访问者说。"文革"中邓从未被正式点名攻击。毛倾向于将他保起来,就是为了在一旦发生不测事件时重新起用他的才智。

又过了六个月,在将文化大革命引向胜利结束的九大召开时,这位主席还是一如既往地谨慎从事。

参加过"二月逆流"的领导人,除谭震林外,都保住了中央委员的位置,其中叶剑英和李先念两人还被重新提名进了政治局。其余三位老干部——朱德、此时已经完全失明的"独眼龙"刘伯承元帅和除毛以外唯一存活的建党元老董必武——也保留了政治局的职位,还有两名较年轻的军人——南京军区司令员许世友和沈阳军区司令员陈锡联——也首次进入政治局。

从某种观点上看,这七个人都是政治摆设。

权力仍属常委会,其核心成员自从 1967 年春天以来没有变化——毛、此时不仅作为毛的接班人而且被正式形容为他的"亲密战友"的林彪、周恩来、陈伯达和康生——自从 1967 年以来未曾改变过的,还有两名在林和江青领导的一帮人内部的激进派党羽。江青有着两位上海的激进派张春桥和姚文元以及公安部长谢富治的支持,这三个人都成为了政治局正式委员。林的一帮人中有其妻叶群、总参谋长黄永胜、空军司令员吴法宪以及另外两位得到同样提升的高级将领。

然而,这位主席给温和派空出位置的决定是很重要的。这不单单是一种像他在延安时期的那样的宽宏大量的姿态。相反,毛的初衷是——如他在 1945 年党的七大上——为了形成一个代表不同的利益集团的联合体以构成共产党的国家组织。他十分清楚地知道,即使在激进派占优势的一个时期当中,像朱德和刘伯承(更有着周恩来)这样的人,有着林彪及其党羽力所不逮的政治势力。50 年的政治肉搏战教会了毛不要把所有的鸡蛋放进一只篮子里。

此外还有一个更加基本的原因。

从官方来看,文化大革命已经是一个突出的胜利。毛有着将马克思列宁主义提高到"一个更高更完备的新阶段",创造出一套对于"帝国主义走向全面崩溃和社会主义走向全世界胜利的时代"的指导哲学的盛誉。他的语录已经深深地扎根于民族意识之中,在日常的谈话当中,他的教导已经获得了这样一种地位,就像先辈们在讲话中援引儒学经典那样的崇高地位。九大确定了阶级斗争是党的"贯穿社会主义整个阶段的基本路线",规定了未来几代人应当在"无产阶级专政下的继续革命"的大前提下指导其政策。

但是,在三年的动乱之后,实际取得了多少成就呢?

刘少奇已被决定性地清洗掉了。邓小平与谭震林被软禁。另外两位高级领导人贺龙与陶铸已在囚禁中死去[1]。各级党的领导集团中的成千上万的较小一些的人物已经离开了权力位置,其中很多人也已经锒铛入狱。有大约 50 万人遇害[2]——这是对"五一六"分子的清洗及"清理阶级队伍"和深挖新生的"反革命分子"并将他们送上断头台等分支运动中的死亡人数的两倍的一个数字。资产阶级思想和行为的各种外部表现已经统统被粉碎了。

---

① 原文如此——中文版编者注。

② 对这些数字的讨论见《剑桥中国史》第 15 卷,第 213—214 页。1980 年,胡耀邦公布的文化大革命期间和相关运动的总的死亡人数是 100 万。

毛已经让林彪取代了刘少奇的位置。一方面,他是接班人的更佳选择:他要比刘年轻十岁左右。但是他患有慢性顽症,以至于连毛都轻蔑地用他的绰号"永远健康"来提及他。林身患一种与毛的神经衰弱相类似的神经失调症,经常引起他大汗淋漓。与毛又不同的是,他还是一个疑病症患者。他讨厌见人,按规定接见完一个外国代表团的礼仪过后他总会汗如雨下。40 年代在苏联接受医疗时,他就染上了吗啡瘾,以后从未断过根。他还发展成一种厌光症,不能见日光。他的办公室中窗帘永远关闭着。他拒绝外出以避风。在室内,温度总是持续保持在摄氏 21 度,冬夏都如此。[①]

就是以个人友谊纯属例外的这个领导层的标准而言,林的行为也是离奇地违反社交礼仪的。在北京市区西北角的毛家湾,他过着半隐居的生活,且戒备森严。来客一概谢绝,他也从不拜访其他人,还常常连他自己的军队下属也拒绝会见。他拒绝亲自看文件,而让他的秘书给他作口头的摘要,一天之内也不允许超过 30 分钟。

所有这些怪诞乖僻的行为一点也不妨碍林成为毛的接班人。党主席的作用不是执行事务而是作战略决策。在毛的眼中,林的最大长处是打从 1928 年他们首次在井冈山上相见时起,他一直都是一个忠心耿耿的部下。他有着令人印象深刻的才能。在毛的诸多部下当中,唯独他一个人能够在他的重要发言中贴切地援引历史掌故(为此他招募了一个研究班子专门为他翻故纸堆),在他并不沉迷于向这位主席大唱赞歌时,他能够以一种旁人所不能及的不可辩驳性和清晰度来推算出毛的看法。从政治上说,他有着共产党内战时期的司令官们中作为最具辉煌业绩的一员所带来的特殊地位。从意识形态上说,他以宗教崇拜的方式坚持了毛泽东思想的教诲。

但是,林并非一个具备神授才能的领导者,毛对这一点本应十分清楚,他所需要的只是一个极好的副手而已。

其中也还隐含着难处。人民大会堂中正在召开的九大上,当毛环顾四周的与会者时,他不难注意到,1500 名代表中有 2/3 的人都身穿绿色军装。新的中央委员会中的近半数委员来自军队。老干部的人数不足 1/5。新晋者们可能在政治上思想上都叫得响,但其中极少有人具备老一辈领导人的那种气度。

就全国范围而言,文化大革命的成功甚至更显得问题重重。"文革"基本

---

① 这段论述所依据的材料主要来自张云生的《毛家湾纪实》。

上是一种城市现象。中国 6 亿农民的多数,远未达到革命宣传所鼓吹的"触及灵魂"的程度,只是远远地听到城里的骚动所传来的种种流言而已。

从外表上看,中国已经成为集体拥有的灰色大楼、集体耕作的土地和蓝色棉布制服的汪洋大海,在这里,仅有的色彩来源于建筑物上的红旗和孩子的鲜艳上衣。任何形式的装饰都在禁止之列。全部文化都已经减少到只剩下了江青的八部革命样板戏。这里没有市场,没有沿街商店,没有小贩。任何一辆自行车都是黑色的。

但是,根除灵魂中的个人主义,达到如毛所提出的"无产阶级思想革命"的高度,还是一项远未确定的任务。

1966 年时他曾写到,"每过七八年"就要发动一次文化大革命,以更新民族的革命热忱并制止资产阶级腐朽思想的袭击。[①] 此时,到了 1969 年 4 月,他又重复说,这项任务尚未完成,"再过几年"可能还会再来一次。[②]

此时或此后毛从未承认过,文化大革命的时间比他最初的计划缩短了。然而,很难令人相信的是,一个如他这样善质疑、多思辨的人,竟然看不出来这个以如此的恐怖、残忍和痛苦来标志其诞生时的阵痛的新的"红色道德王国",不过是荒诞不经的子虚乌有而已。如果他确实看得出来,那他就是故意不表现出来。文化大革命鼓吹的是一个民族的最恶劣天性的集中大展示;就连林彪也在私下里斥责它是一场"没文化的革命"。[③] 但是毛却另有所图。革命,如他喜欢说的那样,不是请客吃饭。压倒一切的重点是将阶级斗争持续下去。

在这一事业的推进过程中,中国已然成为一所思想的大炼狱。旧的世界被粉碎了。毛仅仅能够以空虚的红色诡辩术来取代它的位置而已。

最终这一空虚以来自莫斯科的不明智的帮助加以填补了。

1968 年 8 月 20 日夜,苏联军队入侵捷克斯洛伐克以粉碎"布拉格之春"运动,推翻了那里的改革派共产党政府。为标榜其行动起见,俄国人争辩说,一切苏联集团的国家在无论其哪一部分受到威胁的情况下,都有责任捍卫社会主义制度。这一如其所称的"勃列日涅夫主义"形式上局限于欧洲。但是对毛来说,它还是提供了一种理论基础,使得俄国进攻中国成为可能。

---

① 郭华伦编:《中国共产党机密文件》,第 54 页。
② 施拉姆:《毛泽东未发表文稿》,第 283 页。
③ 戴维斯和瓦伦·桑:《林彪的悲剧》,第 18 页。

第二年春天,他决定先发制人。

毛的计划惊人地简单。如果苏联成为了中国的主要敌人的话,那么美国在"敌人的敌人是我的朋友"的原则下,就会成为潜在的朋友,即便它在中国的南部边境上同北京的另一个盟友国家越南进行着一场殊死的毁灭性战争。[1]

珍宝岛的战斗是说服新当选的美国总统理查德·尼克松的一系列拖沓的中国努力的开始,那就是中国的外交政策重点已经在发生一种基本的变化。俄国人看不出毛的目标之所在,以逐步加重其军事压力试图迫使中国进行谈判的方式无意中加强了毛意图造成的状态。整个春夏两季中,边境事态激增,并且还伴随着从莫斯科传来的华沙条约组织将进行干涉的严重信息及使用核武器的可能性(恰如美国人在 1958 年台湾海峡危机期间亮出核威胁的黄牌一样)。克里姆林宫开始在蒙古进行苏联军队的大规模集结。中国批准了增加30%的军事开支的计划。8 月,在北京和其他一些大城市都发动了一项市民防御项目,有数百万人被动员起来挖掘防御核攻击用的防空掩护工程。

既然确定了政治立场,毛便同意在恰当地作出勉强的表示后,由周恩来与苏联总理安德列·柯西金于 9 月在北京机场象征性地举行会晤,以强调中央大帝国仍然决心拒蛮夷于国门之外。他们达成了一项维持边境沿线的现状、重开边境谈判和避免进一步军事冲突的谅解。

爆炸性危机由此而告结束。

这一危机在其持续期间为拖延中共九大的召开创造了一种适当的军事背景。据说有占中国总人口半数的 4 亿人参加了反对"新沙皇"的示威活动。在一个更长的时期当中,对准"苏修社会帝国主义"的逐步升级的激烈言辞为该民族的能量提供了一个新政治焦点(恰好像 20 年前的朝鲜战争期间,反美言辞曾刺激中国激奋起来那样)。

它还允许毛系紧已松弛了的结头。10 月中旬,林彪借重政治局的权威,下令来一场"红色警报",陈兵百万以回应可能的苏联进攻。这并不是十分牵强的。尽管边境危机已经缓和,中国还是成功地进行了首次地下核试验,引发了苏联可能针对中国核设施进行外科手术式打击的担心。这位主席是否真正相信是另一回事,正如以后所声称的那样,俄国人很有可能对北京发动一场惩

---

[1] 《剑桥中国史》第 15 卷,第 261—275 页;克拉布:《中俄大对决》,第 36 章。现在北京的外交政策专家(私下)承认,美国的重心是如此明显,以至于美国人和俄国人不仅在当时而且在后来都忽略了这一点。

罚性的突击轰炸。但是,这还是给他提供了一个借口,好把党的老干部们疏散开去,与此同时,也将倒台三年的刘少奇和邓小平迁出北京。

邓与其妻子一道被遣送江西,在那里,他在监管之下住在一处军营里悠悠度日,部分时间里去附近的一家拖拉机修理厂参加劳动。

自1968年夏天感染了肺炎以后,刘一直卧病不起,他已经失去了言谈能力并靠静脉注射维持生命。他那变白了的稀疏头发还是一年多以前剪的,此时已经有七八寸长了。按照毛的指示,10月17日那天,他被用担架抬出中南海,用飞机送到河南省开封市。在那里他被关押在一座空荡荡的没有供暖设备的建筑物内。他再次感染肺炎,但未获允许去医院诊治。11月12日,在毛发动针对他的运动差不多整整四年之后,他便与世长辞了。

第十六章
壮志未酬

　　就在刘少奇去世的六个星期后，毛庆祝了他的 76 岁生日。他吸烟很厉害，呼吸道也有点毛病。但除此之外，他的健康状况很好。

　　由于年龄的关系，他变得越来越反复无常和难以捉摸了。他始终指望他的下属保持与他的思维合拍——如果不能与他想到一处，至少也不要脱离界限。过去 20 年当中的所有牺牲品如高岗、彭德怀、刘少奇、邓小平和陶铸的倒台，全都是由于他们通不过这种考验。但现在，要揣摩这位主席的真实意图却变得越来越困难重重了。江青的登场当然对此毫无帮助。她到了中年以后已经变得空虚，报复心重，奉行地地道道的自我中心主义。在她早期的事业上对她怀抱善意的人中，有很多人此时被搜捕下狱，只是为了保证他们不会将她当女戏子的细节捅出去。当她得知陈伯达在受到毛的批评后意图自杀时，她竟当面嘲笑他，对他说："去吧！去吧！你真的有勇气自杀吗？"一生事业得益于她与毛的联系而对她抱支持态度的康生，却视她为危险的和不可靠的人物。林彪无法忍受她，在毛家湾的一次会见中变得怒不可遏，他竟然对叶群说（然而却不让江听到）："叫那个女人滚出去！"就连毛对她也失去了耐心。但是，上海的激进派以奴才般的忠心麇集在她的周围，充当她暗中损害周恩来的不懈努力的马前卒。康生和谢富治在稍次一些的程度上也是如此。

　　1969 年前，这些个人间的敌意受到了根除"走资派"和推进激进派事业的更大斗争的制约。

　　但在九大以后，这些敌意渐成风习。在新的政治局当中，江青与林彪势力大致相等。从理论上说，林彪稍占上风。他控制着军队，转而也控制了中国。然而，江青与毛有特权关系，后者控制一切。在林的眼中，那是一个不确定的武器。这位主席并不总是置妻室于冷宫之中的。

既然在他们之间并无政策差异,那么他们争斗的唯一基础就只能是权力了。他们以宫廷阴谋的形式进行斗争,而这种斗争的唯一目的就是讨这位主席的恩宠。这就是接下来的两年当中所发生的一连串的事件赖以成立的基础,这些事件将彻底断送毛精心安排的保证其政策在他身后仍继续下去的计划。

事情的肇始再简单不过。刘少奇的受辱致死造成了国家主席职位上的一份空缺。1970 年 3 月,作为"文革"之后中国政策总改组的一个部分,在将这一职位予以放弃并将有关礼仪性职能附加在人大常委会这个中国议会的前提下,毛确定了修订国家宪法的大纲。这一点先是由政治局,继而又由一个中央委员会工作会议加以批准。

林难得参加政治局会议,因此在作出这些决定时他不在场。然后,在五个星期后的 4 月 11 日,他派人给毛送去一封便函,敦促毛重新考虑并由毛本人再次担任这一职位,否则"不合人民的心理状态"——换句话说,作为中国革命的化身,主席应被环绕在国家荣誉的全副华胄之中。第二天,毛否定了他的建议。"我不能再做此事。"他对政治局说,"此议不妥。"当日晚些时候,他反复说他对这个职务没有兴趣。

林之作出如此建议完全是性格使然。周恩来使的是宗教虔诚,林的偶像崇拜却是被动的。"被动,被动,再被动。"他对其朋友陶铸说过,后者在倒台前不久曾来向他咨询过。他很谨慎,以致他实际上已经将他个人的指导原则归纳成一个公式,"勿建言"——基于任何提出建议的人都将对结果承担责任。"在任何特定的时间里,在所有重大问题上,"他说,"毛主席总是规划了进程。我们在工作中只要紧跟他的足迹就够了。"[1]

毛的政治触角也会为别的缘由而嗡嗡响的。既然林成为他的"亲密战友和接班人"已经宣布了,这位勉为其难的元帅已经变得更有信心——依他的一位秘书看来是"自大"。毛已经注意到了。在他去各省巡视时,所到之处绿色军服铺天盖地,也使他受到了震动。"四周怎么有这么多兵?"当然他知道是什么原因:使用军队去恢复秩序是他自己的决定。但是,这样做并不能使他喜欢起来。其次,还有林彪与领导层第四号人物陈伯达的关系也是个谜。就在九大召开之前,陈与以前中央"文革"小组的同事们吵翻了,并把其忠诚投向林彪、叶群一边。毛本能地不信任这一类的结盟。

---

[1] 戴维斯和瓦伦·桑:《林彪的悲剧》,第 1—11 页。

林有所坚持。在他的支持下,设国家主席的问题 5 月和 7 月里又给提出来了。

到此时为止,林与江青在政治局里的支持者们都卷入了这场对抗。8 月,这一争执又在一个新的层面上展开。在陈伯达的支持下,吴法宪提议在国家宪法中写进毛"创造性地"、"全面地"和"天才地"发展了马克思列宁主义这一条。这些都是毛早在一年前就从党章中划去的词语。但是吴此时争辩说,利用毛不喜欢捧场的话以达到贬低他在理论上的贡献的重要性,这是一种错误的做法。最初持相反意见的康生和张春桥明显地为这场折磨人的争论给吓住了,第二天这项提议便获通过了。毛保留了他本人的提议。对他个人的崇拜曾经是他动员起全国反对刘少奇的一件无价之宝。但此时刘已经倒台,这件宝贝失去了用途。那为什么林决心要延续这种崇拜呢?对满腹狐疑之心的这位主席来说,这位国防部长对自己理论上的"天才"和对毛泽东思想的强调态度——还有他对以国家首脑的称号来尊崇自己这一做法的坚持态度——就像是架空自己的一种企图,开始显得可疑起来。

这一疑团尚有某种基础。早先的将毛推崇为党的荣誉主席的那一套计划在刘少奇倒台之后已经荡然无存了。他应当由国家元首这一荣誉地位而退居为一位年长的政治家角色,这看上去对林而言一定就是一种明智的选择。

这位国防部长可能不会直接提出建议:他深知,除非出自这位主席本人,任何此类的提议都会让他认为是一种诅咒。但是,毛的故意弄得模糊的信号使他相信,一份给抬高了的职位,旨在彰炳毛在中国的独特地位,最终还会证明是可以接受的——即便在事实上这还不是他想得到的全部。毕竟周恩来曾经表示过,有时候依靠毛说过什么话行事不是最佳的方法,凭直觉感悟他的思维运行方式并相应地加以执行才是最好的。

林未及意识到的是,毛已经为他当初退居"二线"的体验所深深伤害,以至于任何重复这一提议的些微暗示都是全然不可接受的。

1970 年 8 月 23 日,这位国防部长在庐山的中央全会上发表了定调子的讲话,而他的前任彭德怀 11 年前也是在这座背运的风景名胜地坍台的。

然而,炸弹由陈伯达投了下来,他对"有人"发动了激烈的攻击,他指责这个人反对使用"天才"一词,妄图贬低毛泽东思想作为全国的指导思想。当该小组中其余的人要求他指明有罪的当事人时,他暗示他指的是张春桥。

从陈伯达这样资历的一位领导人来说,这实际上是一条很严重的指控。他随后火上浇油地断言说,"有的反革命分子"听到毛可能拒绝国家主席职位时"高兴得手舞足蹈"。这引起了一阵喧哗。陈一伙草拟了一份报告,敦促毛当国家元首并以林为副手,警惕"党内野心家"的活动(矛头指向张)。随着此话传播到其他小组去,第二份报告也拟就了,内容还是敦促毛接受国家主席职务。

从某一层面上看,这纯粹是一种典型的宫廷争论。江青以后也把这叫做"一种文字争吵"。[1]

然而,对这位主席来说,这却是分量极重的暗示。为推动林彪的计划,陈轻率地发动了一场派系攻击,试图打倒一个不仅被毛视为他妻子的盟友,而且被毛看做他自己的政治阵营中的一个关键性成员。

8月25日下午,他召开了一个扩大的常委会,会上他指责陈伯达破坏党内团结。他下令中止对林的讲话的讨论,因为其充当了陈的行动的跳板。最后经过了六个月的反复,他最终一劳永逸地打消了他会同意当国家主席的念头。自1937年以来一直待在毛的身边并在发扬他的思想上起到关键作用的陈伯达,此时被宣布为"发动突然袭击","大有炸平庐山"并使用"散布谣言和诡辩"的方法以取代马克思列宁主义。毛下令将他关到北京郊外的秦城监狱里去。两个月后,在党内发动了一场指责他是一个"反党分子、假马克思主义骗子、野心家和阴谋家"的运动。

林的妻子叶群,及其三位政治局的盟友——吴法宪、总后勤部部长邱会作和海军政委李作鹏——被勒令在中央委员会作检查。

在正式条文上,林彪本人未受伤害。

庐山上爆发出来的争吵种下了一粒怀疑的种子,随着它的发芽生长将越来越毒害他与毛的关系,其险恶性是如此确切,一如他向毛当面挑战似的。这位主席并无目睹他的接班人计划再次遭受挫折的特别欲望。因此他留了一手——"隐蔽"林,如他日后所指出的那样——以期望这位国防部长找到一种办法来恢复局势。从理论上讲,这还是有可能的。林本来可以去毛那里,就推动"天才"和"国家元首"的问题作一个卑躬屈膝的检查,同时谴责陈伯达(并且可能还有叶群)发动对张春桥的派系攻击。但是,不知是由于他对作为主席接班人的新地位过于自满呢,还是由于在领导层中存在着的普遍的不信任的气氛使然,他竟然没有那么去做。

这将演变成他第二次的重大失误。

---

[1] 戴维斯和瓦伦·桑:《林彪的悲剧》,第151页。

10 月,在毛读到叶群和三位将军为中央委员会准备的书面检查时,他的态度变强硬了。所有这四个人都只是表面上承认了错误,而将错误归咎于他们"理解水平低",显然未能解释他们为什么会协调行动。主席在纸边做了怒火中烧的批注。他写道,叶群"也不听我的话,陈伯达一吹就上劲了";吴法宪"缺乏正大光明的气概"。①

在此关头,毛决定开始削减林彪所获得的军权。12 月中央委员会举行一个工作会议,由周恩来主持,会议对北京军区进行了"改组"。毛的两个亲信取代了林的党羽(他们被指控为丧失了脸面的陈伯达的支持者)而成为司令员和政治委员。三个月后,叶群和其他三人被勒令作了第二次检查,毛发现还是像第一次那样不令人满意。于是他给军委总部添加了新成员——"掺沙子",如他以后所指出的那样——以弱化林的控制。

但是,在小圈子的外面,任何出现麻烦的暗示都还丝毫没有透露出去。就连那些最接近毛的人,像周恩来和江青,都还不清楚这位主席看待林彪的问题有多严重。不仅对全国范围而言,而且对中央委员们而言,国防部长还是一如既往的那个"接班人和亲密战友"。政治局以外也没有人知道四位将领有麻烦。他们保留着职务,也恪尽日常的职守。

林本人似乎对眼前将会发生的一切已经有了最敏锐的直觉。到了 1971 年 3 月,他变得病态地情绪低落。当月,他的 25 岁的独生儿子林立果,在空军有一份高级职务,开始与一小群军官同伙一块儿就保障林的地位的方法举行起秘密磋商来了。该小组起草的一份文件包括了对毛的政治策略的一种讥讽,却明确地反映了林彪的观点:

> 今天拉那个打这个,明天拉这个打那个;今天对他拉的那些人甜言蜜语,明天就以莫须有的罪名将他们置于死地;今天是他的座上宾,明天就成了他的阶下囚;从几十年的历史看,哪一个开始被他捧起来的人,到后来不曾被判处政治死刑? ……他过去的秘书,自杀的自杀,关押的关押。他为数不多的亲密战友和身边亲信也被他送进了大牢……②

---

① 戴维斯和瓦伦·桑:《林彪的悲剧》,第 153 页;林青山:《林彪传》,716 页;巴纽茵和于长根:《十年动乱:中国的文化革命》,第 222 页;严家其和高皋:《动荡的十年:文化大革命史》,第 313 页。

② 郭华伦编:《中国共产党机密文件》,第 180 页。

该小组用 B—52 的称呼来指称毛,因为,就像这种用来轰炸北越的美国远程战略轰炸机那样,他也是从极高的高度发动攻击的。

林立果与其党羽们得出结论,国防部长的位置尚未受到威胁,在毛死后最大的可能性还是按秩序接班。他们衡量了林提前抢班夺权的可能性,为达此目的他们还草拟了一份粗糙的应急计划,称之为《五七一工程》。然而,多数人的意见是,只要有一点可能就要尽量避免这样做,因为,即便获得成功,政治上也得付出"极高的代价"。

这类讨论毕竟在进行的事实——哪怕林彪并不知情——也验证了国防部长阵营内部的一种极度不安的状态。

1971 年 4 月底,事态转而开始恶化起来。在毛的授权下,周对吴法宪、李作鹏和邱会作三位将军连带总参谋长黄永胜和叶群说,他们有派别活动的嫌疑和"路线错误"。1970 年 11 月还为江青及其党羽们创造了一个新权力基础,授予他们以中央委员会内负责宣传和人事的两个关键部门的控制权。随着是年的过去,林变得越来越孤僻。他停止了工作,行为也变得越来越怪僻。五一节那天,他以健康不佳为由不想出席庆祝活动。周劝说他改变了主张,但最后当他露面时,却违反了惯例,后毛而到达。这位主席为他的迟到大为恼火,故意冷落他。过了一会儿,林又不加任何解释地离开了,既未与毛说话也没有瞧他一下。

在初夏的某个时候,毛认定一次面谈已经无从避免了。

7 月,他对周恩来说:"庐山的事还没完,还根本没有解决。这个当中有'鬼'。[将军们]还有后台。"[1]当月,林彪携其家人到北戴河他家的海滨别墅去避暑。8 月中旬,毛登上专列出发去武汉,他在那里举行了一系列会议中的首次会议,以探询各省政界军界领导人的支持问题。所到之处他所发出的信息都是一样的:在庐山,曾经有过一场地地道道的路线斗争,本质上与对刘少奇、彭德怀和王明的斗争相同。"有人,"他说,"急于要想当国家主席,要分裂党,急于夺权。"这次斗争的唯一区别就是,还没有得出结论。因此,该做些什么呢?"至于林彪同志",毛自问自答道,将必须承担"一些责任"。他那一伙人中有人可能能改造过来,另一些则不能。过去的经验表明,这位主席干巴巴地指出,"为首的……改也难"。[2] 林在省级军事指挥部门有几许真正的盟友,这

---

① 巴纽茵和于长根:《十年动乱:中国的文化革命》,第 226 页。
② 施拉姆:《毛泽东未发表文稿》,第 290—299 页。

回倒是一个检验尺度了,反正直到 9 月 6 日星期一那晚,也就是在毛开始其旅程的整整三个星期之后,主席说过些什么的口信才传到北戴河。

以下的六天时间完全是超现实的。①

林本人用去很多时间去讨论其子女的婚姻计划。"文革"中他曾请求组织一次在北京和上海搜寻长相漂亮的高中女学生的活动,以之作为林立果婚姻的候选人——恰如在封建帝国时期,上等家庭的年轻姑娘曾被寻作帝王妃嫔一般。数百名姑娘受到召见,但到最后,林立果选定了来自解放军歌舞团的一位年轻姑娘作为他的未婚妻。曾经进行的另一次类似的搜寻是为他的女儿林立衡找一位丈夫,但是,叶群不同意女儿的选择,为此女儿曾两度试图自杀。此时她也要订婚了。

正当这位副主席的政治生涯从他身边没落而去时,却是这些家庭琐事吸引了他的注意力。

在他们的讨论中,林立果争辩说,他们必须采取决定性的行动了,要么是以武力迫使毛罢手,要么林迁去广州另建一个敌对政权。如果此举失败,他还可以逃亡国外,或许是去苏联。林立衡提议说,她父亲应像朱德那样退到一个荣誉的位置。

国防部长本人仍然奇怪地漠然置之,好像他业已认定,向他敞开的一切可能的谋略都是命中注定不会有好结果似的。

9 月 8 日星期三上午,他同意写一张便条,吩咐他的党羽"盼照立果、宇驰同志传达的命令办"——后者指的是周宇驰,他儿子在空军中的一名同事——但是他的作为却仅此而已。

前一天,林立果与其同伙的军官们曾开始就杀死毛的方式进行过疯狂的讨论,并一致认为最佳的选择就是攻击他的专列。

各种计划都考虑到了——其中有很多种竟然十分幼稚,像是来源于儿童的连环漫画似的:要使用火焰喷射器,或是使用导弹,或是使用防空高射炮水平瞄准射击,或是将铁轨附近的油库引爆,用一支手枪武装的一名杀手也可以射杀他。不仅根本就没有执行任意一项此类轻率计划的努力,而且这一班共谋者们甚至都没有达到着手进行认真准备的程度。

---

① 下述内容主要依据的是:严家其和高皋:《动荡的十年:文化大革命史》,第 322—333 页;巴纽茵和于长根:《十年动乱:中国的文化革命》,第 235—242 页;麦克法夸尔编:《中国政治:毛邓时代》(第 2 版),第 271—275 页;戴维斯和瓦伦·桑:《林彪的悲剧》,第 160 页;口述资料。另外还有一些细节可以在王年一的《大动乱的年代》和张云生的《毛家湾纪实》中找到。

尽管,也许只是在表面上,林彪并未阴谋反对毛,毛却在收紧对林的网了。

　　星期三夜晚,这位主席得到了解放军空军司令部非常活动的情报。他的个人安全警卫加强了。此后不久,他离开杭州到上海。但一改原先要在那里逗留数日的计划,星期六早晨他接见了南京军区司令员许世友后,便立即动身回北京,他的专列一路不停,一直到星期天下午到达首都南郊的一个乡村车站丰台时为止。他在那里同北京军区司令员在一起过了两个小时,他对后者所作的训示就像他对南方各省军区司令员们所作的一样。

　　正当毛在丰台时,林彪与哭哭啼啼的叶群出席了他们在北戴河寓所中女儿的订婚晚会。

　　林立果在得知毛的突然归来后,同他的空军军官同伙们举行了一个惊慌失措的会议,会上决定,他父亲的最佳选择是动身去广州。随后他立即调用了一架空军的"三叉戟"飞机飞赴北戴河,大约下午8时15分他到达那里时,恰好也就是毛返回中南海的时刻。

　　国防部长及其家人原打算与新订婚的那一对伴侣和他们的朋友们一道,以观看电影的方式度过那一个夜晚。

　　事实与计划刚好相反,林彪把自己与妻子和儿子一起关在密室里。他对立果的计划究竟知道多少还不很清楚。或许不太知道吧。他的女儿立衡在此之后意识到,那天晚上,她所痛恨的母亲,以及她也多爱不了多少的弟弟,正准备逃亡,并要把她父亲一起带走。她瞬间的推测是,他被诱拐了。基于这种想法,她当然不是滋味。林彪最起码还知道,叶群和林立果一直行事鲁莽,而且整个家庭面对着可怕的报应。当晚,他最终摆脱了自己的迟钝,同意搬迁到广州去。但是他是否分享了儿子关于建立一个敌对政权的乐观情绪则是另一回事了。他本来可以很简单地看出来,这只是一个去香港的阶段性站点,最终还是要流亡国外的。

　　下午10时后不久,仍然相信父亲被人操纵了的林立衡,溜出去给负责林的安全事务的警卫队长报了信。

　　半小时后,周恩来在参加人民大会堂的一个会议时被叫出去,接一个紧急的电话。有人对他说,一架空军喷气式飞机未经许可停留在北戴河,而且,根据林彪女儿的说法,国防部长将被带到一处不明的目的地去,并且这可能违背他的意愿。

　　周立即打电话给吴法宪,告诉他要迫使那架飞机待在地面上。

　　当这一消息传到林彪的耳朵时,他意识到游戏完了。到这时他才决定他们应该直飞最近的边境，就是说向北飞行，去俄国。① 在一个企图解除对方怀疑态度的努力中，叶群打电话给总理，通知他说，他们计划第二天迁往大连。午夜，林彪的武装的大型高级轿车从其住宅开出去，加速通过了一道徒劳地试图阻拦他们的警戒线，径直奔向机场。半路上，林的一位警卫官从移动的车辆上往外跳下去后，被枪打伤。

尽管有周的命令，"三叉戟"上仍装有部分燃油。林、叶群、林立果与另外一名空军军官及其驾驶员攀上了飞机。9 月 13 日，星期一凌晨 0 时 32 分，在导航灯光关闭、机场一片漆黑的情况下，飞机起飞了。

周下令全面禁止整个中国的航空活动，未来两天也一直强制性维持禁令。随后他就去向毛汇报。

当他到达那儿时，吴法宪打电话说，林的飞机朝蒙古方向飞去了，并询问是否应该把它打下来。毛做出了哲学式的反应说："天要下雨，娘要嫁人，随他去吧。"

凌晨 1 时 50 分，这架飞机离开了中国的领空。

毛出于安全考虑，搬到人民大会堂去了。在那里，到了 3 时，政治局被召集齐了，毛通知他们说，他已经回到首都，并说了林的飞行的敏感消息。

30 个小时以后，周被叫醒，有人递给他从中国驻乌兰巴托大使馆传来的一则信息。蒙古外交部发表一项正式抗议，因为一架中国的"三叉戟"飞机星期一凌晨时分侵犯蒙古领空，并在温都尔汗定居点附近失事，机上九个人全部丧生。

对失事地点的检查表明该飞机燃油耗尽，试图在大草原上迫降时倾覆起火。遗体经苏联克格勃法医专家辨认后就近择地埋葬。②

在毛当权期间所有遭他清洗的中国领导人中，只有林彪试图抵抗。彭德怀和刘少奇柔顺地面对他们的命运，直到临终时都保持了对党的坚定的献身信念，既没有试图保全自己，也没有尝试还击。就连高岗，以自杀方式表示了某种抗议，也曾预先坦白了他的错误。

---

① 虽然林立果和叶群早在几天前就已经讨论过到俄国边境的可能性，但这个决定似乎只是在最后一刻才做出的。甚至林彪本人说不定也是在最后一晚才知道到俄国去的选择。根据他的秘书的回忆，在去机场的路上林彪在车里还问到去伊尔库斯克要用多长时间，这至少表明去俄国并不在他的计划之列（严家其和高皋：《动荡的十年：文化大革命史》，第 331 页；口述资料）。

② 口述资料。

林就不同了。虽然到最后他所能指望的唯一的自卫方式,也就是中国古典军事谋略"三十六计"中为毛所称的"最后亦最佳"的一计:走为上。但是他并不贬低自己,也不屈从毛的意愿。

这位主席垮掉了。

当周禀报了林乘飞机走掉了的消息时,毛的医生恰好在场,多年以后还记得他因震惊而崩溃的情形。一旦最初的危机过去了,国防部长的党羽——包括四位倒运的将军吴法宪、李作鹏、邱会作与黄永胜,他们与其余所有人一样两眼一抹黑——全部被逮捕了。毛被扶上床,精神极度消沉。他卧床不起近两个月,血压升高并感染了肺炎。如同以往一样,这又是受到心理因素的影响。但是这一次,他却再没有康复如初了。11月中,他露了面,会见北越总理范文同,在电视画面上看到毛竟如此苍老的中国人无不大吃一惊。他的肩膀前倾,行走时带着老人的蹒跚脚步。人们说他的腿看起来像是扭曲的木棍。

1972年1月,陈毅病逝。就在他的追悼仪式举行前两小时,毛不顾其侍从们的恳求决定参加,他们担心摄氏零度以下的气温使他脆弱的身体难以承受。他们是对的。由于整个仪式中一直站立在那里,毛的双腿颤抖得如此厉害,他几乎连动都不能动了。

事后流传很广的一则传闻说,那个月他受过一次打击。事实上,他的确染有心血管障碍,由于拒绝医生治疗,病情越来越重。但是问题的根子还是政治上的。尽管毛曾有所准备,8月与9月初时,计划与林当面恳谈,他还是没有最后确定应该如何解决这个问题:是简单地在政治局内将他降职呢,还是像1959年时的彭德怀那样在党内进行批评但准许他留在领导层内作为一位有名无实的成员呢,还是彻底地加以清洗呢——最后一种可能性需要进行精心的准备,但由于其结果必须面对公众舆论,因而也是最不如人意的选择。林彪以出逃的方式跳出了毛的掌心并取得了主动权。

就某种感觉而言,他对林立果进行的活动的挖掘要显得容易多了。毛感觉到了一种安全隐患,并且预先采取了防范措施。这位年轻的空军军官搞阴谋的细节在林的飞行逃亡事件后暴露了出来。虽然阴谋还显得稚嫩,它还能够让毛将这位国防部长描绘成一个妄图发动一场军事政变的叛徒。

这就是10月中旬开始的对党的官员们的简要传达所遵循的主线,以后就是在各个工厂和工作单位中举行会议以通报绝大多数人员。

这可不是一本畅销小说。就连长期以来深受其害的怀抱轻信上当态度的中国人,也随着毛的又一位最亲密的同事竟然被证实是一个坏人的事件的暴露而感到紧张不已。如果刘少奇(一个"工贼和叛徒")、陈伯达(一个"假马克思主义骗子")和林彪(一个"反革命的野心家")全都是在毛的身边待了数十年的人,突然之间一个接着一个地作为暗藏的敌人被揭露出来,那么关于毛的判断能力还有什么可说的呢?"大鸣大放"和反右斗争已经使毛付出了知识分子们的信任代价。文化大革命的动乱与恐怖也已经摧毁了党的各级组织和千百万普通公民的信任。林彪的垮台是全盘坍台所需加上的最后一根稻草。1971年以后,玩世不恭的态度普遍地流行起来。只有年轻人(而且也不是全部),以及那些激进派的从造反中获利的人,还相信毛的革命的新世界。

疾病和政治上失利的综合结果使毛接近了绝望的深渊。自1945年秋季斯大林在他与蒋介石面对面的接触中出卖了他以来,这是他第一次感到泄气了。1972年1月的一个下午,他对胆战心惊的周恩来说,他可能坚持不下去了,周应该担起担子,在此之前他已经把中央日常工作的职责交给了他。对毛及对中国人民来说,林彪的命运不久将会黯然失色,让位于一件更加使人震惊和感到不可思议的事件:在20年之久的未曾眨眼的相互敌意之后,美国总统理查德·尼克松竟要来北京做正式访问了。

1969年3月珍宝岛的冲突及次年春夏时节北京与莫斯科之间的紧张关系,无疑受到了华盛顿的注意。甚至此前就有一些美国领导人开始大谈其有关与北京的更有建设性的关系的思索了。一年多以前,尼克松就曾在其就职演说中述及协助北京摆脱其"愤怒的孤立"状态,演说中他多次重复这一专用术语。此外还有尝试向一种三角关系转化的谈话。但直到边境冲突抬出中苏战争的幽灵前,从未有人能够看到如何实现这一主张的可能性。①

是年7月开始浮现出第一个明灭不清的信号。美国修订了限制美国公民到中国旅行的禁令。三天后,中国释放了两名迷失方向误闯中国水域的美国游艇船员。8月,国务卿威廉·罗杰斯公开宣布说,美国正"寻求打开交流渠道"。罗马尼亚和巴基斯坦接受了传递私人信息的请求。10月当中苏紧张局

---

① 以下相关论述主要依据的是:亨利·基辛格:《白宫岁月》,纽约,布朗·利特尔公司1979年版,第163—194、220—222、684—787、1029—1087页;约翰·加尔弗:《1968—1971年中国决定同美国改善关系的决定》,西望出版社1982年版,多处;约翰·霍尔德里奇:《跨越分歧》,马里兰,罗曼和利特菲尔德公司1997年版;罗斯玛丽·富特:《1949年以来美国与中国的关系》,牛津,克拉伦登出版社1995年版。美国的说法认为,最先在政策上急转弯的是尼克松而不是毛。事实上,他们两个人都分别作出了转变政策的决定,但是,是毛通过引发边境冲突使这一进程成为可能。

面缓解时,尼克松做出了更具实质性的姿态:中国人接到通知,自从朝鲜战争以来一直在台湾海峡地区执行象征性巡逻的两艘美国驱逐舰将会撤离。

于是开始了基辛格所称的"错综复杂的小步舞曲"。21个月后这将使他成为自从1949年以来第一位到北京旅行的美国政府官员。

沿途有笑剧:当美国驻华沙大使瓦尔特·斯托塞尔在一处接待厅里靠近他的中国同行想表达交谈的兴趣时,他注意到对方回过头奔下一道楼梯,为这种未曾接到任何指示的接触恐惧不已。也有悲剧:一位作为间谍在中国监狱里关押了15年的美国商人,就在要将他作为善意的姿态释放前不久自杀了。也有挫折:实质性的接触1970年由于美军对柬埔寨的进犯而中断了六个月。还有障碍:在当年北京的国庆节那天,周恩来带着当时正在中国访问的埃德加·斯诺夫妇,去和毛一起在天安门上拍照。这是一种空前的姿态:从未有过一个外国人获得过如此殊荣。"很不幸,"基辛格以后承认,"他们的表达方式太曲折了,我们西方人粗疏的心灵完全错失了这一关键之点。"在过了一段长时间后,他才意识到,毛显然正在表达说,与美国的对话有着他个人的支持。

毛行事的简捷方式很快又再次挫折了他的目标。12月在与斯诺的一次会见中,斯诺暗示了两个月前尼克松的一番议论:"如果我在生前还有什么要做的事的话,那就是到中国去。"毛对斯诺说:"我愿意和他(指尼克松——引者)谈……当做旅行者来谈也行,当做总统来谈也行。"不久后,斯诺就接到了这次谈话的官方中文记录本,但他却请求推迟数月发表。毛的设想是,斯诺将会把这份记录的一个副本送到白宫去。斯诺没有这样做,主席的信息又一次落了空。①

因此,第二年春天,毛做出一个甚至连鲁笨的美国人都能够理解的姿态。

1971年3月,一个中国乒乓球代表队参加了在日本名古屋举行的世界锦标赛。他们是数年来第一批旅行国外的中国运动员。4月4日,美国队的一名队员,19岁的加利福尼亚人,对一名中国选手无心地说起他喜爱到北京去访问。此事被报告给周恩来,第二天他向毛提及此事。他们商定将这事搁置一边。但当晚在服用了安眠药片后,毛呼叫起他的护士长,在他就要入睡之时,他昏昏沉沉地告诉她说,打电话给外交部长,指示他立即邀请那名美国

---

① 基辛格:《白宫岁月》,第702—703页。尼克松在他的回忆录中声称,他"几天后"就知道了斯诺的采访内容,但显然在这件事情上他的记忆出现了差错(《理查德·尼克松回忆录》,纽约,格罗塞和邓拉普出版社1978年版,第547页)。

选手。

乒乓外交,如其被称呼的那样,在世界上席卷起一场风暴。

这班美国选手受到一种令人眼花缭乱的礼遇。周本人在人民大会堂接见了他们。并宣称说,他们已经揭开了两国关系史上的一个新篇章,这是"重新谱写友谊"的标志。

三个月后,基辛格跟着来了。他的旅程是保密的——在编造出一个关于胃部不适可能被人们推测为在巴基斯坦卧床休息的托词之后。及至他返回美国,那个精力过剩的尼克松便在美国电视上宣布说,与中国的一个高级对话正在进行中,他本人将于次年春天去该国。为安排细节起见,基辛格10月又返回北京——这一次是在公众的充分注视之下——并为上海公报商定了基础,他将被视为这次总统级访问的最高成就,框定本世纪剩余时间以及毫无疑问还将向后延伸一段时间内的中美关系的形式。在基辛格第一次来访期间,毛全神贯注于林彪事件并卧床不起,第二次来访期间又受着情绪沮丧的折磨。然而,还是得益于他细心的指示,双方不但避免了"那种苏联人将会表明的陈腐,而且既不卑微琐屑,也不互存戒心",从而给予公报以力量。分歧以"坦率的,有时甚至是残酷的"方式表达出来,重点却在于他们在反对苏联霸权方面的共同利益上。唯有台湾这一至关紧要的问题仍然被包裹在混沌不清之中:

> 美国认识到,在台湾海峡两边的所有中国人都认为只有一个中国,台湾是中国的一部分。美国政府对这一立场不提出异议。它重申它对由中国人自己和平解决台湾问题的关心。

随着基辛格在第二次访问结束后返回国内,联合国大会投票驱逐了台湾并以中华人民共和国取而代之。战后政治的一个时代宣告结束了。

1972年1月,为尼克松的旅程所做的外交准备也告完成。

但是,这一幕戏的中心人物却不见了。毛的身体状况正在恶化,他还是拒绝他的医生为他治疗。2月1日——在尼克松按计划到达的三个星期之前——那天,他软化了态度,这还是在病倒后昏迷不醒,第二天被肺部感染的脓液所窒息之后。抗生素的联合使用及会见中国的"最受尊重的敌人"的预期将他从死亡边缘上拉了回来。然而,他的咽部还是肿胀着,这使他说话困难,他的身体由于体液的累积显得十分虚肿,为此为他特制了一套新衣新鞋。尼克松到达前的一星期里,他的随员们协助他练习坐下去,站起来,绕着屋子走,以重新活动他卧病在床一个月之后的肌肉。

这伟大的一天终于来到了,毛此时坐立不安。他坐在电话机旁,倾听着从机场上开始一分钟接一分钟的关于这位总统的访问进程的报告,他在那里受到周恩来总理的迎接;他们通过为这一场合而清空交通后北京空荡荡的大街;他们进入钓鱼台的贵宾楼。日程表上没有安排与毛的会见。但他此时传话过去说,他要立即会见这位总统。在周恩来的坚持下,毛应允让尼克松稍事休息并进午餐。但随后尼克松与基辛格就被卷入一列由红旗牌豪华轿车组成的队伍进入中南海,毛正在那里不耐烦地等待着。基辛格在他的回忆录中充满敬畏地描述了毛会见他们的这一场景:

> 毛泽东的书房……四周墙边的书架上摆满了文稿,桌上、地下也堆着书,这房间看上去更像是一位学者的隐居处,而不像是世界上人口最多的国家的全能领导人的会客室……除了召见是突如其来的以外,接见并无任何仪式。房间内的陈设就和屋子的外观一样简单朴素。毛泽东就站在那里边……或许除了戴高乐以外,我从来没有遇见过一个人像他具有如此高度集中的、不加掩饰的意志力。他一动不动地站在那里,身旁有一个女护士协助他站稳……他成了凌驾整个房间的中心,而这不是靠大多数国家里那种用排场使领导人显出几分威严的办法,而是因为他身上发出一种几乎可以感觉得到的压倒一切的魄力。

尼克松的阐述更具实质性,但是他也为基辛格所称的那种东西所击中,他用了与30年前在延安时代李敦白所说的差不多相同的话:“我们与历史邂逅。”

毛用双手握住尼克松的手,差不多有一分钟。

这两人,一个掌握着国际资本主义的大本营,有着世界上最强大的经济与军事力量作为支持;另一个是有着8亿人口的一个革命的共产党国家的无可争议的家长,他的思想号召推翻无论何处出现的资本主义。

第二天《人民日报》上的照片对中国说,对世界说,全球的力量平衡已经改观。

他们的谈话持续了一个小时,远比当初计划中的简短的礼仪性拜访的要求长多了。毛对尼克松提到了他更愿意同美国右翼领导人打交道,因为他们更加可以预测。这句话倒把尼克松给驳住了。尼克松强调,双方面临的最大威胁来自于俄国而不是其他地方。颇具外交谋略的基辛格也受到毛的具有欺骗性的、看似不经意的谈话的影响,他将他的思想隐藏在点到即止的话语中,表达了一个意思而又回避了一项义务……"[如同]墙上晃过去的影子"。周担心毛会感觉疲倦。周事先曾对尼克松说过主席患了支气管炎正在康复中,在他多次看表之后,总统提出结束这次会见。

在此之后,其余的一切都索然无味了。尼克松和周恩来为中美关系的枝枝叶叶而操劳。但调子却早已定好了。

对毛而言,尼克松的访问是一个胜利。在中国民族历史上的作用并不稍嫌逊色的另外的一切也都会接踵而至:田中角荣,与日本建立外交关系;英国首相爱德华·希思。但是在毛的一生中再也没有什么东西能与这一刻相提并论了,那就是西方世界的领袖人物来到紫禁城,将一份对于一个共同敌人的共同的关心态度作为纳贡的礼物献上的时刻。1949年时毛曾经指出,中国不应当过于匆忙地与西方列强建立联系,即它应当首先彻底"打扫干净屋子",然后在它自己选择的某个时刻,再决定它希望承认哪些国家。多年来,由于西方领导人寻求孤立红色中国,这一直似乎都是一个空洞的托词。但是现在,他们中的第一个来到了北京,寻求在平等的基础上进行合作。中国确实已经站起来了。这就是一个值得品味的时刻。

然而,这也标志了一步很大的退却。

尼克松在他当选的一年前写的一篇文章中,对此曾有一个说法。他当时说,美国需要与中国接触,"但要它作为一个伟大的进步国家,而不是作为世界革命的策源地"。实际发生的就是这样。在打开美国大门的过程中,毛也对地缘政治学的必要性作了回应——包含针对俄国扩张主义驱动力的一个共同战线的需要。其代价也就是抛弃他的一个红色"中央大帝国"的幻想,世界各地的革命者本来可以从那里汲取希望与灵感的。取而代之的是以保障生存而不是保障革命为目标的冷峻的平衡强权的政治。

在其与尼克松的会晤中,毛自己承认了这一点。"像我这样的人说起话来像放许多门大炮,"他说,"例如,[我们说]像'全世界人民团结起来,打败帝国主义……'一类的话。"说到这里,他和周都放声大笑起来。①

毛还能够对他通常的论点——如一切进步都是源于矛盾之中啦,没有退

---

① 基辛格:《白宫岁月》,第 1062—1063;《理查德·尼克松回忆录》,第 563 页。

却就不会有前进啦——这一类的表述进行推理。然而,退却还是退却。60年代中他的另一个热中的话题——中国以其榜样的力量,将会激起一场世界范围的革命高潮的意愿——已经被不可改变地化解了。

毛对其继任者的安排计划的瓦解和他以地缘政治的影响产生革命者这一主张的黯然失色,并不是仅有的锲进文化大革命及其政策中的两大漏洞。1971年秋,当毛在华中地区巡视以集中省级军区司令员们的支持时,他曾抱怨说,有些好干部还站不出来。同年11月时,林彪已经死了两个月,他说对卷入"二月逆流"的元帅们和另一些人的责难是错误的:当时他们只是在"反对林彪和陈伯达"。1972年1月在陈毅的葬礼上,他摆出了使自己与对追随自己的老干部们的攻击行动保持距离的进一步的姿态。

在这些进展的鼓励下,周恩来开始了重建行政机构和恢复经济生产的一次全面的努力。

他已经处于多年来他从未有过的更加强有力的位置。在常委会的五名成员中,林已去世,陈伯达下了狱,康生得了癌症,就只剩下他与毛。即使没有这位主席发自其病榻上的、请求他执掌权力的极度痛苦的爆发,潮流也正在生气蓬勃地涌向这位总理一边。林彪的可耻下场使得江青及其激进派同伙们处于守势。中国被联合国的重新接纳和尼克松的来访已经表明,实用主义的政策带来了效果。在5月的一次常规医疗检查中,周也被发现患有癌症,这一发现只是更使他坚定了决心。此时他知道,这是在中国的进步上烙上他个人印记的最后机会了——推动国家步入有秩序的、平衡发展的道路将可以保证人民有更好更幸福的前景。

这位总理的战略是利用反对林彪的运动——官方的说法是"批修整风"运动——作为向极左政策和观念发动全面进攻的机会。4月,《人民日报》发动公开的猛攻,宣称老干部们是"党的最宝贵的财富",敦促给他们平反并恢复其适当的职位。作为老一辈经济学家中最资深的一位,陈云公开露面了(尽管他审慎地申明说,他的健康状况不佳妨碍他重新工作),重新强调学业专长。一家北京的广播电台开始播送英语教程。自1966年以来,中国首次派遣留学生出国深造。周批评外交部尚未改变其极左方式,他所使用的富有智谋的论据是,除非公开斥责极左,否则,右就一定会再次冒头。但是,就连这几个显示大动向的小动作也隐藏不住的事实是,毛明显地从给予周以公开支持的立场退缩了。对外的实用主义是一回事,对内废止"文革"政策则是另一回事。1972

年 11 月,主席认定钟摆摆过头了。

导火线是《人民日报》上谴责无政府主义的一版文章。它所提出的论题是熟识的:对老干部们的迫害,党的作用的废弃,"大乱"造成的浪费和破坏,都被谴责为极左。而且这组文章进一步号召深入研讨文化大革命所坚持的一切究竟是什么的问题。12 月 7 日,毛宣称说,林的错误,只是"形左",今后应看成为"实右",而且林本人就曾是一个极右分子,他计划搞阴谋,搞分裂和背叛活动。批极左"少批一点吧"。

两天后,周恩来显露出他是用什么特殊材料做成的了。

从那时起,运动发生了显著改变。在周恩来尝试用运动作为修订文化大革命政策的一种杠杆之处,激进派也将林当做运动中的过火行为的替罪羊。[1]在一篇元旦社论中拼凑而成的新路线,将文化大革命称赞为"对于巩固无产阶级专政、防止资本主义复辟与建设社会主义是非常必要的和十分及时的"。[2]

然而,主席并不打算彻底颠倒他自己。

钟摆或许本来就摆过了头。但是对允许它向回摆的范围有一个极限。毛一生中的最后四年将会为一种努力所占据,这一努力如此充满固有的矛盾,一如精神分裂症差不多:他对激进方式的热切向往,与这个国家对于一段可预测的较少痛楚的未来的过于明显的需要之间,应维持一种不稳定的平衡。

冲突在其继任人问题上戏剧性地表现出来。

1972 年,当毛凝视着林彪的背叛所遗下的烂摊子时,他几无选择。周恩来——只是在惊魂未定之时——太老了,太温和了,而且归根结底太软弱了,无法考虑他接班的可能性。江青是个忠实的激进派,但是,如毛十分清楚的那样,她受到几乎一致的厌恶——贪恋权力、倨傲无礼、空虚无能。姚文元是一名宣传鼓动家,在指挥别人方面不比陈伯达一类人高明多少。在稍稍年轻一些的政治局成员中,唯一可能的候选人是张春桥。他年方 55 岁,他对文化大革命的忠诚是毫无问题的。他业已证明具备领导素质。毛一度曾引荐他作为林的一个潜在的接班人。

但是毛并不选择张春桥。

相反,1972 年 9 月,他从上海召见张的一名副手王洪文,他的工人革命造

---

① 《人民日报》,1972 年 10 月 14 日;严家其和高皋:《动荡的十年:文化大革命史》,第 412—416 页;巴纽茵和长根:《十年动乱:中国的文化革命》,第 253—255 页。
② 《人民日报》,1973 年 1 月 1 日。

反总司令部(工总司)将近六年前开了文化大革命"夺权"的先河。

王此时只是一名中央委员,个儿较高,长相够帅气,时年37岁,尚存几许青春与诚挚。他出身于一个贫农家庭,在朝鲜战争中打过仗,随后又被分配到一家纺织厂。对毛来说,这就是说他集工农兵这三种最令人羡慕的社会背景于一身。没人对他说过他为什么被送到首都来,当主席单独接见他并询问他一些有关他的生平和看法时,他感到十分困惑。很明显,他飞黄腾达起来了,因为毛让他去研究马克思、恩格斯和列宁全集——一个远超乎他的可怜巴巴的学历造诣的任务,他也感到极端难以忍受。他还发现很难适应毛的夜猫子似的工作习惯,竟然萌生了思乡情结,打电话给他在上海的朋友们抱怨生活是何其枯燥。然而,到12月底,就在毛79岁诞辰的两天之后,周恩来和叶剑英在北京军区党委会的一个会议上将他作为"主席注意到的一位年轻人"举荐给大家,还补充说推举他这一代人到中央委员会和军委担任副主席职务正是毛的意图。这并不仅仅是毛之角色上的反复无常所致。刘少奇和林彪两人都具备担纲全党的高位。张春桥没有。他过深地卷入了激进派的派系活动(并与江青过于接近),掌握不了党的主流派的忠诚,并且其态度也过于派系化,无法与可能的温和派领导人协同工作。

王是一位外来者,是一匹黑马,由于他一直远离首都的是非之地,并无多少派系色彩。

1973年3月,他开始其执掌权力的学徒生涯的下一个阶段,按照毛的指示,他开始出席政治局会议。除他之外还有两个新入道者:华国锋与吴德。华首次引起毛的注意,是在50年代他担任毛的故乡湘潭县的中共县委书记的时候。文化大革命以后,他已经被指派为中共湖南省委第一书记,旋又移居北京成为谢富治患癌症故去后的代理公安部长①。吴德也继承了谢的中共北京市委第一书记的职位。两人都比王洪文年岁大:华51岁,吴60岁。像王一样,他们都未染上激进派的资质,具有充分的跨越派系界限以建立支持网的中间派色彩。万一毛的基本战略失败,他们就可以充当支撑物。

对主席来说要想将这一切放置稳妥的话,还遗留着一个难题有待解决。4月12日,一位矮小壮实的汉子,蓄着平头并略带一点灰色的短发,出席了人民大会堂的款待柬埔寨国家元首西哈努克亲王的一个宴会,看上去他就像从未离开过那里似的。邓小平这个"党内第二号走资派"一个月前静悄悄地被平

---

① 原文如此。——中文版编者注

反了,并恢复了作为一位副总理的工作。

邓其时年近 69 岁,差不多是王洪文年岁的两倍。他的复出部分地由周的癌症所促成,寻找一个替身的情形紧迫;部分地由于他在 8 月份时曾上书给主席,呈上了一个灵活的呼吁,称赞了文化大革命是"一面极大的照妖镜",揭露了像林彪和陈伯达这样的恶棍(并且顺便提到他本人很想回去工作)。但是,邓复职的基本原因还是毛的清醒认识,就是说,不可能设想王没有一点协助地就去接班。主席的宏大设计是,他们应当一道工作,王领导党而邓领导政府,直到这位年事较幼者在 10 到 15 年后,在这条道上具备了知识经验,羽翼丰满到可以独当一面地治理中国的时刻。毛十分明白的是,邓具备维系军队秩序的声望而王没有;邓有能力使得行政机构保持运转,王还不能。但如果王能够在毛过世前作为其举起党的大旗的继任者的形象被树立起来的话,他的年轻和对文化大革命价值的承诺,初看起来极像是这位主席保证其思想遗产历久而不衰的最大希望了。处于这一目标观察之下的王,在党的十大上被赋予了一种显赫的作用,这是从 1973 年 8 月 23 日到 27 日在人民大会堂十分秘密地举行的一个特别奇怪的简短并只具礼仪性的集会。王主持选举委员会并以周和江青作为他的副手,他介绍了新修订的党章(删除了林彪作为毛的接班人的条款),并且在新的政治局中。出乎党内外人士的预料,他占据了党的阶级组织的第三号位置,仅次于毛本人和周,具有了副主席的职衔。

邓也恢复了中央委员会的位置,尽管在这一阶段中尚未回到政治局中,很显然,这是为了避免转移尊崇王的注意力。他的那一刻还有待时日。

大会还给毛的新公式的骨架赋予了血肉,这就是在他身后将有一个激进派人物和老干部的混合体共同治理中国的一个公式。在政治局和常委会中,在以江青集团为一方与以周恩来和叶剑英为首的老干部为另一方的两个派系之间,有一种大致的平衡。一如邓一样,尚有一批杰出的老干部也被选为中共中央委员。包括曾经在"二月逆流"中将江青与邪恶的女皇帝武则天相比因而大大激怒了她的谭震林;在一场有数以万计的追随者或死或伤的区域性清洗中幸存了下来的内蒙古领导人乌兰夫;以及毛早年在遵义的支持者、后在 60 年代初因其鼓吹对美国和俄国采取温和态度而受到主席黜罚的王稼祥。

是年秋,毛派邓和王洪文去数省区巡视以观其合作工作的情形如何。归来后,邓以其特有的直率告诉毛说,他看到有一种军阀主义的危机。29 个省区中有 22 个省区的党委由现役军人把持。

毛早已得出过同样的结论。1973 年 12 月,他下令对中国八大军区的司令员进行调整。他对政治局和军委说,将来,军事工作与政治工作之间必须有一种更加明确的责任分工,被他形容为"人才难得"的邓小平应该从此时起参加这两委的会议,同时还授予他总参谋长的职衔。

第二年4月,毛选派邓率领中国代表团出席联合国大会,在那里他首次揭示了这位主席的关于国际事务的最新思想,即所谓"三个世界"的理论,在这种理论中,两个超级大国美国和苏联,被视为"第一世界";其他无论是共产主义的还是资本主义的工业化国家,都被视为"第二世界";发展中国家则都在"第三世界"。

两个月后,病势危重的周恩来住进医院接受长期的癌症治疗,毛指派王洪文接管政治局的日常工作,邓小平主持政府工作。

这样,到1974年6月时,主席已经将这种政治伙伴关系安顿到位并寄希望于他们在他身后继续他的工作。这一切都还是高度临时性的。邓甚至还不是一名政治局委员。王的政治存在仅只仰仗毛对他的创造。事情似乎是,无论如何脆弱,终归还是作为一致意见,最终建立了以前曾经两度离毛而去的有序接班的安排。

然而,这一安排终于再一次演化为一纸空文。

毛的安排在逻辑上的致命缺憾,源于他对激进主义与理性二者的矛盾推动所刺激起来的紧张状态的看法。只要有着他本人的亲手督促——一如他在1973年和1974年时之所为的那样——反映这种意识形态冲突的领导层内的敌对双方,可以勉强在一种不安定的联合状态中一道工作。但是,倘若一旦有所掣肘,他的身体状况也意味着他不会常常到场以施加他的权威,两个集团就会变成临战的敌对派系。

并非如毛期望的那样,王和邓两人都卷入了这种对立的斗争,而不是超然于其上。

如同往常多次发生的那样,又是毛本人去选择地形。1973年5月,他对一次中央工作会议提议说,应发动一项批判孔夫子(此人当然已于2500年前去世)的运动。前提是,林立果曾经将毛比作"焚[孔夫子的]书坑儒"的秦始皇。一般而言,毛欢迎这种比较。但这一回,他选择将此解释为这样一种意义,即林彪及其党羽,既然他们反对秦始皇,他们就都是孔夫子的信徒,因而也就是这位圣人在其论述中所称颂的那种封建地主制度的拥护者了。然而,事物远不是这样形似而是。将孔夫子与林彪联系在一起,是毛此时正在玩弄的那套"指桑骂槐"的老戏法。新运动的真实目标既非孔夫子亦非林彪,而是周恩来。

这个运动与周的联系从未公开确认过。然而,那年夏天在与王洪文和张春桥的一次会面中,毛曾经抛出过一个露骨的暗示,他反复重申批孔的必要性,并且几乎是在同一瞬间,他喃喃地抱怨说,外交部不与他共商"大事",并说如果像这样继续下去的话,"势必出修正"。该部是周的管辖范围。一年前就是在那里,这位总理曾说过要反对极左。毛对此尚未释怀。反孔运动是其警告周的方式,并借以暗示其他老干部,切莫做出任何进一步的质询文化大革命成就的尝试。

在总理患病日趋严重时,对他的这种攻击耗竭了他的元气。1973 年 11 月当基辛格第六次访问中国并来到北京时,他发觉周已是"毫无特色的医疗试验品"了,旧时的机敏睿智已不复存在。在他们就台湾问题的讨论中,基辛格随后写道,他第一次感受到设想中美关系正常化而无须华盛顿与台北之间的正式破裂的一种意愿(毛第二天似乎表示了批准的一种印象)。然而,他们所交换的某种东西——精确地说是什么,中国的副本并未加以明确①——导致了出席会谈的两位外交部官员(毛的侄孙女、外交部部长助理王海容和该部的美洲及大西洋洲司司长唐闻生)向主席报告说,总理已经作出了"未经授权的声明"。毛裁决说,周应受到批判,于是召集了一个政治局会议,会上江青指责周的背叛和他的"迫不及待",这是针对一个处于癌症发展期的病人的一条极端离奇荒谬的指控。于是她号召发动一场与针对刘少奇和林彪的斗争相类似的针对周的全面的路线斗争。

在此关头毛干涉了,他对周与王洪文说,她自己(指江青)才是迫不及待。周犯了错误,毛指出,但他的立场是可靠的。

然而此后不久,总理就放弃了外事工作的责任(移交给了邓小平),于是"批林批孔"运动到此时为止业已受到相对的控制,成为了一场轰轰烈烈但却是泛泛的全国运动。

对毛来说,运动的目的是不变的:反击修正主义和保卫文化大革命成果。对江青及其党羽来说,这是贬低总理的一种手段——因此也是防止邓小平兴起的一种手段,激进派此时已经将邓视为他们在毛死后夺取权力的主要障碍。

结果是一场牵强附会的借古讽今,还伴随着打着毛的"反潮流"的训示对

---

① 口述资料。

周的政策的小规模攻击,而且都是在一些象征性事件的基础上,例如一名学生交空白答卷以抗议对学术标准的重新强调。目的是以毛在七年前动员起红卫兵的"造反有理"的方式来煽动新的一波不安定,这一口号已经成了一种有效的威胁,有报告说一些地区已经出现武装冲突。主席发现有必要发表一条指示,给予省级党委维护运动的职责并禁止成立群众组织。

毛对这些将运动诱导到派系琐事上的企图很不满意,1974年3月20日,他正确地认识到江青是激进派行动背后的精神领袖,于是他带有谴责意味地写信给江青说:

> 过去多年同你谈的,你有好些不执行,多见何益……我重病在身,八十一了,也不体谅。你有特权,我死了,看你怎么办?……请你考虑。

毛谈及他的健康不佳,是对一年前尼克松访问以来他的失落感的一种不太显眼的承认。他已然失去了十数公斤的体重,衣服吊在他瘦削的肩膀上,整个身体都萎缩了。最起码的身体活动也使他疲劳不堪。在他仅需驱车三分钟去人民大会堂参加中共十大的路上,也得将氧气瓶装置在车上以备急用。在他房间里装了氧气瓶,甚至在他说话的讲台上也装了氧气瓶。他控制不住地流口水。他的嗓音很小,口齿不清,说出话来旁人几乎无法理解,连对他很熟悉的人也听不懂。

基辛格回忆起他每表达一个想法都需要花费很大努力:"言辞似乎很不情愿离开他的躯壳,它们从他声带上像阵风一样不时弹射出来,每弹射一次似乎都需要重新积聚体内的能量,直到集合了足够的力气以发射又一轮尖刻的申述。"[1]

随后毛的眼神开始暗淡了,诊断出了白内障。到1974年夏,他差不多失明了,仅仅能辨认举在他眼前的一只指头,直到一年后的一次手术才使他恢复了右眼的部分视力。

他的精神失调使得他越来越孤寂。

然而,就连在毛的体质日衰之中,随着他在接下来的几个月当中在处理邓小平和王洪文问题上的翻云覆雨般的变化,他还在挥舞着不受约束的权力。

---

[1] 基辛格:《白宫岁月》,第1059页。

他的年轻的上海被保护人,不是去努力建立自己在领导层中的独立力量,而是愚蠢地(倘若不是由其背景所决定的话)与江青和激进派集团的其他人勾结在一起,狼狈为奸,很使毛感到厌恶和愤怒。

1974年7月17日那天的一次政治局会议上,主席重申了对他妻子的不满态度,他说她"不代表我,她代表她自己",他第一次指责王和其余的激进派组成"四人小宗派",①这随后被演变成"四人帮"——人们熟悉的称呼。

随后他立即离开北京去武汉和长沙,并留在那里度过了余下的秋冬两个季度。在这当儿,他的医生们发现,除去他已知的所有的病症——这其中包括褥疮、肺部感染、心脏病以及缺氧症(血液供氧不充足)——外,毛还患有罗格里格氏症,这是一种罕见的、无法治愈的精神失调症并诱发咽喉与呼吸系统疾病。医疗组估计他至多还能活两年。他们的诊断没有告诉毛。但他的日渐衰弱肯定已经使他明白,如果他打算对他的接班人做进一步调整的话,当然是越快越好。

决心既已下定,事情就办得很迅速。

10月4日,毛指定邓小平担任第一副总理,使他成为了周的正常接班人。江青勃然大怒,在两星期后的一个政治局会议上,她带着她那一伙人对邓小平的外交政策发动了协调一致的进攻直到后者站起身来拂袖而去。第二天,王洪文飞到长沙通知毛说,他是秘密地代表江青、张春桥和姚文元来的,没有提及政治局其余人,因为他们可能与邓和周恩来的活动有关联。他们感觉张春桥更适宜领导政府而不是邓。宣称生病的周,正在与其他老干部领导人一起策划阴谋,创造一个篡权的气氛,就像1970年在庐山时那样。

如果毛需要他的指定接班人是个傻瓜的证据的话,王这回干的可是再好不过了。他受到一顿臭骂后被打发回去,还被警告说将来再不可接受江青的误导。

接下来的两个半月里,毛的妻子在三次以上的场合中都试图劝说他,邓是一种不利因素,他应当转而提拔她的党羽,但唯一的效果就是让这位主席更加铁了心。他决定不光要提名邓担任高层副总理,还得让他拥有党中央和军委的副主席职位,并进一步确定他为总参谋长。毛确认说,江青有野心,她自己想当党的主席。"不要由你组阁(当后台走板)。"他对她说,"你积怨甚多。"相

---

① 彭成编:《中国政局备忘录》,第42—43页;《中国共产党历史大事年表(1919—1990)》,第364页。

反,他称赞邓是"政治思想强,人才难得"。①

1975 年 1 月初,毛的决定得到一次中央全会的认同,这是周恩来主持的最后一次会议。这次会议是一个分水岭。从那时起领导层会议就不再由周或王洪文主持,而是由邓主持了。

从所有这些暗示和提议来看,毛已然放弃了王。

他还没有彻底放弃一个联合领导班子的主张。但是这位年轻的上海激进派在其中已经没有了位置;他表现得过于愚蠢了。江青同样出了问题。11 月份在她派人送给主席的一份检讨中,她写道:"头脑昏昏,对客观现实不能唯物地正确对待。"②毛表示同意。她是忠实的,但却野心勃勃,不够资格——而且好得罪人。他曾有一次对如堕五里雾中的亨利·基辛格说,中国是一个穷国,但是"我们过剩的东西是女人"。如果美国想进口一些,他会很高兴的,那样他们那里就会出乱子,而让中国安宁起来。③ 1975 年 1 月,毛已经绝无幻想,江青,对于任何接班人的计划安排,她都是个看上去有好处但实质上却会导致毁灭性结果的人,故而她是绝对不会有份的。

那么剩下的只有张春桥了。但毛对张的怀疑却是导致他一开始提拔王洪文的原因。然而,总得找个什么人充当邓的制衡力量。于是,张被指派为第二副总理和解放军总政治部的主任。

新政府的组成和国家职务的恢复④,"文革"后的五年正式告一段落,并引导着毛的思想转到经济上。在这一过程中,他重新对修正主义的危险性做出反应,援引了列宁的名言,"小生产会滋生资本主义……每日每时,连续不断"。⑤ 这又引发了对农民的自留地和农村集市贸易的新一波破坏行动。然而,毛还是说得很清楚,重点是"团结、安定和发展"。在他的支持下,周恩来对全国人大提出一个争取"在本世纪内,全面实现农业、工业、国防和科学技术的现代化,使我国国民经济走在世界的前列"的规划。⑥ 在李先念和叶剑英的支

① 《中国共产党历史大事年表(1919—1990)》,第 365 页;严家其和高皋:《动荡的十年:文化大革命史》,第 445—448、455—459 页;《光明日报》,1976 年 11 月 12 日;叶永烈:《王洪文兴衰录》,第 413—415 页;郝梦笔和段浩然编:《中国共产党六十年》,第 638 页。

② 严家其和高皋:《动荡的十年:文化大革命史》,第 445—448、458 页。

③ 基辛格:《动荡岁月》,第 68 页。

④ 唯一的例外是国家主席的职位,在新宪法中这一职位是废弃了的。取代的办法是,国家元首的职能由人大会议的委员长执行。从 1975 年 1 月起直到毛的去世时止的 18 个月当中,在此职位上的是朱德。

⑤ 《中国共产党历史大事年表(1919—1990)》,第 365 页。

⑥ 《中国共产党历史大事年表(1919—1990)》,第 366 页。

持下,邓用去以下的十个月时间努力不懈地去把这个目标付诸实施。江青及其党羽阻挠他的努力,但是毛不为所动。

批林批孔运动淡化了。周病入膏肓,已经不值得让激进派在他身上花费时间了。

相反,张春桥和姚文元发动了一场新的反对"经验主义"的运动,这是针对邓强调解决实际问题而不注重政治思想的一个术语。但是毛讥讽他们说,他们"对马克思列宁主义知之甚少",宣称教条主义同经验主义一样恶劣,而真正成问题的是修正主义,其中就包括这二者。[1]

1975 年 5 月 3 日,就在毛从长沙回到北京之后不久,他当着政治局的面斥责激进派,说他们结成"四人帮",并将他们的所作所为与他的老对手王明的行为做了对比。他还不祥地重复了清洗陈伯达之前在庐山时发出的警告:"要马克思主义,不要修正主义;要团结,不要分裂;要光明正大,不要搞阴谋诡计。"[2]

当年夏天是激进派厄运中的低谷期。

5 月末与 6 月,江青及三个党羽,按照毛的指示,都在政治局里做了检讨。差不多同一个时候,毛获悉罗克珊·维特克,一位最具美国女性气质的汉学家,正预备在她本人约莫三年前进行的数次采访的基础上写一本有关江青的书,而这种采访事先并未得到毛的授权。这又一次使他勃然大怒。"孤陋寡闻,愚昧无知。"他嘲骂说,"撵出政治局,分道扬镳。"身患癌症奄奄一息的康生听到了毛的话后,给这位主席写了一封信。声称他发现了江青和张春桥两人都是 30 年代国民党在上海的特务的证据。但是没人敢递送这封信。[3] 康不久后便死了,周又当面对毛说起,毛只说:知道了。

然而,江青要不挺到底的话就玩完了。她清楚,毛尽管如此行事,但她和她的激进派同伙们却是他可以相信的仅有的几个在他身后能够保持文化大革命火焰不至熄灭的人。他可能诅咒她,但他也需要她。

---

[1] 巴纽茵和于长根:《十年动乱:中国的文化革命》,第 281 页,第 282 页;加德纳:《中国的政治及其对毛的继承》,第 106 页。

[2] 巴纽茵和于长根:《十年动乱:中国的文化革命》,第 282—283 页;彭成编:《中国政局备忘录》,第 50—51、56 页。

[3] 拜因和帕克:《龙爪》,第 405—407 页。康生显然知道他的这封信还没有送给毛。1975 年 10 月,在他去世前的几周,当他的病情得到暂时的缓解时,他最后一次见到了毛,但他并没有向毛提到他的"发现";到这时,江青的政治处境已经有所改善。据说 1976 年 4 月外交部长乔冠华对毛说,康生"造谣中伤"江青和张春桥,但他也没有作出详细的说明。

9月,激进派发动了进一步的试探攻击,以显示邓的现代化的努力违背了毛的"无产阶级革命路线"。是夏,主席用去数星期时间聆听旁人为他朗读他最心爱的小说之一——《水浒传》。小说描述了一伙强盗——"梁山泊一百单八将"——劫富济贫的业绩,其首领宋江,最后背叛了他的恩主晁盖,接受了皇帝的招安。毛曾经评价说,宋江是一个修正主义者,该书的价值就在于他对投降主义的描写。

这成为又一波声势滔滔并深奥难解的大辩论的话题,表面上是学术性的文章,却隐含着这样的意义,即邓的恢复经济秩序的努力是对资本主义的投降和对文化大革命的背叛。江青在一个月后的一次会议上的发言,把运动推向高潮:"宋江架空晁盖。有没有人要架空毛主席?我相信有!"

这位主席在她讲话的文本上手书:"放屁!文不对题!"并下令禁止分发。①

然而,潮流却正在转变。尽管有着毛对激进派正在苦心经营的辩论的轻蔑反驳,他对邓走得过远也正在变得越来越关注。邓对改善生活水平强调过多,对阶级斗争强调不够。9月底,主席的侄子毛远新替代了王海容,接管了负责毛与政治局联络的官员一职。此举是出于这样一种畏惧,即主席一旦不在人世,无力防止邓小平放弃文化大革命及其价值的计划,而这可以作为一种迂回曲折的方式来加以防范。

邓本人嗅到了这种变化的情绪。"有的人无非说你……搞复辟,搞倒退嘛……他说他的……打倒一次还怕打倒第二次?!如果把工作搞好了,再打倒也没有关系。"②毛的一班人也注意到了这一变化。当月,这位主席变得焦虑和易怒。

最后,一个小的偶发事件触发了危机。毛请邓主持一次评价文化大革命的政治局讨论会议,会上他将用他通常扳手指头计数的方式,说是有七分成绩和三分错误。邓却礼貌地加以回绝,表面上的理由是因为大部分时间他都"不在位",但是,毛立即意识到,实际上是因为他不希望卷入这样一种将文化大革命置于积极意义上的评判之中。毛对此事再未直接提及。但随后他就对他侄子说:"一些同志,主要是老同志……对文化大革命两种态度,一是不满意,一

① 彭成编:《中国政局备忘录》,第57页。
② 巴纽茵和于长根:《十年动乱:中国的文化革命》,第280页。

是要算账。"①

至此,只需一小步就可以让毛宣布"走资派还在走"了。

在清华大学里的一场似无关联的辩论——那里的党委书记是江青的一个党羽——导致了毛对邓的指责,说在攻击激进的教育政策的借口下他对那些人的支持,实际上"矛头是对着我的"。11月底,毛的看法被传达到政治局和军委的一个会议上,这个会议是由公安部长华国锋主持的,他是高层领导人中为数不多的既不属于激进派又不属于老干部派系的人之一。按照毛的指示,会议传达了"有些人总是对文化大革命不满意……总是要算文化大革命的账,总是要翻案"。② 这是一场以邓为主要目标的反击"右倾翻案风"新运动的信号。

年底,新路线的一些迹象已经见诸报端,邓被剥夺了一切职务。至此,毛的接班人战略再次崩溃了。王洪文是弱不禁风的墙头芦苇,而邓总是在搞他自己的一套,二人都经证明是不值得信任的。

当此关头,周恩来去世了。

如同一些长久期待的事件一样,一旦到来,便具有深刻而直接的反响。从政治上说,新总理的挑选刻不容缓;从感情上说,从周去世的消息传播开去,民众倾注了极大的悲哀——犹如犬儒哲学中的洪水闸门,即自从文化大革命以来,一直禁锢着的真正的民意,突然间迸发出来——成为一个标记附加在周个人身上,这一标记是对人们认为的他所代表的价值和他所推行的政策的认同,而国家在此危急关头却漠视他。从 1976 年 1 月 9 日在广播电视上宣布他去世消息的那天开始,北京人胸前戴着白色纸花,抬着花圈来到天安门广场前的人民英雄纪念碑前,自发地表示敬意。两天后,当灵车载着他的遗体去火化时,有 100 万人排列在街道两旁,最后一次向他道别。

毛再也没有一点对于周的个人感情,对他的死也无任何表示。新闻媒介的报道被限制在最低程度上,不鼓励工厂和单位举行纪念集会。

1 月 15 日在人民大会堂的追悼仪式上,邓被允许致悼词,但这将是他最后一次公开露面了。毛病得太重无法出席,这也省却了他选择回避的麻烦,他

---

① 严家其和高皋:《动荡的十年:文化大革命史》,第 480 页,第 479 页。也可参见王年一:《大动乱的年代》,第 560 页。

② 严家其和高皋:《动荡的十年:文化大革命史》,第 471—472 页;巴纽茵和于长根:《十年动乱:中国的文化革命》,第 285—286 页。

转而送了一只花圈。

下一步是提名总理人选。大部分国民人口,包括世界上其他人士,尚不知晓一场新的运动正在酝酿中,都相信并期待邓的被提名。消息灵通一些的激进派则寄希望于张春桥的被提名。

此二人都未被毛选中。

1月21日,他通知政治局说,他打算指定华国锋。

然而,主席还是谨慎地推进着。当2月3日公开宣布华的提升决定时,这还只是在一种代理的基础上。邓在表面上还是第一副总理。尽管将邓作为一名"死不改悔的走资派"进行批判的一场大规模运动正在暗中筹划着,他还没有被点名成为运动的目标——毛也明确地说他将邓的案例看成是"非对抗性的",就是说他尚可挽救。华、邓和激进派是接班人公式中的各个部分,但是在1976年最初的几个月中,毛还没有精确地决定他们如何一起相处。

对邓来说,是年春天,有一种捉摸不定的神秘空气。十年前,在文化大革命开始的几个月中,他曾经处于与现在极其相似的地位,从名义上说,他还是政治局的一位常委,也处在激进派的激烈攻击之下,而毛也还是不可思议地和如讥似讽地将他的命运操持在自己手中。然而,这一次却有着一个关键的区别。1966年时,毛还精力旺盛,雄心勃勃地驾御着一场旨在一举改变中国面貌的大动荡。而在1976年时,他仅仅是一息尚存了。

主席的思维还是清楚的。但他已经不能不靠帮助站立起来了,他的右半身部分麻痹,已经不太能够说话。

2月时访问了中国的尼克松,写下了这样的话,当他发出"一系列单音节的咕噜声和呻吟声"时,"看着他真是一种痛苦的事"。[1] 张玉凤懂得这种唇语。但天气恶劣时连这也于事无补,毛不得不把他的思路在一张纸上草草写下来好让她掌握他的意思。以后她曾生动地描绘了一番他们庆祝他的最后一个中国新年的情景:

> 毛主席这里没有客人,也没有自己家的亲人,只有身边几个工作人员陪伴着,度过了他生命的最后一个春节。年夜饭是我们一勺一勺喂的。此时主席不仅失去了"衣来伸手"之力,就是"饭来张口"也

---

① 理查德·尼克松:《角斗场:胜利、失败和新生的回忆》,纽约,西蒙和舒斯特出版社1990年版,第362页。

十分艰难了……饭后，我们把他搀扶下床，送到客厅，他坐下后，把头靠在沙发上休息，静静地坐在那里。

　　……远处的鞭炮声，使他想起红军燃放鞭炮的情景。他用低哑的声音对我说："放点爆竹吧。"……毛主席听着这爆竹声，在他那瘦弱、松弛的脸上露出了一丝笑容。①

　　毛的去世可能仅在数月之内，意识到这一点使邓坚定了立场。此时，就在1966 年秋他承认错误并作了充分检查的地方，他对他的指控者们表示了轻蔑。3 月召开的一个批判他的政治局会议上，他摘下了助听器并拒绝回答，声称他听不到他们说什么。

　　僵局终于被那些为毛一直声称的推动历史前进的真正的英雄——群众——打破了，但他却更常常忽视他们的愿望。他们已经不再是文化大革命之前的那些顺民了。连续性的奉旨"造反"与"反潮流"终于成功地摧毁了中国人世世代代习以为常的盲从权威的传统。

　　经过一段时间使人思想麻痹的宣传运动、让人精疲力竭的政治运动和让人读不下去的报纸新闻的折磨之后，对很多人来说，周恩来已经成了一位真正受喜爱的英雄。精确地说，人们更加予以珍视的并不是因为统治者将他强加于人，而是因为他以其个人拥有的功绩在人们心中赢得一席之地的结果。1976 年春天，中国广泛流行着一种愤懑情绪，对新闻媒体给予他的葬礼的草率处理以及官方在追悼形式上的简略态度深感不平，其结果是一场自发的运动。它肇始于 3 月末，到 4 月初在追念亡灵的清明节那天以表彰其功绩的方式纪念他。作为一种预防措施，激进派下令关闭他被火化的公墓，官方也不鼓励任何纪念活动。

　　点燃这一堆暴烈干柴的火焰是由上海的一家报纸《文汇报》提供的，据称按照张春桥的指示，该报 3 月 25 日在头版上刊载了一篇影射攻击周一直是一个走资派的文章。

　　这引发了长江流域数城市的示威活动。在南京，数百名学生打出了攻击张春桥和尊崇毛的第一个妻子杨开慧的标语，无疑这是对江青的一种微妙的心理嘲讽。这些标语立即被覆盖起来，肇事者被控"反革命复辟罪"。官方媒体被禁止提及该事件。但是学生们又到火车车厢和长途客车上去涂写标语。

---

① 张玉凤：《毛泽东周恩来晚年二三事》，载于《炎黄子孙》1989 年第 1 期。

3月31日,有关他们行动的消息传到北京,在那里一些非官方的纪念点在天安门广场上已经处于最活跃的状态。从那时起,颂词和诗篇越来越带有敌意,所攻击之处不仅有"疯女皇"江青及其"狼豺"同党们,而且还有毛本人。市政当局宣布禁止摆放花圈,但受到漠视。到4月4日清明节当天,成千上万只纪念周的花圈摆放在那里,形成了一个高达十多米的小山丘,把整个人民英雄纪念碑的底座都埋了进去。黄昏时分到广场上去的人估计已达200万之多。

当晚政治局也召开碰头会。邓缺席,他的主要盟友叶剑英、李先念和广州军区司令员许世友等也未到场。数名发言者,包括北京市长吴德在内,都指责邓煽动动乱。这是不真实的。但它反映了一种意识,即毛的健康如此危在旦夕,如果这一纪念活动的势头继续下去的话,公众对周及其政策的支持浪潮将会无法估量地加强邓的地位。出席会议的人中谁都不希望这样。因此会议议决,示威活动是"反动的",花圈应当挪走,连夜清空广场。

第二天一大早,一群多达数万名面色忧郁的抗议者集合在人民大会堂外侧,要求归还花圈。随着那天的即将过去,他们的情绪也变得恶劣起来。一辆警用敞篷车被掀翻,几部吉普车和其他一些交通工具着了火。一座警察用来做指挥岗位用的建筑物也被焚毁。下午6时30分,吴德通过有线广播系统发表广播呼吁,敦促人们散开。很多人走开了。但是还有一千名左右意犹未尽者留了下来。三小时后,探照灯突然打开,随着广播喇叭播放的进行曲声,警察和军队开了进来,并逮捕了数百人。

当天晚上,政治局再次召集会议,认为发生了"一起反革命事件",邓小平应对这一事件负责。

两天后,毛传达下他的决定。

这场骚乱被指控为"一起反动事件"。邓被剥夺了所有职务,但还保留了党籍"以观后效"。毛明显地不愿完全放弃对有朝一日还可以使用的一个有用角色的希望。邓本人其时已经从北京溜到广州潜藏起来,他在那里一直逗留到秋天,在许世友的保护下安然无恙,尽管激进派一直在努力寻找他的下落①。

但是最重要的决定还是,华国锋被批准为总理兼党的第一副主席。毛的决心终于下定。华成为他的第四位,也是最后一位被选定的接班人。

三星期后的1976年4月30日,主席以一个胡乱涂写的六字短语形式颁

---

① 伊文斯:《邓小平和当代中国的建立》,第212—213页。实际上邓一直住在北京。——中文版编者注

发了新的安排,这句话是"你办事,我放心",华国锋以后将援引这句话作为他的合法性的根据。[①]

接下来的四个月是一张死亡时刻表。

5月12日,在与新加坡总理李光耀的一次简短会晤后,毛受到一次轻微的心脏病的袭击。他康复过来,两星期后又接见了巴基斯坦总理佐勒菲卡尔·阿里·布托,时间只有几分钟。但是他看上去很疲倦,半睁着眼,表情木然。随后他决定不再会见外国领导人。6月末,他又犯了一次心脏病,这一次要严重些。随后到7月6日,朱德去世,享年89岁。三星期后唐山发生大地震,百万市民中有1/4的人死亡。北京也有震感。毛被人用担架床推到附近的一处据说是抗地震的更加现代的建筑物中去了。

那年夏天有一次,可能是在6月里,毛召见了华、江青和另外几位政治局委员到他的病榻前来。在那里他对他们说道,犹如递交最后一张遗嘱:

> 我一生干了两件事,一是与蒋介石斗了几十年,把他赶到几个海岛上去了……对这些事持异议的人不多……另一件事你们都知道。就是发动文化大革命。这事拥护的人不多,反对的人不少。这两件事没有完,这笔遗产得交给下一代,怎么交?和平交不成就动荡中交,搞不好就得血雨腥风了,你们怎么办,只有天知道。[②]

随着其生命力的日渐衰减,毛对文化大革命遗产将会完好无缺地保存下去已经不抱多少幻想。以其心意而论,他希望如此。但其理智清澈见底地告诉他,即便其中某种东西得到挽救,然而其幻想的精髓却注定与他一同毁灭。江青以她的骄狂自大和愚昧无知,还要向他保证一定能够发生。

毛给予了激进派以有力的支持。他们的主要敌手邓小平已经被扳掉。他的同党叶剑英虽然还是国防部长,也已经失掉了对军委的日常控制权。

但是江青与张春桥苦心孤诣地经营他们自己的权力与地位,对任何一种策略上的联盟了无兴致。江视自己为党的主宰人物,一位继承毛正统的红色女皇,就像两千年前汉代继承汉高祖刘邦之正统的吕后那样。张将成为她的总理,王洪文为国家元首。华这个"马林科夫一类的小人物",如她以后苛刻地

---

① 麦克法夸尔编:《中国政治:毛邓时代》(第2版),第305页。
② 王年一:《大动乱的年代》,第601页。

称呼他的那样,只不过是他们实施计划的一个障碍物罢了。整个夏天,毛已病入膏肓,无暇顾及她在干些什么,只好听之任之了,而她却在处心积虑地挖他的墙脚。

这就促成了华投入到她的对手的怀抱。7 月,江青在国务院计划工作会议上攻击了他以后,他与掌管领导人安全的中央警卫团头子汪东兴探讨摆脱掉她的可能方式。叶剑英也与聂荣臻元帅及一群高级将领们磋商同样的话题。

他们不约而同地得到同样的结论:只要毛还活着,就不能有任何动作。

9 月 2 日,主席大面积心脏病突发。8 日夜晚,政治局委员们渐渐地集合到毛的病榻前。当叶剑英打算离开房间时,张玉凤把他叫了回来。毛的眼睛睁着,他试图说话,但是只有干哑的声音。三小时后,刚过了半夜,也就是 9 月 9 日凌晨,心电图描记器所追踪的线条变成了水平线。

尾声

　　当北京电台广播这则消息时，引起了震惊与忧惧，但不是悲痛。也没有任何像周恩来的去世所标志的那种情感的宣泄。一位巨人的消失并没有带来任何个人的空虚感。

　　然而，历史极少一丝不露地包叠起它的作品。毛遗留下了未竟的事业。10月6日，星期三的晚上，就在毛的去世恰好四个星期之后，华国锋召集了王洪文、张春桥和姚文元出席在人民大会堂的一次政治局会议。

　　王首先抵达，发现华国锋与叶剑英正等在那里。随着王的到来，守在屏风后面的汪东兴中央警卫团的四名战士跳出来将他抓住。华宣读了一份简短的声明："你们加入了一个反党反社会主义的联盟，妄图篡党夺权。你们的罪行是严重的。中央决定对你们实行隔离和全面审查。"随后张春桥和姚文元也以同样的方式遭到逮捕。一小时后，江青也在中南海遭到逮捕，她是在毛逝世前不久带着一班人赶回北京的。①

　　四个人中没有一个试图拒捕。在将他们逮捕后也没有出现任何骚乱。在毛去世不到一个月的时间里，他的伟大试验便告终止了。

　　这恰恰就是一幅自60年代初以来一直萦绕在他心头的一种前景，那时他首先是从怀疑刘少奇开始的。但当时他仍然坚信，无论道路有多么曲折，共产主义的最后胜利还是不可避免的。他对中央委员会说："如果我们的儿子一代搞修正主义，走向反面，虽然名为社会主义，实际是资本主义，我们的孙子肯定要起来暴动的，推翻他们的老子，因为群众不满意。"②四年以后，即1966年

---

① 刘武生编：《中国党史风云录》，中央文献出版社1990年版，第439—440页。
② 施拉姆：《毛泽东未发表文稿》，第190页。

时,他的希望减退了。如果右派在他死后上台的话,他以后写道,他们的政权将"很有可能"是短命的。"右派可能利用我的话得逞一时,但是左派也会利用我的话将他们推翻。"①在他的晚年,就连这种信念也渐渐远去了。

就某一层面而言,毛的预见性是超人的。在他死后的两年里,实际上存在着一场"舌战",这是由华和汪东兴领导的"文革"的受益者们利用毛的著作击退同一运动的元老派牺牲品们的努力,以争取对已故主席思想遗产的控制权。对于邓小平的复位,华国锋只能将之推迟,却无力加以阻止。

毛唯一没有搞对的就是群众的反应。远远不是起来造资本主义的反,中国人民中绝大多数人的反应是以抑制不住的快乐心情响应邓的新政策。

政治上的失败者们也没有完全消失在被遗忘的角落。华国锋和汪东兴尽管反对过邓小平的复位,也还算是光荣退休了。江青1995年自杀了。但她的同党姚文元,在服刑15年之后被释放,并被允许回到他在上海的家中。陈伯达和其他"文革"中的智囊团人物也都如此,包括极左的"五一六"集团的所谓头目们。中国还不算一个民主国家,但它却成了越来越活跃、越来越宽容的地方。而在毛的时代升起的恐怖大幕却窒息了哪怕是一星半点的自由火花。

在这种情况下,就在毛所做的大量工作正在被推翻并暗中受到指责的地方,他的接班人们发现,对他的历史作用作出评判却殊非易事。经过大约一年的讨论,1981年,中共中央委员会表决通过的一项决议指出,尽管有着"文革"期间的"重大失误","他的成绩却是首要的,错误只是次要的",比例是三七开,这是毛本人用在斯大林身上的扳着指头计算的方法②。"三七开"的公式倒是适应了党的需要。它允许邓小平和其他毛的旧部批判毛的政策中那些他们所不喜欢的任何部分,而不需要冒犯共产党统治的正统地位。

中国从来都是自我评估的。在放弃了意识形态之后,中共无法允许自身忽略其缔造者的神秘迷雾这样一种奢侈。

将政治上的束缚撂到一边,对把中国从其中世纪的迟钝状态扭转过来,并迫使它进入一个现代民族国家的雏形之中的那个神像的评价,是一个极其艰巨的任务。

毛的同时代的伟人罗斯福、丘吉尔和戴高乐等人的成就,是用他们相互间的历史地位加以衡量的。就连斯大林也是在列宁所取得成就的基础上建立起自己的成就的。而毛整个一生的作用,尚待更深的探究。他是同整个欧洲差

---

① 郭华伦编:《中国共产党机密文件》,第57页。

② 《关于中国共产党历史的决议(1949—1981)》,牛津,培格曼出版社1981年版。

不多大小的土地上居住的约四分之一的人类的无可争辩的领袖。他掌握着只有中国历代的那些最威严的皇帝才能与之相比的权力,在中国历史上短短一代人的一个时代里所发生的浓缩了的变化,需要西方用几百年的时间才能完成。毕毛之一生,中国从半殖民地跃升到一个大国的地位;从经济上的自给自足到社会主义国家;从遭受帝国主义强盗劫掠的牺牲品到联合国安理会的常任理事国,并完成了氢弹、监控卫星和洲际弹道导弹的研制。

毛具有多方面的卓越才能:他是幻想家、政治家、天才的政治军事战略家、哲学家和诗人。外国人或许会嗤之以鼻。唐诗的伟大翻译家亚瑟·瓦利在一篇值得纪念的短文中,描述毛的诗词"不像希特勒的画那样糟,也不像丘吉尔的画那样好"。而另一位西方的艺术史学家对其书法评价说,"初看上去惊世骇俗,却透露出一种华而不实的自尊自大,达到了傲慢无礼的程度,假如还不算是放纵的话……[也]丝毫不顾运笔的传统章法",并且"基本上是不相关联的"。① 多数中国学者不能同意这种说法。毛的诗,就像他的书法作品一样,抓住了他的那个时代痛苦的、无法平息的那种精神。

① 格雷米·巴尔姆:《毛的阴影》,纽约,阿芒克,夏普出版社1996年版,第34页。

参考书目

关于参考书目

　　20 世纪 70 年代以来,大量有关毛的生平及其时代的新材料开始在中国国内出现。其影响有两个方面:首先,这在很大程度上宣告了在毛去世之前的西方著作中被普遍接受的对中国政治的解释失去了效力;第二,由于这些新的研究资料很少被翻译出版,因而要想准确地反映毛的性格特征及其政策的特点,必须大量依靠中文资料,1960 年以前时期的研究尤其如此。虽然中国官方目前已经给予了党史研究者们使用以前被封闭的档案的机会,但对于从 1966 年至 1976 年与现行政策完全相左的毛的政策的这最后 20 年,则仍然持极为谨慎的态度。与此相反,最近西方学者已经把研究的重点放在了 1960 年以后的时期。在本书注释中,所引用的英文参考资料都是现有所能找到的可靠的译本或第二手资料。①

引子

逄先知主编:《毛泽东年谱(1898—1949)》上卷,人民出版社 1991 年版,第 1 卷。

中共中央党史研究室编《中国共产党历史大事年表(1919—1990)》,外文出版社,1991 年版。

马齐彬、黄少群和刘文军:《中央革命根据地史》,人民出版社 1986 年版。

国防大学党史政工教研室编:《长征新探》,解放军出版社 1986 年版。

---

①　在本书的这次修订中,标注引文出处和资料来源的注释,或对正文内容有补充作用的注释,均用脚注的形式放在了前面正文页下位置。这里列出的,是脚注之外的各章的参考书目——本版编者注。

奥托·布劳恩(李德):《中国纪事》,伦敦,赫斯特出版社1982年版。

杨炳章:《毛在权力之路崛起的一步——遵义会议》,《中国季刊》第106期。

辜正坤主编:《毛泽东诗词》,北京大学出版社1993年版。

李维汉:《回忆与研究》,中共党史资料出版社1986年版。

《文献和研究》1985年第1期。

卡姆佩恩:《遵义会议和毛在通往权力之路上的更进一步的崛起》,《中国季刊》117期。

第一章　儒门少年

德克·博德,《北京的年俗和节气》,北平,亨利·维奇出版社1936年版。

埃米·萧(萧三):《毛泽东的青少年时代》,孟买,1953年版。

亨利·多尔:《中国迷信行为研究》第1卷(汇集了多达32位各个方面的中国问题研究专家的论文),上海1911年版。

科马克:《中国人的生育和婚丧习俗》,北京,1923年版。

安格斯·麦克唐纳:《农村革命的城市起源》,伯克利,加里福尼亚大学出版社1978年版。

杨中美:《胡耀邦:一个中国人的传记》,纽约,阿芒克,夏普出版社1988年版。

莫蒂默·奥沙利文:《1897年12月14日至1898年3月湖南探险旅行报告》,北华捷报社1898年版。

权延赤:《走下神坛的毛泽东》,外文出版社1992年版。

威尔斯·威廉姆斯:《中央之国》(修订版),第1卷,纽约1883年版。

阿瑟·史密斯:《中国人的特性》,上海1890年版。

斯诺:《红星照耀中国》。

麦克格温:《中国人一生中的起与落》。

加斯特斯·杜里特尔:《中国人的社会生活》,纽约1865年版,第378页。

《中国人的知识宝库》,第4卷。

高达乐和程映湘:《共产主义在中国的崛起》(彭述之回忆录),巴黎1983年版。

弗谢沃洛德·赫鲁勃尼基:《毛泽东的唯物辩证法》,《中国季刊》1964年第16期。

施拉姆编:《毛通向权力之路》第1卷:《前马克思主义时期(1912—1920)》,纽约,1992年版。

《中国人的知识宝库》第6卷。

斯图尔特·施拉姆:《毛泽东》(修订版),哈蒙兹沃思,企鹅出版社1967年版。

周锡瑞:《中国的改良和革命:1911年革命在湖南和湖北》。

《北华捷报》1910年4月29日,1910年5月6日。

萧瑜:《毛泽东和我曾是乞丐》。

第二章　辛亥革命

周锡瑞:《中国的改良和革命:1911年革命在湖南和湖北》。

《北华捷报》1911 年 10 月 14 日。

萧三:《毛泽东的青少年时代》。

斯诺:《红星照耀中国》。

休姆:《东方医生,西方医生:一个美国医生在中国的生活经历》。

施拉姆:《毛通向权力之路》第 1 卷。

《北华捷报》1911 年 10 月 14 日,10 月 21 日,11 月 4 日。

爱德华·马克考德:《枪的力量:近代中国军阀主义的出现》,伯克利,加利福尼亚大学出版社 1993 年版。

《北华捷报》1912 年 2 月 24 日,5 月 18 日。

麦克唐纳:《农村革命的城市起源》。

第三章 军阀混战

周锡瑞:《中国的改良和革命:1911 年革命在湖南和湖北》。

《毛泽东选集》第 4 卷,北京 1967 年版。

休姆:《东方医生,西方医生:一个美国医生在中国的生活经历》。

斯诺:《红星照耀中国》。

李锐:《毛泽东同志的初期革命活动》。

《毛泽东思想杂录》第 2 卷。

桑德尔·狄巴利主编:《中国传统的根源》,纽约,哥伦比亚大学出版社 1960 年版。

罗伯特·斯卡勒皮诺和乔治·伊:《中国的无政府主义运动》,伯克利,加利福尼亚大学出版社 1991 年版。

施拉姆:《毛通向权力之路》第 1 卷。

《北华捷报》1915 年 5 月 8 日,6 月 5 日。

萧瑜《毛泽东和我曾是乞丐》。

马克考德:《枪的力量:近代中国军阀主义的出现》。

《北华捷报》1917 年 9 月 15 日,10 月 20 日,11 月 10 日,11 月 24 日,12 月 1 日。

施拉姆:《毛泽东》。

《北华捷报》1918 年 4 月 6 日,4 月 13 日,5 月 18 日,9 月 14 日。

第四章 "主义"纷争

施拉姆:《毛通向权力之路》第 1 卷。

萧瑜:《毛泽东和我曾是乞丐》。

史沫特莱:《中国的战歌》。

斯诺:《红星照耀中国》。

李锐:《毛泽东同志的初期革命活动》。

乔治·凯斯:《丰饶的年代》,纽约,哈普尔出版社 1952 年版。

大卫·斯特安德:《黄包车·北京》,伯克利,加利福尼亚大学出版社 1989 年版。

德里克:《中国革命中的无政府主义》。

弗里德里克·韦克曼:《历史与意志》,伯克利,加利福尼亚大学出版社 1973 年版。

德巴利:《中国传统的根源》。

斯卡勒皮诺和伊:《中国的无政府主义运动》;彼得·萨罗:《无政府主义和中国的政治文化》,纽约,哥伦比亚大学出版社 1990 年版。

钟文显(音译):《毛泽东:传记、评价、回忆》,外文出版社 1986 年版。

周策纵:《五四运动:近代中国的知识分子革命》。

《北华捷报》1919 年 5 月 10 日,5 月 17 日。

麦克唐纳,《农村革命的城市起源》。

萧三:《毛泽东的青少年时代》。

德里克:《中国共产主义的起源》。

鲁克:《中国布尔什维克主义的起源》。

布朗特利·沃马克:《毛泽东政治思想的基础(1917—1935)》,火奴鲁鲁,夏威夷大学出版社 1982 年版。

《毛泽东年谱(1898—1949)》上卷。

安格斯·麦克唐纳:《毛泽东与湖南自治运动》,《中国季刊》1976 年 4 月第 68 期。

马克考德:《枪的力量:近代中国军阀主义的出现》。

《中国共产党历史大事年表(1919—1990)》。

汉斯·万德温:《从朋友到同志:中国共产党的建立(1920—1927)》,伯克利,加利福尼亚大学出版社 1991 年版。

托尼·塞茨编:《中国共产党掌权:文献和分析》,纽约,阿芒克,夏普出版社 1996 年版。

施拉姆:《毛通向权力之路》第 2 卷。

第五章　共产国际接管

托尼·塞茨:《中国第一次统一战线的起源:斯列夫略特(马林)的作用》第 1 卷,雷顿·比尔出版社 1991 年版。

张国焘:《中国共产党的崛起》第 1 卷。

《毛泽东年谱(1898—1949)》上卷。

李锐:《毛泽东同志的初期革命活动》。

万德温:《从朋友到同志:中国共产党的建立(1920—1927)》。

塞茨编:《中国共产党掌权:文献和分析》。

陈公博:《共产主义运动在中国》。

萧瑜:《毛泽东和我曾是乞丐》。

施拉姆：《毛通向权力之路》第 2 卷。

简恩·柴斯涅科斯：《1919—1927 年中国的劳工运动》，斯坦福大学出版社 1968 年版。琳达·沙弗尔：《毛与工人：1920—1923 年湖南的劳工运动》，纽约，阿芒克，夏普出版社 1982 年版。

威格：《近代中国》第 4 卷。

麦克唐纳，《农村革命的城市起源》。

《北华捷报》1922 年 1 月 14 日，2 月 25 日。

马丁·韦伯和朱利·林英·豪：《革命的传教士：1920—1927 年苏联顾问和民族主义的中国》，哈佛大学出版社 1989 年版。

《中国共产党历史大事年表(1919—1990)》。

塞茨：《中国第一次统一战线的起源：斯列夫略特(马林)的作用》第 2 卷。

韦伯和豪：《革命的传教士：1920—1927 年苏联顾问和民族主义的中国》。

丽迪亚·赫里勃尼基：《米哈依尔·鲍罗廷与中国革命(1923—1925)》，纽约哥伦比亚大学出版社 1979 年版。

高达乐和程映湘：《共产主义在中国的崛起》(彭述之回忆录)。

罗章龙：《中国共产党第三次全国代表大会和第一次国共合作》第 2 部分，《党史资料》1983 年第 17 期。

莱斯·伊文斯和罗素·布洛克编：《列昂·托洛茨基论中国》，纽约，莫纳德出版社 1976 年版。

弗拉基米尔·伊里奇·列宁：《列宁选集》，莫斯科，进步出版社 1966 年版，第 31 卷。

费尔南多·加尔维亚蒂：《彭湃与海陆丰苏维埃》，斯坦福大学出版社 1985 年版。

《中共中央文件选集》第 1 卷，第 2 卷，北京 1992 年版。

金冲及：《毛泽东传》，北京，中央文献出版社 1996 年版。

斯诺：《红星照耀中国》。

韦伯：《国民革命：从广州到南京(1923—1928)》，《剑桥中国史》第 12 卷。

哈罗德·艾萨克斯：《中国革命的悲剧》，斯坦福大学出版社 1961 年版。

尤丁和诺斯：《苏俄与东方(1920—1927)：文件概览》。

罗伯特·诺斯和谢尼亚·尤丁：《罗易赴华使命》，伯克利，加利福尼亚大学 1963 年版。

第六章　马日事变前后

《时代》，1927 年 4 月 13 日，伦敦。

艾萨克斯：《中国革命的悲剧》。

尼古拉·克里福德：《帝国腐败的产物：在上海的西方人与 20 世纪 20 年代的中国革命》，汉诺威，米德尔伯里学院出版社 1991 年版。

布里安·马丁：《上海青帮：政治与组织罪行(1919—1937)》，伯克利，加利福尼亚大学出版社 1996 年版。

韦伯和豪：《革命的传教士：1920—1927 年苏联顾问和民族主义的中国》。

《时代》，伦敦，1927 年 4 月 7 日、8 日、9 日。

《毛泽东年谱(1898—1949)》上卷。

汤玛斯·库欧:《陈独秀(1879—1942)与中国的共产主义运动》,南奥伦治,塞顿哈尔大学出版社1975年版。

《中国共产党历史大事年表(1919—1990)》。

《周恩来选集》第1卷。

诺斯和尤丁:《罗易赴华使命》。

塞茨编:《中国共产党掌权:文献和分析》。

斯诺:《红星照耀中国》。

施拉姆:《毛通向权力之路》第2卷。

韦伯:《国民革命:从广州到南京(1923—1928)》,《剑桥中国史》第12卷。

张国焘:《中国共产党的崛起》第1卷。

麦克唐纳:《农村革命的城市起源》。

李锐:《毛泽东同志的初期革命活动》。

许克祥:《马日事变》,见顿·李:《通向共产主义之路:1912年以来的中国》。

柳直荀:《马日事变的回忆》,见《第一次国内革命战争时期的农民运动》,北京,人民出版社1952年版。

《中共中央文件选集》第3卷。

伊文斯和布洛克编:《列昂·托洛茨基论中国》。

《告全党同志书》,上海1929年版。

瞿秋白:《中国共产党的过去和未来》,见《中国历史研究》1971年第5卷第1辑。

《真理报》1927年7月10日。

第七章　挣脱枪林弹雨——从井冈山到江西

张国焘:《中国共产党的崛起》第1卷。

施拉姆:《毛通向权力之路》第3卷、第4卷。

大卫·古德曼:《邓小平与中国革命》,劳特利奇1994年版。

理查德·伊文斯:《邓小平和当代中国的建立》,哈蒙兹沃思,企鹅出版社1995年版。

塞茨编:《中国共产党掌权:文献和分析》。

《中共中央文件选集》第3卷、第4卷、第5卷、第6卷。

布兰特、施瓦茨和费正清合编:《中国共产主义历史文献》。

《中国共产党历史大事年表(1919—1990)》。

《毛泽东年谱(1898—1949)》上卷。

尤丁和诺斯:《苏俄与东方(1920—1927):文件概览》。

海尔博姆·帕克编:《中国共产党文件》,香港,联合研究所1971年版。

瞿秋白:《中国共产党的过去和未来》,见《中国历史研究》1971年第5卷第1辑。

霍夫海因茨:《秋收暴动》,《中国季刊》1967年第32期。

斯诺:《红星照耀中国》。

萧作梁：《中国共产主义在 1927 年：城市对农村》。

何长工：《井冈山精神永存》，BBC 国际广播节目摘要，1981 年 7 月 18 日，FE／6752／BII／1。

韦伯：《失败的灰烬》，《中国季刊》1964 年第 18 期。

丽丝泰诺：《中国革命的艺术：1927 和 1928 年对不满的动员》。

《周恩来选集》第 1 卷。

卡尔：《苏俄历史：计划经济的建立（1926—1929）》第 3 卷。

史沫特莱：《伟大的道路》。

金冲及：《朱德传》，北京，中央文献出版社 1993 年版。

《中国共产党会议概要》。

《中国历史研究》4，第 1 号（1970 年），第 2—3 号和第 4 号（1971 年）。

《毛泽东选集》第 1 卷，1936 年 12 月。

王行娟：《贺子珍的路》，作家出版社 1988 年版。

刘夏农（音译）：《毛泽东第二次婚姻内情》，《记者写天下》1992 年 5 月第 21 期。

《毛泽东诗词对联辑注》，湖南文艺出版社 1991 年版。

《井冈山革命根据地》第 1 辑。

彭德怀：《彭德怀自述》，北京，外文出版社 1984 年版。

金冲及：《周恩来传（1898—1949）》，北京，中央文献出版社 1989 年版。

萧克：《朱毛红军侧记》，北京，中共中央党校出版社 1993 年版。

桑顿：《共产国际与中国革命（1928—1931）》。

萧作梁：《中国共产主义运动内部权力关系（1930—1934）》第 1 卷、第 2 卷，西雅图，华盛顿大学出版社 1961—1967 年版。

《布尔塞维克》1930 年 4 月，《中共中央文件选集》第 6 卷。

格里格瑞夫：《共产国际和中国革命运动》，载于乌里扬诺夫斯基：《共产国际与远东：民族解放运动中列宁主义战略的战争》。

《毛泽东军事文选》，北京，外文出版社 1966 年版。

余伯流和陈刚：《毛泽东在中央苏区》，北京，中国书店 1993 年版。

胡绳：《中国共产党简史》。

马济彬等：《中央革命根据地史》。

第八章　富田：丢掉幼稚

瞿秋白：《中国共产党的过去和未来》，见《中国历史研究》1971 年第 5 卷第 1 辑。

施拉姆：《毛通向权力之路》第 3 卷、第 4 卷。

斯蒂芬·阿威瑞尔：《富田事件的起源》，载于托尼·塞茨和汉斯·万德温合编：《中国共产主义革命的新视野》，纽约，阿芒克，夏普出版社 1995 年版。

《毛泽东年谱（1898—1949）》上卷。

陈永发：《富田事件与反布尔什维克联盟：中国共产党革命中的"恐怖事件"》，载于《共和中国》1994

年 4 月第 19 卷。

戴向青和罗惠兰：《AB 团与富田事变始末》，河南人民出版社 1994 年版。

《毛泽东选集》第 1 卷。

《关于正确处理人民内部矛盾》(1957 年 2 月 27 日)，载于罗德里克·麦克法夸尔、蒂马斯·切克和尤格尼·吴合编：《毛主席秘密讲话》，哈佛大学出版社 1989 年版。

《中央革命根据地史料选编》，南昌，江西人民出版社 1982 年版。

《关于富田事件的决议(1931 年 4 月 16 日)》，见塞茨编：《中国共产党掌权：文献和分析》。

萧作梁：《中国共产主义运动内部权力关系(1930－1934)》，第 1 卷、第 2 卷。

余伯流和陈刚：《毛泽东在中央苏区》。

塞茨编：《中国共产党掌权：文献和分析》。

托尼·塞茨和汉斯·万德温合编：《中国共产主义革命的新视野》。

史沫特莱：《中国红军的长征》。

本顿：《山火：红军在华南的三年战争(1934－1938)》。

孔永松、林天乙和戴金生：《中央革命根据地史要》，江西人民出版社 1985 年版。

本顿：《山火：红军在华南的三年战争(1934－1938)》。

弗里德里克·韦克曼：《1927－1937 年警卫上海》，伯克利，加利福尼亚大学出版社 1995 年版。

斯诺：《红星照耀中国》。

钟文显：《毛泽东：传记、评价和回忆》。

马克考德：《枪的力量：近代中国军阀主义的出现》。

第九章　苏维埃政府主席

《毛泽东年谱(1898－1949)》上卷。

《中共中央文件选集》第 7 卷。

萧作梁：《中国共产主义运动内部权力关系(1930－1934)》第 1 卷。

彭德怀：《彭德怀自述》。

王行娟：《贺子珍的路》。

韦克曼：《1927－1937 年警卫上海》。

李德：《中国纪事》。

弗里德里克·里顿：《诺伦斯事件》，《中国季刊》第 138 期。

塞茨编：《中国共产党掌权：文献和分析》。

施拉姆：《毛通向权力之路》第 3 卷、第 4 卷。

金冲及：《毛泽东传》。

傅连暲：《在毛主席教导下》，北京，作家出版社 1959 年版。

邓毛毛：《我的父亲邓小平》，纽约，基础书社 1995 年版。

陈昌奉：《跟随毛主席长征》，北京，外文出版社 1972 年版。

萧作梁：《1930－1934 年中国的土地革命：文献研究》。

汤姆森译:《毛泽东:寻乌报告》。

《中国共产党会议概要》。

威廉·卫:《中国的反革命》,密西根大学出版社1985年版。

杨炳章:《从革命到政治》。

谭年青(音译)编:《长征第一都:于都》,于都,内部出版,1996年。

索尔兹伯里:《长征》。

第十章 寻觅苍龙:北上长征

约吉姆·费斯特:《希特勒》,纽约1974年版。

施拉姆:《毛通向权力之路》第4卷。

《毛泽东年谱(1898—1949)》上卷、中卷。

《中国周报》1934年10月20日,1935年2月16日。

索尔兹伯里:《长征》。

李德:《中国纪事》。

杨炳章:《从革命到政治》。

《毛泽东诗词十九首》,北京,外文出版社1958年版。

《聂荣臻回忆录》第1卷,北京1983年版。

彭德怀:《彭德怀自述》。

杨得志:《强渡大渡河》,见《回顾长征》,北京,外文出版社1978年版。

杨成武:《飞夺泸定桥》,见《回顾长征》。

王行娟:《贺子珍的路》。

郑玉颜:《怀念刘长胜同志》,《上海文史资料》第10辑。

杨云若和杨奎松:《共产国际与中国革命》,上海,上海人民出版社1988年版。

张国焘:《中国共产党的崛起》第2卷。

《中国共产党会议概要》。

保罗王[琼·帕斯夸里尼]和鲁道夫·切尔米尼斯基:《毛的囚徒》,哈蒙兹沃思,企鹅出版社1976年版。

斯诺:《红星照耀中国》(修订版);和《河对岸》,纽约,兰登出版社1962年版。

胡炳云:《腊子口上的红六连》,见《回顾长征》。

帕克斯·科布尔:《面对日本:1931—1937年中国的政治与日本帝国主义》,哈佛大学出版社1991年版。

塞茨编:《中国共产党掌权:文献和分析》。

《中国共产党历史大事年表(1919—1990)》。

端纳:《中国的第一幕》,纽约,经纬出版社1938年版。

吴天威:《西安事变:中国近代历史的转折点》,密西根大学出版社1976年版。

海伦·福斯特·斯诺(尼姆·韦尔斯):《中国的共产主义者:红尘》,康乃狄格州,绿森林出版公司

1972 年版。

王凡：《知情者说（之二）：与历史关键人物的对话》，中国青年出版社 1997 年版。

郭华伦：《中共史论》第 3 卷。

埃德加·斯诺：《红色中国杂记》，哈佛大学出版社 1957 年版。

蒋介石：《西安半月记》，加顿市，双日出版社 1937 年版。

《周恩来选集》第 1 卷（1936 年 12 月 25 日）。

《毛泽东选集》第 1 卷（1936 年 12 月 28 日）。

尼姆·韦尔斯：《我的延安笔记》，私人出版物，1961 年印制。

孙佑礼（音译）：《中国与太平洋战争的起源（1931—1941）》，纽约，圣马丁出版社 1993 年版。

第十一章　延安插曲：圣哲至尊

克莱尔·威廉·邦德：《与中国共产党人相处的两年》，新哈芬，耶鲁大学出版社 1948 年版。

维奥列特·克雷西-马尔克斯：《中国旅行记》，纽约，杜顿出版社 1942 年版。

哈里森·弗尔曼：《来自红色中国的报告》，纽约，亨利·哈尔特出版社 1945 年版。哈德尔·汉森：《人道的努力》，纽约，费瑞尔和雷尼哈特出版社 1939 年版。

海伦·福斯特·斯诺：《中国共产党人》和《我在中国的岁月》，纽约，威廉·莫罗出版社 1984 年版。

罗伯特·派尼：《红色中国游记》，伦敦，海尼曼出版社 1947 年版。

韦尔斯：《我的延安笔记》。

《毛泽东年谱（1898—1949）》上卷、中卷、下卷。

斯诺：《红星照耀中国》。

《刘少奇年谱》上卷，中央文献出版社 1996 年版。

塞茨编：《中国共产党掌权：文献和分析》。

《毛泽东哲学批注集》，中央文献出版社 1988 年版。

石仲泉：《一部研究毛泽东哲学思想的新文献》，《中国哲学研究》第 23 卷第 3—4 辑。

奈特编：《毛泽东论辩证唯物主义：哲学笔记》。

雷蒙德·威列：《毛主义的出现：1935—1945 年毛泽东、陈伯达及其对中国理论的寻找》，斯坦福大学出版社 1980 年版。

《毛泽东选集》第 1 卷，第 2 卷，第 3 卷、第 4 卷。

施拉姆：《毛通向权力之路》第 1 卷。

乔斯华·弗格尔：《艾思奇对中国的马克思主义发展的贡献》，马萨诸塞州，剑桥，哈佛大学出版社 1987 年版。

龚育之：《实践论：三个历史问题》，《中国哲学研究》第 23 卷第 3—4 辑。

沈巨光（音译）：《中国共产党通向权力之路：抗日民族统一战线（1935—1945）》，牛津大学出版社 1988 年版。

《中国共产党历史大事年表（1919—1990）》。

本顿：《山火：红军在华南的三年战争》。

彭德怀：《彭德怀自述》。

戴维斯：《毛主义领导的形成：从王明回国到党的七大》。

费云东和余桂花（音译）：《中国共产党书记处工作简史（1921—1949）》，《中国的法律与政府》第30卷第3辑。

《中共中央文件选集》第11卷。

《六大以来——党内秘密文件》第1卷，北京，人民出版社1981年版。

约翰·加沃尔：《1937—1945年中苏关系》，牛津大学出版社1988年版。

叶永烈：《江青传》，长春，时代文艺出版社1993年版。

王凡：《知情者说（之二）：与历史关键人物的对话》。

王行娟：《贺子珍的路》。

杨炳章：《从革命到政治》。

施拉姆：《毛泽东的政治思想》。

康波顿：《毛的中国：1942—1944年党的整风文件》。

斯图尔特·施拉姆：《毛泽东：初步再评》，香港，中文大学出版社1983年版。

戴晴：《王实味与"野百合花"》。

史沫特莱：《中国的战歌》。

邦德：《与中国共产党人相处的两年》。

罗斯·特里尔：《毛》，纽约，西蒙和舒斯特出版社1993年版。

休·迪安编：《回忆柯吉·阿利雅什：一个美国士兵在延安》，洛杉矶，美中人民友好协会1978年版。

施拉姆：《中国国家权力的基础和范围》。

塞茨：《是写历史还是改写历史？毛主义的关于党的历史问题的决议的形成》，见塞茨和万德温合编：《中国共产主义革命的新视野》。

斯诺：《红色中国杂记》。

埃文斯·卡尔逊：《中国的双星》，纽约，米德·杜德公司1940年版。

戴维·包瑞德：《迪克西使团：1944年美军观察组在延安》，加利福尼亚大学出版社1970年版。

卡罗利·卡特：《赴延安的使命》，勒星顿，肯塔基大学出版社1997年版。

1944年8月18日《中共中央关于外交工作的指示》，见塞茨编：《中国共产党掌权：文献和分析》。

奥德·安尼·威斯特德：《冷战与革命》，纽约，哥伦比亚大学出版社1993年版。

利曼·万·斯里克：《1937—1945年中日战争期间的中国共产主义运动》，《剑桥中国史》第13卷。

加沃尔：《1937—1945年中苏关系》。

约翰·罗德里克：《控制中国》，芝加哥，印迹出版公司1993年版。

孙平：《延安日记》。

金冲及：《毛泽东传》。

《中国白皮书》，华盛顿，美国国务院1949年版。

李敦白：《藏在后面的人》。

罗德里克：《控制中国》。

张曙光和陈兼编：《中国共产党的外交政策与亚洲冷战》(1946年2月1日)。

尚：《同西方帝国主义作战：毛、斯大林与美国》。

雷顿－安德森：《延安与大国》。

第十二章　纸老虎

胡素珊：《1945—1949年的国共冲突》，《剑桥中国史》第13卷。

《中国共产党历史大事年表(1919—1990)》。

《毛泽东选集》第4卷、第5卷。

易劳逸：《毁灭的种子：1937—1949年处于战争与革命中的民族主义的中国》，斯坦福大学出版社1984年版。

胡绳：《中国共产党简史》。

《毛泽东年谱(1898—1949)》中卷。

鲍大可：《共产党人接管前夕的中国》，纽约，普雷格尔出版社1963年版。

尚：《同西方帝国主义作战：毛、斯大林与美国》。

塞茨编：《中国共产党掌权：文献和分析》。

权延赤：《走下神坛的毛泽东》。

戴维·柯德：《北京故事》，奥瑞姆出版社1988年版。

《建国以来毛泽东文稿》第1集，中央文献出版社1993年版。

高英茂和约翰·利昂编：《毛泽东文集》第1集，纽约，阿芒克，夏普出版社1986年版。

张曙光：《威慑与战略文化》，纽约，卡尼尔大学出版社1992年版。

师哲：《在历史巨人身边》。

什特科夫致扎哈罗夫电(1950年6月26日)，《冷战国际历史研究会刊》1995年冬第6—7期。

什特科夫致维辛斯基(1950年5月12日)，同上。

陈兼：《中国走向朝鲜战争之路》。

张曙光：《毛的军事浪漫主义》，堪萨斯大学出版社1995年版。

冈察洛夫、刘易斯和薛立泰：《不可靠的伙伴：斯大林、毛与朝鲜战争》。

朱根·多米斯：《彭德怀：人和肖像》，伦敦，赫斯特出版社1985年版。

刘杰诚：《毛泽东与斯大林》，北京，中共中央党校出版社1996年版。

权延赤：《走下神坛的毛泽东》。

弗里德里克·戴维斯：《新政权的建立和巩固》，《剑桥中国史》第14卷。

弗里德里克·戴维斯：《1950—1953年中国的精英训练：强制和晓人以理的整风方法》，堪培拉，澳大利亚国立大学出版。

西奥多·陈：《中国知识分子的思想改造》，香港大学出版社1960年版。

皮特·鲁姆：《北京》，罗伯特·哈利出版社1958年版。

薄一波：《若干重大决策与事件的回忆》上卷，北京，中共中央党校出版社1993年版。

第十三章　稚嫩的魔法师

汤姆森译:《毛泽东:寻乌报告》。

塞茨编:《中国共产党掌权:文献和分析》。

《毛泽东选集》第 5 卷。

戴维斯:《新政权的建立和巩固》,《剑桥中国史》第 14 卷。

高和利昂编:《毛泽东文集》第 1 集,第 2 集。

弗里德里克·戴维斯和孙华伦编:《中国农业合作化的政策》,纽约,阿芒克,夏普出版社 1993 年版。

戴维斯:《新政权的建立和巩固》,见《剑桥中国史》第 14 卷。

罗伯特·卢赫和汉弗莱·伊文斯:《逃离红色中国》,伦敦,迈克尔·约瑟夫出版社 1963 年版。

麦克法夸尔:《文化大革命的起源》第 1 卷、第 2 卷、第 3 卷。

《中国共产党历史大事年表(1919—1990)》。

《毛泽东选集》第 5 卷。

迈克尔·斯科恩哈斯的博士论文(斯德哥尔摩大学 1987 年)。

菲利普·肖特:《龙和熊》,伦敦,哈德和斯托顿 1982 年版。

唐纳德·扎格瑞尔:《1956—1961 年的中苏论战》,普林斯顿大学出版社 1962 年版。

《冷战国际历史研究会刊》第 10 期。

鲍威和费正清编:《1955—1959 年的共产主义中国:政策文献及其分析》。

陈:《中国知识分子的思想改造》。

梅尔利·古德曼:《文学的叛逆》。

1986 年 5 月 7 日《光明日报》;麦克法夸尔、切克和吴合编:《毛主席秘密讲话》。

戴维斯:《中国的政治与整肃:1950—1965 年的整风与党的标准的降低》。

罗德里克·麦克法夸尔:《百花运动与中国知识分子》,纽约,普瑞格 1960 年版。

《刘少奇年谱》下卷。

《建国以来毛泽东文稿》第 6 集。

巫宁坤:《独自落泪》,伦敦,哈德和斯托顿公司 1993 年版。

梁恒和夏皮罗:《革命的儿子》。

权延赤:《走下神坛的毛泽东》。

维特克:《江青同志》。

叶永烈:《江青传》。

《毛泽东思想杂录》第 1 卷。

薄一波:《若干重大决策与事件的回忆》下卷。

施拉姆:《毛通向权力之路》第 2 卷。

李锐:《庐山会议实录》。

第十四章　不朽的冥想

麦克法夸尔:《文化大革命的起源》第3卷。

戴维斯:《中国的政治与整肃:1950—1965年的整风与党的标准的降低》。

丛进:《曲折发展的岁月》(1949—1989年的中国,第2卷),郑州,河南人民出版社1989年版。

保罗王和切尔米尼斯基:《毛的囚徒》。

董边:《毛泽东和他的秘书田家英》,中央文献出版社1996年版。

《建国以来毛泽东文稿》,第9集、第11集。

《刘少奇选集》第2卷,北京,人民出版社1985年版。

施拉姆:《毛泽东未发表文稿》。

理查德·鲍姆和弗雷德里克·戴维斯:《四清:1962—1966年的社会主义教育运动》,伯克利,加利福尼亚大学出版社1968年版。

海伦·休:《华南的施动者和受害者:农村革命中的帮凶》,耶鲁大学出版社1989年版。

《星期日时报》,1961年10月15日。

拜因和帕克:《龙爪》。

黄峥:《刘少奇一生》,中央文献出版社1995年版。

伊文斯:《邓小平》。

王若水:《毛泽东为什么要发动文革》,内部资料,北京,1996年10月。

《毛泽东思想杂录》第2集。

斯诺:《漫长的革命》。

第十五章　灾变

麦克法夸尔:《文化大革命的起源》第2卷、第3卷。

巴巴拉·巴纽茵和于长根:《十年动乱:中国的文化革命》,伦敦,基干·保罗公司1993年版。

严家其和高皋:《动荡的十年:文化大革命史》,夏威夷大学出版社1996年版。

《毛泽东思想杂录》第2集。

丛进:《曲折发展的岁月》(1949—1989年的中国,第2卷)。

戴维·米尔顿、南希和弗兰斯·施尔曼合编:《人民中国》,兰登出版社1974年版。

师东兵:《彭真在暴风雨前夜》,《名人传记》1988年第11—12期。

郑德荣编:《新中国纪事(1949—1984)》,长春1986年版。

廖盖隆编:《新中国编年史(1949—1989)》,北京,人民出版社1989年版。

马齐彬等编:《中国共产党执政四十年》,北京,中共党史资料出版社1989年版。

弗里德里克·戴维斯和瓦伦·桑:《林彪的悲剧》,夏威夷大学出版社1996年版。

叶永烈:《陈伯达其人》,长春,时代文艺出版社1990年版。

郭华伦编:《中国共产党机密文件》,台北,国立诚志大学 1978 年版。

吴冷西:《忆毛主席:我亲身经历的若干重大历史事件片断》,北京,新华出版社 1995 年版。

力平:《开国总理周恩来》,中共中央党校出版社 1994 年版。

《中国共产党历史大事年表(1919—1990)》。

王年一:《大动乱的年代》,河南人民出版社 1988 年版。

迈克尔·斯科恩哈斯:《中共中央专案组(1966—1979)》,斯德哥尔摩大学亚太研究中心 1995 年版。

金春明:《"文革"时期怪事怪语》,北京,求实出版社 1989 年版。

林志坚编:《新中国要事述评》,中共党史出版社 1994 年版。

刘国凯:《文革简史》,纽约,阿芒克,夏普出版社 1987 年版。

《人民日报》1966 年 7 月 25 日。

李敦白:《藏在后面的人》。

高原:《自来红:文化革命编年史》,斯坦福大学出版社 1987 年版。

斯科恩哈斯:《1966—1969 年中国的文化革命:不是午餐会》。

肯玲:《报应》,纽约,G.P. 普特那姆公司 1972 年版。

戈登·本尼特和罗纳德·蒙特皮特:《红卫兵:戴晓爱政治传记》,纽约,双日出版社 1971 年版。

施拉姆:《毛通向权力之路》第 1 卷。

肖特:《龙和熊》。

乔治·厄班编:《毛主席的奇迹》,洛杉矶,纳什出版社 1971 年版;口述资料。

米尔顿、南希和施尔曼合编:《人民中国》。

迪特默:《刘少奇与中国的文化革命:大批判的政治》。

施拉姆:《毛泽东:初步再评》。

施拉姆:《毛泽东未发表文稿》。

王力:《文化革命内参》,《中国的法律与政府》第 27 卷第 6 辑。

彭成编:《中国政局备忘录》,解放军出版社 1989 年版。

巴纽茵和于长根:《十年动乱:中国的文化革命》,第 138—141 页。

王年一:《关于二月逆流的一些资料》,《党史研究资料》1990 年第 1 期。

《文化大革命研究资料》,中国人民解放军国防大学 1988 年编。

《红旗》1967 年第 12 期。

董保存:《杨余傅事件真相》,解放军出版社 1988 年版。

朱尔根·多梅斯、詹姆斯·迈尔斯和埃里克·冯·格罗林:《中国的文化革命:文件和分析》。

古德曼:《中国的知识分子:建议与异议》。

周明:《历史在这里沉思》第 1 卷。

张云生:《毛家湾纪实》,北京,春秋出版社 1988 年版;口述资料。

威廉·欣顿:《一百天的战争:清华大学的文化革命》,纽约,每月评论出版社 1972 年版。

乔纳森·昂格尔:《毛领导下的教育》,纽约,哥伦比亚大学出版社 1982 年版。

《剑桥中国史》第 15 卷。

戴维斯和瓦伦·桑:《林彪的悲剧》。

埃德蒙·克拉布:《中俄大对决》,哥伦比亚大学出版社 1971 年版。

古德曼:《邓小平与中国革命》。

第十六章　壮志未酬

严家其和高皋:《动荡的十年:文化大革命史》。

王力:《文化革命内参》,《中国的法律与政府》第 27 卷第 6 辑。

王年一:《大动乱的年代》。

张云生:《毛家湾纪实》。

罗德里克·麦克法夸尔编:《中国政治:毛邓时代》(第 2 版),剑桥大学出版社 1997 年版。

巴纽茵和于长根:《十年动乱:中国的文化革命》。

林青山:《林彪传》,北京,知识出版社 1988 年版。

叶永烈:《陈伯达传》。

戴维斯和瓦伦·桑:《林彪的悲剧》。

郭华伦编:《中国共产党机密文件》。

施拉姆:《毛泽东未发表文稿》。

郝梦笔和段浩然编:《中国共产党六十年》。

《中国共产党历史大事年表(1919—1990)》。

索尔斯伯格:《新皇帝》。

张玉凤:《毛泽东与周恩来的一些往年趣事》,《光明日报》1988 年 12 月 26 日至 1989 年 1 月 6 日连载。

叶永烈:《王洪文兴衰录》,长春,时代文艺出版社 1989 年版。

约翰·加德纳:《中国的政治及其对毛的继承》,麦克米伦出版社 1982 年版。

肖特:《龙和熊》。

伊文斯:《邓小平和当代中国的建立》。

贾思楠编:《毛泽东人际交往实录》,江苏文艺出版社 1989 年版。

彭成编:《中国政局备忘录》。

亨利·基辛格:《动荡岁月》,伯士顿,布朗·利特尔公司 1982 年版。

1997 年 6 月对张玉凤的采访;口述资料。

《人民日报》1975 年 12 月 4 日。

罗杰·加西德:《重生:毛以后的中国》,纽约,1981 年版。

修儒编:《一九七六年大事内幕》,北京,东方出版社 1989 年版。